Wissenschaftliche Untersuchungen
zum Neuen Testament

Begründet von Joachim Jeremias und Otto Michel
Herausgegeben von
Martin Hengel und Otfried Hofius

28

Das Evangelium
und
die Evangelien

Vorträge vom
Tübinger Symposium 1982

herausgegeben von

Peter Stuhlmacher

J. C. B. Mohr (Paul Siebeck) Tübingen 1983

CIP-Kurztitelaufnahme der Deutschen Bibliothek

Das *Evangelium und die Evangelien:* Vorträge vom Tübinger Symposium 1982 /
hrsg. von Peter Stuhlmacher. – Tübingen: Mohr, 1983.
  (Wissenschaftliche Untersuchungen zum Neuen Testament; 28)
  ISBN 3-16-144709-3

NE: Stuhlmacher, Peter [Hrsg.]; GT

Printed in Germany. Satz und Druck: Gulde-Druck GmbH, Tübingen. Einband Heinrich
Koch, Großbuchbinderei, Tübingen.

Für
Otto Betz

Vorwort

Dank der Unterstützung durch die Deutsche Forschungsgemeinschaft, das Ministerium für Wissenschaft und Kunst Baden-Württemberg und der Evangelischen Landeskirche in Württemberg konnte vom 13.–18. September 1982 in den Räumen des Tübinger Evangelischen Stifts ein internationales wissenschaftliches Symposium über das Thema »Das Evangelium und die Evangelien« veranstaltet werden. Die Teilnehmer waren vor allem Exegeten des Neuen Testaments, aber auch Kirchengeschichtler und Altphilologen aus dem In- und Ausland. Ziel des Kolloquiums war es, Konvergenzlinien in der Erforschung der biblischen Evangelien aufzudecken, und so der z. T. richtungslos gewordenen Evangelienforschung einen neuen Impuls zu geben. Es besteht die Hoffnung, daß dieses Ziel erreicht worden ist.

Nachstehend werden die für den Druck noch einmal überarbeiteten Forschungsberichte und Referate veröffentlicht, die den Teilnehmern vorlagen und von ihnen in Tübingen gehalten worden sind; nur bei dem kurzen Beitrag von Assistent Reinhard Feldmeier über die Petrustradition in den Synoptikern handelt es sich um eine von Martin Hengel nachträglich erbetene Ergänzung seiner eigenen Abhandlung über Probleme des Markusevangeliums. Die von Peter Lampe und Ulrich Luz in ihrem Diskussionsüberblick festgehaltenen Fragen sind in der Druckfassung der Referate teilweise schon berücksichtigt worden, ausdiskutiert sind sie aber noch nicht.

Die Teilnehmer am Kolloquium sind übereingekommen, den Sammelband Herrn Kollegen Otto Betz, Tübingen, zu widmen. Otto Betz ist aus Altersgründen mit dem 31. März 1983 aus dem aktiven akademischen Dienst ausgeschieden. Wir grüßen ihn zu diesem Datum in kollegialer Hochachtung und mit allen guten Wünschen für einen wissenschaftlich und persönlich gewinnbringenden Ruhestand.

Zu danken ist vielen. Zuerst dem Präsidenten der Universität Tübingen, Herrn MR a. D. Adolf Theis, der mit seiner Forschungsabteilung die Pläne für das Kolloquium tatkräftig gefördert hat. Dann der Evangelisch-theologischen Fakultät und ihrem damaligen Dekan, Frau Prof. Dr. Luise Abramowski, für alle Unterstützung bei den Vorbereitungen für das Tübinger Treffen. Weiter den Institutionen, die das Symposium finanziert haben.

Dank gebührt aber vor allem auch den Kolleginnen, Kollegen und Assistenten, die nach Tübingen gekommen sind, Referate gehalten und rechtzeitig
zur Veröffentlichung überarbeitet haben. Ephorus Dr. Friedrich Hertel hat
mit seinen Mitarbeiterinnen und Mitarbeitern im Evangelischen Stift für
eine Lebens- und Arbeitsatmosphäre gesorgt, die alle Teilnehmer am Symposium dankbar empfunden haben und die wesentlich zum Gelingen des
Unternehmens beigetragen hat. Die wissenschaftlichen Assistenten Dr.
Karl-Theodor Kleinknecht, Scott Hafemann und Dr. Rainer Riesner haben
sich bei der Organisation und Durchführung des Kolloquiums verdient
gemacht. Riesner hat mich bei den Druckvorbereitungen für diesen Band
unermüdlich unterstützt und dazu noch das Schlagwortregister erarbeitet;
Hafemann hat das Schriftstellenregister erstellt. In die Korrekturarbeiten
haben sich Riesner, Hafemann und Vikar Karl-Heinz Schlaudraff geteilt.
Frau Gisela Kienle hat im Hintergrund geduldig saubere Schreibarbeit gelei-
stet. Meinen beiden Fakultätskollegen Martin Hengel und Otfried Hofius
danke ich für die Übernahme des Sammelbandes in die von ihnen herausge-
gebene wissenschaftliche Reihe. Der Verlag J. C. B. Mohr (Paul Siebeck),
Tübingen, hat in bekannt großzügiger Weise für Gestaltung und Druck
gesorgt. Möge der Band, um den sich so viele bemüht haben, für die
Evangelienforschung nützlich sein!

Tübingen, im September 1983   Peter Stuhlmacher

Inhaltsverzeichnis

Zum Thema: Das Evangelium und die Evangelien

Peter Stuhlmacher

Noch immer ist es der neutestamentlichen Forschung nicht gelungen, ein wissenschaftlich allgemein anerkanntes und gesichertes Bild vom Quellenwert und Werdegang der Jesustradition, von der Abfassung und dem gegenseitigen Verhältnis der vier kanonischen Evangelien und von der Geschichte des Wortes »Evangelium« zu erarbeiten. Die Kompliziertheit der Materie und die Mehrdeutigkeit der zur Verfügung stehenden historischen Quellen bieten eine gewisse Erklärung für die Vielfalt der miteinander konkurrierenden wissenschaftlichen Hypothesen und nötigen dazu, viele Fragen offenzulassen. Aber auch wenn man sich dies eingesteht, ist es sinnvoll, in einer neuen Forschungssituation nach Konvergenzlinien bei der Behandlung unseres Themas zu fragen. Eben dies war Ziel des Tübinger Symposiums im September 1982.

Eine neue Forschungssituation ist gegenwärtig gegeben, weil folgende Probleme neu aufzuarbeiten sind: (1) Nach dem Siegeszug der form- und redaktionsgeschichtlichen Evangelienforschung seit 1920 ist heute auch die wissenschaftlich wohlbegründete Kritik an einigen überlieferungsgeschichtlichen Prämissen der Formgeschichte zu berücksichtigen. Die sich dabei ergebende neue Sicht vom Verlauf und der Glaubwürdigkeit der synoptischen Tradition ist (2) nach Möglichkeit mit einem parallelen Bild der johanneischen Traditionsbildung zu verbinden. (3) Muß der Frage weiter nachgegangen werden, welche Stellung Paulus zur Evangelientradition einnimmt. Schließlich sollte (4) die Wort- und Überlieferungsgeschichte von »Evangelium« unter den Perspektiven neu bedacht werden, die sich aus der Gesamtsicht der synoptischen, johanneischen und paulinischen Überlieferung ergeben.

Die folgenden Ausführungen waren als Einleitung in die Tübinger Gespräche gedacht und beanspruchten nicht mehr, als die Diskussion anzustoßen. Die aufgeworfenen Fragen sind im Verlaufe des Symposiums z. T. beantwortet worden, z. T. aber auch offen und kontrovers geblieben: Die Frage nach dem Einfluß urchristlicher Propheten auf die Evangelientradition bedarf z. B. noch weiterer Erforschung; das johanneische Problem konnte von uns nur erst andiskutiert werden und sollte Gegenstand eines eigenen Symposiums werden.

I. Zur Kritik der Formgeschichte

Die von M. Dibelius und R. Bultmann programmatisch betriebene form-geschichtliche Erforschung der Evangelien ging im Blick auf die Geschichte der Überlieferung von fünf Grundannahmen aus:

1. Solange die urchristlichen Tradenten und Gemeinden nach Jesu Tod und den Osterereignissen das Weltende mit der Parusie des Menschensohnes unmittelbar nahe glaubten, hatten sie weder Neigung noch Zeit zur Ausbildung einer festen literarischen Jesustradition. Zur Fixierung und Ausgestaltung dieser Tradition ist es erst gekommen, als die Naherwartung nachließ[1].

2. Die in den uns überkommenen vier kanonischen Evangelien fixierte Überlieferung speist sich, roh gesprochen, aus einer doppelten Quelle: Einerseits aus der Erinnerung an Worte und Taten Jesu, wie sie im Jüngerkreis lebendig geblieben waren; andererseits aus dem neu geschaffenen Predigt- und Lehrgut der nachösterlichen Missionsgemeinden. Diese Gemeinden haben die Überlieferungen der Jesusjünger nicht nur übernommen und zusammengefaßt, sondern auch in erheblichem Maße ergänzt, neu interpretiert und ihrem aktuellen Missionsinteresse gemäß umgeformt. Die Wachstumsgesetze der Überlieferung sind nach Analogie volkstümlicher Überlieferung zu verstehen[2].

3. Bei der Fixierung der kleinen Einheiten, aus denen sich die synoptische Tradition zusammensetzt, entsprechen mündliche und schriftliche Fassung einander genau; die Formung des Stoffs ist nicht individuell-literarisch, sondern anonym-soziologisch zu begreifen[3].

4. Der die einzelnen Evangelienerzählungen zusammenhaltende geographische und chronologische Rahmen beruht nicht auf primärer geschicht-

---

[1] M. Dibelius, Die Formgeschichte des Evangeliums, ³1959 (im folgenden abgekürzt: Form-geschichte³), 9: »Eine Gemeinde unliterarischer Menschen, die heut oder morgen das Weltende erwartet, hat zur Produktion von Büchern weder Fähigkeit noch Neigung, und so werden wir den Christengemeinden der ersten zwei oder drei Jahrzehnte eine eigentlich schriftstellerische Tätigkeit nicht zutrauen dürfen.«

[2] M. Dibelius, Formgeschichte³, 8: »Die Untersuchung ist . . . nicht auf schriftstellerische Individualitäten, auch nicht auf literarische Gepflogenheiten gerichtet. Als formbildende Faktoren kommen vielmehr Gesetze in Frage, wie sie die Volksüberlieferung regieren. Letzter Ursprung der Form aber ist das urchristliche Leben. Wer die Entstehung volkstümlich-literarischer Gattungen in einem Kreis unliterarischer Menschen verstehen will, wird ihres Lebens und – da es sich um religiöse Texte handelt – ihres Kultes Brauch zu untersuchen haben.« Ganz ähnlich R. Bultmann, Die Geschichte der synoptischen Tradition, ³1957 (im folgenden abgekürzt: SynTrad.³), 4f.

[3] M. Dibelius, Formgeschichte³, 7: »Bei der Kleinliteratur, die uns beschäftigt, handelt es sich nicht um . . . individuellen Ursprung. Der Stil, den es hier zu beobachten gilt, ist ›eine soziologische Tatsache‹.« (Zitat von K. L. Schmidt, RGG² II 639). ». . . unter Stil (ist) die gesamte Vortragsart zu verstehen, die – mindestens bei dieser volkstümlichen Kleinliteratur – konstitutiv für die Gattung ist. Denn die Unbekannten, die diesen Stil hervorbringen, schaffen nach überindividuellen Gesetzen.«

licher Erinnerung. Er ist kein ursprüngliches Überlieferungselement, sondern Resultat der redaktionellen Arbeit der Evangelisten[4].

5. Die gegenwärtige Gestalt der Evangelienüberlieferung ist nicht nur das Resultat eines langen Überlieferungs- und Redaktionsprozesses, sondern auch einer im Laufe der Zeit (auf breiter Ebene) stattfindenden nachträglichen Historisierung: Ursprünglich durch urchristliche Propheten im Namen des erhöhten Christus gesprochene Worte (im Stil von Apk 3,20; 16,15) wurden in den Gemeinden den überlieferten Worten des irdischen Jesus gleichgeachtet und schließlich ohne besondere Kennzeichnung in die Evangelientradition eingegliedert[5].

Aus diesen Annahmen heraus hat sich für die Formgeschichte die inzwischen in vielerlei exegetischen Variationen durchgeführte These ergeben, daß es sich bei den Evangelien im wesentlichen um nachösterliche Sammelwerke handelt, in denen das in die Jesuszeit zurückreichende Traditionsmaterial erst eigens durch historische Analyse aufgewiesen werden muß. E. Käsemann konnte deshalb in seinem bekannten Aufsatz über »Das Problem des historischen Jesus« feststellen: »Auf Grund der formgeschichtlichen Arbeit hat sich unsere Fragestellung derart zugespitzt und erweitert, daß wir nicht mehr die etwaige Unechtheit, sondern gerade umgekehrt die Echtheit des Einzelgutes zu prüfen und glaubhaft zu machen haben. Nicht das Recht der Kritik, sondern ihre Grenze ist heute zu beweisen«[6]. Im selben Artikel äußerte Käsemann die bis heute von vielen Exegeten geteilte Ansicht, »alle Stellen, in denen irgendein Messiasprädikat erscheint«, halte er »für Gemeindekerygma«[7]. Zugleich erklärte er es für definitiv unmöglich, aus den Evangelien heraus ein Leben Jesu rekonstruieren zu wollen. Gleichwohl war

---

[4] K. L. Schmidt, Der Rahmen der Geschichte Jesu, ²1964, V: »Meine Einzeluntersuchungen werden zeigen, daß die zu formulierende Frage nach dem Wert des Topographischen und Chronologischen in den Evangelien im ganzen negativ zu beantworten ist . . . Die älteste Jesusüberlieferung ist ›Perikopen‹-Überlieferung, also Überlieferung einzelner Szenen und einzelner Aussprüche, die zum größten Teil ohne feste chronologische und topographische Markierung innerhalb der Gemeinde überliefert worden sind. Vieles, was chronologisch und topographisch aussieht, ist nur der Rahmen, der zu den einzelnen Bildern hinzukam.«

[5] R. Bultmann, SynTrad.³, 134f.: »Worte wie Apk 16,15 . . . oder 3,20 . . . zeigen . . . den Prozeß der Neubildung solcher Herrenworte mit aller Deutlichkeit . . . solche Weissagungen . . . mögen ursprünglich einfach als Worte des Geistes in der Gemeinde gegolten haben. In ihnen sprach gewiß manchmal – wie Apk 16,15 – der erhöhte Christus, und erst allmählich wird man in solchen Worten Weissagungen des historischen Jesus gesehen haben. Ein (sic!) Unterschied zwischen solchen Worten christlicher Propheten und den überlieferten Jesusworten empfand die Gemeinde nicht, da für sie ja auch die überlieferten Jesusworte nicht Aussagen einer Autorität der Vergangenheit waren, sondern Worte des Auferstandenen, der für die Gemeinde ein Gegenwärtiger ist.«

[6] Der im Oktober 1953 vor dem Kreis alter Marburger gehaltene Vortrag ist 1954 in der ZThK erschienen und jetzt zugänglich in Käsemanns Aufsatzband: Exegetische Versuche und Besinnungen I, 1960, 187–214. Das Zitat aaO., 203.

[7] AaO., 211.

er nicht bereit zuzugeben, »daß angesichts dieses Sachverhaltes Resignation und Skepsis das letzte Wort behalten und zum Desinteressment am irdischen Jesus führen dürfte«[8]. Vielmehr stellte er im Blick auf die Evangelien fest, »daß aus dem Dunkel der Historie Jesu charakteristische Züge seiner Verkündigung verhältnismäßig scharf erkennbar heraustreten.«[9] Diese Feststellung ist für Käsemann entscheidend, weil für ihn »das Evangelium an den gebunden (ist), der sich vor und nach Ostern den Seinen als Herr offenbarte, indem er sie vor den nahen Gott und damit in die Freiheit und Verantwortung des Glaubens stellte.«[10]

Dieser (in der Einzelanalyse und in der Gesamtperspektive) radikal-kritischen formgeschichtlichen Position steht nun aber seit geraumer Zeit eine andere gegenüber, die die formgeschichtliche Analyse der Evangelientradition zwar bejaht, aber unter erheblich anderen historischen Voraussetzungen betreibt als Dibelius, Bultmann und ihre Schüler. Diese Position ist von H. Riesenfeld[11] und B. Gerhardsson[12] begründet und mittlerweile von Gerhardsson[13] selbst und R. Riesner[14] einerseits und H. Schürmann[15], E. Earle Ellis[16], G. Stanton[17] u. a. andererseits von unterschiedlichen Ausgangspunkten aus aber mit paralleler Stoßrichtung weiter ausgearbeitet worden.

Riesenfelds und Gerhardssons hauptsächliches Augenmerk gilt der Verkündigung und Lehre des irdischen Jesus. Beide gehen davon aus, daß Jesus seine Gleichnisse und Verkündigungslogien nicht nur gelegentlich und spontan geäußert, sondern sie ähnlich wie ein jüdischer Gesetzeslehrer mit seinen Jüngern memoriert und ihnen so wörtlich eingeprägt hat. Von dieser Sicht aus ergibt sich für die beiden schwedischen Forscher eine von Jesus über seine Jünger zur nachösterlichen Gemeinde reichende Tradenten- und Traditionskette nach Analogie der rabbinischen Tradition. Im Verlaufe

---

[8] AaO., 213.

[9] AaO., 213.

[10] AaO., 213. Im Urteil ganz ähnlich: G. Bornkamm, Jesus von Nazareth, 1968[8], 19 ff.

[11] H. Riesenfeld, The Gospel Tradition and its Beginnings. A Study in the Limits of ›Formgeschichte‹, London 1957.

[12] B. Gerhardsson, Memory and Manuscript. Oral Tradition and Written Transmission in Rabbinic Judaism and Early Christianity, Uppsala 1961.

[13] B. Gerhardsson, Die Anfänge der Evangelientradition, 1977. Vgl. auch Gerhardssons unten S. 79 ff. abgedrucktes Referat: »Der Weg der Evangelientradition«.

[14] R. Riesner, Jesus als Lehrer, 1981.

[15] H. Schürmann, Die vorösterlichen Anfänge der Logientradition. Versuch eines formgeschichtlichen Zugangs zum Leben Jesu, in: ders., Traditionsgeschichtliche Untersuchungen zu den synoptischen Evangelien, 1968, 39–65. Vgl. auch Schürmanns Studie: ». . . und Lehrer«, in: ders., Orientierungen am Neuen Testament, Exegetische Aufsätze, 1978, 116–156, bes. 117 f. 126 f.

[16] E. E. Ellis, New Directions in Form Criticism, in: ders., Prophecy and Hermeneutic, 1978, 237–253.

[17] G. N. Stanton, Form Criticism Revisited, in: What About the New Testament? Essays in Honour of C. Evans, edd. M. D. Hooker and C. Hickling, London 1975, 13–27.

dieser Überlieferungskette sind zwar Übersetzungs- und Interpretationsvarianten zu erwarten und exegetisch nachzuweisen, auch ergeben sich Ergänzungen der Tradition aus der Glaubensperspektive der sich zu Jesus als Messias und Gottessohn bekennenden nachösterlichen Missionsgemeinde, aber insgesamt haben wir damit zu rechnen, »daß der Stoff mit Ehrfurcht und Sorgfalt überliefert wurde«[18]. Diese Sicht der synoptischen Traditionsbildung ist weithin abgelehnt worden, weil sich Jesus selbst und sein Jüngerkreis deutlich vom Rabbinat und dem rabbinischen Schulbetrieb unterscheiden. R. Riesner hat diese leider oft recht pauschale Kritik berücksichtigt und in seiner Arbeit über »Jesus als Lehrer« eine neue Darstellung des jüdischen Unterrichtswesens und der Lehrtätigkeit Jesu gegeben. Riesner betont im Anschluß an M. Hengels Studie »Jesus als messianischer Lehrer der Weisheit und die Anfänge der Christologie«[19], daß Jesus als messianischer Lehrer der Weisheit gewirkt habe. Das entscheidende Motiv für die Sammlung und Bewahrung der Jesusüberlieferung liegt nach Riesner in der Lehrtätigkeit Jesu selbst und in dem Interesse, das seine Person und Verkündigung bei seinen Nachfolgern und Sympathisanten gefunden hat. Bei der Jesustradition handelt es sich »nicht um eine wild wuchernde, volkstümliche Überlieferung, sondern um bewußt gepflegte Lehrtradition«[20].

H. Schürmann und E. E. Ellis bestreiten die messianische Verkündigungs- und Lehrtätigkeit Jesu keineswegs. Ihr Hauptinteresse liegt aber bei der Weiterentwicklung der gattungsgeschichtlichen Evangelienanalyse selbst. Beide Exegeten gehen von dem klassischen formgeschichtlichen Grundsatz aus, daß es für jeden geformten und bewußt tradierten Text auch einen von bestimmten Absichten und Interessen geleiteten Tradentenkreis gegeben haben muß (und umgekehrt). Statt aber den Kreis dieser Tradenten mit der kritischen Formgeschichte vor allem erst in der (spät-)nachösterlichen, z. T. sogar erst hellenistischen Gemeinde zu suchen, rechnen Schürmann und Ellis damit, daß schon der vorösterliche Jüngerkreis Jesu an der Sammlung und Weitergabe von Jesusüberlieferung interessiert sein mußte, weil Jesus seine Jünger bereits zu Lebzeiten an seiner Verkündigung der Gottesherrschaft beteiligt hat (vgl. die synoptische Aussendungstraditionen Mt 10,1–16 Par.)! Da der vorösterliche Kreis der Jesusjünger mit dem die Urgemeinde nach Apg 1,12–26 bestimmenden Kreis von Aposteln und Begleitern Jesu teilweise identisch war, ergibt sich wieder eine Traditionskette, die die Rückfrage nach authentischer Jesustradition in den Synoptikern als recht aussichtsreich erscheinen läßt. Die Rückfrage ist umso erfolg-

---

[18] B. Gerhardsson, Anfänge (s. Anm. 13), 56.
[19] In: Sagesse et religion (Colloque de Strasbourg, Octobre 1976), Paris 1979, 148–188.
[20] Jesus als Lehrer, 502.

versprechender, desto früher die Fixierung der Überlieferung anzusetzen ist. Ellis nimmt feste (schriftliche) Fixierungen schon in der Jesuszeit an[21].

Zu diesen überlieferungsgeschichtlichen Überlegungen kommt die kritische Beobachtung hinzu, daß sich der von der radikalkritischen Formgeschichte angenommene Prozeß der nachträglichen Historisierung »zahllose(r) Ichworte des durch Prophetenmund sich offenbarenden Christus«[22] historisch keineswegs mit hinreichender Sicherheit verifizieren läßt. F. Neugebauer und D. Hill haben darauf hingewiesen, daß nachösterliche Prophetenworte in der neutestamentlichen Überlieferung zumeist ausdrücklich als Worte des erhöhten Christus kenntlich gemacht werden (vgl. z. B. Mt 28,17ff.; 2 Kor 12,9; Apk 3,20; 16,15 usw.)[23]. J. Dunn hat dem zugestimmt. Ohne die Möglichkeit prophetisch gebildeter Jesuslogien grundsätzlich zu leugnen, hat er unser Augenmerk zusätzlich auf die Auseinandersetzungen gelenkt, die die urchristlichen Gemeinden mit falschen Propheten zu führen hatten. Im Kontext dieser Auseinandersetzungen ist nach Dunn eine unkontrollierte Eingliederung von Prophetensprüchen in das aus der Jesuszeit überkommene Überlieferungsgut schwer vorstellbar und muß Käsemanns Annahme »be dismissed as a considerable oversimplification and overstatement«[24].

Angesichts dieser gewichtigen Argumentationen ist zu den oben aufgeführten fünf Grundannahmen der klassischen Formgeschichte folgendes anzumerken:

ad 1: Seit Auffindung der Qumrantexte ist die Anschauung, daß sich Naherwartung und literarische Traditionsbildung im frühjüdisch-urchristlichen Traditionsraum ausschließen, überholt. Die Essener haben gerade aus Gründen der Naherwartung eine höchst aktive literarische Produktion und Traditionspflege entfaltet. Was für die Qumrantexte historisch festzustellen ist, muß auch für den Jesuskreis und die Urgemeinde als möglich gelten. Fixierung und Weitergabe von Jesustradition können darum durchaus als überlieferungsgeschichtlich ursprüngliche Phänomene angesehen werden!

ad 2: Jesus hat kein eigentliches Lehrhaus unterhalten und sich auch nicht wie ein jüdischer Rabbi vorwiegend mit der Auslegung der Tora beschäf-

[21] In seinem Aufsatz »New Directions in Form Criticism« (s. Anm. 16) plädiert Ellis z. B. dafür, daß Lk 10,25–37 »may be formulated and transmitted within the pre-resurrection circle of disciples as a teaching piece contrasting Jesus' ethic to that of other Jewish groups in terms of his radically new interpretation of Scripture: ›you have heard it said . . . but I say‹« (aaO., 250).

[22] E. Käsemann, Zum Thema der Nichtobjektivierbarkeit, in: Exegetische Versuche und Besinnungen I (s. Anm. 6), (224–236) 234.

[23] Vgl. F. Neugebauer, Geistsprüche und Jesuslogien, ZNW 53, 1962, 218–228, und D. Hill, On the Evidence for the Creative Role of Christian Prophets, NTS 20, 1973/74, 262–274.

[24] J. Dunn, Prophetic ›I‹-Sayings and the Jesus-Tradition: The Importance of Testing Prophetic Utterances within Early Christianity, NTS 24, 1977/78, (175–198) 197.

tigt. Wohl aber hat er gelehrt und gewirkt als »messianischer Lehrer der Weisheit« (M. Hengel). Er hat seine Jünger schon vor Ostern zur Verkündigung (auf Zeit) ausgesandt und sie in der letzten Phase seines Wirkens auch in das Verständnis seines Todes eingeweiht. Da sich der Leitungskreis der Jerusalemer Urgemeinde aus dem Jüngerkreis Jesu (und der Jesusfamilie) rekrutiert, ist im Blick auf die Evangelientradition mit einem nicht nur zufälligen, sondern gepflegten Traditionskontinuum zu rechnen, das aus der Jesuszeit hin zur nachösterlichen Gemeinde führt. Sofern in der Evangelientradition Ergänzungen, Neuinterpretationen und Redaktionen nachweisbar sind, sind sie nach Analogie des Umgangs mit der Tradition in der alttestamentlichen und frühjüdischen Prophetie, bei den Essenern und im Rabbinat zu beurteilen; auch das Beispiel des hellenistischen Schulbetriebs ist bei der Beurteilung heranzuziehen. Insgesamt dürfte ein weit größerer Teil der Evangelientradition historisch zuverlässige Überlieferung darstellen als von der klassischen Formgeschichte ursprünglich angenommen worden ist.

ad 3: Die vor allem von E. Güttgemanns: Offene Fragen zur Formgeschichte des Evangeliums, 1970, in Zweifel gezogene Parallelität von mündlicher und schriftlicher Weitergabe der Jesustradition läßt sich von den Grundgegebenheiten des jüdischen (und griechischen) Schulbetriebs her festhalten. Die rein soziologische Betrachtung der Gattungen und des Stils aber ist fragwürdig. Wir verdanken die Fixierung und Weitergabe des synoptischen Überlieferungsgutes urchristlichen Lehrern; diesen aber war schon vom Alten Testament her ein freier (rhetorischer und literarischer) Umgang mit den Gattungen möglich[25].

ad 4: Vergleicht man die synoptische (und johanneische) Evangeliendarstellung mit Traditionssammlungen wie der sog. Logienquelle, dem Thomasevangelium und den »Sprüchen der Väter«, verdienen die erstaunliche Menge von historisch berichtenden Erzählungseinheiten und der gegenüber jenen Spruchsammlungen auffällige historische Rahmen der Jesusgeschichte neue Beachtung (G. N. Stanton[26]). Das in anderem Zusammenhang auch von J. Roloff[27] hervorgehobene historische Interesse der Evangelien an Jesu

---

[25] Vgl. G. v. Rad, Theologie des Alten Testaments II, 1968[5], 46 f. 61.

[26] Stanton schreibt in seinem Aufsatz über die Formgeschichte (s. Anm. 17) 15: »When we look at roughly comparable rabbinic traditions such as Pirqe Aboth or at the Gospel of Thomas, we are immediately struck by the amount of narrative material about Jesus which is found in the traditions on which Mark drew and which the Marcan framework extends rather than contrasts, as seems to have happened in some circles in the early church. Indeed, on the grounds of the criterion of dissimilarity which is so beloved of many form critics, the framework of Mark emerges with strong claims to historicity!«

[27] J. Roloff, Das Kerygma und der irdische Jesus. Historische Motive in den Jesus-Erzählungen der Evangelien, 1970. Ziel der Untersuchung Roloffs ist es, zu »überprüfen, in welchem Maße eine historisierende Betrachtungsweise der Geschichte Jesu die Jesusüberlieferung der Evangelien vom Ursprung her bestimmt und auf den von uns überschaubaren vorliterarischen und literarischen Tradierungsprozeß erkennbar eingewirkt hat« (aaO., 47).

Wort und Weg verbietet es, im Blick auf die Evangelientradition historisches und kerygmatisches Interesse gegeneinander auszuspielen: In der Jesusüberlieferung wird von früh an die Geschichte von Jesu Wort, seinen
Taten und seinem Geschick erzählt als ein die Gegenwart und Zukunft der
Tradenten begründendes Heils- und Offenbarungsgeschehen.

ad 5: Wie die johanneischen Parakletensprüche (vor allem Joh 14,25f. und
16,12f.) besonders deutlich zeigen, aber auch Lk 24,25ff. und 2Kor 4,5f.
beweisen, hat sich die christliche Gemeinde erst auf Grund der Ostererfah-
rungen und des Geistempfangs in die Lage versetzt gesehen, Jesus wahrhaft
als den Messias und Gottessohn zu verstehen und zu verkündigen. Der
Geistempfang und das durch ihn geweckte Glaubensverständnis stellen also
einen ganz wesentlichen Impuls für die Sammlung, Vervollständigung und
Weitergabe der Jesusüberlieferung dar! Angesichts von Nachrichten wie Mt
23,34f. Par.; Apg 11,27; 13,1; 1Kor 12,10.28; Röm 12,6 usw. ist die Wirksamkeit urchristlicher Propheten in den Missionsgemeinden nicht zu bestreiten. Es fehlen uns aber die historischen Anhaltspunkte dafür, daß ein
Großteil der synoptischen Jesuslogien auf ursprünglich nachösterliche Prophetenworte zurückgeht, die dann später bewußt oder unbewußt mit den
Worten des irdischen Jesus gleichgestellt worden sind. So sehr die vorösterliche Tradition nach Ostern in der Vollmacht des Geistes neu interpretiert
und ausgestaltet worden ist, so wenig rechtfertigt dieser Redaktionsvorgang
die Annahme von prophetischen Gemeindebildungen großen Stils.

Im Blick auf diesen Gesamtbefund kann man mit W. G. Kümmel[28] resü-
mieren, daß die synoptische Tradition insgesamt kein grundsätzliches historisches Mißtrauen, sondern im Gegenteil »kritische Sympathie« verdient.
Bis zur Zerstörung Jerusalems unterlag die Überlieferung der ständigen
Kontrolle durch die Augenzeugen und das gegen Falschprophetie sensibili-
sierte Traditionsbewußtsein der Gemeinden. Man muß sich deshalb bei der
Unterscheidung von Jesus- und Gemeindetradition darum bemühen, die
Möglichkeit und Wirklichkeit sekundärer Tradition und Redaktion nicht
einfach mehr pauschal vorauszusetzen, sondern historisch möglichst genau

---

[28] W. G. Kümmel, Jesu Antwort an Johannes den Täufer. Ein Beispiel zum Methodenproblem in der Jesusforschung, in: ders., Heilsgeschehen und Geschichte II, 1978, (177–200) 187:
».. . wir haben bis zum Beweis des Gegenteils das Recht und die Pflicht, den Aussageabsichten
der Quellenverfasser Zutrauen entgegenzubringen und müssen, wenn die historische Kritik
uns das Gegenteil gebietet, die Entstehung der historisch nicht in ihrem angeblichen Sinn
brauchbaren Quellen verständlich machen können. Besonders klar aber hat neuerdings H. I.
Marrou (sc. in seiner Schrift: Über die historische Erkenntnis, deutsch v. Ch. Beumann, 1973;
P. St.) gezeigt, daß nicht das methodische Mißtrauen die sachgemäße Haltung des Historikers
gegenüber seinen Quellen ist, sondern die Sympathie . . .«. »Wenn es demnach geschichtswis-
senschaftlich gerechtfertigt erscheint, der synoptischen Jesusüberlieferung mit *kritischer Sympathie* zu begegnen, so bleibt die entscheidende Frage, ob wir ausreichende *Kriterien* haben, um zu
der ältesten Überlieferungsschicht vorzudringen« (aaO., 188; Hervorhebung bei Kümmel).

in ihrem Wo und Wie zu erklären. Nur wo dieser Versuch unternommen wird, ist die Unterscheidung von ursprünglichem Jesusgut und Gemeindebildung exegetisch weiterhin überzeugend.

Die unter diesen Prämissen bisher vogelegten Studien und Kommentare zur synoptischen Tradition von R. Guelich[29], M. Hengel[30], I. H. Marshall[31], R. Pesch[32], A. Polag[33], H. Schürmann[34], G. N. Stanton[35] u. a. berechtigen zu der Hoffnung, daß wir zu einer überlieferungsgeschichtlich und biblisch-theologisch befriedigenderen Antwort auf die Frage nach Ursprung und Aussageabsicht der Synoptiker unterwegs sind, als sie auf der Basis der radikal-kritischen formgeschichtlichen Traditionsanalyse möglich war.

Man kann diese Erwartung in der deutschen Forschungssituation nicht äußern, ohne auf die völlig konträre Kritik an der Formgeschichte und Sicht des synoptischen Problems einzugehen, die W. Schmithals in seinem Markuskommentar[36], seinem Aufsatz: »Kritik der Formkritik«[37] und in seinem Artikel über die synoptischen Evangelien in der Theologischen Realenzyklopädie[38] entfaltet hat. Schmithals will mit seinen Arbeiten eine störende Inkonsequenz des Bultmannschen Ansatzes bei der Erforschung der Synoptiker beseitigen und zugleich den nach seiner Überzeugung theologisch verhängnisvollen Weg der Begründung des christlichen Kerygmas auf den sog. historischen Jesus verriegeln. Bultmann hatte in seiner »Theologie des Neuen Testaments« herausgestellt, daß der christliche Glaube nach den von Paulus und Johannes her zu setzenden theologischen Maßstäben über das bloße Daß des Gekommen- und Gekreuzigtseins Jesu hinaus keines Anhaltes an Person und Verkündigung des irdischen Jesus bedarf. Die Verkündigung Jesu wird von ihm deshalb nur zu den (maßgeblichen) Voraussetzungen, aber nicht zu den wesentlichen Gegenständen der Theologie des Neuen Testaments gerechnet[39]. In seiner »Geschichte der synoptischen Tradition«

---

[29] R. Guelich, The Sermon on the Mount, Waco (Texas) 1982.

[30] M. Hengel, Zur urchristlichen Geschichtsschreibung, 1979, vor allem S. 28–30. 31 f. 42–45.

[31] I. H. Marshall, The Gospel of Luke, Exeter 1978; ders., Last Supper and Lord's Supper, Exeter 1980.

[32] R. Pesch, Das Markusevangelium I und II, ³1980; ders., Das Evangelium der Urgemeinde, 1979; ders., Das Abendmahl und Jesu Todesverständnis, 1978.

[33] A. Polag, Die Christologie der Logienquelle, 1977; ders., Fragmenta Q, 1979.

[34] Aus Schürmanns umfangreichem Schrifttum nenne ich exemplarisch nur seinen großen Lukaskommentar: Das Lukasevangelium I, 1969.

[35] G. N. Stanton, The Origin and Purpose of Matthew's Gospel: Matthean Scholarship since 1945, in: Aufstieg und Niedergang der römischen Welt, hrsg. von H. Temporini und W. Haase, II, Bd. 25/2 (wahrscheinlich im Frühjahr 1983).

[36] W. Schmithals, Das Evangelium nach Markus I und II, 1979; im folgenden abgekürzt: MkKomm.

[37] ZThK 77, 1980, 149–185; im folgenden abgekürzt: Kritik.

[38] TRE X, 570–626, bes. 603 ff.

[39] »Die Verkündigung Jesu gehört zu den Voraussetzungen der Theologie des NT und ist

hatte Bultmann jedoch zuvor herausgearbeitet, daß in der synoptischen
Tradition doch ein gewisser Bestand von authentischer Jesustradition überliefert worden ist! Außerdem hatte er sich nicht hindern lassen, ein höchst
interessantes Jesusbuch[40] zu schreiben, in dem die kritischen Echtheitsmaß-
stäbe seiner »Geschichte der synoptischen Tradition« teilweise transzendiert
werden. Aus diesem insgesamt recht ambivalenten Befund heraus ist es dann
– trotz der Einwände Bultmanns[41]! – in der Bultmannschule konsequenter-
weise zur erneuten Rückfrage nach dem historischen Jesus durch E. Käsemann[42], E. Fuchs[43], G. Bornkamm[44] u. a. gekommen.

Schmithals gibt jetzt dem methodischen Ansatz seines Lehrers und der
theologisch mehrdeutigen Synoptikeranalyse in der Bultmannschule den
Abschied, um die theologische These der Unabhängigkeit des Christuske-
rygmas von der Gestalt und Geschichte des historischen Jesus exegetisch
widerspruchsfrei durchführen zu können. Statt die synoptische Tradition
mit der Formgeschichte weiterhin in einzelne Perikopen zu zerlegen und
deren Geschichte dann gattungsgeschichtlich zu analysieren, plädiert
Schmithals wieder für eine in erster Linie literarische und literarkritische
Betrachtung der großen synoptischen Überlieferungseinheiten und der
Evangelien insgesamt. Mündlich oder schriftlich fixierte Jesusüberlieferung
in großem Stil hat es nach Schmithals bis zur Zerstörung Jerusalems überhaupt nicht gegeben; die urchristliche Mission hat vielmehr zunächst nur mit
dem Alten Testament und einem knappen Katechismus, nicht aber mit
Jesustraditionen gearbeitet. Vorösterliche und frühnachösterliche Wurzeln
hat im Bereich der Synoptiker nur die frühe Logientradition (= Q[1]), die
Schmithals im Anschluß an S. Schulz[45] auf einen Kreis von in Galiläa oder
Syrien ansässigen Jesusanhängern zurückführt. Es handelt sich bei Q[1] um
eine »vorkirchliche« Sammlung von »unkerygmatische(r) und unchristolo-
gische(r) Jesusüberlieferung«[46], in der Passions- und Osterkerygma fehlen.
In Jesus sieht jener Kreis einen endzeitlichen Propheten, der den Märtyrertod
gestorben ist (vgl. Lk 13,34 Par.); er erwartet nunmehr den von Jesus
angekündigten (nicht mit ihrem toten Propheten identischen) Menschen-

---

nicht ein Teil dieser selbst. Denn die Theologie des NT besteht in der Entfaltung der Gedanken,
in denen der christliche Glaube sich seines Gegenstandes, seines Grundes und seiner Konsequenzen versichert« (Theologie d. NTs.[3], 1f.).

[40] R. Bultmann, Jesus, [3]1951.
[41] Vgl. R. Bultmanns Akademieabhandlung: Das Verhältnis der urchristlichen Christusbotschaft zum historischen Jesus, in: ders., Exegetica, hrsg. von E. Dinkler, 1967, 445–469.
[42] Vgl. Käsemanns in Anm. 6 genannten Programmaufsatz über »Das Problem des historischen Jesus«.
[43] Vgl. E. Fuchs, Zur Frage nach dem historischen Jesus, Gesammelte Aufsätze II, 1960.
[44] Vgl. G. Bornkamm, Jesus von Nazareth (s. Anm. 10).
[45] S. Schulz, Q – Die Spruchquelle der Evangelisten, 1972.
[46] Kritik, 184.

sohn als den endzeitlichen Weltenrichter. Der Evangelist Markus nimmt in seinem Evangelium auf diese Traditionssammlung gelegentlich Bezug, »um die Identität des Messias Jesus mit dem irdischen Lehrer und Propheten« Jesus, dem jener Kreis anhing, »zu demonstrieren«[47]. Das Hauptkorpus des Markusevangeliums wird von der literarisch ganzheitlich und glänzend erzählten »Grundschrift« gebildet, die der biblische Johannes Markus (oder ein Anonymus) kurz nach 70 n. Chr. (wahrscheinlich in Antiochien) verfaßt hat. Erst von seiner Hand stammen die Wundergeschichten, die gerahmten Herrenworte, die Parabeln Jesu und die Passionserzählung! Diese Grundschrift als »Handbuch für die Mission unter den Gottesfürchtigen«[48] aus der Feder des Johannes Markus sollte »die Bekenntnisse der frühen Gemeinde vor dem Mißverständnis . . . bewahren, es gehe im Christusgeschehen um ein den orientalischen Mythen von sterbenden und auferstehenden Göttern vergleichbares Ereignis«. Das Handbuch »läßt statt dessen die Verkündigung des Evangeliums unmißverständlich Zeugnis von einem *einmaligen* geschichtlichen Heilshandeln Gottes sein, nämlich Zeugnis der eschatologischen, ein für allemal geschehenen Heilstat Gottes«[49]. Der uns namentlich unbekannte Evangelist »Markus« ist nach den Wirren des jüdischen Krieges den Tradenten von Q^l begegnet und hat, um sie für den Christusglauben zu gewinnen, einiges Material aus Q^l und die »Grundschrift« des Johannes Markus im Zeichen der Theorie vom Messiasgeheimnis zu unserem heutigen Markusevangelium zusammengearbeitet. Das Ergebnis dieser Traditionsanalyse ist insgesamt folgendes: Die vom Evangelisten in Gestalt der »Grundschrift« verarbeitete Tradition erweist sich überlieferungsgeschichtlich »als poetisches Produkt des Kerygmas« und »die unkerygmatische und unchristologische Jesusüberlieferung der frühen Logientradition . . . als vorkirchlich. *Kirchliche* Überlieferung des sogenannten historischen Jesus hat es nie gegeben. Damit behält Bultmann – wie Karl Barth – mit seiner Ablehnung der Frage nach dem historischen Jesus *gegen* seine ›Geschichte der synoptischen Tradition‹ theologisch und historisch Recht«[50].

So theologisch konsequent dieser Gesamtentwurf ist, so wenig läßt er sich auch nur annähernd befriedigend in die uns überkommenen Daten der Geschichte des Urchristentums einzeichnen! Von einer galiläischen oder syrischen Jesusgruppe ohne Christologie, Passions- und Auferstehungskerygma wissen wir historisch nichts. Die erst um 70 n. Chr. abgefaßte poetische Grundschrift des Johannes Markus ist eine Größe, die sich mit der von Gerhardsson, Riesner, Schürmann u. a. nachgezeichneten, religionsgeschichtlich bestätigten Geschichte von Entstehung und Weitergabe der Je-

---

[47] MkKomm. I, 56.
[48] MkKomm. I, 46.
[49] MkKomm. I, 45; Hervorhebung bei Schmithals.
[50] Kritik, 184f.; Hervorhebungen bei Schmithals.

susüberlieferung nicht in Übereinstimmung bringen läßt. Auch ist die
Schmithals theologisch leitende Sicht von der Verkündigung des Paulus und
des vierten Evangeliums höchst fragwürdig: Paulus läßt sich traditionsgeschichtlich als »Bote Jesu« (A. Schlatter) erweisen (s. u.), und das 4. Evangelium zeigt schon durch die Wahl der Großgattung »Evangelium«, seine
genaue Topographie und seine Parakletensprüche an, daß es kein von der
Geschichte Jesu unabhängiges Kerygma entfalten will (s. u.). Die von
Schmithals vorgetragene »Kritik der Formkritik« ist in mehreren Einzel-
punkten interessant, aber sie bietet insgesamt keine Lösung des Traditions-
problems, die es nahelegen könnte, von dem oben skizzierten Arbeitsweg
abzuweichen.

II. Zum Problem der johanneischen Tradition

Man kann über Probleme der synoptischen Tradition nicht verhandeln,
ohne zugleich das 4. Evangelium und die Johannesbriefe im Blick zu behalten. Nach wie vor sind wir von einer Lösung des johanneischen Rätsels
mindestens so weit entfernt wie von einer allgemein anerkannten Antwort
auf das synoptische Problem. Die nachfolgende Thesenreihe möchte deshalb nur einige Perspektiven andeuten, die in unserem Forschungszusam-
menhang zu bedenken sind.

1. Die Eigenart und Einheitlichkeit der johanneischen Sprache, die auffällige Stoffanordnung und die teilweise ostentative Glossierung im 4. Evangelium (vgl. z. B. 13,12–27.34f.; 19,35; 21 passim) zeigen an, daß die Johannesschriften aus einer mit anderen antiken Schulen vergleichbaren »johanneischen Schule« hervorgegangen sind[51].

2. Die johanneische Schule steht historisch in einer doppelten Abwehr-
front: Gegen die Synagoge, welche die Glieder des Johanneskreises aus ihren
Reihen ausstößt (vgl. 9,22.34; 12,42; 16,2), und gegen Doketen aus den
eigenen Reihen (vgl. Joh 1,14; 6,52ff.; 19,34f. mit 1 Joh 4,1–3; 5,5–8). In den
Johannesbriefen wird außerdem eine gewisse Spannung zwischen den johanneischen Wandermissionaren und episkopal (?) geleiteten Gemeinden
sichtbar. Aus Joh 1,35ff. und 3,22–24 + 4,1–3 wird ersichtlich, daß die von
den Johannesschriften für besonders maßgeblich erachteten Jesusjünger aus
dem Kreis der Anhänger Johannes des Täufers hervorgegangen sind. Die
Wurzeln der johanneischen Schule reichen also ins palästinajüdische und
synagogale Milieu zurück.

3. In ihrer besonderen Situation hat die johanneische Schule ein besonderes Traditionsdenken ausgebildet. Dieses Traditionsdenken wird im
4. Evangelium vor allem an der Gestalt des sog. Lieblingsjüngers, in den

---

[51] Vgl. R. A. Culpepper, The Johannine School, Missoula 1975.

Parakletensprüchen und an den (im Rahmen des Neuen Testaments höchst erstaunlichen) mehrfachen Hinweisen auf die Verschriftlichung der johanneischen Tradition (Joh 20,30f.; 21,24f.) faßbar. In den Johannesbriefen ist in diesem Zusammenhang besonders auf die »von Ursprung an« mitgeteilte Lehre (1 Joh 2,7.24; 3,11) und auf die Bedeutung des Christusbekenntnisses (1 Joh 4,2f.; 5,5–10) zu verweisen.

4. Der sog. Lieblingsjünger ist nach Joh 13,23–26; 19,26f. (34f.); 20,3–10 und 21,7.20–24 der Petrus in manchem überlegene Garant und Kronzeuge der johanneischen Tradition. Die von ihm verbürgte Überlieferung repräsentiert die von Jesus selbst gegebene einzigartige »Auslegung« Gottes: Die Auslegung Gottes durch den einzig geliebten Sohn Gottes offenbart sich dem johanneischen Kreis im Zeugnis des von Jesus besonders geliebten Jüngers (vgl. Joh 1,18 und 3,16 mit 13,23; 19,26f. 34f.). Wer der Lieblingsjünger ist, wird im 4. Evangelium nicht gesagt. Von Joh 21,2 her ist es m. E. historisch wahrscheinlicher, daß die Gestalt des Lieblingsjüngers vom Johanneskreis selbst historisch identifiziert und daß eben deshalb sein Zeugnis besonders hochgehalten wurde, als daß es sich um eine erst nachträglich in den Traditionszusammenhang eingezeichnete symbolische Garantenfigur handelt. Die kirchlich üblich gewordene Identifizierung des Lieblingsjüngers mit dem Zebedaiden Johannes läßt sich aber bisher nicht historisch befriedigend verifizieren.

5. Von den johanneischen Parakletensprüchen (Joh 14,16.26; 15,26; 16,7 und 1 Joh 2,1) sind 14,25f. und 16,12f. betont auf die Lehr- und Traditionsfrage bezogen: Der Paraklet verhilft der johanneischen Schule zur wahrhaften Erinnerung an Jesus und gibt ihr damit die Befähigung zur vollendeten Lehre, die Glaube und ewiges Leben eröffnet (20,31). Die Parallelität, in der Jesus, Paraklet und Lieblingsjünger stehen (vgl. 14,16f.; 16,12f. mit 19,34f.; 21,24f.) ist auffällig. Sie weist darauf hin, daß die vom Lieblingsjünger garantierte Lehre und Tradition für die johanneische Schule von größter Bedeutung war[52]. Als historische Analogie bieten sich der essenische Lehrer der Gerechtigkeit und das essenische Traditionsverständnis an[53].

6. In der johanneischen Tradition werden die vorösterliche Zeit Jesu und die Zeit der nach Ostern zum Zeugnis aufgerufenen Gemeinde mit Hilfe der Gestalt des Lieblingsjüngers und der Anschauung vom Parakleten miteinander verbunden. Das Zeugnis Jesu, das vom Geist-Parakleten geweckte vollendete Verständnis von Wort und Wesen Jesu in der Gemeinde und ihr vom Geist getragenes Zeugnis an die Welt erscheinen als umfassende Einheit. Die johanneische Tradition ist in sich mehr als nur das Zeugnis von

---

[52] Vgl. Culpepper, aaO., 267f.
[53] Vgl. J. Roloff, Der johanneische ›Lieblingsjünger‹ und der Lehrer der Gerechtigkeit, NTS 15, 1968/69, 129–151.

Weg und Wort des irdischen Jesus; sie ist die schriftliche Bezeugung des irdischen Jesus als des der Gemeinde stets gegenwärtigen Logos und Gottessohnes.

7. Dementsprechend liegt das wesentliche Interesse der johanneischen Schultradition sowohl im 4. Evangelium als auch in den Johannesbriefen bei den christologischen Schwerpunktaussagen von Jesu Präexistenz und wahrer Gottessohnschaft (Joh 1,1–18), seiner rettenden Selbstmitteilung in Wort und Sakrament (6,52–58.66–69), seinem Sein als Brot des Lebens (6,35.41.48), als guter Hirte (10,11.14), als Auferstehung und das Leben (11,25), als der Weg, die Wahrheit und das Leben (14,6), seinem seine Sendung krönenden Heilstod (19,30.34f.), seiner Auferstehung (Kap. 20) und seinem Eintreten als Paraklet vor Gott (1Joh 2,1). Die Mitteilung und Bewahrung historischer Einzelheiten aus Jesu Leben und die Überlieferung authentischer Jesuslogien (einschließlich der Gleichnisse!) treten demgegenüber bei Johannes zurück. Allerdings sollte nicht pauschal bestritten werden, daß sich solche Einzelheiten (und Logien) auch in der johanneischen Tradition finden (vgl. vielmehr Joh 13,3ff.; 18,15ff. und die erstaunlich genauen johanneischen Ortsangaben[54]).

8. Die vom Evangelium selbst hervorgehobene Herkunft des Lieblingsjüngers aus dem Kreis der Jesusjünger und der literarische Befund des Evangeliums (besonders in der Szenenfolge von 6,5ff.: Speisung + 6,16ff.: Seewandel + 6,66ff.: Petrusbekenntnis – vgl. mit Mk 6,35ff.45ff.; 8,27ff.) legen es nahe, anzunehmen, daß die johanneische Schule Kenntnis von Teilen der synoptischen Tradition besaß. Dies gilt vor allem für die Markusüberlieferung, aber auch lukanische Personal- und Passionstraditionen[55]. Die johanneische Schule hat sich aber das Recht genommen, diese Tradition durch neue Stoffe zu gergänzen (vgl. z. B. 2,1–11; 5,1–9; 9,1–7), sie umzuformulieren (vgl. z. B. 2,14–17; 4,46–54), durch besondere Offenbarungsredenkomplexe zu kommentieren und in einen neuen Gesamtzusammenhang zu stellen (vgl. nur die Voranstellung der sog. Tempelreinigung in 2,14ff. und die spezielle johanneische Passionschronologie).

9. Zusätzlich zu diesen Befunden fallen bei Johannes eine Anzahl von Aussagen auf, die als Korrekturen und bewußte Neuauslegungen synoptischer Jesusdarstellung aufgefaßt werden können: An Stelle der in Lk 2,19 auf Maria zurückgeführten[56] Tradition von der jungfräulichen Geburt Jesu in Bethlehem bietet das 4. Evangelium nur den Jesu Präexistenz herausstellen-

---

[54] Zur johanneischen Topographie neuerdings äußerst lehrreich: B. Schwank, Ortskenntnisse im Vierten Evangelium?, EuA 57, 1981, 427–442.
[55] Vgl. C. K. Barrett, The Gospel according to St. John, ²1978, 42–54.
[56] Das Verbum συντηρέω in Lk 2,19 heißt »im Gedächtnis bewahren« und dürfte wie in TestLev 6,2 und Josephus, Bell 2,142 überlieferungsgeschichtlich akzentuiert sein. Vgl. H. Riesenfeld, ThW VIII, 151.

den Johannesprolog und die seltsam harte Aussage von 6,42. Statt der
synoptischen Verklärungsgeschichte (Mk 9,2ff. Par.) steht bei Johannes der
ganze Weg Jesu bis hin zur Kreuzigung unter dem Aspekt der Verherrlichung (vgl. bes. 12,23.28 und 17,1ff.10). Während bei Johannes der Lei-
denskampf Jesu im Garten Gethsemane nur eben angedeutet wird, wird der
Entschluß des johanneischen Christus betont, bewußt ins Leiden zu gehen:
12,27ff. Anders als in den Synoptikern spricht Jesus seine Jünger bei Johannes betont als seine »Freunde« an (vgl. 15,15). Anstatt der synoptischen
Kreuztragungsszene Mk 15,21 Par finden wir bei Johannes die Bemerkung
aus Joh 19,17: »und indem er das Kreuz allein trug, ging er hinaus an die
sogenannte Schädelstätte«. Nimmt man das genannte Material mit der
johanneischen Neudatierung des Todes Jesu auf den Rüsttag des Passah-
festes und dem vom Geist-Parakleten abgestützen johanneischen Traditionsverständnis zusammen, und hält man sich vor Augen, daß der Johannesprolog (Joh 1,1–18) die matthäischen und lukanischen Vorgeschichten
christologisch buchstäblich transzendiert, läßt sich die These aufstellen, daß
das Johannesevangelium gegenüber den Synoptikern die wahre μαρτυρία
bzw. ἀκοὴ ἀπ' ἀρχῆς bieten will (vgl. Joh 21,24; 1 Joh 1,1). Die altkirchliche
Anschauung, daß das 4. Evangelium die Synoptiker nicht verdrängen, wohl
aber ergänzen und vollenden will[57], hat auch heute noch einiges für sich!

10. Auch im 4. Evangelium und in der johanneischen Schule liegt also ein
gepflegtes Traditionskontinuum vor. Es setzt Teile der synoptischen Überlieferung voraus und führt sie aus dem pneumatischen Bewußtsein einer
besonderen urchristlichen Schulbildung heraus fort, um die historische
Überlieferung von Jesus in die Dimension vollendeter Offenbarung zu
überführen. Der Vorgang erinnert an die souveräne Fortschreibung der
biblischen Tradition im Jubiläenbuch oder der Tempelrolle von Qumran.
Sprachlich greifbar wird die neue Traditionsbildung in der esoterischen
Sprache und den von ihr bevorzugten Text- und Stilformen des Johanneskreises.

11. Für die Erkenntnis und das Verständnis des irdischen Jesus sind wir in
besonderem Maße auf jene Tradition angewiesen, die in den synoptischen
Evangelien festgehalten worden ist. Unser christologisches Verständnis von
Jesus, seinem Werk und dem Ziel seiner Sendung wird von der johann-
ischen Tradition vertieft und über den Stand bloß historischen Tatsachen-
wissens hinausgeführt. Die johanneische Tradition weist auf die synoptische
zurück, und diese auf die johanneische voraus.

12. An der johanneischen Tradition läßt sich ersehen, wie weit die Möglichkeiten sog. urchristlicher »Gemeindebildungen« im Bereich der Jesus-

---

[57] Vgl. so schon im Canon Muratori Z. 9ff. Vgl. dazu H. Frhr. v. Campenhausen, Die
Entstehung der christlichen Bibel, 1968, 288 Anm. 213.

überlieferung reichen, wo ihre Kriterien liegen und wozu sie dienen wollen: Sie entstammen einem besonderen Traditionszusammenhang, bevorzugen besondere Ausdrucks- und Stilformen und stellen sich als Weiterinterpretationen vorgegebener Überlieferung dar. Sie verdanken sich ausgewiesenen apostolisch-prophetischen Tradenten und werden im Kontext eines bestimmten Schul- oder Gemeindeverbandes als Worte des an Jesus erinnernden Geistes verstanden und rezipiert. Bei der Behauptung oder dem Nachweis von Gemeindebildungen sollte man diese Struktureigentümlichkeiten beachten.

III. Paulus und die Evangelientradition

Es ist hier nicht der Ort, um über das paulinische Evangelium insgesamt zu referieren (s. unten S. 157 ff.). Aber es ist schon zu Beginn unserer Überlegungen zum Thema »Das Evangelium und die Evangelien« erforderlich, die Paulusbriefe in die Überlegungen einzubeziehen. Es ist immer wieder aufgefallen, daß Paulus von der Evangelientradition in seinen Briefen nur recht selten Gebrauch macht. Man hat daraus geschlossen, daß der Apostel von der Jesustradition nichts habe wissen wollen[58], daß zu seiner Zeit die Jesusüberlieferung noch gleichsam apokryphen Charakter getragen habe[59], oder daß die Evangelientradition und die paulinische Überlieferung zwei grundlegend verschiedenen urchristlichen Überlieferungsströmen zugehören[60]. Angesichts dieser Hypothesen ist auf ein paar geschichtliche Zusammenhän-

---

[58] So z. B. G. Bornkamm, Jesus von Nazareth (s. Anm. 43), 14: »Von dieser den Horizont alles innerweltlichen Geschehens sprengenden, Äonen wendenden Geschichte lebt die älteste urchristliche Verkündigung so ausschließlich, daß sie dabei in einem für uns heute erstaunlichen Maße der Kenntnis des vorösterlichen Lebens und Wirkens Jesu entraten konnte (2. Kor 5,16). Kein Zweifel (!), daß Paulus und die Verfasser anderer neutestamentlicher Schriften überaus wenig von dem Detail dessen gewußt haben, was uns aus den Evangelien bekannt ist.« Noch bestimmter H. Conzelmann, Jesus von Nazareth und der Glaube an den Auferstandenen, in: Der historische Jesus und der kerygmatische Christus, hrsg. von H. Ristow und K. Matthiae, 1962, (188–199) 189: »Die Evangelien stellen den Glauben in der Form einer Geschichtserzählung über Jesus dar. Paulus dagegen ignoriert das Leben Jesu bis auf das punctum mathematicum, daß Jesus wahrer Mensch war, gekreuzigt und auferweckt wurde. Und er tut dies nicht aus Verlegenheit, weil er eben von Jesus nicht vieles wußte, sondern im Sinne eines bewußten, theologischen Programmes (2. Kor 5,15); er verweigert damit die direkte Anschaulichkeit des Glaubensgegenstandes (2. Kor 4,18; 5,7).«

[59] W. Schmithals, Paulus und der historische Jesus, in: ders., Jesus Christus in der Verkündigung der Kirche, 1972, (36–59) 49: »Wichtiger . . . ist die Feststellung, daß unsere Evangelien und die ihnen vorausliegende ›historische‹ Jesus-Tradition bis in die Mitte des 2. Jh. eine ausgesprochen apokryphe Literatur darstellen. Apokryph nicht deshalb, weil die Kirche sie aus irgendwelchen theologischen Motiven in die Verborgenheit gedrängt hätte . . . Vielmehr muß diese Verborgenheit eine ursprüngliche Verborgenheit sein.«

[60] So vor allem U. Wilckens, Jesusüberlieferung und Christuskerygma – Zwei Wege urchristlicher Überlieferungsgeschichte, ThViat 10, 1965/66, 310–339.

ge und Befunde hinzuweisen, die beachtet werden müssen, wenn man nicht von Paulus her zu Fehlschlüssen über den Wert und die Stellung der Evangelientradition kommen will.

1. Historisch ist es ganz unwahrscheinlich, daß Paulus keine Kenntnis von der in Jerusalem, Antiochien oder in Damaskus heimischen Jesustradition gehabt haben soll! Nachdem die lukanische Geschichtsschreibung durch M. Hengel[61] und J. Roloff[62] auch in der deutschen Diskussion wieder zu gewissen Ehren gebracht worden ist, darf man etwas unbefangener als früher folgendermaßen argumentieren: Schon als Verfolger der Gemeinde Christi in Jerusalem und Damaskus war Paulus mit der Tatsache konfrontiert, daß der Stephanuskreis unter Berufung auf Jesus Kritik am Tempel und am mosaischen Gesetz übte (Apg 6,14) und daß die Christen eben jenen Jesus als von Gott zu seiner Rechten erhöhten Messiaskönig bekannten, den das Synhedrium kurze Zeit zuvor als Gotteslästerer und messianischen Volksverführer[63] verurteilt hatte und der auf Befehl des Pilatus vor den Mauern Jerusalems den Fluchttod am Kreuz gestorben war. Nach seiner Berufung zum Apostel vor Damaskus hat Paulus das Bekenntnis der verfolgten Christen als sein eigenes übernommen und damit auch sein Jesusbild grundlegend geändert. Er schreibt in 2 Kor 5,16: »Wenn wir auch (einst) Jesus in fleischlicher Weise erkannt haben, erkennen wir ihn jetzt nicht mehr so!« Die Stelle ist bekehrungstheologisch formuliert und besagt für ein angebliches Desinteresse des Paulus am irdischen Jesus gar nichts[64]. In der Begegnung mit Petrus, den Angehörigen des nach Antiochien vertriebenen Stephanuskreises (Apg 11,19 ff.), mit dem Herrenbruder Jakobus, Johannes und anderen Jesusjüngern hatte Paulus zeit seines Lebens Gelegenheit, sich über Jesus und die Jesustradition aus erster Hand zu informieren.

2. Alle uns erhaltenen kleinen und großen Paulusbriefe stammen aus der Zeit nach dem sog. Apostelkonzil. Bis auf den Philemonbrief handelt es sich sämtlich um Schreiben, in denen Paulus gegen Anfeindungen seiner Person und Lehre Position beziehen muß. Das ist auch im Römerbrief der Fall, vgl. Röm 3,8; 16,17 ff. Man muß sich deshalb sehr genau die historische Situation vor Augen führen, aus der heraus Paulus schreibt, um den Befund in den uns überkommenen Paulusbriefen nicht zu mißdeuten. Bis hin zum Apostelkonzil scheint Paulus mit den Jerusalemer »Säulen« durchaus positiv Kontakte gehabt zu haben. Dasselbe gilt für Barnabas und den in Antiochien tätigen Kreis urchristlicher Propheten und Lehrer. Auf dem Jerusalemer Konvent gelang es Paulus und Barnabas, die Zustimmung der Jerusalemer

---

[61] M. Hengel, Zur urchristlichen Geschichtsschreibung (s. Anm. 30), 36 ff. 54 ff.

[62] J. Roloff, Die Apostelgeschichte, 1981.

[63] Vgl. A Strobel, Die Stunde der Wahrheit, 1980, 81 ff.

[64] So richtig schon H. Lietzmann, An die Korinther I/II, [4]1949 (ergänzt von W. G. Kümmel), 125. Ferner C. K. Barrett, The Second Epistle to the Corinthians, New York 1973, 171 f.

»Säulen« zum Antiochener »Evangelium für die Unbeschnittenen« (Gal 2,7)
und der von Antiochien aus betriebenen Heidenmission zu erlangen, in der
auf die Beschneidung der heidnischen Täuflinge verzichtet wurde. Nach
dem Apostelkonzil haben sich dann in Antiochien und darüber hinaus
fundamentale Differenzen zwischen Paulus, den Emissären des Jakobus,
Petrus, Barnabas und den Antiochenern in der Gesetzesfrage aufgetan (vgl.
Gal 2,11 ff.). Die Gegner des Paulus haben sich nach dem sog. antiochenischen Zwischenfall in Galatien, Korinth und Rom ebenso wie in Jerusalem
und Antiochien auf Petrus (und Jakobus) als den (die) eigentlich maßgeblichen und wahren Apostel berufen und in den paulinischen Gemeinden eine
Art von Gegenmission[65] ins Werk gerufen. Damit wurde Petrus für Paulus
vollends der große missionarische Rivale und Jakobus, der Herrenbruder,
sozusagen »die graue Eminenz« in Jerusalem, an deren Reaktion sich die
Annahme oder Abweisung des für Paulus grundlegend wichtigen Kollek-
tenwerkes entschied (vgl. Röm 15,30 ff. und Apg. 21,17 ff.). In allen uns
überkommenen Paulusbriefen spiegeln sich diese Auseinandersetzungen.
Paulus ist immer wieder gezwungen, pointiert und zugespitzt auf den
Hauptpunkten seines Evangeliums zu beharren. Er macht im Gegenüber zu
Petrus und seinen judenchristlichen Kontrahenten von der allgemein anerkannten Lehr- und Jesustradition nur sparsamen Gebrauch. Vermehrte Tra-
ditionszitate hätten unweigerlich den alten Vorwurf bestärkt, Paulus habe
sein Evangelium doch nur anderweitig »gelernt« und aus zweiter Hand
bezogen (Gal 1,12).

3. Interessanterweise gilt im Blick auf die Paulusbriefe und ihre spärliche
Zitation von Jesusüberlieferung außerdem ein Sachverhalt, der alle uns im
neuen Testament überlieferten apostolischen und deuteroapostolischen
Briefe (und die Apostelgeschichte) kennzeichnet[66]. In keinem dieser Bücher
wird die Evangelientradition wirklich extensiv zitiert, nicht einmal in den
Petrusbriefen, den Johannesbriefen oder im Jakobusbrief. Von den drei
Johannesbriefen aus die johanneische Evangelientradition rekonstruieren zu
wollen, ist ebenso aussichtslos, wie den Versuch zu machen, aus den Paulinen heraus auch nur den Markusstoff oder die Haupttexte der Logienquelle
zu erschließen. Für diesen allgemeinen Befund gibt es m. E. nur eine historisch wirklich plausible Erklärung: Die Gattung des Apostelbriefes bedingt

---

[65] Vgl. M. Hengel, Zur urchristlichen Geschichtsschreibung (s. Anm. 30), 83: »Die Gegner
des Paulus im 2. Korintherbrief lassen sich am besten erklären, wenn man in ihnen Abgesandte
der mit Paulus konkurrierenden Petrusmission sieht, zumal Petrus-Kephas bereits in 1. Kor
einen beträchtlichen Einfluß auf die korinthische Gemeinde ausgeübt haben muß, der Paulus
Schwierigkeiten bereitete (1. Kor 1,12; 3,22; vgl. 15,3).« Ferner meine Überlegungen in:
Versöhnung, Gesetz und Gerechtigkeit, 1981, 95 ff.

[66] Vgl. zum folgenden L. Goppelt, Theologie des neuen Testaments II, hrsg. von J. Roloff,
1976, 369 ff.

eine nur beiläufige und gelegentliche Bezugnahme auf die Jesusüberlieferung. Die ausführliche oder gar vollständige Reproduktion der Jesustradition war nicht Aufgabe oder Anliegen der brieflichen Kommunikation.
Anders formuliert: Während die Apostelbriefe das Christuskerygma unter
den Gesichtspunkten aktueller Paraklese entfalten und Lukas nach Apg 1,1 f.
unter der Voraussetzung seines Evangeliums von der Geschichte der Kirche
schreibt, handelt es sich bei der Evangelientradition aller Wahrscheinlichkeit
nach um Lehrverkündigung, die in der Form von memorierbaren Erzählungen und Lehrsummarien weitergegeben wurde.

4. Prüft man die nachweisliche Verwendung von Jesustradition bei Paulus unter den eben genannten historischen und gattungsgeschichtlichen
Bedingungen, lassen sich folgende Fakten herausstellen: (1) Vom 1 Thess an
lassen sich in den Paulusbriefen direkte Zitation von und indirekte Anspielung auf Jesustradition nachweisen (vgl. 1 Thess 4,16 ff.; 1 Kor 7,10; 9,14;
11,23 ff. und 1 Kor 2,8 ff.; 13,2; Röm 12,14; 13,8 ff. usw.). Paulus kennt also
mehr von der Jesustradition als seine wenigen direkten Zitate ahnen lassen[67].
(2) 1 Kor 2,8 ff.; 11,23 ff.; 15,3 ff. und Röm 15,3 lassen erkennen, daß Paulus
die Jerusalemer (Antiochener) Passionstradition kennt, in seinen Gemeinden
als bekannt voraussetzt und mit ihr als gültiger christlicher Lehre argumentiert. (3) 1 Kor 7,10; 9,14 und 11,23 zeigen außerdem, daß die Worte des
Herrn für den Apostel hohe Autorität hatten und zwar nicht nur im Bereich
der ethischen Ermahnung, sondern auch in ekklesiologischem Zusammenhang. (4) 1 Thess 2,15; 1 Kor 11,23 ff.; 15,3 ff.; und Gal 3,1 machen es sehr
wahrscheinlich, daß Paulus während seiner (z. T. recht langen) missionarischen Lehrtätigkeit in den Gemeinden von Jesu Fluchtod am Kreuz, von der
Verratsnacht und der Passion Jesu insgesamt, von Jesu Auferweckung und
seinen Erscheinungen erzählt und sich damit selbst einiger Evangelientradition zu Missions- und Unterrichtszwecken bedient hat.

5. Nimmt man diese Fakten mit der polemischen und apologetischen
Betonung seines Evangeliums in den Briefen des Paulus zusammen, zeigt
sich, daß die paulinische Mission und Verkündigung des Rechtfertigungs-
evangeliums den Weg der Evangelientradition nicht etwa behindert hat,
sondern vorausgesetzt und mitbefördert. Der Befund in den Briefen des Paulus
läßt sich also nicht gegen die bisher skizzierte Betrachtung der Geschichte
der Evangelienüberlieferung ins Feld führen. Die Geschichte der synoptischen (und johanneischen) Tradition scheint die Geschichte der im Verlauf
des 1. Jh.s zum wesentlichen Lehr- und Verkündigungsinhalt aufrückenden

---

[67] Dies hat zuletzt D. C. Allison, Jr.: The Pauline Epistles and the Synoptic Gospels: The
Pattern of the Parallels, NTS 28, 1982, (1–32) 19 ff. hervorgehoben. Leider hält Allisons
Hauptthese, daß Paulus in bestimmten Abschnitten seiner Briefe auf wenigstens drei synoptischen Textzusammenhängen (Mk 9,33–50; Lk 6,27–38 und der Aussendungstradition) fußt, bei
genauer Nachprüfung des Textwortlauts der Kritik nicht stand.

Jesus-Didache zu sein. Diese Didache ergänzt die apostolische Paraklese und dient wie diese dazu, die Heilsbotschaft von Jesu Sendung, Kreuzestod und Auferweckung zu identifizieren und zu entfalten.

IV. Zur Wort- und Überlieferungsgeschichte von »Evangelium«

Nach wie vor stehen wir im Blick auf die Wortgeschichte von »Evangelium« vor einer Forschungsalternative. Während in Hinsicht auf das Verbum εὐαγγελίζεσθαι eine gewisse Einigkeit darüber besteht, daß seine Wurzeln ins semitischsprachige frühe Judentum und das Alte Testament zurückreichen, werden Herkunft und Aussagefunktion des Wortes »Evangelium« noch immer unterschiedlich erklärt. G. Strecker hat erst kürzlich erklärt, »der primäre Anschluß des Subst(antivs) εὐ(αγγέλιον) an griech(isch)-hellenistische Überlieferung (ist) evident. Eben hierdurch wird das Neue, das die christl(iche) Verkündigung auszusagen hat, in ihrer Umwelt verstehbar artikuliert«[68]. Die von mir vorgeschlagene Möglichkeit, εὐαγγέλιον als Übersetzungsausdruck für (Propheten-)Botschaft (hebr. שמועה und בשורה) zu verstehen, also auch aus dem Sprachgebrauch des semitisch-sprachigen Judentums und des Alten Testaments heraus zu erklären[69], lehnt Strecker als methodischen Irrweg ab[70].

Dieser Stand der Debatte gibt Anlaß daran zu erinnern, daß A. v. Harnack nach der Veröffentlichung der berühmten Kalenderinschrift von Priene um die Jahrhundertwende zwar zunächst selbst gemeint hatte, das junge Christentum habe die ursprünglich auf den Cäsar Augustus gemünzte Sprache »einfach übernommen und auf Jesus Christus übertragen«[71]. Angesichts des von ihm später geprüften gesamten frühchristlichen Stellenmaterials hat sich Harnack aber von diesem anfänglichen Erklärungsversuch bald wieder gelöst. Im Anhang zu seinem 1910 erschienenen Werk über »Entstehung und Entwickelung der Kirchenverfassung und des Kirchenrechts in den zwei ersten Jahrhunderten« hat er die Geschichte des Begriffs Evangelium in der ältesten Kirche beschrieben[72]. Er verfolgt hier eine überlieferungsgeschichtliche Gesamtperspektive, die ihren Ausgangspunkt bei Jesu Reichsgottesbotschaft nimmt, über die Urgemeinde hin zu Paulus und schließlich zur Gattungsbezeichnung für die Evangelien führt. Mir scheint, daß man Harnacks Linienführung folgen muß, wenn man die Wort- und Traditionsge-

---

[68] G. Strecker, Artikel: εὐαγγέλιον, EWbNT II, (176–186) 180.

[69] Vgl. mein Buch: Das paulinische Evangelium I, 1968 (im folgenden abgekürzt: PaulEv.), 122 ff.

[70] G. Strecker, Das Evangelium Jesu Christi, in: Jesus Christus in Historie und Theologie. Neutestamentliche Festschrift für H. Conzelmann zum 60. Geburtstag, hrsg. von G. Strecker, 1975, (503–548) 506 f. (= G. Strecker, Eschaton und Historie, 1979, (183–228) 186 f.).

[71] Vgl. PaulEv., 12.

[72] Evangelium. Geschichte des Begriffs in der ältesten Kirche, aaO., 199–239.

schichte von εὐαγγέλιον und εὐαγγελίζεσθαι ohne willkürliche Hypothesen und im Blick auf das gesamte neutestamentliche Belegmaterial erklären will. Es ergibt sich bei diesem Versuch folgende Skizze[73].

1. Jesus selbst hat seine Sendung im Lichte von Jes 61,1 ff. gesehen. Wie die Q-Tradition Mt 11,2–6 Par. zeigt, hat er seine Heilungswunder und seine Verkündigung als Erfüllung (vor allem) von Jes 61,1 ff. verstanden. Jesus hat gewirkt als messianischer Evangelist der »Armen« und sich in der Rolle jenes מבשר gesehen, von dem in Jes 61,1 die Rede ist. Seine Verkündigung der Gottesherrschaft steht im Zeichen von Jes 52,7 (vgl. Mk 1,15).

Von dieser Einsicht aus ergibt sich unschwer die Möglichkeit, daß Jesu Botschaft von der (in seinem Wirken bereits anbrechenden) Gottesherrschaft schon zu seinen Lebzeiten als בשורה bzw. שמועה (= Heils-Botschaft vom Kommen Gottes) bezeichnet worden ist. Der schon nach Schlatters Beobachtungen[74] höchst auffällige Semitismus in Mk 1,15 πιστεύετε ἐν τῷ εὐαγγελίῳ erklärt sich auf diese Weise am besten als Tradition[75], und die redaktionelle matthäische Bezeichnung der Botschaft Jesu als εὐαγγέλιον τῆς βασιλείας wird historisch durchsichtig (vgl. Mt 4,23; 9,35; 24,14). Möglicherweise darf man auch in Mk 14,9 ein ursprüngliches Jesuslogion sehen: Wenn dereinst die Botschaft von Gottes Kommen zum Gericht über der Welt ausgerufen wird (vgl. Apk 14,6), wird vor Gottes Richterthron der Tat jener Frau gedacht werden, die Jesus vor seinem Tode gesalbt hat[76].

Nach der synoptischen Aussendungstradition (Mt 10,1–16 Par.) hat Jesus seine Jünger an seiner Verkündigung beteiligt und sie (auf Zeit) ausgesandt, um dieselbe Botschaft auszurichten wie er. Die Ausdrucksweise von Lk 9,6: ἐξερχόμενοι δὲ διήρχοντο κατὰ τὰς κώμας εὐαγγελιζόμενοι καὶ θεραπεύοντες πανταχοῦ legt die Vermutung nahe, daß die Ausgesandten ihren Verkündigungsauftrag wie Jesus im Lichte der mᵉbaśśēr-Tradition von Jes 61,1 ff. und 52,7 verstanden haben.

2. In der Jerusalemer Urgemeinde und dem zu ihr gehörigen Stephanus-

---

[73] Ich versuche im folgenden, meinen eigenen in PaulEv., 207 ff., unterbreiteten Entwurf der christlichen Wort- und Überlieferungsgeschichte zu korrigieren und fortzuführen. In meinem nachstehenden Aufsatz über »Das paulinische Evangelium« werde ich auf die Skizze noch einmal zurückkommen. Vgl. unten S. 157 ff.

[74] A. Schlatter, Der Glaube im Neuen Testament, ⁴1927, 590. Schlatter vergleicht die Formulierung mit TgJes 53,1 (so auch O. Betz in seinem unten S. 55 ff. abgedruckten Referat über »Jesu Botschaft vom Gottesreich«).

[75] R. Schnackenburg, »Das Evangelium« im Verständnis des ältesten Evangelisten, in: Orientierung an Jesus. Zur Theologie der Synoptiker. Für J. Schmid, hrsg. von P. Hoffmann, 1973, (309–324) 320 f.

[76] J. Jeremias, Jesu Verheißung für die Völker, ²1956, 19, und R. Pesch, Das Markusevangelium II, ³1980, 334 f. Die Schwierigkeiten an diesem Verständnis bleibt der eventual-iterative Sinn des ὅπου ἐάν, der nach K. Beyer, Semitische Syntax im Neuen Testament I, 1962, 196 Anm. 2 auch in einem semitischen Originaltext vorauszusetzen ist. Mk 14,9 kann also auch von 13,10 her im Sinne der Mission verstanden werden und ist vom Evangelisten vermutlich so aufgefaßt worden.

kreis sind εὐαγγελίζεσθαι und εὐαγγέλιον für Jesu Botschaft zunächst einfach Übersetzungsausdrücke, die sich von der Septuaginta und ihrer Wiedergabe von biśśēr mit εὐαγγελίζεσθαι her nahelegen. Doch gewinnen die alten Ausdrücke von Ostern und dem nunmehr eschatologischen Sendungsauftrag der Apostel her neuen, vertieften Klang.

Εὐαγγελίζεσθαι kann zwar durchaus seinen allgemeinen Sinn von »verkündigen« beibehalten, wird aber daneben auch zum terminus technicus für die missionarische Botschaft vom Kommen der Gottesherrschaft in Jesu Sendung, Kreuz und Auferweckung (vgl. Apg 5,42). Wenn Paulus die in Jerusalem ebenso wie in Antiochien und Korinth bekannte Paradosis von 1 Kor 15,3 ff. εὐαγγέλιον nennt (1 Kor 15,1), kann dies durchaus alter, von ihm übernommener Sprachgebrauch sein. Auch der Bericht vom Apostelkonzil aus Gal 2,1–10, wonach in Jerusalem über τὸ εὐαγγέλιον τῆς ἀκροβυστίας und τῆς περιτομῆς verhandelt wurde, zeigt, daß die missionarische Evangeliumsterminologie in Jerusalem nicht unbekannt, sondern gebräuchlich war.

3. Ihr eigentliches spezifisches Gewicht scheint diese Terminologie aber erst in der Missionsbewegung gewonnen zu haben, die vom Stephanuskreis ausging und von Antiochien aus weitergetragen worden ist, d. h. in dem die Heidenmission programmatisch vertretenden hellenistisch-jüdischen Missionschristentum. Aufschluß über den Sprachgebrauch dieses (von Paulus mitrepräsentierten) Missionschristentums erhalten wir durch Rückschlüsse aus den Paulusbriefen, aus der Apostelgeschichte und aus der vormarkinischen Evangelientradition.

Paulus verbindet in 1 Thess 1,9 f. + 2,2 ff.; 1 Kor 9,12 ff.; 15,1 ff.; Röm 1,1–7 die Traditionen der Missionspredigt und judenchristliche Überlieferungen so selbstverständlich mit den Worten εὐαγγέλιον (τοῦ θεοῦ oder auch τοῦ Χριστοῦ) und εὐαγγελίζεσθαι, daß man auf einen in den Gemeinden bereits vor seiner Zeit durch die Mission eingebürgerten Sprachgebrauch schließen darf.

Am Sprachgebrauch der Apostelgeschichte fällt auf, daß sie sowohl die Missionspredigt des Petrus (Apg 15,7) als auch des Paulus (Apg 20,24) mit εὐαγγέλιον bezeichnet; damit wird die Redeweise von Gal 2,1–10 auch von Lukas her als allgemein gebräuchlich durchsichtig. Interessanterweise wird aber das Verbum εὐαγγελίζεσθαι in Apg 10,36 ff. auch mit der Verkündigungserzählung von Jesu Sendung und Geschick verbunden, die Petrus im Hause des Cornelius vorträgt. Daß es sich dabei um Tradition handelt, zeigt nicht nur die unlukanische Anspielung auf Jes 52,7 (und Nah 2,1) in V. 36. Es ergibt sich vor allem aus der Beobachtung, daß im Text Gott selbst der Botschafter des Friedens durch Jesus Christus genannt wird[77] und die Verse

---

[77] Vgl. PaulEv., 148.279 Anm. 1.

36 ff. einem von G. N. Stanton[78] näher ausgearbeiteten Midrasch-Pattern folgen. Da der von Petrus vorgetragene λόγος in Apg 10,36–43 nicht einfach eine Kurzfassung des Lukasevangeliums, sondern eher des Markusevangeliums darstellt, bin ich nach wie vor mit C. H. Dodd[79] und M. Dibelius[80] der Meinung, daß wir in Apg 10,36 ff. auf das kerygmatische Grundmuster der von Markus inaugurierten Evangelienschreibung stoßen. Dieses Grundmuster ist vor- bzw. nebenpaulinisch und es zeigt, daß in der Mission nicht nur Jesu Auferweckung proklamiert und seine Wiederkunft angekündigt, sondern auch von den Taten und dem Geschick des irdischen Jesus erzählt worden ist, und zwar im Rahmen alttestamentlicher Schriftverweise.

In der Markustradition scheinen die Zusätze καὶ τοῦ εὐαγγελίου in Mk 8,35 und ἕνεκεν τοῦ εὐαγγελίου in 10,29 auf das Selbst- und Sendungsverständnis der urchristlichen Heidenmissionare neben Paulus hinzuweisen[81]. Auch die Vorstellung aus Mk 13,10, daß vor der Parusie des Menschensohnes »erst das Evangelium an alle Völker ausgerichtet werden muß«, weist in die Denkweise der Heidenmission hinein. Paulus schließt sich dieser Anschauung in Röm 11,13 f.25 ff. an.

4. Nach Gal 1,16 sieht Paulus seinen ihm unmittelbar durch Gottes Offenbarung zuteilgewordenen apostolischen Auftrag darin, Christus unter den Heiden zu verkündigen. Ebenso wie Petrus, die Zwölf, Jakobus und die vor ihm zu Aposteln Berufenen sieht sich auch Paulus durch eine Christuserscheinung zur Verkündigung des Evangeliums autorisiert. Folgerichtig versteht er sein apostolisches Amt und seinen Sendungsauftrag in Analogie zu dem der Apostel vor und neben ihm (vgl. 1 Kor 9,1; 15,8 ff.; Röm 10,14 ff.). Was den Inhalt seines Evangeliums anbetrifft, kann er sich durchaus an die ihm von Damaskus, Jerusalem und Antiochien her bekannte

---

[78] G. N. Stanton, Jesus of Nazareth in New Testament Preaching, Cambridge 1974, 70 ff.

[79] C. H. Dodd, The Framework of the Gospel Narrative, in: ders., New Testament Studies, Manchester 1953, 1–11.

[80] Formgeschichte³, 23 f.232 f.

[81] G. Dautzenberg, Der Wandel der Reich-Gottes-Verkündigung in der urchristlichen Mission, in: G. Dautzenberg (Hrsg.), Zur Geschichte des Urchristentums, 1979, (11–32) 21 ff., möchte hinter dem s.M.n. vormarkinischen Summarium Mk 1,14 f. eine »außerpalästinische urchristliche Missionsbewegung« (23) sichtbar machen, »die ähnlich wie Q die Reich-Gottes-Verkündigung Jesu weitertrug, die . . . zunächst ein Stück gemeinsamen missionarischen und theologischen Weges mit den vor oder hinter Q stehenden palästinischen Überlieferungsträgern gegangen ist, sich aber dann gerade auf Grund eines weiterwachsenden Verständnisses der universalen Bedeutung der Reich-Gottes-Verkündigung Jesu zur Mission unter den Völkern entschloß« (23 f.). Diese Gruppe hat »das Konzept vom εὐαγγέλιον τοῦ θεοῦ ausgebildet« (24) und an Paulus bzw. an die vorpaulinische Missionsgemeinde weitergereicht; in Mk 10,29 (vgl. mit 1 Kor 9,23) 13,10 und 14,9 wird die universale Dimension der Evangeliumsverkündigung dieser Gruppe deutlich. – Ich stimme Dautzenberg in der Perspektive zu, meine aber, es reiche hin, für die von ihm vermutete »Missionsbewegung« den Stephanuskreis verantwortlich zu machen. Der Sprachgebrauch von Mk 1,15 läßt sich über TgJes 53,1 nach Jerusalem (und von dort u. U. sogar zu Jesus selbst) zurückverfolgen (s. oben Anm. 74).

judenchristliche Paradosis anschließen. Daß Paulus auch Jesustradition kennt und zitiert, haben wir uns oben schon verdeutlicht. Was das paulinische Evangelium unverwechselbar macht und den Apostel gelegentlich sogar von »meinem Evangelium« sprechen läßt (Röm 2,16; vgl. auch Gal 1,11; 1 Thess 1,5), ist der Umstand, daß Paulus den auferstandenen und zur Rechten Gottes erhöhten Christus als den für uns gekreuzigten definiert (Gal 3,1; 1 Kor 2,2). Der Inhalt des paulinischen Evangeliums ist Jesus Christus, der uns von Gott zur Weisheit, zur Gerechtigkeit, zur Heiligung und zur Erlösung gesetzt worden ist (1 Kor 1,30). Wer an diesen Christus glaubt, der kraft seines Sühntodes das Ende des Gesetzes als Heilsweg ist, wird ohne des Gesetzes Werke allein aus Glauben gerechtfertigt (Röm 3,28). Das Christusevangelium des Paulus ist wesentlich Rechtfertigungsevangelium! Für dieses Rechtfertigungsevangelium steht der Apostel ein, wo immer und von wem auch Zweifel an seiner Gültigkeit vorgetragen werden (vgl. Gal 2,2ff.11ff.; 2 Kor 11,1ff.; Röm 1,16f.). Mit Paulus erreicht die Wort- und Überlieferungsgeschichte des neutestamentlichen Evangeliums ihren ersten Höhepunkt.

5. Man versteht die Geschichte des Wortes Evangelium im Neuen Testament aber nur dann richtig, wenn man den Sprachgebrauch des Paulus nicht zum alleinigen Maßstab erhebt. In der nachpaulinischen Zeit sind drei Möglichkeiten des Gebrauches von »Evangelium« nachweisbar.

5.1 In der Paulusschule ist die Ausdrucksweise des Apostels maßgeblich geblieben. »Evangelium« ist Inbegriff des durch den Apostel mitgeteilten Mysteriums der verheißenden Errettung, d. h. der Stiftung des Friedens zwischen Gott und den Menschen und zwischen Juden und Heiden in der Sendung Christi, die die Hoffnung auf endzeitliche Errettung in sich schließt (vgl. z. B. Eph 1,13f.; 2,14–3,7; 6,19f.). – Ganz ähnlich ist auch für den 1 Petrusbrief »Evangelium« Äquivalent für die von den Propheten verheißene, in Christus verwirklichte Heilsoffenbarung, d. h. für Gottes ewig bleibendes, durch Christus Leben schaffendes Wort (vgl. 1 Petr. 1,12.23–25; 4,17).

5.2 Neben dieser spezifischen Ausdrucksweise in der Paulusschule und im 1. Petrusbrief ist aber auch die alte offenere Botschaftsterminologie wirksam geblieben: Nach Hebr 4,2.6 ist »Evangelium« einfach die dem alten und neuen Gottesvolk mitgeteilte Heilsbotschaft, der gehorchen muß, wer errettet werden will. In Apk 10,7 und 14,6 meint derselbe Ausdruck die Botschaft Gottes an die Propheten und die durch Engelmund über die ganze Welt ausgerufene Botschaft vom kommenden Gericht Gottes.

5.3 Um die eschatologische Heilsbotschaft (von Jesus Christus) zu bezeichnen, können urchristlich aber auch weiterhin einfach die Worte ἀγγελία (1 Joh 1,5; 3,11); ἀκοή (Gal 3,2.5; Röm 10,16f. und Hebr 4,2); ῥῆμα (Joh 6,68; 14,10; 17,8; 1 Petr 1,25; Hebr 6,5); μαρτυρία (Joh 15,26f.; 1 Joh 1,2; 4,14; Apk

1,9 u. a.) und vor allem λόγος verwendet werden (vgl. nur Joh 1,1–18; 1 Joh 1,1; Jak 1,18; Hebr 4,12 usw.).

Die Missions- und Verkündigungsterminologie des Urchristentums ist also sehr flexibel geblieben. Von einem bewußten Anschluß an die εὐαγγέλια des Kaiserkults ist dabei nirgends etwas spürbar[82].

6. Der Ansatz zur Evangelienschreibung ist im Zeichen der Gleichsetzung von Evangelium mit Christusbotschaft erfolgt. Er wird uns im Markusevangelium besonders deutlich.

M. Hengel hat in seiner Heidelberger Akademieabhandlung über »Die Evangelienüberschriften« gezeigt, daß diese erstaunlich einhellig überlieferten Überschriften alten Datums sind und mit der Verwendung verschiedener Evangelienhandschriften in den Gemeinden zusammenhängen. Mk 1,1 hat bei der Formulierung dieser Überschriften eine maßgebliche Rolle gespielt[83].

Fragt man, wie es zu der markinischen Evangelienschreibung gekommen ist, legt sich m. E. folgender Erklärungsversuch besonders nahe:

6.1 Der Markusentwurf entstand zu einer Zeit, da Jakobus und Petrus den Märtyrertod erlitten hatten und die Christenheit um des heraufziehenden jüdischen Krieges willen auch auf Jerusalem als Hort der Jesusüberlieferung nicht mehr zählen konnte. In dieser Zeit (d. h. in den sechziger Jahren) sollte die für Mission und Katechese gleich wichtige Jesustradition fixiert und so der Gemeinde erhalten bleiben.

6.2 Wie Mk 1,1 ff. 14 f. zeigen, will der Markusentwurf die missionarische Heilsbotschaft von Jesus Christus dadurch identifizieren und geschichtlich konkretisieren, daß Jesu Botschaft und Geschichte als Ursprung und wesentlicher Inhalt der über die ganze Welt auszurufenden Missionsbotschaft (Mk 1,14 f.; 13,10; 14,9) erscheinen. Die Geschichte von Jesu Verkündigung und Geschick zu erzählen, heißt für Markus, den wesentlichen Inhalt des Missionsevangeliums wiederzugeben.

6.3 Die außerordentlich fesselnd erzählte Markusdarstellung baut aller Wahrscheinlichkeit nach auf weithin authentischen Traditionssammlungen auf. Dies gilt besonders für die Passionsgeschichte selbst (R. Pesch), aber auch für den Gleichnisstoff und die Erzählungen von Jesu wunderbaren Zeichenhandlungen.

---

[82] G. Streckers anderslautende Ansicht EWbNT II, 179 f., läßt sich nicht verifizieren.

[83] Die Abhandlung wird 1983 im Druck erscheinen. Hengel schreibt in ihr zum Beschluß: »Festzuhalten ist, daß beim heutigen Stand unseres Wissens die Evangelienüberschriften keinesfalls späte Erzeugnisse des 2. Jahrhunderts darstellen, sondern sehr alt sein müssen. Sie können mit einiger Wahrscheinlichkeit auf die Zeit der Entstehung der vier Evangelien zwischen 70 und 100 selbst zurückgeführt werden und hängen mit der Verarbeitung derselben in den Gemeinden selbst zusammen. Die letzte Wurzel liegt im Sprachgebrauch des Markus zu Beginn seines εὐαγγέλιον Ἰησοῦ Χριστοῦ«.

6.4 Als Rahmen für die Markus (von Petrus her?) überkommenen Materialien bietet sich das vorlukanische Predigt- bzw. Erzählschema von Apg 10,36 ff. an wie kein anderes. Nach diesem Schema verwirklicht sich in der Geschichte Jesu die in Jes 52,7 (Nah 2,1) verbriefte prophetische Verheißung von Gottes endzeitlicher Friedensbotschaft. Die Jesusgeschichte erscheint als »Evangelium Gottes«.

6.5 R. Guelich hat in seinem Aufsatz »The Beginning of the Gospel« – Mark 1,1–15[84], m. E. überzeugend gezeigt, daß Mk 1,1 mit 1,2 f. zusammenzuziehen und zu übersetzen ist: »Anfang des Evangeliums von Jesus Christus (dem Sohne Gottes), wie bei Jesaja, dem Propheten, geschrieben steht: Siehe . . .«. Wenn diese Lesung richtig ist, besteht die Möglichkeit, Mk 1,2–15 im Lichte von 1,1 zu lesen. Es läßt sich aber auch das Erzähl- und Lehrschema von Apg 10,36 ff. auf den Markuseingang beziehen: Der Evangelist scheint seinen Entwurf des Evangeliums an dem in Apg 10,36 ff. (wohl nicht zufällig Petrus zugeschriebenen) erzählten und den jesajanischen Verheißungen von Jes 52,7; 61,1 entsprechenden Evangelium (Gottes) von Jesu Sendung, Heilswirksamkeit, Tod und Erscheinung vor den zuvor (von Gott) bestimmten Oster- und Missionszeugen zu orientieren.

6.6 Was die missionarisch-katechetische Zweckbestimmung der Evangelien anbetrifft, sind Matthäus (vgl. Mt 28,20), Lukas (vgl. Lk 1,4) und das Johannesevangelium (vgl. Joh 20,31) dem Vorbild des Markusevangeliums gefolgt, obwohl sie sich terminologisch von seiner interessanten Formulierung in Mk 1,1 f. gelöst haben. In den alten Evangelienüberschriften ist dann aber doch die nach Mk 1,1 (und Apg 10,36 ff.) konstitutive Beziehung von Evangelium als der einen Heilsbotschaft von Jesus Christus und der Geschichtserzählung von Jesu Sendung, Heilswirken, Passion und Auferweckung bewahrt geblieben. Sie ist sogar zum traditionsgeschichtlichen Kennzeichen der Großgattung Evangelium geworden. Daß mit der Existenz dieser Großgattung die aktuelle Predigt des Evangeliums nicht etwa erstorben ist, sondern bereichert wurde, zeigt der Befund in den sog. apostolischen Vätern, allen voran bei Ignatius von Antiochien.

---

[84] Biblical Research 27, 1982, 5–15. Näheres zu seiner Sicht in seinem Beitrag »The Gospel Genre« unten S. 183 ff.

Gospels Criticism

A Perspective on the State of the Art

E. Earle Ellis

The literary and historical analysis of the Synoptic Gospels has pursued four major paths-source criticism, form criticism, tradition criticism and redaction/composition criticism[1]. All are interrelated and all designed to aid in the reconstruction of the ministry of Jesus and in identifying the particular contributions of the traditioners and of the Evangelists.

The task is quite as open as ever since both the quest of the ›historical‹ Jesus[2] and the analysis of the texts remain contested and unresolved. In this context it is difficult if not impossible to set forth in brief compass the present state of the art and one can, at best, only highlight the issues and topics that seem to be most decisive for understanding the present situation and for projecting the future course of research. To my mind these issues are questions of prolegomena, source criticism and form criticism.

I.

The presuppositions of the investigator govern the historical study of the Gospels more than one might suppose. They include both confessional attitudes and methodological assumptions. A cleavage in world-view, *a priori* assumptions that are ultimately confessional in nature, has marked biblical criticism from its beginnings. In the eighteenth century it was characterized by deism on the one hand and theistic (and pietistic) assumptions on the other[3], assumptions that in recent times have been appropriately

---

[1] There are also other emphases, e.g., audience criticism: J. A. Baird, *Audience Criticism and the Historical Jesus*, Philadelphia 1969.

[2] Cf. J. W. Bowman, *Which Jesus?* Philadelphia 1970; H. K. McArthur, ed. *In Search of the Historical Jesus*, New York 1969; X. Léon-Dufour, *Les évangiles et l'histoire de Jésus*, Paris 1963 (ET: London 1968); H. Ristow, ed., *Der historische Jesus und der kerygmatische Christus*, Berlin 1961; J. M. Robinson, *A New Quest of the Historical Jesus*, London 1959, critiqued by R. P. Martin, ›The New Quest of the Historical Jesus‹, *Jesus of Nazareth Savior and Lord*, ed. C. F. H. Henry, Grand Rapids 1966, 25–45; A. Schweitzer, *Geschichte der Leben-Jesu-Forschung*, 2 Vols., München 1966 (1906; partial ET 1910).

[3] Cf. W. G. Kümmel, *The New Testament: The History of the Investigation of its Problems*, Nashville 1972, 51–62 (GT: 55–73). On its outworking in later criticism cf. the sketch of E. Krentz, *The Historical-Critical Method*, Philadelphia 1975, 55–72.

labeled Cartesian and non-Cartesian[4]. In the criticism of the Gospels the cleavage has manifested itself most significantly in the approach taken to the Gospel accounts of the miracles of Jesus and of his resurrection from among the dead bodies *(ἐκ νεκρῶν)*. In the nineteenth century a naturalistic-psychological (e. g. H. E. G. Paulus; W. R. Cassels) and naturalistic-mythological (e. g. D. F. Strauss) rationalism contrasted sharply with a supernaturalism that was open to and in principle affirmed the miraculous acts attributed to Jesus by the Evangelists[5].

The difference of world-views, which are testable but which are not in the final analysis subject to scientific proof, is represented in recent German theology by R. Bultmann and P. Stuhlmacher respectively. For Bultmann, who in this regard stands in the tradition of D. F. Strauss[6], history and the natural world are a closed continuum of cause and effect, ›a self subsistent unity immune from the interference of supernatural powers‹[7]. This presupposition had a decisive impact on Bultmann's formulation of the form criticism of the Gospels[8]. On the other hand, Stuhlmacher argues for ›an openness to transcendence‹ and affirms that biblical criticism should be pursued theologically in relation to the third article of the Apostles Creed: ›I believe in the Holy Spirit‹[9]. This presupposition also has important implications for Gospels criticism. It bears upon the scholar's perception of the

---

[4] H. Thielicke, *The Evangelical Faith*, 3 Vols., Grand Rapids 1974–1981, I, 30–173 (GT: I, 12–232).

[5] Cf. A. Richardson, ›History and the Miraculous‹, *History Sacred and Profane*, London 1964, 184–212. On Paulus and Strauss cf. Schweitzer (note 2); for a rationalist on the British scene cf. W. R. Cassels, *Supernatural Religion*, London 1902 (²1874), critiqued by J. B. Lightfoot, *Essays on . . . Supernatural Religion*, London ²1893. On the deleterious effects of Cartesian rationalism for other questions cf. F. A. Hayek, *Law, Logic and Liberty*, 3 vols., London 1973–79, I, 8–34; III, 153–176.

[6] Rightly, H. Harris, *David Friedrich Strauss and his Theology*, Cambridge 1973, 272 f.; somewhat differently, G. Backhaus, *Kerygma und Mythos bei D. F. Strauss und R. Bultmann*, Hamburg 1956. Cf. W. G. Kümmel, ›Mythische Rede und Heilsgeschehen im Neuen Testament‹, *Heilsgeschehen und Geschichte I*, Marburg 1965, 153–168. (= *Coniectanea Neotestamentica XI in Honorem A. Fridrichsen*, Lund 1947, 109–131.

[7] R. Bultmann, ›New Testament and Mythology‹, *Kerygma and Myth*, London 1953, 7 (GT: 18); cf. *id., Existence and Faith*, New York 1960, 292. (GT: *TZ* 13, 1957, 411 f.).

[8] Cf. the critique of T. F. Torrance, *Theological Science*, New York 1969, 327–336, who concludes that Bultmann's approach results in ›a travesty of historical method‹ (330).

[9] P. Stuhlmacher, *Schriftauslegung auf dem Weg zur Biblischen Theologie*, Göttingen 1975, 121, 52 (partial ET: *Historical Criticism and Theological Interpretation of Scripture*, Philadelphia 1977, 85); *id., Vom Verstehen des Neuen Testaments*, Göttingen 1979, 205–225, where he (219 f.) perceives his contribution as a supplement to E. Troeltsch's (*Gesammelte Schriften II*, Tübingen 1913, 729–753) axioms on ›Historical and Dogmatic Method in Theology‹. I wonder whether Stuhlmacher has fully appreciated the radical difference between himself and Troeltsch whose own ›dogma‹, as Stuhlmacher rightly sees (*Schriftauslegung*, 15), lay fully within a rationalist view of the world as a closed continuum of cause and effect. At root the theses of Stuhlmacher and of Troeltsch are mutually exclusive.

sociotheological context of the origin and composition of the Gospels, a matter that will be discussed below, and also affects his conclusions about other matters, for example, the locus of ›authenticity‹ in the Gospels.

If one believes that the exalted Jesus spoke by the Holy Spirit through the Gospel traditioners and Evangelists, one cannot limit the ›authentic‹ sayings of Jesus to those judged to have a probability of originating in his earthly ministry. The distinction between preresurrection and postresurrection (terms that also imply a confessional *a priori*) elements in the Gospels will continue to be historically and theologically important, but it will not carry the same significance that it does, say, for those who work within Cartesian assumptions. ›Authenticity‹ will be defined rather in terms of the credentials accorded to the documents claiming to impart a knowledge of the word and works of Jesus.

One's world-view then, enters into one's understanding of the genre of the Gospels. I do not mean here the literary genre as such[10], nor the more advanced question of their status as canonical Scripture[11], but rather their status as historical documents and their role (as we hope to show) as prophetic word in and through which the Holy Spirit is speaking. World-view and historical-literary analysis cannot be separated in any critical study of the Gospels.

Questions of method, which are not unrelated to these theological/ philosophical assumptions and attitudes, also form an important part of the prolegomena to Gospels criticism. They include *inter alia* the relation of history and interpretation in the Gospels, the criteria for ›placing‹ a pericope within the transmission of the tradition and the relationship between the Synoptics and the Fourth Gospel. As for the last question it may simply be observed that Continental scholarship has tended to assume that the Fourth Evangelist knew the Synoptics, or at least the Gospel of Mark; Anglo-American writers have, since the work of P. Gardner-Smith, generally rejected any direct relationship between them[12].

---

[10] On this question some recent studies have given renewed attention to the Gospels as biography. Cf. C. H. Talbert *What is a Gospel?* Philadelphia 1977; C. W. Votaw, *The Gospels and Contemporary Biographies in the Greco-Roman World*, Philadelphia 1970. Somewhat differently, R. Riesner, *Jesus als Lehrer*, Tübingen 1981, 29–32; G. N. Stanton, *Jesus of Nazareth and New Testament Preaching*, Cambridge 1974, 117–136. For a critique of Talbert cf. D. W. Aune, ›The Problem of the Genre of the Gospels. . .‹, *Gospel Perspectives*, 2 vols., ed. R. T. France, Sheffield 1980–81, II, 9–60. See the essays below of L. Abramowski, O. Betz, A. Dihle, R. Guelich, I. H. Marshall and P. Stuhlmacher.

[11] A question that, for the Old Testament, has been addressed by the important book of B. S. Childs, *Introduction to the Old Testament as Scripture*, Philadelphia 1979.

[12] The seminal work was P. Gardner-Smith, *St. John and the Synoptic Gospels*, Cambridge 1938. Cf. also S. S. Smalley, *John: Evangelist and Interpreter*, Exeter 1978, 13–22 and the literature cited; R. E. Brown, *The Gospel according to John*, 2 vols., Garden City NY 1966, 1970, I, XLIV–XLVII; C. H. Dodd, *Historical Tradition in the Fourth Gospel*, Cambridge 1965, 8f.; D.

The relation between history and interpretation may be seen in all its problemage in the classical Quest of the ›historical‹ Jesus. The Quest began with the supposition that history could be extracted from the Gospels like a kernel from the husk; it ended with the growing recognition that the process was more like peeling an onion with history and interpretation intermixed at every layer. Interpretation is indeed present at every level of the Gospel traditions and even in the selection of the traditions. This does not mean that the Gospels are less historical since in them, as in every document purporting to give knowledge of the past, history *is* interpretation.

Bernard Lonergan has reminded us that the word history is employed in two senses, that which is written and that which is written about[13]. It is history in the former sense that is presented to us by the Evangelists or, for that matter, by the modern historian of early Christianity. It provides our only access to the ministry of Jesus, and in it the modern historian is subjectively involved no less (although in a different way) than were the Evangelists in their presentation of Jesus' ministry. In important respects history is in the eyes of the reporter. This has at least two consequences for the study of the Gospels. (1) The interpretive mold of the Gospels is the essence of their historical character. To recognize this one need only imagine the situation if, for our knowledge of Jesus, we had only one continuing videotape of his ministry from the baptism to the resurrection appearances. One would have data but hardly meaningful history. (2) The value of modern reconstructions of the ministry of Jesus and of the origin and transmission of Gospel traditions will depend in considerable measure upon proper presuppositions and interpretive insights: the historical Jesus will always be the historian's Jesus. However, the importance of a proper historical method is not thereby diminished, and Lonergan gives an instructive presentation of the principles and the process by which the critical historian reconstructs (or should reconstruct) the past[14]. In the Gospels one of the components of the process has involved the attempt to establish criteria for ›placing‹ particular elements in the Gospels within the transmission of the traditions.

Certain criteria by which Gospels material could be proved to originate

---

M. Smith Jr., ›John and the Synoptics‹, *NTS* 26 (1980), 425–444. Otherwise: C. K. Barrett, *The Gospel according to St. John*, London ²1978, 42–54. On an early date cf. J. A. T. Robinson, *Redating the New Testament*, Philadelphia 1976, 254–311; F. L. Cribbs, ›A Reassessment of the Date . . . . of the Gospel of John‹, *JBL* 89 (1970) 38–55 and the literature cited. O. Cullmann, *The Johannine Circle*, London 1976, 97 (GT: 101), also dates the original form of the Gospel as early as the Synoptics. The state of research on John requires separate treatment and cannot be included here.

[13] B. Lonergan, *Method in Theology*, New York 1972, 175.

[14] *Id.*, 197–234. Cf. also A. Richardson (note 5), 83–183. On the subjectivity of critical history cf. J. Kenyon, *The History Men*, London 1983.

with the earthly Jesus have received considerable attention. As proposed, they are multiple attestation, absence of ›developed‹ (postresurrection) tendencies, dissimilarity from the idiom or ideas found in Judaism or in early Christianity and coherence with other matter established as ›authentic‹[15]. They raise certain probabilities but produce no ›assured results‹, as the devastating critique of M. Hooker has shown[16]. Multiple attestation, say in Mark, Q and John, establishes the relative earliness of the material, assuming the existence of (independent) sources behind the Gospels, but it does not establish that the material originated in Jesus' ministry. The criterion of dissimilarity is at first blush suggestive, but upon examination it proves to be a weak reed. For it assumes, on the one hand, that a Gospel traditioner or a Christian prophetic oracle could not have used a unique idea or expression and, on the other hand, that Jesus would not have used the idiom found in his own society or among his own followers. The criterion of coherence appears to be caught up in a vicious hermeneutical circle: from the Gospels the scholar extracts passages he believes to be ›authentic‹ and then uses the resulting *Jesusbild* to determine the ›authenticity‹ of passages in the Gospels. The absence of ›tendencies of development‹ most often begs the question, for it only reflects the scholar's assumptions about what the tendencies are. Contrast, for example, A. Schweitzer and his successors with B. H. Streeter's judgement that the tendency of the tradition was to heighten apocalyptic so that the nearer we get to Jesus ›the greater is the emphasis on the present, the gradual and the internal aspects of the Kingdom. . .‹[17]. It is difficult to fault Professor Hooker's conclusion that the scholar's answers when using these criteria ›are very largely the result of his own presuppositions and prejudices‹[18]. The inadequacies of the above criteria throw greater weight upon the question of the burden of proof. Advocates of the criteria often assumed that Gospel materials should be regarded as postresurrection creations unless proven otherwise. Is this view of the burden of proof in accord with good historical method?

In his classic text on historical method E. Bernheim states that the historian, when he properly fulfils his task, ›tests the genuineness and demon-

[15] Summarized by McArthur (note 2), 139–144 (= *Interpretation* 18 (1964) 39–55), who is followed by N. Perrin, *Rediscovering the Teachings of Jesus*, London 1967, 39–47.

[16] M. Hooker, ›On Using the Wrong Tool‹, *Theology* 75 (1972) 570–581; id., ›Christology and Methodology‹, NTS 17 (1970–71), 480–487. Cf. D. R. Catchpole, ›Tradition History‹, *New Testament Interpretation*, ed. I. H. Marshall, London and Grand Rapids 1977, 165–180 and the literature cited.

[17] B. H. Streeter, ›Synoptic Criticism and the Eschatological Problem‹, *Studies in the Synoptic Problem*, ed. W. Sanday, Oxford 1911, 425–436, 434; Schweitzer (note 2).

[18] Hooker (›Tool‹, note 16, 581). Cf. also the discussion in E. L. Mascall, *Theology and the Gospel of Christ*, London 1977, 87–97 and the literature cited.

strates the non-genuineness‹ of his sources[19]. Since the Gospels represent themselves to be an account of the mission and message of the earthly Jesus they, like any other historical documents, should be tested within that context. Equally, the presence of postresurrection elements – the ›ungenuine‹ in Bernheim's axiom – must be demonstrated and, with careful analysis, can be demonstrated.

In the past generation, however, a critical dogma arose in the form of a methodological thesis: a Gospel tradition is to be ascribed, without further ado, to the postresurrection church unless its origin in Jesus' ministry can be demonstrated[20]. Criticizing this approach, W. G. Kümmel rightly concludes that while one must take full account of the inworking of later elements in the tradition, the burden of proof lies upon those asserting the postresurrection origin of the material since in the Gospels we meet the kerygma in the form of a tradition of the words and deeds of Jesus' preresurrection mission[21]. In this he agrees with Bernheim's axiom: unless the characteristics of genuineness are tested and shown to be lacking and those for ungenuineness established, the evidence of the document in question should be received in the context within which it is given.

The proper assignment of the burden of proof does not relieve the student of the tasks of testing, demonstrating and then ›placing‹ a particular passage within the transmission and development of the Gospel traditions. Tradition criticism and redaction/composition criticism have attempted to do this. Tradition criticism, which seeks to trace the history of a particular tradition in the process of transmission, logically includes redaction/composition criticism, that is, the contribution of the Evangelist (or final editor) himself to the present form of a Gospel[22]. In practice it has usually rested on two assumptions, (1) classical form criticism and the traditional two-document source hypothesis and (2) established ›tendencies‹ in transmission based upon them. However, since the first assumption has a doubtful historical basis (as we hope to show below) and the second is equally open to question[23], the discipline of tradition criticism has become an exercise in uncertainties and can be used only with considerable qualifications.

Redaction/composition criticism goes back at least to William Wrede[24]

---

[19] E. Bernheim, *Lehrbuch der historischen Methode*, New York 1965 (1908), 332.

[20] E. Käsemann, ›The Problem of the Historical Jesus‹ (1954), *Essays on New Testament Themes*, London 1964, 37 (GT: *Exegetische Versuche und Besinnungen I*, Göttingen 1960, 205); H. Conzelmann, ›Jesus Christus‹, *RGG*[3] III (1959), 623; Robinson (note 2), 38; Perrin (note 15), 39.

[21] W. G. Kümmel, ›Jesusforschung seit 1950‹, *TR* 31 (1966), 42f.

[22] Cf. Catchpole (note 16), 165–174.

[23] Cf. E. P. Sanders, *The Tendencies of the Synoptic Tradition*, Cambridge 1969, esp. 272–279.

[24] W. Wrede, *The Messianic Secret*, Cambridge 1971 (1901), 68, 218, 228f. (GT: 67, 216f., 227f.): the unmessianic (or pre-messianic) character of Jesus' ministry conflicted with the post-

and one might even say to F. C. Baur[25]. In the English-speaking world its modern form was anticipated in the first part of this century by *inter alia* B. W. Bacon[26], R. H. Lightfoot[27], G. D. Kilpatrick[28], N. B. Stonehouse[29], and A. Farrer[30]. Similar work[31] has continued into the present[32]. However, the discipline has received its characteristic shape from German scholars who, with their well-known energy and intensity, have over the past thirty years published a formidable array of titles under the designation of *Redaktionsgeschichte*[33]. In this context it has forged important new paths of investigation but also has presented students with at least three major problems. (1) Like tradition criticism, it has been built upon the twin pillars of classical form criticism and the two-document source hypothesis. As a method of research, then, it is no stronger than the underlying pillars although individual contributions may stand the test of other form-critical and source-critical assumptions. Also, (2) as J. Rhode has shown, there is a considerable diversity of viewpoints even among the scholars of this closely related group. For example, is Matthew's community a universalist hellenistic church using traditions of the strict Christian Hebrews (G. Strecker; W. Trilling); or is it still a part of Judaism, a mixed group whose antinomian and legalist extremes Matthew must oppose (G. Barth; G. Bornkamm; R. Hummel)? Is Mark's Gospel an invitation to Christians fleeing the Jewish war to meet the Lord at his parousia in Galilee (W. Marxsen), or does it approach an existential ›Johannine‹ eschatology that has no imminent

---

resurrection teaching that he was Messiah and was explained by Mark in terms of a concealed Messiahship.

[25] F. C. Baur, *Das Markusevangelium nach seinem Ursprung und Charakter*, Tübingen 1851: the Judaizing attitude of Matthew and the opposing Paulinist character of (the original) Luke were brought into ›neutrality‹ by Mark. Cf. Kümmel (note 3), 139 (GT: 171 f.).

[26] B. W. Bacon, *Studies in Matthew*, New York 1930.

[27] R. H. Lightfoot, *History and Interpretation in the Gospels*, London 1935.

[28] G. D. Kilpatrick, *The Origins of the Gospel according to St. Matthew*, Oxford 1946, 59–139.

[29] N. B. Stonehouse, *The Witness of Matthew and Mark to Christ*, Grand Rapids 1944; *id., The Witness of Luke to Christ*, Grand Rapids 1951.

[30] A. Farrer, *A Study in Mark*, London 1951; *id., St. Matthew and St. Mark*, London 1954.

[31] E.g. G. N. Stanton, ›Matthean Scholarship since 1945‹. *Aufstieg und Niedergang der römischen Welt*, II, 25,2, ed. H. Temporini, Berlin 1983 forthcoming; J. P. Meier, *The Vision of Matthew*, New York 1979; W. H. Kelber, ed., *The Passion in Mark*, Philadelphia 1976; E. E. Ellis, *Eschatology in Luke*, Philadelphia 1972; I. H. Marshall, *Luke: Historian and Theologian*, Exeter 1970; E. Best, *The Temptation and the Passion: Markan Soteriology*, Cambridge 1965; M. Hooker, *The Son of Man in Mark*, London 1967; A. Guilding, *The Fourth Gospel in Jewish Worship*, Oxford 1960.

[32] Examples of commentaries stressing composition criticism are R. H. Gundry, *Matthew*, Grand Rapids 1982; E. E. Ellis, *The Gospel of Luke*, London and Grand Rapids [3]1981; P. Carrington, *According to Mark*, Cambridge 1960.

[33] Cf. the survey of J. Rohde, *Rediscovering the Teaching of the Evangelists*, London 1968 (GT: *Die redaktionsgeschichtliche Methode*, Hamburg 1966); cf. also S. S. Smalley, ›Redaction Criticism‹, *New Testament Interpretation* (note 16), 181–195.

chronological expectation of the End (J. Schreiber)? Is Luke-Acts an apologetic ›salvation history‹ synthesis of the conflict between Jesus' original apocalyptic message and the fact of the non-appearance of the parousia (H. Conzelmann) or the correction of an earlier view that identified the parousia with Jesus' resurrection (H. W. Bartsch)? Such divergencies illustrate the problems present in this discipline, especially in the continuing task of analysing motives and guidelines by which the Evangelists' themes are identified and their background and rationale inferred.

Finally, (3) a Hegelian dialectic reminiscent of W. Wrede and F. C. Baur[34] continues to play a subtle but influential role in the work of some of the *redaktionsgeschichtlichen* scholars. In its most usual form the apocalyptic expectation of Jesus and the earliest church (*thesis*) encounters the problem of the delay of the parousia (*antithesis*) and is resolved by a salvation-history theology (*synthesis*) of Luke-Acts (H. Conzelmann) or of all the Gospels (G. Strecker). This dialectical *Denkmethode* fosters, quite apart from the historical questions as such, an inference or implicit assumption that the Gospels are a response to conflict. It also creates *a priori* a caesura between Jesus and the Gospels and thereby imposes a substantive and not only a chronological distance between them.

Further progress in redaction/composition criticism may require, then, both a reassessment of its historical-philosophical assumptions and an appropriate regard for new developments in source and form criticism on which its conclusions are dependent. To these new developments we may now turn our attention.

II.

The relationship of the Gospels to one another was of interest already in the patristic church[35], but only in the modern period did it express itself in terms of written sources behind the Gospels. With the supposition of an ›original Gospel‹ (*Urevangelium*), apparently first made by G. E. Lessing in 1784, the history of source criticism of the Gospels began[36]. The contem-

---

[34] See above, notes 24, 25. Cf. Ellis (note 31), 17 (GT in *Das Lukasevangelium*, ed. G. Braumann, Darmstadt 1974, 394).

[35] According to Eusebius (*HE* 6, 14, 5) Clement of Alexandria cites a tradition that the Gospels with geneologies (Matthew, Luke) were written first, that Mark wrote the substance of Peter's preaching during the Apostle's lifetime and that John, knowing the others, wrote a spiritual Gospel. Augustine (*de consensu evan.* 1, 3f.) states the order as Matthew, Mark, Luke, John, with Mark as the epitomizer of Matthew and each one writing with knowledge of his predecessors; Matthew wrote in Hebrew, the others in Greek.

[36] The best brief history is W. R. Farmer, *The Synoptic Problem*, Dillboro NC ²1976, who gives an impressive critique of the two-document hypothesis and (less persuasively) argues for Griesbach's theory (199–283). Cf. further W. R. Farmer, ›The Synoptic Problem‹, *Perkins*

poraneous theory of J. J. Griesbach posited no written sources, supposing that Luke was dependent on Matthew and Mark dependent on both. While it remained popular until the mid-nineteenth century, the theory of Gospel sources set the trend of the future.

Building chiefly on the work of J. G. Eichhorn (1794), Herbert Marsh of Cambridge gave an important initial impetus to the two-document hypothesis. He argued that in addition to a Hebrew (Aramaic) document of facts (א), used in different recensions by all three Synoptists, there was a second Hebrew (Aramaic) document (ב) ›containing a collection of pre-cepts, parables and discourses‹ that was used in different copies by (only) Matthew and Luke[37]. The two documents, later associated respectively with Papias' references to Mark and Matthew[38], were identified in the ongoing research with an *Ur-Markus* (H. J. Holtzmann) or essentially Mark (B. H. Streeter) and with a sayings *(λόγια)* source designated Q. In the late nineteenth and early twentieth century this two-document hypothesis, with variations, became dominant among Protestant biblical scholars[39] although it was not universally endorsed either in German[40] or Anglo-American circles[41]. In recent scholarship it has continued to have a wide following[42] and

---

Journal 33 (1980), 20–27. But see also Kümmel (note 3) and S. Neill, *The Interpretation of the New Testament 1861–1961*, London 1964.

[37] H. Marsh, ›The Origin and Composition of our Three First Canonical Gospels‹, in an appendix to J. D. Michaelis, *Introduction to the New Testament*, 4 vols, London [4]1823 (1799–1801), III, ii, 161–409, 191f., 368, 374n. Cf. Kümmel (note 3), 78 (GT: 92).

[38] E.g. by C. H. Weisse. Cf. Farmer (note 36), 17; Kümmel (note 3), 149–155 (GT: 182–191). Cf. Eusebius, *HE* 2, 15, 1f.; 3, 39, 15f.: According to Papias ›Mark became Peter's interpreter and wrote accurately all that he remembered . . . [from] Peter, who gave the teachings, but not making an arrangement of the Lord's sayings *(λογίων)* . . .; Matthew compiled the sayings *(λόγια)* in the Hebrew language. . .‹ It should be noted that the ›sayings‹ of Matthew no more exclude narrative material than the ›sayings‹ Mark compiled. Cf. T. Zahn, *Introduction to the New Testament*, 3 vols., Grand Rapids 1953 ([3]1909), II, 510f. (GT: II, 261f.).

[39] The most influential English-speaking publications were from an Oxford circle: B. H. Streeter, *The Four Gospels: A Study of Origins*, London 1924; *Oxford Studies in the Synoptic Problem*, ed. W. Sanday, Oxford 1911. Streeter added a special Matthean (M) and a special Lukan (L) source to make a four-document hypothesis. He (201–222) and others supposed that Q and L were combined to form a Proto-Luke; cf. V. Taylor, *The Passion Narrative of Luke*, Cambridge 1972 and the literature cited. But see Ellis (note 32), 26; J. A. Fitzmyer, *The Gospel according to Luke I*, Garden City NY 1981, 89 ff.

[40] E.g. Zahn (note 38, II, 607–615; III, 109 = GT: II, 328–334, 408 ff.), who was probably the most erudite New Testament scholar of his day, gave priority to an Aramaic Matthew (AD 62; based on oral traditions) which was used by Mark (AD 67); Luke (AD 75) used Mark and ›other similar documents‹ but not Matthew. Zahn's (II, 400–427 = GT: II, 187–204) survey of the history of the problem is still instructive. For a somewhat similar assessment cf. A. Wikenhauser, *New Testament Introduction*, New York 1958, 252f.

[41] Farmer (note 36, 196), J. Chapman (*Matthew, Mark and Luke*, London 1937), E. W. Lummis (*How Luke Was Written*, Cambridge 1915), H. G. Jameson (*The Origin of the Synoptic Gospels*, Oxford 1922) and J. H. Ropes (*The Synoptic Gospels*, Cambridge MA 1934) thought Luke used Matthew. C. F. Burney (*The Poetry of our Lord*, Oxford 1925, 8, 74f.), noting that the

has become the basis of more far-reaching reconstructions, so that one may read essays today purporting to set forth the hypothetical theology of the hypothetical community of the hypothetical document Q. But can the theory bear the weight of such speculations or of the increasing objections raised against the theory itself?

Criticism of the two-document hypothesis has centered on the alleged priority of Mark and several objections to the hypothetical source Q[43]. (1) Q has never been shown to be one document, and (2) its character and limits are difficult if not impossible to establish. (3) It is, some charge, an unnecessary assumption since the Synoptic problem can be resolved without invoking such a hypothetical source. The last objection was supported *inter alia* by A. Farrer[44] and, together with an attack on Markan priority, by B. C. Butler[45]. In recent years it has been pursued persistently by a ›task force‹ of a considerable number of scholars made up largely but not altogether of advocates of a new Griesbach hypothesis[46].

The denial of the existence of Q on Griesbachian or similar premises, presupposing as it does that Luke used Matthew, involves its own set of problems. It must explain, for example, why Luke shifted the order of so much of his Matthean source and why some of the Matthean matter appears more original in Luke than in Matthew[47].

The objection to the alleged unity of Q poses a more weighty problem. V. Taylor sought to establish that Q was one document by showing that it had a

---

parallelisms in Mark vis-a-vis Matthew are often broken and inferior, concluded that Q was used by all three Evangelists. The broken and inferior form of some Markan explicit midrash patterns vis-a-vis Matthew's also speaks against a simple Matthean dependence on Mark; cf. E. E. Ellis, *Prophecy and Hermeneutic*, Tübingen and Grand Rapids 1978, 159n, 251 f.

[42] Recently, Fitzmyer (note 39), 63–85; cf. H. Conzelmann, ›Literaturbericht zu den synoptischen Evangelien‹, *TR* 37 (1972), 220–272; 43 (1978), 3–51. Cf. A. Polag, *Die Christologie der Logienquelle*, Neukirchen 1977; see his essay below.

[43] At least one writer, J. M. Rist, *On the Independence of Matthew and Mark* (Cambridge 1978), is reminiscent of the view of B. F. Westcott (*An Introduction to the Study of the Gospels*, London 1888, ¹1860, 192–209) that both Gospels were the product of oral tradition. Cf. also J. W. Wenham, ›Synoptic Independence. . .‹, *NTS* 27 (1981), 505–515.

[44] A. Farrer, ›On Dispensing with Q‹, *Studies in the Gospels*, ed. D. E. Nineham, Oxford 1955, 55–86, 85: Matthew amplified Mark and Luke used them both. Cf. also Farrer's student, M. D. Goulder, *Midrash and Lection in Matthew*, London 1974, xiii, 452–471.

[45] B. C. Butler, *The Originality of St. Matthew*, Cambridge 1951, 21 f., 48, 165, 170 f.: Greek Matthew is a translation of a Palestinian Aramaic Matthew and is a direct source of both Mark and Luke. Cf. further D. Wenham, ›The Synoptic Problem Revisited‹, *Tyndale Bulletin* 23 (1972), 3–38, who argues for the secondary character of Mark 4 vis-a-vis Matthew.

[46] The major stimulus has come from Farmer's work (note 36). Cf. B. Orchard, *Matthew, Luke and Mark*, Manchester 1976, a forerunner to a synopsis highlighting Griesbach's order; J. J. Griesbach: *Synoptic and Text Critical Studies 1776–1976*, ed. B. Orchard, Cambridge 1978 and the literature cited. For a critique of this viewpoint cf. C. M. Tuckett, *The Revival of the Griesbach Hypothesis*, Cambridge 1983.

[47] E.g. the occasion and form of the Lord's Prayer (Lk 11:1–4).

common order in Matthew and Luke[48]. However, some of the order only reflects that which is common to all three Gospels[49], and some Q episodes do not in fact have the same order in Matthew and Luke[50]. J. A. Fitzmyer recognizes the force of this and speaks only of ›the remnant of a common sequence‹ observable in the Gospels[51]. But such an admission has already conceded the point: the mixed order/disorder of the Q material in Matthew vis-a-vis Luke speaks not only against Luke's use of Matthew but also against the unity of Q. It is more readily explained by Matthew's and Luke's independent use of several tracts or cycles of tradition[52], a conclusion that also accords with the form critical observation that the Gospel traditions were first written as short tracts[53]. It is probable that the non-Markan material common to Matthew and Luke comes from more than one written source.

The objection concerning the uncertain nature and extent of Q is equally serious. The mass of contradictory scholarly opinion about this matter is well summarized by S. Petrie[54]: Q is a single document, a composite document, several documents. It incorporates earlier sources; it is used in different redactions. Its original language is Greek; it is Aramaic; Q is used in different translations. It is the Matthean *logia*; it is not. It has shape and sequence; it is a collection of fragments. It is a Gospel; it is not. It consists wholly of sayings; it includes narrative. It is all preserved in Matthew and Luke; it is not. Matthew's order of Q is correct; Luke's is correct; neither is correct. It is used by Mark; it is not used by Mark.

Traditionally and strictly defined, Q is non-Marken material common to Matthew and Luke. But such material appears also in episodes of the triple tradition, i. e. those appearing in all three Synoptic Gospels, as can be observed in the so-called minor agreements of Matthew and Luke against Mark[55]. F. Neirynck[56] and others have shown that these agreements are not

---

[48] V. Taylor, ›The Original Order of Q‹, *New Testament Essays*, ed. A. J. B. Higgins, Manchester 1959, 264–269; cf. W. G. Kümmel, *Introduction to the New Testament*, Nashville ²1975, 65 f.

[49] E.g. the sequence Baptism → Temptation.

[50] E.g. sayings in Matthew's Sermon on the Mount that are scattered in Luke.

[51] Fitzmyer (note 39), 77.

[52] Cf. G. Bornkamm, *RGG*³, II, 756. However, the close verbal agreement of much of the material suggests written rather than oral sources.

[53] Cf. Ellis (note 32), 27 ff.

[54] S. Petrie, »›Q‹ is only What You Make It‹, *NT* 3 (1959), 29 f.

[55] Episodes found in both Mark and Q include teachings (Mk 1:7 f.; 3:22–27; 4:10 ff., 30 ff.; 12:1–12, 18–27, 28–34, 35 ff.), narratives (Mk 1:12 f.; 6:7–13; 9:2–10; 11:1–10; 15:42–47) and miracles (Mk 4:35–41; 5:21–43; 6:32–44; 9:14–29). The fact was recognized but minimized as a problem by Streeter (note 39), 295–331. Cf. Farmer (note 36), 118–152.

[56] F. Neirynck, *The Minor Agreements of Matthew and Luke against Mark*, Leuven 1974. Cf. T. Schramm, *Der Markus-Stoff bei Lukas*, Cambridge 1971; E. E. Ellis, ›The Composition of Luke 9 and the Sources of its Christology‹, *Current Issues in Biblical and Patristic Interpretation*, ed. G. F.

minor. For a considerable number of triple-tradition episodes they indicate either that all three Gospels are using Q material or that Matthew and Luke (assuming their mutual independence and Markan priority) are using both Mark and Q material. When these agreements are given their full weight, Q could well be understood as a (derivitive of a) primitive Gospel or Gospels postulated by earlier criticism on which all three Synoptics are in one way or another dependent[57]. In the present state of affairs source criticism appears either to have come full circle or to have reached something of an impasse. In any case it is difficult to disagree with M.-E. Boismard's judgement that both the two-source theory and the Griesbach theory are too simple to account for all the literary facts in the Gospels whether or not one can accept his resolution of the problem[58]. It may be that new developments in the form criticism of the Gospels will enable the student to cast fresh light upon their sources.

III.

Form criticism, going behind the sources of the Gospels, seeks to establish the original setting and to trace the history of the oral and literary forms in which the words and deeds of Jesus were transmitted. To do this it must (1) combine a literary analysis of the Gospels with (2) a historical reconstruction of the sociotheological context (*Sitz im Leben*) of the ministry of Jesus and of his earliest followers and, in the process, (3) rightly relate these two factors to the origin and development of the Gospel traditions. Only with the accomplishment of this three-fold task can it achieve its goal of a credible historical picture of the beginnings of the Gospel tradition, that is, the occasion and causes that gave rise to it and the forms in which it was transmitted.

Beginning about sixty five years ago with the work of German scholars, form criticism in its initial phase was decisively shaped by R. Bultmann and M. Dibelius[59]. As a method of literary analysis it marked a clear and permanent advance that was, in principle, accepted by almost all New Testament

---

Hawthorne, Grand Rapids 1975, 121–127 (FT: in *Jésus aux origines de la christologie*, ed. J. Dupont, Gembloux 1975, 193–200).

[57] W. Schmithals (*Das Evangelium nach Markus*, 2 vols., Gütersloh 1979, I, 43–70) takes this route, positing a primitive source (*Grundschrift*) and Q[1] behind Mark and all three behind Q which, with Mark, are (as in the traditional two-document theory) the sources of Matthew and Luke. For a criticism of Schmithal's theological assumptions and inferences, particularly the caesura he draws between Jesus and the post-resurrection period see the essay below of P. Stuhlmacher.

[58] M.-E. Boismard, ›The Two-Source Theory at an Impasse‹, NTS 26 (1980), 1–17.

[59] R. Bultmann, *History of the Synoptic Tradition*, New York [5]1963 (1921); M. Dibelius, *From Tradition to Gospel*, New York [2]1965 (1919).

scholars. As it was shaped by its early practitioners, however, it was rejected by a number of scholars for *inter alia* its philosophical assumptions, for its presupposed picture of the ministry of Jesus and for the influence of both of these factors upon its form-critical analysis[60]. On the philosophical/theological side, for example, Bultmann's ›closed‹ world-view[61] and his quasi-Marcionite attitude toward the Old Testament[62] were hardly without influence on his judgement that the miracle stories and the Old Testament citations and expositions in the Gospels were secondary accretions[63]. Also, the sharp caesura that he drew (also for theological reasons) between Jesus and the earliest church was not unrelated to his sceptical attitude to the question of preresurrection traditions in the Gospels[64].

More important, perhaps, were the historical assumptions on which the classical form criticism was erected. P. Stuhlmacher lists some of them[65]:

1. The Gospel tradition began to be fixed only when the early Christian expectation of a soon end to the world faded.

2. It arose from (1) remembrances of Jesus' words and deeds and (2) the preaching and teaching of Christian missioners, both of which were freely elaborated, reinterpreted and transformed by the Christian communities.

3. Its geographical and chronological framework rested not on historical memories but were wholly the editorial creations of the Evangelist.

4. It mixed words of the exalted Jesus through Christian prophets indiscriminately among the traditioned words of the earthly Jesus.

In brief we may characterize these assumptions as delayed fixation, uncontrolled folkloric transmission, dialectical opposition of tradition and redaction, and inclusion of prophetic dominical oracles. To them we may add three more:

5. The tradition had an extended initial period of exclusively oral transmission.

6. It first consisted of isolated units and proceeded progressively toward larger collections.

---

[60] On criticisms from the older literature cf. Riesner (note 10), 6ff.; Ellis (note 41), 238; E. Güttgemanns, *Candid Questions Concerning Gospel Form Criticism*, Pittsburgh 1979, 37–52 (GT: 35–43).

[61] See above, note 7.

[62] R. Bultmann, ›The Significance of the Old Testament for the Christian Faith‹, *The Old Testament and the Christian Faith*, ed. B. W. Anderson, New York 1963, 31f.: . . . ›to the Christian faith the Old Testament is no longer revelation as it has been, and still is, for the Jews‹. It ›is not in the true sense God's word‹. Cf. my foreword to the English translation of L. Goppelt, *TYPOS: The Typological Interpretation of the Old Testament in the New*, Grand Rapids 1982, xif.

[63] The suggested alternative that they were a result of his form-critical analysis is altogether unlikely.

[64] Cf. Ellis (note 41), 240 and the literature cited.

[65] Stuhlmacher (note 57).

7. Its progress may be seen and to some extent reconstructed on the basis of the two–document source hypothesis.

Each of these assumptions is open to question. We have observed above some of the problems of the two-document hypothesis. The postulate (point 6) of a uniform and gradual progression from isolated paradigms to larger wholes was recognized by the early form critics to have an exception in the Passion story. It also does not accord with the way the Evangelists themselves, the final traditioners, handle their sources, omitting and reformulating as well as adding material. There is also some probability of this multifold process in play at earlier stages. For example, some of the independent Old Testament quotations and some of the collected parables in the Gospels are apparently not drawn from isolated units but are the result of the breaking up and reformulation of prior expositions (*midrashim*) containing both biblical citations and parabolic illustrations[66]. Apart from these observed phenomena, if the transmission of the Gospel traditions was a controlled process (see below), the whole idea of isolated units gradually coalescing into larger wholes falls by the wayside.

The theory of an initial exclusively oral transmission (point 5) of the tradition was taken over by classical form criticism from J. G. Herder via H. Gunkel[67] and was also, under the influence of B. F. Westcott[68], a tacit assumption in much of British scholarship. It was thought to be supported (already by Westcott) from the early Christians' expectation, rather imprecise to be sure, of a near-term end of the world. But this was shown to be wrong with the discovery of the library of the Qumran sect, a group that combined an intense apocalyptic expectation with prolific writing. There are other historical objections to a purely oral stage of transmission of Gospel traditions[69]. (1) Literacy was widespread in Palestinian Judaism. (2) The occasion that necessitated written teachings in early Christianity, the separation of believers from the teaching leadership, was already present in the earthly ministry of Jesus, in Galilee and also in Judea. (3) The bilingual background of his followers also would have facilitated the rapid written formulation and transmission of at least some of his teachings. (4) Even among the establishment rabbis of the first century the teaching process was apparently not totally oral[70].

If C. H. Dodd was perhaps too constructive in the schematic ›framework

---

[66] Ellis (note 41), 161 f., 252. Cf. Sanders (note 23).
[67] Cf. Kümmel (note 3), 330 (GT: 422 f.). See below, note 78.
[68] Westcott (note 43), 165–184, 207–212.
[69] Cf. Ellis (note 41), 242–247. I did not, as some mistakenly thought, rule out oral transmission altogether, nor did E. Güttgemanns, note 60, 105 (GT: 79), 142 f. (ET only).
[70] Cf. J. Neusner in *JSJ* 4 (1973), 56–65; Gerhardsson, *Origins* (note 93), 22 ff.

of the Gospel narrative‹ that he attributed to the earliest tradition[71], K. L.
Schmidt probably went too far in the other direction when he ascribed
virtually the total geographical and chronological framework of the Gospels
to the creation of the Evangelists (point 3)[72]. He went too far particularly (1)
in his assumption that the Gospel traditions were first transmitted solely
(apart from the Passion story) as isolated units, (2) in his total reliance on the
two document hypothesis (Markan priority) and (3) in his *Denkmethode* that
imposed *ab initio* a sharp dialectic (*entweder/oder*) between traditional and
editorial matter. That is, Schmidt did not give adequate allowance for
distinctions between editorial and editorial *de novo*. For example, the central
section of Luke (9:51–19:44), the so-called ›travel narrative‹, is as it stands
clearly a Lukan editorial arrangement; yet (assuming Luke's dependence on
Mark) it is also traditional, being built upon the framework he found in
Mark 10–11 (and Q?)[73]. Today's students have the task of better distinguishing the Evangelists' editorial reworking of traditions from editorial *de novo*
and thus, while they can build on the insights of Schmidt, they will need to
revise some of his assumptions.

In classical form criticism oral transmission was linked to the further
postulate of an uncontrolled and communal, folkloric context with the
inevitable conclusion that the fixation of the tradition was both late and
unreliable. The lateness of fixation (point 1) should now be reconsidered in
the light of (1) the likelihood discussed above of at least some written
transmission from the beginning, (2) a greater complex of written sources
behind the Gospels than had earlier been supposed and (3) the observation
that the Synoptic Gospels (and Acts) display no knowledge of any events
after AD 70.

Re the last point at least one event, the destruction of Jerusalem in AD 70,
was the subject of several prophecies of Jesus, one that is preserved with
elaboration in all three Synoptics and in underlying non-Markan *Vorlagen*[74].
C. H. Dodd demonstrated that Lk 19:42–44 and 21:20–24 were ›composed
entirely from the language of the Old Testament‹, i. e. from its picture of the
fall of Jerusalem in 586 BC, and were not only not colored by the event of
AD 70 but are, in a number of details, actually at odds with that event[75]. With

---

[71] C. H. Dodd, ›The Framework of the Gospel Narrative‹ (1932), *New Testament Studies*,
New York 1953, 1–11; cf. T. W. Manson, *Studies in the Gospels and Epistles*, Manchester 1962,
3–27.

[72] K. L. Schmidt, *Der Rahmen der Geschichte Jesu*, Darmstadt 1964 (1919).

[73] A few episodes in the section appear to have both Q and Markan *Vorlagen*.

[74] Mk 13 parr. Cf. L. Hartman, *Prophecy Interpreted*, Lund 1966, 172, 226–235; Schramm
(note 56), 171–182. Cf. also Mt 22:7 (?=Q); 23:37–39 (Q); Lk 19:41–44; 13:33ff. (Q).

[75] E.g. ›dash your children to the ground‹ (Lk 19:44; cf. Hos 10:14); ›flee to the mountains‹
(Lk 21:21). Cf. C. H. Dodd, ›The Fall of Jerusalem and the »Abomination of Desolation«‹

variations[76] Dodd's observation holds true for the other Synoptics' predic-
tions of the destruction of Jerusalem. Since the Evangelists elsewhere often
reformulate or elaborate Jesus' word in the light of their own situation, the
wording of these prophecies gives considerable support to a pre-70 (or about
70) *terminus ad quem* for the publication of the Synoptic Gospels[77].

The uncontrolled transmission of the Gospel traditions (point 2), understood largely from the analogy of folk traditions, owed more to J. G.
Herder's eighteenth-century romanticism[78] than to an analysis of first-
century Jewish practices and rightly raised a number of questions[79].

(1) The limited chronological framework, first of all, does not inspire
confidence in the analogy: the development of ›holy word‹ traditions over a
few decades in a relatively small and closely knit religious group is quite a
different matter from the development of folk traditions over a century or
more. (2) The postulate was also at odds with conceptions about the transmission of religious traditions that were present in early Christianity (I Cor
11:23; 15:1–3) and rabbinic Judaism, as O. Cullmann, H. Riesenfeld, B.
Gerhardsson and R. Riesner have shown[80]. Finally, (3) it is difficult if not
impossible, in a continuous traditioning process, to account for the transition from folkloric (communal) oral transmission with its milieu and techniques to the (individual) written result in the Gospels with its milieu and
techniques[81].

On the inclusion of prophetic oracles of the risen Lord (point 4)[82] I believe
that the classical form critics were in principle correct. However, the practice

---

(1947), *More New Testament Studies*, Manchester 1968, 69–83, 79. Items important in AD 66–70
but not present in Luke: factional fighting, famine, cannibalism, fire.

    [76] There are some allusions to Old Testament references to the fall of Samaria, as there are in
Luke (cf. Dodd, note 75, 74f., 78).

    [77] Cf. Robinson (note 12), 13–30, 86–117; E. E. Ellis, ›Dating the New Testament‹, *NTS* 26
(1980), 488 (FT: in *Communio* 7, 1982, 76).

    [78] Cf. Güttgemanns (note 60), 178–191 (GT: 120–132); Kümmel (note 3), 79–82 (GT: 94–98).

    [79] Cf. Riesner (note 10), 11–17; G. N. Stanton, ›Form Criticism Revisited‹, *What About the
New Testament*, ed. M. Hooker, London 1975, 20f.

    [80] O. Cullmann, *La tradition*, Neuchatel 1953 = ›The Tradition‹, *The Early Church*, London
1956, 57–99; H. Riesenfeld, ›The Gospel Tradition and its Beginnings‹, *TU* 73 (1959), 43–65 =
The Gospel Tradition, Philadelphia 1970, 1–29; B. Gerhardsson, *Memory and Manuscript*,
Uppsala 1961; Riesner (note 10).

    [81] Cf. Güttgemanns (note 60), 136–139, 200–211 (GT: 103ff., 140–150).

    [82] E.g. Mt 18:20; Lk 11:49ff. (Q), on which cf. E. E. Ellis in *ExpT* 74 (1962–63), 157f.; cf. *id.,
Paul's Use of the Old Testament*, Grand Rapids ²1981, 107–112; J. D. G. Dunn, ›Prophetic »I«
Sayings. . .‹, *NTS* 24 (1977–78), 175–198; M. E. Boring, *Sayings of the Risen Jesus*, Cambridge
1982 (speculatively) and the literature cited. In addition one should compare here not only Rev
3:20, *etc.*, but also the ›I‹ sayings in The Odes of Solomon 10:4ff.; 17:6–16 *et passim*, in Melito's
Paschal Homily 101ff. and in the Qumran *Temple Scroll* 29:8ff., *passim*. Otherwise: D. Hill, ›On
. . . the Creative Role of Christian Prophets‹, *NTS* 20 (1973–74), 262–274; *id., New Testament
Prophecy*, London 1979, 146–185.

was not as extensive as they supposed and must be demonstrated for each passage considered.

The above criticisms of some of the assumptions of classical form criticism are not all of equal force, and they will not be equally persuasive to all. But they do, I believe, reveal fundamental weaknesses that warrant a reassessment of the discipline and a restructuring of it on firmer historical foundations. Such restructuring will need *inter alia* to take fully into account first-century Jewish attitudes and practices re the handling of religious tradition as well as the charismatic, prophetic character of the ministry of Jesus and of the primitive church.

IV.

A major obstacle to a satisfying historical reconstruction of Gospel origins has been a false dichotomy between Spirit and form, charism and order, that has plagued New Testament studies for several generations. It has a complex background that cannot be detailed here. In brief, it is rooted partly in nineteenth century philosophy, partly in mistaken inferences: extensive church structure sometimes drove out the Spirit; therefore powerful, Spirit-carried movements must have driven out structure. But the facts are otherwise.

In the modern church spiritual power has gone hand in hand with a recognition of order – in the Reformation, the Wesley revivals and the modern Pentecostal groups and churches. Only on the fringes and extremes of these movements did order give way to *Schwärmerei*. The same was true of the New Testament church where sweeping spiritual power was manifested in the context of ordered ministries. As M. Goguel has rightly noted, even when ›the second generation succeeded to the first . . . ministries did not undergo a sharp change. . . The emphasis in the conception of ministry merely shifted somewhat. We should be stating the problem in terms too narrow if we implied that it was only a question of an institutional ministry being substituted for a charismatic one‹[83].

Certainly in the burgeoning Spirit-carried mission of the early Christians, say, of Paul, there was less emphasis on ›order‹. But there was not an absence of it, and there was not the opposition between charism and order that some modern writers have supposed[84].

The writings of the Qumran sect help us in this matter, as they do in others, to get a clearer picture of the situation in the community of Jesus. At

---

[83] M. Goguel, *The Primitive Church*, London 1964 (1947), 119 f.

[84] Cf. Ellis (note 41), 10–13. I address this in more detail in a forthcoming monograph on ministry in the Pauline church. Otherwise: E. Schweizer, *Church Order in the New Testament*, London 1979 (1961).

Qumran the Teacher of Righteousness and the highly gifted, Spirit-oriented *maskilim*, who have remarkable affinities with the pneumatics in the Pauline communities, exercised their ›prophetic‹ ministries in the context of a highly structured religious organization[85].

A candid recognition of the two-fold character of the ministry of Jesus and his apostles, charismatic and ordered, has important implications for a proper understanding and reconstruction of the origins of the Gospel traditions. On the one hand Jesus in his activities was, as M. Hengel has rightly emphasized[86], a charismatic in the fullest sense, whose ministry included a prophetic ἐξουσία[87] and discernment[88], an experience of visions[89] and a Spirit-impelled power to a degree that even his family supposed that he was ›beside himself‹ (ἐξέστη)[90]. After Pentecost his followers, or certainly the leaders among them, manifested the same spiritual power, zeal and exalted states[91]. The recognition of early Christianity, including the Gospel traditioners, as a self-consciously and intensely prophetic movement[92] is an essential prerequisite to understanding its mission and its literature.

On the other hand, as B. Gerhardsson and more extensively R. Riesner have underscored, Jesus was a teacher who in his upbringing had been schooled in the Scriptures and in their traditional interpretation[93]. In all likelihood he was also knowledgeable in the methods of transmission of religious teaching used in Torah-centric Judaism. As his ministry is represented to us by the Gospels and their sources, he gave revolutionary new interpretations of Scripture, making use of patterns and techniques of exposition (*midrash*) known to us from Philo and rabbinical writings[94] and also employing Hillel's rules of interpretation[95]. His disciples who were sent out

---

[85] Cf. Ellis (note 41), 57 ff.; O. Betz, *Offenbarung und Schriftforschung in der Qumransekte*, Tübingen 1960, 88–99, 110–142.

[86] M. Hengel, *The Charismatic Leader and his Followers*, New York 1981, esp. 63–71 (GT: *Nachfolge und Charisma*, Berlin 1968, 70–79).

[87] Lk 4:18–21, 24–27 parr; Mk 1:22 parr.

[88] Mk 5:30; Lk 8:46 (? = Q).

[89] Lk 10:18; Mk 9:2–10 (plus Q); Mt 4:2–11 (Q); cf. Jn 1:48.

[90] Mk 3:21 f.; cf. Acts 10:38.

[91] E.g. Acts 4:8; 5:3; 13:1 ff. 9 ff.; 16:18; 26:12–24; II Cor 12; cf. Lk 21:15; Jn 7:38 f.

[92] Mt 5:12 *(πρὸ ὑμῶν)*; 10:41; 13:52; Lk 11:49 (Q); 21:15.

[93] Gerhardsson (note 80), 225 ff., 324–335; *id., The Origins of the Gospel Traditions*, Philadelphia 1979, 67–77; Riesner (note 10), 206–276. Cf. S. Westerholm, *Jesus and Scribal Authority*, Lund 1978, 126 f.

[94] E.g. proem and yelammedenu midrashim in Mk 12:1–10 + Q; Mk 12:18–27 + Q; cf. Ellis (note 41), 157 ff., 247–253. Cf. R. T. France, *Jesus and the Old Testament*, London 1971; P. Borgen, *Bread from Heaven*, Leiden 1965.

[95] Inference *a fortiori* (1) and by analogy (2); generalization (3); contextual explanation (7) in Lk 12:24 (קל וחומר); 6:1–5 (גזירה שוה); Mk 12:26 (. . . בניו אב); Mt 19:4–8 (מעינו . . .). For the rules cf. H. L. Strack, *Introduction to the Talmud and Midrash*, New York 1969, 93 f. (GT:

›to teach‹ (Mk 6:30) and the Gospel traditioners who transmitted his word and story manifested similar characteristics.

Classical form criticism recognized the presence of ›charismatic‹ and ›ordered‹ elements in the formation of the Gospel traditions but, if the arguments above are sound, it failed to provide a satisfactory explanation of their relationship and of the context of their transmission. The question arises, therefore, whether there is an alternative reconstruction which can give a more adequate account of the role and relationship of charism and order in the origin and transmission of the Gospel tradition. The approaches of Hengel and Gerhardsson, modified in the light of each other, offer insights and pointers that can facilitate scholarly research in this area. There is also another group of closely analogous traditions that may aid in understanding the way in which the Gospel traditions were transmitted. They are the traditions in the New Testament letters and Acts.

V.

In some recent research the Gospels and Epistles are recognized to display affinities that suggest a similar context and process of transmission of their respective traditions. (1) Both are attributed to persons in the same or related apostolic circles. (2) Both are, in part, products of a corporate enterprise in which an apostolic figure as the leading contributor and overseer is aided by and uses traditions composed by others. (3) Both give indications that their traditions were composed by the same or related circles of highly gifted pneumatics, i. e. prophets and teachers.

1. The letters of James, I Peter and the Pauline corpus were written by apostles who, on the evidence of Paul and his sometime companion Luke[96], worked in a cooperative relationship with one another and shared their common and/or particular traditions, even as they pursued their different missions and theological emphases[97]. The letters and the book of Acts connect their authors with men who according to second-century sources

---

95–99). Further, cf. E. E. Ellis, ›The OT in Early Christianity‹, *Compendia Rerum Judaicarum ad Novum Testamentum*, edd. S. Safrai *et al.*, II, ii, forthcoming.

[96] On Lukan authorship cf. recently Ellis (note 32), 40–51; Fitzmyer (note 39), 35–53. On the apostolic authorship of these letters cf. F. Mussner, *Der Jakobusbrief*, Freiburg 1975, 1–23; J. N. D. Kelly, *The Epistles of Peter and Jude*, London 1969, 30–33. Cf. Robinson (note 12), *passim* and the literature cited; W. C. van Unnik, *Sparsa Collecta II*, Leiden 1980, 69–82 (on I Peter).

[97] Gal 1:18; 2:1, 9; I Cor 3:22–4:1; 9:5; 11:16, 23ff.; 14:33ff.; 15:3–7; Rom 15:25; Acts 11:29f.; 12:25; 15:6–35; 21:17f.; cf. II Pet 3:15f.; Jude 17f. with I Tim 4:1. Cf. Cullmann (note 80), 72f.; Gerhardsson (note 80), 296–302; G. D. Kilpatrick, ›Gal 1:18‹, *New Testament Essays*, ed. A. J. B. Higgins, Manchester 1959, 144–149. This differs, of course, from the theory of the nineteenth-century scholar F. C. Baur (and his heirs) who, for all his genius, wrongly identified Peter (and James) with Paul's opponents and made his exegesis too much the servant of his Hegelian philosophy. Cf. Ellis (note 41), 86–95, 102–124, 230–236; *id.* (note 77), 494ff. (FT: 82ff.).

wrote the Synoptic Gospels[98], relating both Peter and Paul to Mark[99] and Paul and James to Luke[100]; Acts puts James and Matthew together in Jerusalem[101]. These relationships are mentioned in a matter of fact and incidental fashion without apologetic purpose and have a high degree of historical probability.

More significantly, the letters reveal that Paul (and his congregations)[102] and Peter[103] and James[104] know a number of Synoptic traditions. They rarely cite them as such, apparently because (1) they know their recipients have already received Jesus-traditions that were deliberately transmitted separately as a special kind of tradition[105] and because (2) as prophets who ›have the mind of Christ‹ and apostles who are conscious of being his authorized representatives (שׁלּיחים) and whose teaching is thus his teaching[106], they have no need to do so. Peter is apparently Paul's source for many such dominical traditions (Gal 1:18). He, along with others of the twelve later associated with the writing of Gospels (Matthew, John), played an important role, as Gerhardsson has reminded us, in the initial proclamation and transmission of the teachings of Jesus[107]. But do the twelve have the special role in the

---

[98] E.g. Papias (see note 38); Irenaeus, adv. haer. 3,1,1; Muratorian Canon. For an evaluation of some second-century traditions see the essays below of L. Abramowski and M. Hengel.

[99] Col 4:10f.; II Tim 4:11; Plm 24; I Pet 5:13; Acts 12:12–25; 13:5, 13; 15:37ff. Although conceivable, I now think it improbable that the ›Hebraist‹ Mark of Acts and Colossians is different from the ›Hellenist‹ Evangelist and companion of Peter: Mark apparently followed the pilgrimage of Peter (Acts 10:28) from kosher to lax observance. Cf. V. Taylor, St. Mark, New York ²1966, 26–31; but see G. Dix, Jew and Greek, London 1955, 73ff.; Ellis (note 41), 127n. See the essay below of P. Stuhlmacher.

[100] Re Paul: Col 4:14; II Tim 4:11; Plm 24; Acts 16:10–17; 20:5–21:17; 27:1–28:16 (›we‹). Re James: Acts 21:17f. (›we‹).

[101] Acts 1:13f.; cf. 12:12–17, 25.

[102] The fleeting references to Jesus' teachings in I Cor 7:10; 9:14 (I Tim 5:18) are hardly meaningful unless a broader knowledge of them by the congregations is presupposed, as is rightly observed by Gerhardsson (note 80, 304ff.), H. Riesenfeld (The Gospel Tradition, Philadelphia 1970, 11–18 = TU 73, 1959, 51–56) and D. L. Dungan (The Sayings of Jesus in the Churches of Paul, Oxford 1971, 146–150). Cf. D. C. Allison in NTS 28 (1982), 1–32; D. Wenham, ›The Synoptic Apocalypse‹, Gospel Perspectives (note 10), II, 345–375. This broader knowledge is confirmed in I Cor 11:23; 15:3; cf. Col 2:8; Cullmann (note 80), 64–69. Otherwise: Goulder (note 44), 144–170; id., The Evangelists' Calendar, London 1978, 227–240, who thinks that, while Paul knew Markan traditions, Matthew drew from Paul's letters. More likely is Dodd's (note 71, 53–66) view that Matthew and Paul had traditions in common.

[103] E.g. I Pet 1:10f. (Lk 10:24 = Mt 13:17); 2:7 (Mk 12:10 + Q); 2:12 (Mt 5:16); 4:13f. (Mt 5:11f. = Lk 6:22f.).

[104] The letter of James shows special affinities with Matthean traditions, e.g. Jas 1:5, 6, 22f.; 2:5, 13; 4:10; 5:12. Cf. Riesenfeld (note 102); Mussner (note 96), 47–52; J. B. Mayor, Epistle of James, London ³1910, lxxvff.

[105] See above, note 102; cf. I Pet 1:12. See the essay below of B. Gerhardsson.

[106] Cf. I Cor 2:16; 14:37; K. H. Rengstorf, ›ἀπόστολος‹, TDNT I (1964/1933), 424–443; C. K. Barrett, ›Shaliaḥ and Apostle‹, Donum Gentilicium, ed. E. Bammel, Oxford 1978, 88–102.

[107] Cf. Kilpatrick (note 97); Gerhardsson (note 80), 220–225, 329–332; Cullmann (note 80). Cf. Acts 2:14; 6:2.

transmission of Gospel traditions that Gerhardsson has attributed to them?

The apostles of Jesus Christ are nowhere in the New Testament limited to the twelve, not even in Luke-Acts[108]. Although the twelve, the first named apostles, had a ›ministry of the Word‹ that doubtless included the transmission of Gospel traditions[109], they were not the only ones engaged in that activity[110]. According to Luke those who originally ›transmitted‹ (παρέδοσαν) such traditions were ›from the beginning eyewitnesses (αὐτόπται) and ministers of the Word‹, one group with a two-fold qualification that went beyond the twelve and may have included the seventy[111]. They were very likely, as Luke seems to imply, ›men who accompanied (Jesus) . . . . beginning from the baptism of John until the day when he was taken up‹[112]. Although not limited to the twelve, they are represented as qualified witnesses (μάρτυρες) who had followed (ἀκολουθεῖν) Jesus, had been taught (μαθητεύειν, διδάσκειν) by him and had in turn taught others. Each of these attributes was, as Gerhardsson has illustrated, characteristic of the pupils of rabbis who were qualified to transmit their master's teachings[113]. However, there are also differences from the rabbinic practice. (1) Jesus' ›call to follow‹ appears to have closer affinities, as we shall observe below, with a prophetic than with a rabbinic model. And (2) there is some evidence that in the New Testament the transmitters of Jesus-traditions did not work as separate and individual authorities but as part of a corporate or group endeavor. This leads to two further affinities between traditions in the Gospels and in the Epistles.

2. Although the (Synoptic) Evangelists are probably identified correctly by the second-century sources[114], their individual role may be overstated

---

[108] They include, at least, Cleopas, another apostle, ›the eleven and those with them‹ (cf. Lk 24:9f., 33; 24:13, αὐτῶν, with 24:10, ἀποστόλους), Barsabbas, Matthias and others (cf. Acts 1:22–26; 10:41; 13:31 with 1:2f.; Lk 24:33–43), Paul and Barnabas (Acts 14:4, 14). Cf. Ellis (note 32), 132–135.

[109] So, Gerhardsson (note 80), 242–245; Lk 6:13; Acts 6:4; cf. 2:42.

[110] *Pace* Gerhardsson. Cf. W. D. Davies, *The Setting of the Sermon on the Mount*, Cambridge 1964, 472–476; R. A. Culpepper, *The Johannine School*, Missoula MT 1975, 215–246.

[111] Lk 1:2. In my view Lk 10:1f., 17–20 is a traditional piece supplemented (10:3–16) from other sources and not Lukan editorial *de novo*. Mark was probably an adolescent disciple of the earthly Jesus (Mk 14:51f.; cf. Acts 12:12).

[112] Acts 1:21f.

[113] E.g. Lk 5:11; 11:1; Mt 13:52; 27:57; 5:1f.; Mk 9:31; 6:30; Acts 1:22; 10:39; cf. Gerhardsson (note 80), 183ff., 194.

[114] The arguments against these identifications are conveniently summarized in W. G. Kümmel, *Introduction to the New Testament*, Nashville ²1975, 49, 95–246 (GT: 53–212), but they are not decisive and often rest on questionable assumptions, e.g. that a Palestinian could not write Greek or be ignorant of (or indifferent to) local geography or that an apostle would not use traditions edited by a non-apostle. Of highest probability for Luke and Mark the tradition was apart from John undisputed, is without a satisfactory alternative and is inherently not improbable: one must resist the modern tendency to assume that in early Christianty only unknowns knew how to write.

there and indeed, with the possible exception of Luke[115], it is difficult to assess with any precision. In some of these sources, however, Matthew[116], Mark[117] und John[118] are presented as arrangers of Gospel traditions whose work, in the case of Mark and John, is then ratified by others. That is, they are participants in a corporate enterprise.

In first-century sources Mark appears similarly as a co-worker with Peter and Silas (I Pet 5:12 f.) and earlier with Paul and Barnabas (Acts 13:6). In the latter case he is described as a minister $(\dot{v}\pi\eta\rho\acute{e}\tau\eta\varsigma)$ in the proclamation of the word of God, a term that Luke uses earlier of those who transmitted Gospel traditions (Lk 1:2). More significantly, Luke represents ›the ministry $(\delta\iota\alpha\kappa o\nu\acute{\iota}\alpha)$ of the Word‹ in Acts 6:4, which would have included Jesus-traditions, as a corporate activity of the twelve. And his mention of the ›many‹ who drew up a ›narrative‹ $(\delta\iota\acute{\eta}\gamma\eta\sigma\iota\varsigma,$ Lk 1:1) possibly refers to the corporate composition of one document, as the singular may suggest[119], rather than the individual composition of many narratives. There is then considerable historical evidence that points to the composition of the Gospels and/or their traditions as a group activity. Does the literary criticism of the Gospels support this perception?

As the traditional form and source criticism have shown, despite all their foibles and unresolved problems, the individual evangelist is not the creator *de novo* of the Gospel attributed to him. He is – Mark also[120] – at least dependent on sources that are the work of others. For example, Matthew uses special exegetical traditions that appear to reflect the work of a circle of

---

[115] Cf. H. J. Cadbury, *The Making of Luke-Acts*, London 1927. He notes (169–183) parallels between Luke and Josephus on the treatment of sources but gives no attention to possible parallels between them in the use of secretaries and writing assistants $(\sigma\nu\nu\varepsilon\rho\gamma o\acute{\iota})$, a matter that remains and needs to be explored. Cf. Josephus, *c. Apion.* I, 50 = I, 9; H. St. J. Thackeray, ed., *Josephus*, 9 vols., London 1926–1965, I, xv; II, xv–xix; IV, xiv–xvii. More generally, see the essay below of I. H. Marshall.

[116] ›Matthew collected $(\sigma\nu\nu\varepsilon\tau\acute{\alpha}\xi\alpha\tau o)$ the sayings‹ (Papias in Eusebius *HE* 3, 39, 16).

[117] ›Mark became Peter's interpreter $(\dot{\varepsilon}\rho\mu\eta\nu\varepsilon\nu\tau\acute{\eta}\varsigma)$ and wrote‹; . . . . ›Peter ratified $(\kappa\nu\rho\tilde{\omega}\sigma\alpha\iota)$ the writing $(\gamma\rho\alpha\varphi\acute{\eta})$ for study‹ (Papias in Eusebius *HE* 3, 39, 15; 2, 14 f.). ›Interpreter‹ is better understood as ›expositor‹, perhaps a gifted expounder (מליץ as in I QH 2:13 f.; cf. I Cor 14:26), than as ›translator‹. Cf. J. Behm, ›$\dot{\varepsilon}\rho\mu\eta\nu\varepsilon\acute{\nu}\omega$‹, *TDNT* II (1964/1935), 663 n.; Ellis (note 41), 57 ff. See above, note 98.

[118] In a garbled reminiscence (?) in the Muratorian Canon: ›When (John was) exhorted by his fellow-disciples and bishops (to write). . ., it was revealed to Andrew, one of the apostles, that John was to write all things in his own name, and they were all to certify‹ (recognoscentibus).

[119] This point was made by Herbert Marsh (note 37) almost 200 years ago; he thought that Luke referred to a primitive (Hebrew) Gospel.

[120] H. W. Kuhn, *Ältere Sammlungen im Markusevangelium*, Göttingen 1971; Schmithals (note 57), I, 34 f.; cf. R. Pesch, *Das Markusevangelium*, 2 vols., Freiburg 1976–1977, I, 39: in its arrangement the first half of Mark is determined by pre-Markan collections of teachings and miracles, the second half by the pre-Markan passion story. See the essay below of R. Pesch.

highly skilled prophets and/or teachers (Stendahl)[121], and the same may be said of the cycle of midrashic prophecies and vision-prophecies used by Luke in his infancy narrative (Ellis)[122]. Did the Evangelist, however, work on his own in the final composition of his Gospel? Luke leaves few if any clues pointing to collaborators even if, given the custom of the day, his use of an amanuensis can be assumed. But John and perhaps Matthew hint at collaboration at the final stage of their composition[123]. Finally, the fact that apart from Luke[124] the Gospels give no pointers to the identity of the author may suggest that he produced his work with the aid of colleagues.

These observations do not confirm Gerhardsson's hypothesis of a college of twelve apostolic traditioners. But they are in accord with a qualified form of that hypothesis and raise probabilities that take us beyond the vague ›community formation‹ theories of classical form criticism. The examination of the transmission of other kinds of tradition in early Christianity may yield still firmer conclusions.

The New Testament letters reflect more than one sociotheological context (*Sitz im Leben*), that of the final composition and that of any preformed traditions within them. In their final form they are not, except perhaps for the Johannines and Hebrews, the product of one creative individual working on his own. Paul's letters disclose the presence of amanuenses[125] and co-senders[126] who, along with the author, had an influence in greater or lesser degree on the form and content of the letters. I Peter similarly reflects the use

---

[121] K. Stendahl, *The School of St. Matthew*, Lund c. ²1968, ix f., 30–35.

[122] Lk 1:5–2:40. Cf. Ellis (note 32), 27 ff., 57 f., dependent on A. Schlatter *Das Evangelium des Lukas*, Stuttgart 1931, 201 f.; P. Winter in *NTS* 1 (1954–55), 121; in *ZNTW* 47 (1956), 217–242; 49 (1958), 65–77; in *BJRL* 37 (1954–55), 328–347.

[123] Jn 19:35; 21:24; Mt 13:52; cf. O. Cullmann, *The Johannine Circle*, London 1976, 8–11 (GT: 9–11); Culpepper (note 110); R. E. Brown, *The Community of the Beloved Disciple*, London 1979; Stendahl (note 121), 204 ff.

[124] Lk 1:3; Acts 1:1; 16:10 *et passim* (›we‹).

[125] Rom 16:22; I Cor 16:21; Gal 6:11; Col 4:18; II Th 3:17; Plm 19. Cf. O. Roller, *Das Formular der Paulinischen Briefe*, Stuttgart 1933; Ellis (note 77), 497 ff. Roller (17–20) shows that the amanuensis did not merely take dictation but often had a more substantial influence. This might be expected in New Testament letters if the amanuensis were himself a gifted pneumatic and co-worker in ministry.

[126] E.g. I Cor 1:1; II Cor 1:1; Gal 1:2; Phil 1:1; cf. H. Conzelmann in *NTS* 12 (1965–66), 233 ff. Some letters may have been primarily composed by the co-sender. According to E. G. Selwyn (*First Epistle of St. Peter*, London 1946, 17, 369–384) Silas = Silvanus may have been a ›joint author‹ of I–II Thessalonians (and I Peter). Less likely, E. Schweizer (*Colossians*, London 1982, 23–26; GT: 26 ff.) and W. H. Ollrog (*Paulus und seine Mitarbeiter*, Neukirchen 1979, 219–233, 241 f.) suggest Timothy as the ›author‹ of Colossians, written during Paul's Ephesian imprisonment.

of an amanuensis (or co-author)[127] and, judging from the customary writing practice[128], the same can be assumed for James[129].

While there is considerable evidence for a corporate participation in the composition of the apostolic letters, it is more difficult to identify traditions within the letters that are composed (1) by others who (2) worked in a group. For one must establish both the context for the writing of traditions within the apostolic missions and also the traditional status of a particular pericope.

The most direct insight into apostolic praxis concerning the formation and transmission of ›holy word‹ traditions is the apostolic decree in Acts 15. Whether the decree is the product of the Jerusalem council, as is probable[130], or whether it was appended from another context, it is in either case a contemporary representation of how apostolic traditions were formulated and transmitted. It is the result of discussion and biblical exposition by the teaching leadership (15:6) who, having discerned the will of the Holy Spirit (15:28), commission two prophets among them to write a regulation (and letter)[131] and transmit it to the distant congregation(s). Admittedly, the decree reflects a special situation involving a disagreement between certain evangelists from the Jerusalem mission (15:24) and those from the mission based on Antioch, but *mutatis mutandis* it is not in principle different from regulations formulated in common or within a particular apostle's mission to deal with other questions.

To support this four brief examples must suffice. (1) The household regulations (*Haustafeln*) that are present with variations in letters of different apostles are too similar to have been formed entirely independently. They appear to be particular expressions and elaborations of common principles that have been worked out together or created by one apostle or apostolic

---

[127] I Pet 5:12. Cf. Selwyn (note 126). L. Goppelt (*Der Erste Petrusbrief*, Göttingen 1978, 347 ff.) takes Silas to be the author. Cf. Acts 15:22 f. (see below, note 131); Eusebius *HE* 4, 23, 11 re I Clement; Ignatius, *ad philad.* 11:2. Cf. Zahn (note 131), II, 535.

[128] Even the brief letters of Bar Kokhba (†AD 135) were written through secretaries; Y. Yadin in *IEJ* 11 (1961), 45, 50. According to Roller (note 125, 7–14, 353–358) to write a page of c. 150 words on papyrus could take a skilled writer about one hour.

[129] Although the relatively good Greek might suggest an amanuensis, it would not be unusual for a Palestinian Jew. Cf. Ellis (note 41), 245 ff.; *id.* (note 77), 497 and the literature cited. The book of Revelation also suggests that John had assistants in its composition: although Jesus (or God) imparts the visions to John, he is said to ›make known‹ or ›show‹ (δεικνύειν) the revelation to his ›servants‹, i. e. John's fellow prophets (Rev. 1:1; 22:6).

[130] The problem of its present location arose primarily from the traditional but mistaken equation, Acts 15 = Gal 2. If the equation, Acts 11 = Gal 2, is followed, that problem is removed. Cf. the perceptive comments of F. F. Bruce, *Galatians*, Grand Rapids 1982, 3–18, 43–56, 105–128; *id.*, *Acts: English Text*, Grand Rapids [13]1977, 298–302; *id.*, ›Galatian Problems‹, in *BJRL* 51 (1968–69), 292–309; 54 (1971–72), 250–267.

[131] Acts 15:23: γράψαντες διὰ χειρὸς αὐτῶν. Cf. T. Zahn, *Die Apostelgeschichte*, 2 vols., Leipzig 1919, 1921, II, 534 f.

circle and shared with others[132]. More significantly, (2) rules concerning the conduct of prophetesses and wives show that it is not a matter of later writers adopting Pauline teachings, as much critical orthodoxy supposes, since they are explicitly stated already by Paul to be the custom in ›the churches of God‹ and › of all the churches of the saints‹[133]. (3) The listings of virtues and vices, together[134] or separately[135], also appear to have been a traditional (and traditioned) motif common to the Jacobean, Pauline, Petrine and Johannine missions. They have an important link with Gospel traditions[136] and are rooted in Old Testament exposition (midrash)[137] and in the ethical imperative of ›putting off‹ (*ἀποτίθεσθαι*) their pre-Christian lifestyle and ›putting on‹ (*ἐνδύεσθαι*) conduct appropriate to believers. While the listings are variously expressed and only loosely parallel, they have sufficient in common to justify the assumption of underlying, commonly shared tradition(s). Some of the lists are introduced with formulas that indicate a cited tradition[138] or are connected with traditions previously delivered[139]. Finally, (4) in certain expositions of the Old Testament different New Testament writers also draw on common traditional interpretations[140].

These illustrations show, I believe, that the several apostolic missions shared various types of tradition, either jointly formulated (on the analogy of Acts 15) or created individually within one of their circles. And there is some probability that the individuals formulating such pieces worked within a leadership circle (perhaps like that in Acts 13:1–3) which first heard and then helped to bring into final form a particular authoritative word for

---

[132] Eph 5:22–6:9; Col 3:18–4:1; Tit 2:2–10; I Pet 2:18–3:7. Clement is aware that such rules were observed also in Corinth (I Clem 1:3). Cf. also Philo, *de decal.* 165–167; ps-Phocylides 179–225 (cf. P. W. van der Horst in *ZNTW* 69 (1978), 196–200. For various views of the origin and occasion of the *Haustafeln*, not our concern here, cf. J. E. Crouch, *The Origin and Intention of the Colossian Haustafeln*, Göttingen 1972, 9–31; D. L. Balch, *Let Wives be Submissive: the Domestic Code in I Peter*, Chico CA 1981.

[133] I Cor 11:16; 14:33; cf. I Tim 2:11–15; E. E. Ellis, ›The Silenced Wives of Corinth‹, *New Testament Textual Criticism*, ed. E. J. Epp, Oxford 1981, 213–220.

[134] Rom 13:12–14; Gal 5:19–23; Eph 4:28f., 31f.; 5:3–5; Col 3:5, 8, 12–15; Jas 3:14–4:2; I Pet 2:1f.; 4:3, 7–9. Cf. S. Wibbing, *Die Tugend- und Lasterkataloge im Neuen Testament*, Berlin 1959; H. Conzelmann, *I Corinthians*, Philadelphia 1975, 100f. (GT: 121f.) on I Cor 5:10f.

[135] E.g. Phil 4:8; I Tim 6:11; II Pet 1:5–7 (virtues). Rom 1:29–31; Tit 3:3; Rev 9:20f.; 21:8; 22:15 (vices).

[136] Mk 7:21f. par.

[137] I Pet 3:9–12; I Tim 1:9f.

[138] Eph 5:5; I Tim 1:9f.: *τοῦτο γινώσκοντες (εἰδὼς) ὅτι*; cf. II Tim 3:1.

[139] I Cor 6:9 *οὐκ οἴδατε ὅτι*); Phil 4:8f. (*μανθάνειν, παραλαμβάνειν*).

[140] E.g. in the rejected stone typology of Rom 9:33 and I Pet 2:6ff. C. H. Dodd (*According to the Scriptures*, London 1952, 41ff.) showed that both writers were dependent on pre-existing tradition. More broadly, the temple typology in Mk 14:58; Jn 2:19f.; Acts 7:48; 15:16ff.; I Cor 3:16; Eph 2:19–22; I Pet 2:4–8 also is a commonly shared motif rooted in the teachings of Jesus. Cf. Ellis, *Paul's Use* (note 82), 86–98. Cf. also Rom 12:19 with Heb 10:30.

the churches. Who were those who performed this task with such authority
that their teachings were incorporated into the apostolic letters?

3. Professor Gerhardsson's conception of a controlled transmission of
Gospel traditions marked a clear advance beyond earlier form criticism, but
his rabbinic analogy has faced a number of problems. One of them is the
evident freedom with which the tradition is handled. While there are few if
any historical grounds to suppose that the traditioners created events in
Jesus' life, as much of classical form criticism assumed, it is clear that, unlike
the rabbis, they not only preserved but also altered and elaborated the
tradition of Jesus' teachings as well as the description of events[141]. Furthermore, Jesus' call to leave all and follow him appears to have a better analogy
in Essene (Qumran) than in rabbinic attitudes[142]. At the same time Jesus'
ministry also has affinities with rabbinic practices[143]. It represents a *tertium
quid* for which no analogy fully suffices, but in the realm of his teaching and
its transmission the prophetic dimension is of decisive significance.

Jesus was certainly perceived by others to be a prophet[144], a designation
that he did not reject but even used of himself with respect both to his
teachings and to his destiny to be persecuted and killed[145]. His claim to
possess the Spirit is also the assertion of a prophet, and the importance of the
prophetic Spirit in his ministry goes beyond the (relatively few) explicit
references[146]. The same Spirit is promised to his followers[147], and the Gospel
traditioners and the Evangelists are very conscious of being heirs of this
promise. This is evident from the prominence they give to the Baptist's
prophecy (Mk 1:8 parr) and their occasional inclusion of oracles from the
risen Jesus[148]. Already in the earthly ministry of Jesus the apostles, in their
missions, stand in the role of prophets whether the Spirit has been imparted
to them[149] or, perhaps not very different, whether the Spirit of Jesus is active
in their use of his name. Very probably the apostolic traditioners regarded
themselves as fulfilling a prophetic role not only in their preaching and

---

[141] E.g. Mt 4:2–11, as is recognized also by B. Gerhardsson, *The Testing of God's Son*, Lund
1966. It appears to elaborate Jesus' disclosure of a vision experience, like that in Lk 10:18; see
above, note 89.

[142] Cf. Hengel (note 86), 50–60 (GT: 55–67) and the literature cited. Cf. I QM 2:7; 3:2; 4:10;
CD 4:3f.

[143] See above, notes 94 and 95.

[144] Mk 6:15; 8:28; cf. 8:11; 14:65 + Q; Lk 7:39.

[145] Mk 6:4 par; Jn 4:44; Lk 13:33f.

[146] E.g. Mt 12:28 (Q); cf. Mk 3:28f. + Q; Mt 11:5 (Q) = Isa 61:1. Cf. J. Jeremias, *New
Testament Theology I*, London 1971, 75–80 (GT: 81–84); M. A. Chevallier, *Souffle de Dieu*, Paris
1978, 227–239 (the Synoptic tradition) and the literature cited.

[147] E.g. Mk 1:8 + Q; Mk 13:11; Lk 21:15; Jn 7:38f.; 14:17, 26; 16:7.

[148] Cf. Lk 11:49–52 (σοφία τοῦ θεοῦ) with Mt 23:34 (ἐγώ); Ellis (note 32), 171–174. More
generally, Boring (note 82) and the literature cited.

[149] So, Jeremias (note 146), 79. Cf. Mk 6:7 + Q.

persecutions[150] but also in their writing as ›wise men and scribes‹, i. e. Scripture teachers[151], for by the first century the two ancient streams of prophecy and wisdom had merged pretty much into one spiritual type. The role of the prophet included teaching that ›made present‹ previous holy word by reapplication and contemporization[152]. This was at least a part of the task of the Gospel traditioners, and it best explains their boldness and confidence both in their Christological contemporization and application of Old Testament texts and in their similar handling of the holy word of Jesus.

Traditions in the apostolic letters show similar marks of composition by persons with prophetic gifts. This is already suggested by the high status given to the prophet and prophecy[153] and becomes evident, *exempli gratia*, in hymnic material and certain exegetical traditions. The same kind of Christological/eschatological exposition that appears in Gospel traditions recurs in the letters and is, in the words of É. Cothenet[154], a part of the apostles' prophetic function. The same is true of the revelation of divine wisdom[155] and of mysteries[156], which is an important aspect of the exposition[157]. Eph 3:5 ascribes such revelation to Christ's ›apostles and prophets‹. In the light of the status given by Paul to Christian prophets, the reference is not to be limited to (the prophetic function of) apostles[158] but includes the writings of Christian prophets, some of which the apostolic writers use[159]. Examples of such (exegetical) prophetic traditions are the λέγει κύριος quotations[160], certain πιστὸς ὁ λόγος sayings[161] and the midrashim in I Cor 2:6–16[162] and perhaps in Jas 2:20–26[163].

Hymnic expression is especially favored in writings of prophets[164], and

---

[150] Cf. Mt 5:12 *(πρὸ ὑμῶν)*; Mk 13:11; Lk 21:15; perhaps Mk 14:38.

[151] Mt 13:52; 23:34; cf. Lk 11:49 ff.; 21:15; W. C. Allen, *Matthew*, Edinburgh 1907, 154 f. Cf. Philo, *de gig.* 5,22; *q. d. immut.* 1,3: σοφός = προφήτης.

[152] Cf. Ellis (note 41), 52–59, 133–138; Boring (note 148), 71–78; Riesner (note 10), 276–298.

[153] E.g. Acts 11:27; 15:32; Rom 12:6; 16:26; I Cor 12:10, 28; 14:1; Eph 2:20; 4:11; I Th 2:15; I Tim 1:18; cf. Jas 5:10; II Pet 1:19; 3:2; J. Lindblom, *Gesichte und Offenbarungen*, Lund 1968, 162–205.

[154] É. Cothenet, ›Prophetisme dans le Nouveau Testament‹, *DBS* 8 (1967–72), 1304.

[155] Acts 6:3; I Cor 3:10; Eph 3:8–12; Jas 1:5; cf. II Pet 3:15; Rev 13:18.

[156] I Cor 4:1; 13:2; Col 1:25–28; I Tim 3:16.

[157] Rom 11:25–27; 11:33–36 (concluding Rom 9–11); I Cor 1:18–3:20; Eph 5:31 f.

[158] *Pace* Cothenet (note 154, 1306 f.), who apparently takes the καί epexegetically. But see above, note 153.

[159] Cf. Rom 16:26; see above, note 140.

[160] Rom 12:19 *et passim*. Cf. Ellis (note 41), 182–187.

[161] Probably, I Tim 2:11–3:1a; cf. 4:1,6 *(τοῖς λόγοις τῆς πίστεως)*.

[162] I Cor 2:6–16 sets forth the role of the pneumatics and is probably a preformed tradition; cf. Ellis (note 41), 213.

[163] Jas 2:20–26 displays a commentary pattern: Theme (20) + Text (21) + Commentary (22) + Texts (23) + Commentary and Illustration (24 f., cf. Josh 2) + Concluding repetition of the theme (26). Of 53 different words 24 are found only here in James.

[164] Cf. K.-P. Jörns, *Das hymnische Evangelium*, Gütersloh 1971 (on hymns in Revelation); D.

when it occurs as ›the word of Christ‹ among Colossian ›brothers‹ who, like Paul, teach and admonish one another ›in all wisdom‹, pneumatic i.e. prophetic activity is clearly in view[165]. Such activity has probably left its literary formulation in some preformed hymns that are used in the Pauline/Petrine letters[166]. There are a few traditions in the Gospels[167] and epistles[168] where a prophetic-type exposition of the Old Testament is combined with hymnic formulation. Here the mark of the prophet in the formation of early Christian traditions makes its strongest impression.

These observations, if acceptable, indicate that the same apostolic circles were involved in the formation and/or transmission of both Gospel and epistolary traditions. They sought to maintain a salvation-history distinction between traditions from the earthly Jesus and those – also mediating ›the mind of Christ‹ – created in the postresurrection mission. As prophets, however, they also ›made present‹ the words of the earthly Jesus. Both concerns, historical distinctions and contemporary proclamation, manifested themselves variously in the Gospels. Only in the later apocryphal Gospels was the former finally eclipsed.

The above remarks, necessarily brief, do not establish a thesis. But it is hoped that they have shown something of the progress of research and will encourage others to delineate with greater clarity and detail the process by which, in the good purpose of God, our Gospels came to us.

E. Aune, ›The Odes of Solomon and Early Christian Prophecy‹, *NTS* 28 (1982), 453–455 and the literature cited.

[165] Cf. Col 3:16 with 1:28.

[166] E.g. Phil 2:6–11; I Tim 3:16; II Tim 2:11 ff.; Tit 3:3–8a; I Pet 1:18–21. Perhaps: I Cor 8:6; Eph 4:5f.; Col 1:15–20; I Tim 6:11f., 15f.; I Pet 3:18f. Cf. J. T. Sanders, *The New Testament Christological Hymns*, Cambridge 1971, 17f. *et passim*; O. Hofius, *Der Christushymnus Ph 2,6–11*, Tübingen 1976, 80–92 *et passim* and the literature cited.

[167] Lk 1:13–17, 30–33, 46–55, 68–79; 2:29–32; perhaps Jn 1:1–5. Cf. also Burney (note 41).

[168] Rom 11:33–36; II Cor 6:14–7:1.

Jesu Evangelium vom Gottesreich

Otto Betz

I. Das Problem der Jesustradition:
Was wissen wir vom Evangelium Jesu?

Vor kurzem schrieb Heinz Zahrnt in einem Leitartikel zum Katholikentag in Düsseldorf[1], der Kirche sei eine Vielfalt von Sprachen gegeben, wie dies schon vom ersten Pfingstfest in Jerusalem berichtet werde. Dieses stehe symbolhaft für die Vielfalt der Glaubensäußerung von Anfang an: »Schon der neutestamentliche Kanon bildet keine einheitliche Konkordienformel, sondern eine Sammlung von ›Konfessionen‹. Jede dieser ›Glaubensrichtungen‹ beging das Gedächtnis Jesu auf ihre Weise – Gottes Stimme in einem vielfachen Echo menschlicher Stimmen. Alle reden von derselben Offenbarung Gottes in Jesus Christus, aber sie reden alle verschieden davon. Der Judenchrist Matthäus redet anders davon als der Heidenchrist Lukas, und Johannes noch wieder ganz anders. Paulus blickt allein auf die Gnade und Jakobus vornehmlich auf die Werke. »Judenchristen«, »Heidenchristen«, »Hellenisten«, »Samaritaner«, »Johanneischer Kreis« – jeder deutet die Überlieferung von Jesus gemäß seiner Herkunft und Hoffnung und bildet sie auf diese Weise weiter. Und so geht es in der Kirchengeschichte fort. In ihr gibt es keine Uniformität, sondern wiederum nur lauter Bruchstücke einer großen Konfession«.

Zahrnt scheint nicht daran zu zweifeln, daß dieses Urtcil einem einhelligen Ergebnis der neutestamentlichen Forschung entspricht. Jesu Evangelium soll schon bald nach seinem Tode durch einen Chor mit vielen Dissonanzen hörbar geworden sein, in einem ›Pentecostal Speech‹, der – anders als beim ersten Pfingstfest – in einer gemeinsamen Sprache, der Koine, erklang, aber mit jeder Stimme ein anderes Evangelium bot; aus diesem Grunde könne man auch keine einheitliche Theologie des Neuen Testaments schreiben[2]. Aber ist das richtig? Gab es tatsächlich gravierende Differenzen, be-

---

[1] Deutsches Allgemeines Sonntagsblatt 5. 9. 1982, S. 1: »Von müder Toleranz zum Wettstreit um die Wahrheit.«

[2] Vgl. dazu meinen Aufsatz »The Problem of Variety and Unity in the New Testament«, in: Festschrift für Dr. Kyung Yun Chun (Seoul 1979) und in: Horizons in Biblical Theology II (1980) S. 3–14 und die dort erwähnten skeptischen Arbeiten von E. Käsemann, H. Braun, H. Köster u. a.

durfte es wirklich des sogenannten »Frühkatholizismus«, um den stürmi-
schen Geist und das Stimmengewirr der ersten Zeugen zu dämpfen und zu
koordinieren und so die Kirche vor dem frühen Verfall zu retten? Ich glaube
das nicht. Gäbe es bei aller Vielfalt, wie sie schon die Themen dieses
Kolloquiums bekunden, nicht auch eine Kontinuität des Evangeliums Jesu
vom Gottesreich, eine Harmonie und Einheit der neutestamentlichen Verkündigung, so hätte sich das Christentum kaum in so kurzer Zeit im
Imperium Romanum durchgesetzt. In meinem Beitrag, der die bekannten
Jesusworte zum Thema hat und nicht die unbekannten, mit denen das
Symposium schließt, möchte ich kurz auf folgende Fragen eingehen: Wie
verhält sich die Botschaft des irdischen Jesus vom Gottesreich zum Evangelium von Christus, das die Kirche nach Ostern verkündigt hat? Handelt es
sich dabei um zwei verschiedene Evangelien, wobei in das erste, gut jüdische, der Vater, in das zweite, spezifisch christliche, der Sohn gehört, im
ersten Jesus als Bruder der Juden erscheint, während im zweiten das mit dem
jüdischen Monotheismus unvereinbare trinitarische Dogma sich anbahnt?
Und wie verhält sich das Evangelium Jesu vom Gottesreich zu seinen
Worten vom Menschensohn, zur Person und Mission des Verkündigers,
wie die Hoffnung auf ein weltveränderndes Kommen Gottes zur Notwendigkeit des Todes Jesu? Einsetzen möchte ich mit dem noch immer um-
kämpften Problem des Ursprungs des neutestamentlichen Begriffs ›Evangelium‹: Stammt er aus dem hellenistischen Raum, etwa aus der Herrscherverehrung[3] oder aus der alttestamentlich-jüdischen Tradition? Hat Jesus seine
Botschaft vom Gottesreich selbst schon als ›Evangelium‹ bezeichnet, etwa
das Verbum בשר = εὐαγγελίζεσθαι verwendet, oder gar das Nomen בשורה
(aramäisch: בסורתא)[4], vielleicht auch εὐγγέλιον als Fremdwort, gebraucht?

II. Der Talmud zum Evangelium Jesu

1. Diesen Eindruck erwecken nicht nur die drei ersten Evangelien, sondern auch rabbinische Notizen. In b Schab 116 a/b wird eine Geschichte

---

[3] So neuerdings wieder dezidiert G. Strecker in seinem Artikel εὐαγγελίζω, εὐαγγέλιον im
Exegetischen Wörterbuch zum Neuen Testament, Bd. II, Sp. 174–186. Strecker schreibt den
terminologisch-theologischen Gebrauch, insbesondere des Nomens εὐαγγέλιον, der hellenis-
tisch-christlichen Gemeindeüberlieferung zu, wobei die antike Herrscherverehrung, speziell
der Kaiserkult mit der Inschrift von Priene (GIS II 458), herangezogen wird: Der Plural
εὐαγγέλια meine »existenzbetreffende Heilsereignisse«, »spezifisch christlich« sei der Singular.
Vgl. dazu auch den ausführlichen Beitrag G. Streckers »Das Evangelium Jesu Christi« in der FS
Hans Conzelmann (Tübingen 1975, S. 503–548). In eine andere Richtung weist das wichtige
Werk von P. Stuhlmacher, Das paulinische Evangelium I, (FRLANT 95, Göttingen 1968) mit
einleuchtenden Hinweisen auf den alttestamentlich-jüdischen Hintergrund und der Ablehnung
des eingehend behandelten hellenistischen Materials.
[4] Mit Sin oder Samekh geschrieben.

erzählt, in der das Wort »Evangelium« als Inbegriff der Lehre der Christen – und das meint im Talmud: der Lehre Jesu – und dabei als ein Gegenstück zur jüdischen Tora erscheint (vgl. Lk 16,16); freilich handelt es sich um einen Schwank. Die gewitzte Schwester des Rabban Gamliel (II.), Imma Schalom, habe einen offensichtlich christlichen Philosophen der Bestechlichkeit überführt und der Lächerlichkeit preisgegeben, indem sie ihn für ein fingiertes Erbschaftsproblem als Schlichter erbat (vgl. Lk 12,13 f.). Der Philosoph habe zunächst behauptet, seit dem Tage, an dem die Juden aus ihrem Land vertrieben wurden, sei die »Tora Moses aufgehoben und das Evangelium gegeben«; nach diesem seien Bruder und Schwester in gleicher Weise erbberechtigt. Durch ein höheres Geschenk des Bruders Gamliel habe er seine Entscheidung verändert, denn ›weiter unten‹ sei zu lesen: »Ich Evangelium bin nicht gekommen, um vom Gesetz Moses wegzunehmen, sondern gekommen, um zum Gesetz Moses hinzuzufügen«; nach der Tora aber fällt das Erbe allein dem Bruder zu. Diese Auskunft ›des Evangeliums‹ ist auf Mt 5,17 bezogen; J. Jeremias hält das Verb ›hinzufügen‹ sogar für ursprünglich gegenüber dem matthäischen ›erfüllen‹[5]. In unserem Zusammenhang ist einmal wichtig, daß der ›Philosoph‹ das Evangelium wie eine Art von Mischna gebraucht, der man rechtliche Entscheidungen entnimmt; ja, er behauptet, es habe die von Hadrian verbotene Tora ersetzt. Andererseits erscheint das Wort ›Evangelium‹ wie der Name einer Person, die das »Ich« im Logion Mt 5,17 vertritt[6], in dem Jesus seine Übereinstimmung mit dem Gesetz Moses und den Propheten erklärt; auch die Tora kann ja im Judentum personhaft behandelt werden. Schließlich wird in diesem auf aramäisch gebotenen Schwank das griechische Wort εὐαγγέλιον wie eine hebräische Wortverbindung behandelt und verspottet: Rabbi Meir (um 150 n. Chr.) nannte es אָוֶן גִּלְיוֹן = »Unheilsrolle«[7], während R. Jochanan (3. Jhdt. in Palästina) von עָוֹן גִּלְיוֹן = »Sündenrolle« sprach, die erstere Deutung scheint sich auf einen christologischen, die letztere auf einen halachischen Inhalt dieses Evangeliums zu beziehen. Solche zweifache Auffassung wird auch durch die anderen rabbinischen Notizen über Jesus nahegelegt: Nach ihnen fällte er halachische Entscheidungen oder aber gab sich als göttlicher Heilbringer aus[8].

---

[5] J. Jeremias, Neutestamentliche Theologie I, Gütersloh 1971, S. 87f. Aber ich meine, »erfüllen« sei das spezifisch messianische und darum ursprüngliche Verb, wo es um die Geltung der Schrift geht.

[6] Man wird an Mk 8,35; 10,29 erinnert, wo »das Evangelium« in gleicher Geltung neben Jesus steht.

[7] Das Evangelium wurde demnach als Buch, als Schriftrolle, aufgefaßt.

[8] Vgl. dazu meine Studie »Probleme des Prozesses Jesu« in ANRW 25,1, Berlin 1982, S. 565–647, bes. S. 575–579. Eine halachische Entscheidung Jesu kannte z. B. Elieser b. Hyrkanos Tos Chull 2,24; seine messianisch-göttliche Autorität kritisierte R. Abbahu pTaan II, 165b; bSanh 106 a.

2. An einer anderen Stelle des Talmud könnte eine Reminiszenz an den wirklichen Inhalt der Botschaft Jesu vorliegen; auch sie ist polemisch entstellt. In der bekannten Notiz von der Hinrichtung Jesu (b Sanh 43a) wurde die übertriebene Vorsicht und Geduld des jüdischen Gerichts gegenüber dem Volksverführer Jesus so begründet: Dieser habe »dem Königreich nahegestanden« (קרוב למלכות הוא). Diesem Hinweis, der die Beziehung Jesu zum gottlosen Rom (המלכות) suggeriert, dürfte die Botschaft vom nahe herbeigekommenen Gottesreich zugrundeliegen. Der Begriff ›Evangelium‹ fehlt, ist aber vom Kontext her nicht zu erwarten.

3. Ganz anders ist das Material, das uns die *drei ersten Evangelien* über die Botschaft Jesu bieten. Die Treue ihrer Überlieferung wird schon daran sichtbar, daß das für Jesus zentrale Thema des Gottesreiches in der Verkündigung der Gemeinde ganz zurücktritt, ferner der Begriff »Menschensohn« und der Ruf in die Nachfolge fehlen, dazu auch die Verkündigungsformen Gleichnis, Seligpreisung, kurzes Prophetenwort, Weisheitsspruch, die für Jesu Lehrweise so charakteristisch sind. Dennoch führen wichtige Verbindungslinien von der Botschaft Jesu zu dem nachösterlichen Evangelium von Christus. Sie treten vor allem auch beim Schriftgebrauch, der Verwendung und dem Einfluß gleicher Schriftworte, so etwa 2 Sam 7,12–14; Ps 2,7; 110,1; Jes 52,7, 52,13–53,12; 56,1 u. a., hervor[9]. Auch die Herkunft der Wortgruppe εὐαγγελ(ίζεσθαι) im Neuen Testament ist von solchen Schriftworten, und nicht etwa vom Hellenismus, zu gewinnen, weil in ihnen nicht nur das begriffliche Äquivalent, sondern auch der endzeitliche Bezug, dazu das Thema der Gottesherrschaft, dann die Ausrichtung durch einen Gesalbten u. a., für das Evangelium gegeben sind. Das gilt zunächst für die Stellen Jes 52,7 und 61,1, in denen das sonst im AT seltene Verbum בשר = εὐαγγελίζεσθαι erscheint.

III. Lukas: Jesus als messianischer Bote des Evangeliums

1. Geht man vom alttestamentlichen Hintergrund aus, so ist mit dem *Lukasevangelium* zu beginnen. Dieses steht dem dort gegebenen Sachverhalt insofern am nächsten, als dort nur das Verbum εὐαγγελίζεσθαι verwendet ist (vgl. Apg 10,36); wie bei Jesaja fehlt das Nomen ›frohe Botschaft‹. Insgesamt 10mal erscheint εὐαγγελίζεσθαι im Evangelium, davon zweimal im Passiv (vgl. das rabbinische בשׂר bussar); 15mal bietet es die Apostelgeschichte, zweimal auch das Nomen εὐαγγέλιον. Zunächst wird deutlich, daß das endzeitliche Heilsgeschehen von einem *Boten* Gottes berichtet und ausgerichtet wird. Nach Lk 4,43 ist der Evangeliumsverkündiger Jesus von Gott gesandt[9a], nach 1,19 und 2,10 bringt ein Engel, der Gottesbote kat'exochen,

---

[9] Vgl. dazu meine Schrift »Wie verstehen wir das Neue Testament?« ABC Team, Wuppertal 1981.   [9a] Vgl. wie Lukas die Markusvorlage evangeliumsgemäß ausgestaltet.

die Frohbotschaft. Dieser sagt die Geburt von Heilsgestalten an; das erinnert an das hellenistische Evangelium.

2. Auffallend ist ferner, daß in 3,18 auch *Johannes der Täufer* dem Volk eine frohe Botschaft bringt[10]; diese summarische Schlußwendung folgt dem Messiaszeugnis und geht der Nachricht von der Verhaftung des Johannes unmittelbar voraus (3,19f.). Solche frohe Botschaft scheint schlecht zum Prediger von Gericht und Buße zu passen[11]. Vielleicht darf man an die Täuferdarstellung des Flavius Josephus erinnern[12], speziell an den positiven Eindruck, den die Predigt des Johannes auf das Volk gemacht haben soll: Die herbeigeströmten Menschen wurden »aufs Höchste erhoben«, gerade dies habe den Herodes Antipas alarmiert und zur Hinrichtung des Täufers geführt (vgl. Lk 3,19f.). Diese Darstellung läßt sich doch wohl so erklären, daß Johannes in der Tat eine endzeitliche Freudenbotschaft gebracht haben muß, eben die vom Messias, der schon da, aber von Gott noch nicht als solcher offenbart, ist[13] (Lk 3,16); nach 3,15 hat man im Volk erwogen, Johannes selbst könne der Messias sein.

3. Was unterscheidet dann das Evangelium Jesu von dem des Täufers? Lukas macht das schon am Anfang klar. Jesus ist der Messias und Gottessohn (1,32–35), Johannes nicht (vgl. 3,15), sondern dessen Vorläufer im Geist und in der Kraft Elias (1,17), ein Prophet (vgl. 3,2), Stimme eines Rufers in der Wüste (3,4–6 nach Jes 40,3–5)[14]. Nach Lk 16,16 gehört er auf die Seite von Gesetz und Propheten; erst mit Jesus setzt die Ausrichtung des Evangeliums ein. Von daher gesehen, ist εὐαγγελίζεσθαι in 3,18 nicht im Vollsinn gebraucht; das zeigt das beigefügte παρακαλεῖν. Johannes steht auf der Schwelle zur neuen Zeit.

4. Was zum wirklichen Evangelium gehört, wird in der *Antrittspredigt Jesu in Nazareth* (4,16ff.) deutlich, die bei Lukas an der Stelle des Summa-

---

[10] εὐαγγελίζετο τὸν λαόν entspricht in seiner Konstruktion dem hebräischen בשר ענוים in Jes 61,1f.

[11] Man könnte deshalb für diese Stelle die im Alten Testament und bei den Rabbinen gelegentlich begegnende neutrale Bedeutung des Verbums בשר vermuten, das auch eine schlimme Nachricht zum Gegenstand haben kann. Aber angesichts des sonstigen neutestamentlichen und vor allem lukanischen Gebrauchs, der durchweg die Freudenbotschaft meint, ist von solcher Deutung abzusehen.

[12] Ant. 18,117f.

[13] Vgl. dazu die rabbinische Ansicht, der Messias könne jederzeit kommen, da der Zeitpunkt schon verstrichen, wegen der Sünden Israels aber aufgeschoben sei (Belege bei Billerbeck IV/2, S. 857–9).

[14] Vgl. Joh 1,31, dazu auch Lk 3,4–6, wo Jes 40,3–5 ganz zitiert wird, weil in V. 5 auch das Schauen des Heils verheißen ist. Nach Mt 3,2 verkündigte Johannes nicht nur das Tun der Buße, sondern auch wie Jesus das nahe herbeigekommene Gottesreich (vgl. 3,2 mit 4,17), für dessen Ausrichtung Matthäus die Wendung »Evangelium vom Gottesreich« geprägt hat (4,23; 9,35; 24,14).

riums vom Anfang des Wirkens Jesu Mk 1,14f. steht. Der Predigt liegt ein Text zugrunde, der für das lukanische Verständnis des Evangeliums Jesu besonders wichtig ist, nämlich Jes 61,1f. Diese Stelle beschreibt für Lukas den Auftrag Jesu, dessen messianisches Programm, umfassend und ausreichend. Denn ihre Auslegung, die eigentliche Antrittspredigt, besteht aus einem kurzen Satz: »Heute ist dieses Schriftwort erfüllt, im Augenblick, in dem ihr es mit euren Ohren vernehmt!« (4,21). Aus dem von Lukas frei zitierten Jesajawort lassen sich folgende Merkmale des Evangeliums vom Gottesreich erheben:

a) Das bereits erwähnte *Gesandt-Sein* des Evangelisten (V. 18); er spricht im Auftrag Gottes (»er hat mich gesandt«);

b) Sein *Gesalbt-Sein* mit dem Gottesgeist (V. 18), das Lukas sicher messianisch verstand: Der Christus ist der eigentliche Freudenbote. Das bedingt, daß er auch sich selbst verkündigt, aber meist indirekt verhüllend durch das Medium der Schrift, und zwar hinsichtlich seiner Erlöserrolle; dazu auch direkt, in $\tilde{\eta}\lambda\vartheta o\nu$-Worten, weil er sich als Bote Gottes vorstellen und seinen Auftrag darlegen muß. Jes 61,1f. ist Vorbild und Legitimationsgrund für die $\tilde{\eta}\lambda\vartheta o\nu$-Worte Jesu. Auch die Auskunft: »Ich muß das Evangelium vom Reich Gottes auch in anderen Städten verkündigen, denn dazu bin ich gesandt« (4,43), steht im Schatten von Jes 61,1 (dazu auch von Jes 52,7): Gott ist der Sendende, das $\delta\varepsilon\tilde{\iota}$ des Auftrags ist durch diese Tatsache, ferner durch die Vorhersage der Schrift, begründet. Als Botschaft Gottes ist das Evangelium Wort Gottes, so wie das von der Verkündigung der Schriftpropheten gilt (vgl. Jes 6,8; Dtn 18,15–21). Aus diesem Grunde rief auch Jesu Evangeliumspredigt im Tempel die Frage nach der $\dot{\varepsilon}\xi ov\sigma\iota a$, der delegierten Vollmacht hervor (Lk 20,1f.).

c) *Adressaten des Evangeliums* sind die Armen, Demütigen (עניים), (V. 18), die nichts von sich selbst und von der Welt erwarten, sondern alle Hoffnung auf Gott setzen (vgl. Mt 5,3).

d) *Thema des Evangeliums* ist die Erlösung, die Befreiung von Banden, da der Beginn des großen Freiheitsjahres Gottes angesagt wird (V. 19).

e) Die Lösung von Banden versteht Lukas vor allem als das *wunderbare Heilen von Gebrechen*. Das in Jes 61,1 (LXX) den Blinden versprochene Gesicht ist wörtlich gemeint (7,22). Deshalb wird das messianische Evangelium von Wundertaten begleitet. Sie werden von demjenigen erwartet, der sich selbst in seine frohe Botschaft einbringt. Jesu Wunderhandeln, sein ganzes Wirken und Verhalten, ist evangeliumsgemäß; es läßt sich in Gleichnissen zum Ausdruck bringen (z. B. Lk 15).

Das Evangelium spricht deshalb von der Verwirklichung des Gottesreichs. Das Wort wird mit der befreienden Tat verifiziert und macht aus diesem Grunde froh. Diese Einheit von Wort und Tat zeigt die Endzeit an, sie ist messianisch. Strenggenommen darf deshalb nur da von Evangelium die Rede sein, wo Weissagung erfüllt und von der befreienden Zukunft Gottes im *Tempus bleibender Vergangenheit* gesprochen wird: Der Gottesgeist ist manifest, Freudenfeste können gefeiert werden (vgl. Nah 2,1). Die Perfektum-Diktion erscheint schon in den alttestamentlichen Evangeliumsstellen: »Gott hat mich gesalbt . . . gesandt« (Jes 61,1 f.); »Dein Gott ist König geworden!«, so die prägnante, eindrucksvolle Kunde der Freudenboten für Zion in Jes 52,7. Diese Meldung von der Thronbesteigung Gottes ist eine Siegesnachricht: Die Macht des Chaos ist überwunden (51,9), die Zwingherren sind niedergeworfen (52,5). Auch das Evangelium von der Thronbesteigung Melchisedeks = Michael, des gerechten Königs im Himmel, das 1 QM 17,6 f. und 11 Q Melch 16 mit Hilfe von Jes 52,7 und 61,1 f. verkündigt wird, setzt einen entscheidenden Sieg, nämlich die Entmachtung Belials, voraus[15]. Ein Evangelium ist eigentlich auch die Auskunft des himmlischen Ältesten in Apk 5,5: »Gesiegt hat der Löwe aus Judas Stamm, die Wurzel Davids!« Gemeint ist die Überwindung des Bösen (vgl. Apk 3,21), die mit alttestamentlichen Bildern bezeugt und so auch bewahrheitet wird.

5. Wichtig ist es, daß die Freudenbotschaft in *Jes 52,7 im Targum* so wiedergegeben wird: »*Die Königsherrschaft Gottes ist geoffenbart!*« Setzt man diese Deutung für die Zeit Jesu voraus, so ist die Verbindung von Evangelium und Gottesherrschaft vorgegeben. Neben das durch Jes 61,1 f. angezeigte Evangelium der Selbstverkündigung und Vorstellung des messianischen Boten tritt die in Jes 52,7 angezeigte Frohbotschaft, welche die »Offenbarung«, d. h. den Einbruch, der Gottesherrschaft, zum Thema hat; diese steht bei Jesus im Vordergrund. Die programmatische, Jesu Wirken summarisch beschreibende, Wendung κηρύσσων καὶ εὐαγγελιζόμενος τὴν βασιλείαν τοῦ θεοῦ (Lk 4,43; 8,1; vgl. 16,16) ist ganz auf Jes 52,7 aufgebaut: Jesus ist der מבשר und משמיע = κηρύσσων; mit den dort erwähnten Objekten ישועה und שלום wird die Freudenbotschaft expliziert[16] und die Basileia als befreiende Machtübernahme und endzeitlich geoffenbarte Herrschaft Gottes näher bestimmt. Ferner ist die Tatsache, daß Jesus das Evangelium auch in Jerusalem

---

[15] 11 Q Melch Z.14–18 wird Jes 52,7 verwendet, dazu auch sehr wahrscheinlich Jes 61,1 (Z. 18), wobei der beiden Stellen gemeinsame Begriff מבשר die Verbindung ermöglicht. Vgl. dazu Lk 10,18: »Ich sah den Satan wie einen Blitz vom Himmel fallen«. Das »ewige Evangelium« (Apk 14,6) = das ewig geltende Evangelium, ist eine Siegesnachricht, die den Sturz des großen Babylon mit einbezieht, aber in Kreuz und Auferstehung des Lammes begründet ist. Der Imperativ: »Fürchtet Gott!« (14,7) ist an die von Rom beherrschten Völker gerichtet; zu בשורה als Siegesmeldung vgl. 2 Sam 18,20.25.27; 2 Kön 7,9.

[16] Dabei entspricht ישועה = σωτηρία (vgl. auch Jes 52,10) dem Namen Jesus (ישוע) Mt 1,21, wo die Deutung auf das Heil der Sündenvergebung schon auf Jes 53 vorausweist. Zu שלום vgl. Jes 53,5; die Abwehr eines falschen Friedensverständnisses erfolgt in Mt 10,34. Vgl. zum teuren Frieden meinen Beitrag: »Gottes Friede in einer friedlosen Welt« in: K. Motschmann (ed.) »Flucht aus der Freiheit?« (Bad Neustadt 1982, S. 13–28).

verkündigte (20,1), von Jes 52,7 mit bestimmt, so wie die Botschaft des
Friedens in Apg 10,36.

6. Hat schon *Jesus selbst* sich im Sinne dieser beiden Jesajastellen als ein
מבשר verstanden[17]? Man kann diese Frage m. E. getrost bejahen. Jesus hat ja
das Kommen der Basileia als die große Einladung Gottes, als das Wunder der
Erlösung verkündigt und es so als Evangelium im Sinne von Jes 52,7
ausgerichtet. Und auch die in Jes 61,1 f. erwähnten Kriterien und Begleit-
erscheinungen des Evangeliums wurden in seinem Wirken erfüllt. Sie erscheinen fast alle in *Lk 7,22 / par Mt 11,5*, einer Art von Jubelruf in der sog.
»Logienquelle«. In ihm antwortet Jesus auf die Anfrage des Täufers, ob er
wirklich »der Kommende« sei: »Geht hin, meldet dem Johannes, was ihr
gesehen und gehört habt: Blinde sehen, Lahme gehen, Aussätzige werden
rein und Taube hören, und den Armen wird das Evangelium verkündigt!«[18]
In diesem Jubelruf wird an mehrere Jesajastellen angespielt[19]. Aber beherrschend ist Jes 61,1 f., wie aus Blindenheilung und Evangelium für die Armen
erhellt. Damit wird die umschreibende, den Messias meinende Anfrage:
»Bist du der Kommende?« (nämlich von Gen 49,10) ebenfalls indirekt,
umschreibend, bejaht: ›Ich bin der mit Gottes Geist Gesalbte, der durch
Wundertaten ausgewiesene Erlöser von Jes 61,1 f.‹ Anders als in Jes 61,1 f.
und Lk 4,18 steht hier die Evangeliumsverkündigung am Schluß. Damit
wird sie nicht nur als Höhepunkt des Wirkens Jesu herausgestellt, sondern
auch endzeitlich qualifiziert: Die Wundertaten begründen das Evangelium
und weisen den Evangelisten als den zweiten, messianischen, Erlöser aus;
Lukas läßt die Wunder sogar vor den Augen der Abgesandten des Täufers
geschehen (7,21). Es ist keinesfalls so, daß vom jüdischen Messias keine
Wunder erwartet wurden – im Gegenteil. Die von den »Propheten«, jüdischen Messiasprätendenten, versprochenen σημεῖα τῆς ἐλευθερίας (Josephus
Bell. 2,262) müssen als Signale des anbrechenden Freiheitsjahres (Jes 61,1 f.)
und endzeitlichen Jubiläums angesehen werden. Sie sollten zeigen, daß Gott
mit solch einem Befreier sei, daß dieser »der Kommende« sei; inhaltlich
mußten sie als »Zeichen« den Wundern eines Mose oder Josua entsprechen.
Und der Targum zu Jes 53, der den Gottesknecht messianisch deutet, findet
in V. 8 die Wunder angedeutet, »die in seinen Tagen für uns geschehen – wer
kann sie erzählen?« (vgl. auch 4 Esra 13,49 f.; 7,28). Mit Jesu Wundern bricht
die Basileia herein (Lk 11,20 Q), zerbrechen die Bande des Teufels: Die
Gottesherrschaft wird da realisiert, wo sie über die Herrschaft des Teufels

---

[17] Nach A. v. Harnack (»Entstehung und Entwicklung der Kirchenverfassung und des
Kirchenrechts in den ersten zwei Jahrhunderten« (1910, S. 234) ist בשורה »nicht sicher für Jesu
Predigt, da Q schweigt«.

[18] ענוים מבשׂרים. (mᵉbussarim).

[19] 29,18 f.; 35,5; 42,7.18. Jes 35,5 wird in Pesiq 106b, 6 (vgl. Billerbeck IV, 2 S. 832) auf die
Sinaigesetzgebung und die messianische Zukunft bezogen (vgl. Ex 20,18; 24,7).

triumphiert; das ist auch der legitime Anlaß zur Evangeliumsverkündigung. Sie vollzieht sich auch nach *Paulus* nicht nur im Wort, sondern auch in Macht (1 Thess 1,5); das Evangelium ist (die Offenbarung von) Gottes Macht (Röm 1,16).

Lukas hat diese Verknüpfung von *Evangelium und Wundern* besonders klar gezeigt: Dem Verkündiger folgen von ihm geheilte Frauen nach (8,1), das Evangelium der ausgesandten Jünger wird von Wundern verifiziert (9,6), so wie später das der Apostel (Apg 8,6.12; 14,7–15). Lukas nimmt auch die legitimierende Wirkung der Wunder ins Kerygma auf: »Durch Machttaten, Zeichen und Wunder hat Gott den Mann Jesus von Nazareth ausgewiesen« (Apg 2,22), so daß er nach seiner Auferstehung und Erhöhung als Christus und Herr verkündigt werden kann (2,36). Diese Verbindung von Wundern und Evangelium hat ihren Grund in der alttestamentlichen Bedeutung von בשורה als Siegesmeldung[19a], in der messianisch verstandenen Stelle Jes 61,1 f. und vor allem im Wirken des irdischen Jesus, der deshalb mit der Basileia auch sich selbst – freilich nur indirekt – verkündigen konnte, so wie in der Antwort auf die Täuferfrage. Diese Perikope ist sicher echt; selbst Bultmann und seine Schüler zögern mit dem Verdikt ›Gemeindebildung‹[20]. Jes 61,1 f. ist auch in die Seligpreisungen der geistlichen Armen und der Trauernden aufgenommen (Mt 5,3 f.). Das bedeutet aber, daß Jesus mehr war als nur ein Rabbi und Prophet, nämlich der mit dem Geist Gesalbte, der Christus Exorcista, Christus Victor; als Messias ist er für unsere Sünden gestorben (1 Kor 15,3). So wird auch verständlich, daß Lukas zwischen Jesus und dem Täufer eine zwei Epochen trennende Linie ziehen konnte (16,16). Das Evangelium fing eigentlich erst mit Jesus an, durch den auch die Verwirklichung der Basileia begann (17,21); als der Messias wurde dieser dann auch zum Gegenstand des apostolischen Evangeliums (Apg 5,42; 8,35; 17,18).

7. Lukas läßt, wie schon erwähnt, das Evangelium auch im *Jerusalemer Tempel* von Jesus verkündigen, und zwar vor führenden Männern und Mitgliedern des Synhedriums (20,1)[21]. Darin bekundet sich die schriftgemäße, lukanische Vorliebe für Jerusalem: Zuerst war es der eigentliche Adressat

---

[19a] 2 Sam 18,20.25.27; 2 Kön 7,9.

[20] Die Geschichte der Synoptischen Tradition, Göttingen 1957³, S. 133, vgl. G. Strecker in FS Conzelmann S. 513 »Nicht mit Sicherheit zu beantworten«. Allerdings spielt Strecker die Bedeutung von Lk 7,22 mit dem wenig überzeugenden Argument herunter, εὐαγγελίζεσθαι sei dort unselbständig, weil alttestamentliches Zitat (Ex. Wörterbuch S. 175, vgl. FS Conzelmann S. 504 f.506.524 f.). Es handelt sich aber nicht um ein Zitat wie in Lk 4,18 f., sondern um eine für Jesus charakteristische Anspielung. Zur Echtheit vgl. W. Grundmann, Das Evangelium nach Matthäus ThHk NT 3, Berlin 1973⁵, S. 304.

[21] Nach W. Bachmann, Jerusalem und der Tempel, BzWANT 109, Stuttgart 1980, S. 287 ff. stellt Lukas die Wirksamkeit Jesu im Tempel (Lk 19,45–24,53) eindeutiger als Markus unter den Oberbegriff des Lehrens einer für das ganze Volk relevanten und darum öffentlich gebotenen Stellungnahme zu Fragen des Gesetzes.

des Evangeliums (Jes 52,7), dann wurde es dessen Ausgangspunkt (Jes 2,3; Apg 1,8). Die endzeitliche Rolle der vom Zion ausgehenden Tora wurde vom Evangelium übernommen (vgl. Jes 2,3); Jerusalem bildete den Hort der apostolischen Lehre (Apg 2,42). Hinzu kommt Lk 20,1 ein Zweites, das Mt 24,14 ausdrücklich genannt wird, nämlich der *Zeugnischarakter des Evangeliums* (εἰς μαρτυρίαν). Obwohl dieses eine Heilsbotschaft ist, kann es die Anklage im Endgericht verstärken und, wie die Tora, die Ungläubigen schuldig sprechen. Andererseits tritt es dann als Fürsprecher auf, so etwa für die unbekannte Frau, die Jesus in Bethanien gesalbt hat (Mk 14,9).

Dieser Bezug des *Evangeliums zum Endgericht* hat noch einen anderen Grund. Weil diese Botschaft die Befreiung der Gefangenen und Unterdrückten verheißt, klagt es – indirekt – jetzt schon die Gewalttätigen an. Seine Verkündigung kann zum Konflikt führen mit der zum Untergang bestimmten tyrannischen Macht. Der Bote wird zum Zeugen, der mit seinem Leben für die Botschaft einstehen muß; das δεῖ (4,43) kann *ein Leiden für das Evangelium* bedingen. Denn die Ansage der Erlösung schließt einen eschatologischen Vorbehalt unausgesprochen mit ein: eine Zeit der Drangsal geht dem Ende voraus (vgl. Mk 8,35; 10,29). Vielleicht hat Lukas beim »Evangelium« des Täufers (3,18) das folgenschwere Urteil des Volkes, das in ihm den Messias vermutete (3,15), und die Verhaftung durch Herodes (3,19f.) mitbedacht. Die messianische Fehleinschätzung hatte den gewaltsamen Tod des Täufers herbeigeführt, ihn an den leidenden Christus und Gottesknecht herangeführt. Sein Schicksal ließ den Täufer als einen Verkündiger der neuen Zeit erscheinen und auch ihn »zum Fall von Vielen in Israel werden« (vgl. Josephus Ant 18,118; Lk 2,34). Deshalb wurde nicht nur die Geburt Jesu, sondern auch die seines Vorläufers durch eine frohe, endzeitlich relevante Botschaft angezeigt (1,19; 2,10f.). Wunderbare Geburt und gewaltsamer Tod machte die Verkündiger zu Verkündigten. Das Evangelium der Geburt von Heilbringern könnte an die εὐαγγέλια des Kaiserkultes erinnern. Aber dazu passt nicht, daß Lukas deren gewaltsamen Tod als Grund des Heils mitbedenkt. Denn der neugeborene Jesus wird im Evangelium des Engels als σωτήρ bezeichnet; dabei klingt sicherlich – wie in Mt 1,21 – auch der Name »Jesus« mit[22], der auf »Rettung« hinweist. Matthäus hat diese als eine Rettung von Sünden interpretiert; sollte das bei Lukas anders gewesen sein? Kann das Evangelium vom »Retter« Jesus vom Kreuz absehen? Man urteilt oft, Lukas habe die Heilsbedeutung des Todes Jesu verschwiegen; seine Christusbotschaft sei deshalb vom Evangelium der Versöhnung und des Friedens mit Gott weit entfernt. Ich halte das für unberechtigt. Schon der Täufer sollte das Elia-Amt eines Versöhners versehen (Lk 1,17 nach Mal 3,21–24). Dann zeigte der auferstandene Christus den Jüngern, wie sich mit

---

[22] Vgl. Apg 10,38 Schluß, wo Lukas an den Namen »Immanuel« anspielt.

seinem Kreuzestod das messianische Zeugnis von Mose, Propheten und Schriften erfüllt (24,44–47). Nach Apg 17,2f. ist schließlich auch Paulus in seinen Predigten diesem hermeneutischen Vorbild Jesu gefolgt. Kann denn das lukanische Kreuzesverständnis sich unterschieden haben von dem, was Paulus in 1 Kor 15,1–5 als das ihm überlieferte, »schriftgemäße«, Evangelium anführt, das vor allem von Jes 53 geprägt ist und dementsprechend den Messias für unsere Sünden gestorben sein läßt? M. E. hat Lukas das Verb *πάσχειν*[23], wo immer Jesus das Subjekt ist, als einen summarischen Hinweis auf Jes 53 gebraucht, so daß es den Sühnecharakter des Kreuzes impliziert: Gerade als der für uns Leidende wurde Jesus zum Heiland, zum Soter[24]. Freilich ist das Leiden Jesu nicht ausdrücklich mit dem Verb *εὐαγγελίζεσθαι* verbunden und zum Thema eines Evangeliums gemacht, wie das etwa Mk 14,9 bei der Salbung in Bethanien, geschieht; diese Geschichte fehlt bei Lukas und hat in der Salbung Jesu durch eine Sünderin ihr Seitenstück (7,36–50).

IV. Matthäus und das Evangelium vom Gottesreich

1. Man muß von Lukas zu *Matthäus* weitergehen, da dieser Markus gegenüber einfacher, basileia-bezogener wirkt, was den Gebrauch des Evangeliumsbegriffs betrifft. Allerdings bietet Matthäus nur einmal das Verb, und zwar in der schon behandelten Antwort Jesu auf die Anfrage des Täufers (11,5 = Lk 7,22). Dagegen erscheint viermal *das Nomen εὐαγγέλιον*: einmal wie in Markus bei der Salbung in Bethanien (26,13 / Mk 14,9) und dreimal in der selbst geschaffenen Wendung *τὸ εὐαγγέλιον τῆς βασιλείας*; diese ist jeweils Objekt von *κηρύσσειν* (4,23; 9,35; 24,14). Aber es fehlt noch das absolute *τὸ εὐαγγέλιον*, das Markus mehrmals bot (vgl. 4,17 mit Mk 1,15), wie es auch in der markinischen Wendung »um meiner und des Evangeliums willen« nicht übernommen wird (vgl. 16,25 mit Mk 8,25; und 19,29 mit Mk 10,29). Jesu Verkündigung des Gottesreiches war Evangelium: Mit der Wendung *κηρύσσειν τὸ εὐαγγέλιον τῆς βασιλείας* (vgl. 4,23 mit Mk 1,39!) hat Matthäus *Jes 52,7 auf eine prägnante Formel* gebracht, wie ihm das auch mit dem Ausdruck »Parusie des Menschensohnes« für Dan 7,13 gelungen ist (24,27). Hat Lukas den verbalen Charakter von Jes 52,7 noch erhalten (4,43; 8,1), so erscheint diese Stelle jetzt in nominaler Prägung, aber als solche deutlicher erkennbar als etwa bei Markus.

---

[23] Lk 24,26.46; Act 1,3; 3,18; 17,3.

[24] Vgl. I. Howard Marshall, Acts, London 1980, S. 25, Anm. 1: »Luke does not ignore the atoning significance of the death of Jesus, but he does not go out of his way to stress it.« Vgl. aber das Zitat Jes 53,7 in Apg 8,32f. (LXX), das den Christus als das geschlachtete Lamm bezeichnet, aber durch seine Erniedrigung sein Gericht ›erhoben‹ sieht: Damit ist der Sieg des geschlachteten Lammes in Apk 5,5–7 angedeutet.

2. Klar zum Ausdruck gebracht hat auch Matthäus die *Einheit von Evangelium und Heilungswundern* und damit den messianischen Vollzugscharakter
der Freudenbotschaft betont. Das geschieht in dem redaktionellen, fast
genau übereinstimmenden Summarium 4,23 und 9,35: »Jesus lehrte in ihren
Synagogen und verkündigte das Evangelium vom Reich und heilte jede
Krankheit und Schwäche (im Volk)«. Die Evangeliumspredigt führt das
Lehren in den Synagogen weiter, ist eher für das draußen versammelte Volk
als eine ›open-air-Verkündigung‹ gedacht, wo sie von der sie legitimieren-
den Heilandstätigkeit begleitet wird. Verkündigung und Wunderheilung
bilden auch bei der Tätigkeit der ausgesandten Jünger eine Einheit (Mt
10,7f., vgl. Lk 9,6), bei denen jedoch Matthäus nicht explizit von »Evangelium« spricht (vgl. 10,23). Die Bindung des messianischen Evangeliums an
das Wunder (vgl. 11,5) mag erklären, warum Matthäus bei der ersten
summarischen Erwähnung von Jesu Buß- und Basileia-Predigt (4,17) und
erst recht bei der gleich beschriebenen Predigt des Johannes (3,2) nicht von
»Evangelium« spricht; dort fehlt eben noch die Heilandstätigkeit, die nach
4,23 und 9,35 zum Evangelium gehört.

3. Wichtig ist, daß auch Matthäus Jesus mit dem Täufer zusammenstellt.
Jedoch geschieht das auf andere Weise als bei Lukas, nämlich nicht in der
Ankündigung der Geburt, sondern bei der *Verkündigung der Botschaft*, die
allerdings nicht als Evangelium bezeichnet wird. Aber ihr Thema lautet bei
Johannes und bei Jesus gleich: »Tut Buße, denn das Gottesreich ist nahe
herbeigekommen!« (3,2; 4,17). Markus gegenüber fällt die lapidare Kürze
und veränderte Struktur des Satzes auf (Mk 1,14f.), der als Bußruf gekennzeichnet und mit dem Kommen der Basileia begründet ist. Matthäus hat eine
andere Jesajastelle, nämlich den Anfang des Tritojesaja in sein Summarium
von der Reich-Gottes-Predigt aufgenommen: »Achtet auf Recht und tut
Gerechtigkeit! Denn nahe ist Mein Heil, zu kommen, und Meine Gerechtigkeit, daß sie offenbar werde!« (56,1). Deutet man das Predigtthema Jesu und
des Täufers von dieser, durch Matthäus zu Recht erkennbar gemachten,
alttestamentlichen Basis her, so wird das Tun der Buße als Wegbereitung für
das Kommen Gottes und als Vollzug von Recht und helfender Gerechtigkeit
konkretisiert, während dem nahen Gottesreich bei Jesaja das baldige Kommen von Gottes Heil und die Offenbarung seiner Gerechtigkeit entspricht.
Von Jes 56,1 her erhellt auch mancher umstrittene Sachverhalt: 1. Das
ἤγγικεν in Mt 4,17/Mk 1,14 meint nicht das Gekommen-Sein des Gottesreiches (so C. H. Dodd), es steht vielmehr vor der Tür; 2. die von Matthäus
sonst hervorgehobene Gerechtigkeit als ein Merkmal der Basileia ist aus Jes
56 übernommen. Sie ist auch von dort her zu deuten, und zwar vom
hebräischen Text, da die LXX die dort erwähnte צדקה Gottes als ἔλεος
wiedergeben.

Die Gerechtigkeit von Jes 56,1 hat Matthäus zum Thema der Bergpredigt gemacht, was vor allem am Rahmen von Kap. 6 sichtbar wird. Der Anfang: »Achtet auf eure Gerechtigkeit, sie nicht . . . zu tun!« (Mt. 6,1) entspricht Jes 56,1a, der finale Imperativ: »Trachtet nach dem Reich Gottes und nach Seiner Gerechtigkeit!« (Mt 6,33) nimmt Jes 56,1b auf. Das heißt, daß die bessere Gerechtigkeit, die in der Bergpredigt der Gerechtigkeit der Schriftgelehrten und Pharisäer gegenübergestellt wird (Mt 5,20), an der heilschaffenden Gerechtigkeit des kommenden Gottes (Jes 56,1) ihr Maß hat und eine durch Gebotserfüllung (Mt 5,21–48) und gute Werke (Mt 6,1–18) zu erwerbende Gerechtigkeit (זכות) korrigiert. Die Botschaft Jesu von der Basileia hat demnach die Gerechtigkeit zum Thema und zwar von Jes 56,1 her als Imperativ und als Indikativ: »Tut Gerechtigkeit, denn die Gerechtigkeit Gottes wird in Kürze offenbar!« Zu diesem Appell, zu dieser Abfolge Imperativ-Indikativ, die auch die Komposition der Kapitel 5–7; 8–9 bestimmt, paßt der Begriff »Evangelium« nicht ganz, wie das Fehlen in 4,17 und bei der Bergpredigt zeigt. Aus diesem Grunde verkündigte auch Johannes der Täufer, der für Matthäus auf dem Weg der Gerechtigkeit kam (21,32), also eine Art von »Lehrer der Gerechtigkeit« war, noch kein Evangelium, obwohl er vom nahen Gottesreich sprach; außerdem fehlen bei ihm die Wunder. Erst die Verkündigung Jesu hat die Bedingungen des Evangeliums erfüllt; sie offenbart die *Gerechtigkeit Gottes als Heil* (Jes 56,1) und nicht etwa als Inbegriff einer Verdienst schaffenden Halacha. Matthäus meidet aber da den Begriff »Evangelium«, wo Jesus noch im Schema von Imperativ und Indikativ spricht und die Gerechtigkeit zum Maß eschatologischen Handelns, zur Einlaßtora für das Gottesreich, macht. Für *Paulus* hingegen, der auch an Jes 56 denkt, wenn er die Gerechtigkeit Gottes von Gesetz und Propheten bezeugt sieht (Röm 3,21 f.), hat wegen des Kreuzes der Indikativ grundsätzliche Priorität, so daß die heilschaffende Gerechtigkeit im Evangelium offenbart wird (Röm 1,16 f.). Der Bußruf fehlt, der Imperativ ist an die Glaubenden gerichtet und wird mit der Kraft des in der Taufe empfangenen Geistes erfüllt. Dennoch führt mit der heilschaffenden Gerechtigkeit Gottes als tragendem Pfeiler eine Brücke von Jesus zu Paulus hin.

4. Hat aber *Jesus selbst die Gerechtigkeit zur Mitte seiner Botschaft* gemacht, oder wird dieser Begriff vom theologischen Interesse des Matthäus eingebracht[25]? Ich meine, daß Jes 56 in der Tat die Botschaft Jesu entscheidend geprägt hat. Dem dort gegebenen Schema von endzeitlich bedingtem Imperativ und Indikativ entspricht ein Satz wie Mt 6,14f./Mk 11,25: »Wenn ihr

---

[25] So G. Strecker, »Biblische Theologie?« in FS G. Bornkamm (ed. D. Lührmann–G. Strecker Tübingen 1980, S. 430, Anm. 23): »Kein einziger neutestamentlicher Beleg kann mit einiger Wahrscheinlichkeit auf Jesus selbst zurückgeführt werden, auch nicht das Verb in Lk 18,9.14.« Darüberhinaus hat Strecker die Gerechtigkeit Gottes in Mt 6,33 (auch 5,6) als rechte Haltung der Jünger und ethische Leistung mißverstanden. (»Der Weg der Gerechtigkeit« FRLANT 82, Göttingen 1966², S. 152–157). Er hat den alttestamentlichen Bezug nicht erkannt.

den Menschen ihre Fehltritte vergebt, wird euch euer himmlischer Vater vergeben«, dazu das Gleichnis vom Schalksknecht (Mt 18,23–25) und vom ungerechten Verwalter (Lk 16,1–9). Die Vergebung ist ja wichtigstes Werk der Recht schaffenden, helfenden, Gerechtigkeit Gottes, der das Tun des Menschen entsprechen soll. Mit dem Heilshandeln des Christus wird die Reihenfolge in Jes 56,1 f. umgekehrt und der Indikativ vorangestellt. Schon im Namen »Jesus« (ישוע) sieht Matthäus das Kommen des göttlichen Heils (ישועה in Jes 56,1), die gratia praeveniens, angezeigt, die sich als Rettung von Sünden vollzieht (1,21). Dadurch werden das Gottesreich und die Person Jesu, Verkündigung und Verkündiger, so miteinander verbunden, daß das Heil der Basileia vom Messias gebracht und zugesprochen wird. Dieser Zuspruch ist Evangelium: Jesus »richtet« so »die Armen mit Gerechtigkeit« (Jes 11,4), die sich an diesen Menschen als zuvorkommende Gnade Gottes erweist. Das zeigt der *Stürmerspruch Mt 11,12*, freilich dabei auch eine negative Reaktion der Menschen: »Seit den Tagen des Johannes bricht die Basileia ein, aber gewalttätige Menschen rauben sie aus.« Das Verbum βιάζεσθαι ist wie in Lk 16,16 medial gebraucht: Die Gottesherrschaft kommt mit den befreienden Machttaten Jesu (Mt 12,28), als gewaltsamer Einbruch in die Festung des Bösen (12,29); sie ist Offenbarung der heilschaffenden Gerechtigkeit Gottes in Jes 56,1, befreiendes Richten der Armen (Jes 11,4) und kann deshalb auch als Evangelium verkündigt werden (Lk 16,16). Aber gewalttätige Menschen (vgl. Jes 11,4[25a]) rauben sie aus, machen ihre Bekenner unsicher, beseitigen einen Propheten wie den Täufer, verhöhnen den durch Jesus wirkenden Geist als eine dämonische Kraft (12,31). Das ist das Gegenteil vom Tun des Rechts in Jes 56,1. Daran wird auch deutlich, daß die volle Offenbarung und Durchsetzung von Herrschaft und Gerechtigkeit Gottes noch nicht erfolgt ist.

5. Im Kairos zwischen schon begonnener aber noch nicht vollendeter Gottesherrschaft fällt der *Ausrichtung des Evangeliums* eine tragende Rolle zu. Nach *Mt 10,23* werden die Jünger mit der Verkündigung der Basileia nicht zu Ende sein, ehe der Menschensohn kommt; der im parallelen Wort Mk 13,10 gegebene Begriff εὐαγγέλιον fehlt bei Matthäus. Struktur und Inhalt dieses schwierigen Naherwartungslogions Mt 10,23 erinnern nicht nur an Jes 56,1, sondern auch an *Gen 49,10*. Die letztere Stelle war für die Messiaserwartung des frühen Judentums, vor allem der Qumrangemeinde, sehr wichtig[26]. Man erhoffte das Kommen des שילה (Gen 49,10b), den man als Messias deutete (so auch die Targume); bis dahin war das vom »Gesetzge-

---

[25a] Vgl. Jes 11,4b, wo עריץ statt ארץ gelesen werden muß. Ein Wortspiel zwischen אריסים = »Pächter« und עריצים = »Gewalttäter« liegt m. E. im Gleichnis von den Bösen Weingärtnern (Mk 12,1–12) vor.

[26] Das habe ich in einem Referat »Genesis 49,10 in Early Judaism« gezeigt, das ich bei der Konferenz der European Association for Jewish Studies in Oxford (Juli 1982) gehalten habe.

ber« (המחקק Gen 49,10a) geregelte Tun der Tora heilsnotwendig, Vorbereitung und Voraussetzung für die Erlösung. An die Stelle des Toragehorsams
tritt nun die Botschaft von der Basileia, die in Mt 24,14 (vgl.
Mk 13,10) als
›Evangelium‹ bezeichnet und der ganzen Oikumene, zum Zeugnis für alle
Völker, gebracht werden muß. Dann kommt das Ende, d. h. das Erscheinen
des Menschensohnes zum Gericht, für welches das Zeugnis des Evangeliums vorausgesetzt wird (vgl. Mt 25,31–46); in Mt 10,23 wird Gen 49,10
durch das Wort »Kommen« auch mit Dan 7,13 verbunden und שׁילה auf den
Menschensohn bezogen. Von daher erklärt sich auch der unermüdliche Eifer
des Paulus, das Evangelium in allen Teilen des Römischen Reiches zu Gehör
zu bringen, und schon die fliegende Verkündigung Jesu und der Jünger in
Palästina (vgl. Lk 4,43) war wohl so begründet. Auch im Johannesevangelium liegt diese auf Gen 49,10 aufgebaute Verpflichtung zur Verkündigung
vor, wobei das Moment der Kontinuität und der Zeugnischarakter der
Botschaft eingeschärft werden: Jesus sendet den Parakleten, der die Jünger
an seine Worte erinnern wird (14,26) und mit diesen vor der Welt Zeugnis
über ihn ablegen soll (15,26f.); hinzu kommt auch das Halten der Gebote
Jesu (14,21), d. h. des Liebesgebotes. Von Mt 10,23; Mk 13,10 her ist das
verheißene Kommen Jesu (Joh 14,18–23) auch auf die Parusie und nicht nur
auf Ostern zu beziehen.

6. Wichtig ist schließlich, daß Matthäus das Mk 14,9 bei der Salbung in
Bethanien erwähnte Evangelium nicht als εὐαγγέλιον τῆς βασιλείας bezeichnet,
sondern nur von »diesem Evangelium« spricht (26,13). In der Tat muß
dessen Thema anders gelautet haben, auf Jesu Person bezogen gewesen sein.
Der *Sohn gehört in dieses Evangelium*, das paradoxerweise als Frohbotschaft
vom Leiden des Messias verkündigt werden soll, und zwar deshalb, weil
dieser von Sünden rettet (1,21). »Dieses Evangelium«, auf das Matthäus
schon am Anfang mit der Erklärung des Jesusnamens hinwies (1,21), sah
somit dem nachösterlich-paulinischen ähnlich, wäre sogar nach Mk 14,9
bereits von Jesus angezeigt worden. Auch bei Johannes ist es angedeutet:
Nach 14,26 erinnert der Paraklet an die Worte Jesu, nach 15,26f. legt er mit
den Jüngern Zeugnis von Jesus ab (περὶ ἐμοῦ).

V. *Markus und das Evangelium vom Gottessohn*

1. Was die Terminologie des Evangeliums anlangt, ist Markus am weitesten vom Wurzelboden des Alten Testaments entfernt. Denn das Verb
εὐαγγελίζεσθαι fehlt, dafür erscheint das Nomen εὐαγγέλιον siebenmal, öfters
als bei Matthäus. Auffallend ist auch sein überwiegend absoluter Gebrauch
(1,15; 8,35; 10,29; 13,10; 14,9), dann die zeitliche Zergliederung in gegenwärtige und noch ausstehende Verkündigung und schließlich der christologische Gehalt. In dieser Hinsicht steht Markus einzig da; die Seitenreferenten

sind ihm dabei nicht gefolgt. Gleich am Anfang werden die Weichen gestellt: »Anfang des Evangeliums von Jesus Christus, dem Sohn Gottes«; in die gleiche Richtung weist die bereits erwähnte Wendung: ». . . um meiner und des Evangeliums willen« (8,35; 10,29), die im Kontext der Nachfolge steht und deren Risiko deutlich macht.

2. Das markinische *Summarium 1,14f.* ist vergleichsweise recht ausführlich; zwei-mal erscheint in ihm das Nomen εὐαγγέλιον: »Und nachdem Johannes ausgeliefert worden war, kam Jesus nach Galiläa, wobei er das Evangelium Gottes verkündigte und sagte: Die Zeit ist erfüllt und nahe herbeigekommen das Gottesreich. Tut Buße und glaubt an das Evangelium!« Jesus verkündigte demnach nicht das »Evangelium vom Gottesreich«, wie man erwarten müßte[27]; diese Wendung fehlt an Stellen, wo sie bei den Seitenreferenten erscheint (vgl. Mk 1,39 mit Mt 4,23 und Mk 1,38 mit Lk 4,43). Vielmehr nennt Markus das »*Evangelium Gottes*«, das in Röm 1,1 f. die apostolische Botschaft des Paulus bezeichnet, die Gott »durch seine Propheten in den heiligen Schriften vorausverkündigt hat.« In Mk 1,14 f. ist Jes 52,7 als Hintergrund kaum erkennbar und Jes 56,1 fast völlig verdeckt. Denn der Imperativ des Bußrufes folgt dem beherrschenden Indikativ von der erfüllten Zeit und nahen Gottesherrschaft. Die Tatsache der erfüllten Zeit erinnert an Lk 4,21 und Gal 4,4 und läßt das ›Evangelium Gottes‹ so verstehen: Gott verwirklicht jetzt das Zeugnis der Propheten, sofern es Freudenbotschaft war (vgl. Röm 1,1 f.)[28]. Aber was ist bereits erfüllt, was ist konkreter Inhalt des εὐαγγέλιον, »des Evangeliums, an das man glauben« soll (1,15)?

Das *absolut gebrauchte ›Evangelium‹* und der für es erforderliche Glaube erinnern ebenfalls an Paulus (vgl. etwa 1 Kor 15,1 f.), erscheinen aber auch im Targum zu Jes 53,1: »Wer glaubt aber unserem Evangelium?« (בסורתנא für hebr. שמועתנו); Jes 53 wird so zum Zentrum des vorausverkündigten Evangeliums und zum Schlüssel für das Markusevangelium. Das gilt schon für Paulus, der in Röm 10,15 f., aber auch in 1,16; 4,25; 5,1.9 f., 1 Kor 1,18.24 erkennen läßt, daß das Nomen εὐαγγέλιον speziell aus Jes 53,1 (Targum) herzuleiten ist; Jes 53 hat auch Sprache und Inhalt der Botschaft von Kreuz und Auferstehung des Messias entscheidend bestimmt[29]. Wenn Mar-

---

[27] So als lectio facilior in der Koine und im westlichen Text.

[28] Vgl. dazu 1 Petr 1,10–12 und Apk 10,7: Gott hat das Geheimnis der apokalyptischen Vollendung seine Knechte, die Propheten, als Evangelium verkündigen lassen.

[29] Paulus hat ebenfalls Jes 52,7 und Jes 61,1 als Voraussagen der Evangeliumsverkündigung bewertet, aber nun auf den Dienst der Apostel bezogen (Röm 10,15). Begrifflich und auch hinsichtlich des Inhalts ist das Evangelium von Kreuz und Auferstehung des Messias vor allem in Jes 53,1 ff. vorgegeben (Röm 10,16 f.). Die prophetische Botschaft vom leidenden, die Sünde des Volkes tragenden, Gottesknecht hat sich mit dem Christusgeschehen erfüllt und kann wegen der sühnenden, den Fluch des Gesetzes aufhebenden und Frieden stiftenden Wirkung des Todes Jesu als Evangelium verkündigt werden. Auch die paulinische Sprache des Glaubens ist

kus den Bußruf Jesu durch den Aufruf zum Glauben an das Evangelium ergänzt (1,15), dann hat dieses Evangelium einen etwas anderen Inhalt als Jesu Botschaft von der Basileia bei Matthäus und Lukas. Es ist stärker christologisch geprägt: Der Messias predigt zwar die nahe Basileia (1,14), bringt aber ihr die Menschen nahe, indem er für sie sein Leben als Lösegeld dahingibt (1,15; 10,45). Markus will in seinem Evangelium zeigen, daß es wirklich der Messias und Sohn Gottes war, der für uns am Kreuz gestorben ist (1,1, vgl. 1 Kor 15,3; Apg 10,36–43); der Tod eines gewöhnlichen Menschen hätte keinen universalen Heilswert.

Deshalb bot Markus die Leidensgeschichte des Messias – und Gottessohnes – mit ausführlicher Einleitung. Schon mit der *Überschrift* (1,1) werden die Weichen gestellt. Zusammen mit 1,15 erinnert der Satz »Anfang des Evangeliums von Jesus Christus, Gottes Sohn« (1,1) an Röm 1,1–4 und die dort erwähnten christologischen Prädikate des apostolischen Evangeliums. Markus war sich auch dessen bewußt, daß dieses Kerygma vor allem das als Heilsgeschehen bezeugt, was in den Leidensansagen Jesu angekündigt wurde. Die Botschaft Jesu von der Basileia und der Bericht von Jesus, dem Gottessohn, sind deshalb Evangelium, weil dieser Messias sein Wirken für das Gottesreich mit der Hingabe des Lebens gekrönt und vollendet hat. Darum gehört zur wahren Buße der Glaube an das Evangelium (1,15), und zu den Leidensankündigungen das ›pro nobis‹ des Sühnetodes, das von Jes 53 her mit zu bedenken ist. Auch die Überschrift dieses auf das Leiden Jesu zustrebenden Evangeliums in 1,1 will besagen, daß Jesus als Messias *für uns* gestorben ist (1 Kor 15,3), daß Gott seinen Sohn *für uns* dahingegeben hat (Röm 8,32). Die Leidensansagen sind zwar noch kein ›Evangelium‹, weil sie von der Zukunft reden und außerdem nur einem kleinen Kreis Vertrauter galten; aber Markus wußte, daß gerade sie zum Evangelium der Apostel wurden.

4. Was soll aber der »*Anfang* des Evangeliums«[30] in Mk 1,1 sein? Nach Apg 10,37[31] wurde er mit dem Wirken des Täufers gemacht. So hat auch Markus mit der ἀρχή die Zeit der Johannestaufe bis zum Auftreten Jesu als eine praeparatio evangelica angesehen (Mk 1,1–13); Gott selbst bereitet den Evangeliumsdienst des Messias vor. Er läßt den Täufer eine Bußtaufe zur

---

von Jes 53 geformt, speziell von V. 1, so das ›Glauben‹ und ›Gehorchen‹ gegenüber dem Evangelium (durch שמועה nahegelegt), das Sich-Nicht-Schämen des Evangeliums, das eine Kraft Gottes darstellt (Röm 1,16 vgl. Tg Jes 53,1), Frieden mit Gott bzw. Versöhnung bewirkt (Röm 5,1; 2 Kor 5,18–21, vgl. Jes 53,5). Auch das glaubende Verständnis gegenüber einer früheren Fehleinschätzung ist schon im Bekenntnis zum leidenden Gottesknecht ausgesprochen; 2 Kor 5,16 ist von Jes 53,5 her zu erklären.

[30] Vgl. ἀρχὴ τοῦ εὐαγγελίου als Anfang der Mission in Mazedonien (Phil 4,15).

[31] In Apg 10,36 ff. werden Kernsätze der Verkündigung des Petrus angegeben, die dem Evangelium des Markus zugrundeliegen; sie sind auch am Alten Testament orientiert und mit dem ›Evangelium des Friedens‹ in 10,36 unter Jes 52,7; 53,5 gestellt; vgl. V. 38 und Jes 61,1.

Vergebung der Sünden »verkündigen« (1,4), weil der Vollzug der Vergebung erst später, durch das Werk eines Stärkeren, zustandekommt, so wie
die Wassertaufe auf dessen Taufen mit dem Geist ausgerichtet ist (1,7f.; vgl.
1 QS 4,20–22). Dieser endzeitliche Akt ist mit der Taufe Jesu antizipiert, der
als einziger von Gott den Geist und damit die Salbung zum Messias empfängt, der als Gottes »geliebter Sohn« proklamiert wird (1,9–11). Es folgt die
Versuchung, bei der sich Jesus dem Teufel und den wilden Tieren gegenüber
als der Stärkere erweist, indem er der gehorsame Sohn ist (1,12f.). Dieser
›Anfang des Evangeliums‹ ist vor allem durch *Deutero-Jesaja* vorausverkündigt: Der Täufer ist ein Rufer in der Wüste nach Jes 40,3 (Mk 1,2f.); die
Taufe Jesu mit dem Geist, dazu der Inhalt der Himmelsstimme (1,9–11),
erinnern an Jes 42,1, die bestandene Versuchung (1,12f.) als Überwindung
des Starken an Jes 49,24 (vgl. Mt 12,29); deshalb nimmt Mk in 1,14f. dann
Jes 52,7; 53,1; (56,1); 61,1 auf und kehrt mit ihnen zum Anfang (1,1) zurück.
Aber auch der Einfluß von *Dan 7* ist da. Denn beim »Stärkeren« ist an den
Menschensohn von Dan 7,13 gedacht, der über die Macht des Chaos siegt.
Seine Vollmacht erweist er dadurch, daß ihm die Dämonen gehorchen
(1,27, vgl. Dan 7,10.14). Er ist der »Heilige Gottes« (1,24), d. h. der Repräsentant der Heiligen des Höchsten (Dan 7,22.27); er möchte sie sammeln
zum Volk der Gottesherrschaft. Dazu dient die Ausrichtung des Evangeliums Gottes, die im ersten Teil (Mk 1–8) erzählt wird. Aber dieser Dienst
muß wegen der Absage Israels zur Hingabe des Lebens führen, wobei der
Menschensohn dem Vorbild des Gottesknechtes von Jes 53 folgt (Mk 8,31;
9,31; 10,45; 14,24). So steht auch der 2. Teil Mk 9–16 unter dem Vorzeichen
Deutero-Jesajas und Daniels.

5. Mit dem Täufer fängt zeichenhaft auch das *Evangelium vom leidenden
Messias* an. Denn schon an ihm wird die Heilsnotwendigkeit des Leidens der
Gottesboten deutlich. Markus spricht vom »Übergebenwerden« des Johannes (1,14) und benützt damit das Wort, mit dem er das von Gott vorherbe-
stimmte Leiden des Menschensohnes zusammenfaßt (9,31; 10,33; 14,41,
dazu 14,10.11.18.44). Wenn der Anfang des Evangeliums mit der Auslieferung des Täufers endet, so kündigt zum Beginn des zweiten Teils der
Menschensohn sein Ausgeliefert-Werden (9,31) an und schließt mit ihm
seine Vorankündigungen an die Jünger ab (14,41). Diese ›Übergabe-Formel‹
ist Jes 53 entnommen, wie der Targum und Röm 4,25 zeigen. Ausführlich
wird der gewaltsame Tod des Täufers erzählt (6,14–29) und damit gezeigt,
daß das Schicksal des Verkündigers von der Verkündigung bestimmt ist, so
wie man dies in Jesu Zeit an den Propheten des Alten Testamentes ablas.

6. Hat *Jesus selbst* diesen auf den Sühnetod Jesu gerichteten und von Jes 53
mitbestimmten Gebrauch des *Wortes »Evangelium«* angeregt und mit verur-
sacht? J. Jeremias verneint dies mit der Begründung, im Unterschied zum
Verbum בשר habe das hebr./aramäische Nomen בשורה immer und aus-

schließlich profane Bedeutung; für das εὐαγγέλιον des Kaiserkults träfe das nicht zu (Neutest. Theologie I, S. 134). Angesichts von Tg Jes 53,1 ist das ein folgenschwerer Irrtum. Daß Jesus sich als Gottesknecht im Sinne von Jes 53 verstand und von daher bewußt den Tod als sühnendes Geschehen auf sich nahm, leidet keinen Zweifel. Nach Mk 14,9 hat er für die Verkündigung dieser ›Leidensgeschichte‹ das Wort ›Evangelium‹ gebraucht, das ihm Jes 53,1 anbot. In Bethanien habe Jesus im Blick auf die ihn salbende Frau versichert: »Wahrlich, ich sage euch: Wo das Evangelium in der ganzen Welt verkündigt wird, wird man auch von dem reden, was sie getan hat, zu ihrem Gedächtnis! (14,9)«. Die ganze *Salbungsgeschichte ist m. E. mit Jes 52,13–53,12 fest verbunden;* von daher ist auch »Evangelium« (Jes 53,1) in sie fest integriert. Der sprachlich *schwierige Ausdruck* משחת *(Jes 52,14)* hat der Erzählung Mk 14,1–9 gleichsam als Gerüst gedient. Wie in der Jesajarolle von Qumran (1 Q Isᵃ) ist משחת in Mk 14 mit dem Verb משח = ›salben‹ verknüpft. Jesus selbst hat in Mt 6,16–18 diese Verben im Blick auf Jes 52,14 im Wortspiel verwendet, wenn er dem Fastenden statt einer ›Entstellung des Gesichts‹ (משחת מראה) dessen ›Salbung‹ (ממשח) mit Öl empfiehlt[32]. In Mk 14,4 deutet ἀπώλεια als das ›Verderben, Verschwenden‹ der kostbaren Salbe auf die Wurzel שחת + מ = ›Verderben‹. שחת = ›verderben‹ scheint hier wie in Qumran auch als »Grube, Totenreich« verstanden, so daß hier שחת + מ den Akt des »Legens in die Grube« = ἐνταφιασμός (›Begräbnis‹) bedeutet. Judas Ischarioth meinte, die Salbung (ממשח) sei ein Akt von ›Vergeudung‹ (משחת); Jesus hingegen betonte, sie diene seiner ›Grablegung‹ (ממשח → משחת) 14,8; vgl. Jes 53,9. J. Jeremias (aaO., S. 268) sieht die Salbungsgeschichte und das Wort Jesu Mk 14,8 als echt an, versagt diese Echtheit jedoch dem Vers 14,9, aber nur aufgrund seines irrigen Urteils über das Nomen εὐαγγέλιον ≠ בשורה. Aber dieser Begriff ist von Jes 53,1 her der sinnvolle Abschluß der an Jes 52,14; 53,9.10 orientierten Erzählung: Als Dienst hellsichtiger Liebe wird die Salbung in das ›Evangelium‹ eingehen (14,9), das dann, wie die Botschaft von Jes 53,1, das Sühneleiden des messianischen Gottesknechtes, dessen Tod, Begräbnis und Erhöhung, zum Thema hat (vgl. Jes 53,5–12; 52,13 f.). Dieses Evangelium muß in der ganzen Welt verkündigt werden (Mk 14,9), weil nach Jes 52,10 alle Enden der Erde das Heil Gottes schauen sollen. Markus hat dieses Evangelium, das zuerst bei

---

[32] Mt 6,16–18. In ἀφανίζειν τὸ πρόσωπόν (σου) (V. 16) liegt ein Bezug zum entstellten Gesicht (משחת מראהו) in Jes 52,14 vor, ebenso in Jesu Weisung zum Salben des Gesichts (V. 17). Ferner spielt Jesus mit den Wörtern מראה = Aussehen bzw. תואר = Erscheinung in Jes 52,14 und dem Verb נראה = φανεῖσθαι = »sich sehen lassen, erscheinen« vor den Menschen (vgl. איש bzw. בני אדם in Jes 52,14). Die Wiedergabe von מראה = πρόσωπον liegt in der Verklärungsgeschichte des Matthäus (17,2) vor, die wie Mk 9,2–8 ebenfalls von Jes 53 beeinflußt ist. Vgl. Origenes C. Celsum I, 55, wo »ungeachtet von den Menschen wird dein Angesicht sein« als charakteristische Aussage des vierten Gottesknechtsliedes zitiert wird.

den Abendmahlsfeiern der Gemeinden verkündigt (1 Kor 11,26) und dann durch die Botschaft des irdischen Jesus vom nahen Gottesreich ergänzt worden war, schriftlich abgefaßt. Das Wort ›Evangelium‹ setzte er wie eine Überschrift an den Anfang seines Werkes, weil auch das urchristlich-paulinische Kerygma so bezeichnet wurde (vgl. 1 Kor 15,1–5), und vor allem deshalb, weil es auch in (Tg)Jes 53,1 am Anfang des Berichtes über das Leiden des Gottesknechts steht. Schließlich wurde dieses Evangelium als eine *Erzählung* von Jesus Christus ausgeführt, weil in Jes 52,15 das Erzählen (ספר = ἀναγγέλλειν) und in Jes 53,8 (LXX vgl. Apg 8,32 f.) ein διηγεῖσθαι[33] als Weisen der Verkündigung vom Gottesknecht erwähnt sind; schon vorher stand die Verkündigung vom Tode Christi an der Stelle der Passahhaggadah im Ritus der christlichen Herrenmahlsfeier.

7. Vor Ostern, in der Zeit der Nachfolge, war diese Botschaft auf den Kreis der Jünger beschränkt und deshalb noch kein Evangelium, d. h. öffentliche Frohbotschaft. Nach der Verklärung, bei der Jesu Leiden und Verherrlichung im Voraus gleichsam sichtbar dargestellt und von Jes 53 her als heilsgeschichtlich notwendig hätte begriffen werden müssen, verbot Jesus den drei Augenzeugen, jemandem davon zu erzählen, ehe der Menschensohn von den Toten auferstanden sei (Mk 9,9). Dieses Schweigegebot, in dem W. Wrede einen Schlüssel für das Messiasgeheimnis in den Evangelien sah, ist aber von Jes 52,15 und 53,1 her als Hinweis auf die Offenbarung des erhöhten Gottesknechtes und auf den ordo evangelii zu verstehen: An Ostern werden die Jünger »sehen, was ihnen nie erzählt worden war, und verstehen, was sie nie gehört hatten« (Jes 52,15). Dann erst können sie das Unerhörte als Evangelium verkündigen, das Glauben heischt (Jes 53,1). Diese im vierten Ebedlied angezeigte Reihenfolge ›Schau-Verkündigung des Evangeliums‹ bestimmt den Anfang des apostolischen Wirkens, wird für 1 Kor 15,1–5 nachgewiesen und in Mk 9,9 aufgenommen.

8. Auch die echt markinische Wendung »um meiner und des Evangeliums willen« (8,35; 10,29) steht in diesem Zusammenhang. Warum wird neben die Person Jesu auch das Evangelium als Gegenstand des Bekennens gestellt? Weil mit ihm auf die Zeit der Verkündigung nach dem Tode Jesu hingewiesen wird. Nach Mk 13,10; 14,9 soll das Evangelium der Welt gebracht werden, und zwar vor der Parusie. In dieser Periode, die mit Ostern beginnt, ist der gekreuzigte und auferstandene Gottessohn Inhalt der heilbringenden Botschaft. Man soll sich Jesu und seiner Worte nicht schämen (Mk 8,38); d. h.: zur Lehre des irdischen Jesus tritt mit gleicher Autorität das Kerygma vom gekreuzigten Christus hinzu.

---

[33] Vgl. Jes 53,8 (LXX) τὴν γενεὰν αὐτοῦ τίς διηγήσεται. Das mag die Genealogie Jesu in den Evangelien gefördert haben.

9. Es gibt demnach zwei Arten von Evangelium und mehrere Phasen der Ausrichtung:

1.a) die Vorausverkündigung des Evangeliums von Gottes Herrschaft durch die Propheten des Alten Testament (Jes 52,7; 61,1 f.; Nah 2,1),

b) den »Anfang des Evangeliums« (Mk 1,1–13): Das Wirken Johannes des Täufers und die Vorbereitung Jesu für den messianischen Dienst.

c) Das vom Messias verkündigte Evangelium von der nahe herbeigekommenen Gottesherrschaft, mit der die Weissagungen der Propheten in Erfüllung gehen (Mk 1,14);

2.a) Das vorausverkündigte Evangelium vom leidenden und erhöhten Gottesknecht, der messianisch verstanden ist (Jes 52,13–53,12).

b) Die existentielle Übernahme dieser Botschaft durch Jesus, der Tod und Auferstehung des Menschensohnes seinen Jüngern ansagt (Mk 8,31; 9,31);

c) Die öffentliche Verkündigung dieses Evangeliums vom Messias und Gottessohn durch die Apostel, dazu die Ausbildung einer Leidensgeschichte für das Herrenmahl, bei dem Jesu Tod verkündigt wird (Mk 14,9);

3. Die Ausbildung eines »Evangeliums«, in dem 1 b c und 2 b vereinigt sind. Das Evangelium des Markus ist die Geschichte von der Erfüllung der Verheißungen Gottes durch Jesus. Mit dem Wirken und Leiden des Messias beginnt die Verwirklichung der Gottesherrschaft. Der Menschensohn = Messias stiftet den Neuen Bund; bei seiner Parusie erscheint das Reich Gottes in Macht. Die Gemeinde glaubt deshalb an das Evangelium vom Sühnetod des Christus, wenn sie den Bußruf hört (Mk 1,15), und wartet auf das Kommen des Menschensohnes, wenn sie die Vollverwirklichung der Basileia erhofft (Mk 9,1). Matthäus und Lukas haben unter dem Eindruck der Jesustradition vom Gottesreich (Q und Sondergut) das markinische Gewicht auf der theologia crucis zurückgenommen und die Botschaft Jesu vom Gottesreich zur Mitte gemacht; mit dem dabei verwendeten Verbum εὐαγγελίζεσθαι hielten sie sich an die in den kerygmatischen Summarien wie Apg 10,36 (nach Jes 52,7) vorgegebene Zusammenfassung der Jesusbotschaft.

VI. Abschluß

Kehren wir zum *Abschluß* zu *den eingangs gestellten Fragen* zurück und versuchen wir, auf sie eine Antwort zu geben:

1. Nicht nur das Verb εὐαγγελίζεσθαι, sondern auch das Nomen εὐαγγέλιον läßt sich am Besten *aus dem Alten Testament* herleiten, vor allem aus Jes 52,7; 56,1; 61,1 f., dazu Jes 52,13–53,12 (vgl. auch 42,6 und 49,8). Diese Stellen haben sowohl die Botschaft Jesu vom Gottesreich als auch das Evangelium von Kreuz und Auferstehung entscheidend geprägt, weil man gerade dort

das endzeitliche Evangelium Gottes vorausverkündigt fand. Der vor zweihundert Jahren verstorbene schwäbische Theologe Fr. Chr. *Oetinger* hat in
seiner Schrift »Etwas Ganzes vom Evangelio« (1739) die Kapp. Jes 40–66
paraphrasierend wiedergegeben. In ihnen sah er eine Summe des Evangeliums: des Glaubens (Jes 40–49), der Gerechtigkeit (Jes 50–59) und der
Herrlichkeit (Jes 60–66). Oetinger meinte, Gott selbst halte diese Predigt an
die Welt. W. Grimm hat in seinem wichtigen Werk »Weil ich dich liebe«[34] die
enge Bindung der Botschaft Jesu an Deutero-Jesaja aufgezeigt. Speziell kann
man die Bedeutung *von Jes 53* für das Neue Testament, bis hin zum »Lamm,
das geschlachtet ward« in der Offenbarung (5,7 ff.), nicht hoch genug ein-
schätzen. Das kommt primär daher, daß Jesus dieses von ihm als Weissagung auf den messianischen Gottesknecht verstandene Lied des Propheten
durch sein freiwilliges Leiden auf eine einmalige Weise ausgelegt hat. Das
spezifisch Christliche beginnt deshalb nicht erst an Ostern oder mit der
Theologie des Paulus, sondern schon mit dem irdischen Jesus, dem Anfän-
ger und Vollender des Glaubens an ein Evangelium, das ihn selbst zum
Thema hat und wegen Jes 52,15; 53,1–8 zur Erzählung ausgestaltet werden
konnte. Bis auf den heutigen Tag unterscheiden sich Judentum und Christentum grundlegend im Verständnis des Kapitels Jesaja 53. Nirgendwo
kommen Gemeinsamkeit und charakteristische Unterschiede klarer, kon-
zentrierter, zum Ausdruck als in der Art, wie dieses Lied etwa im Targum
und andererseits im Neuen Testament ausgelegt wird.

2. Es erscheint mir als sicher, daß Jesus selbst das Verb bissar = εὐαγγελίζεσθαι für seine Predigt von der anbrechenden Basileia verwendet hat. Das
Nomen b^{e}sorah = εὐαγγέλιον, das m. E. auf Jes 53,1 zurückgeht, könnte nach
Mk 14,9 ebenfalls von ihm gebraucht worden sein, jedoch als Bezeichnung
für eine Botschaft, die erst nach seinem Tode öffentlich verkündigt werden
soll.

3. Die Frage, wie sich die mit dem Bußruf verbundene Ankündigung der
Basileia zur Ansage des Leidens und der sühnenden Lebenshingabe verhält,
war ähnlich bereits mit der Rezeption der oben erwähnten Jesaja-Stellen
gestellt: Weshalb ist das Sühneleiden des Gottesknechtes in Jes 53 notwendig, wenn doch Gott selbst mit seinem Kommen die Erlösung und die
wunderbare Aufrichtung seiner Königsherrschaft bringt (Jes 40,3; 52,7;
56,1)? M. E. liegt bei beiden, Jesaja und Jesus, die Antwort im Versagen des
Volkes und seiner fehlenden Bereitschaft für den kommenden Gott: Die
Vorbedingung, nämlich das Tun der Gerechtigkeit als Vollzug der Buße (Jes
56,1, Mk 1,15 par), wird nicht erbracht. Die Basileia ist nahe, aber das Volk
Gottes steht ihr fern. Daraus erwächst das »Muß« zu einer ungewöhnlichen

---

[34] Frankfurt-Bern 1976, in 2., verbesserter, Auflage 1981 mit dem Titel »Jesus und Deutero-
Jesaja« erschienen.

Tat, nämlich zu einer Gottesknechtsrolle des Messias, der die Herde sammeln will, zum Leiden des Menschensohnes, der das Volk der Heiligen des Höchsten von der Herrschaft des Teufels befreien soll. Wurde die Forderung einer besseren Gerechtigkeit von seiten Israels nicht erfüllt, so war die Umkehrung von Imperativ und Indikativ, d. h. der Gang an das Kreuz, die einzig mögliche und adäquate Entsprechung zur vergebenden, heilschaffenden Gerechtigkeit Gottes. Ja, sie ist deren Offenbarung, ihr Erweis vor der von Juden und Römern repräsentierten Weltöffentlichkeit von Golgatha (Röm 3,25). Die Kreuzigung Jesu wird damit analog zum Sinaigeschehen proklamiert, bei dem nach damaligem jüdischen Verständnis die Tora als ein allen Völkern geltendes Gesetz verkündigt wurde. Nach 1. Petr 2,9; Apk 1,5–7; 5,7–10 ermöglichte der Tod Jesu die Erfüllung der am Sinai gegebenen Verheißung eines Eigentumsvolkes und königlichen Priestertums, die dort die Einhaltung des Bundes als Bedingung voraussetzt. Insofern bildet das Evangelium tatsächlich das Gegenüber zur Tora, wie das der christliche ›Philosoph‹ der Imma Schalom vergebens klar zu machen suchte. Denn durch es erben, ohne Unterschied, Mann und Frau, Jude und Grieche das von Gott verheißene Heil (Gal 3,28; Apk 5,9f.).

Der Weg der Evangelientradition

Birger Gerhardsson

I.

Bei der neutestamentlichen Wissenschaft handelt es sich um eine Disziplin, die sich vorantasten muß. Wir sind gezwungen, mit vielen gelehrten Vermutungen zu arbeiten, hypothetische Quellen zu eruieren, hypothetisch den Verlauf der Ereignisse hinter den Quellen zu rekonstruieren. Wir müssen uns ein Totalbild von Jesus machen, das weitgehend hypothetisch ist. In einem nicht gerade angenehmen Sinn ist unsere Disziplin eine Wissenschaft von »Dingen, die man nicht sieht«.

Etwas haben wir allerdings, das voll sichtbar ist: die neutestamentlichen Schriften. Vier Schilderungen des irdischen Wirkens Jesu, eine theologische Chronik über den Weg des Evangeliums von Jerusalem zur Weltstadt Rom, 21 richtige oder fiktive Briefe an urchristliche Gemeinden oder Personen, eine Apokalypse.

Ersichtlich ist auch – ja, auffallend – daß diese 27 Schriften von einem wesentlichen Gesichtspunkt her gesehen in zwei sehr verschiedenartige Gruppen zerfallen. Wenn wir uns nach direkt angeführten Jesusworten und konkreten Erzählungen darüber umschauen, was während Jesu irdischem Wirken geschah, so finden wir derartiges nur in einer dieser Schriftengruppen: den Evangelien. Ja, man kann die Sache auf die Spitze treiben und sagen, daß uns die vier Evangelien *nur* Jesusworte und Jesuserzählungen überliefern wollen. Was sie von Jesus sagen, ist zwar ins Licht von Ostern und Pfingsten gerückt und oft in Beziehung zu nachösterlichen Verhältnissen und Fragen gestellt worden, will aber nichtsdestoweniger ein Bild von dem geben, was Jesus während seines Wirkens auf Erden »tat und lehrte« (vgl. Apg 1,1 und auch Lk 1,1–4). Richtig ist zwar, daß der Stoff des Johannesevangeliums kräftig weiterentwickelt wurde – und damit an der Grenze zur freien apostolischen Verkündigung steht –, aber sogar dieses Evangelium erhebt den Anspruch zu schildern, was Jesus vor den Augen seiner Jünger auf Erden vor seiner himmlischen Erhöhung tat (20,30; vgl. 21,24f.). Dieses Evangelium werde ich hier nur nebenbei berücksichtigen; seine Eigenart bedarf einer gesonderten Behandlung[1].

---

[1] Vgl. J. D. G. Dunns Beitrag in diesem Band mit dem Titel: »Let John be John!« (S. 309ff.).

Die Evangelien wollen uns nur konkrete Jesustexte geben. Wenden wir uns den übrigen 23 Schriften zu, können wir mit der gleichen Vereinfachung und Zuspitzung sagen, daß sie uns überhaupt keine konkreten Jesustraditionen bieten wollen. Diese Schriften sind im Geiste Jesu geschrieben und von seinen »Visionen« geprägt. Sie enthalten Anspielungen auf seine Worte und Anklänge daran, übergreifende Aussagen zu seiner Person, seinem Leben und Werk, vor allem seinem Tod und der Auferstehung, wir begegnen Resümees und kurzen Formeln. Aber keine dieser Schriften will in grundlegender Weise ihren Lesern Texte davon geben, was Jesus während seines Wirkens auf Erden »tat und lehrte«.

Die Ausnahmen sind schnell aufgezählt. In Apg 20,35 erinnert Paulus die Ältesten von Ephesus an ein (apokryphes) Jesuswort. In 1. Kor. 11,23–25 will Paulus die korinthische Gemeinde an die Worte Jesu von den Abendmahlselementen erinnern und er wiederholt daher die Perikope vom letzten Mahle Jesu. Und in 1. Kor 15,3–8 wiederholt Paulus noch einmal einen zusammenfassenden Text über die Hauptpunkte der Leidens- und Auferstehungsgeschichte. Dieser Text ist ein Grenzfall, aber es handelt sich dennoch um einen festen Text, der konkrete Erinnerungen vom Werk und Geschick Jesu auf Erden aktualisiert[2].

Die alte Unterscheidung der Kirche zwischen εὐαγγέλιον und ἀπόστολος ist – terminologisch gesehen – vage und mißverständlich, der Sache nach aber vollauf berechtigt. Nur die Evangelisten wollen uns »Evangelientradition« überliefern. Im Neuen Testament liegt die konkrete Jesustradition – bewahrt in Form von abgerundeten kleinen Texten – nur für sich, nur als »isolierte Tradition«, vor[3].

Wie läßt sich dies erklären? Apostel, Propheten und Lehrer des Urchristentums traten mit Vollmacht und Freimut auf und sprachen frei von Jesus. Sie waren weder dazu gezwungen, ängstlich Texte abzulesen, noch darauf begrenzt, diese zu kommentieren. In allen Schriften außer den Evangelien sehen wir, wie frei man von Jesus sprechen konnte. Wo findet sich die eigentliche Jesustradition?

Ich kann mich damit begnügen, an ein paar der vorgelegten Lösungsvorschläge des Problems zu erinnern. Einer geht darauf hinaus, daß die Evangelien ganz einfach spät verfaßte Schriften sind – frei geschaffen und ohne eine

---

[2] Ein Grenzfall: zum einen werden die angedeuteten Episoden nicht erzählt, sondern in chronologischer Folge aufgezählt, und zum andern scheint der Text nicht vollständig zu sein (mit Einleitung und Abschluß versehen). Vgl. im Buch: Memory and Manuscript. Oral Tradition and Written Transmission in Rabbinic Judaism and Early Christianity (ASNU XXII), Uppsala 1961, 299 f.

[3] In diesem Aufsatz wird das Wort »Überlieferung« von dem Akt des Überliefers und »Tradition« für das, was überliefert wird, verwendet. Die Worte »Evangelientradition« und »(konkrete) Jesustradition« werden hier synonym von Texten verwendet, die Worte enthalten, die dem irdischen Jesus zugeschrieben werden, sowie von Erzählungen über ihn.

feste Tradition hinter den Texten zu haben. Ein anderer Vorschlag ist, daß die synoptischen Traditionen nur in einem isolierten Teil des Urchristentums gepflegt wurden, in Kreisen, mit denen die übrigen neutestamentlichen Verfasser eigentlich keinen Kontakt hatten. Beide Thesen halte ich für unmöglich. Es scheint nahezu undenkbar, daß der Hauptteil des Urchristentums nicht daran interessiert gewesen sein soll, etwas konkret von Jesu Leiden, Tod und Auferstehung, und dann auch von seiner vorherigen Wirksamkeit, von seinen Worten und Lehren zu erfahren. Alle neutestamentlichen Gruppen, die wir kennen, gaben ihrem himmlischen Herrn den Namen Jesus, einen ganz gewöhnlichen *Menschennamen*[4] und sie wußten auch, daß er ein menschliches Leben auf Erden gelebt hat.

Die Lösung muß in einer anderen Richtung gesucht werden. Der Verfasser der Apostelgeschichte läßt durchblicken, daß er Leben und Werk Jesu kennt, aber er zitiert nicht so, daß wir in seinem Text merken, daß er in Wirklichkeit eine sehr detaillierte Kenntnis von Jesu Worten und Taten hat. Der Verfasser des ersten Johannesbriefs muß zumindesten die johanneische Jesustradition sehr gut kennen – wenn er nicht sogar mit dem Evangelisten zu identifizieren ist – dennoch zitiert er nicht ein einziges Mal ausdrücklich ein Jesuswort (die allgemeine Ausdrucksweise in 1.Joh 2,7.24; 3,11 ist bezeichnend). Eine geteilte Meinung besteht darüber, wieviel Paulus von der Jesustradition gekannt hat. Viele meinen, daß er fast überhaupt keine Kenntnis von ihr hatte, andere rechnen mit geringer Kenntnis. Selbst gehöre ich zu denen, die meinen, daß er etliches kannte. Er spielt an auf Jesu Geburt und Beschneidung (Gal 4,4), Leiden, Kreuzigung, Tod, Begräbnis, Auferstehung und die Erscheinung vor den Auferstehungszeugen sowie auf gewisse Jesusworte[5]. Aber – in seinen Briefen zitiert er nur in ein paar Ausnahmefällen konkrete Jesustradition.

Wir konstatieren das Faktum: im Neuen Testament wird die konkrete Jesustradition als *eigenständige Größe* behandelt. In Apostelgeschichte, Briefen und Offenbarung liegt sie weder als Zitat vor noch eingewoben in die allgemeine Verkündigung und den Unterricht des Urchristentums. In den Evangelien wiederum – wie auch in den älteren Sammlungen, die wir hinter den Evangelien annehmen können – gibt es sie, aber hier wiederum nur als isolierte Jesustradition. Wichtig zu konstatieren ist auch, daß das Beispiel in Apg 20,35 den Charakter einer Erinnerung an ein Wort hat, das die Gemeinde bereits kennt[6], und daß Paulus an den beiden Stellen im ersten Korinther-

---

[4] Interessante Beobachtungen in Bezug auf die Geschichte des *Namens* Jesus werden von K. Kjaer-Hansen vorgelegt in: Studier i navnet Jesus, Aarhus 1982 (mit einer engl. Zusammenfassung 369–381).

[5] Vgl. die beiden Beiträge in diesem Band: »Zum Thema: Das Evangelium und die Evangelien« (S. 1 ff., bes. 16 ff.) und: »Das paulinische Evangelium« (S. 157 ff.).

[6] Der Hinweis auf »die Worte *(τῶν λόγων)* des Herrn Jesus« kann sich auf einen Traktat oder

brief ausdrücklich sagt, daß er die zwei Traditionsstücke, an die er nun erinnern muß, der Gemeinde bereits früher überliefert hatte. In 1. Kor 15,3 schreibt er, daß dies *ἐν πρώτοις* geschah, also entweder »unter den wichtigsten Stücken« oder »am Anfang«[7].

Wenn ich sage, daß die konkrete Jesustradition *isoliert* ist, denke ich an drei Sachverhalte:

(1) Sie ist literarisch isoliert, denn sie kommt nur in besonderen Schriften vor, die wahrscheinlich auch eine besondere Tradition widerspiegeln.

(2) Die ganze Tradition, die in diesen Schriften gesammelt ist, handelt von *Jesus*; nur er hat eine völlig selbständige Rolle in ihnen. Kein anderer jüdischer Lehrer oder Prophet (außerhalb der heiligen Schriften) darf zu Wort kommen. Johannes der Täufer spielt eine Rolle, aber keine ganz selbständige.

(3) Die Anhänger Jesu mit Petrus an der Spitze oder die Gruppe »der Zwölf« dürfen den Unterricht Jesu nicht unter eigenem Namen mit positiven Beiträgen ergänzen[8].

Deutlich ist aber, daß die Jesustradition *bearbeitet* vorliegt. Die Anhänger Jesu haben die überlieferten Jesusworte beeinflußt, indem sie diese gedeutet, ausgelegt und gewisse Korrekturen des Wortlautes vorgenommen haben – durch Auslassungen, Hinzufügungen und Umformulierungen – und vor allem, indem sie selbst Erzählungstraditionen formuliert und umformuliert haben. Gewisse Teile – vor allem die Prologabschnitte (Vorgeschichten, Tauf- und Versuchungsgeschichten) – scheinen relativ frei geschaffen zu sein[9]. Es gibt wahrscheinlich auch Anlaß zu fragen, ob nicht gewisse »Schülerarbeiten« – Logien und Gleichnisse, im Geiste und Stile Jesu formuliert (vgl. Mt 13,51–52)[10] – in die Jesustradition hineingekommen sind, wenn, dann in gutem Glauben.

---

eine Kategorie Jesustradition beziehen. Vgl. H. H. Wendt, Die Apostelgeschichte (KEK III), Göttingen 1913[9], 295.

[7] Eine mehr nichtssagende Übersetzung von *ἐν πρώτοις* (»vor allem«, »in erster Linie« u. dgl.) ist natürlich möglich, scheint mir aber hier nicht wahrscheinlich. In dem feierlichen, Punkt für Punkt argumentierenden Stil dieser Aussage scheinen alle Hauptelemente *betont* zu sein, auch *en prōtois*.

[8] Zu Jesus als »dem einzigen Lehrer« vgl. meine Arbeiten: Memory and Manuscript, 332 f.; Tradition and Transmission in Early Christianity (CN XX), Lund und Kopenhagen 1964, 40–43; Die Anfänge der Evangelientradition (Glauben und Denken 919), Wuppertal 1977, 34 f. Vgl. auch F. Mussner, Die Beschränkung auf einen einzigen Lehrer, in: Israel hat dennoch Gott zum Trost (Festschrift S. Ben-Chorin), Trier 1979, 33–43 und R. Riesner, Jesus als Lehrer. Eine Untersuchung zum Ursprung der Evangelien-Überlieferung (WUNT, 2. Reihe 7), Tübingen 1981, 37–40.

[9] Vgl. meine Studien: The Testing of God's Son (Mt 4,1–11 & Par). An Analysis of an Early Christian Midrash, 1 (CB, NT Ser. 2,1), Lund 1966, und: Gottes Sohn als Diener Gottes, ST 27 (1973), 73–106.

[10] Vgl. meinen Artikel: The Seven Parables in Matthew XIII, NTS 19, 1972/73, (16–37) 33–36.

II.

Wie haben wir uns den Weg der konkreten Jesustradition zu den Evangelisten zu denken? Da sie in der Apostelgeschichte, den Briefen und der Offenbarung nicht vorliegt – weder als fertige Texte noch als Texte, die im Werden begriffen sind – und da sie nur als *Jesus*tradition in den Evangelien vorliegt und gleicherweise auch in den älteren Sammlungen, die dort durchschimmern, lautet die einfachste Hypothese: die konkrete Jesustradition ist *die ganze Zeit hindurch* als isolierte Tradition behandelt worden. Diese Ansicht vertrat schon G. Kittel in einem berühmten Hinweis von 1926[11].

Dieser Hinweis wurde jedoch wenig beachtet. Zu diesem Zeitpunkt hatte die beeindruckende formgeschichtliche Schule bereits den Sachverhalt durch die Behauptung verdunkelt, daß die Isolierung nur *ein sekundäres Phänomen* sei. Sowohl Martin Dibelius als auch Rudolf Bultmann erkannte, daß die Jesustradition in den Evangelien isoliert vorliegt – Bultmann konnte später zustimmend an einen Teil von Kittels Hinweis anknüpfen[12] – sie meinten aber: von Anfang an war es nicht so. Die Evangelisten und ihre Vorgänger haben die Jesustradition sekundär aus der allgemeinen Verkündigung des Urchristentums, dem Unterricht und der übrigen Aktivität im Dienst des Evangeliums herausgefiltert. Sie haben die Jesustradition aus einem allgemeinen Strom geistigen Guts ausgesondert. Die Jesustraditionen sind *von Anfang an* aktualisiert, geformt und umgeformt worden, zum Teil frei geschaffen, innerhalb der verschiedenen Aktivitäten des Urchristentums, in »typischen Situationen oder Verhaltungsweisen«[13] und dort waren sie zu Hause, auch als man begann, sie in besonderen Sammlungen zusammenzustellen.

Diese Hypothese ist sehr schwach begründet. Unsere Kenntnis der Wirksamkeitsformen des Urchristentums – der typischen Situationen und Verhaltensweisen – ist begrenzt: die Quellen geben uns nur magere Auskunft. Aber das, was wir wissen, wissen wir aus der Apostelgeschichte, den Briefen und der Offenbarung, und dort finden wir, wie gesagt, keine konkreten Jesustraditionen, weder fertig noch *in statu nascendi*.

Ihre Hypothese hatten die Formgeschichtler ja auch nicht direkt aus der Apostelgeschichte, den Briefen oder der Offenbarung abgeleitet, sondern sie stützten sich auf die Auffassung gewisser Folkloreforscher, wie volkstümliche Tradition im Leben des Volkes entsteht, in »typischen Situationen und Verhaltensweisen«, wie geistiges Gut sich verobjektiviert in typischen

---

[11] »Die *Isolierung* der Jesustradition ist das Konstitutivum des Evangeliums; sie aber hat nie, auch in keinem Stadium der palästinischen Traditionsbildung, gefehlt«, Die Probleme des palästinischen Spätjudentums und das Urchristentum (BWANT 3. F. H. 1), Stuttgart 1926, 69.
[12] M. Dibelius, Die Formgeschichte des Evangeliums, Tübingen 1933², 242ff.; R. Bultmann, Die Geschichte der synoptischen Tradition (FRLANT N. F. 29), Göttingen 1931², 393f.
[13] Bultmann, op. cit., 4.

Textformen, bevor es eventuell in »Kleinliteratur« verschiedener Sorte ver-
schriftlicht wird[14].

Zu den beeindruckenden Dingen bei der Totalsicht der Formgeschichtler
gehört, wie bekannt, die enge Verbindung der Entstehung des Evangelienstoffes mit der Entstehung und Entwicklung des Urchristentums selbst. Die
Entstehung und Zunahme der Gemeinde, die religiöse und theologische
Entwicklung sowie die Textbildung gehören zusammen. Die Formgeschichtler weisen darauf hin, daß die Textformen des Evangelienstoffes
nicht bloß äußere Stilformen sind: der Stil ist hier »eine soziologische Tatsache«[15]. Die verschiedenen Aktivitätsformen des Urchristentums haben demnach verschiedene Textsorten (»Gattungen«) hervorgebracht. Und die
Form dieser Texte ist so adäquat, daß man an ihnen erkennen kann, welche
Funktion sie gehabt haben und in welchem »Sitz im Leben« sie entstanden
sind.

Die Hypothese wäre einleuchtender gewesen, wenn das Urchristentum
eine sehr primitive und außerordentlich originelle Bewegung gewesen wäre, unbeeinflußt von vorhandener Kultur, vorgegebenen Aktivitätsformen
und vorliegenden Textmustern. Aber so war es nicht. Alle Aktivitätsformen
des Urchristentums waren vorgegeben: Predigt, Prophetie, Ermahnung,
Unterricht, Diskussionen, Gottesdienste, Heilige Mahlzeiten, Gemeindeor-
ganisation, Gemeindedisziplin usw. Und alle urchristlichen Textsorten sind
übernommen, traditioneller Natur, wenn man vom synthetisch geschriebenen Evangelium[16] absieht, das erst allmählich entstand.

Ein entscheidendes Faktum ist, daß die verschiedenen Textsorten, die sich
in der Jesustradition finden, bereits vor Jesus und dem Urchristentum als
literarische Muster vorliegen. Wer mit den heiligen Schriften vertraut war

---

[14] Zur kritischen Beurteilung der Methoden der formgeschichtlichen Schule, vgl. H. Riesenfeld, The Gospel Tradition and its Beginnings. A Study in the Limits of ›Formgeschichte‹,
London 1957, (jetzt in: The Gospel Tradition, Oxford 1970, 1–29); K. Haacker, Neutestamentliche Wissenschaft. Eine Einführung in Fragestellungen und Methoden, Wuppertal 1981,
48–63; und R. Blank, Analyse und Kritik der formgeschichtlichen Arbeiten von Martin
Dibelius und Rudolf Bultmann (TD XVI), Basel 1981. Für eine Detailanalyse der sogen.
»Tendenzen« in der Entwicklung der Tradition, vgl. E. P. Sanders, The Tendencies of the
Synoptic Tradition (SNTS, MS 9), Cambridge 1969. Interessant ist, daß die alten Einwände
gegen die »Formgeschichte«, die außenstehende Kritiker seit den 20-er Jahren angeführt haben,
die aber in allem Wesentlichen von den Vertretern der Schule ignoriert wurden, jetzt sogar von
einem so ausgeprägten Bultmannschüler wie W. Schmithals angeführt werden, Kritik der
Formkritik, ZThK 77, 1980, 149–185. Die Argumentation, die mir Schmithals in Anm. 148
(183 f.), zuschreibt, habe ich niemals gebraucht. Im Gegenteil pflege ich zu betonen, daß die
urchristlichen Tradenten weder dumm noch unwissend waren, sondern eine führende Stellung
in den Gemeinden eingenommen haben; vgl. Tradition (s. Anm. 8), 25 f., Die Anfänge (s.
Anm. 8), 22.
[15] K. L. Schmidt, Formgeschichte, RGG², Bd. 2, 1928, 639, von Dibelius zustimmend zitiert,
op.cit., 7; vgl. Bultmann: »ein soziologischer Begriff, nicht ein ästhetischer«, op.cit., 4.
[16] Vgl. R. Guelichs Beitrag »The Gospel Genre« in diesem Band (S. 183 ff.).

und die Verkündigung und den Unterricht in den Synagogen gehört hatte, brauchte sich nicht erst in eine bestimmte Situation versetzen oder eine bestimmte Verhaltensweise mitmachen, um einen Text nach einem bestimmten Muster zu formulieren. Er konnte frei wählen, am Schreibpult oder wo auch immer, um einen Text zu formulieren, ohne an das Ursprungsgeschick einer gewissen Gattung gebunden zu sein. Die Hypothese der Formgeschichtler, daß die Form der Jesustraditionen einen sie formenden »Sitz im Leben« widerspiegelt, ist nicht nur eine unbewiesene, sondern auch eine unwahrscheinliche und unnötige Hypothese.

Außerordentlich wichtig ist ferner die Beobachtung, daß die Juden der neutestamentlichen Zeit ohne weiteres verschiedene Textsorten nebeneinander gebrauchten. Im Alten Testament sind es eigentlich allein der Psalter und die Sprüche, die nur *eine* Gattung aufweisen. In den übrigen Büchern stehen verschiedene Textsorten problemlos nebeneinander. Das gleiche gilt von den alten mündlichen Traditionssammlungen, die wir kennen, sogar von der Mischna! Die Gattungen stehen nebeneinander und dürfen auch unzählige Mischformen bilden. Auch dies zeigt, wie wirklichkeitsfern die Hypothese ist, daß die verschiedenen Textsorten in den Evangelien je mit einem bestimmten »Sitz im Leben« verbunden seien.

III.

Der Verdacht, daß Textüberlieferung vielleicht ein *eigenständiger* Akt sei, wurde bei mir geweckt als ich mit dem Jakobusbrief arbeitete, dem besten Beispiel, das wir zur urchristlichen Paränese haben. Wir merken dort deutlich, wie konventionell der Verfasser ermahnt, wie er aber dennoch in eigenem Namen spricht. Spontan schöpft er seine Motive, Wendungen und Wörter aus der Jesustradition und der übrigen urchristlichen Tradition (mit ihren reichen Anleihen aus jüdischer und hellenistischer Ermahnungstradition). Aber er zitiert nicht. Sogar die Zitate aus den heiligen Schriften sind dünn gesät und in der Regel nur fragmentarisch. Das gleiche gilt von den übrigen Paränesen im Neuen Testament. Die These von Dibelius[17], daß die Jesusworte innerhalb des Rahmens der urchristlichen Paränese bewahrt worden seien, erweist sich daher als unbegründet.

Es ist überhaupt wichtig, folgende Frage zu stellen: wo brauchte man im Wirkungsbereich des Urchristentums *eigentliche Texte*, wie Logien, Gleichnisse, Erzählungen oder ähnliches, die *als ganze* vorgetragen wurden und auf die man sich nicht nur berief oder sie nur fragmentarisch gebrauchte[18]? Mir

---

[17] Formgeschichte, 234–265.

[18] Unter einem »Text« verstehe ich hier eine abgerundete, eigenständige Äußerung – mündlich oder schriftlich – bei der nicht nur der Inhalt, sondern auch die sprachliche Form Eigenwert besitzt.

kommen nur drei Zusammenhänge in den Sinn. Ich kann mir (erstens) vorstellen, daß man es natürlich fand, *in den Gottesdiensten* Jesustexte zu rezitieren. Die Abendmahlsperikope wurde wahrscheinlich als Text bei den heiligen Mahlen gebraucht. Der Grundbestand der Passionsgeschichte wurde möglicherweise verwandt (vgl. 1. Kor 11,26). Vielleicht hielt man es auch für angebracht, bei den Gottesdiensten andere Perikopen über Jesus zu rezitieren; als fertige, abgerundete Texte, perikopenweise, nach dem Muster der Lesungen aus dem Gesetz und den Propheten, aber vermutlich aus dem Gedächtnis, nicht als Lesung aus einem Buch[19].

Möglich ist auch (zweitens), daß gewisse Jesustexte – in erster Linie Logien – als auswendiggelernte Texte im *katechetischen Unterricht* des Urchristentums angewandt wurden, auch wenn sich dies nicht ohne weiteres belegen läßt.

Ich glaube ferner (drittens), daß es *ein regelrechtes Studium* der Worte Jesu gab, sowie auch der Erzählungen von seinen Taten und seinem Schicksal – ein Studium in Gruppen oder allein. Im Urchristentum »beschäftigte man sich« (עסק) mit den heiligen Schriften um ihrer selbst willen, um an der göttlichen Offenbarung teilzunehmen, die zur Weisheit, zum Trost, »zur Belehrung, zur Widerlegung, zur Besserung, zur Erziehung in der Gerechtigkeit« (vgl. 2. Tim 2,15–17) usw. gegeben war. Es ist nicht schwer, sich vorzustellen, daß man bei diesem Studium auch Jesustexte brauchte, um sie einzeln oder in kleinen und größeren Sammlungen zu »erforschen«[20].

Ansonsten aber ist es schwierig, sich Zusammenhänge zu denken, wo man *ganze Texte* brauchte. Wir sehen ja, wie die Jesustexte im Neuen Testament angewendet werden, z. B. bei Paulus. Nur an zwei Stellen zitiert er einen ganzen Text oder einen größeren Abschnitt eines Textes. An den übrigen Stellen, wo er über halachische oder andere theologische Fragen argumentiert, kann er Jesu Äußerungen mit eigenen Worten wiedergeben, zusammenfassen oder nur mit einem Textfragment andeuten. Ich denke z. B. an 1. Kor 7,10 (die Frage der Ehescheidung); 1. Kor 9,14 (das Recht der

---

[19] Aus Riesenfelds kurzer Darstellung in: The Gospel Tradition (s. Anm. 14) kann man den Eindruck gewinnen, als wäre die Rezitation in den Gottesdiensten seiner Meinung nach der *tragende* »Sitz im Leben« der Jesustradition; vgl. bes. 22ff. Das war aber kaum Riesenfelds Ansicht. Meinerseits habe ich in: Memory (s. Anm. 2) die Auffassung zum Ausdruck gebracht, daß das Urchristentum »mit dem Wort (den heiligen Schriften und der Jesustradition) arbeitete« (s. die folgende Anm.) und daß das Überliefern der Texte selbständige Akte darstellte, die der Klarheit halber von den vielen praktischen *Verwendungen* (engl.: *uses*) der tradierten Texte geschieden werden sollten. Als eine *Verwendungsform* unter anderen bezeichnete ich die Rezitation im Gottesdienst als möglich (»not impossible«), 324–335, bes. 335.

[20] Vgl. z. B., wie man mit den heiligen Schriften in der Synagoge zu Beröa (Apg 17,10f.) arbeitete. Zur Frage, wie wir uns die verschiedenen Formen der »Arbeit mit dem Wort« durch das Urchristentum vorstellen können, s. Memory, 191–335; vgl. Tradition (s. Anm. 8), 40. Leider kann ich dies im vorliegenden Referat nicht näher entwickeln. Vgl. jedoch den Beitrag von O. Betz »Jesu Evangelium vom Gottesreich« in diesem Band (S. 55ff.).

Evangeliumsverkündiger auf Unterhalt) und 1. Thess 4,15 (die Frage der Parusie)[21].

Mit ihrer dynamischen Sicht der Jesustradition konnten die Formgeschichtler vom »Sitz im Leben« der Traditionselemente reden und damit den »Entstehungs- und Pflegeort in der Gemeinde«[22] der Traditionen meinen. Eine so unklare Hypothese kann man nicht akzeptieren, wenn man überzeugt ist, daß es sich bei den Jesustraditionen um *Texte* handelt. Dann ergibt sich folgender Sachverhalt: In immer wieder auftauchenden Situationen, sagen wir z. B. in ständigen Kontroversen mit Außenstehenden, die die Lehren oder die Praxis des Urchristentums angriffen, benötigten die Gemeinden Richtlinien. Man brauchte aber keinen *Text* zum Vorlesen. Man benötigte die Pointe eines Textes, einen autoritativen Bescheid aus dem Text, eine entscheidende Norm, ein schlagendes Argument, die Lösung eines Problems oder was es auch gewesen sein mag. Aber keinen *Text.* Wenn ein *Text,* etwa eine Erzähltradition vom Typ Streitgespräch zu diesem Problem formuliert wurde, geschah dies sicherlich nicht in der Kontroverssituation selbst. Und als der Text einmal als Text vorlag, brauchte man ihn bei den Kontroversen nicht *als Text* zu benutzen – d. h. insgesamt vorlesen. Was man benötigte, war der *Inhalt.*

IV.

Als ich in den fünfziger Jahren begann, mich für das Rätsel der zwei Darstellungstypen im Neuen Testament zu interessieren – die Jesustexte bzw. die freie Verkündigung und Lehre von Jesus – fiel mir auf, daß es eine entsprechende Doppelheit im jüdischen Material der Antike gibt. In den Targumim, vor allem aber in den Midraschim, in der Haggada und anderem Stoff, der irgendwie an die heiligen Schriften anknüpft, sehen wir, wie phantasievoll, vielschichtig und frei die jüdischen Lehrer ihre heiligen Texte ausnutzen konnten. Dennoch wurde der Wortlaut dieser Texte keineswegs geändert – trotz der langen Zeit dieses freien Gebrauchs. Der Wortlaut wurde bewahrt, mit außerordentlicher Genauigkeit, von wenigen sehr geringfügigen Änderungen abgesehen (תיקוני סופרים und ähnliches). Die Frage, die sich von selbst einstellte, war: Wo geschah diese genaue Textbewahrung und wie? Drei Zusammenhänge ergaben sich:

(1) Die Textlesung bei den Gottesdiensten. Hier las man den Text ohne jegliche Änderung.

(2) Das Studium in den elementaren Schriftschulen. Dort lernte man, den

---

[21] Die Anfänge (s. Anm. 8), 25–31.
[22] Bultmann, Synopt. Tradition (s. Anm. 12), 8.

Text so zu lesen, wie er dastand, ohne Änderungen. Hinzu kam aber ein dritter Zusammenhang, der absolut wichtigste:

(3) Es gab ein absichtliches, professionelles Textbewahren. Geschickte Schreiber kopierten die Schriften und korrigierten sie genau nach der Vorlage. Hier war infolgedessen Textbewahrung, Textüberlieferung, ein anerkannter, selbständiger Akt, nicht nur ein Element im Rahmen des allgemeinen, praktischen Bibelgebrauches[23].

Die nächste Frage, die sich einstellte, war: Wie verhielt es sich mit der mündlichen Überlieferung? Auch in diesem Zusammenhang begegnen wir einer ähnlichen Doppelheit: teils eine reiche und blühende geistige Tradition mit freien Auslegungen, freien Variationen, freiem Neuschaffen, teils aber auch Stücke, die als feste Texte überliefert zu sein scheinen, nicht als lebendige, geistige Tradition in größter Allgemeinheit[24]. Wie wurden sie überliefert? Auch hier fand ich, daß Akte bewußter Überlieferung eines in sich festen Textes und des Empfanges desselben vorkamen, wenn dies nun auch mündlich vor sich ging. Wenn der Lehrer einen derartigen Text übergab, brauchte er dies nicht notgedrungen mit dem tieferen Zweck zu tun, den Schüler zu »trösten, zu belehren, zu vermahnen und zu warnen«. Dem Jünger einen wichtigen Text zu übergeben, hatte seinen eigenen Wert. Der Text konnte Ausgangspunkt sein für eigenes Begründen, gemeinsame Interpretation, Belehrung von Seiten des Lehrers oder auch anderen Zwecken dienen. Aber die Textübergabe war ein Akt, der seinen Eigenwert hatte. Es gibt daher genügend Anlaß, zwischen eigentlichen *Tradierungsakten* und dem verschiedenen *Gebrauch* der tradierten Texte zu unterscheiden – auch in Bezug auf die mündliche Tradition.

Die Textübergabe vermochte in verschiedenen Formen zu geschehen. Der Lehrer konnte einen einzigen Text übergeben, aber auch eine kleinere oder größere Textsammlung. Was den Text fest macht, ist das Faktum, daß der Lehrer ihn auswendig kann und daß auch der Schüler diesen Text auswendig lernen muß. Erst hierdurch hat er ihn »empfangen«, nicht nur gehört. Der Text kann auch in einem Notizbuch niedergeschrieben werden, aber dies macht keinen größeren Unterschied. Auch in diesem Fall muß man den Text auswendig lernen; die Notiz ist nur ein »Memorandum«, ein ὑπόμνημα[25].

---

[23] Memory (s. Anm. 2), 33–70.

[24] In diesem Fall sind die Texte von stärker verschiedener Art als die schriftlichen.

[25] Zur Rolle der inoffiziellen schriftlichen Notizen, vgl. R. O. P. Taylor, The Groundwork of the Gospel, Oxford 1946; Memory, 157–163; E. E. Ellis, New Directions in Form Criticism, in: Jesus Christus in Historie und Theologie (Festschrift für H. Conzelmann), Tübingen 1975, 299–315; The Relationships Among the Gospels. An Interdisciplinary Dialogue, ed. W. O. Walker Jr., San Antonio 1978, 123–192; Die Anfänge, 18–20; Riesner, Jesus als Lehrer (s. Anm. 8), 491–498.

Dies hindert aber nicht, daß der Text *geändert* werden kann. Der Lehrer kann, wenn er will und *wenn er die Autorität besitzt, dies zu tun*, eine Änderung (oder mehrere Änderungen) im Text vornehmen[26]. Der Schüler bekommt ihn aber auch in diesem Fall in fester Form, nämlich im neuen Wortlaut.

Dies ergab sich aus dem Studium der *rabbinischen Traditionen*. Wir haben allen Grund, mit ihnen anzufangen. Nur in diesem Material finden wir so viele und deutliche Angaben, daß wir ein konkretes und anschauliches Bild davon zeichnen können, wie man beim Unterricht und Tradieren vorging. Wenn wir dies in den Griff bekommen haben – und ich glaube, daß wir sehr *konkrete* Vorstellungen davon haben müssen, wie das Tradieren vor sich ging – können wir weitergehen zu den in der Regel knappen Andeutungen, die wir in anderem Material vorfinden und fragen, ob auch dieser Stoff in gleicher Weise überliefert wurde[27].

Das meiste von dem Bild, das ich von der rabbinischen Unterrichts- und Überlieferungstechnik zeichnete, spiegelt die Situation in den voll ausgebildeten Rabbinenschulen nach dem Fall des Tempels im Jahre 70 und der totalen Zerstörung Jerusalems im Jahre 135 wider. Was zum Vorschein kam, war eine ziemlich ausgefeilte Technik. Ein Vergleich erschien aber trotzdessen nicht sinnlos. Denn offenbar war, daß die Rabbinen im wesentlichen pädagogische Kunstgriffe anwandten, die uralt waren. Nicht die Rabbinen haben das Auswendiglernen erfunden. Nicht die Rabbinen waren es, die zwischen der Einprägung eines Textes und dessen Deutung zu unterscheiden begannen. Die Rabbinen waren es auch nicht, die als erste entdeckten, daß ein kurzer Text leichter einzuprägen ist als ein langer, daß ein bildhafter und eindringlicher Text besser im Gedächtnis haften bleibt als alltäglicher Wortfluß, daß rhythmische Sätze nicht so schnell vergessen werden wie unrhythmische, daß man in kantillierendem Ton rezitieren soll, daß man sich besser erinnert, wenn man fleißig wiederholt usw. Sogar mehrere der mnemotechnischen Kunstgriffe der Rabbinen sind uralt.

All dies habe ich in der Untersuchung »Memory and Manuscript« (1961)

---

[26] Vgl. Memory, 77f., 97f., 103–112, 120f., 152f. u. ö. sowie auch Tradition (s. Anm. 8), 38–40. Heute bedaure ich, daß ich nicht *näher* auf die verschiedenen Typen von Textänderungen bei den Rabbinen und im entsprechenden urchristlichen Material einging. Das wäre wünschenswert gewesen.

[27] Durch seine formkritischen Analysen des rabbinischen Materials hat J. Neusner die Traditionsforschung in vieler Hinsicht weitergeführt. Ich denke jetzt besonders an seine Arbeiten: The Rabbinic Traditions about the Pharisees before 70, 3 Vol., Leiden 1971, und: Early Rabbinic Judaism (SJLA 13), Leiden 1975, 71–136. Mein Haupteinwand gegen Neusners Bild vom Traditionsgang ist, daß er zu einseitig auf eine Analyse der rabbinischen Texte baut, ohne das vorderorientalische und hellenistische, alttestamentliche und nicht-rabbinische jüdische Material in ausreichendem Maße zu berücksichtigen. – Persönlich bedaure ich auch, daß Neusner in meiner Untersuchung »Memory« nichts Neues sehen will, sondern sie nur als eine Zusammenfassung von dem darstellt, was andere getan haben. Vgl. Exploring the Talmud, Vol 1: Education, ed. H. Z. Dimitrowsky, New York 1976, XXVIf.

vorgelegt, mit gewissen Verdeutlichungen im Ergänzungsheft »Tradition and Transmission in Early Christianity« (1964)²⁸. Viele Kollegen haben sich über mein Buch gefreut. Aber allzuviele haben es voll und ganz verworfen, mit Fragestellungen, Material, Einzelbeobachtungen und allem übrigen. Die Debatte nahm leider schon in einem frühen Stadium einen unglücklichen Verlauf²⁹.

Ich habe niemals zwei viereckige Blöcke gezeichnet, einen rabbinischen und einen urchristlichen, und gesagt: dies hier sind Zwillinge. Ich habe niemals gesagt, daß Jesus nur ein Rabbi gewesen sei, am allerwenigsten ein Rabbi des späten tannaitischen Typs, daß die Jünger eine rabbinische Akademie in Jerusalem bildeten und daß die Evangelientradition eine fertige Größe gewesen sei, die Jesus seinen Jüngern auswendig eingeprägt habe und die sie nur zu repetieren und auszulegen hatten. Ich habe auch niemals gesagt, daß sich Mischna und Evangelien einander gleichen wie ein Ei dem anderen.

Was ich hingegen gesagt habe, ist, daß Jesus – trotz seiner unvergleichlichen Hoheit – unterrichtet hat und dies deutlich in traditionellem Stil, *was die äußere Form betrifft*. Ich habe gesagt, daß seine Jünger, wenn sie seine Jünger waren, sich wichtige Worte von ihm im Gedächtnis eingeprägt haben müssen. Gesagt habe ich auch, daß »die Zwölf« wahrscheinlich nach Jesu Tod etliche Jahre in Jerusalem ansässig waren und dort als ein autoritatives *Kollegium* fungierten und daß sie dabei mit aller Wahrscheinlichkeit »Arbeit mit dem Wort« – den heiligen Schriften und der Jesustradition – betrieben, die in etwa der Arbeit mit dem Wort bei anderen jüdischen Gruppen glich, z. B. bei den leitenden Gestalten der Qumrangemeinde oder der Pharisäer³⁰.

Es gibt keinen Grund, einen einfachen Block-Vergleich zwischen dem voll ausgebildeten rabbinischen Schulwesen und der Wirksamkeit Jesu oder des Urchristentums anzustellen. Die rabbinischen Formen des Unterrichts sind aber – in den allermeisten Fällen – Zug für Zug traditionell, alt und

---

²⁸ S. o. Anm. 2 und Anm. 8.

²⁹ Manchmal ist von meiner These ein allzu vereinfachtes Bild gezeichnet worden, das man dann mit ebenso vereinfachten Gegenargumenten erledigen konnte. Beide Vereinfachungen sind dann teilweise ohne weitere Diskussion in die Fußnoten von Handbüchern eingegangen. *Habent sua fata libelli.* – In Bezug auf die Debatte vgl. Tradition, in toto; Die Anfänge, 65–69 (Lit.); P. H. Davids, The Gospels and Jewish Tradition: Twenty Years After Gerhardsson, in: Gospel Perspectives, ed. R. T. France, D. Wenham, Vol. 1, Sheffield 1980, 75–97; Riesner, Jesus als Lehrer (s. Anm. 8), passim, bes. §§ 3–4.

³⁰ Siehe meine kurze historische Skizze in Memory, 324–335. Vgl. wie ich *Lukas'* Sicht der Dinge darstelle (»The Witness of Luke«), ibid., 208–261, und *Paulus'* Sicht (»The Evidence of Paul«), 262–323. In der Diskussion hat man offensichtlich vor allem meine Darstellung der *lukanischen* Perspektiven so aufgefaßt als wären dies meine eigenen. – Zur Debatte über die Stellung Jerusalems im Urchristentum, vgl. u. a. B. Holmberg, Paul and Power. The Structure of Authority in the Primitive Church as Reflected in the Pauline Epistles (CB, NT Ser. 11), Lund 1978, und J. D. G. Dunn, The Relationship between Paul and Jerusalem according to Galatians 1 and 2, NTS 28, 1982, 461–478.

volkstümlich. Das habe ich die ganze Zeit behauptet[31] und dies hat jetzt R. Riesner – in selbständiger Weise – mit vielen Belegen aus vorchristlichem Material, in seinem wichtigen Buch »Jesus als Lehrer« (1981)[32] nachgewiesen.

Aus dem Vergleichsmaterial – dem jüdischen wie auch dem hellenistischen – kann noch mehr Nutzen gezogen werden als Riesner, ich und andere[33] es getan haben. Bereits jetzt wissen wir aber so viel, daß wir Element für Element in der Praxis der alten Lehrer – und auch der Propheten; es gibt keinen Anlaß, sie zu vergessen – nehmen und fragen können: Ist die Jesustradition in ähnlicher Weise überliefert worden? In welchem Ausmaß haben Jesus selbst und die urchristlichen Autoritäten die alten Formen des mündlichen Unterrichts und der mündlichen Überlieferung angewandt? Ist dies im ganzen Urchristentum oder nur in Teilen davon der Fall gewesen[34]? Die ganze Zeit oder nur allmählich? Sicher ist, daß viele bisher unbewältigte Probleme eine befriedigende Erklärung erhalten können, wenn sie im Lichte des herangezogenen Materials betrachtet werden.

Zur Sache gehört, daß die überliefernden *Personen* von Interesse sind: Petrus, die drei Säulen, die Zwölf, Paulus usw., wie die Verbindungen zwischen ihnen waren und die Traditionsketten, die hindurchschimmern. Die Formgeschichtler hatten nicht viel für die altkirchlichen Auskünfte über die konkreten Personen hinter den Evangelien übrig, nicht einmal für die Personenangaben im Neuen Testament. Die Vorstellung von der schöpferischen Gemeinschaft machte die konkreten Tradenten uninteressant. Diese Entpersönlichung hat bis heute einen ansteckenden Effekt. Immer noch kommt es vor, daß man unbekümmert von »Gemeindebildungen« spricht und von Traditionen, die »in den Gemeinden im Umlauf waren«, statt sich die Frage zu stellen, *wer* einen Text formuliert, umformuliert oder überliefert hat.

V.

Wenigstens kurz möchte ich ausführen, wie ich mir den Weg der synoptischen Tradition von Jesus zu den Evangelisten vorstelle. Wir können diesen *approach* als eine Arbeitshypothese bezeichnen.

---

[31] Memory, 76–78; Tradition, 13–21; Anfänge, 16–19.

[32] S. o. Anm. 8.

[33] Vgl. z. B. R. A. Culpeppers Präsentation verschiedener hellenistischer und jüdischer Schulbildungen: The Johannine School. An Evaluation of the Johannine-School Hypothesis based on an Investigation of the Nature of Ancient Schools (SBLDS 26), Missoula 1975.

[34] Vgl. z. B. die Auffassung U. Wilckens' von der doppelten Traditionsgeschichte der Jesuserinnerungen im Urchristentum, Tradition de Jésus et kérygme du Christ: la double histoire de la tradition au sein du Christianisme primitif, RHPR 47, 1967, 1–20.

Zwei Tatsachen dürfen wir nicht aus dem Blickfeld verlieren:

(1) Daß Jesus in den Augen des Urchristentums eine einzigartige und unvergleichliche Gestalt war, König der Könige und Herr der Herren. Ja, wir können noch hinzufügen: Prophet der Propheten, Lehrer der Lehrer, Messias, Gottes Sohn, der Herr. Keiner wurde als seinesgleichen erachtet.

(2) Daß das Zentrum der Glaubensüberzeugungen des Urchristentums nicht aus Jesus als Weisheitslehrer, Prophet oder Thaumaturg bestand, sondern aus Jesus als dem Gekreuzigten, Auferstandenen und Lebendigen, als dem exklusiven Versöhner und Erlöser der Welt.

Ohne dies zu vergessen, können wir versuchen, einige Fragen unter Zuhilfenahme gewöhnlicher historischer Methoden zu beantworten: Wie ging Jesus rein technisch gesehen zuwege, als er verkündigte und unterrichtete? Wie wurden die Worte aus seinem Munde von seinen Jüngern und den übrigen Anhängern rezipiert? Wie wurden diese Worte sodann tradiert? Wie wurden einige von ihnen mit einem erzählenden Rahmen versehen? Und wie entstanden die Erzählungstraditionen? Wie kam es zu größeren, synthetischen Sammlungen? usw.

Daß Jesus von Nazareth – trotz seiner unvergleichlichen Hoheit – Unterricht erteilte, ist eine Quellenauskunft, die wir nicht als sekundären Zug in der Tradition von der Hand weisen können[35]. Dem steht nicht im Wege, daß er auch charismatisch, prophetisch auftrat. Wie viele bemerkt haben, gab es keine klare Grenze zwischen Lehrer und Prophet. Beide sammelten Jünger um sich herum, die ihre Aussagen ebenso bewahrten wie die Erinnerung an ihre Handlungen und ihr Lebensschicksal[36].

Jesu hohes Selbstbewußtsein und das erhabene Bild des Urchristentums von ihm verliehen seinen Worten und den Erzählungen von seinen Taten in den Augen seiner Anhänger sicherlich einen besonderen *Eigenwert*. Seine Worte und die Erzählungen von Episoden aus seinem Leben müssen als außerordentlich wichtig erschienen sein, ja als unentbehrlich, um sie zu bewahren, zu studieren, zu »erforschen« um ihrer selbst willen, nicht nur aus verschiedenen praktischen Gründen. Man sagte ja von den Worten Jesu, daß sie »Geist und Leben« waren (Joh 6,63), daß sie »niemals vergehen sollten« (Mt 24,35), daß es lebenswichtig war, sie zu »hören und zu tun« (Mt 7,24–27 Par.) usw. Ich kann mir überhaupt keinen urchristlichen Leiter oder Lehrer vorstellen, der sich mit einem rein mythischen Christusbild hätte

---

[35] Vgl. bes. Riesner, Jesus als Lehrer (s. Anm. 8).

[36] Ich glaube nicht, daß der Unterschied zwischen M. Hengels und meiner Auffassung von der Lehrer-Charismatiker Beziehung so groß ist, wie man erwarten könnte, wenn man Hengels Nachfolge und Charisma. Eine exegetisch-religionsgeschichtliche Studie zu Mt 8,21 f. und Jesu Ruf in die Nachfolge (BZNW 34), Berlin 1968, liest. Vgl. idem, Jesus als messianischer Lehrer der Weisheit und die Anfänge der Christologie, in: Sagesse et religion, Paris 1979, 147–188. Vgl. auch den Beitrag »Gospels Criticism: A Perspective on the State of the Art« von E. E. Ellis (S. 27ff., bes. 44f.).

begnügen können. Diese Möglichkeit gibt es wohl nur in der Phantasie mancher moderner Exegeten. R. Riesner formuliert zutreffend, wenn er sagt, daß Jesu Auffassung von sich selbst und die Jesusdeutung des Urchristentums »ein außerordentliches Tradierungsmotiv« gewesen sein müssen[37].

Die urchristlichen Quellen zeigen eindeutig, daß die Anhänger Jesu exklusiv an *Jesus* gebunden waren; keiner wurde an einen anderen Lehrer oder Propheten für ergänzende Studien verwiesen. Jesus war der »einzige Lehrer« des Urchristentums in dem Sinne, daß er eine einzigartige und unvergleichliche, entscheidende und bleibende Autorität als Vertreter Gottes sowie als Vermittler der endgültigen Offenbarung und des entscheidenden Erlösungswerkes innehatte. Daß die Anhänger Jesu ihn als »den einzigen Lehrer« betrachten sollen, wird in Mt 23,8 ausdrücklich vorgeschrieben – ganz gleich, ob die Formulierung ein Interpretament oder eine authentische Zeile in diesem Jesuswort ist. Diese Einstellung wird vor allem durch das Faktum demonstriert, daß sich die konkrete Jesustradition – streng genommen – nur für Jesus interessiert: kein anderer Lehrer oder Prophet steht an seiner Seite. Auch keiner seiner Jünger hat die Rolle eines »Nachfolgers im Amt« erhalten[38]. So verhielt es sich sicher die ganze Zeit, von Jesus angefangen bis hin zu den Evangelisten. Die konkrete Jesustradition besaß eine besondere Dignität und war etwas Eigenes. Und sie gehörte zu dem Fundament, das jede christliche Gemeinde haben mußte. Schon bei ihrer Grundlegung – ἐν πρώτοις – haben die Gemeinden Jesustraditionen ebenso benötigt wie gewisse heilige Schriften des alten Bundes. In keinem dieser Fälle berichten uns die Quellen, wie die erforderlichen Texte übergeben wurden. Unzählige praktische Selbstverständlichkeiten erwähnen wir Menschen nur nebenbei. Darum handelt es sich um reinen Zufall, wenn sie in einer Quelle erwähnt werden (vgl. z. B. 2. Tim 4,13).

VI.

Aus Platzgründen begnüge ich mich mit einer einfachen Unterscheidung zwischen Wort- und Erzählungstradition. Die detaillierten Einteilungen sind ja wohlbekannt.

Was die *Worttradition* betrifft, so fällt auf, daß die Jesusworte – Logien so gut wie Gleichnisse – kunstvolle Texte sind, sorgfältig geformt, mit allen möglichen poetischen und erzähltechnischen Merkmalen[39]. Es handelt sich hier nicht um gewöhnliche alltägliche Worte, keine einfachen, informierenden, beschreibenden oder vorschreibenden Sätze. Das sehen nicht allein wir

---

[37] op. cit., 351 f.
[38] Vgl. Die Anfänge (s. Anm. 8), 34 f.
[39] Vgl. zuletzt Riesner, op. cit., 392–407.

so, sondern auch die Evangelisten waren sich dessen bewußt. Sie geben den
Jesusworten – Logien ebenso wie Gleichnissen – eine Bezeichnung: *παραβολαί*, die den hebräischen משלים entspricht[40]. Ein *maschal* ist eine kunstvolle
Aussage, im Gegensatz zur alltäglichen Sprache, ein künstlerisch formulier-
ter Text.

Was Aussagen dieser Art von gewöhnlicher Darstellung unterscheidet,
ist, daß nicht nur der Inhalt, sondern auch der Wortlaut selbst einen Eigenwert besitzt. Der Sprechende will seinen Zuhörern nicht nur etwas sagen, er
hat dies objektiviert, er hat einen Gegenstand geschaffen, den er ihnen
»übergibt«: den Text. Und dieser Gegenstand ist nicht als wertloses Ein-
schlagpapier gedacht, das unmittelbar darauf weggeworfen werden soll. Er
ist dazu bestimmt, aufbewahrt zu werden.

Von beträchtlich vielen Logien und Gleichnissen Jesu gilt, daß sie nicht
einfach über etwas informieren oder etwas vorschreiben sollen, sondern daß
sie *die Augen des Zuhörers öffnen*, ihn dazu bringen sollen, etwas einzusehen
und damit zuzustimmen. Der Text ist aber auch gegeben, um bewahrt zu
werden, damit man die Erkenntnis behalten, erneuern, erweitern, vertiefen
kann – und nicht zuletzt zu dem Zweck, damit man sie anderen weiterzugeben vermag. Hat man einen *maschal* erhalten, hat man nicht nur eine Einsicht
erhalten, sondern auch ein Medium, um sie zu bewahren und zu verbreiten.

Diese Beobachtung trifft in weitem Ausmaß sowohl bei den Gleichnissen
als auch bei den kurzen Logien zu, die Riesner »Lehrsummarien« nennt[41]. In
der Regel gibt es jedoch weniger Platz für Variationen beim Wortlaut eines
kurzen Logions als bei einem erzählenden Gleichnis, bei dem man versucht
sein wird, es entweder so »literarisch« wie möglich zu machen oder an
gewissen Punkten zu ändern, um Entdeckungen anzudeuten, die man
meint, in ihm gemacht zu haben. Das sehen wir, wenn wir die synoptischen
Parallelen vergleichen. Das merkt man auch am griechischen Sprachge-
wand. Die Logien sind gewöhnlich stärker aramaisierend gehalten als die
Gleichnisse[42].

Für die Formgeschichtler war der Gedanke ganz natürlich, daß zahlreiche
jüdische Weisheitsworte und urchristliche Prophetenworte Jesus im Verlauf
der Überlieferung in den Mund gelegt wurden. Ich rechne zwar damit, daß
dies geschehen konnte – in gutem Glauben –, aber kaum ohne weiteres oder

---

[40] Vgl. Joach. Jeremias, Die Gleichnisse Jesu, Berlin 1972[7], 16. Riesner (op. cit.) bezeichnet
nur die Gleichnisse als *mᵉschalim* und nennt die Logien »Lehrsummarien«, was ich für ungeeignet halte. Sowohl Gleichnisse als auch Logien werden in den Evangelien *παραβολαί* genannt – in
Übereinstimmung mit dem dahinter liegenden hebräischen und aramäischen Sprachgebrauch.

[41] Man beachte die Unterschiede zwischen Gleichnissen und Logien, die Riesner herausarbei-
tet, op. cit., 392–404.

[42] Vgl. M. Black, An Aramaic Approach to the Gospels and Acts, Oxford 1967[3], 274–277
(dtsch.: Die Muttersprache Jesu. Das Aramäische der Evangelien und der Apostelgeschichte,
BWANT 115, Stuttgart 1982, 274–277).

des öfteren. Die Einstellung zu den Jesustexten, und das Faktum, daß sie trotz alledem nicht allzu zahlreich sind[43], haben erheblich dazu beigetragen, sie leicht von anderem Stoff zu unterscheiden. Darum war man sicher aufmerksam, wenn ein bisher unbekanntes Jesuswort auftauchte. F. Neugebauer, D. Hill und J. D. G. Dunn haben schwerwiegende Einwendungen gegen die Meinung der Formgeschichtler angeführt, daß jüdische Weisheits- und vor allem urchristliche Prophetenworte ohne weiteres in den Mund des irdischen Jesus gelegt worden sind[44]. Ich glaube, daß dies ab und zu geschehen konnte, aber dann in gutem Glauben und nicht ohne Prüfung[45].

Weiterhin ist es offenbar, daß sich Jesusworte auf dem Weg von Jesus zu den Evangelisten verändert haben. Gedächtnisfehler, Übersetzungsvarianten, interpretative Adaptionen und dergleichen zeigen sich in unseren Texten. Formulierungen wurden weggenommen, hinzugefügt, geändert usw. Bisweilen dürfte dies in mehr charismatisch-prophetischer Weise geschehen sein, bisweilen in mehr rational-didaktischer Weise: letzteres geschah wohl häufiger. Hierdurch sind spätere, nachösterliche Fragen, Vorstellungen und Sehweisen in die Jesusworte hineingedrungen. Zu bedenken ist aber, daß dies in der Regel anscheinend nur in begrenztem Ausmaß geschehen ist. Wenn wir z. B. an die Jesusworte des sogenannten Q-Stoffes denken, fällt auf, wie wenig diese von den Passions- und Auferstehungsgeschichten des Urchristentums beeinflußt worden sind oder auch von der nachösterlichen Christologie, Soteriologie, Pneumatologie und Eschatologie. Man kann aber schwer glauben, daß es auch nur eine einzige urchristliche Gemeinde gegeben haben soll, die nicht an Jesu Tod und Auferstehung oder der heilsgeschichtlichen Bedeutung dieser Ereignisse interessiert gewesen sein sollte. Der Q-Stoff kann niemals die ganze Wahrheit zum Ausdruck gebracht haben, nicht alles, was die dahinterstehenden Kreise von Jesus glaubten, dachten und lehrten. Ich meine hingegen – zum Teil in Übereinstimmung mit A. Polag –, daß der »archaische« Charakter der Jesusworte am leichtesten als Hinweis darauf erklärt wird, daß sie mit festem Wortlaut und geringer Bearbeitung von der Zeit vor Ostern an überliefert wurden[46]. Und

[43] Wir postulieren gewöhnlich, daß die Evangelisten eine knappe Auswahl aus einem reichen Strom von Jesustradition getroffen haben. Es ist jedoch zu bedenken, daß die bewahrte außerkanonische Tradition dieses Postulat nicht stützt. Vgl. den Beitrag »Unbekannte Jesusworte« von O. Hofius in diesem Band (S. 355 ff.).
[44] F. Neugebauer, Geistsprüche und Jesuslogien, ZNW 53, 1962, 218–228; D. Hill, On the Evidence for the Creative Role of Christian Prophets, NTS 20, 1973/74, 262–274; J. D. G. Dunn, Prophetic ›I‹-Sayings and the Jesustradition: The Importance of Testing Prophetic Utterances within Early Christianity, NTS 24, 1977/78, 175–198. Das Problem wird näher in einem kommenden Buch von M. E. Boring, Sayings of the Risen Jesus: Christian Prophecy and the Synoptic Tradition, Cambridge 1982, diskutiert, das ich noch nicht zu Gesicht bekommen habe.   [45] Vgl. den Hinweis oben, Anm. 10.
[46] A. Polag, Die Christologie der Logienquelle (WMANT 45), Neukirchen-Vluyn 1977, 143. Vgl. den Beitrag des Verfassers in diesem Band (S. 103 ff.).

nicht nur im Q-Stoff beobachten wir, wie wenig die Christologie der Kirche die Jesusworte hat umprägen dürfen. Natürlich gibt es aber Ausnahmen, vor allem interpretative Zusätze[47].

VII.

Was die *Erzählungstraditionen* angeht, so haben diese – wie alle wissen – gewisse Besonderheiten. Dibelius sah sich veranlaßt, zu sagen, daß die Geschichten- und die Worttradition nicht dem gleichen Gesetz unterlagen[48].

Der prinzipielle Unterschied zwischen den reinen Worttraditionen und den Erzählungstraditionen liegt ja darin, daß die Worttraditionen *von Anfang an* eine sprachliche Form haben – wenn die Worte das erste Mal ausgesprochen werden. Die Erzählungstraditionen müssen von jemand formuliert werden, der das, was geschah, entweder gesehen oder davon gehört hat; der Text entsteht also einen oder mehrere Schritte von der Hauptperson getrennt.

Von den Erzählungstraditionen wissen wir aber auch, daß die Jesusworte in ihnen viel weniger bearbeitet wurden als die erzählenden Elemente in diesen Texten. Auch hier macht sich der Respekt vor dem Wortlaut der Jesusworte geltend. Die größere Freiheit, die erzählenden Elemente zu bearbeiten und damit eine *Erzählungstradition als Totalität* in ihrer Form umzustrukturieren oder die ganze Erzählung in neuer Weise aufzubauen, hat mit sich gebracht, daß diese vom Kerygma und von der nachösterlichen Sicht des Urchristentums leichter beeinflußt werden konnten als die Jesusworte selbst.

Ich glaube jedoch nicht, daß man dies so auffassen soll, als hätten die erzählenden Elemente oder Traditionen einen *fließenden* Wortlaut gehabt. Auch sie wurden – wenn ein erzählender Text einmal formuliert war – in auswendig gelernter Form überliefert, eventuell mit schriftlichen Notizen als Stütze. In erster Linie müssen wir damit rechnen, daß die Änderungen, die wir entdecken, *bewußte* Änderungen gewesen sind, von autoritativen Lehrern oder »Verfassern« durchgeführt, mit dem Ziel, einen gewissen Sinn deutlich zu machen.

Es ist nicht notwendig, in dieser kurzen Skizze alle Typen des erzählenden Textes zu erörtern, die wir im synoptischen Stoff unterscheiden können. Im übrigen ist es auch nicht so wichtig, diese zu unterscheiden, wenn man sie nur als verschiedene literarische Muster betrachtet, zu denen man greifen konnte, ohne sich in einem bestimmten »Sitz im Leben« zu befinden. Es gibt – wie gesagt – keinen Anlaß, damit zu rechnen, daß die erzählenden Jesustra-

---

[47] Vgl. Polag, Christologie, passim.
[48] Formgeschichte (s. Anm. 12), 26.

ditionen *als Texte* in verschiedenen »Situationen und Verhaltensweisen«
entstanden sind. Sie wurden sicher aufgrund bewußt gestaltender Arbeit
formuliert. Abgesehen von einer Kategorie stark inspirierter Texte ist ein
Text normalerweise *bewußt* formuliert worden, und zwar von einem einzelnen Menschen[49]. Dieser kann dies in einem privaten Zusammenhang oder in
einer zum Studium zusammensitzenden Gruppe getan haben, ganz gleich,
welches Textmuster er gewählt hat.

Die Gruppe hat hierbei sicherlich eine Rolle als Impulse gebendes Organ
gespielt – fragend und antwortend, sich wundernd und diskutierend – aber
auch als soziales Kontrollorgan. Ohne Zustimmung dieses Organs hat wohl
kein neuer Text oder die geänderte Form eines Textes akzeptiert und verbreitet werden können.

Bei der Formulierung gewisser Texttypen – ich denke hier besonders an
die sogenannten »Pronouncement Stories«[50] – kann das Rahmenwerk ziemlich frei gestaltet sein. Ich glaube aber, daß selbst diese Textsorte normalerweise im Anschluß an überlieferte Jesusworte gebildet worden ist. Auch die
Texte über Schul- und Streitgespräche dürften ein entscheidendes Jesuswort
als historischen Kern haben. Und nichts steht dem im Wege, daß auch die
Rahmenerzählung in all ihrer Kürze von einem faktischen Ereignis ausgeht[51].

Was die Passionsgeschichte betrifft, so begegnen wir dort dem eigenartigen Umstand, daß sie aus kleinen Einheiten besteht, die in sich abgerundet
sind, aber in einem höheren Grad aufeinander verweisen als dies die Perikopen im allgemeinen tun; sie sind fester miteinander verbunden. Die Formgeschichtler waren daher der Ansicht, daß der Grundbestand der Passionsgeschichte früh eine Einheit bildete[52]. R. Pesch meint, daß die Abfolge der
Erzählungen in Mk 8–16 vom Weg Jesu über Caesarea Philippi hinauf nach
Jerusalem und den Ereignissen dort sehr früh (vor dem Jahr 37) ein Urevangelium bildeten und zwar in der Urgemeinde in Jerusalem[53]. Ich bin Peschs

---

[49] Natürlich gibt es im bunten Vorrat verschiedener Formen von Textproduktion unter den
Völkern (s. Anm. 56) auch Beispiele dafür, wie ein Text dadurch zustande kommt, daß
verschiedene Zuhörer mit ihren Einlagen den Weg des Erzählers vorwärts beeinflussen. Siehe
z. B. B. af Klintberg (ed.), Tro, sanning, sägen. Tre bidrag till en folkloristisk metodik,
Stockholm 1973, 95–101.

[50] Vgl. zuletzt Semeia 20: Pronouncement Stories, ed. R. C. Tannehill, Chicago 1981. Daß
diese Textsorte von Hause aus hellenistisch ist, legt dem nichts in den Weg, daß sie ein
bekanntes literarisches Muster auch im Palästina vor Beginn unserer Zeitrechnung war.

[51] Insofern man damit rechnen kann, daß die Tradition »kontrolliert« ist, erhalten die
Rahmennotizen a priori höheren Quellenwert.

[52] Dibelius, Formgeschichte (s. Anm. 12), 178–183; Bultmann, Synopt. Tradition (s. Anm.
12), 297. Vgl. hierüber Blank, Analyse und Kritik (s. Anm. 14), 52–55 bzw. 151–156.

[53] Das Evangelium der Urgemeinde. Wiederhergestellt und erläutert von R. Pesch (Herder-
bücherei 748), Freiburg i. Br. 1979, mit allen Details im großen Markuskommentar des Verfassers. Vgl. ferner Peschs Begegnung der Kritik unten in diesem Band (S. 113 ff.).

Rekonstruktionsvorschlägen gegenüber ziemlich aufgeschlossen, auch wenn viele Einzelheiten unsicher bleiben müssen.

VIII.

Bevor ich schließe, will ich – teilweise als Zusammenfassung, teilweise als Ergänzung – noch kurz zehn für den Ansatz der »klassischen« Formgeschichtler kritische Punkte nennen.

(1) Die Unterscheidung palästinensisch – hellenistisch. Angesichts dessen, was wir heute über den hellenistischen Einfluß in Palästina wissen, können wir diese Unterscheidung nur noch in Ausnahmefällen für historische Urteile verwenden. Ein wichtiges Differenzierungsinstrument im Arsenal der Formgeschichtler ist somit hinfällig geworden.

(2) Der Gedanke, daß eine synoptische Gattung als »eine soziologische Tatsache« zu betrachten sei. Bereits vor Jesus und dem Urchristentum existierten diese Gattungen als literarische Muster, die nebeneinander im gleichen Zusammenhang verwandt wurden. Es gibt keine *notwendige* Verbindung zwischen einem konventionellen Textmuster und einer gewissen Situation oder Tätigkeit.

(3) Die Verbindung zwischen Gattung und »Sitz im Leben«. Wenn man fragt, wo ein synoptischer Text geformt worden ist, lautet die richtige Antwort nicht: In dem »Sitz im Leben«, wo er am dringendsten benötigt wurde. Der Text ist sicherlich durch bewußte Textarbeit formuliert worden. Damit wird ein weiteres Hilfsmittel unbrauchbar.

(4) Die Frage nach der reinen Form. Das Faktum, daß es so wenige Texte in den synoptischen Evangelien gibt, die den Forderungen der »reinen Form« entsprechen, in Verbindung mit dem Faktum, daß »gemischte« Texttypen bereits im vorchristlichen Material üblich sind, macht die Frage nahezu überflüssig. Sie verführt uns nur zu unhistorischen Generalisierungen.

(5) Unliterarisch – literarisch. Weder Jesus noch die Zwölf oder andere bestimmende Lehrer des Urchristentums waren »unliterarische Menschen«, denen Texte, feste mündliche Überlieferung oder Abschreiben fremd waren. Derartige Dinge waren von alters her in Israel wohlbekannt, ja alltägliche Akte im gesellschaftlichen Leben. Propheten waren aufgetreten und hatten ihren Jüngern Worte übergeben, die diese empfangen, mündlich überliefert oder niedergeschrieben hatten. Prophetenbücher sind zusammengestellt worden. Weisheitslehrer waren aufgetreten und deren Jünger handelten in ähnlicher Weise. Weisheitsbücher wurden zusammengestellt. Weder Jesus noch das Urchristentum hatten es nötig, derartige Fertigkeiten zu erfinden oder sie als Neuheit einzuführen. Die direkte Textarbeit, welche die Evangelisten ausführten, war nur eine ausgefeiltere Form der *bewußten*

Textarbeit, die im Prinzip unter den Jüngern Jesu seit den Tagen des Meisters auf Erden üblich war und die auch Jesus selbst auf seine Weise betrieb, als er seine Logien und Gleichnisse sorgfältig formulierte.

(6) Die Relation Tradition – Redaktion. Wenn man bedenkt, daß die konkrete Jesustradition die ganze Zeit hindurch wesentlich aus *Texten* bestand, die memoriert, interpretiert und zusammengestellt, gruppiert und umgruppiert wurden, und an denen autoritative Lehrer gewisse Eingriffe vornehmen konnten (besonders in verbindenden Notizen, aber auch im Text der Traditionen), dann ergibt sich ein anderes Bild als »zuerst Tradition – dann Redaktion«. Es gab vielmehr ein andauerndes Wechselspiel zwischen Überlieferung und »Redaktion«. Was diese »redaktionellen« Eingriffe betrifft, so brauchen diese nicht gänzlich unhistorisch sein. Derartige Veränderungen können auch unter Kenntnis der historischen Verhältnisse gemacht worden sein.

(7) Die Selbständigkeit der einzelnen Traditionen. Die *Jesusworte* waren mit aller Wahrscheinlichkeit ursprünglich im Verhältnis zueinander selbständige Texte, die mit der Zeit nur in begrenztem Umfang umgeprägt und dem übrigen Material angeglichen wurden[54]. Von den *Erzählungstraditionen* muß man hingegen annehmen, daß sowohl der, welcher einen derartigen Text zuerst formulierte als auch die, welche ihn später bearbeiten, ein Gesamtbild von Jesus hatten, das ihre Formulierungen beeinflußte. Daher sollte die einzelne Erzählungstradition nicht in gleichem Maße wie die Logien und die Gleichnisse als ein völlig selbständiger Text betrachtet werden.

(8) Die Tradenten. Wegen ihrer Sicht, wie sich volkstümliche Tradition bildet, waren die Formgeschichtler kaum an den *Personen* interessiert, die hinter den synoptischen Texten standen. Diese Frage ist jedoch in verschiedener Hinsicht von Bedeutung. In »gepflegter Tradition« sind die Träger wichtig. Mit großer Wahrscheinlichkeit entstand die Urgemeinde um den Kreis der engsten Jünger Jesu herum, und mit ebenso großer Wahrscheinlichkeit hatten diese schon von Anfang an Logien und Gleichnisse als Texte eingeprägt im Gedächtnis. Außerdem hatten sie Jesu Wirken und Geschick noch frisch in Erinnerung. Die Evangelientradition beginnt also bei bestimmten, mit der Jesusgeschichte vertrauten Tradenten und besteht von Anfang an aus einer großen Anzahl loser Logien und Gleichnisse aus dem Munde Jesu, sowie aus noch nicht zu Texten gewordenen Erinnerungen an wichtige Episoden aus seiner Wirksamkeit.

---

[54] Die Frage, in welchem Ausmaß die *größeren* Muster (»midrashic patterns« usw.), die wir im Redestoff der Evangelien vorfinden (vgl. Ellis, New Directions [s. Anm. 25], 309–315, und seinen Artikel oben in diesem Bande [bes. S. 44f.]), auf Jesus selbst zurückgehen können, scheint mir in der gegenwärtigen Lage schwer zu entscheiden. Wir wissen noch zu wenig von den verschiedenen Formen der »Arbeit mit dem Wort« im Urchristentum.

(9) Die Relation zwischen mündlicher und schriftlicher Tradition. Vor Matthäus und Lukas lagen die Evangelientraditionen kaum in einem regelrecht herausgegebenen (»publizierten«) Buch vor. Das Markusevangelium war schwerlich als eine schriftliche Zusammenfassung der gesamten Jesustradition gedacht. Schriftliche Aufzeichnungen verschiedenen Umfangs vom Typ Notizen, Gedächtnisstützen *(ὑπομνήματα)*[55] gab es aber sicherlich sehr früh im Urchristentum. Es ist nicht unmöglich, daß derartige Aufzeichnungen von den Jüngern oder anderen bereits während des Wirkens Jesu gemacht wurden, auch wenn dies vielleicht nicht sehr wahrscheinlich ist. In jedem Fall dürften sie in der frühen Kirche ziemlich schnell in Gebrauch gekommen sein, besonders in den am meisten hellenistisch beeinflußten Gemeinden. Meinerseits glaube ich, daß derartige Aufzeichnungen nur als Gedächtnisstützen beabsichtigt waren, weil die synoptischen Texte im Prinzip *mündliche* Texte waren. Es ist indessen schwer, an einem Text zu erkennen, ob er nur für das Gedächtnis oder auch für das Papyrusblatt formuliert worden ist. Ich kenne niemand, der uns bisher haltbare Kriterien geliefert hat, um dies zu beurteilen. Schriftliche Texte konnten fest geprägt, aber auch veränderlich sein. Mündliche Texte konnten veränderlich sein, aber auch stabil, sogar außerordentlich stabil. Hier ist es nicht leicht, Sicherheit zu erlangen, sondern es sind eindringliche Forschung und Diskussion vonnöten[56].

(10) Die Leistung des Markus. Als Markus das erste der uns bewahrten Evangelien schrieb[57], bedeutete das kaum einen radikalen Neuansatz. Bereits früher betrieb man regelrechte Textarbeit in der Kirche und kleinere oder größere Sammlungen der Jesustradition waren zusammengestellt worden. Die grobe Disposition, der Markus folgt, ergab sich teilweise ganz natürlich: ein einfacher geographisch-chronologischer Aufriß (am Anfang Johannes der Täufer, hauptsächliches Wirken in Galiläa, abschließender Gang nach Jerusalem mit den Ereignissen dort in ungezwungener Ordnung), verbunden mit dem Wissen, daß Jesus sich in der Hauptsache damit beschäftigte, zu verkündigen und zu unterrichten, Dämonen auszutreiben und Kranke zu

---

[55] Vgl. die Lit. in Anm. 25.

[56] Bedenkt man, daß mündliche Tradition bereits innerhalb ein und derselben Kultur von so vielfältiger Art sein kann und unüberschaubar vielfältig, wenn man alle Kulturen betrachtet, dann erscheint es wichtig, daß man versucht, festzustellen, welche Analogien der Jesustradition am *nächsten* zu stehen scheinen. Es leuchtet mir z. B. nicht ein, warum wir den Typ, den A. B. Lord in Jugoslawien untersucht hat, zum Standardmodell für »Mündlichkeit« (= orality), »mündliche Tradition«, »mündliche Komposition«, »mündliche Literatur« oder etwas ähnliches erheben sollten, wo die Welt doch voller Alternativen ist. Vgl. die Diskussion von Lords Theorien in: The Relationships among the Gospels (s. Anm. 29), 31–122. Auch das Phänomen »schriftliche Tradition« ist eine ziemlich bunte Größe.

[57] Die Gründe, die in letzter Zeit gegen die Priorität des Markusevangeliums angeführt worden sind, haben mich bisher noch nicht überzeugt.

heilen. Die übergreifende Identifizierung der Person Jesu und die Betrachtung seines Werkes insgesamt, die Markus hatte, fand sich nicht nur im Kerygma, sondern auch in zusammenfassenden Übersichten zum Werke Jesu, wie wir sie z. B. in den Reden der Apostelgeschichte und im christologischen Formelgut wiederfinden.

IX.

Als die verstreuten neutestamentlichen Schriften zusammengestellt wurden, erschien es natürlich, zwischen εὐαγγέλιον (Schriften mit konkretem Jesusstoff) und ἀπόστολος (Schriften mit ungebundener apostolischer Belehrung) zu unterscheiden. Die Bezeichnungen selbst können mißverstanden werden: die Apostel hatten mit dem Evangelienstoff zu tun gehabt und ihr eigener freier Unterricht enthielt die frohe Botschaft von Jesus Christus. Aber die Einteilung besteht sachlich gesehen zu recht (natürlich mit einem gewissen Vorbehalt für das Johannesevangelium). Berechtigt ist es auch, das εὐαγγέλιον voranzustellen und diese Texte als ein Grundmaterial zu betrachten. Man braucht deswegen das Kerygma nicht zu verdunkeln.

Was die Formgeschichtler taten, war, das εὐαγγέλιον in den ἀπόστολος zu inkorporieren. Nach ihnen sollen auch die Evangelien und die dahinterstehende Tradition im Prinzip als nachösterliche kirchliche Verkündigung von Christus betrachtet werden. Hiermit sind auch die Vorzeichen in der Historizitätsfrage vertauscht: die Beweislast trägt nicht mehr derjenige, der eine Jesustradition für unecht hält, sondern der, welcher die Echtheit behauptet.

Es kann nicht richtig sein, daß wir als Historiker diese Betrachtungsweise akzeptieren. Den klaren Unterschied, den die urchristlichen Quellen machen – mit Vorbehalt für das Johannesevangelium – hat der Historiker ernst zu nehmen. Unser *Ausgangspunkt* muß die Behauptung der Quellenschriften sein, daß Jesus gesagt und getan hat, was sie behaupten, er habe es gesagt und getan. Ich sage, daß dies unser Ausgangspunkt sein sollte. Natürlich haben wir als historisch-kritisch arbeitende Forscher die Pflicht, sowohl Einzelheiten als auch Gesamtkomplexe von der Frage her zu prüfen: Kann dieses oder jenes wirklich von Jesus gesagt oder getan worden sein, kann ihm dies wirklich zugestoßen sein? Liefert dieser Text in seiner gegenwärtigen Form oder in irgendeiner früheren Form zuverlässige Angaben? Die Beweisbürde muß also bei uns liegen, wenn wir die Angaben der Quellen anzweifeln und sekundäres Material aussondern. Einen *praktischen* Grund liefert uns auch die derzeitige Debatte über die Kriterienfrage. Sie führt allem Anschein nach kaum zu einem einzigen unangefochtenen Resultat[58].

---

[58] Für eine ausgewogene Diskussion der verschiedenen Kriterien vgl. R. H. Stein, The »Criteria« for Authenticity, in: Gospel Perspectives I (s. Anm. 29), 225–263.

Unsere Kritik ist deshalb notwendig, weil wir wissen – besser als die Kirche vor uns –, daß die Jesustraditionen vor ihrer Niederschrift bearbeitet worden sind. Es ist daher notwendig, zu untersuchen, was wahrscheinlich nachösterliche Deutungen und Interpretamente, Änderungen, Zusätze, sekundäre Schöpfungen sind. Einige Texte in den Evangelien sind offenbar ziemlich frei geschaffen. Ich denke hier vor allem an die Prologe: die Vorgeschichte bei Matthäus und Lukas sowie die Tauf- und Versuchungsgeschichten. Aber auch hier glaube ich, daß das Urchristentum von etwas Tradiertem und, letzten Endes, Historischem *ausging*. Kurz ausgedrückt: *Es deutete nur dort, wo es etwas zu deuten gab.* Diese allgemeine Regel dürfte auch bei der Beurteilung des Johannesevangeliums angebracht sein. So pflegt *Tradition* zu fungieren.

Insgesamt plädiere ich keineswegs für einen engstirnigen Biblizismus oder eine allgemeine Leichtgläubigkeit den Angaben der neutestamentlichen Dokumente gegenüber. Der Forscher muß bei seiner Analyse scharf, genau und sachlich sein; auf der Suche nach der Wahrheit ist schonungslose Kritik unentbehrlich. Man muß aber einen gesunden Ausgangspunkt haben.

Die theologische Mitte der Logienquelle

Athanasius Polag

1. *Die Existenz von* Q

Das Problem der Logienquelle liegt nicht in der Frage ihrer Existenz. Man könnte zwar denken, daß mit der Einsicht, daß die Zwei-Quellen-Hypothese den Werdegang der Evangelien zu sehr vereinfacht darstellt, auch das Urteil über Q gesprochen sei. Doch erweist sich dieses Kind widerstandsfähiger als seine Eltern. Denn es ist vor dem Sturm, den seine Gegner entfachen, durch einige wenige, aber starke Argumente geschützt.

Das Hauptargument für Q ist auch heute noch die Übereinstimmung von Mt und Lk in Einzelheiten der Sprache, und zwar nicht nur in prägnant geformten Weisheitssprüchen, sondern auch in umfangreichen Satzperioden[1]. Natürlich haben die Texte von Q als Sammlung von Herrenworten eine längere Überlieferungsgeschichte. Für das Stadium aber, das uns durch den Vergleich von Mt und Lk miteinander zugänglich ist, muß man auf Grund des hohen Grades der Übereinstimmung sagen: die Herrenworte lagen in griechischer Sprache schriftlich vor. Das ist wahrscheinlicher, als daß das Ausmaß an Übereinstimmung lediglich auf die Festigkeit mündlicher Überlieferung zurückzuführen ist. Natürlich muß mit einem ständigen Einfluß mündlicher Überlieferung gerechnet werden; denn es gibt keine prinzipielle Trennung von mündlicher und schriftlicher Tradition in der frühen Gemeinde. Außerdem muß im Bereich der Schriftlichkeit auch mit dem Ausmaß an Variationen gerechnet werden, das wir aus den uns erhaltenen Textzeugen kennen.

Ein weiterer Schutz für Q sind die Dubletten. Die Gegner von Q haben große Schwierigkeiten, das Zustandekommen der Dubletten, jedenfalls in Lk, verständlich zu machen[2]. Der Historiker wird in einem solchen Fall von derjenigen Hypothese ausgehen, die die meisten Phänomene erklären kann und die wenigsten Schwierigkeiten bereitet.

Erklärungen, die unter Umgehung einer gemeinsamen Quellenschrift

---

[1] Z. B. Mt 12,43–45; 23,37–39 par Lk. Von entscheidender Bedeutung ist die Übereinstimmung in der Stellung von Partikeln und Possessivpronomen, die bei mündlicher Überlieferung variieren, z. B. Mt 7,3–5 par Lk.

[2] Z. B. Lk 9,1–6 / 10,4–12; Lk 9,26 / 12,8.9 verglichen mit Mt 16,27 / 10,32.33.

eine direkte Abhängigkeit des Lk von Mt annehmen, konnten bislang nicht
überzeugend verständlich machen, warum Lk die Redezyklen des Mt in der
vorliegenden Weise aufgelöst hat und warum er in zahlreichen Fällen die
ältere Textfassung bietet. Es ist in diesem Zusammenhang aufschlußreich,
daß M.-É. Boismard trotz seiner Kritik an der Zwei-Quellen-Hypothese die
Existenz von Q als einer selbständigen Herrenwortsammlung rezipiert[3].

E. E. Ellis geht in seinem Forschungsbericht auf die Kritik an Q näher ein[4].
Es scheint mir allerdings diese Kritik nicht so erfolgreich, wie man aus seiner
Darstellung schließen könnte. So wild hypothetisch, wie man z. B. nach S.
Petrie den Eindruck haben muß, ist es nun doch nicht, was zu Q gesagt
werden kann. Nur sehr wenige der von E. E. Ellis zitierten Kritiker machen
sich allerdings die Mühe, das Material Wort für Wort durchzugehen und die
verschiedenen Argumente im Einzelfall zu überprüfen.

Bei dem jetzt vorliegenden Quellenmaterial haben wir allerdings nicht die
Möglichkeit, den genauen Umfang der Logienquelle zu ermitteln. Auslassungen durch die mt oder lk Redaktion, wie sie bei der Verarbeitung des
Mk-Stoffes nachweislich vorliegen, können nur vermutet werden. Es läßt
sich bisher auch nicht schlüssig beweisen, daß sämtliche Texte, die wegen
der Übereinstimmung von Mt und Lk für Q in Anspruch genommen
wurden, zu einer einzigen Sammlung gehörten. Wir haben aber ein stichhal-
tiges Argument dafür, daß umfangreiches Material zu einer größeren
Sammlung gehörte. Das ist die Übereinstimmung von Mt und Lk in der
Abfolge der Sprüche, die einen erheblichen Bestandteil der Doppelüberlieferungen erfaßt (mindestens die Texte aus Lk 3–11; 17)[5]. Dabei wird auch
erkennbar, daß es sich um eine Spruchsammlung gehandelt haben muß, die
kleinere Spruchzyklen zu verschiedenen Themen in sich vereinigte. Das ist
ein wichtiges Faktum.

Die Schwierigkeit des Nachweises der Zugehörigkeit gilt in besonderer
Weise für die Einleitungsperikopen (Mt 3, 7–12; 4,1–11 par Lk), die sich in
der Gattung und in Einzelheiten der Sprache vom größten Teil der Doppelüberlieferung abheben. Es gibt zwar verschiedene Verbindungen zu Sprüchen in anderen Zyklen, z. B. das γέγραπται mit Zitat der Schrift, das außer in
der Versuchungsperikope in der Doppelüberlieferung nur noch Mt 11,10
par Lk erscheint. Man kann darin aber auch zufällige Übereinstimmung
sehen. Darum kann es niemand verwehrt werden, in der Vorlage zu den
Perikopen der Täuferworte und Versuchung Jesu eine selbständige Überlie-
ferungseinheit zu sehen, zumal wenn er dazu auch die Taufe Jesu als Mittelteil hinzunimmt.

---

[3] M.-E. Boismard – A. Lamouille, Aus der Werkstatt der Evangelisten, München 1980, 15 f.
[4] E. E. Ellis, Gospels Criticism: A Perspective on the State of the Art', oben S. 27 ff. (36 ff.).
[5] Die Beobachtungen von Vincent Taylor, The original Order of Q, in: New Testament
Essays, Manchester 1959, 246–269, sind bislang nicht überholt.

Die Tradenten haben die Texte kaum bearbeitet; daher mangelt es an sprachlichen Indizien für die Zusammengehörigkeit des ganzen Materials zu einer einzigen Sammlung. Es gibt zwar Hinweise dafür, aber ihre Beweiskraft ist beschränkt[6]. Für die Auslegung scheint es mir nicht von großer Bedeutung zu sein, ob die gesamte Doppelüberlieferung auf eine einzige Sammlung zurückging oder ob es neben einer großen Sammlung noch drei oder vier kleinere Zyklen gab, die in der Doppelüberlieferung für uns faßbar sind und die bei der Entstehung des Mt und Lk dieselbe Rolle spielten als Quelle der Überlieferung von Jesusworten. Der Historiker muß in anderen Zusammenhängen auch mit Fragmenten arbeiten. Wichtig ist, daß wir mit einer größeren Sammlung, also mit einem Exponenten spezieller Herrenwortüberlieferung rechnen können.

2. Zur Geschichte von Q

Die Kritik an Q richtet sich vorwiegend gegen die Art, wie diese Sammlung der Herrenworte von den Vertretern der Quellenkritik und Formgeschichte in den Entstehungsprozeß der Evangelien eingeordnet wurde. Es geht dabei um die historischen Hypothesen zum Leben und Wirken der frühen Gemeinde und die Darstellung von deren Beziehung zur Tätigkeit Jesu. Sehr vieles, was dazu im Zusammenhang literarkritischer und formgeschichtlicher Untersuchungen gesagt wurde, muß tatsächlich revidiert werden. Es ist von großer Wichtigkeit, daß die Forschung hier einen Fortschritt erzielt hat, wie P. Stuhlmacher dargelegt hat[7]. Die Bedeutung einer Herrenwortsammlung wie Q wird dadurch aber nicht beeinträchtigt; sie wird eher hervorgehoben als gemindert.

Die Logienquelle ist nicht eine große literarische Tat; sie kann nur als Teil eines mehrstufigen Überlieferungsprozesses verstanden werden. Die Texte von Q haben eine lange Geschichte; denn beim überwiegenden Teil der Sprüche läßt sich der Wortlaut als Übersetzung aus dem Aramäischen verstehen. Aber diese Geschichte bereitet uns erhebliche Schwierigkeiten. Wir haben zu wenig Vergleichsmaterial und wissen zu wenig über die frühe Gemeinde. Wenn auch die Sprachgestalt der Sprüche kaum durchgehend bearbeitet worden ist, so ist doch sicher, daß eine Spruchsammlung im Überlieferungsprozeß ständiger Veränderung ausgesetzt war, mindestens durch Hinzufügung oder Auslassung. Darum ist es auch sehr wahrscheinlich, daß bei der Einarbeitung von Q in Mt oder Lk unterschiedliche Fassungen der Sammlung verwendet wurden. In welchem Ausmaß sogenannte

---

[6] So stellt zum Beispiel der Ausdruck ἡ γενεὰ αὕτη eine Verbindung her zwischen Mt 11,16–19 und Mt 12,38–42 und Mt 23,34–36 par Lk; ganz sicher ist das aber nicht, da die Formulierung auch dreimal bei Mk und je einmal in der mt und lk Redaktion begegnet.

[7] P. Stuhlmacher, Das Evangelium und die Evangelien, oben S. 1 ff. (2 ff.).

Gemeindebildungen aufgenommen wurden, ist ein besonderes Problem. Seine Bedeutung wird dadurch relativiert, daß die Hinzufügungen sich an der Form und auch am Inhalt des bereits Überlieferten orientieren mußten. So kann man eigentlich nicht annehmen, daß der Kern des Überlieferungsgutes im Laufe der Überlieferung überfremdet worden sei.

Weil man in Q auf Anhieb Spruchgruppen feststellen kann, wird die redaktionsgeschichtliche Betrachtungsweise herausgefordert. Dabei stößt man auf große Schwierigkeiten. Das Ausmaß einer Redaktion läßt sich nämlich im Grunde nur dann verläßlich beurteilen, wenn man einen Text mit den Vorlagen der Redaktion vergleichen kann, und das ist eben bei Q leider nicht möglich. Es kommt noch hinzu, daß bei Q durchgehend bevorzugte und einheitlich verwendete Begriffe, Wendungen und syntaktische Formen sehr selten sind. So ist man in der Hauptsache auf die Stichwortanschlüsse der Komposition verwiesen. Wenn man aber zur Beurteilung der Redaktion inhaltliche Kriterien anwendet, muß man sie aus einer Beurteilung der Theologiegeschichte der Gemeinde gewinnen; alles hängt dann von der Richtigkeit dieser Sicht ab.

Zwei Feststellungen können allerdings mit hoher Wahrscheinlichkeit zur Redaktion gemacht werden. Wenn die Einleitungsperikopen zu Q gehörten, wurden sie der bereits bestehenden Sammlung vorangestellt. Sie zeigen ein christologisches Interesse, wie es den anderen Zyklen abgeht.

Zweitens zeigt eine Analyse der Verwendung einzelner Begriffe (z. B. ὁ υἱὸς τοῦ ἀνθρώπου[8], ἡ σοφία) bei aller Unsicherheit, daß der Bekenntnisstand der Tradenten einer anderen Stufe theologischer Reflexion angehört als die primäre Formung der Mehrheit der Sprüche. Daraus kann der Schluß gezogen werden: Wenn trotz einer entfalteten Theologie der Tradenten der Wortlaut der Sprüche kaum geändert wurde, muß dieser Wortlaut sehr hoch eingeschätzt worden und daher geschützt gewesen sein. Die Wortlautüberlieferung des übernommenen Gutes ist also von hoher Verläßlichkeit. Und weiter kann man schließen, daß die Sprüche im Zusammenhang von kompetenter Interpretation überliefert wurden.

Auch wenn es hinsichtlich des Umfangs und der Geschichte von Q viele unbeantwortbare Fragen gibt, können wir doch weiterhin annehmen, daß wir in der Sammlung Q eine Brücke zu jenem Bereich haben, in dem die

---

[8] Es erscheint mir bisher noch nicht widerlegt, daß das aramäische Äquivalent für ὁ υἱὸς τοῦ ἀνθρώπου in den authentischen Jesusworten nicht als Titel nach Dan 7 und auch nicht im generischen Sinn »der Mensch allgemein« verwendet wurde, sondern im speziellen Sinn »der Mensch« als betonende Umschreibung für ein Pronomen. Nach dieser Ansicht wurde erst in der Überlieferung der Gemeinde dieser Ausdruck durch die Applikation von Dan 7 zu einem christologischen Titel und als solcher ins Griechische übersetzt. Auch in der Diskussion um diese Bezeichnung werden die Argumente nicht dadurch wahr, daß sie häufig wiederholt werden.

Verkündigung Jesu primär rezipiert wurde. Die Logienquelle bietet Jesusworte mit der geringsten Bearbeitung im Vergleich zu anderen Traditionssträngen. Es mag sonst manche authentische Einzelüberlieferung geben, aber in Q haben wir einen Zugang zum Überlieferungsprozeß selbst.

3. Die theologische Mitte von Q

Das eigentliche Problem der Logienquelle ist ihre Theologie. Dabei geht es nicht um den Aussagegehalt der einzelnen Sprüche, sondern um die Frage, was diese Texte eigentlich miteinander verbindet.

Im Zusammenhang literarkritischer und formgeschichtlicher Forschung stand diese Frage nicht im Vordergrund. Besondere Beachtung fanden Stil und Form der Sprüche. Denn in dieser Hinsicht kann man tatsächlich einen einheitlichen Eindruck von der Sammlung gewinnen, wenn man von den Einleitungsperikopen absieht. Bei den meisten Texten handelt es sich um kurze Sprüche, die häufig noch die rhythmische Fassung und die Struktur der aramäischen Vorlage verraten. Weisheitsworte und prophetische Rede sind überwiegend stark vertreten. Nur zwei Heilungen werden berichtet (Mt 8,5–10.13; Lk 11,14); das Tun Jesu, obgleich es im Wortlaut der Sprüche immer wieder vorausgesetzt wird, tritt fast ganz zurück. Das Phänomen einer Sammlung von kurzen Reden Jesu ohne Berichte seiner Wirksamkeit, ohne Erwähnung seiner Kreuzigung und Auferstehung, scheint eine gewisse Faszination auf die Generation der älteren Literarkritik ausgeübt zu haben. Der Grund liegt wahrscheinlich darin, daß man hier eine Stufe der Jesusüberlieferung glaubte fassen zu können, die noch nicht vom Paulinismus beeinflußt war, dessen Auswirkungen man hingegen schon im frühesten Evangelium, dem des Markus, sah[9]. Die formkritische Betrachtung des Materials von Q hat allerdings im Laufe der Zeit den Eindruck der Einheitlichkeit korrigiert, und die Gattung der Spruchsammlung hat den Charakter des Außergewöhnlichen verloren. Geblieben ist die Frage nach dem, was diese verhältnismäßig umfangreiche Sammlung innerlich verbindet, ob es nämlich so etwas wie eine theologische Mitte gibt.

Immer wieder wurde auf die merkwürdige Tatsache hingewiesen, daß in Q Überlieferungsgut fehlt, das sich explizit auf Leiden und Auferstehung Jesu bezieht. Dazu gehört auch der vielbesprochene Umstand, daß der Ausdruck ὁ υἱὸς τοῦ ἀνθρώπου zwar für den gegenwärtig wirkenden und den am künftigen Gerichtsgeschehen beteiligten Jesus verwendet wird, nicht aber für den leidenden wie bei Mk. Hier setzen Aussagen zu der die Sammlung tragenden Theologie häufig an. Doch stellt sich bei diesem Ansatzpunkt die Gefahr der Überinterpretation ein. Denn nach allem, was wir

---

[9] A. v. Harnack, Sprüche und Reden Jesu, Leipzig 1907, 171.

bisher vom Leben der frühen Gemeinde wissen, muß es als höchst unwahrscheinlich gelten, daß es im Bereich der Jüngerschaft Jesu jemals eine Gemeinde gab, für die Jesu Auferweckung nicht zentraler Bekenntnisinhalt
und Angelpunkt der Lehre gewesen ist. Insofern kann der Aussagegehalt
von Q im Bereich der Christologie niemals allein repräsentativ für die Lehre
einer Gemeinde gewesen sein. Die einfachste Erklärung für die Beschränkung von Q ist, daß der Kern der Sammlung, der ihren Charakter prägt, auf
den vorösterlichen Jüngerkreis zurückgeht und daß damit auch der geneti-
sche Ansatz der Sammlung in der Lehrtätigkeit Jesu liegt. Diese Ansicht
wird jedoch nur selten vertreten, weil sie mit dem exegetischen Dogma vom
österlichen Graben nicht vereinbar ist. Bei der Interpretation von Q darf
man jedenfalls niemals aus dem Blick verlieren, daß die Überlieferung von
Q im Leben einer jeden Gemeinde nur ein komplementäres Element gewesen sein kann; als solches bedurfte Q einer fortgesetzten Auslegung.

Formale Kriterien helfen nicht viel weiter, ein tragendes Zentrum der
Sammlung zu ermitteln. Die Komposition ist stark vom Stichwortanschluß
beherrscht. Daher läßt sich kaum ein bestimmter Text benennen, der redaktionell durch die Komposition so hervorgehoben wäre, daß man in ihm zum
Beispiel ein zentrales Bekenntnis erkennen könnte, um das sich die anderen
Überlieferungen gruppierten. Schwerpunkte zu setzen, war offensichtlich
wie bei allen Spruchsammlungen Sache der Auslegung.

Man sollte also sehr bescheiden ansetzen: Das, was die Sammlung zusam-
menbindet, ist im Grunde nichts anderes als die Person Jesu. Mit dieser
allgemeinen Feststellung muß man sich allerdings nicht zufriedengeben.
Denn es ist durchaus nicht selbstverständlich, daß dieses Spruchmaterial,
und zwar sowohl mit den Basileia-Worten als auch mit den Droh- und
Unheilsworten, in seiner Gesamtheit für die Gemeinde überlieferungswert
war. Dafür muß eine bestimmte Sicht der Person Jesu vorausgesetzt werden;
sie läßt sich so formulieren: Durch die Auferweckung Jesu wird dessen
Funktion für das Basileia-Geschehen in seinem Auftreten in Israel nicht nur
von Gott bestätigt, es wird vielmehr erneut eine Möglichkeit der Entscheidung gegenüber Jesus und seiner Sendung eröffnet; Jesus lebt bei Gott und
ist doch in seiner Gemeinde in einer solchen Weise präsent, daß es in dieser
Gemeinde der Jünger in veränderter Form eine Begegnungsmöglichkeit mit
ihm gibt. Das Angebot des Zugangs zum Heil ist weiterhin gegeben, bis
Jesus für alle sichtbar in den Gerichtsereignissen wiederkommen wird. – Die
Botschaft von der Auferweckung Jesu ist demnach nicht einfach Mitteilung
des Heilshandelns Gottes, sondern stellt den Menschen vor eine Entscheidung. Daher behalten die Worte Jesu aus dem Entscheidungsgeschehen vor
Ostern ihre zentrale Bedeutung. Es geht eben in der Gemeinde nicht nur um
den Auferstandenen und den im kommenden Gerichtsgeschehen Erwarteten, sondern auch um den, der Menschen zu neuem Handeln führt. Diese

Betrachtungsweise berücksichtigt in vollem Umfang, was wir von der Bedeutung der Erfahrung des Geistwirkens in der frühen Gemeinde wissen.

Das erneute Angebot, sich zu entscheiden, gibt den Worten Jesu Aktualität. In diesem Zusammenhang ist eine Beobachtung von besonderer Bedeutung. Von den Sprüchen, die Q überliefert, bezieht sich nur ein Teil unmittelbar auf das Tun des Menschen als Reaktion gegenüber dem Handeln Gottes und kann als paränetisch im allgemeinen Sinn bezeichnet werden, wie beispielsweise die Heilszusage an die Armen, die Worte von der Barmherzigkeit und Vergebungsbereitschaft, der Sendungsauftrag an die Jünger und die Worte vom Gebet. Es überwiegen demgegenüber dem Umfang nach deutlich Trost- und Mahnworte an die Jünger für die Situation der Anfechtung, Gerichtsworte und Unheilsworte[10]. Dieser Akzent ist auch in der Komposition feststellbar; zum Beispiel wird an die Seligpreisung der Armen die Seligpreisung der Verfolgten angefügt (Lk 6,20–23). Es geht der Sammlung Q also nicht nur um eine Entscheidung, sondern auch um die Konsequenzen, um das richtige Durchhalten. Ein Spruch, der hervorragend überliefert ist, illustriert das beispielhaft: das Bildwort vom zurückkehrenden Dämon (Mt 12,43–45). Q ist von dem Anliegen bestimmt, zu vermeiden, daß nach der Befreiung eine Leere bleibt oder daß die Begegnung mit Jesus in einem Zusammenbruch endet (Mt 7,24–27). Das läßt einen Schluß darüber zu, wie Entscheidung in der Überzeugung, die Q zugrunde liegt, gesehen wird: die Entscheidung eröffnet Geschichte.

Diese für die Tradenten von Q erschlossene Sicht läßt natürlich manche Frage offen. Die wichtigste ist vielleicht, warum die Erneuerung der Entscheidungssituation von der Gemeinde nicht nur durch neu formuliertes Kerygma zum Ausdruck gebracht wurde, sondern auch durch die Überlieferung von Jesusworten. Liegt der Grund dafür einfach darin, daß es eben vorösterlich im Jüngerkreis Bewahrung geprägter Worte Jesu bereits gab, wie es für die Schüler eines Rabbi selbstverständlich war? Oder war im jüdischen Milieu die Überzeugung von der bleibenden Bedeutung eines Lehrers immer mit einer Wortüberlieferung verbunden? Waren also nur Faktoren der kulturellen Umwelt für die Weitertradierung der Jesusworte ausschlaggebend? Hält man das nicht für naheliegend, muß man annehmen, daß die Existenz dieser Art von Tradition mit einer Auffassung von den Worten Jesu verbunden war, die ihnen einen besonderen Wert beimaß. Wenn die Worte nicht nur deswegen wertvoll waren, weil Jesus sie gesprochen hatte, dann konnte ihr Wert nur in der Erfahrung liegen, die die Jünger mit ihnen gemacht hatten: diese Worte hatten erfahrungsgemäß Entscheidung provoziert und zu neuem Verhalten geführt. Die Tradenten überlieferten also die Worte Jesu in erster Linie nicht aus Pietät, um sie vor dem

---

[10] Teilt man die Doppelüberlieferung in 75 Sprucheinheiten, sind es 56.

Untergang zu bewahren, oder aus historischem Interesse, sondern weil die Worte ihre Kraft bewiesen hatten, Menschen dahin zu bringen, sich dem neuen Handeln Gottes zu öffnen und die Konsequenzen daraus zu ziehen. Diese Erfahrung gab den überlieferten Jesusworten die Prävalenz gegenüber den von Propheten vermittelten geistgewirkten Worten des erhöhten Herrn und führte zu deren formalen Angleichung. Ist diese Sicht zutreffend, bekommt der überlieferte Text auf dem Hintergrund der Erfahrung der Tradenten sein volles Gewicht; er wird überliefert, weil man mit ihm eine Erfahrung gemacht hat und weil man auf die Erneuerung solcher Erfahrung hofft. Die Überlieferung der Jesusworte kann demnach nicht lediglich als intellektueller Vorgang verstanden werden, trotz der großen intellektuellen Leistung, die mit ihr verbunden war; sie gehört in den Zusammenhang religiöser Erfahrung.

Was die Sammlung Q innerlich verbindet, ist also ihre theologische Voraussetzung, nämlich die Überzeugung der Tradenten, daß Jesus den Menschen, die ihm begegnen, die Möglichkeit eröffnet, sich für Gott und seine Herrschaft zu entscheiden und diese Entscheidung in einer Geschichte zu leben; sein eigenes Wort ist in diesem Vorgang eine Macht, die wirkt.

4. Das Evangelium in Q

Die zentrale Bedeutung der Person Jesu für die Sammlung Q zeigt sich auch beim Thema des εὐαγγέλιον.

Der wichtigste Beleg dafür ist die Perikope von der Anfrage des Täufers (Mt 11,2–6). Es ist die einzige Stelle in Q, die ausdrücklich die Frage nach der Person Jesu behandelt. Zur Charakterisierung seines Wirkens gehört die Verkündigung der Frohen Botschaft an die Armen: πτωχοὶ εὐαγγελίζονται. Unbestritten verweist dies auf Jes 61. Damit ist gesagt, daß Jesus das Gnadenjahr des Herrn bringt, den großen Schuldnachlaß, und die Befreiung der Gefangenen. Der Mensch wird aus der Verfestigung seiner inneren und äußeren Lebensverhältnisse herausgerufen in ein neues Verhältnis zu Gott; es ist eschatologisch neu, also den letzten Sinn seines Lebens tragend. Dies ist zwar voraussetzungslos geschenkt, aber verbunden mit einer Entscheidung; denn der Schlußsatz: »Selig ist, wer an mir keinen Anstoß nimmt« (Mt 11,6), darf von der Aussage nicht abgetrennt werden. Frohe Botschaft ist im Sinne von Q das Wort des Boten von Jes 61, der dem Menschen es ermöglicht, sich zu entscheiden. Der Schlußsatz zeigt die enge Verbindung von Heilsbotschaft und Beziehung zu Jesus, von Aufnahme des Wortes und personaler Erfahrung.

An den Stellen, an denen die Armen ausdrücklich begegnen, tritt der Bote allerdings zurück. Es handelt sich um die Seligpreisung (Lk 6,20.21), die Zusage der Teilnahme an der Gottesherrschaft, und um das Vaterunser (Lk

11,2–4), die Erklärung Gottes zum Vater der Armen[11] in der Übergabe des Gebetes. Doch ist diese Diskrepanz nur äußerlich; denn eine Vielzahl von Sprüchen zeigt, daß die unlösbare Verbindung von Botschaft und Boten durchgängig vorausgesetzt wird. Das ist besonders deutlich an zwei Stellen, die auch in den Verstehenshorizont von Jes 61 gehören: zur Lösung der Gefangenen Lk 11,20; zur Sammlung des Volkes Lk 11,23. Ergänzt wird dies durch Lk 11,31.32; 12,8.9; 14,27[12].

Die Frohe Botschaft an die Armen impliziert in Q also die Person des Boten. Darin liegt der Ansatz dafür, daß beim Fortschreiten der theologischen Reflexion über die Bedeutung Jesu die Fassung der Überlieferung geändert wurde. Diese Entwicklung zeigt sich bereits bei der Vorschaltung der Einleitungsperikopen von Q. Eine Spruchsammlung im eigentlichen Sinn genügte als Rahmengattung im nicht-gnostischen Christentum nicht mehr.

Als die Gemeinden ihre Jesusunterweisung ähnlich dem Aufriß von Apg 10,36–43 strukturierten, wurden dann die Texte von Q anderen Überlieferungen zugeordnet, die das Werk Gottes in Jesus umfassender im Blick hatten. Das war konsequent, weil diese Texte schon längst auf eine personale Beziehung zu Jesus hin überliefert worden waren.

5. *Folgerungen*

Der Wert der Logienquelle beschränkt sich nicht darauf, daß sie uns Jesusworte in ältester Fassung überliefert hat. In dieser Sammlung haben wir einen Zugang zum Überlieferungsprozeß der Jesusworte, und wir begegnen einer Sicht der Person Jesu in der engen Verbindung von Heil, Botschaft und Boten, auf der die Überlieferung ruht. Q zeigt die Verbindung von Annahme der Botschaft von der Gottesherrschaft und Bekenntnis zu Jesus.

Bei der Tradition der Jesusworte ging es nicht um Verkündigung und Aussage allein, sondern um Entscheidung und Geschichte. Zwischen der frühen Gemeinde und der Jüngerschaft Jesu gab es einen Erfahrungszusammenhang. Er war ausschlaggebend für den Umgang mit den Worten Jesu, wie wir ihn aus Q ermitteln können. Auch die wissenschaftliche Auslegung sollte stets berücksichtigen, daß diese Texte nicht überliefert wurden zur Vermittlung von Information, sondern zur Ermöglichung von personaler Erfahrung.

---

[11] Die Bitte um das notwendige Brot qualifiziert die Jünger als Arme.

[12] Sehr nachdrücklich verbindet die Botschaft mit der Person der Jubelruf, Mt 11,25–27, aber dieser Text gehört vermutlich in den redaktionellen Zusammenhang der Einleitungsperikopen.

Das Evangelium in Jerusalem

Mk 14,12–26 als ältestes Überlieferungsgut der Urgemeinde

Rudolf Pesch

Daß die von den galiläischen (vgl. Apg 1,11; 2,7) Anhängern Jesu, vorab den »Elfen« (vgl. Mt 28,11; Lk 24,9.33; Apg 1,26; auch Mk 16,14) und den »Frauen« (vgl. Apg 1,14; Mk 15,40 f. parr; Lk 8,2–3), in Jerusalem gebildete Urgemeinde für die anfängliche (erinnernde) Sammlung und (deutende) Formung der Jesusüberlieferung, dessen, was »Jesus von Anfang an gewirkt und gelehrt hat« (Apg 1,1), verantwortlich war, ist eine unbezweifelbare Annahme, – unabhängig davon, ob mit einer vorausgehenden Traditionsbildung zu Lebzeiten Jesu in dessen Jüngerkreis zu rechnen ist (wie wohl wahrscheinlicher ist) oder nicht (wie wohl unwahrscheinlicher ist).

Ob uns die »anfängliche«, gesammelte und geformte Tradition im Rahmen der Evangelien, vorab des ältesten Evangeliums, des Markusevangeliums, noch vorliegt, ist eine Frage nach der Konstanz der nachfolgenden Tradition einerseits, aber auch nach der (für die mündliche Überlieferung konstitutiven) Formung des Überlieferungsstoffes in (für das Gedächtnis der Tradenten einprägsamen) Gattungen von (selbständigen) Einzelüberlieferungen und in (nichtselbständige) Teilüberlieferungen zusammenschließenden Überlieferungskomplexen umfänglicher Art (die früh zu schriftlicher Fixierung drängen mußten).

(Geformte) Worte Jesu konnten von Anfang an (schon zu seinen Lebzeiten) durch (bloßes) Wiederholen (Memorieren) tradiert werden; die moderne technische Analogie bietet das Tonband. Daß ihre Re-Zitation in missionarischer Predigt und innergemeindlicher Katechese des (auch erzählenden) Kommentars bedurfte, damit die Intention, die Bedeutung der tradierten Worte verstehbar bliebe bzw. dem Verstehen erschlossen würde, ist selbstverständlich. Die Anlage von Wort-Sammlungen trägt daher »instrumentalen« Charakter (zum Gebrauch in Mission und Katechese). Taten Jesu (als nicht einfach wiederholbare geschichtliche Ereignisse) bedurften von Anfang an der erzählenden Vergegenwärtigung, die in selektierender und perspektivierender Pointierung geschieht; die moderne technische Analogie bietet die Kamera. Die Erzählung ist nicht nur (wie die Wiederholung von Worten) von der Gedächtnisleistung des Erzählers abhängig, sondern auch von seiner das Wesentliche eines Ereignisses erfassenden Wahrnehmungs-

und Deutungskraft, von seinem dem Geschehen angemessenen Verstehenshorizont. Die Re-Präsentation des Wirkens Jesu kommentiert dieses Wirken selbst und hängt keineswegs nur von der (protokollarisch) genauen Wiedergabe ungedeutet unbezweifelbarer »Fakten«, sondern ebenso konstitutiv von der angemessen gedeuteten Wirkung des Wirkens, des angemessen erfaßten Zusammenhangs, des Horizonts (der durch das Wirken selbst eröffnet ist und/oder in dem es dem Verstehen »aufgeht«) ab.

Obwohl Wort- und Erzählüberlieferung hinsichtlich ihrer Ermöglichung durch bloße Re-Zitation einerseits, selektierende und perspektivierende Re-Präsentation andererseits grundlegend unterschieden sind und zumal bei der Rückfrage nach dem historischen Jesus, nach dem, was er (mit den Mitteln historischer Kritik erkennbar) tatsächlich »gelehrt und gewirkt hat«, unterschieden werden müssen, weshalb auch unterschiedliche Kriterien der Rückfrage methodisch anzuwenden sind, sind sie doch in denselben Überlieferungsprozeß von den Ohren- und Augenzeugen, die »Diener des Wortes wurden« (Lk 1,2), angefangen bis hin zu den Evangelien eingebunden, in die *Tradition*, in der das Verstehen des Überlieferten mit dem Wiederholen von Worten und dem Erzählen von Geschehnissen nicht schon von selbst gegeben ist (vgl. Mk 4,10–12 parr). Die Auslegung gehört somit – in welcher Form auch immer sie geübt wird – von Anfang an zur Tradition hinzu; und in dem Maße, in dem Jesu Worte und Taten in der Urkirche zur Wirkung kommen (auch in der Aufhebung von Verstockung, Unglaube und Kleinglaube als der eigentlichen Barriere des Verstehens), gehen sie dem Verstehen genauer und tiefer auf. In diesem Prozeß kann es nicht nur sinnvoll, sondern geradezu geboten, notwendig sein, daß überlieferte Worte Jesu verändert und umgeformt und daß überlieferte Erzählungen von seinen Taten und seiner Geschichte (in erneuter Selektierung und Perspektivierung) neu gefaßt werden. Daß in diesem Prozeß der Respekt vor den Worten Jesu selbst größer war als der Respekt vor den Erzählungen der ersten Erzähler, die über seine Geschichte berichteten, ist in den Evangelien noch deutlich ablesbar und versteht sich von selbst (nimmt man den Unterschied von Wort- und Erzählüberlieferung ernst). So sehr die Wortwörtlichkeit der Überlieferung mitunter (vgl. z. B. 1 Kor 15,2) wichtig oder gar entscheidend sein kann, so wenig geht es freilich durchweg um solche Wortwörtlichkeit selbst; denn der Buchstabe kann töten, der Geist macht lebendig. Jedoch ist es der lebendigmachende GEIST, der Geist des LOGOS, der sich in die Überlieferung hinein überliefert, sie inspiriert hat; und die Tradenten empfangen ihre Inspiration von ihm, solange sie »Diener des Wortes« bleiben (und nicht »der Herren eignen Geist« regieren lassen). Zur Tradition gehört auch von Anfang an die Unterscheidung der Geister. Sie ist gewissermaßen die »dritte Dimension« der Überlieferung, ihre theologische Tiefenschicht.

Die Rückfrage nach der ältesten Überlieferung der Urgemeinde kann nicht nur an den Wort- und Erzählkonserven interessiert sein, sie ist selbst in die »dritte Dimension« der Unterscheidung der Geister zu integrieren. Die Geschichte Jesu und seine Wirkungsgeschichte gilt es theologisch zu verstehen, aber eben als Geschichte, die uns durch die Überlieferung zugänglich gemacht und aufgeschlossen wurde. Wie sie uns zugänglich gemacht und aufgeschlossen wurde, ist eine Frage, die historisches und theologisches Verstehen gleichermaßen engagiert. Die Sorgfalt des kritischen und historischen Urteils und die Einläßlichkeit der theologischen Kompetenz sind gleichermaßen herausgefordert, dem Disput und der Erörterung ausgesetzt. Trübung der Wahrheitsfindung droht von zwei Seiten, und die »Stimmigkeit« der Erkenntnis wirkt sich ebenfalls doppelt aus. Vorurteile taugen dort nicht, wo die Geschichte ihr Recht behauptet, wo der Tradition gerecht entsprochen sein will.

Wo die Sicht auf die Geschichte vernebelt erscheint, ist Aufwand, Mühe, auch Schärfe geboten, soll der Nebel durchstoßen, die Sicht wieder freigemacht werden.

Daß die *Passion Jesu* – sieht man von der kerygmatischen Formeltradition in ihrer Konzentration auf die Heilsbedeutung des Todes Jesu oder den Kontrast von Tod und Auferstehung ab – erzählerisch nicht durch die Repräsentation von Einzelakten (z. B. Verhaftung, Verhör, Kreuzigung, Begräbnis), sondern durch die Vergegenwärtigung des Gesamtzusammenhangs der verketteten Ereignisse überliefert werden mußte, sollte eigentlich a priori einleuchtend sein; daß sie tatsächlich in einem umfangreicheren Erzählkomplex tradiert wurde, bedarf freilich a posteriori des historisch-kritischen Nachweises. Ob dieser Nachweis erbracht ist, erscheint umstritten. Der Streit um das Ergebnis kann wissenschaftlich freilich nur als Streit um die Methode, die zum Ergebnis führte, ausgefochten werden.

I. Die vormarkinische Passionsgeschichte als ältestes Überlieferungsgut der Jerusalemer Urgemeinde

Aufgrund langer und zahlreicher Vorarbeiten habe ich im zweiten Band meines Markuskommentars und in der für breitere Leserkreise zubereiteten, den Rekonstruktionsprozeß aber ausführlicher beschreibenden Publikation »Das Evangelium der Urgemeinde« den Umfang der vormarkinischen Passionsgeschichte mit
Mk 8,27–33; 9,2–13.30–35; 10,1.32–34.46–52; 11,1–23.27–33; 12,1–12.13–17.34c.35–37.41–44; 13,1–2; 14,1–16,8
bestimmt, ihre Herkunft aus der Jerusalemer Urgemeinde nachgewiesen und ihr Alter mit 37 n. Chr. als *terminus ante quem* eingegrenzt.

Der Prozeß der Rekonstruktion, der Herkunfts- und Altersbestimmung der vormk Passionsgeschichte kann anhand folgender publizierter Arbeiten eingesehen und kontrolliert werden:

1) R. Pesch, Die Salbung Jesu in Bethanien (Mk 14,3–9). Eine Studie zur Passionsgeschichte, in: Orientierung an Jesus. FS J. Schmid (Freiburg i.Br. 1973) 267–285;
2) Das Messiasbekenntnis des Petrus (Mk 8,27–30). Neuverhandlung einer alten Frage, in: BZ NF 17 (1973) 178–195 und 18 (1974) 20–31;
3) Die Verleugnung des Petrus. Eine Studie zu Mk 14,54. 66–72 (und Mk 14,26–31), in: NT und Kirche. FS R. Schnackenburg (Freiburg i.Br. 1974) 43–62;
4) Der Schluß der vormarkinischen Passionsgeschichte und des Markusevangeliums: Mk 15,42–16,8, in: M. Sabbe (ed.), L'évangile selon Marc (Bibl.ETL 34) (Leuven-Gembloux 1974) 435–470;
5) Die Überlieferung der Passion Jesu, in: K. Kertelge (hg.), Rückfrage nach Jesus (QD 63) (Freiburg i.Br. 1974) 148–173;
6) Die Passion des Menschensohnes. Eine Studie zu den Menschensohnworten der vormk Passionsgeschichte, in: Jesus und der Menschensohn. FS A. Vögtle (Freiburg i.Br. 1975) 166–195;
7) Das Markusevangelium. II. Teil. Kommentar zu Kap. 8,27–16,20 (HThK II,2) (Freiburg i.Br. 1977, ²1980) 1–27.
   Hier ferner für Einzelanalysen und -begründungen die Seiten: 27–36, 47–56, 69–82, 98–101, 102–105, 119–121, 147–152, 167–175, 176–206, 208–229, 236f., 249–257, 260–264, 268–273, 319–541.
8) Das Evangelium der Urgemeinde. Wiederhergestellt und erläutert (Herderbücherei 748) (Freiburg i.Br. 1979, ²1982).
9) zus. mit R. Kratz, So liest man synoptisch V.I–VII (Passionsgeschichte) (Frankfurt am Main 1979/1980).

1. Die Kritik an der vorgelegten Rekonstruktion der vormarkinischen Passionsgeschichte

Kürzere oder ausführlichere kritische Reaktionen zur vorgelegten Umfangs-, Herkunfts- und Altersbestimmung der vormk Passionsgeschichte liegen inzwischen in ansehnlicher Zahl vor:

E. Schweizer, in: ThR 71 (1975) 21f.;
J. Ernst, in: ThGl 66 (1976) 343f.;
J. Ernst, Noch einmal: Die Verleugnung Jesu durch Petrus, in: A. Brandenburg – H. J. Urban, Petrus und Papst (Münster 1977) 43–62;
G. Dautzenberg, Die Zeit des Evangeliums. Mk 1,1–15 und die Komposition des Markusevangeliums, in: BZ NF 21 (1977) 219–234;
D. Dormeyer, Der Sinn des Leidens Jesu. Historisch-kritische und textpragmatische Analysen zur Markuspassion (SBS 96) (Stuttgart 1979);
J. Gnilka, Mk II, 348–350;
F. Neirynck, L'évangile de Marc. À propos du commentaire de R. Pesch (Anal. Lov.Bibl. et Orient. V,42) (Leuven 1979);
D. Zeller, Die Handlungsstruktur der Markuspassion, in: ThQ 159 (1979) 212–227;
J. Ernst, Die Passionserzählung des Markus und die Aporien der Forschung, in: ThGl 70 (1980) 160–181;
J. Ernst, Mk 394–397;

M. Limbeck (hg.), Redaktion und Theologie des Passionsberichtes nach den Synoptikern (WdF 481) (Darmstadt 1981);

Ferner die *Rezensionen* zu *Mk II*:

H. Conzelmann, in: ThR 43 (1978) 321–324; J. Ernst, in: ThGl 68 (1978) 454 f.; A. Vögtle, in: CiG 30 (1978) 101 f.; J. Hainz, in: Theol. Lit. Dienst (1979) 51 f.; X. Jacques, in: NRTh 101 (1979) 584–586; G. Lindeskog, in: ZRGG 31 (1979) 218–220; E. Ruckstuhl, in: Schweiz. Kirchenzeitung 47 (1979) 725–730; A. Stöger, in: ThPQ 127 (1979) 290 f.; H. Räisänen, in: TLZ 105 (1980) 428–430.

zu *Mk I + II:*

J. Blank, in: BZ NF 23 (1979) 129–135; W. Schenk, in: Die Zeichen der Zeit 33 (1979) 395 f.; U. Luz, in: TLZ 105 (1980) 641–655; F. Neirynck, in: ETL 56 (1980) 442–445; E. Trocmé, in: RHPhilRel 60 (1980) 235 f.; W. G. Kümmel, in: ThR 45 (1980) 323–325.

zu »*Das Evangelium der Urgemeinde*«:

T. Holtz, in: TLZ 105 (1980) 751; G. G. Gamba, in: Salesianum 42 (1980) 940; H. Rusche, in: Franz. Studien 62 (1980) 338; S. Stahr, in: ThPQ 128 (1980) 190; L. Geysels, in: De Nieuwe Boodschap 107 (1980) 93 f.; I. Maisch, in: Die Welt der Bücher 6. F. (1981) 194.

Schon in der ersten Stellungnahme (zu Nr. 5) bemerkte *E. Schweizer*, »die Hypothese einer bis in die Frühzeit der aramäisch oder griechisch sprechenden Jerusalemer Gemeinde zurückgehenden Passionsgeschichte« fordere »die gesamte heutige Forschung heraus« (22). Jedoch, daß diese Herausforderung wirklich angenommen worden sei und zwar dadurch, daß man die vielseitige Begründung der Hypothese wirklich zur Kenntnis genommen hätte, läßt sich trotz der Zahl der Reaktionen bislang nicht feststellen. E. Schweizer räumte zwar ein: »Es ist zweifellos richtig, daß viele dieser Abschnitte nicht ohne den Kontext der Passionsgeschichte möglich sind, und der Hinweis darauf ist wichtig«, meinte jedoch: »Nur beweist dies noch keine eigentliche Quelle«. Immerhin gab er zu: »Ich habe mich insofern überzeugen lassen, als ich den Beginn der vormarkinischen Passionsdarstellung bei 11,1 für möglich halte«, schränkte aber ein, daß er »freilich z. B. 12,1–12; 14,3–9.12–16.22–25 noch ausklammern würde« (ebd.). Zu 14,3–9 hätte Schweizer freilich damals – vor Erscheinen von Mk II und »Das Evangelium der Urgemeinde« – schon den Beitrag Nr. 1 konsultieren können.

Ähnlich äußerte sich in einer der letzten Stellungnahmen auch *W. G. Kümmel:* »Nun spricht in der Tat vieles für einen alten zusammenhängenden Bericht über das Leiden Jesu (gegen die Aufspaltung der Passionsüberlieferung in der neueren Forschung wehrt sich Pesch mit Recht), aber ich bezweifle, daß sich diese Passionsgeschichte bis Mk 8,26 zurückverfolgen und als ganze genau ausscheiden läßt« (325). Kümmel fügte hinzu: »Peschs

Beweisführung für die Entstehung dieser Passionsgeschichte vor 37 n. Chr.
muß ich für phantastisch halten« (ebd.). Von Schweizers Urteil unterscheidet sich Kümmels dadurch, daß er keine Kriterien diskutiert und somit auch
keine Antikritik erlaubt. Schweizer hatte z. B. das Kriterium der »häufigen
Orts- und Personennamen« u. a. diskutiert, solche Kriterien dann aber m. E.
unzulässig isoliert.

Die Reaktionen der beiden Altmeister neutestamentlicher Forschung sind
insofern prototypisch, als auch sonst die Kritik zwischen pauschaler Ablehnung und Relativierung meiner Hypothese aufgrund partieller Kritik
schwankt. Schweizers Kritik ist auch insofern prototypisch, als er neben
14,12–16 und anderen Abschnitten vor allem 14,22–25 aus dem Zusammenhang der vormk Passionsgeschichte ausnehmen wollte: »Natürlich setzt
z. B. die Abendmahlsliturgie (14,22–25) den Kontext der Passion Jesu bei der
Gemeinde voraus; dennoch wird sie zunächst für sich überliefert, eben bei
der Mahlfeier« (22). Auf diese speziellere Frage kommen wir in Teil II
zurück.

Zunächst scheint es angebracht, die bisherige Kritik – sofern sie nicht in
pauschaler Ablehnung bestand und füglich ignoriert werden kann – nach
den drei Hauptaspekten der Hypothese einer alten vormk Jerusalemer Passionsgeschichte zu mustern: A. Kritik zur Umfangsbestimmung; B. Kritik
zur Herkunftsbestimmung; C. Kritik zur Altersbestimmung.

A. Kritik zur Umfangsbestimmung:

Beginnen wir mit einem zustimmenden Urteil eines Kollegen, der Mk II –
nach Ausweis seiner Druckfehleranzeigen – ganz gelesen hat; *E. Ruckstuhl*
schrieb: »Pesch weist nun nicht nur in der Leidensgeschichte im engern Sinn,
sondern in einer langen Reihe von Erzählungen von Mk 8,27–16,8 ab-
schnittweise und eingehend nach, daß sie nicht ursprünglich voneinander
unabhängige Erzähleinheiten darstellen. Sie erscheinen im Gegenteil in vielfältiger Weise aufeinander bezogen und sind deshalb als sinnvoll geplanter
Erzählzusammenhang zu verstehen. Dieser Zusammenhang wird in dem
Sinn ursprünglich sein, als es nirgends Einzelstücke, die nur durch einen
Rahmen oder ein redaktionelles Gerüst zusammengehalten werden, erkennen läßt. Das heißt keineswegs, daß hier nicht verschiedene Erinnerungen
und Überlieferungen vom Leiden Jesu und seiner Vorgeschichte zusammen-
geflossen seien; sie wurden aber sehr früh so zu einem Ganzen verarbeitet,
daß eine ursprüngliche Verschiedenheit nicht nachweisbar ist. Das großräu-
mige Erzählgefüge, das nach Pesch die zweite Hälfte des Markusevangeliums zusammenhält und gliedert, stellt einen literarischen Zusammenhang
dar, der in die Zeit vor 37 n. Chr. zurückreicht und in der Urgemeinde von
Jerusalem entstanden sein muß« (726). Nur wenig über eine pauschale Kritik

hinaus gelangt *H. Conzelmann;* er sieht richtig, daß die Begründung der Hypothese »kumulativ« ist, bleibt gegenüber den Argumenten mit »unvermeidlicher Begriffsstatistik und Stilanalyse« skeptisch und meint: »Mit dem Aufbau des angeblichen vormarkinischen Dokuments (S. 15 ff.) würde besser nicht argumentiert. Ihm wird eine Gliederung in dreizehn Teilen zu je drei Abschnitten übergestülpt, die auf dem Reißbrett gezeichnet und im Text höchstens mit einer Spezialbrille zu entdecken ist« (322). Mit Conzelmann stellt auch *H. Räisänen* in Frage, ob 8,27 ein Erzählanfang sei: »8,27 sieht kaum wie der Anfang einer langen Geschichte aus (weshalb z. B. das *Verb exelthen* ohne jede Nennung des Ortes, von wo Jesus ›hinausging‹?)« (429).

Gegen Conzelmanns Annahme einer »Spezialbrille« kommt mir mein schärfster Kritiker, *F. Neirynck,* zu Hilfe, der den »triades« im Mk-Ev einen ganzen Abschnitt seiner Kritik zu Mk II gewidmet hat (65–72) und (mit mir) auf T. A. Burkill, E. Lohmeyer, M. Albertz und G. Schneider verwies, darüber hinaus auf P. Alfaric. *Neiryncks* Kritik zielt im übrigen allein auf »L'Argument Stylistique« (38–57) ab, das nach Mk II, 7 bei der Rekonstruktion nur eine subsidiäre Rolle spielte: »Wichtiger werden gattungskritische Argumente mit literarkritischer Relevanz und vor allem *die Unterscheidung von selbständigen und nichtselbständigen Texteinheiten* bei der Rekonstruktion von Überlieferungszusammenhängen«. Neirynck versucht, alle Argumente, die sich auf Stil und Vokabular im Material der vormarkinischen Passionsgeschichte beziehen, im Blick auf die von ihm supponierte »Einheitlichkeit« (57) des Mk-Ev zu relativieren. Zur Frage, ob Mk 8,27 als »Erzählanfang« verstehbar ist, vgl. »Das Evangelium der Urgemeinde« S. 56 f., 73. Dabei mag man zusätzlich mit Räisänen überlegen, ob »Markus nicht am Anfang einer älteren Geschichte hätte neu formulieren können, als er sie in sein Werk einverleibte« (429), also ob er $\tilde{\eta}\lambda\vartheta\varepsilon\nu$ in $\dot{\varepsilon}\xi\tilde{\eta}\lambda\vartheta\varepsilon\nu$ (mit Bezug auf 8,22–26) umformulierte.

Damit kommen wir schon zum vierten und letzten Autor, der über eine pauschale Ablehnung hinaus detailliertere Kritik geäußert hat: *U. Luz.* Unverständlich bleibt mir angesichts der zu jeder Perikope auch in Mk II (im jeweiligen Abschnitt II) gelieferten gattungs- und formgeschichtlichen Information und Diskussion, angesichts des oben zitierten Urteils aus Mk II, 7 sowie der Auflistung der »nichtselbständigen Einheiten« in Mk II, 11 – solches Urteil ist aufgrund »gattungs- und formkritischer Kriterien« (ebd.) gewonnen – die Ansicht von Luz über »ein starkes Zurücktreten der Formgeschichte gegenüber der Literarkritik« (643). Merkwürdig ist auch Luz' Urteil über »Peschs Außerkraftsetzung der Traditionsgeschichte im Bereich der vormarkinischen Passionsgeschichte« (645), das überdies noch durch die offenkundige Verwechslung von Literar- und Traditionskritik belastet ist. »Brüche, Spannungen, Wiederholungen, Härten etc.« (645) diagnostiziert

die Literarkritik! Und angeblich ist das, was bei Pesch »übrig bleibt«,
»Literarkritik« (643)! Hätte Luz die Kommentierung einzelner Perikopen
gelesen, so könnten ihm traditionskritische und traditionsgeschichtliche
Analysen und Urteile (in der Regel in Abschnitt IV der Kommentierung zu
finden) nicht entgangen sein: vgl. z. B. Mk II, 55,61,63 f.,64 f.,66 f. usw.
usw. Die »kritischen Anfragen« (644) von Luz, die den Umfang der vormk
Passionsgeschichte betreffen, richten sich auf »die stilistischen Argumente«
und das »Problem der redaktionellen Sprache«. Wenn Luz bemängelt, daß
»weder die unterschiedliche Länge der Perikopen, noch die gattungsmäßi-
gen Unterschiede, die für den Stil erhebliche Konsequenzen haben, berücksichtigt« (644) seien, so hätte er Mk II,6 berücksichtigen können: »Diese
Verteilung müßte freilich noch detaillierter dargestellt werden, wie die
Phänomene nach ihrer Stoffbindung differenziert werden müßten«. Für die
Behauptung, »daß Markus ein erkennbares Vorzugsvokabular hat«, hätte
sich Luz nicht auf *E. J. Pryke*, Redactional Style in the Marcan Gospel (SNTS
Monogr.Ser.33) (Cambridge 1978) berufen sollen; denn diese Arbeit ist
weder eigenständig noch zuverlässig; vgl. meine Rezension in: ThRv 77
(1981) 198 f.; auch *E. Best*, in: JSNT 4 (1979) 69–76. – Luz fragt: »Warum soll
10,1 der Passionsgeschichte angehören, 7,24a dagegen teilweise Redaktion
sein (I 387)? Warum soll 11,18 literarisch eine andere Herkunft haben als die
eng verwandten Stellen 3,6 (Tradition) und 1,22 (Redaktion?, vgl. I 117)«
(644). Die Begründung für die Zuweisung von 10,1 ist Mk II,119,121
ausführlich geboten; daß die Wendung ἐκεῖθεν δὲ ἀναστάς in 7,24 redaktionell
ist, ergibt sich aus dem Urteil über die kontextunabhängige Selbständigkeit
der so eingeleiteten Perikope; vgl. auch Mk ³I,465. – Wieso 11,18 und 1,22
(die im Vergleich zwischen 11,18c und 1,22a als verwandt erscheinen) mit
3,6 eng verwandt sein sollen (was höchstens für 11,18b gelten kann), ist
kaum zu sehen. Zur »Admirationsterminologie im Markusevangelium«
hätte Luz den Exkurs in Mk II,150–152 einsehen können, der das knappe
Urteil zu 11,18 in Mk II,199 (dort Verweis auf den Exkurs!) stützt.

Für Luz bleiben »Umfang und Abgrenzung der Passionsgeschichte pro-
blematisch« (644). Seines Erachtens ist »die Abgrenzung im Bereich von
Kapitel 12 . . . willkürlich« (ebd.). Ob das Urteil »willkürlich« auf die
begründenden Argumente in Mk II,213,223,224 f.,228,249 f.,255 f.,260,263
anwendbar ist, mag nach deren Lektüre und Wertung entschieden werden. –
Luz fragt dann: »Warum gehört die Wundergeschichte 10,46–52 dazu (sie ist
in Jericho lokalisiert, aber es sind bekanntlich mehrere markinische Wundergeschichten traditionell lokalisiert!), nicht aber 9,14–29?« (ebd.).

Gerade zu 10,46–52 ist die Begründung in Mk II,167–174 besonders
ausführlich geboten worden, weil diese Wundergeschichte einer der Eckpfeiler der Rekonstruktion der vormk Passionsgeschichte (über 11,1 ff. zurück) ist; vgl. auch »Das Evangelium der Urgemeinde«, S. 53. Warum

9,14–29 nicht für die vormk Passionsgeschichte in Anspruch genommen werden kann, ist Mk II,84 f. nachzulesen; die Wundergeschichte hat nichts mit dem Weg Jesu nach Jerusalem zu tun wie 10,46–52 (wo das Unterwegsmotiv nicht nur im Rahmen zu Hause ist!). U. Luz stellt also, so ist leider zu konstatieren, in seiner Rezension Fragen, auf die er im Kommentar die Antworten hätte lesen können. Hätten ihn die Antworten nicht befriedigt, so hätte er das anhand anders gestellter Fragen anzeigen können. Da Luz selbst – trotz der Länge der Rezension nicht argumentiert – ist die Häufung der Vokabel »willkürlich« (644 mit Anm. 17: 3mal) bei seinen Urteilen auffällig.

B. Kritik zur Herkunftsbestimmung

Hier ist außer der Zustimmung von *E. Ruckstuhl* (726) Fehlanzeige zu erstatten. Vermutlich wird das Urteil, die Passions*materialien* stammen aus der Urgemeinde, am ehesten mit Zustimmung rechnen dürfen. Doch ist aus dem Schweigen der Kritiker kaum deren *consentire* zu entnehmen.

C. Kritik zur Altersbestimmung

Hierzu hat sich auch nur *U. Luz* ausführlicher geäußert: »Die Altersbestimmung der Passionsgeschichte (Jerusalemer Ursprung vor 37,II 21) leuchtet nicht ein« (644). Vielleicht hat die ausführlichere Begründung (mit einem zusätzlichen Argument: der Behandlung des Pilatus, der nur mit Namen, nicht in seiner amtlichen Stellung als ἡγεμών wie bei Mt/Lk, genannt ist) in »Das Evangelium der Urgemeinde«, S. 84–86, mehr Überzeugungskraft.

Jedenfalls halte ich angesichts der beiden Einwände von Luz (S. 644 f.: »1 Kor 11,23 setzt Kenntnis der Abendmahlsüberlieferung im Zusammenhang mit der Passionsgeschichte, aber nicht die vormarkinische Passionsgeschichte voraus«. – Gab es noch eine andere? – Und: »Setzt etwa der Satz ›Papst Paul VI. besuchte den Patriarchen von Konstantinopel‹ voraus, daß er zu Lebzeiten des Patriarchen geschrieben wurde?« – Vgl. dagegen meine [moderne] Analogie in Mk II,21) bis zu einer Widerlegung meiner Hypothese daran fest:

»Alters- und Herkunftsindizien sprechen zusammen eindeutig für eine frühe Entstehung der vormk Passionsgeschichte in der aramäisch sprechenden Urgemeinde in Jerusalem« (Mk II,21).

2. *Implikate der Kritik.*

U. Luz bemerkt mit Recht, daß die Frühdatierung der vormk Passionsgeschichte allein noch keineswegs zu pauschalen Urteilen über die Überliefe-

rungsqualität der einzelnen Materialien berechtigt; denn solche Urteile können nur überlieferungskritische Einzelurteile sein, die freilich auf den Gesamtzusammenhang Rücksicht nehmen. Daß solche Einzelurteile den bestehenden »Konsens« freilich empfindlich stören, gibt Luz in der Fassung
seiner Bemerkung deutlich zu erkennen: »die Konsequenzen, die aus der
Frühdatierung für historische Urteile gezogen werden, sind also nicht immer gleichartig« (645) – als ließen sich doch schlicht solche Konsequenzen
ziehen. »Außerdem führt die Datierung vor 37 Pesch in eine eigenartige
Zwangssituation bei Historizitätsurteilen« (645). Wieso? »Nicht nur, daß er
die markinische Abendmahlsparadosis, die markinische Passionschronologie und fast alle Angaben über den Prozeß Jesu für historisch hält« (645) – als
sei das bei späterer Datierung der Passionsgeschichte nicht auch möglich und
als seien die entsprechenden Urteile nicht selbständig in ausführlichen überlieferungskritischen Analysen (vgl. dazu zu der Einzelkommentierung die 3
Exkurse in Mk II,323–328, 364–377, 404–424) gewonnen: nein, »er muß
manchmal zur Rettung seiner Passionsgeschichte ganz massive Rationalis-
men im Stile des 18. Jahrhunderts in Kauf nehmen: So ist 14,12–16 eine
vorgängige Abmachung Jesu mit dem Hausherrn gemeint (II,343–345)« –
als wäre diese Auslegung unvermittelt durch die Frühdatierung bestimmt
und als spräche die übliche Auslegung von 14,12–16 als Findungslegende
gegen eine Frühdatierung! Es scheinen in der ntl. Wissenschaft kaum kon-
sensfähige Vorstellungen dazu zu bestehen, wie früh Legenden entstehen
können und wie spät noch historisch genaue Überlieferung aufgezeichnet
werden kann.

Daß von einer »Zwangssituation bei Historizitätsurteilen« nicht die Rede
sein kann, bestätigt Luz selbst unter Hinweis auf die von mir als Legende
beurteilte Überlieferung Mk 16,1–8 und die als christologischen Midrasch
bezeichnete Verklärungserzählung (Mk 9,2–13). Wenn Luz allerdings »im
allgemeinen Vertrauen auf historische Überlieferung« – wie er es nennt, als
hätte er keinen der jeweils unter Z. IV in Mk II ausgebreiteten überlieferungskritischen Argumentationsgänge gelesen – nur »zwei bemerkenswerte
Ausnahmen« konstatiert, so muß er sich fragen lassen, ob er die Urteile zu
Mk 8,31–33; 10,32–34; 14,1–2.10–11.18.21.26–31 etwa nicht zur Kenntnis
genommen hat. Doch damit, daß er sich am »anstößigen« Ergebnis statt an
der Methode, die – ob gelegen oder ungelegen – zu diesem Ergebnis führte,
orientiert, steht er nicht allein. Auch *H. Conzelmann* stört: »Da das Dokument so früh entstand, beruht es auf unmittelbarer Erinnerung und besitzt
hohen Geschichtswert« (323). Und deutlicher noch *J. Hainz:* »Aber diese
Umfangsbestimmung bleibt dennoch so unglaublich wie die Behauptung,
diese vormk Passionsgeschichte stamme aus den ersten Jahren der Jerusalemer Urgemeinde und sei daher unschätzbar wertvoll ›für die Rückfrage nach
dem historischen Jesus und nach der Theologie der ältesten Gemeinde‹« (52).

Unglaublich? Weil nicht sein kann, was nicht sein darf? In der Herausforde-rung durch meine Hypothese tritt m. E. das fundamental gestörte Verhältnis der ntl. Wissenschaft zur Geschichte zu Tage.

Die Bindung der Theologie an die Geschichte in der Bindung an die biblischen Zeugnisse des Kanons ist Bindung an die im Glauben gedeutete Geschichte Gottes mit seinem Volk. So wenig in der Rückfrage nach den Ereignissen dieser Geschichte und beim Versuch der verstehenden Einsicht in ihre Deutung der »Altersbeweis«, der für die Dokumente geführt werden kann, an sich zählt, so wenig kann darauf verzichtet werden, die überliefer-ten Materialien sorgfältig zu datieren, sofern Einblick in die Überlieferungs-geschichte, in der die Bedeutung der Geschichte aufgeht, gewonnen werden soll. Die Widerständigkeit der Geschichte als des Faktisch-Tatsächlichen, der konkreten Sprache des Wortes Gottes, widersetzt sich der Beliebigkeit unserer Verfügung – auch in der Sprache der Legende, der ja keineswegs der Geschichtsbezug fehlt, da sie nicht an der historischen Genauigkeit der von ihr in ihrer erzählten Welt vorgestellten Geschehensabläufe interessiert ist, aber sehr wohl an der Deutung im Glauben verstandener Geschichte. Es gibt für den Theologen keine »Zwangssituation bei Historizitätsurteilen«, für die historische Theologie aber die Notwendigkeit, sich mit frei-kritischem Blick der Überlieferung zu stellen und »Verstellungen« der Forschungsge-schichte zu revidieren.

3. Mk 14,12–26 als Testfall

Wollte *E. Schweizer* 14,12–16.22–25 aus dem Zusammenhang der vormk Passionsgeschichte ausscheiden, störte *U. Luz* die Auslegung von 14,12–16 und das überlieferungskritische Urteil über 14,22–25, so stellte schließlich *J. Hainz* fest: »Als Testfall von besonderer Brisanz für die von Pesch behaupte-te Nähe des Mk zum historischen Jesus darf die Überlieferung vom letzten Abendmahl gelten. Pesch hat sich daher nicht nur in einem weiteren Exkurs seines Kommentars (II,364–377), sondern zwischenzeitlich in einer eigenen Studie mit dieser entscheidenden Frage auseinandergesetzt (Das Abendmahl und Jesu Todesverständnis, QD 80, Herder 1978)« (52).

Da bei der Kritik der Hypothese von der vormk Passionsgeschichte also der Abschnitt 14,12–26 insbesondere in den Blick geriet, empfiehlt sich – zumal hier weitere Arbeiten und eine insgesamt detailliertere Kritik vorlie-gen – eine Analyse dieses Erzählabschnittes als ältesten Überlieferungsgutes der Urgemeinde.

II. Mk 14,12–26 als ältestes Überlieferungsgut der Urgemeinde

Der Erzählabschnitt 14,12–26 gehört nach meiner Hypothese zur vor 37 n. Chr. datierbaren, aus der Jerusalemer Urgemeinde stammenden vormk Passionsgeschichte. Er handelt vom Paschamahl Jesu mit den Zwölfen in der Nacht vor Jesu Gefangennahme und Hinrichtung und enthält in 14,22–25 die mk Abendmahlsüberlieferung, den »Testfall von besonderer Brisanz für die von Pesch behauptete Nähe des Mk zum historischen Jesus« (J. Hainz).

Meine Arbeit zu den in 14,12–26 verbundenen 3 Erzählabschnitten 14,12–16.17–21.22–25 und dem Übergangsvers 14,26 kann in den unter I genannten Publikationen Nr. 3, 6 und 7 (auch 8 und 9) eingesehen werden. Aus Mk II sind die Seiten 340–372 (darin der Exkurs »Die Abendmahlüberlieferung« S. 364–377) einschlägig. Hinzukommen nun folgende Publikationen:
10) R. Pesch, Das Abendmahl und Jesu Todesverständnis, in: K. Kertelge (hg.), Der Tod Jesu (QD 74) (Freiburg i. Br. 1976, [2]1981) 137–187;
11) Wie Jesus das Abendmahl hielt (Freiburg i. Br. 1977, [3]1980);
12) Das Abendmahl und Jesu Todesverständnis (QD 80) (Freiburg i. Br. 1978).

1. Die Kritik an der vorgelegten Auffassung von Mk 14,12–26 als ältestem Überlieferungsgut der Urgemeinde

Kürzere oder ausführlichere kritische Reaktionen zur vorgelegten Auffassung von Mk 14,12–26 als ältestem Überlieferungsgut der Urgemeinde liegen in thematischen Abhandlungen und zahlreichen Rezensionen vor:

K. Kertelge, Das Abendmahl im Markusevangelium, in: Begegnung mit dem Wort. FS H. Zimmermann (BBB 53) (Bonn 1980) 67–80;
I. H. Marshall, Last Supper and Lord's Supper (Exeter 1980);
L. Oberlinner, Todeserwartung und Todesgewißheit Jesu (SBB 10) (Stuttgart 1980) 130–134;
H. Schürmann, Jesu Todesverständnis im Verstehenshorizont seiner Umwelt, in: ThGl 70 (1980) 141–160;
H. Schürmann, Jesu ureigenes Todesverständnis. Bemerkungen zur impliziten Soteriologie Jesu, in: Begegnung mit dem Wort. FS H. Zimmermann (BBB 53) (Bonn 1980) 273–309;
J. Blank, Der »eschatologische Ausblick« Mk 14,25 und seine Bedeutung, in: Kontinuität und Einheit. FS F. Mußner (Freiburg i. Br. 1981) 508–518;
E. Ruckstuhl, Neue und alte Überlegungen zu den Abendmahlsworten Jesu, in: Studien zum NT und seiner Umwelt A 5 (Linz 1981) 79–106;
X. Leon-Dufour, »Prenez! Ceci est mon corps pour vous.«, in: NRTh 114 (1982) 223–240;
P. Fiedler, Probleme der Abendmahlsforschung, in: ALW 24 (1982) 190–223;
H.-J. Klauck, Herrenmahl und hellenistischer Kult (NTAbh NF 15) (Münster 1982).

Ferner die Rezensionen zu Nr. 10:

W. G. Kümmel, in: ThR 43 (1978) 262–264; J. P. Galvin, Jesus' Approach to Death: an Examination of Some Recent Studies, in: ThSt 41 (1980) 713–744.

Zu Nr. 11:

W. Bracht, in: Theol. Lit. Dienst (1977) 41 f.; H. Giesen, in: OrdKorr 18 (1977) 356; H. Weder, in: Kirchenblatt für die reformierte Schweiz (8. 6. 1978) 187 f.; J. Imbach, in: Laurentianum 20 (1979) 191 f.; W. G. Kümmel, in: ThR 45 (1980) 332 f.

Zu Nr. 12:

J. Imbach, in: MiscFranc 79 (1979) 232 f.; D. Nestle, in: Dt. Pfarrerblatt (Mai 1979); E. Ruckstuhl, in: Schweiz. Kirchenzeitung 47 (1979) 725–730; J. H. Emminghaus, in: BiLit 53 (1980) 36 f.; H. Giesen, in: Theologie der Gegenwart 23 (1980) 59; F. Hahn, in: ThRv 76 (1980) 265–272; L. Visschers, in: Tijdschrift voor Theologie 19 (1979) 418; R. J. Daly, in: CBQ 43 (1981) 308–310; T. Holtz, in: TLZ 106 (1981) 812 f.; J. Kremer, in: ThPQ 129 (1981) 188; H. Weder, in: Kirchenblatt für die reformierte Schweiz (29. 1. 1981); W. G. Kümmel, in: ThR 47 (1982) 159 f. Schließlich bes. ausführlich: R. J. Daly, The Eucharist and Redemption: The Last Supper and Jesus' Understanding of His Death, in: BiblTheolBull 11 (1981) 21–27.

A. Die Kritik an der Beurteilung von Mk 14,12–25(26) als einheitlichem Erzählabschnitt der vormk Passionsgeschichte

W. G. Kümmel (1978) räumte zwar ein: »Daß der Markustext des Abendmahlsberichts bei Markus in den Zusammenhang eines Passamahls eingefügt ist, ist unbestreitbar«, wollte aber offensichtlich an der Auffassung einer sekundären Einfügung festhalten, wenn er fortfuhr: »daß der Bericht selber aber von diesem Passacharakter des Mahles gar nichts verrät, scheint mir ebenso unbestreitbar, die Interpretation der Deuteworte von diesem Passakontext her ist darum keineswegs überzeugend« (263 f.). 1980 wiederholt Kümmel: »Es ist aber, wie mir scheint, fraglich, ob man die Bestimmtheit des letzten Mahles Jesu durch Passagedanken *voraussetzen* darf (erwähnt sind sie ja nicht!)« (332) und 1982 beruft er sich auf *F. Hahn* für die Ansicht: »die These, Mk 14,22–25 füge sich ›ohne Schwierigkeit in den Ablauf eines Paschamahles‹ ein, bleibt unbewiesen« (160). Auch *H. Giesen* (1977) möchte »einen Teil des markinischen Berichtes daraus erklären, daß er in den jetzigen Kontext eingebracht wurde« (356), 1980 findet er allerdings »die Argumentationsweise P.s im ganzen überzeugend« (59). *T. Holtz* sieht sogar »die Geschlossenheit der Erzähleinheit Mk 14,22–25 sowie ihre unlösliche Einbindung in den Kontext« als *erwiesen* (813) an; vgl. auch *I. H. Marshall* (35,40 f.) mit ausdrücklicher Zustimmung zu meinem Urteil; *E. Ruckstuhl* (1981) 85.

Über Kümmel, der freilich keine Argumente vorbrachte, hinaus hat *F. Hahn* die ursprüngliche Integration von 14,22–25 in den Zusammenhang der

Paschamahlerzählung 14,12–26 bestritten. Er führt aus, »daß Mk
14,22–24.25 zwar keine explizite Einleitung wie 1 Kor 11,23b hat, sehr wohl
aber eine Eingangswendung, die am Anfang einer selbständigen Einheit
nicht nur denkbar ist, sondern sich als solche auch vom Kontext deutlich
abhebt, da auf das gemeinsame Essen bereits in 14,18 hingewiesen war. Mk
14,22a verweist unter dieser Voraussetzung nicht auf die in 14,12–17.18–21
vorausgesetzte Paschamahlzeit, sondern ebenso wie das μετὰ τὸ δειπνῆσαι auf
die zum Herrenmahl gehörende Sättigungsmahlzeit« (268).

Abgesehen davon, daß F. Hahn verschweigt, daß auch in 14,26, also im
nachfolgenden Kontext, mit dem Hymnus das Paschamahl vorausgesetzt
ist, und daß er auf meine ausführliche Erörterung von 14,22a (vgl. Nr. 12,
S. 70–72) und den ausführlichen Nachweis (ebd. S. 76–81), daß 14,22–25
eine *nicht* selbständige Erzähleinheit ist, mit keiner Andeutung eingeht, ist
zunächst doch zu fragen, wieso Mk 14,22a (καὶ ἐσθιόντων αὐτῶν) nicht auf den
vorliegenden Kontext, sondern auf den aus 1 Kor 11,25a erschlossenen
verweisen soll (obwohl im erzählenden Rahmen von 1 Kor 11,23b–25 keine
Mahlteilnehmer genannt sind)? Wieso F. Hahn trotz meines gegenteiligen
Nachweises an der Behauptung festhält, 14,22–25 sei eine »selbständige
Einheit«, ist schier unverständlich, falls man ihm nicht die methodische
Kenntnis zur Unterscheidung selbständiger von nicht selbständigen Text-
einheiten absprechen soll.

Über die entsprechende Methodologie unterrichten zum Beispiel:
E. Zenger, Ein Beispiel exegetischer Methoden aus dem AT, in: J. Schreiner,
Einführung in die Methoden der biblischen Exegese (Würzburg 1971) 97–148, bes.
120;
W. Richter, Exegese als Literaturwissenschaft (Göttingen 1971) 117f.;
G. Fohrer u. a., Exegese des AT (UTB 267) (Heidelberg 1973) 80ff.;
K. Berger, Exegese des NT (UTB 658) (Heidelberg 1977) 12ff.
Wir kommen in Teil III darauf zurück; vgl. bes. Anm. 12.

Hier muß leider noch vorgeführt werden, wie fahrlässig F. Hahn rezen-
siert. Er behauptet, meine Analyse von 14,22–25 beruhe u. a. »auf dem
versuchten Nachweis, daß es sich bei V. 22a um ein Element des Erzählzusammenhangs, *nicht aber um eine neue Situationsangabe* handle (70f.)« (269).
Wer Nr. 12, S. 70f. nachliest, stößt dort auf die gegenteilige Beurteilung:
»Der Einsatz in V. 22a, der anders formuliert ist und nur teilweise mit V 18a
übereinstimmt, *gibt eine neue Situation im Verlauf des Paschamahls an*« (71).

Schließlich ist noch anzumerken, daß Hahn dem Leser seiner Rezension
suggeriert, es handle sich »bereits« um »kritische Überlegungen«, die er
einschalte, wenn er schreibt: »Es überrascht, daß Vf. bei der Behandlung des
matthäischen und des lukanischen Textes völlig einseitig redaktionsge-
schichtlich vorgeht, während er umgekehrt bei Markus, trotz Berücksichtigung redaktioneller Einzelheiten, gerade an dem Überlieferungsbestand,

einem von ihm bereits vorausgesetzten ›Evangelium der Urgemeinde‹ (so der Titel seiner neuesten Veröffentlichung aufgrund der Ergebnisse seines Markuskommentars in Herder-Bücherei Nr. 748) interessiert ist« (267f.). Wenn es darum geht, »die Basis einer historischen Rückfrage nach Jesu Todesverständnis« (Nr. 12, S. 21) zu klären, so kann doch zunächst nur nach der ältesten Quelle gefragt werden, und d. h.: redaktionskritische Prüfung, ob Mt/Lk von Mk und/oder zusätzlicher Tradition abhängig sind, und literarkritische Prüfung der Einheitlichkeit des Mk-Textes und seiner Quellenzugehörigkeit. F. Hahn läßt auch in dieser, von ihm selbst als »kritisch« gewerteten Überlegung, reflektiertes Methodenbewußtsein vermissen. Und dies in einer Rezension, die in erhabener Pose »die systematischen und praktischen Theologen davor gewarnt sein« läßt, »hier zu schnell eine neue und vermeintlich gesicherte exegetische Ausgangsbasis zur Verfügung zu haben« (272).

Die Rede von einer »gesicherten exegetischen Ausgangsbasis« geht ohnehin von einem Theologie-Modell aus, in dem deren einzelne Disziplinen mehr nebeneinander herlaufen als miteinander (im Bedenken der einen »Sache« der Theologie) verbunden sind. Ein solches Modell erwächst aus dem Defizit gemeinsamer gegenwärtiger Erfahrung der Glaubensgeschichte, für deren Deutung der Kanon (mit der Tradition der Kirche) das Maß bleibt. Eine »*gesicherte* exegetische Ausgangsbasis« ist immer auch eine systematisch-theologisch und praktisch-theologisch verantwortete.

Dieser Zusammenhang wird (e contrario) besonders in den Urteilen von *P. Fiedler* (1982) deutlich, der – ausgehend vom systematischen (Fehl-) Urteil, Jesu eigenes Verständnis seines Todes als Sühnetod schließe »recht negative Folgen – nämlich im Sinne einer Distanzierung, ja Desavouierung – für Jesu öffentliche Heilsverkündigung ein« (191) – mit allen (geradezu unbedenklichen) Mitteln polemischer Kunst darzutun sucht, daß Mk 14,22–25 nicht zur vormk Passionsgeschichte gehöre (und wie C. vorgreifend schon hier notiert sei: nicht die älteste Abendmahlstradition sei; F. vorgreifend: keine Überlieferung aus der Geschichte Jesu biete). Die Häufung negativ wertender Vokabeln wie »angeblich«, »höchst fragwürdig«, »willkürlich« (195), »spektakulär« (196), »mehr als kühn« (197), »bemüht«, »wenig überzeugend«, »fragwürdig« (198), »angeblich«, »herauslesen« (199), »noch fragwürdiger« (201), »in Sackgassen mündend« (208), »kosmetischer Natur«, »verschleiernde Mutmaßung«, »behauptet« (209), »mißlingt« (210), »makaber«, »massiver Rückschritt« (211), »exegetische Springprozession« (212), »Manko« (213) usw. kennzeichnet diesen Beitrag, der in einem *Organ der praktischen Theologie* dem Leser *das systematische Urteil* zumutet, es »beinhalte der heilsbedeutsame Tod Jesu eine Weise der Heilserlangung, die grundsätzlich von derjenigen unterschieden ist, die Jesus in der jüdischen Öffentlichkeit verkündet hatte« (191), und deshalb als *exegetische*

Ausgangsbasis behauptet, daß es »Deuteworte im Munde Jesu nicht gegeben hat, ja mit großer Wahrscheinlichkeit nicht gegeben haben kann« (196; ebd. Anm. 31 Zitation der Warnung F. Hahns). Fiedler behauptet nicht weniger als, daß dem Gott Jesu »die (Selbst-)Preisgabe menschlichen Lebens in den Tod unzumutbar ist« (211) und leitet daraus »über den Karfreitag hinaus bestehende Vorbehalte gegen ein heilsmittlerisches Todesverständnis« (ebd.) ab.

B. Die Kritik an der literarkritischen Beurteilung von Mk 14,22–25 als ursprünglich einheitlichem Erzählabschnitt

T. Holtz hält »die Geschlossenheit der Erzähleinheit Mk 14,22–25« für *erwiesen* (813). *F. Hahn* deutet durch die Schreibung »Mk 14,22–24.25« (266) nur an, daß er an eine Zusammensetzung des Textes denkt. Ansonsten ist in den Rezensionen die Frage der Einheitlichkeit des Abschnitts 14,22–25 nicht berührt. *J. Gnilka*, Mk II,239 setzt 14,22–26 als Texteinheit an, die er kommentiert; er hält den Anschluß in 14,22a für »sekundär« (240), ebenso die »erzählenden Bemerkungen in 23b und 26« (243), die Ameneinleitung in 14,25a sowie 14,25b (243). Auch *J. Ernst*, Mk, 413 faßt 14,22–26 als eigenen Abschnitt und meint: »Red. Eingriffe sind am Anfang in dem Hinweis auf das Essen (V. 22a) und am Ende in dem Stichwort ›Loblied‹ (V. 26a) zu vermuten« (413). Er sieht den Text auch aus 14,22–24 und 14,25 (Rudiment einer Paschamahlschilderung) zusammengesetzt (415), ähnlich *K. Kertelge* (71,78). Die genannten Autoren rechnen freilich mit einer vormk red. Schichtung des Textes, die sich nur unter der Voraussetzung, daß Mk 14,22b–24.25 eine selbständige Überlieferung war und nicht von Anfang an kontextgebunden existierte, erschließen läßt – und dies, wie man sieht, je nach Autor anders.

Die Frage nach der Einheitlichkeit eines nicht selbständigen, kontextgebundenen Erzählabschnitts hat freilich auf die Kontextbindung Rücksicht zu nehmen, sollen Fehlurteile vermieden werden. Da ich bei den genannten Autoren keine neuen Argumente entdecken kann, kann ich bei meinem ausführlich begründeten Urteil (Nr. 12, S. 71) bleiben:

»Die Erzähleinheit Mk 14,22–25 bietet weder Anhaltspunkte für eine literarkritische Dekomposition noch Indizien für eine nachträgliche Einfügung in den Zusammenhang des Kontextes«.

Daß die Textabgrenzung 14,22–26 – die offensichtlich die Hypothese einer sekundären Kontexteinfügung begünstigen soll – nicht zu rechtfertigen ist, liegt – hält man sich an die methodischen Kriterien des Verfahrens der Bestimmung von Beginn und Ende einer Texteinheit – auf der Hand. Zur Methodik vgl. vor allem *G. Fohrer* aaO. 47 f.

Mk 14,27 ist kein Textanfang, sondern setzt den Textanfang 14,26 voraus, der durch die Ortsveränderung der Akteure bestimmt ist. Nur das (in Relation zu ἐξῆλθον vorzeitig zu interpretierende) Partizip ὑμνήσαντες hat überleitend 14,22–25 abschließenden Charakter. Als beigeordnetes Partizip gehört es aber zum Textanfang eines neuen Erzählabschnitts in einem freilich umfassenderen, szenisch gegliederten und fortlaufenden Erzählzusammenhang. Wie die Szene 14,17–21 endet die nachfolgende 14,22–25 oder die spätere 14,32–42 mit dem Wort Jesu, bevor mit einer neuen Rahmenbemerkung die nächste Szene eingeführt (und damit zugleich die vorangegangene implizit abgeschlossen) wird.

C. Die Kritik an der traditionsgeschichtlichen Beurteilung von Mk 14,22–25 als der ältesten Abendmahlstradition

W. G. Kümmel (1978) meinte: »Daß durchweg, auch beim Becherwort, die Markusüberlieferung vorzuziehen sei, halte ich aus mehreren Gründen für nicht überzeugend erwiesen« (263), nannte jedoch keinen einzigen Grund. Auch 1980 und 1982 hat er keinen Grund mitgeteilt. Dagegen mag *T. Holtz* mir »in der Beurteilung der Mk-Fassung als der gegenüber Paulus älteren und ursprünglicheren auch folgen« (812). Hingegen meint *F. Hahn*, die bisherige Forschung sei »gut beraten« gewesen, »zunächst einmal sowohl im markinischen wie im paulinischen Text mit älteren wie mit jüngeren Elementen zu rechnen, um dann erst weiterzufragen, was sich aufgrund der traditionsgeschichtlichen Analyse für die ältere bzw. die älteste Gestalt des Abschiedsmahles Jesu ergibt« (268). Damit suggeriert er dem Leser seiner Rezension, ich hätte damit nicht grundsätzlich gerechnet und sei zu meinem Ergebnis, daß die bei Paulus tradierte Tradition von der in der vormk Passionsgeschichte tradierten Tradition »ableitbar« (Nr. 12, S. 51) sei, gekommen, ohne daß ich Zug um Zug die Erzählrahmen und die Deuteworte verglichen (vgl. S. 38–51) hätte. Hahn unterstellt mir überdies, obwohl er zuvor (266) und später (269) über traditionsgeschichtliches Bemühen referiert, eine Abhandlung auf »rein literarischer Ebene . . ., ohne daß die – zweifellos bisweilen einseitig gehandhabten – weiterführenden Erkenntnisse der Form- und Traditionsgeschichte hinsichtlich einer lebendigen kultischen Überlieferung überhaupt noch beachtet werden« (268), überdies, ich würde »Einfluß der mündlichen Tradition a limine ausschalten« (ebd.). Warum verschweigt Hahn, daß ich mich mit der Hypothese einer »kultischen Stilisierung der Abendmahlstradition in der mattäischen Gemeinde« (Nr. 12, S. 24) auseinandersetzte, daß ich z. B. zu Lk 22,20 bemerkte: »Die Möglichkeit, daß die liturgische Tradition des Lukas diff Paulus noch αἵματί μου las, muß freilich offen bleiben« (Nr. 12, S. 33), daß ich einen eigenen Abschnitt »3. Anhang: Zur Vorstellung von der urchristlichen Eucharistiefeier« (Nr. 12, S. 66–69) vorgelegt habe, in dem Voraussetzungen kultischer Überlieferung erörtert sind? Vgl. im übrigen auch den Abschnitt über »Herkunft und Sinn der Paradosis 1 Kor 11,23b–25« (Nr. 12, S. 53–60).

Daß die traditionsgeschichtliche Bemühung um etwaige ältere Fassungen der Abendmahlsworte, als sie in der mk und lk/pln Überlieferung vorliegen, nicht a limine abzuweisen ist, bedarf keiner Erörterung. Ebenso wenig dürfte jedoch ernsthaft bestritten werden, daß auch eine literarisch vorliegende Fassung die älteste sein kann (nicht muß). Eine Rückfrage hinter den ältesten Text ist nur dann angezeigt, wenn plausible traditionsgeschichtliche Erwägungen dazu anleiten oder gar zwingen. Daß dies nicht der Fall ist, habe ich ausführlich darzutun versucht (vgl. etwa Nr. 12, S. 72–76).

Auch hier ist zunächst das Problem der traditionsgeschichtlichen Methode anzusprechen, die – nach Ausweis der einschlägigen Methodenhandbücher – hinsichtlich einer konsensfähigen Kriteriologie am wenigsten ausgebildet ist (und deshalb der kombinatorischen Vermutung bis hin zur Willkür zu viel Spielraum läßt). Am ausführlichsten unterrichtet auch G. *Fohrer* aaO. 99–136.

Für traditionsgeschichtliche Rückfragen an Mk 14,22–25 bieten sich Mahltraditionen, Deuteworte, Todesprophetien und einzelne Motive (Bundesblut, Neuer Bund, Sühnemotiv) zum Vergleich an (in der pln Abendmahlstradition auch Stiftungsbefehle); vgl. bereits Nr. 12, S. 76–81. Der Vergleich mit anderen Mahltraditionen, Deuteworten und Todesprophetien läßt nicht auf eine traditionsgeschichtliche Schichtung des Textes schließen, die in dieser Hinsicht m. W. auch nicht behauptet wurde. Kontrovers ist aber, ob traditionsgeschichtlich nicht eine ältere Fassung der Deutworte (mit den Motiven des Bundesbluts, des Neuen Bundes und der stellvertretenden Sühne) erreichbar ist. Selbst unter der Voraussetzung, daß die bei Paulus tradierte aus der bei Markus tradierten Fassung ableitbar ist, ist eine traditionsgeschichtliche Rückfrage angesichts der Vergleichsmöglichkeit der Fassungen nicht a priori abzuweisen. Jedoch erübrigt sie sich dann, wenn auch unter traditionsgeschichtlicher Hinsicht die bei Markus überlieferte Fassung als die älteste erkennbar ist.

Die Möglichkeiten traditionsgeschichtlicher Rekonstruktion einer womöglich älteren Fassung lassen sich theoretisch durch eine Liste der möglichen Kombinationen der überlieferten Elemente der Deutworte aufweisen (soll nicht über den Horizont der Überlieferung hinaus spekuliert werden).

Zum Brotwort:

> Τοῦτό ἐστιν: alle Fassungen
> τὸ σῶμά μου: Mk/Mt/Lk
> μου τὸ σῶμα: Pls, gräzisiert, nicht ursprünglich.

Als Grundbestand ist jedenfalls (und unbestritten) anzunehmen:

I. *Τοῦτό ἐστιν τὸ σῶμά μου.*
Faktische Erweiterungen:
   τὸ ὑπὲρ ὑμῶν: Pls
   τὸ ὑπὲρ ὑμῶν διδόμενον: Lk
Sofern *διδόμενον* lk Erweiterung ist, könnte eine mögliche Rekonstruktion einer älteren Fassung nur lauten:

II. *Τοῦτό ἐστιν τὸ σῶμα τὸ ὑπὲρ ὑμῶν.*
Mögliche Erweiterung mittels Rückgriff auf die Wendung *ὑπὲρ πολλῶν* im Kelchwort (Mk; Mt: *περὶ πολλῶν*):

III. *Τοῦτό ἐστιν τὸ σῶμά μου τὸ ὑπὲρ πολλῶν.*
Wer *διδόμενον* als ursprünglich betrachtet, kann es zu Fassungen II oder III hinzufügen.

Fassungen I, II und III (teilweise mit *διδόμενον*) werden in der Forschung als ursprüngliche Fassung des Brotwortes behauptet.

Fassung I ist eine faktisch begegnende (Mk), Fassung II eine aus Mk/Pls kombinierte, Fassung III eine aus Mk/Pls + mk Kelchwort kombinierte. Während Fassung I als faktisch begegnende auch als älteste der faktisch begegnenden (Mk/Mt, Lk, Pls) erwiesen werden kann (vgl. Nr. 12, S. 33, 46f.), sind Fassungen II und III erschlossene Fassungen, für deren Vorgängigkeit gegenüber I Begründungen beigebracht werden müssen, denen in keinem Fall zwingende Beweiskraft beigemessen werden kann.

Wie lauten solche Begründungen, und wie ist ihr Wahrscheinlichkeitsgrad einzuschätzen? Wählen wir zwei jüngere Beispiele:
H. Merklein, Erwägungen zur Überlieferungsgeschichte der neutestamentlichen Abendmahlstraditionen, in: BZ NF 21 (1977) 88–101, 235–244 schlägt als ursprüngliche Fassung des Brotwortes eine Mk/Lk-Kombination vor:
Τοῦτό ἐστιν τὸ σῶμά μου τὸ ὑπὲρ πολλῶν διδόμενον, wobei er *πολλῶν* diff *ὑμῶν* aus dem mk Kelchwort bezieht (97f.). Die Begründung lautet: »ein Brotwort ohne weitere Deutung« sei »in der ursprünglichen Form der Abendmahlsfeier . . . kaum verständlich gewesen« (97). Merklein setzt also voraus, Mk 14,22–25 sei ein kultätiologischer Text und das Verständnis des Wortes ergebe sich aus dem Rahmen der Abendmahlsfeier. Vgl. dagegen meine Gattungsbestimmung in Nr. 12, S. 35–51 (auch S. 72f. zu Merklein).

E. Ruckstuhl (1979) schlägt als ursprünglichere Fassung vor: *Τοῦτό ἐστιν τὸ σῶμά μου τὸ ὑπὲρ πολλῶν* (729). Seine Begründung: Es sei »überwiegend wahrscheinlich«, daß »Jesus das Brot zu Beginn der Hauptmahlzeit im Rahmen der Paschafeier deutete und die Deutung des Weines zu deren Abschluß mit dem Dankgebet über den dritten Becher verband«; deshalb »lege es sich nahe, schon das erheblich früher gesprochene Brotwort soteriologisch zu verdeutlichen; denn sein Verständnis war ohne einen entsprechenden Zusatz für die Jünger zweifellos schwierig, wenn nicht unmöglich« (729). Zur Verständnismöglichkeit vgl. in Nr. 12, S. 90–93.

Beide Begründungen haben wenig Wahrscheinlichkeit für sich, weil das Argument der »Unverständlichkeit« am ehesten doch *gegen* eine nachträgliche Verkürzung des Brotwortes (bei Mk/Mt) spricht, vielmehr für eine nachträgliche Erweiterung.

E. Ruckstuhl (1981) hat seine Rekonstruktion genauer begründet; er geht davon aus, daß sich die aus dem Paschamahl Jesu selbst herleitende Überlieferung früh in

den erzählenden Bericht (Mk) und die Kultätiologie (Pls) verzweigte, so daß die
Rückfrage danach sinnvoll sei, wo der soteriologische Zusatz ὑπὲρ πολλῶν, der
ursprünglicher sei als ὑπὲρ ὑμῶν, seinen ursprünglichen Ort gehabt habe: beim
Brotwort oder beim Kelchwort. Als neue Begründung dafür, daß er ursprünglich
zum Brotwort gehört habe, weist Ruckstuhl nun zusätzlich darauf hin, daß die von
ihm angenommene Urform des Kelchwortes τοῦτο τὸ ποτήριον τὸ αἷμά μου τῆς διαθήκης
eines Zusatzes nicht bedürfe und der Zusatz τὸ ἐκχυννόμενον ὑπὲρ πολλῶν nur »eine
sachliche Ausfaltung der vorausgehenden Worte« (100) sei. Die sprachliche Möglichkeit der Anfügung von τὸ ὑπὲρ πολλῶν belegt Ruckstuhl mit dem ὑπὲρ ἡμῶν in Mk
9,40, was nicht wirklich beweiskräftig erscheint. Da Ruckstuhl die Kurzform des
Kelchwortes für ursprünglich hält und den soteriologischen Zusatz τὸ ὑπὲρ πολλῶν
auch Jesus nicht absprechen möchte, ist seine Rekonstruktion konsequent. Doch die
Hauptbegründung bleibt diese: »Man kann sich aber fragen, ob nicht schon das
Brotwort Jesu angesichts des auf ihn zukommenden und von ihm erwarteten Todes
einen Hinweis auf diesen Tod enthalten haben muß« (89); und: »Dort war es auch
nötiger als im Becherwort, weil sonst das Brotwort von den Jüngern kaum verstanden werden konnte« (101).

So gerne man die Vorstellung von der frühen Verzweigung der Überlieferung vor
der Fixierung der Passionsgeschichte aufgreifen wird, da E. Ruckstuhl mit Recht
darauf hinweist, daß die Kultätiologie der frühesten Fixierung bedurfte, so zögernd
wird man freilich auch bleiben anzunehmen, für den erzählenden Bericht hätte es
vergleichbare Gründe der Umformulierung der ursprünglichen Worte Jesu gegeben,
wie sie für die Ausformulierung der von der einmaligen Situation des Paschamahls
Jesu abgelösten und für die wiederholbare Eucharistiefeier zubereiteten Kultätiologie
angenommen werden dürfen. Es gibt keinen wirklichen Grund, den ältesten *Bericht*
nicht für einen wortgetreuen Bericht zu halten (so wenig für das Verständnis der
Todesdeutung Jesu im einzelnen von dieser oder jener Fassung seiner Worte abhängt,
sofern die überlieferten Motive in ihr anzutreffen bleiben).

Blicken wir (dem folgenden Abschnitt) vorgreifend noch genauer auf Ruckstuhls
Rekonstruktion des Kelchwortes, die aufgrund der Pls/Mk-Kombination besonders
bemerkenswert ist. Eine Verkürzung von τοῦτο τὸ ποτήριον zu τοῦτο (Mk) ist, wie
Ruckstuhl zeigt (102f.), durchaus denkbar; aber sie zu postulieren, ist nicht zwin-
gend, da Jesus selbst ebenso schon wie ein Epitomator das Becherwort »möglichst
eng an den Wortlaut von Ex 24,8b binden« (103) konnte. Doch da der Becher den
Becherinhalt meint, hängt hiervon für das Verständnis ohnehin nichts ab. Ob jedoch
die gegen die Mk-Überlieferung gekürzte Fassung ursprünglich ist, ist interessanter.
Mit Recht stellt Ruckstuhl fest: »Da beide Hauptäste der Abendmahlsüberlieferung
an der gleichen Stelle – im Becherwort – vom Bund reden, wird man das Bundesmo-
tiv zum ursprünglichen Bestand des Becherwortes Jesu rechnen müssen« (96). Doch
verweist die Wendung τὸ αἷμά μου τῆς διαθήκης doch für sich noch nicht, wie Ruckstuhl meint, auf Jesu »gewaltsamen Tod hin, dem er entgegengeht« (96) und für sich
auch – trotz der sühnetheologischen Deutung des Bundesblutes von Ex 24,8 im
palästinischen Judentum (Targum) – noch nicht darauf, daß Gott Jesu Blut »zur
Entsühnung des Volkes bestimmt« (97) hat (vgl. ähnlich 99). Diese Gedanken
stecken eben in der Wendung τὸ ἐκχυννόμενον ὑπὲρ πολλῶν, die nicht als entbehrlich
gestrichen und als nachträglicher Zusatz gewertet werden kann, als eine »spätere
Verdeutlichung« (99).

Zum Kelchwort:
Zum Grundbestand sind hier zunächst die allen Fassungen gemeinsamen Worte zu rechnen:

Τοῦτο
ἐστιν (fehlt Lk)
τὸ αἷμά μου (Pls ἐμόν)
ἡ διαθήκη.

Von diesem gemeinsamen Grundbestand aus kann nur ein Teil der mk/mt Fassung erstellt werden, nicht ein Teil der lk/pln Fassung:

Τοῦτό ἐστιν τὸ αἷμά μου τῆς διαθήκης (Mk).

Die lk/pln Fassung besitzt für diesen Teil zwei weitere Elemente.

τὸ ποτήριον
καινή.

Ihre Einbeziehung in den Grundbestand führt (da ἐμός bei Pls sekundär ist) in die Nähe der lk Fassung, die auch als vorpln ursprünglicher zu gelten hätte.

Τοῦτο τὸ ποτήριόν (ἐστιν) ἡ καινὴ διαθήκη ἐν τῷ αἵματί μου.

Mögliche Kombinationen ergeben sich durch Verkürzungen des Grundbestandes und durch Erweiterungen mittels der faktisch bezeugten Elemente. Da die mt Fassung sekundär ist (vgl. Nr. 12, S. 25), kann auf eine Kombination mit ihrer zweiten Hälfte verzichtet werden.

Gehen wir vom mk Grundbestand aus, so ergeben sich folgende (nicht sinnlose) Möglichkeiten:

> Τοῦτό ἐστιν τὸ αἷμά μου τῆς διαθήκης
> + τὸ ἐκχυννόμενον ὑπὲρ πολλῶν (= Mk)
> oder + τὸ ὑπὲρ ὑμῶν ἐκχυννόμενον (= Lk)
> oder + τὸ ἐκχυννόμενον
> oder + τὸ ὑπὲρ πολλῶν
> oder + τὸ ὑπὲρ ὑμῶν.

Eine Reihe weiterer Möglichkeiten ergäbe sich, wenn man aus dem gemeinsamen Grundbestand τῆς διαθήκης streichen wollte, was sich angesichts des Vorkommens von ἡ διαθήκη in allen Fassungen freilich nicht empfiehlt (vgl. dazu ausführlich Nr. 12, S. 72–76).

Mustert man die aufgelisteten Fassungen, so ist darunter nur die erste (= Mk) eine faktisch begegnende und nur sie vereinigt alle Motive: Bundesblut (Ex 24,8), (implizit) »neuer« Bund (Jer 31,31), stellvertretende Sühne (Jes 53) und gewaltsamer Tod (»Blut vergießen«). Alle kombinierten Fassungen sind demgegenüber defizient (und, da keine isolierte Tradierung der Deuteworte denkbar ist, im vorauszusetzenden Rahmen der vormk Erzähltradition auch kontextunangemessen): Sie werfen unbeantwortete Fragen auf[1].

---

[1] Die Kombinationsmöglichkeiten (und die entsprechenden Verständnismöglichkeiten) für das Kelchwort sind vollständig aufgeführt diese:

A. Ausgehend von der mk Fassung:

Τοῦτό ἐστιν:
  1) τὸ αἷμα
  2) τὸ αἷμά μου
  3) τὸ αἷμα τῆς διαθήκης
  4) τὸ αἷμά μου τῆς διαθήκης

Eine Dekomposition der Mk-Fassung wie eine Kombination ihres mit allen Fassungen gemeinsamen Grundbestandes mit Elementen anderer Fassungen führt zu keiner mit guten Gründen als traditionsgeschichtlich älter zu verteidigenden Fassung.

5) τὸ αἷμα τὸ ἐκχυννόμενον
6) τὸ αἷμά μου τὸ ἐκχυννόμενον
7) τὸ αἷμα τῆς διαθήκης τὸ ἐκχυννόμενον
8) τὸ αἷμά μου τῆς διαθήκης τὸ ἐκχυννόμενον
9) τὸ αἷμα τὸ ὑπὲρ πολλῶν
10) τὸ αἷμά μου τὸ ὑπὲρ πολλῶν
11) τὸ αἷμα τὸ ὑπὲρ ὑμῶν
12) τὸ αἷμά μου τὸ ὑπὲρ ὑμῶν
13) τὸ αἷμα τῆς διαθήκης τὸ ὑπὲρ πολλῶν
14) τὸ αἷμά μου τῆς διαθήκης τὸ ὑπὲρ πολλῶν
15) τὸ αἷμα τῆς διαθήκης τὸ ὑπὲρ ὑμῶν
16) τὸ αἷμά μου τῆς διαθήκης τὸ ὑπὲρ ὑμῶν
17) τὸ αἷμα τὸ ἐκχυννόμενον ὑπὲρ πολλῶν
18) τὸ αἷμά μου τὸ ἐκχυννόμενον ὑπὲρ πολλῶν
19) τὸ αἷμα τὸ ἐκχυννόμενον ὑπὲρ ὑμῶν
20) τὸ αἷμά μου τὸ ἐκχυννόμενον ὑπὲρ ὑμῶν
21) τὸ αἷμα τῆς διαθήκης τὸ ἐκχυννόμενον ὑπὲρ πολλῶν
22) τὸ αἷμά μου τῆς διαθήκης τὸ ἐκχυννόμενον ὑπὲρ πολλῶν
23) τὸ αἷμα τῆς διαθήκης τὸ ἐκχυννόμενον ὑπὲρ ὑμῶν
24) τὸ αἷμά μου τῆς διαθήκης τὸ ἐκχυννόμενον ὑπὲρ ὑμῶν.

B. *Ausgehend von der lk/pln Fassung:*

Τοῦτο τὸ ποτήριόν (ἐστιν):

25) ἡ διαθήκη
26) ἡ καινὴ διαθήκη
27) ἡ διαθήκη ἐν τῷ αἵματι
28) ἡ καινὴ διαθήκη ἐν τῷ αἵματι
29) ἡ διαθήκη ἐν τῷ αἵματί μου
30) ἡ καινὴ διαθήκη ἐν τῷ αἵματί μου
31) ἡ διαθήκη ἐν τῷ αἵματι τὸ ὑπὲρ ὑμῶν ἐκχυννόμενον
32) ἡ διαθήκη ἐν τῷ αἵματί μου τὸ ὑπὲρ ὑμῶν ἐκχυννόμενον
33) ἡ διαθήκη ἐν τῷ αἵματι τὸ ὑπὲρ πολλῶν ἐκχυννόμενον
34) ἡ διαθήκη ἐν τῷ αἵματί μου τὸ ὑπὲρ πολλῶν ἐκχυννόμενον
35) ἡ καινὴ διαθήκη ἐν τῷ αἵματι τὸ ὑπὲρ ὑμῶν ἐκχυννόμενον
36) ἡ καινὴ διαθήκη ἐν τῷ αἵματί μου τὸ ὑπὲρ ὑμῶν ἐκχυννόμενον
37) ἡ καινὴ διαθήκη ἐν τῷ αἵματι τὸ ὑπὲρ πολλῶν ἐκχυννόμενον
38) ἡ καινὴ διαθήκη ἐν τῷ αἵματί μου τὸ ὑπὲρ πολλῶν ἐκχυννόμενον
39) ἡ διαθήκη ἐν τῷ αἵματι τὸ ὑπὲρ ὑμῶν
40) ἡ διαθήκη ἐν τῷ αἵματί μου τὸ ὑπὲρ ὑμῶν
41) ἡ καινὴ διαθήκη ἐν τῷ αἵματι τὸ ὑπὲρ ὑμῶν
42) ἡ καινὴ διαθήκη ἐν τῷ αἵματί μου τὸ ὑπὲρ ὑμῶν
43) ἡ καινὴ διαθήκη ἐν τῷ αἵματι τὸ ὑπὲρ πολλῶν
44) ἡ καινὴ διαθήκη ἐν τῷ αἵματί μου τὸ ὑπὲρ πολλῶν
45) ἡ διαθήκη ἐν τῷ αἵματι τὸ ὑπὲρ πολλῶν
46) ἡ διαθήκη ἐν τῷ αἵματί μου τὸ ὑπὲρ πολλῶν.

Überblickt man die insgesamt 46 Möglichkeiten, die sich durch Vertauschung der Einleitung *τοῦτο* bzw. *τοῦτο τὸ ποτήριον* noch verdoppeln ließen (vgl. z. B. E. Ruckstuhl 1981, der Nr. 4 mit der lk/pln Einleitung kombiniert) in den Reihen A und B, so sieht man leicht, daß die gegenüber

Gehen wir vom pln/lk Grundbestand aus, so ergeben sich folgende (nicht sinnlose) Möglichkeiten:

den faktisch begegnenden Fassungen (A 22; B 36; B 30 = Pls diff μου anstelle ἐμῷ) stark verkürzten Fassungen wenig sinnvoll erscheinen (A 1–2, 5–6, 9–12; B 25–27), ebenso *alle* um das Possesivpronomen μου verkürzten Fassungen in Reihe A (1, 3, 5, 7, 9, 11, 13, 15, 17, 19, 21, 23) und in Reihe B (25–28, 31, 33, 35, 37, 39, 41, 43, 45). Mit anderen Worten: Jede mögliche Fassung, die sich nicht des *ganzen* Grundbestandes der in den faktisch vorkommenden Fassungen *gemeinsamen* Worte bedient, erweist sich als chancenlos, für originär gehalten werden zu können. Diese Generalisierung ist im Blick auf Reihe A freilich noch anhand des Elements ἡ διαθήκη zu prüfen. Das Element fehlt in den Fassungen 1, 2, 5–6, 9–12 und 17–20, von denen nach dem zuvor Gesagten die Fassungen 18 und 20 zur Prüfung übrig bleiben. Fassung 18 wird z. B. von E. Kutsch als ursprünglich verteidigt. Bevor wir darüber urteilen, zunächst noch zu den restlichen Fassungen, die neben der mk (22) zu prüfen bleiben: 4, 8, 14, 16, 24. Fassung 4 wirft die Frage »welcher Bund« auf, der ohne das Stellvertretungs- und Sühnemotiv ohne Antwort bleibt; deshalb empfiehlt sie sich nicht; dasselbe gilt von Fassung 8. Fassungen 14, 16, 20 und 24 könnten mit ὑμῶν statt πολλῶν nur dann als ursprünglicher gelten, wenn die applizierende Fassung (und damit der kultätiologische Rahmen) als originär gelten könnte. Dieser Umstand weist darauf hin, daß die Frage nach der ursprünglichen Fassung überhaupt nicht ohne Berücksichtigung des Kontextes (erzählender Bericht oder Kultätiologie) beantwortet werden kann. Die Entscheidung zwischen Fassung 18 und 22 wird auch darauf Rücksicht nehmen müssen.

Zunächst aber noch zur Reihe B. Scheidet man hier die Fassungen mit πολλῶν diff ὑμῶν aus (mit derselben Begründung wie in Reihe A: ὑμῶν paßt zum kultätiologischen Rahmen), so bleiben zunächst Fassungen 29, 30, 32, 40, 42 neben der faktisch begegnenden Fassung 36 übrig. Die Frage, ob die Fassungen mit oder ohne καινή als ursprünglicher gelten können, ist auch ohne Berücksichtigung des Rahmens so nicht zu klären; ist der ursprüngliche Überlieferungsort die Kultätiologie, so verdienen die Fassungen mit der Rede vom »neuen Bund« den Vorzug (30 = Pls diff μου; 36,42). Da jedoch alle Fassungen mit bloßem τὸ ὑπὲρ ὑμῶν ohne ἐκχυννόμενον sprachlich schwierig und wenig sinnvoll sind, verbleiben nur Fassung 30 und 36. Fassung 30 paßt vorzüglich in den kultätiologischen Rahmen der vorpln Paradosis, Fassung 36 nicht, da das in die Zukunft ausblickende (und zugleich historisierende) Partizip ἐκχυννόμενον nur in den berichtenden Kontext des lk Abschiedsmahls gehört.

Kurzum: es erweist sich, daß die jeweils vorliegende Fassung im jeweiligen Kontext als je älteste gelten kann (Mk-Fassung im erzählenden Bericht; Pls-Fassung in der Kultätiologie). Die Frage nach der ältesten Fassung fällt deshalb zusammen mit der Frage nach dem ältesten Kontext. Und sofern die berichtende Erzählung älter ist, wie nachgewiesen zu haben ich überzeugt bin, ist die Frage nach der ältesten Fassung, sofern der älteste Bericht überlieferungskritischer Prüfung standhält, auch als Frage nach dem Wort Jesu selbst zu stellen. Sofern die älteste Fassung (A 22) als Wort Jesu verstehbar bleibt (und sich als solches den übrigen Fassungen überlegen erweist; vgl. Nr. 12, S. 72–75, 93–101), ist es unangebracht, gegen den ältesten Überlieferungsbestand (und der allen Fassungen gemeinsamen Grundbestand, s. oben) Rekonstruktionen – nunmehr rein hypothetischer Art – vorzunehmen. D. h.: Fassung 18, die von E. Kutsch in Betracht gezogen wurde, muß auch als nicht originär verworfen werden.

Was sich aus einer Musterung der Kombinationsmöglichkeiten, die im einzelnen freilich detaillierter vorzuführen wäre, lernen läßt, ist jedenfalls dies:

1. Die Frage nach der ältesten Fassung der Abendmahlsworte (auch des Brotwortes, bei dem man die Möglichkeiten ebenso durchprüfen kann) darf nicht ohne Rücksicht auf den Überlieferungskontext gestellt werden: Darf man mit einem ursprünglichen, seinen Tod deutenden Wort Jesu rechnen oder nur mit einem ursprünglichen, Jesus zugeschriebenen »kultischen« Wort? Die Schwäche der meisten Rekonstruktionsversuche besteht darin, daß die (von mir bewußt zugespitzte) Unterscheidung nicht durchgeführt und beachtet wird.

2. Eine Rekonstruktion, die nicht den ganzen Grundbestand der in den faktisch vorliegenden

Τοῦτο τὸ ποτήριον ἡ καινὴ διαθήκη ἐν τῷ αἵματί μου

+ τὸ ὑπὲρ ὑμῶν ἐκχυννόμενον (= Lk)

+ τὸ ἐκχυννόμενον ὑπὲρ πολλῶν (= Mk)

Faktisch begegnet der Grundbestand (Pls) und die erste Erweiterung (Lk), Fassungen, die nur im jeweiligen Kontext sinnvoll sind (ἐκχυννόμενον: Part. Präsens mit fut. Sinn nur in der Situation vor Jesu Tod im lk Kontext). Da die lk Fassung jedoch erkennbar sekundär ist (vgl. Nr. 12, S. 33), entfällt eine sinnvolle traditionsgeschichtliche Rekonstruktion, die über den Grundbestand (und – abgesehen von ἐμός – die Pls-Fassung) hinausführt.

Wie die mk, so vereinigt die pln Fassung (auf ihre Weise) alle Motive: Neuer Bund (Jer 31,31), Bundesblut (Ex 24,8), Stellvertretungsgedanken (»durch mein Blut«) – außer dem Motiv des gewaltsamen Todes (was mit dem liturgischen Kontext der Paradosis zusammenhängt); vgl. die Auslieferungsaussage im einleitenden Rahmen (1 Kor 11,23), von dem H.-J. Klauck (303) mit Recht bemerkt: »Für eine isolierte Kultformel ist die knappe Einleitung mit Nennung des Jesusnamens besser geeignet als die Überlieferung der Synoptiker.«

Da die Verbindung der genannten Motive in der Mk- wie in der Pls-Fassung, wie ich ausführlich gezeigt habe (vgl. Nr. 12, S. 72–76, 93–101), keine traditionsgeschichtliche Schichtung, sondern ursprüngliche Fügung anzeigt, gibt es keinen Anhaltspunkt, gegen die beiden ältesten Fassungen durch Verkürzung oder Kombination eine vorausliegende Fassung zu rekonstruieren, und deshalb nur die Möglichkeit, im Vergleich zu prüfen, ob eine der beiden Fassungen aus der anderen ableitbar ist. Daß die pln aus der mk Fassung ableitbar ist und aller Wahrscheinlichkeit nach abgeleitet wurde, habe ich ausführlich zu begründen unternommen (Nr. 12, S. 46–51, 53–60).

Deshalb kann also »die Frage, ob motiv- und traditionsgeschichtliche Erwägungen nicht doch zwingende literarkritische Argumente für die Nichteinheitlichkeit = Zusammengesetztheit« (Nr. 12, S. 72) von Mk 14,22–25 bereitstellen, negativ beantwortet und die Suche nach einem älteren Wortlaut der Abendmahlsworte hinter Mk 14,22b.24b als unbegründet beendet werden.

D. Die Kritik an der gattungs- und formkritischen Beurteilung von Mk 14,22–25

T. Holtz scheint meiner Analyse zuzustimmen, wenn er formuliert: »Auch der Paulus-Text erweist sich, insbesondere aufgrund einer interessanten gattungs- und formkritischen Analyse, als Mk gegenüber sekundär. Die Mk-Fassung bietet eine berichtende Erzählung, die die vorgestellte historische Situation nicht überschreitet, Paulus dagegen eine Kultätiologie«

Fassungen gemeinsamen Elemente berücksichtigt, empfiehlt sich überdies nicht. Dies hängt m. E. auch daran, daß die pln aus der mk Fassung ableitbar ist und als Fassung der Kultätiologie aus dem im erzählenden Bericht überlieferten Wort Jesu hergestellt wurde.

(812); ähnlich *H. Giesen* (1980, 59). Hingegen zeigt sich *R. J. Daly* (CBQ 310) nicht überzeugt (ohne Begründung).

J. Kremer fragt an: »Ist nicht die Textbasis von Mk 14,22–25 zu schmal, um daraus zu schließen, es handle sich hier gattungsmäßig um einen ›erzählenden Bericht‹ im Unterschied zu einer ›Kultätiologie‹ in 1 Kor 11,23b–25, zumal diese beiden Textsorten einander nicht ausschließen?« (188). Dazu ist zu sagen, daß der berichtende Charakter von Mk 14,22–25 vom Kontext ebenso unterstrichen wird wie der kultätiologische von 1 Kor 11,23b–25 im dortigen Kontext. Grundsätzlich bietet freilich jeder Text die Textbasis zu einer Gattungsbestimmung, und daß sich verschiedene Textsorten nicht »ausschließen«, sondern eben nur unterscheiden, ist selbstverständlich.

Auch *F. Hahn* scheint meiner gattungs- und formkritischen Beurteilung zuzustimmen, meint nur, ich würde »der bisherigen Forschung doch wohl zu Unrecht vorwerfen, daß noch kein ›gattungskritischer Vergleich‹ durchgeführt worden sei« (267). Leider fehlt ein Hinweis, wo ein solcher zu finden wäre; in F. Hahns Arbeiten fand ich ihn nicht.

Die Zustimmung zur gattungs- und formkritischen Analyse vermerke ich insofern mit besonderem Interesse, da für die überlieferungskritische Analyse davon einiges abhängt! Dies bestätigt insbesondere auch *I. H. Marshall* (35).

E. Die Kritik an der überlieferungskritischen Beurteilung von Mk 14,22–25

W. G. Kümmel (1982) kommt (auf F. Hahn gestützt) »um das Urteil nicht herum, daß die mit großer Gelehrsamkeit, aber mit ebenso großer Sicherheit vorgetragene Interpretation der Abendmahlsworte Jesu und damit seines Todesverständnisses durch Pesch auch durch diese neue Beweisführung nicht überzeugender begründet worden ist« (160). So einfach kann man sich – mit ein paar kritischen Bemerkungen – ein Urteil machen! Und der Beurteilte hat keine Chance, sich mit einer Begründung des Urteils auseinanderzusetzen (und womöglich daraus zu lernen).

Für *F. Hahn* ist es »überraschend, wie selbstverständlich Rudolf Pesch den Markustext als älteste Überlieferung beurteilt und diesen zugleich als authentische historische Überlieferung ansieht« (270). Wie selbstverständlich? Vgl. die Bemühung in Nr. 12, S. 69–90!

Nach *T. Holtz* hingegen »zeigt P. die historische Zuverlässigkeit des Berichts« (813).

F. Hahn zweifelt die überlieferungskritische Beurteilung mit der Behauptung an: »Die These, Mk 14,22–25 füge sich ohne Schwierigkeit in den Ablauf eines Paschamahls ein, bleibt unbewiesen« (269). Hätte er recht, wäre auch sein Zweifel berechtigt. Denn ein nicht selbständiges Erzählstück wie 14,22–25 bedarf der überlieferungskritischen Prüfung unter Berücksichtigung des Kontextes (vgl. Nr. 12, S. 81–83: »3. Mk 14,22–25 im Zusammenhang der vormarkinischen Passionsgeschichte«). Deshalb hatte ich unter Verweis auf Mk II ausdrücklich vermerkt: »Von besonderem Interesse sind die beiden 14,22–25 vorangehenden Szenen, deren Gattung, Form und geschichtlicher Wert vielfacher Fehleinschätzung unterliegen«, und deshalb hatte ich meine Beurteilung von 14,12–16 und 14,17–21 kurz referiert, worauf F. Hahn weder hinweist noch eingeht.

Zunächst sind noch ein paar Bemerkungen zur Methode überlieferungskritischer Prüfung von erzählenden Texten angebracht. Eine wesentliche Voraussetzung des überlieferungskritischen Urteils ist die Gattungs- und Formanalyse. Sofern die Gattung von 14,12–25 mit »berichtender Erzählung« und damit die Intention des Erzählers, Geschehens zu berichten, zutreffend bestimmt sind (woran kaum Zweifel laut wurden, vgl. D), ist der Versuch geboten, das erzählte Geschehen als Bericht über faktisches Geschehen zu verstehen und genau zu prüfen, ob und inwiefern historisch-faktisches Geschehen die Voraussetzungen des erzählenden Berichts bilden, der – wie eingangs ausgeführt – immer der selektierenden und perspektivierenden Deutung des Erzählers unterliegt.

Wie geschieht eine solche Prüfung? Da die Beurteilung von 14,12–16 auch von U. Luz (s. oben) angezweifelt wurde, sei das methodische Verfahren – Teil III teilweise vorgreifend – an diesem Erzählabschnitt demonstriert. Die grundlegende Frage muß zunächst lauten: Was ist das Thema der Erzählung? Die Antwort kann nur lauten: Die Vorbereitung des Paschamahls Jesu und seiner Jünger durch zwei Jünger. Über dieses Thema bzw. dieses Geschehen soll offensichtlich berichtend erzählt werden.

Nun ist a priori nicht auszuschließen, daß der Erzähler dieses Thema ohne Bindung an – sei es von ihm erlebtes, sei es ihm überliefertes – faktisches Geschehen frei inszeniert; dazu muß er sich allerdings in den »Requisiten« des Themas in etwa auskennen, soll sein erzählender Bericht glaubwürdig ausfallen.

Der erzählende Bericht über die Vorbereitung des Paschamahls muß – soll überhaupt eine, wenn auch noch so kurze Erzählung zustandekommen – mit »notwendigen Zügen« ein Erzählgerüst erstellen, das mit demgegenüber »freien Zügen« farbig angereichert werden kann. Im jeweils vorliegenden Erzähltext lassen sich notwendige und freie Züge mit großer Sicherheit unterscheiden.

Die *notwendigen Züge* sind in der Regel für das überlieferungskritische Urteil irrelevant, da sie der Erzähler benutzen muß – will er sein Thema erzählen –, gleich ob er frei fiktiv oder an vorgegebenes Geschehen gebunden erzählt. Ausnahmen bilden nur notwendige Züge, sofern sie eindeutig legendäres oder unverwechselbar konkretes Gepräge aufweisen.

Die *freien Züge* sind hingegen in der Regel für das überlieferungskritische Urteil relevant, da der Erzähler sie nicht benutzen muß, um sein Thema zu erzählen, und da in ihnen folglich am ehesten die freie Phantasie des Erzählers, seine Orientierung an legendären Motiven, sein kerygmatisches Interesse oder seine Rückbindung an von ihm erlebtes oder ihm überliefertes Geschehen zum Zuge kommt.

Mk 14,12–16 ist eine berichtende Erzählung, die aus *Erzählteilen* und aus *Redeteilen* besteht, die unterschieden werden müssen, je für sich und in ihrer Beziehung zueinander analysiert werden können, gerade auch im Blick auf die Unterscheidung notwendiger und freier Züge. Von vornherein ist klar, daß in einer Erzählung die notwendigen Züge zunächst in den erzählenden Teilen, die das Erzählgerüst erstellen, anzutreffen sind. Doch in der vorliegenden Erzählung, die wesentlich von der Korrespondenz eines Auftrags und dessen Ausführung bestimmt ist, kommt auch den Redeteilen besonderes Gewicht für die Konstitution der Erzählung zu.

Um sich über die Besonderheiten eines erzählenden Textes rasch klar zu werden, bedient man sich am besten eines *einfachen Schemas der Textnormalisierung*, mit dem man nacheinander die Erzählteile und die Redeteile erfaßt.

Für den vorliegenden Text genügt ein relativ einfaches Schema (S. 140 f.).

Die Rede Jesu (13 c.d.e.14–15b) beantwortet die Frage der Jünger durch Aufträge (gesollte Handlungen: *Imperative ὑπάγετε*[2], *ἀκολουθήσατε, εἴπατε, ἑτοιμάσατε*) und Vorhersagen (*Futura: ἀπαντήσει, δείξει*). Die *Aufträge* entsprechen dem problematisierten »Wo« insofern exakt, als sie alle lokal gebunden sind: Die Jünger sollen »in die Stadt« gehen; dem Wasserträger (auf dessen Weg) »nachfolgen« bis in das Haus, in das er »hineingeht«; den Hausherrn mit einem Wort des Lehrers fragen, »wo« das Gemach ist, »wo« Jesus mit den Jüngern das Pascha essen kann; sie sollen »dort«, in dem großen Obergemach, das Paschamahl vorbereiten.

Die *Vorhersagen* dienen dazu, daß die Jünger ihre Aufträge erfüllen können: Der Wasserkrugträger, der ihnen *begegnen wird* und dem sie folgen *sollen*, geleitet sie in das Haus, in dem sie dem Hausherrn das Wort Jesu, die Frage nach dem Gemach für das Paschamahl ausrichten *sollen*. Der Hausherr *wird ihnen* das große Obergemach *zeigen*, wo sie das Paschamahl vorbereiten *sollen*.

Die Frage der Jünger nach dem »Wo« der Paschamahlvorbereitung wird durch die Antwort Jesu in deren eigenartiger Mischung von Unbestimmtheit (z. B. »ein Mensch«; »wo immer er hineingeht«) und Konkretheit (z. B.

---

[2] Der erste Imperativ, der die Handlung der Jünger in Gang bringen soll, hat semitisierend konditionalen Sinn: Imperativ + καί + Futur = »Wenn ihr in die Stadt geht, wird euch ein Mensch begegnen«.

1. Die erzählenden Teile von Mk 14,12–16:

Vers	Konjunktion	Akteur	Handlung finites Verb-Partizip	Objekte	Zirkumstanten Ort	Zeit
12a	Καὶ		ἔθυον	τὸ πάσχα		τῇ πρώτῃ ἡμέρᾳ τῶν ἀζύμων
b	ὅτε					
c		οἱ μαθηταὶ αὐτοῦ	λέγουσιν	αὐτῷ		
13a	Καὶ		ἀποστέλλει	δύο τῶν μαθητῶν αὐτοῦ		
b	καὶ		λέγει	αὐτοῖς		
16a	Καὶ	οἱ μαθηταὶ	ἐξῆλθον			
b	καὶ		ἦλθον		εἰς τὴν πόλιν	
c	καὶ		εὗρον			
d	καθὼς		εἶπεν	αὐτοῖς,		
e	καὶ		ἡτοίμασαν	τὸ πάσχα.		

Zur Analyse: Die durch καί gereihten Hauptsätze enthalten alle für die Erzählung des Themas »Vorbereitung des Paschamahls« (16e) notwendigen Informationen. Würde man 12c.13b.16cd aus dem Text herausnehmen und an 13a einen die direkte Rede ersetzenden Finalsatz (etwa »damit sie das Paschamahl vorbereiteten«) anschließen, so ergäbe sich eine »vollständige« Kurzerzählung (die auch als Einleitung zu 14,17–21 genügen würde). Die Dopplung der Einleitung mit Zeitangabe (12a) und temporalem Nebensatz (12b) ist auch nicht notwendig. Die notwendigen Züge können folglich etwa in 12a.13a.16a.b.e gesehen werden, wobei 16b nur unter der Voraussetzung als notwendig erscheint, daß Jesus (ungenannt!) sich außerhalb der Stadt (Jerusalem) aufhält.

Die freien Züge verweisen also insbesondere auf Zeit und Ort des Geschehens (12a.b.16c), auf die Initiative der Jünger, ihre Rede (12c), und auf den Auftrag und die Vorhersage Jesu sowie deren Eintreffen (13b.16c.d). Die freien Züge müssen daraufhin befragt werden, welche Funktion sie besitzen und ob sie zu erkennen geben, woher der Erzähler sie bezieht. Doch zuvor zur Analyse der Redeteile.

2. Die Redeteile von Mk 14,12-16:

Vers	Konjunktion	Akteur	Handlung faktisch	gesollt	Objekte	Zirkumstanten Zustand/Umstand	Ort
12d	[ποῦ]		θέλεις				ποῦ
12e	ἵνα		φάγῃς	ἀπελθόντες ἑτοιμάσωμεν	τὸ πάσχα.		
13c	καὶ	ἄνθρωπος	ἀπαντήσει	ὑπάγετε	ὑμῖν		εἰς τὴν πόλιν
d			[βαστάζων]			κεράμιον ὕδατος βαστάζων	
e	καὶ [ὅπου ἐάν]				[κεράμιον ὕδατος]		ὅπου ἐάν
14a			εἰσέλθῃ	ἀκολουθήσατε	αὐτῷ		
b	ὅτι	ὁ διδάσκαλος κατάλυμά μου	λέγει	εἴπατε	τῷ οἰκοδεσπότῃ		
c	[ποῦ]						ποῦ
d	[ὅπου]					ἐστιν	
e	καὶ	αὐτὸς	δείξει	φάγω	τὸ πάσχα ὑμῖν ἀνάγαιον μέγα ἐστρωμένον ἕτοιμον	μετὰ τῶν μαθητῶν μου	ὅπου
15a							
b	καὶ		ἑτοιμάσατε		ὑμῖν		ἐκεῖ

Zur Analyse: Die Rede der Jünger (12d.e) erfragt – gemessen am Thema der Erzählung besonders auffällig – nicht nur den Willen Jesu zur Vorbereitung des Paschamahls, sondern vor allem das »Wo«, zu dem die Jünger »fortgehen« sollen. Dadurch kommt eine Komplexion der Erzählung zustande, da die Jünger erst erfahren müssen, *wo* die Vorbereitung nach Jesu Willen geschehen soll. Klar scheinen ihre gesollten Handlungen: sie müssen »fortgehen« (wie im Erzählrahmen ist ein Aufenthalt außerhalb Jerusalems vorausgesetzt), um »vorzubereiten«. Unklar scheint das Wohin (im genaueren Sinn: Wohin in der Stadt), das »Wo« der für das Paschamahl [12e] notwendigen Vorbereitung. Klar scheint auch der Wille Jesu, das Pascha zu essen; unklar aber, wo dies geschehen soll und kann. Die Rede der Jünger *bespricht* also ein Problem: Das unklare »Wo«!

In der Antwort Jesu entspricht dieser Problemexposition die Häufung der lokalen Zirkumstanten (vgl. letzte Spalte: εἰς τὴν πόλιν, ὅπου ἐάν, ὅπου, ποῦ, ποῦ, ἐκεῖ; dazu der Hinweis auf das ἀνάγαιον μέγα in 15a]).

Der als freier Zug bestimmte Redeteil (12d.e) ist also nach seiner Funktion zu befragen. Warum läßt der Erzähler das Problem des Lokals des Paschamahls und vorab seiner Vorbereitung besprechen?

»der einen Wasserkrug trägt«; »ein großes Obergemach mit Polstern ausge-
rüstet«) nur indirekt, nur so beantwortet, daß der Ort gemäß Jesu Wort
gefunden werden kann (16cd), wenn die Jünger die an die Vorhersagen
gebundenen Aufträge ausführen.

Besonders merkwürdig ist, daß der Erzähler, der sich in 14c. d. der doppelt geschichteten Rede bedient, voraussetzt, daß der Hausherr weiß, wer
»der Lehrer« ist, der ihm durch zwei Jünger die Frage ausrichten läßt, wo
sein Gemach sei, wo er mit seinen Jüngern das Pascha essen könne. Diese
Voraussetzungen überschreiten den Horizont eines meist der Erzählung
unterstellten legendären wunderbaren Vorauswissens Jesu insofern eindeutig, als sie – bei angenommener Unterstellung – auch dem Hausherrn
korrespondierendes wunderbares Wissen zuzuschreiben zwänge. Der Erzähler deutet aber nicht an, daß er dies unterstellen möchte, und lenkt somit
das Verständnis seiner Erzählung eindeutig in eine andere Richtung.

Die Rede Jesu *bespricht* die Möglichkeit bzw. die den Jüngern gewiesene
Art und Weise, wie der Ort zur Vorbereitung des Paschamahls gefunden
werden kann, ohne daß Jesus ihn vorweg konkret benennt. Sie korrespondiert also in einem wichtigen weiteren Zug der Rede der Jünger, nämlich
darin, daß der Ort den Fragestellern (alle Jünger im Unterschied zu den
beiden beauftragten, die ihn im Vollzug ihres Auftrags finden) verborgen
war und bleibt, also im Motiv der Geheimhaltung.

Fassen wir zusammen:

Die Funktion der Rede der Jünger wie der Rede Jesu hat zentral etwas mit
der Geheimhaltung des Ortes zu tun, und dies klärt nun auch die Funktion
der freien Züge im erzählenden Teil unseres Abschnitts. Die Dopplung der
Zeitangabe in 12a.b signalisiert, daß es für die Vorbereitung des Paschamahls schon spät ist; denn die Lämmer wurden im Tempel am Nachmittag
des 14. Nisan geschlachtet[3]. Um den »Ort« geht es der Erzählung durchweg, und offensichtlich deshalb – so jedenfalls nach der Vorstellung der
erzählten Welt –, weil den Jüngern der Ort bis zuletzt, nämlich bis zur
Ankunft am Abend (14,17), unbekannt blieb. Der Auftrag und die Vorhersage Jesu sowie deren Eintreffen sind deshalb im Erzählteil hervorgehoben,
weil nur so von den beiden ausgesandten Jüngern das Obergemach gefunden
werden konnte und nach 14,16c.d. gefunden wurde. Beachtet man nun auch
den Kontext des Erzählabschnitts, so gewinnt zunächst die Formulierung
von 14,17 Relief. Am Abend »kommt« (Singular) Jesus »mit den Zwölfen«,
die von ihm geführt werden, weil sie das Ziel nicht kennen, sondern nur er.
Und blickt man auf 14,10 f., so wird das Motiv der Geheimhaltung deutlich:

---

[3] Vgl. Jub 49,1: »daß du es schlachtest, bevor es Abend wird«; Tempelrolle aus Qumran, Kol
17,7: »sie schlachten vor dem Abendopfer«; Jub 49,12: »Und seine Schlachtung soll nicht zu
jeder Zeit des Lichtes sein, ausgenommen in der Zeit der Grenze des Abends«; Jub 49,19: »das
Passah abends schlachten«.

Judas war bei den Hohenpriestern in Jerusalem gewesen, um mit ihnen die Auslieferung Jesu zu einem günstigen Zeitpunkt – nach 14,2 abseits von der Festmenge; einen solchen Zeitpunkt gab es in der Paschanacht – zu vereinbaren.

Die Funktion der freien Züge in 14,12–16 zielt also darauf, die Komplexion der Paschamahlvorbereitung, die mit einer Geheimhaltung des Ortes verbunden war, darzustellen; sie zielt nicht darauf ab, Jesus wunderbares Wissen zuzuschreiben, also eine legendäre Erzählung zu errichten.

Auf die Frage, woher der Erzähler die freien Züge bezieht, die seine Erzählung komplex (und kompliziert) machen, bietet sich als wahrscheinliche Antwort – zumal angesichts der Erzählvoraussetzungen, die den Abschnitt mit dem Kontext verbinden: Aufenthalt in Bethanien 14,3; Judas-Verrat 14,10f.; Korrespondenz der Zeitangaben 14,1.12; Führung der Zwölfe durch Jesus zum Ort 14,17 – nur diese an: Der Erzähler erzählt so, wie er erzählt, weil er sich an erlebtes oder ihm überliefertes Geschehen gebunden weiß[4]. Daß eine Auslegung des Erzählabschnitts unter dieser wahrscheinlichen Annahme jeden Einzelbezug präzise verständlich machen kann, ist die beste Bestätigung dieser Annahme; vgl. dazu Mk II,340–345.

Das überlieferungskritische Urteil kann folglich nur lauten: Mk 14,12–16 erzählt aufgrund von Informationen über tatsächliches Geschehen von der Vorbereitung des Paschamahls, die mit Geheimhaltungsmaßnahmen von Seiten Jesu verbunden war!

Auch die *Gegenprobe*, die Kritik der Legendenhypothese, bestätigt dieses Urteil. Zur Kritik an der Zuweisung zur Gattung der »prophetischen Vorhersage« (1 Sam 10,1–10; 1 Kön 17,8–16; 2 Kön 1) vgl. Mk II, 341; auch Mk II,176–189 zu Mk 11,1–11. Die Kommentatoren, die dieser Hypothese folgen (vgl. z. B. *J. Gnilka*, Mk II, z. St.; *J. Ernst*, Mk, z. St.) übergehen die Schwierigkeiten von 14,14f., wonach ein unbekannter Hausbesitzer auf die ihm übermittelte Frage ihm unbekannter Boten eines unbekannten Lehrers hin noch kurz vor dem Abend der beginnenden Paschamahlfeier (im überlaufenen Jerusalem) ein freies, zugerüstetes großes Obergemach zur Verfügung stellen soll. Selbst wenn der Erzähler auch dem Hausherrn so viel wunderbares Vorauswissen hätte zuschreiben wollen, wäre der Duktus seiner Erzählung für ein Publikum, das sich mit den Umständen auskennt (wie in der vormk Passionsgeschichte durchweg vorausgesetzt wird), nicht mehr einleuchtend. Wenn *J. Gnilka*, Mk II,233 (was *J. Ernst*, Mk z. St. ihm nachspricht) z. B. meint: »Wasserträgern, die in der Schiloach-Quelle Wasser geschöpft hatten, konnte man in Jerusalem sicher zu jeder Stunde begeg-

---

[4] Das bedeutet nicht, daß er »protokollarisch« erzählt, aber daß er tatsächliches (bzw. ihm als tatsächlich überliefertes) Geschehen perspektivierend und selektierend vergegenwärtigt. Vgl. oben S. 113f.

nen«, so ist dabei nicht nur übersehen, daß ein Mann mit einem Wasserkrug
(den normalerweise Frauen trugen) statt mit Wasserschläuchen (die Männer
schleppten) eben keine »Alltäglichkeit« (ebd.) ist, sondern darüber hinaus
die Begegnung mit einem Wasserträger zu einem absonderlichen Zufall
gestempelt: Die Jünger hätten (in der legendären Vorstellung des Erzählers)
ausgerechnet einem Wasserträger begegnen müssen, dessen Hausherr noch
einen freien, gerüsteten Raum hatte usw. (s. oben). Wie wäre dann das
Urteil noch zu halten: »nicht ein Märchenmotiv« (J. Gnilka, Mk II,232)?
Und zu welcher pseudo-theologischen Auslegung die Legendenhypothese
gegen die geschichtliche Wirklichkeit des Lebens Jesu, der sich seinem
Verräter *nicht* einfach auslieferte und in Getsemani noch um Verschonung
vom Leidensbecher betete, führt, zeigt *J. Ernst*, wenn er kommentiert: »Das
Geschehen wird durchsichtig: alles fügt sich Stück für Stück, was jetzt auf
Jesus zukommt, läuft ab nach einem Plan, den Gott vorgedacht hat. Er selbst
aber, der Meister (V. 14), ist nicht bloßes Objekt und willenloses Opfer-
lamm, sondern der Wissende und Zustimmende. Er selbst gibt die Anweisungen . . . Mk zeichnet über das prophetische Element hinaus auch das
Bild des Sohnes, der seinen Weg geht und in solcher Freiwilligkeit von
keiner menschlichen Instanz gelenkt oder geführt wird. Jesus ist nicht der
›göttliche Mensch‹, der durch wunderbare Geschehnisse sich selbst demonstriert, sondern der sich hingebende Gehorsame, der als der ›Wissende‹,
›Wollende‹, als der ›Wirkende‹ seine Aufgabe bejaht. Die angeblich ›legendären‹ Züge haben in Wirklichkeit einen tiefen Verkündigungssinn: Jesus
wird nicht von den Ereignissen eingeholt, er geht vielmehr auf sie zu« (Mk,
408 zu 14,13–14). Ein solcher Kommentar belegt paradigmatisch, wie das
Desinteresse an der realen Geschichte Jesu der »erbaulichen« Spekulation,
die den Text überfremdet, Tür und Tor öffnet und aus der Offenbarungsgeschichte ein Andachtsbild macht[5]. Die Zustimmung Jesu zu seinem Leidens-

---

[5] Ich erlaube mir, meine Deutung aus »Das Evangelium der Urgemeinde«, S. 166 f. dagegen
zu halten:
»Die Passionsgeschichte zeigt keinen weltfremden Jesus, der blindlings in die Fallen seiner
Gegner rennt. Wie Jesus bei den heimtückischen Befragungen auf dem Tempelplatz überlegt
und schlagfertig reagiert, so agiert er jetzt besonnen, klug, vorsichtig. Da sich die Festmenge
am Paschaabend in die kleinen Mahlgemeinschaften zerstreut, kann Jesus angesichts der feind-
seligen Haltung der Jerusalemer Obrigkeit an diesem Abend in der Stadt nicht sicher sein. Also
trifft er Vorsichtsmaßnahmen, die auf die Geheimhaltung seines Aufenthaltsortes zielen. Den
Paschamahlsaal kann Judas nicht an die Hohenpriester verraten.
Daß die Vorbereitung des Paschamahls überhaupt erzählt wird, hängt gewiß auch mit der
Bedeutung der Ereignisse beim Mahl selbst für die Erzählgemeinschaft, die Urgemeinde
zusammen. Aber darüber hinaus kann doch erwogen werden, ob Jesus dem Paschamahl mit
seinen Jüngern besondere Bedeutung zumaß, weil er das Mahl zur Gelegenheit der Deutung des
ihm drohenden Todes machen wollte.
Wer die Sache Gottes betreibt, kann nicht weltfremd, leichtsinnig, ohne Rücksicht auf seine
Umwelt, auf Zeit und geschichtliche Stunde agieren. Jesus hat seinen Hörern in seinen Parabeln

weg (wie sie in der Abendmahlsüberlieferung deutlich wird), wird gar nicht real begriffen; denn Jesus sucht nicht sein Martyrium, sondern stellt sich der Geschichte, die er nicht als Verhängnis betrachtet. Die Legendenhypothese leidet auch an einem Mißverständnis der Legende als Sprachform des Glaubens, der geschichtliche Realität deutet. Das gestörte Verhältnis der ntl. Wissenschaft zur Geschichte zeigt sich auch so an.

Zurück zu Mk 14,22–25. Als Bestandteil des übergreifenden Erzählzusammenhangs 14,12–26 partizipiert dieser Abschnitt zunächst an dem überlieferungskritischen Kredit, den die übrigen Abschnitte verdienen. Zu Mk 14,17–21 vgl. Mk II,345–353.

2. Implikate der Kritik

Im ganzen fällt auf, wie wenig in der Kritik die Frage nach der Abendmahlsüberlieferung als Bestandteil der Passionsüberlieferung und damit als Bestandteil der ältesten Jerusalemer Überlieferung, des »Evangeliums in Jerusalem«, aufgenommen worden ist. Womit hängt das zusammen? Vermutlich mit der nachhaltigen Wirkung der »von der formgeschichtlichen Betrachtungsweise jahrzehntelang gepflegten Vorstellung von den in den Gemeinden ›frei umlaufenden‹, völlig in isolierte Teilchen aufgelösten Einzeltraditionen« (*M. Hengel,* Zur urchristlichen Geschichtsschreibung, Stuttgart 1979, 28). Sowohl für *J. Ernst,* Mk 396 als auch für *J. Gnilka,* Mk II,350 sind die Erzählabschnitte Mk 14,12–16.17–21.22–25 ursprünglich selbständige Sondertraditionen, und die jüngsten Kommentatoren repräsentieren mit solchem Urteil nur die *communis opinio,* welche die ältere formgeschichtliche Forschung schuf.

Mir scheint es deshalb angebracht, noch einmal ausführlich nachzuweisen, daß in Mk 14,12–26 ein Ausschnitt aus der früh in Jerusalem entstandenen Passionserzählung vorliegt, ein Ausschnitt, der *P. Stuhlmachers* Urteile stützt: »Da sich der Leitungskreis der Jerusalemer Urgemeinde aus dem Jüngerkreis Jesu (und der Jesusfamilie) rekrutiert, ist im Blick auf die Evangelientradition mit einem nicht nur zufälligen, sondern gepflegten Traditionskontinuum zu rechnen, das aus der Jesuszeit hin zur nachösterlichen Gemeinde führt . . . Insgesamt dürfte ein weit größerer Teil der Evangelientradition historisch zuverlässige Überlieferung darstellen als von der klassischen Formgeschichte angenommen worden ist« (s. o. S. 7).

---

immer wieder sachgerecht kluges Verhalten weltzugewandter Menschen vorgeführt. Die ›Offenbarung‹ Gottes ist an konkret weltlichen Stoffe, an alltägliche und besondere Ereignisse gebunden. Falsche ›Idealisierungen‹ weltflüchtigen Charakters werden ihrem Anspruch nicht gerecht. «

III. Noch einmal: Mk 14,12–26 als Bestandteil der vormk Passionsgeschichte
und ältestes Überlieferungsgut der Urgemeinde

Mk 14,12–26 besteht aus 3 Erzählabschnitten (14,12–16.17–21.22–25) und dem Beginn eines vierten (14,26), mit dem zugleich ein Geschehenszusammenhang, der in 3 Szenen repräsentiert war, abgeschlossen wird[6]. Der Geschehens*zusammenhang* wird hauptsächlich durch das Thema »Paschamahl« konstituiert, dessen Abschluß in 14,26 mit dem »Hymnus« (ὑμνήσαν-τες) der Hallel-Psalmen und der Ortsveränderung der beteiligten Personen (ἐξῆλθον) signalisiert ist. Die drei voraufgehenden Szenen betreffen 1. die Vorbereitung des Paschamahls (14,12–16), 2. die Verratsansage bei der Paschamahlvorspeise nach Mahlbeginn (14,17–21) und 3. Jesu Todesdeutung im Verlauf der Paschahauptmahlzeit (14,22–25). Das den Geschehens-*zusammenhang* konstituierende Thema »*Paschamahl*« (mit Essen *und* Trinken) ist von der eröffnenden Zeitangabe in 14,12 an (τῇ πρώτῃ ἡμέρᾳ τῶν ἀζύμων, ὅτε τὸ πάσχα ἔθυον) bis zur abschließenden und überleitenden Notiz in 14,26 (ὑμνήσαντες ἐξῆλθον) durchgängig im erzählenden Rahmen wie in den gerahmten Redeteilen, in der erzählten wie in der besprochenen Welt des Textes, gegenwärtig; ein breites semantisches Feld verleiht dem Textzusammenhang Kohärenz:

14,12b: τὸ πάσχα
   12e: φάγῃς τὸ πάσχα
   14d: τὸ πάσχα . . . φάγω
   16e: ἡτοίμασαν τὸ πάσχα
   18 : ἀνακειμένων αὐτῶν καὶ ἐσθιόντων
   18b: ὁ ἐσθίων μετ’ ἐμοῦ
   20b: ὁ ἐμβαπτόμενος μετ’ ἐμοῦ εἰς τὸ τρύβλιον
   22a: ἐσθιόντων αὐτῶν
        λαβὼν ἄρτον
   23a: λαβὼν ποτήριον
   23b: ἔπιον
   25 : οὐ μὴ πίω ἐκ τοῦ γενήματος τῆς ἀμπέλου
   25b: ὅταν αὐτὸ πίνω καινόν.

In der ersten Szene (14,12–16) geht es um die Vorbereitung des Paschamahls am 14. Nisan (12ab):

   12d: ἐτοιμάσωμεν
   15b: ἐτοιμάσατε
   16b: ἡτοίμασαν.

Obwohl in der zweiten und dritten Szene (14,17–21.22–25) das Stichwort πάσχα, das in der ersten 4mal gefallen war (14,12b.e.14d.16b), nicht erneut

---

[6] Für alle Einzelnachweise verweise ich auf Mk II, z. St. bzw. auf Nr. 12. Für Mk 14,12–16 vgl. auch die obige Analyse! – Zur Analyse szenischer Gliederung vgl. K. Berger aaO. 17.

aufgenommen wird – *wozu sich freilich auch kein Anlaß mehr bietet* –, ist angesichts des durchgängigen Geschehenszusammenhangs und einiger spezifischer Erzählvoraussetzungen klar, daß hier von besonderen Ereignissen im Verlauf des Paschamahls berichtet wird.

In der zweiten Szene (14,17–21) ist der Beginn des Paschamahls zeitlich richtig am Abend (14,17: ὀψίας γενομένης) in der Stadt = in Jerusalem (vgl. 14,13b.16: εἰς τὴν πόλιν; 14,17: ἔρχεται), wo das Paschamahl gefeiert werden mußte, angesetzt. Der Mahlbeginn ist in 14,18a doppelt signalisiert: Die Mahlteilnehmer liegen, wie beim Paschamahl vorgeschrieben, zu Tisch (ἀνακειμένων αὐτῶν) und essen (καὶ ἐσθιόντων). Daß die Szene den ersten Teil des Paschamahls, die Vorspeise, im Auge hat, ist in den Reden Jesu jeweils deutlich: Die Anspielung auf bzw. das verkürzte Zitat aus Ps 41,10 in 14,18b vermeidet das Stichwort »Brot« deshalb, weil während der Vormahlzeit noch kein Brot gegessen wurde; die Erwähnung der Schüssel in 14,21b, in welche der Verräter mit Jesus (die Kräuter) eintaucht, hat die Fruchtmusschüssel der Vorspeise im Auge, in welche die Mahlteilnehmer die Bitterkräuter eintauchen.

Die *dritte Szene* (14,22–25) führt mit der (scheinbaren) Wiederholung καὶ ἐσθιόντων αὐτῶν (14,22, vgl. 14,18a: καὶ ἀνακειμένων αὐτῶν καὶ ἐσθιόντων), die ein überleitender szenischer »Trenner« ist, zur Paschahauptmahlzeit weiter, während der das ungesäuerte »Brot« (14,22) gegessen wird und die mit dem Hymnengesang (14,26) abgeschlossen wird. Auch der Ausdruck τὸ γένημα τῆς ἀμπέλου (14,25) *kann* auf das Paschamahl hinweisen. Schließlich setzt der Gang Jesu mit seinen Jüngern zum Ölberg (14,26) – statt nach Bethanien wie in 11,11.19; vgl. 14,3 – die Paschanacht voraus, in der die Festpilger im Stadtgebiet bleiben mußten.

Mk 14,12–26 repräsentiert also einen Geschehenszusammenhang, der hauptsächlich durch das Thema »Paschamahl« konstituiert ist. Darüber hinaus sind aber auch alle drei Szenen des Erzählzusammenhangs durch das Thema »Auslieferung und Tod Jesu« miteinander verbunden, das in den Reden Jesu besprochen bzw. vorausgesetzt ist. Das besondere Ereignis bei der Paschavorspeise (14,17–21) ist die *Vorhersage Jesu* (und die bestürzte Diskussion seiner Jünger darüber), *daß er ausgeliefert werde:*

14,18b: εἷς ἐξ ὑμῶν παραδώσει με
14,20a: εἷς τῶν δώδεκα . . .
14,21b: ὁ υἱὸς τοῦ ἀνθρώπου παραδίδοται.
Und diese Auslieferung führt zum Gang in den Tod:
14,21a: ὁ μὲν υἱὸς τοῦ ἀνθρώπου ὑπάγει καθὼς γέγραπται περὶ αὐτοῦ.

Das besondere Ereignis bei der Paschahauptmahlzeit (14,22–25) sind die Gesten und Worte, mit denen Jesus seinen Tod deutet, der deutlich in 14,24 besprochen ist (τὸ αἷμά μου . . . τὸ ἐκχυννόμενον), und seine Todesprophetie im

Amen-Wort (14,25). Der Gang zum Ölberg (14,26) ist der Hinausgang zu dem Ort, an dem Jesus in Todesangst (14,34) um die Verschonung vom Leidensbecher betet (14,36) und erneut seine Auslieferung ankündigt (14,41 f.), an dem er dann auch verraten und verhaftet wird (14,43–52). Und auf dem Weg dorthin wird zuvor schon erneut sein Tod besprochen (14,27.31).

Aber auch in der ersten Szene (14,12–16) ist das Thema des Jesus drohenden Verrats (und seines Todes) insofern vorausgesetzt und gegenwärtig, als die Vorbereitung des Paschamahls in der »Stadt« (13.16), in einem bestimmten Haus (14), einem Gemach (14), das schließlich als »Obergemach« präzisiert wird (15), unter merkwürdigen Geheimhaltungsvorkehrungen geschieht. *Wo* Jesus mit seinen Jüngern das Paschamahl halten kann (vgl. *ποῦ* in 12.14; *ὅπου* und *ἐκεῖ* in VV 14.15), scheint deshalb fraglich zu sein, weil er in der Stadt gefährdet ist. Von dieser Gefährdung ist im nachfolgenden Kontext deutlich die Rede (zweite und dritte Szene), aber auch im voraufgehenden Kontext (14,1–11), dem unser Erzählabschnitt, der nicht als selbständige Einzelerzählung konzipiert ist, ursprünglich zugehört. Die Einbindung von Mk 14,12–25 in den nachfolgenden Kontext ist durch 14,26 eindeutig angezeigt. Aber auch die Verbindung mit dem voraufgehenden Kontext ist evident:

Die eröffnende Zeitangabe (14,12ab) weist auf die Zeitangabe in 14,1a und damit auf das seit 14,1 ff. erzählte Geschehen zurück. Die Rede von »seinen« Jüngern (*αὐτοῦ*), die »ihm« (*αὐτῷ*) sagen, also die Erinnerung Jesu – dessen Name erst in 14,17 (dann erneut 14,27) gesetzt wird, also im Großabschnitt 14,12–26 nur einmal benutzt ist – mit dem Personal-Pronomen[7], setzt den vorangehenden Kontext voraus, in dem Jesus (zuletzt in 14,6) genannt war. Die Sendung von zwei Jüngern »in die Stadt« (= Jerusalem) (14,13b) setzt Jesu Aufenthalt außerhalb der Stadt, nach 14,3–9 in Bethanien voraus; von dort müssen die Jünger »weggehen« (14,12d) bzw. »herausgehen« (14,16a), um »in die Stadt zu kommen« (14,16b). Entsprechend »kommt« (14,17) Jesus am Abend mit den Zwölfen nach.

Setzt 14,12–16 also den zuvor (seit 14,1–11) erzählten Kontext voraus, so insbesondere den in 14,10f. erzählten Sachverhalt, daß Judas Iskariot am Tag zuvor, während Jesus in Bethanien zu einem Mahl geladen war, von dort zu den Hohenpriestern (nach Jerusalem) gegangen war, um einen günstigen Zeitpunkt für eine Auslieferung Jesu zu vereinbaren. Daß die Paschanacht in Jerusalem, bei der sich die Festpilger und damit auch die Anhänger Jesu, die ihn nach dem Bericht der Passionsgeschichte bislang geschützt hatten (vgl. 11,18; 12,12; zuletzt 14,2), in kleineren Feiergemeinschaften zerstreuen würden, ein besonders geeigneter Zeitpunkt für eine

---

[7] Zur Herstellung von Kohärenz durch »Pro-Formen« vgl. K. Berger aaO. 15.

Auslieferung Jesu sein könne, ist dem Hörer oder Leser, welcher über die entsprechenden lokalen und liturgischen Kenntnisse verfügt, von vorneherein klar. Deshalb ist er auch in der Lage, die merkwürdigen Anweisungen Jesu in 14,13–15 als Geheimhaltungsvorkehrungen zu begreifen.

Ist die literarkritische Einheitlichkeit des Erzählabschnitts 14,12–25 schon durch die ihn konstituierenden »Themen« angezeigt, so kann sie noch dadurch verdeutlicht werden, daß auf die stilistische Einheitlichkeit und das Fehlen störender Wiederholungen, Spannungen etc. verwiesen wird[8].

Das Erzählgerüst der ersten Szene (14,12–16) in VV 12abc.13ab.16 ist bis auf den temporalen Nebensatz (eingeleitet mit ὅτε) in 12b und den modalen Nebensatz καθὼς εἶπεν in 16d durchgängig mit parataktisch gereihten, mit καί verbundenen Sätzen erstellt (7-fache καί-Reihung). Die Erzählzeit ist am Beginn (bis auf das Imperfekt ἔθυον im temporalen Nebensatz 12b) das 3-fache Präsens historicum (12c.13ab), zweimal zur Redeeinführung genutzt (λέγουσιν, λέγει), am Schluß der 5-fache Aorist (16)[9]. Akteure sind neben dem unbestimmten Subjekt im Temporalsatz 12b allein Jesus (ungenannt) und seine Jünger. Erzählt wird ein Dialog und die Sendung zweier Jünger »am ersten Tag des Festes der ungesäuerten Brote« (Zeitzirkumstant) »in die Stadt« (Ortszirkumstant) zur Vorbereitung des Paschamahls.

Die Redeteile der ersten Szene, die Frage der Jünger (12de) und der Auftrag Jesu (13c–15), dienen der *Besprechung* der Vorbereitung des Paschamahls und harmonieren insofern vollkommen mit dem erzählenden Rahmen (dessen letzter Teil in 16 Ausführungsschilderungen der Aufträge Jesu bei Verweis auf das Eintreffen seiner Vorhersagen ist).

In der Frage der Jünger geht es um die gewollte Handlung Jesu (Paschamahl essen) und die gesollte Handlung der Jünger (Paschamahl vorbereiten), genauerhin um das »Wo« beider Handlungen. Jesu Antwort ist im ganzen auf die Beantwortung der Frage nach dem »Wo« abgestellt (vgl. die lokalen Termini: εἰς τὴν πόλιν, ὅπου ἐάν, ποῦ, ὅπου, ἐκεῖ). Die Jünger werden durch Imperative zu bestimmen Handlungen angewiesen (ὑπάγετε, ἀκολουθήσατε, εἴπατε, ἑτοιμάσατε), vom Wasserträger und dem Hausherrn werden in Futura (ἀπαντήσει, δείξει) Vorhersagen gemacht. Eine Anweisung an die Jünger ist durch ein Verhalten des Wasserträgers konditioniert (ὅπου ἐὰν εἰσέλθῃ), nämlich ihre Botenrede an den Hausherrn, in welcher in der geschichteten Rede Jesus selbst zu Wort kommt mit der zentralen Frage, *wo* das Gemach für das Paschamahl sei.

Dem *ποῦ . . . ἑτοιμάσωμεν* in der Frage der Jünger entspricht am Schluß das

---

[8] Für eine verantwortliche Literarkritik ist grundlegend, daß zwischen der Auflistung der Phänomene und ihrer Wertung unterschieden wird. Vgl. G. Fohrer aaO. 48: »Eine Texteinheit ist dann als ›einheitlich‹ zu bezeichnen, wenn sich in ihr keine *unvereinbare* Spannung und/oder *störende* Wiederholungen feststellen lassen« (Hervorhebung von mir).

[9] Vgl. ähnlich in Mk 11,1 ff.

ἐκεῖ ἑτοιμάσατε im Auftrag Jesu. Das »Wo« bzw. das »Dort« wird durch die
Vorhersagen über das Verhalten des Wasserträgers und des Hausherrn bzw.
die Befehle an die Jünger geklärt – nur für sie selbst in der Ausführung der
Weisungen. Ansonsten bleibt der Ort geheim! (Darauf liegt der Ton, nicht
auf legendär wunderbarem Vorauswissen Jesu).
Das Erzählgerüst der zweiten Szene (14,17–21) in VV 17.18a.19a.20, das
den Rahmen für einen Dialog beim Mahl am Abend erstellt, besteht aus
Parataxen (2fache καί-Reihung am Beginn), die temporale Genitivus-absolutus-Konstruktionen umschließen, einem asyndetisch gereihten (mit καί
verbundenen) Doppelsatz und der letzten mit δέ angeschlossenen Redefüh-
rung. Asyndese (19a) und δέ-Anschluß (20a) verdeutlichen die Lebhaftigkeit
des Dialogs, in dem ein brisantes Thema, der Verrat Jesu, behandelt ist.
Wieder findet sich der Wechsel vom Präsens historicum (17) bei der einleitenden Handlung zum Aorist bei den Haupthandlungen (die hier freilich in
Reden bestehen!). Die Genitivus-absolutus-Konstruktionen markieren den
Zeitpunkt des Beginns des Paschamahls: Jesus kommt am Abend *mit den
Zwölfen* dorthin, wo die beiden Jünger das Paschamahl vorbereitet hatten,
legt sich mit ihnen zu Tisch und ißt. Der Rahmen für den Dialog bei der
Paschavorspeise hebt im übrigen nur noch auf die Betroffenheit der Zwölfe
über Jesu Verratsansage ab (19: ἤρξαντο λυπεῖσθαι) und harmoniert sowohl
mit dem Kontext wie mit den gerahmten Redeteilen. Daß diff 12c.13a.16a
nun von den »Zwölfen« (17) statt von den »Jüngern« gesprochen wird, ist
keine störende, literarkritisch auswertbare Spannung, sondern eine im Blick
auf Jesu Rede (18b: εἷς ἐξ ὑμῶν, 20b: εἷς τῶν δώδεκα) notwendige Präzision.
Die Redeteile der zweiten Szene (18b.19b.20b.21) nehmen in 18b (ὁ ἐσθίων
μετ’ ἐμοῦ ohne τὸν ἄρτον, wie nach Ps 41,10 zu erwarten gewesen wäre) und in
20b (ὁ ἐμβαπτόμενος μετ’ ἐμοῦ εἰς τὸ τρύβλιον) auf den vorausgesetzten Rahmen,
den Beginn des Paschamahls (Vorspeise) genau Bezug. Besprochen wird im
Dialog der zukünftige Verrat Jesu durch einen Tischgenossen, einen der
Zwölf, der »mit Jesus« (vgl. μετ’ ἐμοῦ in 18b.20b) das Pascha ißt. Dieser
Verrat führt zum schriftgemäßen Tod des Menschensohnes, während den
Verräter das »Wehe« trifft (21).
Wie in der ersten Szene die Frage nach dem Lokal für den Leser/Hörer
nicht aufgeklärt wurde, so nun auch nicht die Frage nach dem Verräter (über
den Sachverhalt hinaus, daß er zu den Zwölfen gehört).
Auch im *Erzählgerüst der dritten Szene* (14,22–25) bleiben Jesus und die
Zwölfe die Akteure. Nach einem »Trenner«[10], einer 18a variierend wieder-
holenden Genitivus-absolutus-Konstruktion, die erneut temporal-modalen
Sinn hat und den Fortschritt beim Paschamahl von der Vorspeise zur Hauptmahlzeit anzeigt, wird von Mahlhandlungen Jesu (22a.23a) und seiner Jün-

---

[10] Vgl. G. Fohrer aaO. 90; auch Nr. 12, S. 71 mit Anm. 167!

ger (23b) und Deuteworten Jesu erzählt. Die Sätze sind (mit beigeordneten Partizipien) parataktisch (6-fach mit *καί*) gereiht. Da keine vorbereitenden Handlungen mehr erwähnt werden, fehlt das Präsens historicum (6-fach Aorist). Das Hysteronproteron in 23b, der vorgezogene Bericht über das Trinken der Zwölfe, ist kein Indiz für eine Schichtung des Textes; es ist durch die Anfügung des Amen-Wortes (25) an das Deutewort zum Becher (24b) bedingt, da die Todesprophetie offenbar (in Analogie zu 21) die Szene abschließen soll. Das Erzählgerüst harmoniert mit dem Kontext und ist in sich spannungsfrei.

Die Redeteile der dritten Szene, sowohl die Deuteworte (22b.24b) wie die Todesprophetie, das abschließende Amen-Wort Jesu (25), sind situationsbezogen formuliert und besprechen insgesamt, was ebenfalls zum Kontext paßt, Jesu (zukünftigen) Tod. Gedeutet werden die Gaben, das Brot und der Becher; besprochen werden Handlungen der Jünger (sie *sollen* das Brot »nehmen«) und Jesu (er trinkt nicht mehr bzw. wird erneut trinken).

Aufgrund der angeblichen *Wiederholung* – in Wirklichkeit einer variierenden Wiederholung – *καὶ ἐσθιόντων αὐτῶν* (22a) eine sekundäre Einfügung von 14,22–25 in den vorgestellten Geschehensablauf 14,22–26 zu postulieren, ist reine Willkür[11]; mit gleicher Willkür könnte man 14,17–21 aus dem Erzählzusammenhang eliminieren, der die Vorbereitung des Paschamahls, einen besonderen Vorfall bei der Vorspeise *und* eine besondere Begebenheit während der Hauptmahlzeit im Auge hat, bevor er das Ende der Paschamahlzeit erwähnt (14,26).

Überblickt man 14,12–26, so läßt sich resümierend festhalten, daß alle Handlungsverben (u. Partizipien; bis auf *λυπεῖσθαι* in 19!) auf das Paschamahl bezogen sind, alle Handlungsobjekte ebenfalls, schließlich alle lokalen und temporalen Zirkumstanten! Deshalb ist es die nächstliegende und höchst wahrscheinliche Annahme, daß der »Trenner« in 22a keine andere Funktion hat, als den Fortschritt beim Mahlgeschehen von der Vorspeise zur Hauptmahlzeit (in Entsprechung zu den in den Szenen selbst gemachten Voraussetzungen) anzuzeigen.

Dagegen, daß VV 22–25 sekundär in den Kontext eingerückt sein könnten, spricht auch, daß 14,22–25 keine selbständige Erzähleinheit ist[12]. Dies

---

[11] Vgl. K. Berger aaO. 13f. zur Funktion von Wiederholungen bei der Textverknüpfung, der Herstellung von Kohärenz: Wiederholung zeigt »die Wiederaufnahme bestimmter Handlungsstränge an«. Vgl. auch G. Fohrer aaO. 50: »Es erhebt sich natürlich die Frage, wann eine Wiederholung störend ist und wann nicht; dies darf ja nicht dem subjektiven Empfinden des einzelnen überlassen werden.«

[12] Die unter II.1.A angeschnittene Frage nach der Unterscheidung selbständiger von nicht selbständigen Texteinheiten kann jetzt grundsätzlich und paradigmatisch aufgegriffen werden. E. Zenger aaO. 120 formuliert als Kriterium: »Je nachdem, ob der Horizont einer Einheit über diese hinausweist oder nicht, handelt es sich um eine Einheit, die selbständig oder nicht selbständig für sich verfaßt bzw. tradiert wurde.« Dabei gilt ihm: »Der Horizont einer Einheit

ergibt sich schon daraus, daß die Akteure nicht genannt sind, sondern nur aus dem Kontext erschlossen werden können. Ohne den Kontext fehlt auch jegliche die Handlungen verständlich erscheinen lassende Situationsangabe, zumal die Wendung *καὶ ἐσθιόντων αὐτῶν* auch nur durch den Kontext ihre Präzision erhält.

Daß der Genitivus absolutus einen semitischen Nominalsatzanfang (in der Funktion eines »Trenners«) wiedergeben kann, habe ich andernorts schon gezeigt (Nr. 12, S. 70–72). Daß eine »Wiederholung« nur dann literarkritisch eine Textschichtung anzeigt, wenn sie im Textgefüge stört (und nicht wie im vorliegenden Fall den vorgestellten Geschehensablauf präzisiert), dürfte für eine verantwortliche Handhabung literarkritischer Methodik eigentlich selbstverständlich sein.

Weil das leider – zur Schande für den Zustand der neutestamentlichen Wissenschaft – nicht so ist und mancher nach wie vor geneigt ist, literarkritisch nach gusto über den Daumen zu peilen[13], scheint hier ein Exercitium anhand der Genitivus-

---

(ihr Blickwinkel, die Reichweite ihres Interesses) ergibt sich gegebenenfalls aus Formeln und Schemata der Einheit, die sich auch in anderen biblischen Texten feststellen lassen.« Vgl. ähnlich G. Fohrer aaO. 80 f.

Für den übergreifenden Horizont und damit die Unselbständigkeit bzw. Kontextgebundenheit von Mk 14,22–25 sind folgende Daten die – zumal in ihrer Kumulation – schlüssigen Kriterien:

1. Die Frage nach Ort und Zeit des erzählten Geschehens findet in der Erzähleinheit selbst keine Antwort, wohl aber im voraufgehenden Kontext (14,12–21; bes. VV 12.17 [Zeit], VV 13–17 [Ort]).

2. Personen werden nicht konkret genannt, sondern nur durch Pro-Formen (Pronomina: *αὐτῶν, αὐτοῖς*; auch *πάντες* in 23) bzw. die Verben selbst erinnert; damit ist der Hörer/Leser auf Vorinformation verwiesen. Wer mit *αὐτῶν, αὐτοῖς* und *πάντες* gemeint ist (nach 17 »die Zwölf«), ist nur aus dem Kontext zu klären, auch wenn das Fehlen des Namens Jesu durch mündliche Überlieferung, bei der im freien Rahmen geklärt wurde, daß von Jesus erzählt wird, erklärbar wäre.

3. Das Stichwort *πάντες* ist ein formelhaftes Element (vgl. 14,27.28.31.50), das auf den übergreifenden Horizont (den nachfolgenden Kontext) verweist.

4. Die Mahlterminologie (*ἐσθίειν, λαμβάνειν ἄρτον, εὐλογεῖν, κλᾶν, λαμβάνειν ποτήριον, εὐχαριστεῖν, πίνειν, τὸ γένημα τῆς ἀμπέλου*) bildet mit derjenigen in 14,12–21 ein kohärentes semantisches Feld und die Einleitung 14,22a im wiederholend verknüpfenden Genitivus absolutus verweist auf das im Kontext vorausgesetzte Paschamahl, klärt also die in der Texteinheit selbst nicht beantwortete Frage nach der Bestimmtheit der vorausgesetzten Situation des Mahls. Das Paschamahl bildet den übergreifenden Horizont der Einheit.

5. Die Amen-Einleitung (*ἀμὴν λέγω ὑμῖν*) bei einer kontextbezogenen Prophetie ist ein formelhaftes Element (vgl. zu 14,25 die Amen-Worte in 14,9.18.30), das ebenfalls einen übergreifenden Horizont anzeigt.

6. Die enge Bindung von 14,22–25 an 14,17–21 ist auch dadurch angezeigt, daß nach der Nominalisierung (17: die Zwölf) bzw. Renominalisierung (18: Jesus) nicht nur noch Pro-Formen begegnen, sondern auch (im Unterschied zur Verfahrensweise bei der Schilderung der vorbereitenden Handlungen in 14,12.13.17) kein Tempuswechsel mehr erfolgt (vgl. die Abfolge 18: *ὁ Ἰησοῦς εἶπεν*; 20: *ὁ δὲ εἶπεν αὐτοῖς*; 22: *καὶ εἶπεν*; 24: *καὶ εἶπεν αὐτοῖς*).

[13] Vgl. K. Berger aaO. 30, der auch urteilt, »daß Literarkritik offenbar weithin viel zu leichtfertig als Mittel zur Quellenentscheidung verwendet wird.«

absolutus-Konstruktionen, die am Beginn von Texteinheiten (ohne voraufgehende Zeitangaben) im Mk-Ev vorkommen, angezeigt. Fälle wie Mk 14,18, wo die Konstruktion nicht am Beginn der Texteinheit steht, bleiben hier außer Betracht; nicht berücksichtigt wird auch der Geschehensanschluß in 5,35 (Verbindung von Blutflüssigen- und Jairuserzählung).

Folgende Fälle lassen sich auflisten:

1) Mk 1,32: ὀψίας δὲ γενομένης
2) Mk 9,9: καὶ καταβαινόντων αὐτῶν ἐκ τοῦ ὄρους
3) Mk 10,17: καὶ ἐκπορευομένου αὐτοῦ εἰς ὁδόν
4) Mk 13,1: καὶ ἐκπορευομένου αὐτοῦ ἐκ τοῦ ἱεροῦ
5) Mk 13,3: καὶ καθημένου αὐτοῦ εἰς τὸ ὄρος τῶν ἐλαιῶν
6) Mk 14,3: καὶ ὄντος αὐτοῦ ἐν Βηθανίᾳ
7) Mk 14,17: καὶ ὀψίας γενομένης
8) Mk 14,22: καὶ ἐσθιόντων αὐτῶν
9) Mk 14,43: καὶ εὐθὺς ἔτι αὐτοῦ λαλοῦντος
10) Mk 14,66: καὶ ὄντος τοῦ Πέτρου κάτω ἐν τῇ αὐλῇ
11) Mk 15,33: καὶ γενομένης ὥρας ἕκτης
12) Mk 15,42: καὶ ἤδη ὀψίας γενομένης
13) Mk 16,1: καὶ διαγενομένου τοῦ σαββάτου.

Schon auf den ersten Blick fällt die höchst ungleiche Verteilung des Phänomens (Genitivus-absolutus-Konstruktion zu Beginn einer Texteinheit) in den beiden Hälften des Mk-Ev auf. Die ungleiche Verteilung findet ihre Erklärung, wenn man meine Rekonstruktion der vormk Passionsgeschichte voraussetzt. Denn von den 13 Belegen gehören 10 (außer Nr. 1, 3 und 5) der vormk Passionsgeschichte an, wo sie jeweils der Einbindung nicht selbständiger Erzähleinheiten in den Kontext dienen. Unter den 10 Belegen finden sich 4 Ortsanschlüsse (Mk 9,9; 13,1; 14,3; 14,66; außerhalb der PG in 10,17; 13,3), 4 Zeitanschlüsse (Mk 14,17; 15,33.42; 16,1; außerhalb der PG in 1,32) und 2 Geschehensanschlüsse (14,22.43). Alle Anschlüsse setzen mit καί ein. Sind im Anschluß Jesus *und* die Jünger als Subjekt vorausgesetzt, wechselt das Subjekt jeweils zu Jesus (9,9; 14,22). Die Häufigkeit des stilistischen Phänomens innerhalb der vormk Passionsgeschichte und der Sachverhalt, daß alle Belege als vormk traditionell gelten dürfen, spricht dafür, daß auch in Mk 14,22 die vormk unselbständige Erzähleinheit mit καὶ ἐσθιόντων αὐτῶν begann. Die Besonderheit dieses Beginns besteht allein darin, daß in 14,18 in der Redeeinführung (hier nicht als Geschehensanschluß, sondern als temporal-modale Bestimmung) καὶ ἀνακειμένων αὐτῶν καὶ ἐσθιόντων vorausgeht, in 14,22 also καὶ ἐσθιόντων (αὐτῶν) wiederholt erscheint. Doch da in 14,18 mit καὶ ἀνακειμένων αὐτῶν der Mahlbeginn angezeigt ist und die Szene 14,17–21 bei der Paschamahlvorspeise spielt, hat der Geschehensanschluß in 14,22 eindeutig eine neue Funktion, nämlich die Situation der Paschahauptmahlzeit anzuzeigen, die mit dem Brotritus nun ebenfalls vorausgesetzt ist.

Zur Einbindung von Mk 14,12–26 in den Makrokontext der vormk Passionsgeschichte sind über die oben gegebenen Hinweise noch die in Mk II,13f.; 340,344f.,351f. und in »Das Evangelium der Urgemeinde« S. 64–78 gegebenen Hinweise zu beachten (Orts- und Zeitangaben; Sequenz der situationsbezogenen Amen-Worte, der Menschensohnprophetien; Passio-iusti-Thematik; Wendung εἰς τῶν δώδεκα usw.).

Worauf hier noch einmal abgehoben werden soll, ist der Sachverhalt, daß 14,22–26 nur im Zusammenhang der früh in Jerusalem überlieferten Passionsgeschichte verständlich ist und somit als ältestes Überlieferungsgut der Urgemeinde gelten darf, paradigmatisch also der Sachverhalt, der im ganzen für die vormk Passionsgeschichte gilt.

14,22–26 setzt beim Hörer/Leser als Vorinformation voraus:

1. Daß sich Jesus mit seinen Jüngern in Bethanien (14,3), in der Nähe Jerusalems (11,1) aufhält.
2. Daß dieser Aufenthalt in die Paschazeit (14,1) fiel.
3. Daß das Paschamahl in Jerusalem (»der Stadt«: 14,13c.16b) am Abend (14,17) gehalten werden muß, nachdem, »bevor es Abend wird« (Jub 49,1), das Paschalamm geschlachtet wurde (14,12).
4. Daß Jesus »am Ölberg« (14,26) die Paschanacht gemäß der Vorschrift im Stadtbezirk verbringen will, der Ölberg in dieser Nacht hinzugerechnet wird.
5. Daß »Judas Iskarioth, der eine der Zwölf« (14,10.20b) ihn verraten wollte und verraten hat (14,43).
6. Daß man von Bethanien kommend vor der Stadt an der Siloahquelle einen Wasserträger antreffen kann.
7. Daß das Paschamahl sich nach Vorspeise und Hauptmahlzeit, bei der erst Brot gegessen wird, unterscheidet (14,18.22).
8. Daß das Paschamahl mit den Hallel-Psalmen abschließt (14,26).
9. Daß angesichts der Jesus drohenden Gefahr (11,18; 12,12; 14,1f.10f.) Geheimhaltung des Paschamahlortes angebracht war.

Solche Erzählvoraussetzungen in dieser Häufung und Konkretion machen in der Regel weder selbständige noch späte noch vom Ort des vorausgesetzten Geschehens entfernte Überlieferungen. Gegen die größere Wahrscheinlichkeit nicht mit der Herkunft solcher Tradition aus dem anfänglichen Tradentenkreis in Jerusalem (s. oben S. 113) und ihrer verantwortlich kontrollierten (wie gedeuteten) Überlieferung zu rechnen, wäre voreingenommene – letztlich unwissenschaftliche –, unberechtigte Skepsis, die der Verantwortung des Historikers und des Theologen gegenüber der Geschichte und den Zeugen der Überlieferung nicht gerecht wird.

IV. Abschließende Bemerkung: »Wozu der Aufwand?«

Wozu der Aufwand in Antikritik und erneuter Begründung zum Nachweis von Mk 14,12–26 (und eingeschlossen der vormk Passionsgeschichte) als ältestem Überlieferungsgut der Urgemeinde? Ist der Nachweis, daß es unangemessen ist, »im Blick auf die Evangelientradition historisches und kerygmatisches Interesse gegeneinander auszuspielen« und daß gilt: »In der Jesusüberlieferung wird von früh an die Geschichte von Jesu Wort, seinen

Taten und seinem Geschick erzählt als ein die Gegenwart und Zukunft der Tradenten begründendes Heils- und Offenbarungsgeschehen« (P. Stuhlmacher, s. o. S. 8) so wichtig? Ja, ich bin überzeugt davon[14]: Sofern die Rede von der für den christlichen Glauben und die Kirche konstitutiven Heils- und Offenbarungsgeschichte, der »Offenbarung im Fleisch« (1 Tim 3,16), ernsthaft aufrecht erhalten werden und für die gegenwärtige Glaubens- und Kirchenerfahrung als konstitutiv gelten soll, ist gegenwärtiges Handeln Gottes an seinem Volk wie das frühere seit Abraham und das eschatologische durch Jesus und die Stiftung seiner *ekklesia* (gerade auch im modus der analogia fidei) nicht verstehbar, wenn der unzerreißbare Zusammenhang von Geschichte und Kerygma, Geschehen und seiner in der *traditio* aufgehenden theologischen Bedeutung, die das Geschehen als Handeln Gottes zur Sprache bringt, nicht festgehalten und in geschichtlich orientierter, der Geschichte historisch-kritisch (aber nicht radikal-skeptisch) zugewandter Theologie bedacht wird.

---

[14] Vgl. dazu schon meinen 1973 – längst vor der mir in jüngerer Zeit häufiger angedichteten »Wende« – gehaltenen Vortrag: »Christus dem Fleische nach kennen« (2 Kor 5,16)? Zur theologischen Bedeutung der Frage nach dem historischen Jesus, in: Kontinuität in Jesus (Freiburg i. Br. 1974) 9–34.

Das paulinische Evangelium

Peter Stuhlmacher

Im Rahmen unseres Symposiums ist die paulinische Redeweise von εὐαγγέλιον und εὐαγγελίζεσθαι vor allem aus zwei Gründen von Interesse. Erstens haben wir es bei Paulus mit einem besonders ausgefeilten und terminologisch profilierten Gebrauch dieser Worte zu tun, und zweitens lassen sich von den Paulusbriefen aus Rückschlüsse und Perspektiven entwickeln, die für das Verständnis der christlichen Geschichte der beiden Worte von großer Bedeutung sind.

Von den insgesamt 76 Belegen für das Nomen εὐαγγέλιον im Neuen Testament entfallen 60 auf die Paulusbriefe, und zwar 48 auf die paulinischen Hauptbriefe und 12 auf die sog. Deuteropaulinen[1]. εὐαγγέλιον ist also ein paulinisches Vorzugswort. Vom Verbum εὐαγγελίζειν/εὐαγγελίζεσθαι kann man dies nicht mit derselben Sicherheit sagen. Es kommt 54mal im Neuen Testament vor, wird aber in den Paulinen nur 21mal gebraucht, und zwar 19mal in den Homologoumena und 2mal in den Antilegomena; 33 Belege entfallen auf andere neutestamentliche Bücher. Das Nomen ist also für die Paulustradition von größerer Bedeutung als das Verbum. Paulus gebraucht es mit besonderer Vorliebe für die ihm durch Gottes Offenbarung eröffnete Heilsbotschaft von Jesus Christus[2]. Darüber herrscht in der Forschung Einigkeit.

Der Verlauf der christlichen Wortgeschichte, der der paulinische Sprachgebrauch zugehört, ist demgegenüber noch immer umstritten. Adolf von Harnack hat seinem Buch »Entstehung und Entwickelung der Kirchenverfassung und des Kirchenrechts in den zwei ersten Jahrhunderten«, 1910, eine Untersuchung über »Evangelium, Geschichte des Begriffs in der ältesten Kirche« beigegeben[3]. Sie ist in ihrer begrifflichen Klarheit und überlieferungsgeschichtlichen Durchsichtigkeit bis heute unerreicht. Harnack unterscheidet fünf Stadien der Wortgeschichte: (1) Die Botschaft Jesu vom Kom-

---

[1] Die statistischen Angaben werden nach den »Spezialübersichten« gegeben, die K. Aland in Bd. II der von ihm herausgegebenen »Vollständige(n) Konkordanz zum Griechischen Neuen Testament«, 1978, hat zusammenstellen lassen.

[2] Zum paulinischen Wortgebrauch vgl. im einzelnen mein Buch: Das paulinische Evangelium, I. Vorgeschichte, 1968, 56–63. Im Folgenden abgekürzt: PaulEv.

[3] AaO., 199–239; im Folgenden abgek. HarnackEv.

men des Gottesreichs. Harnack macht dabei allerdings den Vorbehalt: »Ob
Jesus selbst über die Botschaft hinaus, daß sich Jes 61,1 . . . nunmehr erfülle,
das Wort בשורה (εὐαγγέλιον) für seine Predigt in zusammenfassendem Sinne
gebraucht hat, ist, da Q schweigt, nicht ganz sicher.«[4] (2) Die Botschaft der
Urgemeinde, für die Harnack auch Markus und Matthäus in Anspruch
nimmt: »Die Urgemeinde hat die Predigt vom Kommen des Reichs als
בשורה bezeichnet, und ihre hellenistischen Mitglieder in Palästina haben
dafür das Wort εὐαγγέλιον gesetzt, obgleich sich dieses Wort bei den LXX
nicht findet (sie schrieben ἡ ἀγγελία).«[5] (3) »Paulus erhebt den Begriff εὐαγγέλιον zum formalen und materialen Zentralbegriff seiner Predigt. Er faßt ihn
als die Botschaft von dem durch die Propheten verkündeten, durch den Tod
und die Auferstehung Christi verwirklichten Heilsratschluß Gottes.«[6] Für
den Apostel decken sich die Botschaft von Christus und das Evangelium,
was nach Harnack »eine ungeheure Wendung«[7] in der Wortgeschichte bedeutet. Der Gegensatz von Evangelium und Gesetz findet sich nach Harnack
»nirgendwo bei Paulus; er denkt nicht an das Gesetz, wenn er vom Evangelium spricht, sondern an die Erfüllung der Verheißung . . . Dagegen denkt
er Evangelium und ›Heil‹ (σωτηρία) untrennbar zusammen und zwar Heil für
die Einzelnen . . . Das ist die zweite große Wendung! Sie ist in der Verkündigung Jesu deutlich vorbereitet, aber liegt noch in der Reichspredigt einge-
bettet.«[8] (4) Lukas meidet im Evangelium das Wort εὐαγγέλιον ganz und
gebraucht es in der Apostelgeschichte nur zweimal, während das Verbum
εὐαγγελίζεσθαι von ihm (im Evangelium und in den Acta) ausgesprochen
häufig verwendet wird. Er läßt »Jesum konstant ›das Reich‹ als Frohbotschaft verkündigen . . ., die Apostel aber ebenso konstant Jesum Christum . . . Lucas verbindet also in höchst überlegter Weise den älteren
Sprachgebrauch des Marcus mit dem des Paulus, indem er jedem sein Recht
gibt. Auch von ihm kann man also lernen, daß sich innerhalb der Heidenmission sehr frühe das Evangelium vom Reich in das Evangelium von
Christus gewandelt hat.«[9] (5) Während das Verbum εὐαγγελίζεσθαι seinen
allgemeinen Sinn von »verkündigen« beibehält, spaltet sich der Wortgebrauch von εὐαγγέλιον vom Ende des 1. Jahrhunderts an folgendermaßen
auf: »Es bleibt (1) Gesamtausdruck für die christliche Verkündigung. Es
erhält (2) den Sinn: Botschaft von dem gekreuzigten und auferstandenen
Christus . . . Es erhält (3) den Sinn ›Evangelische Geschichte‹ (Taten und

---

[4] AaO., 234.

[5] AaO., 235.

[6] AaO., 236.

[7] AaO., 236.

[8] AaO., 236. Zur Harnackschen Unterscheidung von Jesu Reich-Gottes-Botschaft und der
Christusverkündigung der Kirche vgl. PaulEv. 22.

[9] AaO., 236.

Worte Jesu), bzw. es bezeichnet die in einem viergestalteten Schriftwerk aufgezeichnete Geschichte Jesu . . ., bzw. jeden einzelnen Teil dieses Schriftwerks . . . Endlich (4) bezeichnet Evangelium das Wesen und die Wirkung der neuen Religion . . . im Unterschied von der alttestamentlichen Stufe des Gesetzes und der Knechtschaft. Den altkatholischen Vätern ist dieser vierfache Sinn des Wortes ›Evangelium‹ bekannt und geläufig. «[10]

Gegenüber Harnack besteht ein Teil der Forscher bis hin zu G. Strecker noch immer darauf, daß der Missionsausdruck »Evangelium«, den die Septuaginta nicht kennt, (anders als das Verbum) speziell aus der griechischen Sprachtradition, und zwar vor allem der des Kaiserkultes heraus erklärt werden müsse[11]. Paulus wird so zum Repräsentanten einer Missionsterminologie, die sich erst in der hellenistischen Gemeinde ausgebildet hat, und es ist schwer oder sogar unmöglich, von den Paulusbriefen aus auf den in Jerusalem üblichen Sprachgebrauch zurückzuschließen. Mein eigener Versuch, die wortgeschichtliche Basis für das christliche Verständnis von εὐαγγέλιον durch Hinweis auf die Parallelität und Auswechselbarkeit von בשורה (= εὐαγγέλιον) und שמועה (= ἀκοή) für die Botschaft von Engeln und Propheten in den Targumen u. a. jüdischen Texten zu erweitern und so die Harnacksche Herleitung des Wortes aus dem semitisch-palästinischen Sprachbereich zu untermauern, ist unterschiedlich aufgenommen worden[12].

---

[10] AaO., 237.

[11] Gegenwärtig ist G. Strecker der Hauptrepräsentant dieser Ansicht in Deutschland. Vgl. seine beiden Arbeiten: *Das Evangelium Jesu Christi*, in: Jesus Christus in Historie und Theologie, Ntl. FS für H. Conzelmann zum 60. Geburtstag, hrsg. von G. Strecker, 1975, 503–548, im folgenden abgekürzt: Strecker, Evangelium (= ders., Eschaton und Historie, Ges. Aufs., 1979, 183–228) und den Artikel: εὐαγγέλιον in EWbNT II, 176–186, im folgenden abgekürzt: Strecker EWbNT. Strecker schreibt hier 179f.: »Der primäre traditionsgeschichtliche Grund des ntl. εὐ(αγγέλιον) dürfte im Umkreis der hellenistischen Herrscherverehrung zu suchen sein. Von hier aus hat der εὐ(αγγέλιον)-Begriff in die christl(iche) Sprache Eingang gefunden. Wenn auch das NT eine Abgrenzung zur Terminologie der griech(isch)-hellenistischen Herrscherverehrung bzw. des hellenistisch-röm(ischen) Kaiserkultes nicht ausdrücklich vollzieht, so ist diese doch inhaltlich gegeben, da der Sing(ular) εὐ(αγγέλιον) das Christusgeschehen als einzigartiges eschatologisches Ereignis von allen εὐαγγέλια in der nichtchristl(ichen) Umwelt unterscheidet.« Ähnlich G. Friedrich, ThW II, 722.

[12] E. Käsemann, An die Römer, ⁴1980, 4ff., hält »Ableitung und konkrete Bedeutung des absolut und terminologisch gebrauchten Singulars τὸ εὐαγγέλιον« für »noch nicht restlos geklärt«. Er betont, daß sich im palästinischen Sprachgebrauch noch keine »direkte Analogie zu dem absolut gebrauchten Substantiv bei Paulus . . . nachweisen (läßt)«, und schreibt im Anschluß an G. Bornkamm (RGG³ II, 749f.), erst die »missionierende Gemeinde auf hellenistischem Boden« habe sich die palästinische Vorarbeit zu Nutze gemacht und bei ihrem Wortgebrauch »auch der Etymologie des griechischen Wortes« Rechung getragen. – G. Strecker hält den Verweis auf die Wortverwendung in den Targumen für sachlich irrelevant und methodisch verfehlt. Er stellt zunächst fest, daß im masoretischen Text und in der Septuaginta kein fester theologischer Gebrauch von בשורה /εὐαγγέλιον vorliegt, weist dann auf das Fehlen von בשורה in den Qumrantexten und auf den Gebrauch des Wortes für gute und schlechte Nachrichten in frühjüdischen Texten hin und fährt anmerkungsweise fort: »Es erübrigt sich, . . . auf die weiteren Belege in der nach-alttestamentlichen jüdischen Literatur . . . einzugehen. Daß sie

Die vorpaulinische christliche Wortgeschichte des Nomens ist also noch
immer umstritten, und mit ihr das Verhältnis des Paulusevangeliums zur
Jesustradition und der Botschaft der Apostel in Jerusalem.

Angesichts dieser Forschungslage sind der spezielle paulinische Sprachgebrauch und die von Paulus aus erschließbaren Wurzeln dieses Gebrauches für
uns von gleich großem Interesse. Dementsprechend liegen hier auch die
Schwerpunkte meines Referates.

1. Ursprung und Autorität des paulinischen Evangeliums

In der Auseinandersetzung mit seinen Gegnern weist Paulus wiederholt
und nachdrücklich darauf hin, daß sein Evangelium und Sendungsauftrag
ihren Ursprung in Gottes freier Gnadenwahl und Offenbarung haben. Besonders klar tritt dies im Galaterbrief hervor: Paulus ist Apostel »nicht von
Menschen her und auch nicht durch einen Menschen, sondern durch Jesus
Christus und Gott, den Vater, der ihn (= Christus) von den Toten auferweckt hat« (Gal 1,1). Das Evangelium, das von ihm verkündigt wird, »ist
nicht nach Menschenmaß. Ich habe es auch nicht von einem Menschen her
überliefert bekommen, noch bin ich es gelehrt worden, sondern durch
Offenbarung Jesu Christi (habe ich es empfangen)« (Gal 1,11 f.). Es hat Gott
gefallen, »der mich von Mutterleib an ausgesondert und durch seine Gnade
berufen hat, seinen Sohn an mir zu offenbaren, damit ich ihn unter den
Heiden verkündige« (Gal 1,15 f.). Der Ursprung und die Autorität des
paulinischen Evangeliums sind von hier aus jedem menschlichen Zugriff
entzogen. Wie der Prophet Jeremia sieht sich Paulus auf Gedeih und Verderb
mit der Verkündigung des Evangeliums betraut; würde er sie aufgeben,
würde er dem Fluch Gottes verfallen (1 Kor 9,16 vgl. mit Jer 20,9). Das
Evangelium, dem Paulus dient, ist eine Offenbarungsmacht (Röm 1,16). Sie
zeichnet dem Apostel die Liturgie seiner Sendung vor[13], und er hat das Amt,

---

sich weitgehend im exegetischen Kontext (Targumim!) finden, besagt, daß sie einen selbständigen Sprachgebrauch nicht notwendig repräsentieren. Darüber hinaus sind sie zeitlich nach der
Entstehung des Neuen Testaments anzusetzen, so daß sich eine Verbindung zu den griechisch
geschriebenen neutestamentlichen Schriften auch aus diesem Grund nicht nahelegt« (Strecker,
Evangelium, 507, Anm. 20 = Eschaton u. Historie 187, Anm. 20). In seinem Lexikonartikel
erklärt er den »primären Anschluß des Subst(antivs) εὐαγγέλιον an griech(isch)-hellenistische
Überlieferung« für »evident. Eben hierdurch wird das Neue, das die christl(iche) Verkündigung auszusagen hat, in ihrer Umwelt verstehbar artikuliert« (aaO., 180). – Demgegenüber
folgt U. Wilckens, Der Brief an die Römer, Bd. 1, 1978, 74 f. der von mir vorgeschlagenen
Interpretationsrichtung und sieht den Hauptansatzpunkt für den urchristlichen Gebrauch der
Wortgruppe εὐαγγελ- in der Verwendung, die Jes 61,1 f. in der Jesusverkündigung gefunden hat
(vgl. Mt 11,5; Lk 7,22; Lk 4,18 f.; Lk 6,20 ff./Mt 5,3 ff.).

[13] C. E. B. Cranfield, The Epistle to the Romans, Bd. 2, Edinburgh 1979, 755, schlägt vor,
Röm 15,15 f. in dem Sinne zu verstehen, daß Paulus in seinem priesterlichen Dienst am
Evangelium Christus, dem Hohenpriester, dient wie ein Levit. Zu λειτουργεῖν/λειτουργία für den
Dienst der Leviten vgl. Ex 38,21 (LXX 37,19); Num 1,50; 3,6.31 und viele andere Stellen.

im Vollzug dieser Liturgie Gott das wohlgefällige und geheiligte Opfer der durch das Evangelium zum Glauben bekehrten Heiden darzubringen (Röm 15,16; vgl. mit 11,13 ff.). Paulus hat das Evangelium, das er verkündigt, vor Damaskus ohne menschliche Vermittlung empfangen, und dieses Evangelium ist für ihn weit mehr als nur eine Form von Missionspredigt oder Christusbotschaft; es ist eine Macht Gottes, der er als Apostel Gehorsam schuldet.

Weil Gott der Eine ist, der sich in und durch Jesus Christus ein für allemal offenbart, gibt es für Paulus nicht mehrere εὐαγγέλια, sondern nur das eine Evangelium von Jesus Christus (Gal 1,6 ff.). Seinem Ursprung und seiner Autorität nach ist das Evangelium εὐαγγέλιον (τοῦ) θεοῦ (Röm 1,1; 15,16; 2. Kor 11,7; 1. Thess 2,2.8.9); seinem Inhalt nach ist es εὐαγγέλιον τοῦ Χριστοῦ (Röm 15,19; 1. Kor 9,12; 2. Kor 2,12; 9,13; 10,14; Gal 1,7; Phil 1,27; 1. Thess 3,2)[14]. Christus tritt im Evangelium als Versöhner und Herr in Erscheinung[15]; wer dieses Evangelium anzutasten und damit einen anderen Christus als den messianischen Gottessohn und Herrn zu verkündigen wagt, verfällt notwendig dem Anathema (Gal 1,9; vgl. auch 2. Kor 11,3 f.).

Im Römerbriefpräskript (Röm 1,1–7) hat diese paulinische Auffassung vom Evangelium ihre klassische Zusammenfassung gefunden. Terminologisch tritt sie in der singularisch-technischen Redeweise von τὸ εὐαγγέλιον = »das Evangelium schlechthin« in Erscheinung. Sie findet sich in den paulinischen Hauptbriefen 25mal und in den Deuteropaulinen 6mal[16].

2. Der Inhalt des paulinischen Evangeliums

Im Streit mit seinen galatischen Kontrahenten erklärt Paulus, das Evangelium sei ihm bei seiner Berufung (vor Damaskus) durch Gottes Offenbarung zuteilgeworden, d. h. doch wohl inhaltlich vorgegeben worden (Gal 1,12.16). Für das Verständnis des paulinischen Evangeliums hängt sehr viel davon ab, diese Aussage richtig zu verstehen. Auf den ersten Blick steht sie in eklatantem Widerspruch zu 1. Kor 15,1 ff., wo Paulus selbst das Evangelium als von ihm übernommene und weitergegebene Lehrtradition bezeichnet, die ihm und den vor ihm zu Aposteln Berufenen gemeinsam ist (1. Kor

---

[14] Es ist seit langem umstritten, ob die Genitive τοῦ θεοῦ und τοῦ Χριστοῦ objektiv oder subjektiv zu interpretieren sind. Angesichts dieser Debatte bemerkt Strecker mit Recht: »Hat Paulus das absolute τὸ εὐαγγέλιον und die Genitivverbindungen εὐαγγέλιον τοῦ θεοῦ bzw. εὐαγγέλιον τοῦ Χριστοῦ in hellenistisch-christlicher Überlieferung vorgefunden, so unterscheidet er doch nicht wirklich, wie auch genetivus obiectivus und genetivus subiectivus in diesem Zusammenhang nicht inhaltlich getrennt werden können« (Strecker, Evangelium, 524 f. = Eschaton u. Historie, 204 f.).

[15] Bei Paulus können »das Evangelium verkündigen« und »Christus verkündigen« charakteristisch wechseln: Vgl. z. B. 1. Kor 1,17 mit 1,23; 1. Kor 15,1.11 mit 1. Kor 15,12; 2. Kor 4,3 f. mit 2. Kor 4,4.

[16] Zu den Stellen im einzelnen vgl. PaulEv., 57 f.

15,11). Am richtigen Verständnis von Gal 1,12.16 hängt außerdem die
schwerwiegende Frage, seit wann und in welchem Sinne das paulinische
Evangelium die Heilsbotschaft von der Rechtfertigung und Versöhnung
durch Christus allein aus Glauben ohne Werke des Gesetzes (Röm 3,28) ist.
Die Tatsache, daß Paulus nicht schon im 1. Thessalonicherbrief, sondern
erst im Galaterbrief, in 1. Kor 1 und 2; 2. Kor 5,21 und dann ausführlich im
Römerbrief von der Rechtfertigung spricht, scheint die Schlußfolgerung
nahezulegen, daß das paulinische Evangelium erst in der Auseinandersetzung mit den Judaisten in Galatien (und Rom) zum Rechtfertigungsevangelium ausformuliert worden ist[17].

Für das Verständnis der Damaskusoffenbarung scheinen mir Gal 1,13–16
und 2. Kor 4,4ff. entscheidend zu sein. Paulus schreibt in Gal 1,13ff. knapp,
es habe Gott gefallen, ihm, dem Verfolger der Gemeinde Christi und dem
Eiferer für die väterlich-pharisäischen Gesetzesüberlieferungen, »seinen
Sohn« zu offenbaren. Ob man *ἐν ἐμοί* in V. 16 mit »in mir« oder »an mir«
übersetzen soll, ist umstritten; 2. Kor 4,5f. zeigt, daß beides gleichzeitig
gemeint ist. Aus der Darstellung des Galaterbriefes ergibt sich jedenfalls
eindeutig folgender Befund: Paulus ist als Verfolger der Gemeinde und
Eiferer für das Gesetz von der Damaskusoffenbarung überrascht worden.
Ihr wesentlicher Inhalt war die Erscheinung Jesu als »Sohn Gottes«. Von
Röm 1,3; 1. Kor 9,1 und Phil 2,9ff. her wird man dies so verstehen dürfen:
Paulus hat vor Damaskus Christus als den (gemäß Ps 110,1) zur Rechten
Gottes erhöhten und in die Würde des »Herrn« eingesetzten Gottessohn
geschaut. Diese Schau hat aus dem Verfolger der Gemeinde und Verfechter
des Gesetzes den Apostel und Verkündiger des Evangeliums unter den
Heiden gemacht. Die Christusoffenbarung vor Damaskus hat für Paulus
also die Abwendung von seinem pharisäischen Gesetzeseifer und die Hinwendung zu dem geoffenbarten Christus bewirkt. Welche Erkenntnis diese
Offenbarung implizierte, läßt sich von 2. Kor 4,4ff. her noch präzisieren.
Auch 2. Kor 4,1–6 sind aus der Frontstellung gegen judenchristliche Gegner
der Paulusverkündigung geschrieben und nehmen Bezug auf die Berufung
des Apostels vor Damaskus. Unter diesen Umständen sind Gal 1,13–16 und
2. Kor 4,4ff. vergleichbar und interpretieren sich gegenseitig.

Nach 2. Kor 4,4 schenkt das Evangelium den Hörwilligen und Hörfähigen *φωτισμός*, d. h. erleuchtende Erkenntnis. Es schenkt diese Erkenntnis als
εὐαγγέλιον τῆς δόξης τοῦ Χριστοῦ, ὅς ἐστιν εἰκὼν τοῦ θεοῦ. Das Evangelium
schenkt die erleuchtende Erkenntnis von der Herrlichkeit Christi, der – wie
die Weisheit in der alttestamentlich-jüdischen Tradition – für die Welt das
offenbare und wirksame Bild Gottes ist. Die Herrlichkeit Christi und seines
Dienstes überstrahlen nach 2. Kor 3,7–11 die Herrlichkeit der Tora und ihres

---

[17] So G. Strecker, Evangelium, 525.528f. (= Eschaton und Historie, 205.208f.).

Dienstes bei weitem. 2. Kor 4,5 f. zeigen, wie Paulus selbst zur Erkenntnis des Evangeliums gekommen ist: Gott, der Schöpfer des Lichtes, hat Paulus in seinem Herzen erleuchtet, und zwar durch das Aufstrahlen der Erkenntnis von der Herrlichkeit und Macht Gottes auf dem Angesicht des lebendigen Christus. Paulus hat also vor Damaskus Gottes Macht und Herrlichkeit auf dem Angesicht des auferweckten und zur Rechten Gottes erhöhten Gottessohnes geschaut und sehen gelernt. Diese Christuserkenntnis hat ihn zum Apostel der Heiden und Diener Jesu Christi gemacht, weil er kraft dieser Erkenntnis von seiner Verfolgertätigkeit und seinem Eifer für das Gesetz abzusehen lernte. Beide waren, wie 2. Kor 5,16 lehrt, von einer durch Paulus nach seiner Berufung als irrig und falsch erkannten Christusanschauung motiviert. Paulus schreibt: »Wenn wir auch einst Christus in fleischlicher Weise erkannt haben, erkennen wir ihn nunmehr nicht mehr so«. Paulus dürfte als Verfolger der Gemeinde in Christus einen messianischen Volksverführer gesehen haben, der völlig zu Recht den Schandtod am Kreuz gestorben war[18] und den man nur lästerlicherweise als auferstandenen Herrn und Messias bekennen konnte; geschweige, daß man von diesem Herrn her (wie Stephanus und seine Gesinnungsfreunde) Kritik am Tempel und an der Tora begründen und üben durfte! Apg 6,13 ff. sind in gewisser Weise der Schlüssel für die Christenverfolgung und den polemischen Gesetzeseifer des Paulus bis nach Damaskus. Paulus erfuhr vor Damaskus an sich selbst das gnädige Erbarmen Gottes gegenüber dem ihm widerstreitenden Sünder: Der auferstandene Christus begegnete ihm als Herr und Versöhner. Bei dieser Begegnung wurde Paulus von der Erkenntnis erleuchtet, daß Christus nicht ein messianischer Verführer und Falschprophet, sondern nach Gottes Willen Herr und »Ende« (τέλος) des Gesetzes als Heilsweg sei (vgl. Röm 10,4)[19]. Die Herrlichkeit auf seinem Angesicht überstrahlt die der Tora bei weitem. Von dieser Erkenntnis ergriffen, brach Paulus zur Mission auf und wurde wegen seiner gesetzeskritischen Christuspredigt prompt in schwere Auseinandersetzungen mit den Synagogen und jüdischen Gerichten verwickelt (vgl. 2. Kor 11,24 ff.).

Aus alledem ergibt sich, daß Paulus schon von seiner Berufung an der wesentliche Inhalt seines Evangeliums in der Form seiner torakritischen Christuserkenntnis vorgegeben war und daß er dieser Erkenntnis von An-

---

[18] Zu dieser Begründung der jüdischen Verurteilung Jesu in Jerusalem vgl. A. Strobel, Die Stunde der Wahrheit, 1980, 81 ff.

[19] U. Wilckens, Der Brief an die Römer, Bd. 2, 1980, 217.221 f. wählt für das umstrittene τέλος die salomonische Übersetzung »Endziel«, betont aber zugleich: »Christus ist das Ende des Gesetzes, insofern er dessen Funktion, den Sünder zu verfluchen, beendet hat.« Ich halte die Übersetzung mit »Ende« für kontextgerechter und rate, die Frage nach der Bedeutung des Gesetzes vor und unter Christus nicht so sehr a. Hd. von Röm 10,4 als vielmehr von Röm 8,3 ff. her anzugehen (s. u.).

fang seiner Sendung an Ausdruck verliehen hat. Das paulinische Evangelium ist gesetzeskritisches Versöhnungs- und Rechtfertigungsevangelium seit Damaskus und nicht erst seit den galatischen Wirren[20]! Wir dürfen den Apostel in Gal 1,12.16 also durchaus beim Wort nehmen. Die Frage allerdings, wie sich die Äußerungen von Gal 1,12 zu 1. Kor 15,1 ff. verhalten, bleibt noch offen und kann nur geklärt werden, wenn wir uns nunmehr dem Verhältnis des paulinischen Evangeliums zur Tradition zuwenden.

3. Der Traditionsbezug des paulinischen Evangeliums

Um die komplizierte Frage nach den Traditionsbezügen des Paulusevangeliums in gebotener Kürze und Konzentration auf unsere spezielle Fragestellung abhandeln zu können, müssen wir uns folgende Tatbestände vor Augen halten: Aus den Paulusbriefen und der Apostelgeschichte wissen wir, daß Paulus unmittelbar nach seiner Berufung in Damaskus getauft und in der christlichen Glaubenstradition unterwiesen worden ist (1. Kor 12,13[21]; Apg 9,17 ff.). Drei Jahre später ist er nach Jerusalem gezogen, um Petrus zu besuchen und sich bei ihm über Botschaft und Werk Jesu zu informieren (Gal 1,18 f.)[22]. Nach einigen weiteren Jahren selbständiger Mission in Syrien und Kilikien (Gal 1,21) ist Paulus von Barnabas nach Antiochien geholt worden und hat von dort aus zusammen mit Barnabas Mission unter den Heiden getrieben (Apg 11,19–26). Paulus wurde so auch zum Vertreter der antiochenischen Glaubens- und Missionstraditionen. Auf dem Apostelkonzil gelang es Paulus und Barnabas, die Anerkenntnis der antiochenischen Missionskonzeption durchzusetzen. Das Evangelium der Antiochener und der mit diesem Evangelium Hand in Hand gehende Verzicht auf die Beschneidung der neubekehrten Heiden fanden von seiten der Jerusalemer »Säulen«

---

[20] G. Strecker, Evangelium, 521 (= Eschaton u. Historie, 201), arbeitet selbst heraus, daß »der Zusammenhang von Sühntod und Auferweckung Jesu Christi als wesentlicher Inhalt des vorpaulinischen εὐαγγέλιον tradiert wurde«. Unter diesen Umständen darf man 1. Thess 1,10 nicht ohne Reflexion auf die paulinische Evangeliumsverkündigung lesen. Paulus verkündigt hier Christus als den Erlöser vom kommenden Zorngericht Gottes nicht anders als in Röm 7,24 f.; 8,31–39 und 11,26 auch. Es heißt m. E. einen Gelegenheitsbrief wie den 1. Thess überfordern, wenn man ihm eine explizite Erörterung der Rechtfertigungsfrage abverlangt, obwohl die Anfrage aus der Gemeinde auf die in Kap. 4 f. verhandelte Auferstehungsfrage zielte. – Im übrigen soll natürlich nicht bestritten werden, daß Paulus durch die judaistischen Anfeindungen in Galatien zu besonders durchschlagenden und reflektierten Formulierungen seiner Rechtfertigungsverkündigung geführt worden ist. In Gal 1 und 2 erörtert Paulus ebenso wie 2. Kor 4 und Phil 3 seine Berufungserfahrung im Rückblick auf das Jahrzehnt vorausliegende Ereignis.
[21] Das ἡμεῖς πάντες in 1. Kor 12,13 schließt den Apostel mit ein.
[22] Zu diesem Sinn des in Gal 1,18 erwähnten Besuches bei Petrus vgl. zuletzt überzeugend J. D. G. Dunn, The Relationship between Paul and Jerusalem according to Galatians 1 and 2, NTS 28, 1982, (461–478) 463–466.

Anerkennung (Gal 2,6 ff.; Apg 15,22–27). Erst nach dem Apostelkonzil kam es zu dem sog. antiochenischen Zwischenfall, der aller Wahrscheinlichkeit mit den Problemen des sog. Aposteldekrets in Zusammenhang steht (Gal 2,11–14)[23]. Paulus konnte sich mit seinem (gesetzeskritischen) Standpunkt in Antiochien gegenüber Petrus, Barnabas und der judenchristlichen Mehrheit nicht mehr durchsetzen und begann nun erst eine wirklich eigenständige Missionskonzeption zu entwickeln und zu verfolgen. Aus der Zeit dieser eigenständigen Mission stammen sämtliche uns erhaltenen Paulusbriefe. Vom Philemonbrief abgesehen, spiegeln all diese Briefe Auseinandersetzungen, in die Paulus verwickelt war, und zwar um seines von seinen Gegnern angefeindeten Evangeliums willen.

Ebenso bekannt wie die eben genannten Tatbestände ist die Tatsache, daß Paulus in seinen Briefen recht häufig Traditionsstücke zitiert (besonders deutlich in 1. Kor 11,23 ff.; 15,1 ff. und Phil 2,6–11) und allenthalben auf Traditionen und Überlieferungen anspielt (überdeutlich z. B. in Röm 6,17 und 16,17). Unter den von Paulus aufgeführten Traditionen spielen Jesustraditionen zwar eine gewisse Rolle, treten aber nicht beherrschend hervor; die Jesustraditionen werden vom Apostel – wie die anderen Traditionen auch – teilweise direkt zitiert (vgl. 1. Kor 7,10; 9,14; 11,23 ff.), teilweise aber auch nur vorausgesetzt und anspielungsweise erwähnt (z. B. 1. Thess 5,2; 1. Kor 13,2; Röm 12,14). Der Apostel tritt aber nicht nur als Tradent, sondern auch selbst als Bildner und Lehrer von Traditionen auf (z. B. 1. Thess 4,1; 1. Kor 4,17). Nicht umsonst waren seine Briefe zur öffentlichen Vorlesung in den Gemeinden bestimmt (vgl. 1. Thess 5,27 und Kol 4,16). Dies erklärt ihre enorme Wirkung.

Was nun speziell die Traditionsbezüge des Paulusevangeliums anbetrifft, scheint es mir von gleich großer Bedeutung zu sein, daß Paulus – erstens – das ihm geoffenbarte Evangelium selbst als ein ihm zur Verkündigung anvertrautes Heilsgut bezeichnet, daß er – zweitens – bei der Ausrichtung des Evangeliums ausdrücklich und willentlich alte judenchristliche Lehrüberlieferung übernimmt, und daß er sich – drittens – immer wieder kritisch an den vor ihm zu Aposteln Berufenen mißt und sich mit ihnen vergleicht. In diesem Zusammenhang ist – viertens – etwas ausführlicher auf Röm 10,14–17 einzugehen, weil sich von diesem zu wenig beachteten Text aus interessante traditonsgeschichtliche Linien von Paulus zu alten (Jerusalemer?) Anschauungen ziehen lassen.

Zum ersten: Wenn Paulus in Gal 1,16 davon spricht, ihm sei die Offenbarung des Gottessohnes zuteilgeworden, »damit ich ihn unter den Heiden

---

[23] Vgl. zu diesem Zusammenhang D. Lührmann, Abendmahlsgemeinschaft? Gal 2,11 ff., in: Kirche, FS für G. Bornkamm zum 75. Geburtstag, hrsg. von D. Lührmann und G. Strecker, 1980, 271–286, bes. 279 ff., und meinen Aufsatz: Weg, Stil und Konsequenzen urchristlicher Mission, ThB 12, 1981, 107–135, bes. 120 f.

verkündige«, weist dies auf seine Missionsarbeit hin, die Paulus nur mit
Hilfe eigener und traditioneller Formulierungen bewältigen konnte. Sein
Evangelium drängt gerade als Offenbarungsmacht zur Mitteilung und
zwingt den Träger der Offenbarung, d. h. den Apostel, zur Überlieferung.
Nicht erst in den Pastoralbriefen, sondern schon bei Paulus selbst erscheint
das Evangelium als Heilsgut, das dem Apostel zur unverfälschten Verkündigung und Weitergabe anvertraut worden ist (vgl. 1. Kor 9,16–18; Gal 1,11;
2,2.7; 1. Thess 2,4). Das Paulus geoffenbarte Evangelium hat auf diese Weise
eine ganz natürliche Affinität zu Lehre und Tradition.

Zum zweiten: Es ist insofern völlig konsequent, daß Paulus bei seiner
Evangeliumsverkündigung keineswegs auf Originalität im modernen Sinn
des Wortes pocht, sondern die Glaubenstraditionen aufnimmt, die sich ihm
aus der Gemeinde von Damaskus, aus Jerusalem und Antiochien angeboten
haben. Er nimmt sie auf, sofern sie seiner Christuserkenntnis entgegenkom-
men und ihm dazu verhelfen, Christus so zu verkündigen, wie Gott es ihm
aufgetragen und er es vor Damaskus erfahren hat. Die von ihm in 1. Kor
15,3ff. zitierte alte Jerusalemer Lehr- und Bekenntnistradition[24] ist für den
Apostel gültiger Ausdruck seines Evangeliums, weil in ihr der heilsgeschichtliche und soteriologische Sinn des Todes Jesu und seiner Auferwek-
kung beherrschend hervortreten; nicht anders steht es mit der Abendmahlsüberlieferung in 1. Kor 11,23–26 oder den christologischen Traditionsstük-
ken in Röm 3,25f.; 4,25 und 8,3. Die genannten Traditionstexte lassen
erkennen, daß die von Jerusalem ausgehende und von Paulus betriebene
Evangeliumsverkündigung im christologischen Kern durchaus überein-
stimmten. Unterschiede ergaben sich erst von der Beziehung der Sühnop-
fertradition auf das Gesetz aus. Die Herrlichkeit Christi, die der Apostel vor
Damaskus hatte schauen dürfen, stand für ihn (von seiner vorgläubigen
Christusanschauung her) in unlösbarem Zusammenhang mit Jesu Tod am
Kreuz; sie erschien für Paulus als Verherrlichung und himmlische Rechtfertigung des auf Erden verfolgten und zum Fluchtod am Kreuz verurteilten
Gottessohnes[25]. Von hier aus konzentriert sich die paulinische Evangeliumsverkündigung ganz natürlich auf Tod und Auferweckung Jesu Christi als die
entscheidenden Heilsereignisse; der Sühnetod Jesu am Kreuz wird für ihn zu
dem zentralen Geschehen, kraft dessen Gott die Macht der Sünde gebrochen

---

[24] Angesichts der Zweisprachigkeit in Jerusalem, die sich uns in der Person des Petrus
beispielhaft darstellt, halte ich es für irreführend, mit G. Strecker festzustellen: »In der von
Paulus vorgefundenen Fassung« ist das Bekenntnis von V. 3ff. »nicht auf die palästinische,
sondern auf die hellenistische Gemeinde zurückzuführen« (Evangelium, 520 = Eschaton u.
Historie, 200). Paulus selbst legt nach V. 8ff. Wert darauf, daß er dieselbe Lehrtradition lehrt
und hochhält wie die Jerusalemer Altapostel!

[25] In diesem Kontext ist auch der berühmte Philipperhymnus gültiger Ausdruck paulinischer
Christologie. Zur Analyse und Bedeutung dieses Hymnus vgl. O. Hofius, Der Christushymnus Philipper 2,6–11, 1976.

und das Gesetz als Heilsweg überholt hat. Die von Paulus zitierten oder auch nur anspielungsweise erwähnten Traditionen vom Sühnetod Jesu (z. B. 1. Kor 15,3; 2. Kor 5,21; Röm 3,25 f.; 4,25; 8,3 usw.) sind Basis und Herzstück seiner gesetzeskritischen Rechtfertigungsverkündigung zugleich[26]. Das Zitat von 1. Kor 15,1 ff. widerspricht der paulinischen Aussage von Gal 1,12.15 f. also in keiner Weise, sondern läßt sich gut mit ihr verbinden.

Nachdem ich auf das Problem der paulinischen Verwendung der Jesustraditionen schon in meinen Überlegungen »Zum Thema: Das Evangelium und die Evangelien« (s. o. S. 16 ff.) eingegangen bin, möchte ich an dieser Stelle nur noch darauf hinweisen, daß diese Traditionen von Paulus ebenso wie die bereits erwähnten christologischen Überlieferungsstücke seiner Evangeliumsverkündigung zugeordnet werden. Die besondere Konzentration auf Tod und Auferweckung Jesu hat dabei zur Folge, daß der Bericht von Jesu irdischem Weg, seinen Worten und Taten hinter die Passionstradition zurücktreten. Was aber die Passionstradition und in ihrer Mitte Jesu Sühnetod am Kreuz anbetrifft, legt Paulus nach dem Eingang seiner Abendmahlsüberlieferung: »Ich habe nämlich vom Herrn überliefert bekommen, was ich euch überliefert habe, daß der Herr Jesus in der Nacht, da er ausgeliefert wurde, Brot nahm . . .« (1. Kor 11,23) großen Wert darauf, daß schon Jesus selbst von der Sühne in seinem Stellvertretungstod gesprochen hat. An dieser Stelle ist die Traditionskontinuität von Jesus zu Paulus für das paulinische Evangelium entscheidend!

In Phil 1,27 gebraucht Paulus die Wendung »des Evangeliums Christi würdig wandeln« (ἀξίως τοῦ εὐαγγελίου τοῦ Χριστοῦ πολιτεύειν). Die Wendung ist nur sinnvoll, wenn das Evangelium, das Paulus verkündigt, auch Maßstäbe christlichen Wandels impliziert und mitumschließt. Da der Apostel in 1. Thess 4,1 darauf hinweist, daß er den Thessalonichern bei seiner Missionsarbeit als Überlieferung mitgeteilt habe τὸ πῶς δεῖ ὑμᾶς περιπατεῖν καὶ ἀρέσκειν θεῷ, die ethische Paraklese in all seinen Briefen eine erhebliche Rolle spielt und in ihr Dekalog- und Jesustraditionen besonders deutlich hervortreten (vgl. nur Röm 12,13 ff.; 13,8 ff.), scheint es mir sinnvoll zu sein, auch die Paraklese (Paränese) als Wesensbestandteil des Paulusevangeliums zu betrachten. Paulus verkündigt Jesus Christus als Versöhner und Herrn, und dementsprechend umschließt für ihn der Glaube an diesen Herrn vertrauensvolles Bekenntnis und gehorsame Nachfolge.

Zum dritten: Gerade im Kontext der Evangeliumstraditionen tritt bei Paulus die ihm in Thessalonich, Galatien, Korinth, Rom und Philippi aufgenötigte Konfrontation mit Gegnern der Paulusverkündigung folgenreich in

---

[26] Auf die Bedeutung dieser Texte für die paulinische Gerechtigkeitsanschauung bin ich näher eingegangen in meinen Aufsätzen: Versöhnung, Gesetz und Gerechtigkeit, 1981, 66–116.

Erscheinung[27]. Seine zumeist judenchristlichen Gegner haben an der paulinischen Rechtfertigungs- und Versöhnungsverkündigung Anstoß genommen und ihm vorgeworfen, er verkündige die billige Gnade (Bonhoeffer), passe sich in seiner Predigt den Wünschen der Heiden an, und lasse es an der Zumutung des Gehorsams gegenüber Gottes Gebot und an dem Hinweis auf das jüngste Gericht fehlen. Nach Auffassung der Paulusgegner, die seit dem antiochenischen Zwischenfall eine Art »Gegenmission« gegen ihn ins Werk setzten, ist das wahre Evangelium nicht bei dem neubekehrten Apostaten Paulus zu finden, der seine Traditionen ohnehin nur aus zweiter oder gar dritter Hand bezogen hat, sondern bei den Jerusalemer Uraposteln, allen voran Jakobus, der Herrenbruder, und Petrus, der Jesus von den Anfängen in Galiläa an begleitet hat. Für Paulus bedeutet das, daß er seine Ebenbürtigkeit und Unabhängigkeit gegenüber diesen Aposteln herausstellen muß, und zwar gerade im Zusammenhang seiner apostolischen Sendung und Verkündigung.

Von hier aus erklärt sich nicht nur der Stil und Argumentationszusammenhang von Gal 1 und 2, sondern auch die berühmten Äußerungen des Paulus in 1. Kor 9,1–27 und 15,1–11. Ohne seine Außenseiterrolle unter den Aposteln zu verschweigen, stellt Paulus hier die ihm zuteilgewordene Offenbarung Christi vor Damaskus in eine Reihe mit den Berufungserscheinungen der Jerusalemer Urapostel. Er insistiert darauf, daß er kein anderes Evangelium lehre und verkündige als sie, und behauptet doch, das Evangelium freier und wirksamer zu verkündigen als Petrus und die Seinen. In 1. Kor 9,13 ff. stellt er heraus, daß nach Jesu eigener Anordnung die Boten des Evangeliums wohl Anspruch auf Versorgung von seiten der Gemeinden haben. Petrus, die übrigen Apostel und die Brüder des Herrn sind also im Recht, wenn sie diesen Unterhalt beanspruchen, nicht mit eigenen Händen arbeiten und sogar mit ihren Frauen herumreisen (9,5). Paulus aber sieht seine Ehre darin, nichts dergleichen von den Korinthern zu verlangen, sondern das Evangelium in Korinth umsonst zu verkündigen (vgl. ebenso in 2. Kor 11,9 f.). Im Hintergrund dieser Auseinandersetzung könnte Jesu Anweisung aus Mt 10,8 Par. stehen: ». . . umsonst habt ihr empfangen, umsonst gebet weiter«[28]. Die paulinische Art und Weise der kostenlosen Evangeliumsverkündigung ist darum mindestens so legitim wie die des Petrus und der anderen. Was aber ihren Effekt anbetrifft, ist Paulus den anderen Aposteln allen überlegen: »Kraft der Gnade Gottes bin ich, was ich bin, und

---

[27] Näheres zu dieser Frontstellung in: Versöhnung, Gesetz und Gerechtigkeit (s. Anm. 26), 96 ff.

[28] Zur Verbindung von 1. Kor 9,14 ff. mit der synoptischen Aussendungstradition vgl. D. Dungan, The Sayings of Jesus in the Churches of Paul, Oxford 1971, 33 ff., 69 ff., und D. C. Allison, Jr., The Pauline Epistles and the Synoptic Gospels: The Pattern of the Parallels, NTS 28, 1982 (1–32) 9 f.

seine an mir erwiesene Gnade ist nicht unwirksam gewesen, sondern mehr als sie alle habe ich mich missionarisch abgemüht, nicht ich, sondern die Gnade Gottes, die mit mir ist« (1. Kor 15,10). Die hier zutagetretende gewisse Rivalität zwischen Paulus, Petrus und den Jerusalemern[29] ist wohl auch ein Grund dafür, daß Paulus bei der Verwendung und Zitation von Jesusüberlieferungen zurückhaltender ist, als man zunächst erwartet. Paulus möchte sich nicht in die Situation bringen, unentwegt Worte und Geschichten zu zitieren, die ihn doch nur als aufmerksamen Zuhörer des Petrus erweisen und damit zugleich Wasser auf die Mühlen seiner Gegner leiten würden.

Zum vierten: Nicht nur 1. Kor 9 und 15,1–11 sind in unserem Zusammenhang aufschlußreich, sondern auch Röm 10,14–17. Diese Verse gehören in den großen Mittelteil der Israels Geschick behandelnden Kapitel Röm 9–11 und leiten einen Argumentationsgang ein, der von 10,14–21 reicht und überschrieben werden kann: »Glaube und Unglaube gegenüber dem Evangelium«. Im Blick des Apostels steht vor allem der Unglaube Israels, aber unsere Verse zielen über dieses akute Problem hinaus und stützen sich auf Evangeliums- und Apostolatstraditionen, die wir nicht außer Acht lassen sollten: Es handelt sich um die Beziehung von Jes 52,7 (Nah 2,1) und Jes 53,1 auf die apostolische Verkündigung.

Im Kontext, Röm 10,9–13, geht es dem Apostel zunächst um das christliche Bekenntnis des Glaubens, das vor Gott zur Gerechtigkeit und zum Heil führt. V. 9–11: Das Heil in Form der Gerechtigkeit erlangt, wer sich im Glauben zu Christus als Herrn bekennt; für solchen Glauben gilt die Verheißung von Jes 28,16b, an der das ungläubige Israel bislang gescheitert ist (vgl. 9,33). Im Glauben an den Christus Gottes ist nach V. 12 der Unterschied zwischen Jude und Grieche aufgehoben (vgl. Gal 3,27). Gott handelt in Christus als derselbe eine gnädige Gott für Juden und Christen gleichermaßen. In dem Reichtum seiner Gnade und der Vorbehaltlosigkeit der Annahme aller Glaubenden aus Juden und Heiden zum Heil entspricht Gott der in Joel 3,5 (LXX) verbürgten pfingstlichen Zusage, daß jeder, der den Namen

---

[29] Ich spreche bewußt von einer nur »gewissen Rivaltität«, weil Paulus auch nach dem antiochenischen Zwischenfall wohlweislich keinen definitiven Bruch zwischen sich selbst, Petrus und dem Herrenbruder Jakobus vollzogen hat. M. Hengel hat m. E. recht, wenn er in seinen Studien: Zur urchristlichen Geschichtsschreibung, 1979, 79 gegenüber F. C. Baur darauf hinweist, daß Petrus kein Nomist »und damit auch nicht der eigentliche Gegner des Paulus (war). Er gehörte gerade nicht zum Kreis der ›Judaisten‹; nach allem, was wir wissen, forderte er keineswegs grundsätzlich die Beschneidung und die Einhaltung des Ritualgesetzes von den Heidenchristen . . . Ja, er ging im Grunde, mit einer gewissen zeitlichen Verschiebung, einen ähnlichen Weg wie die ›Hellenisten‹. Diese ›Toleranz‹, ja ›Liberalität‹ des ehemaligen galiläischen Fischers hängt doch wohl damit zusammen, daß er als Jünger Jesus besonders nahegestanden hatte und später die Erinnerung an die bei seinem Meister wahrgenommene Freiheit nicht verleugnen konnte.«

des Herrn anruft, gerettet wird (V. 13). Das ὄνομα κυρίου wird nach Phil 2,11
und 1. Kor 1,2 von Jesus Christus getragen und repräsentiert. Der Apostel
versteht in V. 13 Joel 3,5 ebenso christologisch wie die Pfingstpredigt aus
Apg 2,14–36 auch (vgl. dort V. 17–21). – In den anschließenden Versen
14–17 führt Paulus mit Hilfe eines exegetisch argumentierenden Ketten-
schlusses die in V. 13 erwähnte Anrufung des ὄνομα κυρίου zurück auf die
Verkündigung der von Jesus ausgesandten Apostel. Nach V. 15 erscheinen
die Verkündiger des Evangeliums als die in Jes 52,7 (Nah 2,1) angekündigten »Evangelisten des Guten«, d. h. des Heils. Mit V. 16 geht Paulus dann
auf das (ihn in Röm 9–11 besonders bedrängende) Problem der Abweisung
des Evangeliums durch einen Teil Israels ein und begründet die Erfahrung
dieser Abweisung mit einem Zitat aus Jes 53,1. Die ἀκοή meint für Paulus die
rettende Verlautbarung vom Geschick des Gottesknechtes Jesus Christus
(vgl. Röm 4,25); die hinter dem Ruf von Jes 53,1 stehenden ἡμεῖς sind für ihn
die apostolischen Evangelisten von V. 15. V. 17 ist keine nachträglich in den
Text eingeschobene redaktionelle Glosse[30], sondern eine (für Paulus wichtige) lehrhafte Zusammenfassung des Textes: Also kommt der Glaube (im
Sinne der rettenden Anrufung des ὄνομα κυρίου von V. 13) aus der Verlautbarung der Apostel, deren Verlautbarung aber ist begründet und autorisiert
durch das ῥῆμα Χριστοῦ. Der Ausdruck ῥῆμα Χριστοῦ legt sich für Paulus wohl
von V. 8 (= Dt 30,13) her nahe. Er will besagen, daß Christus selbst die
apostolische Botschaft autorisiert. Gemeint ist offenkundig der den Aposteln durch den auferstandenen Christus zuteilgewordene Sendungs- und
Verkündigungsauftrag (vgl. Apg 1,8; Mt 28,18ff.; 1. Kor 9,1ff.; 15,5ff.; Gal
1,1.11f.15f.). Glaube und damit zugleich Heil und Gerechtigkeit gibt es also
nach Paulus nur dort, wo die Botschaft der Apostel kraft des Auftrags und in
der Autorität des erhöhten Christus verkündigt (und gehorsam beherzigt)
wird. Soweit der Textzusammenhang, in dem Paulus nicht nur von sich
selbst, sondern von allen Aposteln spricht.

Was nun die Traditionen in unserem Textstück anbetrifft, ist zunächst das
Zitat aus Jes 53,1 (LXX) bemerkenswert. Ἀκοή ist hier Übersetzungsaus-
druck für שמועה im masoretischen Text; im Targum z. St. heißt es statt
dessen בשורה. בשורה aber ist das geläufige hebräische bzw. aramäische
Äquivalent für εὐαγγέλιον (oder εὐαγγελία). Man darf also die ἀκοή in unserem
Text mit dem Evangelium gleichsetzen, und zwar sowohl im heutigen
Kontext als auch auf aramäischer bzw. hebräischer Sprachbasis[31]. Aus 1. Kor

---

[30] So R. Bultmann, Glossen im Römerbrief (1947), in: Exegetica, hrsg. von E. Dinkler, 1967,
(278–284) 280. Dagegen bereits E. Käsemann, An die Römer (s. Anm. 12), 285; Cranfield, The
Epistle to the Romans (s. Anm. 13), 536f., und vor allem U. Wilckens, Der Brief an die Römer
II (s. Anm. 19), 229.

[31] An unserer Stelle zeigt sich, wie traditionsgeschichtlich kurzschlüssig Streckers Annahme
ist (s. Anm. 12), der Sprachgebrauch der Targumim trage um seiner exegetischen Einbettung

15,3–5; Röm 4,25 u. a. Traditionen können wir ersehen, daß die Deutung des Todes Jesu von Jes 53 her bereits vorpaulinisches Glaubens- und Überlieferungsgut der (Jerusalemer) Gemeinde war. Nach den Abendmahlsworten und Mk 10,45 Par. besteht sogar die Möglichkeit, diese Deutung auf Jesus selbst zurückzuführen. Röm 10,16 steht damit in einem weit zurückreichenden Überlieferungszusammenhang und zeigt noch einmal an, daß das paulinische Evangeliumsverständnis durchaus in Kontinuität zu ältesten Jerusalemer Anschauungen steht. Die Bezeichnung der Paradosis von 1. Kor 15,3ff. mit εὐαγγέλιον in 1. Kor 15,1 kann von hier aus ruhig auch schon für ein vorpaulinisches Überlieferungsstadium in Anspruch genommen werden!

Die traditionsgeschichtliche Reflexion auf das Zitat aus Jes 52,7 in Röm 10,15 führt uns in ähnliche Zusammenhänge hinein: In Jes 52,7 (Nah 2,1) ist im Singular von dem Freudenboten die Rede, der Israel den Anbruch der Gottesherrschaft und damit zugleich Heil und Erlösung ansagt. Das antike Judentum hat beide Schriftstellen in vierfacher Weise gedeutet: (a) In 11 Q Melch 15ff. (wahrscheinlich) auf die rettende Erscheinung Melchisedeks als himmlischer Rettergestalt am Ende der Tage[32]; (b) in anderen Texten auf das Auftreten des Messias oder (c) des Elia als endzeitlichem Vorläufer des Messias und schließlich (d) auch auf das Auftreten einer Vielzahl von mᵉbaśśīrīm, die beim Anbruch der Gottesherrschaft in Jubel ausbrechen[33]. Im letzten Fall wird der Text von Jes 52,8 her interpretiert: Im Midrasch Tehillim zu Ps 147,1 § 2 heißt es: »Jesaja hat gesagt: Wie lieblich sind auf den Bergen die Füße des מבשר (= Freudenboten). Wenn der Heilige . . . König sein wird, werden sie alle Freudenboten sein, wie es heißt: der Gutes kündet, Frieden hören läßt . . . Der Heilige . . . ward König; es geziemt sich, ihn zu rühmen. Warum? Weil sie für das Königtum des Heiligen . . . sind. In jener Stunde jubeln alle, preisen alle, loben alle, denn sie sehen, daß er König ist. Darum heißt es: ›Der da spricht zu Zion: König geworden ist dein Gott‹. Und was steht danach geschrieben? ›Die Stimmen deiner Wächter, sie erheben ihre Stimme, insgesamt jubeln sie‹ (Jes 52,8).« Ein vergleichbares Verständnis vom Auftreten mehrerer endzeitlicher εὐαγγελιζόμενοι liegt im Tg Jes 40,9 und in Joel 3,5 (LXX) sowie in Ps 68 (67),12 (LXX) vor[34].

---

willen nichts wesentliches zum Verständnis des theologischen Gebrauches von εὐαγγέλιον im Neuen Testament bei! – Ἀκοή ist von der LXX her geläufiger Übersetzungsausdruck für שמועה (vgl. z. B. Ob 1,1; Jer 10,22; 30,8; Ez 16,56) und wird von Paulus terminologisch für die Predigt verwendet (vgl. 1. Thess 2,13; Gal 3,25).

[32] Vgl. J. A. Fitzmyer, Further Light on Melchizedek from Qumran Cave 11, in: ders., Essays on the Semitic Background of the New Testament, London 1971, (245–267) 252ff. Die von mir in PaulEv., 145.149 vorgeschlagene Deutung des מבשר in 11 QMelch auf einen (oder den) endzeitlichen Propheten ist sehr viel weniger wahrscheinlich.

[33] Vgl. PaulEv., 148f.

[34] Vgl. zu diesen Stellen mein PaulEv., 147–149.160–161: Während im Midrasch Tehillim zu Ps 147,1 § 2 die Situation des endzeitlichen Lobpreises angesichts des Anbruches der Königs-

Schauen wir von hier aus auf das Pauluszitat, fällt auf, daß der Apostel gegen den hebräischen Text und die Septuaginta-Übersetzung von Jes 52,7 den Plural liest: τῶν εὐαγγελιζομένων τὰ ἀγαθά. Paulus vertritt also die pluralische Deutung von Jes 52,7 (Nah 2,1), und er bezieht sie auf die Apostel Jesu Christi! Wie eben schon angedeutet, liest die Septuaginta an der kurz zuvor in Röm 10,13 zitierten Schriftstelle Joel 3,5 (anders als der masoretische Text) ebenfalls den Plural εὐαγγελιζόμενοι. Das bedeutet für den Römerbriefzusammenhang: Paulus verbindet in Röm 10,15 Joel 3,5 (LXX) und Jes 52,7 nach dem typisch rabbinischen Analogieschlußverfahren[35] und versteht Jes 52,7 von Joel 3,5 (LXX) her; beide Stellen werden dabei christologisch von der Auferstehung und endzeitlichen Erscheinung des auferstandenen Christus (in Jerusalem) her gedeutet: Die εὐαγγελιζόμενοι des Joeltextes sind für Paulus die apostolischen Gesandten und Evangelisten des κύριος Ἰησοῦς Χριστός, der sie mit dem Geist begabt und als Botschafter des Evangeliums vom Anbruch seiner rettenden Herrschaft ausgesandt hat.

Schon J. Schniewind und G. Friedrich haben angedeutet, daß sich die jüdisch im TgJes 40,9; Midrasch Tehillim zu Ps 147,1 § 2; Joel 3,5 (LXX) sowie Ps 68 (67),12 (LXX) und christlich von Paulus in Röm 10,15 bezeugte Anschauung vom endzeitlichen Auftreten einer Vielzahl von εὐαγγελιζόμενοι für das Verständnis des Apostolates und der Wortgeschichte von »Evangelium« auswerten läßt[36]. Folgt man ihren Hinweisen, ergibt sich eine interessante Linienführung: Jesus selbst hat sich als den messianischen Evangelisten der Armen gemäß Jes 61,1 f. verstanden (vgl. Mt 11,2–6 Par.)[37]. Der messia-

---

herrschaft Gottes ins Auge gefaßt ist und die מבשרים Gottes Königsherrschaft in diesem Sinne ausrufen, sind im TgJes 40,9 eine Gruppe von endzeitlichen Propheten gemeint, die die Offenbarung der Königsherrschaft Gottes in Israel zu verkündigen haben. In der Septuaginta-Übersetzung von Joel 3,5 sind die εὐαγγελιζόμενοι die von Gott zum Zion gerufenen Adressaten und Verkündiger der endzeitlichen Rettungsbotschaft. In der Septuagintaversion von Ps 68 (67),12 scheinen mit den εὐαγγελιζόμενοι ebenfalls die mit dem ῥῆμα Gottes in Vollmacht ausgestatteten Verkündiger der Heilsbotschaft von Gottes siegreicher Ankunft auf dem Gottesberg gemeint zu sein. Der Kontext von Ps 68 (67) bietet eine Möglichkeit, die im Midrasch Tehillim gemeinte Situation der ἀγαλλίασις (vgl. V. 5) mit dem (prophetischen) Verkündigungsamt der εὐαγγελιζόμενοι von TgJes 40,9 und Joel 3,5 (LXX) zusammenzusehen. Man kann sogar erwägen, ob Paulus bei seinen Formulierungen in Röm 10,14ff. nicht auch Ps (67) 68 vor Augen stand. Deutlich ist aber auf jeden Fall, daß die vom Apostel in V. 15 von Joel 3,5 (LXX) her aufgenommene Tradition von den εὐαγγελιζόμενοι jüdisch breiter verwurzelt war als nur in der Auslegung von Jes 52,7 im (späten) Midrasch Tehillim.

[35] O. Hofius hat bei der Diskussion meines Referates mit Recht darauf aufmerksam gemacht, daß Paulus schon von Röm 9,30 an mit Hilfe von gᵉzerah šawah (exegetisch) argumentiert, so daß sich z. B. auch das ἐν Σιων von Jes 28,16 in 9,33 mit Joel 3,5 (ἐν τῷ ὄρει Σιων) in 10,13 verbinden läßt.

[36] ThW II, 716, 30ff.

[37] In: Versöhnung, Gesetz und Gerechtigkeit, 52ff., habe ich im Anschluß an W. G. Kümmel: Jesu Antwort an Johannes den Täufer. Ein Beispiel zum Methodenproblem in der Jesusforschung, in: ders., Heilsgeschehen und Geschichte II, 1978, 177–200, zu zeigen versucht, aus welchen Gründen Mt 11,2–6 Par. auf Jesus selbst zurückgeführt werden kann und welch

nische Evangelist der Armen ist zugleich der Verkündiger der Gottesherrschaft (vgl. Jes 52,7). Jesu Botschaft ist deshalb schon früh, u. U. sogar schon von ihm selbst und seinen Jüngern, als »das Evangelium (von der Gottesherrschaft)« bezeichnet worden: Mk 1,15 (Semitismus!)[38]; vgl. auch Mt 4,23; 9,35 und 24,24[39]. Schon zu seinen Lebzeiten hat Jesus seine Jünger an seiner Verkündigung der Gottesherrschaft beteiligt und hat sie (auf Zeit) ausgesandt, um (zunächst nur in Israel) zu verkündigen und zu heilen wie er selbst: Mt 10,1–6/Lk 9,1–6[40]. Lk 9,6 formuliert ausdrücklich: »Sie zogen aus und wanderten von Dorf zu Dorf ›εὐαγγελιζόμενοι καὶ θεραπεύοντες πανταχοῦ‹«. Vor Ostern waren Jesu Jünger Evangelisten der Gottesherrschaft und Apostel auf Zeit. – Mit den Ostererscheinungen und der in Apg 2 als Erfüllung der Verheißung von Joel 3,1–5 geschilderten pfingstlichen Geistbegabung wandelte sich die alte Sendung für sie zu einem eschatologischen Sendungs- und Verkündigungsauftrag bis zur Parusie ihres auferweckten und zur Rechten

---

provozierend-neuartiger messianischer Anspruch in dem Logion Jesu hervortritt. U. Wilckens, Der Brief an die Römer I, 74 f. (s. Anm. 12), hat außerdem mit Recht darauf verwiesen, daß Jes 61,1 f. für die Jesusverkündigung nicht nur in Mt 11,2–6 Par. bedeutsam ist, sondern auch die Struktur der Seligpreisungen (Lk 6,20 ff./Mt 5,3 ff.) bestimmt und in Lk 4,18 f. beherrschend hervortritt. Von hier aus kann man die Bezeichnung Jesu als »messianischer Evangelist der Armen« wagen. Anders als Strecker in seinen in Anm. 12 genannten Arbeiten halte ich es deshalb für wahrscheinlich, daß Jesus zu seinem messianischen Sendungsverständnis im Blick auf die frühjüdische Auslegungstradition von Jes 61,1 f. gelangt ist: J. A. Fitzmyer, Further Light (s. Anm. 32), 246.253 hat m. E. zutreffend darauf hingewiesen, daß Jes 61,1 f. in 11 QMelch 4 ff. ebenso wie Jes 52,7 auf die endzeitliche Erscheinung Melchisedeks als himmlischer Erlöser bezogen werden muß. Im Rabbinat ist Jes 61,1 f. dann z. T. ebenso wie Jes 52,7 auf die Sendung des Messias gedeutet worden (vgl. Billerbeck II, 156). Meine kurze Zusammenfassung der jüdischen Auslegung von Jes 61,1 f. in PaulEV., 150 ist von Fitzmyer her zu korrigieren.

[38] Die schon A. Schlatter, Der Glaube im Neuen Testament, ⁴1927, 590 auffällig erscheinende, an TgJes 53,1 erinnernde semitisierende Rede vom πιστεύειν ἐν τῷ εὐαγγελίῳ kann man am besten mit R. Schnackenburg, »Das Evangelium« im Verständnis des ältesten Evangelisten, in: Orientierung an Jesus. Zur Theologie der Synoptiker. Für J. Schmid, hrsg. von P. Hoffmann, 1973, (309–324) 320 f., als Tradition verstehen, die durchaus auf Jesus selbst zurückgehen kann (vgl. R. Pesch, Das Markusevangelium I, 1976, 101 f.). – G. Strecker, Literarkritische Überlegungen zum εὐαγγέλιον-Begriff im Markusevangelium, in: ders., Eschaton und Historie, 1979, (76–89) 78 ff., weist ebenfalls auf den traditionellen semitisierenden Charakter der Wendung hin, entscheidet sich dann aber doch für markinische Verfasserschaft des Summariums von Mk 1,14.15. Nur deshalb kann er in seinen Arbeiten über die Wortgeschichte von εὐαγγέλιον (s. Anm. 12) schreiben: »Der Begriff εὐαγγέλιον bzw. sein hebräisches oder aramäisches Äquivalent ist nach Ausweis der vorliegenden Texte kein Bestandteil der Verkündigung des historischen Jesus gewesen« (Das Ev. Jesu Christi, 513 = Eschaton und Historie, 193). Nach den in Anm. 37 und 38 aufgeführten Tatbeständen halte ich diese Auffassung, der ich ursprünglich selbst zugeneigt war, für nicht länger haltbar.

[39] Auch wenn diese drei Stellen redaktionell sind, wird in ihnen der historische Sachverhalt der jesuanischen Botschaft von der Gottesherrschaft zutreffend beschrieben.

[40] Näheres zu dieser Aussendung in meinem Anm. 23 genannten Aufsatz, 111, und bei R. Pesch, Voraussetzungen und Anfänge der urchristlichen Mission, in: Mission im Neuen Testament, hrsg. von K. Kertelge, 1982, (11–70) 26 ff.

Gottes erhöhten Herrn. Wie die מבשרים in Midrasch Tehillim zu Ps 147,1 § 2
brechen sie angesichts der Erhöhung des gekreuzigten Jesus zum Messiaskö-
nig bei ihren Mahlfeiern in eschatologischen Jubel aus (vgl. Apg 2,46).
Wieder schildert Lukas die Verkündigunstätigkeit der Apostel mit dem
Stichwort εὐαγγελίζεσθαι: ».. . οὐκ ἐπαύοντο διδάσκοντες καὶ εὐαγγελιζόμενοι τὸν
Χριστὸν Ἰησοῦν« (Apg 5,42). Als der universale Charakter sowohl des Sühnetodes Jesu für »die Vielen« (Mk 10,45 Par.; 14,24 Par.) als auch der
Auferstehungsherrschaft Jesu erkannt waren, wagten der Kreis der sog.
Hellenisten (Apg 6,1), Petrus und andere Apostel den Überschritt von der
Juden- zur Heidenmission (vgl. Apg 10,34ff.; 11,19ff.). Apg 1,8; Mt
28,16ff. und Röm 10,17 zeigen, daß der Auftrag zur Heidenmission auf das
ῥῆμα Χριστοῦ, d. h. den Auftrag des erhöhten Christus, zurückgeführt wurde. Die zur Heidenmission aufbrechenden Apostel und Missionare verstanden sich nunmehr als jene endzeitlichen Evangelisten, die nach der jüdischen
Auslegungstradition von Jes 40,9; 52,7 (Nah 2,1); Joel 3,5 und Ps 67,12
(LXX) beim Anbruch der Gottesherrschaft erwartet wurden. Wahrscheinlich haben schon diese Apostel und Missionare ihre Missionsbotschaft im
Anschluß an die bereits vor Ostern im Jüngerkreis gebräuchliche Ausdrucksweise als »Evangelium (Gottes)« bezeichnet. Von Ostern her war
dieses Evangelium für sie nunmehr zugleich »Evangelium Jesu Christi«: Sie
verkündigten den irdischen Jesus als den auferweckten und kommenden
Herrn der Welt. Mk 8,35 und 10,29, aber auch 13,10 (und 14,9) dokumentieren ihr Botschaftsverständnis. Paulus hat die Ausdrucksweise dieser Apostel
und Missionare übernommen und mit eigener Akzentsetzung versehen.
Ähnlich wie in 1. Kor 9,1 f. und 15,8 ff. artikuliert er auch in Röm 10,14–17
nicht nur sein eigenes, sondern das ihn mit den Heidenmissionaren, Petrus
und anderen Jerusalemern verbindende Apostolatsverständnis. Die Verflechtung von Evangeliums- und Sendungsterminologie ist unter diesen
Umständen bereits vorpaulinischen Ursprungs. Außerdem versteht sich
nunmehr leicht, warum der Apostel überall in seinen Gemeinden und nach
Gal 2 auch in Jerusalem und Antiochien ohne weiteres Verständnis für die
Rede vom Evangelium voraussetzen kann. Es handelt sich um Missionsterminologie, die von Jerusalem ausgegangen und urchristlich auch unabhängig von Paulus gebräuchlich geworden ist[41].

---

[41] Eine direkte oder indirekte Beziehung auf die εὐαγγέλια des Kaiserkults (vgl. dazu PaulEv.,
196 ff.) ist in dem frühen neutestamentlichen Belegmaterial nirgends spürbar. Natürlich ist
nicht auszuschließen, daß für die griechischsprechenden Adressaten der Heidenmission Konno-
tationen zum Kaiserkult gegeben waren. Aber wenn die Hauptmasse der für den Christusglauben gewonnenen Heiden anfänglich aus dem Kreis der sog. Gottesfürchtigen stammte (vgl. W.
Schmithals, Der Römerbrief als historisches Problem, 1975, 69 ff.), lag für diese jüdisch bestens
vorgebildete Menschengruppe die Verständnisbeziehung von εὐαγγέλιον/εὐαγγελίζεσθαι zur synagogalen Auslegungstradition und zur Septuaginta näher als zum Kaiserkult. A. v. Harnack hat
nicht umsonst die anfänglich auch von ihm befürwortete Ableitung des missionarischen

Natürlich ist das Vorgetragene nur eine traditionsgeschichtliche Rekonstruktion; aber sie macht die verschiedenen uns vorgegebenen Text- und Überlieferungsdaten verständlich. Sie bestätigt die von Harnack vorgezeichnete und von J. Schniewind und G. Friedrich im Theologischen Wörterbuch weiter ausgearbeitete[42] Perspektive der Traditionsentwicklung in erstaunlichem Maße.

4. Die aktuelle Ausprägung des paulinischen Evangeliums

Paulus bemüht sich sowohl in 1. Kor 15,1–11 als auch im Römerbrief darum, Kontinuitäten zwischen seiner eigenen und der Evangeliumsverkündigung der Altapostel aufzuweisen. Er tut dies, ohne von der Christusverkündigung abzuweichen, die ihm von der Damaskusoffenbarung her vorgezeichnet war. In der Auseinandersetzung mit seinen Kritikern und Gegnern sieht er sich sogar veranlaßt, gelegentlich von »unserem« oder »meinem« Evangelium zu sprechen. Dieser Wortgebrauch ist vom 1. Thessalonicherbrief (2,5) über die Korintherbriefe (vgl. 2. Kor 4,3) bis in den Römerbrief (2,16; 16,25) und dann die Deuteropaulinen hinein nachzuweisen (2. Thess 2,14; 2. Tim 2,8). Er deutet darauf hin, daß der Apostel durchaus eine spezifische Ausprägung seiner Evangeliumsverkündigung empfunden und ihre Legitimität auch bewußt verfochten hat.

Wir können diesen Kampf um »sein« Evangelium schon im 1. Thessalo-

---

Gebrauches von εὐαγγέλιον aus dem Kaiserkult bald wieder aufgegeben und sich der eingangs skizzierten Sicht der Wortgeschichte zugewandt (vgl. PaulEv., 11 f. 22 ff.). Streckers Neubelebung des von Harnack als irrig erkannten Herleitungsversuches (s. Anm. 12) ist weder traditions- noch missionsgeschichtlich verifizierbar.

[42] ThW II, 705–735. – Die von mir oben nachgezeichnete Traditionslinie befriedigt historisch mehr als mein seinerzeit in PaulEV., 210 ff., durchgeführter Versuch, den Ursprung der christlichen Verwendung von εὐαγγέλιον und εὐαγγελίζειν/εὐαγγελίζεσθαι in Apk 10,7; 14,6 zu suchen. Strecker, Evangelium, 515 ff. (= Eschaton und Historie, 195 ff.), hat diesen Versuch mit Recht kritisiert. Seine Behauptung allerdings, das an beiden Stellen vorliegende neutrale εὐαγγελίζειν im Sinne von »verkündigen« sei »durchaus der griechisch-hellenistischen Tradition angemessen« (Evangelium, 516 = Eschaton und Historie, 196), ist philologisch zu schwach begründet. Als Beleg für einen solchen neutralen Sprachgebrauch kann Strecker nur (mit Friedrich, ThW II, 708, 22 f.) auf einen fingierten Brief des Rhetors und Sophisten Alkiphron aus dem 2. Jh. n. Chr. verweisen (Ep II 9,2). Es handelt sich aber bei diesem Kunstbrief um die heitere Mitteilung eines Musikliebhabers an einen anderen, daß seine Ziegenherde seinem nachmittäglichen Flötenspiel andächtig gelauscht habe. Der Brief schließt mit dem Satz: *Ταῦτά σε οὖν εὐαγγελίζομαι, φίλον ἄνδρα συνειδέναι βουλόμενος ὅτι μοι μουσικόν ἐστι τὸ αἰπόλιον.* A. R. Benner und F. H. Fobes übersetzen in ihrer kritischen Ausgabe (The Letters of Alciphron, Aelian and Philostratus, London 1949, 101) diesen Satz nicht zufällig: »Now I am telling you this as a piece of good news, for I wish my friend also to know that my herd of goats loves music.« Dieser eine rhetorisch stilisierte Beleg aus Alkiphron reicht nicht hin, um eine allgemeine Abschleifung von εὐαγγελίζεσθαι zu bloßem ἀγγέλλειν im hellenistischen Griechisch zu belegen! Apk 10,7 und 14,6 sind judengriechisch formuliert, und εὐαγγέλιον αἰώνιον in 14,6 ist die ewig gültige Gerichtsbotschaft. Dies ist jüdischer und nicht griechischer Wortgebrauch.

nicherbrief erkennen und vom Galaterbrief an direkt mitvollziehen. Paulus hat in diesem Streit die Auseinandersetzung mit Petrus nicht gescheut und den Bruch mit seinen Antiochener Freunden in Kauf genommen (Gal 2,11 ff.). Nach dem Galaterbrief spiegelt sich dieser Kampf auch im Römerbrief: Die berühmte Aussage aus Röm 1,16, Paulus »schäme sich des Evangeliums nicht«, erklärt sich in der Briefsituation am einfachsten dann, wenn Paulus von Anfeindungen gegen sein Evangelium in Rom selbst weiß (vgl. dazu Röm 3,8 und 16,17f.) und von Anfang seines großen apologetischen Schreibens an klarstellen will, daß er es auch in Rom mit seinen Kritikern aufzunehmen gedenkt und entschlossen ist, zu der ihm geoffenbarten Gottesmacht des Evangeliums zu stehen. Aus solcher Entschlossenheit heraus ergibt sich auch für die in der Exegese sehr umstrittene Stelle Röm 2,16 ein klarer Sinn: Paulus ist angegriffen, die billige Gnade zu verkündigen und Sünde und Gericht zu verharmlosen. Demgegenüber weist er von 2,16 an pointiert darauf hin, daß gerade auch in seinem Evangelium vom Gericht, und zwar dem Endgericht Gottes durch Jesus Christus, die Rede sei (vgl. dann auch Röm 6,12–23; 8,31–39; 14,10–12).

Von der konkreten Verkündigungs- und Missionsarbeit des Apostels geben uns die Paulusbriefe mit ihren Anspielungen auf Predigtschemata[43], Lehrunterweisung[44] und die den Apostel ständig bedrängenden Gemeindeprobleme[45] nur eine ganz rohe Vorstellung. Paulus hat viel mehr gesagt und gelehrt, als die uns erhaltenen Briefe dokumentieren! Die Grundlinien seiner Verkündigung geben sie gleichwohl eindeutig zu erkennen.

Im paulinischen Evangelium geht es von Anfang an um die Verkündigung Christi als des Gottessohnes, der uns durch seinen Sühnetod von Sünden befreit, zum Glaubensgehorsam berufen und zur Hoffnung auf die Erlösung vom kommenden Zorngericht Gottes ermächtigt hat. Diese christologische Mitte beherrscht das Evangelium des Apostels von seiner Berufung an (s. o.) und ist seit 1. Thess 1,9f. an konstant in den Paulinen nachweisbar. Das paulinische Evangelium ist Evangelium von dem Christus, der uns von Gott zur Weisheit, zur Gerechtigkeit, zur Heiligung und zur Erlösung gesetzt worden ist (1. Kor 1,30). Wenn man das paulinische Evangelium »Rechtfertigungsevangelium« nennt, ist von dieser christologischen Mitte auszugehen; sonst verliert man das Einheitsband zwischen den Paulusbriefen (mit Einschluß der Deuteropaulinen) aus dem Blick. Das Thema »Rechtfertigung durch den Sühnetod des Gottesknechtes Jesus Christus« ist Paulus schon in der Bekenntnis- und Tauftradition vorgegeben gewesen (vgl. 2. Kor 5,21; Röm 3,25f.; 4,25). Er hat dieses Thema aufgegriffen und

---

[43] Vgl. H. Conzelmann, Grundriß der Theologie des Neuen Testaments, ²1968, 107f.
[44] Conzelmann, aaO. (s. Anm. 43), 106f.108ff.
[45] Vgl. 2. Kor 11,28.

im Lichte seiner Berufungserfahrung unverwechselbar entfaltet (vgl. Phil 3,4–11).

In dem Maße, in dem Christus für Paulus der verheißene Messias und Gottessohn ist (vgl. nur 2. Kor 1,19 f.; Röm 1,3 f.; 9,5; 15,8)[46] und der Glaube an ihn Gottes verheißungsvollem Heilswillen seit Abraham entspricht (vgl. Gal 3,6 ff. und Röm 4,3 ff.), hängen für Paulus εὐαγγέλιον und ἐπαγγελία wesenhaft zusammen: Das Evangelium Gottes ist im Voraus durch Gottes Propheten in heiligen Schriften verheißen worden (Röm 1,2) und wird jetzt durch die Verkündigung des Apostels offenbar (Röm 1,5; 16,26).

Um die Frage, wie sich Gesetz und Christus zueinander verhalten, hat Paulus seit seiner Berufung gerungen. Interessanterweise findet sich aber in seinen Briefen nirgends das uns theologisch so geläufige antithetische Begriffspaar »Gesetz und Evangelium«. Erst Marcion spricht im Blick auf Paulus von einer separatio legis et evangelii[47]! Für Paulus geht es statt solcher separatio darum, Christus konsequent als das Ende des Gesetzes (als Heilsweg) zu verkündigen und gleichzeitig ein uneingeschränktes Ja zu dem von Christus selbst verkündigten Gebot Gottes auszusprechen. Ihre reifste und zugleich kühnste Form hat die paulinische Reflexion auf das Verhältnis von Gesetz und Christus im Römerbrief gefunden, und zwar in Röm 7,1–8,11. Wenn ich recht sehe, lehrt Paulus hier, daß die Christen kraft des Sühnetodes Jesu dem Gesetz als Heilsweg abgestorben sind. Gerade deshalb können (und müssen) sie aber in der Kraft des Geistes dem guten, heiligen und gerechten Gebot Gottes folgen, das Christus von der seit dem Sündenfall (Gen 3) auf im lastenden Verkehrung durch die Sünde befreit und so erst eigentlich als Hilfe zum Leben in Geltung gesetzt hat. Kraft seines Opfertodes hat Christus die Macht der Sünde zerbrochen und damit sowohl den Sünder von seiner Schuld befreit als auch das Gesetz Gottes aus seiner Umklammerung von der Sünde gelöst. Eben deshalb ist für Paulus Christus gleichzeitig das Ende des Gesetzes als Heilsweg und der Verkündiger des Gesetzes als Lebensweg der Liebe (vgl. z. B. Gal 5,13–26; 6,2; Röm 12,14 ff.; 13,8 ff.)! Die altkirchliche, auf den ersten Blick so befremdlich wirkende Rede vom Evangelium als dem καινὸς νόμος τοῦ κυρίου ἡμῶν Ἰησοῦ Χριστοῦ, ἄνευ ζυγοῦ ἀνάγκης ὤν (Barn 2,6) ist nicht ohne weiteres paulinisch, aber sie erklärt sich doch nur dann, wenn man Paulus nicht allein mit reformatorischen Augen liest, sondern auch und zuerst seine eigene Auffassung vom Gesetz und Christusevangelium verkündigen läßt. Mir selbst scheint, daß Paulus zu seiner eben nur ganz knapp skizzierten dialektischen Auffassung

---

[46] Zum paulinischen Gebrauch von Χριστός vgl. jetzt M. Hengel, Erwägungen zum Sprachgebrauch von Χριστός bei Paulus und in der ›vorpaulinischen‹ Überlieferung, in: Paul and Paulinism, Essays in Honour of C. K. Barrett, ed. M. D. Hooker und S. G. Wilson, London 1982, 135–159.

[47] Vgl. HarnackEv., 232–234.

vom Gesetz nicht ohne Kenntnis der Jesustradition hat kommen können. In Gal 6,2 und 1. Kor 9,21 spricht er nicht zufällig vom *νόμος Χριστοῦ* als der Alternative zur jüdischen Gesetzlichkeit und heidnischen Gesetzlosigkeit. Aber diese spezielle Frage mag hier auf sich beruhen. Es ist genug, darauf hinzuweisen, daß die jesuanische Fassung des Liebesgebotes als Feindesliebe gerade im Römerbrief deutlich hervortritt (vgl. Röm 12,14 ff.).

Für den Apostel gibt es eine *ἀρχή* und ein *τέλος* seiner Evangeliumsverkündigung; Christus ist beidem vor- und übergeordnet. Von der *ἀρχή* spricht er in Phil 4,15 im Blick auf die Anfänge seiner Mission in Philippi. In Röm 10,17 ist die Berufung und Aussendung der Apostel im Blick, und in Röm 15,19 der Missionsraum, den Paulus zu durchmessen hat. Der Ursprung des Evangeliums liegt für Paulus im Missions- und Sendungsbefehl des (in Jerusalem) auferstandenen Christus, so daß die Evangeliumsverkündigung der Apostel insgesamt mit Einschluß der des Paulus ihren geographischen Anfang von Jerusalem aus genommen hat[48]. Das *τέλος* des von Paulus zu verkündigenden Evangeliums ist erreicht, wenn das *πλήρωμα τῶν ἐθνῶν* mittels der Evangeliumsverkündigung den Eingang in die Heilsgemeinde aus Juden und Heiden erlangt haben wird (Röm 11,25). Dasselbe ist gemeint, wenn der Apostel in Röm 15,16 schreibt, er sei der priesterliche Diener des Evangeliums, um Gott die *προσφορὰ τῶν ἐθνῶν* in wohlgefälliger Weise darzubringen. Nachdem dies geschehen ist, kann auch ganz Israel die Rettung durch den Christus erlangen, der vom Zion als messianischer Erlöser kommen wird (Röm 11,26 f.)[49]. Diese ganze heilsgeschichtlich-apokalyptische Konzeption ähnelt sehr stark der in Mk 13,10 Par. bezeugten Überlieferung, daß vor der Parusie des Menschensohnes das Evangelium erst allen Heidenvölkern verkündigt werden müsse. Paulus hat den von ihm in all seinen Briefen ersehnten Tag der Parusie nicht mehr erlebt. Die Zeit seines Evangeliums reicht über sein Leben hinaus.

5. *Nachwirkungen des paulinischen Evangeliums*

Die Nachwirkungen des paulinischen Evangeliums sind in den Deuteropaulinen ganz eindeutig greifbar, sie spiegeln sich aber auch noch im 1. Petrusbrief und bei Ignatius.

---

[48] Von Röm 15,19 aus wird die Bedeutung des Apostelkonzils für Paulus noch über Gal 2 hinaus deutlich: »Hinter Röm 15,19 steht eine heilsgeschichtliche Missionskonzeption; und man mag fragen, ob diese als solche nicht in den Verhandlungen des Apostelkonzils (Gal 2,9!) die Stunde ihrer Geburt – oder doch jedenfalls ihrer ersten offiziellen Markierung – und von daher gesamtkirchlich-ökumenische Geltung gewonnen hat« (Wilckens, Der Brief an die Römer III, 1982, 120).

[49] Zu Röm 11,25 ff. vgl. das glänzende Referat: Das Evangelium und Israel. Erwägungen zu Röm 9–11, das O. Hofius auf dem 37. Haupttreffen der SNTS in Löwen, Belgien, im August 1982 gehalten hat. Der Aufsatz wird demnächst in ZThK erscheinen.

Terminologisch ist die Redeweise von »Evangelium« in den Deuteropaulinen dem Wortgebrauch in den Homologoumena eng benachbart, ja teilweise sogar mit ihr identisch. Von Röm 16,25 f. an wird das Evangelium in der späten Paulustradition als heilsgeschichtliches μυστήριον verstanden, das der Apostel weltweit zu verkündigen hat. Sein Kern ist die Erlösung durch Jesus Christus und der mit ihr verbürgte Anteil an der Herrschaft Gottes in den Himmeln (vgl. Kol 1,5.23; Eph 6,19). Diese Sicht ist von Paulus selbst weniger weit entfernt, als man gelegentlich gemeint hat. Der Apostel setzt seine Evangeliumsbotschaft mehrfach in Entsprechung zur prophetischen Verkündigung des Alten Testaments (Gal 1,15 f.; 1. Kor 9,16 und – besonders eindeutig – in Röm 1,1–7); sie ist für ihn die lang verheißene und nunmehr offenbar gewordene prophetische Botschaft vom Heil in und durch Christus. Das Evangelium steht für Paulus in apokalyptischem Erwartungshorizont und erscheint z. B. in 2. Kor 4,3 ff. als eine noch ins Wort hinein verborgene Offenbarung, der nur erst diejenigen Gehör schenken können, die nicht vom »Gott dieses Äons« verblendet worden sind. In Röm 16,25 f.; Kol 1,26 und Eph 6,19 wird also nur ausformuliert, was bei Paulus schon gedacht und gemeint war.

1. Tim 1,11 liest sich wie eine Wiederaufnahme von 2. Kor 4,4. 2. Tim 2,8 dürfte auf das Römerbriefpräskript und die dortige Christusformel (Röm 1,3 f.) zurückgreifen, und der Gesamtabschnitt 2. Tim 1,6–12 mit seinem doppelten Verweis auf das Evangelium in V. 8 und 10 ist eine testamentarische Zusammenfassung von genuin paulinischen Äußerungen wie Phil 1,7.27; Phm 9–13 und den Grundsätzen paulinischer Rechtfertigungssoteriologie. Daß der in den Pastoralbriefen stark hervorgehobene Charakter des Evangeliums als »gesunder Lehre« = ὑγιαίνουσα διδασκαλία (vgl. 1. Tim 1,10; 2. Tim 4,3 u. ö.) und »anvertrautem Gut« = παραθήκη (vgl. 1. Tim 6,20; 2. Tim 1,12.14) ebenfalls genuin paulinische Ansätze aufgreift und verstärkt, haben wir uns oben schon klargemacht[50].

Nachdem die Rede von der apostolischen Christusbotschaft als εὐαγγέλιον τοῦ θεοῦ nicht erst paulinischen Ursprungs ist, sondern schon vor und unabhängig von Paulus in Jerusalem und Antiochien gebräuchlich gewesen sein dürfte, braucht 1. Petr 4,17 (vgl. mit 2,8) nicht allein von Paulus her gedeutet zu werden. Die Apostelgeschichte hält ja auffälligerweise den von ihr nur zweimal gebrauchten Missionsausdruck »Evangelium« nicht nur für die Paulusverkündigung (Apg 20,24), sondern auch für die Botschaft des Petrus fest (Apg 15,7, vgl. mit 10,36–43)!

Auch in den Ignatianen scheinen sich paulinische und außerpaulinische Einflüsse zu überkreuzen. IgnPhld 9,2 liest sich bei aller Eigenständigkeit

---

[50] Näheres zum Evangeliumsverständnis der Pastoralbriefe bei P. Trummer, Die Paulustradition der Pastoralbriefe, 1978, 130, und H. v. Lips, Glaube – Gemeinde – Amt, 1979, 40 ff.

doch parallel zur heilsgeschichtlichen Betrachtung des (verkündigten) Evangeliums in Röm 1,1–7 und in spätpaulinischen Traditionen wie Röm 16,25 ff. Ähnlich ist wohl Phld 5,1 f. zu verstehen, wenn das Evangelium als die σὰρξ Ἰηοοῦ (= Inbegriff von Jesu irdischer Erscheinung) bezeichnet und betont wird, schon die Propheten hätten auf das Evangelium hin verkündigt. Diese Redeweise könnte sich sowohl auf Röm 1,3 f. als auch 1. Kor 15,1 ff. stützen, klingt aber insgesamt nicht mehr nur paulinisch. In Phld 8,2 scheinen auf den ersten Blick schriftliches Altes Testament und mündlich das Kreuz Jesu, seinen Tod und seine Auferweckung bezeugendes Evangelium nebeneinanderzustehen; das wäre von Paulus her gut zu begründen. Nur ist m. E. nicht ganz von der Hand zu weisen, daß in dem ἐν τῷ εὐαγγελίῳ οὐ πιστεύω eine Anspielung auf Mk 1,15 vorliegt[51] und somit auch schon eine schriftliche Bekundung des Evangeliums gemeint sein könnte. Für die beiden restlichen Stellen, an denen Ignatius von Evangelium spricht, IgnSmyrn 5,1 und 7,2, erwägt schon Harnack, ob nicht »Evangelium« hier bereits den Sinn von (geschriebener) Geschichte Jesu angenommen habe[52]; auch J. A. Fischer mag diese Möglichkeit in seiner Ausgabe der Ignatiusbriefe nicht ausschließen, obgleich er die Deutung auf die »kirchliche Christusverkündigung« vorzieht[53]. Der Blick auf die Ignatianen insgesamt zeigt, daß Ignatius bereits Matthäus, wohl auch Markus, die Apostelgeschichte, das Johannesevangelium und die Paulusbriefe als Quellen voraussetzt[54]. Seine Verwendung des Wortes »Evangelium« braucht also nicht allein von Paulus her erklärt zu werden.

6. Ausblick

Eine direkte Beziehung des paulinischen Gebrauches von »Evangelium« zur neutestamentlichen Evangelienschreibung hat sich für uns nicht ergeben. Dabei wird das Wort im Markusevangelium achtmal (Mk 1,1.14.15; 8,35; 10,29; 13,10; 14,9 und 16,15) gebraucht, ist also für Markus und seine Tradition besonders charakteristisch! Matthäus spricht demgegenüber nur viermal von Evangelium (Mt 4,23; 9,35; 24,14; 26,13), während Lukas und Johannes das Wort ganz meiden. Für Markus und seine Überlieferung ist die enge Verbindung der Jesusgeschichte mit dem späteren Missionsausdruck εὐαγγέλιον charakteristisch. Von Paulus allein her läßt sich dieser Befund nicht klären. Unter diesen Umständen ist die Frage, ob die Formulierungen anderweitig befriedigend gedeutet werden können. Dies ist nicht mehr

---

[51] Vgl. W. Bauer, Die Briefe des Ignatius von Antiochia und der Polykarpbrief, 1920, 261.
[52] HarnackEv., 231.
[53] J. A. Fischer, Die Apostolischen Väter I, 1976, 201 Anm. 36 (vgl. mit 209 Anm. 31 und 211 Anm. 48).
[54] J. A. Fischer, aaO., (s. Anm. 53), 122.

Aufgabe dieses Referates. Ich rate nur, bei dem Versuch einer Erklärung Jesus selbst, die vor- und nebenpaulinische Missionsverkündigung und – vor allem – Petrus nicht außer Acht zu lassen. Daß auch die Missionsverkündigung des Petrus in Apg 15,7 (mit Rückverweis auf 10,36–43) als *εὐαγγέλιον* bezeichnet wird, ist m. E. mehr als ein Zufall und nicht nur lukanische Tendenzdarstellung. Petrus zeichnete sich vor Paulus durch seine Beziehung zum irdischen Jesus und seine Rolle als Erstlingszeuge der Auferweckung aus. Seine Missionsverkündigung konnte darum in ganz anderem und unmittelbarem Sinn auf Jesus gründen, als dies bei Paulus möglich war. Der Sachverhalt, von dem die Rede ist, spiegelt sich auch in Apg 10,36–43.

In Apg 10,36–43 liegt keineswegs nur ein von Lukas geschaffenes Muster einer (auf das Lukasevangelium zurückverweisenden) »Predigt« vor, sondern zugleich und vor allem eine traditionsgesättigte Darstellung, wie im Missionsraum vor Heiden von der Geschichte Jesu erzählt und gelehrt worden ist[55]. Was den in der Auslegung höchst umstrittenen Eingangssatz anbetrifft, hat H. Riesenfeld[56] den Weg für ein wirklich ungezwungenes Verständnis des Textes eröffnet: *τὸν λόγον* ist mit *καταλαμβάνομαι* in V. 34 zu verbinden und im Sinne einer Apposition zu dem *ὅτι*-Satz in V. 34f. zu verstehen. Riesenfeld übersetzt: »Truly I realize that God does not show partiality, but in every nation anyone who fears him and does what is right is acceptable to him; (this is) the word which he sent to the children of Israel, proclaiming good news of peace through Jesus Christ – he is Lord of all. You know what took place throughout all Judea, beginning from Galilee after baptism which John preaches . . .«[57] G. N. Stanton hat auf den interessanten exegetischen Hintergrund der in V. 36–43 vorliegenden Petrusrede aufmerksam gemacht[58]. In ihr wird die Jesusgeschichte auf der Basis von lauter Schriftworten dargestellt: Eine midraschartige Verflechtung von Ps 107,20; Jes 52,7 (Nah 2,1); Jes 61,1; Dt 21,22 und Hos 6,2 bildet den Leitfaden, um

---

[55] Nachdem U. Wilckens, Die Missionsreden der Apostelgeschichte, 1961, 69 zu Apg 10,37–43 geurteilt hatte: »Lukas hat hier das Schema der Missionspredigt in das Formschema des Evangeliums, wie er es versteht, umgestaltet«, weist er im Vorwort zur 3. Aufl. seines Buches von 1974 darauf hin, daß an der von ihm bisher nur unbefriedigend gelösten Frage von vorlukanischer Tradition und lukanischer Komposition in den Reden der Acta weitergearbeitet werden müsse. G. N. Stantons Dissertation: Jesus of Nazareth in New Testament Preaching, Cambridge 1974, lag ihm 1974 leider noch nicht vor. J. Roloff, Die Apostelgeschichte, 1981, 168, schreibt über unseren Text: »Zumindest in seiner Konzeption, aber auch in einigen Formulierungen dürfte das Schema in V. 39–41 vorgegebene Traditionen wiedergeben.« Noch deutlicher arbeiten I. H. Marshall, The Acts of the Apostles, 1980, 190ff., und G. Schneider, Die Apostelgeschichte II, 1982, 63f.74–79, die Traditionselemente des Textes heraus.
[56] H. Riesenfeld, The Text of Acts X. 36, in: Text and Interpretation. Studies in the New Testament presented to Matthew Black, ed. E. Best und R. McL. Wilson, Cambridge 1979, 191–194.
[57] AaO. (s. Anm. 56), 193. Auch Schneider stimmt aaO. (Anm. 55), 75f. Riesenfelds Verständnisvorschlag zu.
[58] AaO. (s. Anm. 55), 67–85, bes. 75.

nacheinander von Jesu Sendung, seiner Taufe und Geistsalbung, seinen
hilfreichen Werken, seinem Kreuzestod, seiner Auferweckung und seinen
Erscheinungen[59] zu sprechen. Dieser exegetische Rahmen und das Erzäh-
lungsmuster sind sicher nicht erst lukanisch, sondern traditionell. Die Darstellung der Jesusgeschichte gleicht im Aufriß auffällig dem Markusevangelium und soll nach Apg 10,34 mit Petrus in besondere Verbindung gebracht
werden. Für uns ist vor allem die Beziehung von Jes 52,7 (Nah 2,1) in V. 36
auf Gottes eigene Heils- und Friedensbotschaft interessant, die in der Sendung Jesu Christi geschichtliche Wirklichkeit angenommen hat. Paulus hat
in Röm 10,15 Jes 52,7 (Nah 2,1) charakteristisch anders interpretiert. Hier in
Apg 10,36 ff. erscheint die Jesusgeschichte buchstäblich als »Evangelium
Gottes« und so als Erfüllung der Schrift. Die Bezüge zu Mk 1,1.14.15 sind
mit Händen zu greifen und sollten bei der Frage nach Ursprung und Intention des Gebrauches von Evangelium bei Markus und in den Evangelienüberschriften nicht außer Acht gelassen werden.

Thetisch formuliert: Wir werden in Apg 10,36–43 (+ 15,7) jenes Evangeliums (des Petrus) ansichtig, das genausogut εὐαγγέλιον τοῦ θεοῦ war wie das
des Paulus, sich mit diesem berührt und doch von der narratio der Jesusgeschichte charakteristisch anderen Gebrauch macht als die auf Kreuz und
Auferweckung Jesu konzentrierte gesetzeskritische Lehre und Verkündigung des Paulus. Anlaß zur Evangelienschreibung bietet unser (petrini-
sches?) Schema weit stärker als Paulus. Die Kirche braucht beide Verkündigungsformen, um ihre Identität als Kirche Jesu Christi zu bewahren und
immer wieder neu zu gewinnen.

---

[59] In Apg 10, 41–43 zeigt sich dann eindeutig die lukanische Bearbeitung der Tradition. Vgl.
mit Lk 24,30 ff. 43.

The Gospel Genre

Robert Guelich

1. The Question of Genre

Much confusion surrounds the discussion of the Gospels from the stand-point of literary genre. Some of the confusion is endemic to the broader discipline of literary criticism itself. Not only does one look in vain for a precise, universally acceptable definition of genre but the function of genre within literary criticism appears to be multiple[1].

In the classical and neo-classical periods, genre had a *normative* function of setting the parameters within which one wrote and by which a text was critiqued. In modern literary criticism genre has a more *descriptive* than regulative function. For example, in the words of R. Warren and A. Wellek, the theory of genre offers a »principle of ordering« for classifying literature according to »specifically literary types of organization or structure«[2]. This usage of genre provides a means of identification and classification of literary works and periods. But even more recently, the discussion has focused on genre in its *interpretive* role as the means by which one comprehends a work. For example, E. D. Hirsch defines an »intrinsic genre« (the one germane to the text) as ». . . that sense of the whole by means of which an interpreter can correctly understand any part of its determinancy«[3], and F. Kermode more loosely describes a genre as ». . . a context of expectation, an ›internal probability system‹« that helps one comprehend a sentence, book or life[4].

Despite the many definitions of genre and seeking to avoid the pitfalls of the discussion, one can note certain features of genre relevant to the discus-sion of the Gospels that seem to reflect a consensus within literary criticism. First, genre has to do with a text as a whole, as a composite of specific traits or characteristics which are formal and material. In other words, the genre of

---

[1] W. Doty, »The concept of Genre in Literary Analysis« in *Proceedings: Society of Biblical Literature* (Missoula: Scholars Press, 1972) 2. 413–47.

[2] R. Warren and A. Wellek, *Theory of Literature* (3rd ed., New York: Harcourt, Brace, Javanovich, 1977) 226. Further, »genre (is) a grouping of literary works based . . . upon outer form (specific meter or structure) and also upon inner form (attitude, tone, purpose. . .)«, 231.

[3] E. D. Hirsch, *Validity in Interpretation* (New Haven: Yale University Press, 1967) 86.

[4] F. Kermode, *The Genesis of Secrecy: On the Interpretation of Narrative* (Cambridge: Harvard University Press, 1979), 162–63, n. 20.

a text consists of its literary structure and organization (the formal components) and of its content with various levels of possible meanings (the
material components). Second, genre is a comparative or derivative concept. It has to do not only with the text in question but with other similar or
dissimilar texts. As a category or classification (both *explicitly* for the critic
who seeks to identify and classify as well as *implicitly* for the interpreter who
reads a text in terms of the »sense of the whole«) genre stems from one's
conscious or unconscious observation of formally and materially similar or
dissimilar texts. Therefore, a genre must consist of more than one text either
as a category to which one assigns the text or as the »context of expectation«
from which one interprets a text.

Within biblical criticism, the quest of the Gospels' genre suffers not only
from the lack of consensus within literary criticism about the nature and
function of genre but biblical criticism also adds its own terminological
complications. At times, form criticism appears to use »form« and »genre«
interchangeably[5]. It is not unusual to hear references to the »form« (=
Gattung) of the Gospels as well as references to the »genre« (= *Gattung*) of
parables. Are »form« and »genre« interchangeable terms? Even more con-
fusing, however, is the contention by many that the Gospels are *sui generis*.
But how exclusive is *sui generis* – especially in view of contemporary hermeneutics which defines genre as the »context of expectation« or the »sense
of the whole« by which the text becomes intelligible? Where and how does
one gain a sense of the whole without literary counterparts?

For the purposes of this paper, we shall use »genre« as a broad category to
mean the text of the Gospels seen as a whole, a composite of numerous parts
or »forms«[6]. Furthermore, genre refers to the work as a whole viewed in
comparison with other literary works. To that extent, genre will function in
this paper *descriptively* as the means of identifying and classifying the Gospels
within their literary matrix. The natural consequence, however, of this
descriptive task has definite *interpretative* implications, since a work's genre
inherently qualifies its interpretation. Consequently, by classifying the Gospels according to genre, one qualifies their interpretation and in so doing
uses genre in its more *normative* role which regulates what is appropriate and
inappropriate to the genre (cf. the »gospels« of the Nag Hammadi codices).

---

[5] K. Koch, *The Growth of the Biblical Tradition* (New York: Scribners, 1969) 3–6, who uses
»*Gattung*« and »*Form*« interchangeably. The English translation does not use »genre« but
alternates between »type« and »form« as the translation for *Gattung*. Cf. *Was ist Formgeschichte?*
(Neukirchen: Neukirchener Verlag, 1964), 3–6.

[6] Cf. J. A. Baird, »Genre Analysis as a Method of Historical Criticism«, in *Proceedings: Society
of Biblical Literature* (Missoula: Scholars Press, 1972) 2. 386–87, argues that since Gunkel,
»Form« refers to the smaller, individual units of which a »genre« (*Gattung*), the work as a
whole, is composed.

But can one speak of a gospel genre? Four canonical Gospels, each with its own title as »The Gosepl According to. . .«, five works in the Nag Hammadi codices bearing the name »gospel«[7], and numerous apocryphal gospels from the second century[8] all suggest the possibility of a gospel genre. A closer examination, however, reveals the distinctive form and content of the four canonical Gospels. Some find that only two of these actually qualify as »gospels« – Mark and John[9]. And W. Marxsen has gone so far as to suggest that Mark alone qualifies as a gospel[10], a situation that would make the designation of one Gospel a »genre« a contradiction in terms[11]. Is it possible then, as has been suggested, that the Gospels do not represent a distinct genre but carry a special label as »gospels« while belonging to another literary genre(s)?

Stated simply, therefore, our question is twofold: To what literary genre do the Gospels belong? and What bearing does the genre have for our understanding and interpretation of the Gosepls?

2. Review of the Discussion

Numerous answers have been given to the question about the Gospels' genre[12]. But the variety of answers ultimately fall into two categories – one analogical, the other derivational. On the one hand, some have sought the Gospels' genre by aligning one or more Gospels with other literary genres. In other words, the Gospels find their analogy in other literature and belong to that literary genre. On the other hand, some, convinced that the Gospels are unique, *sui generis*, have sought to explain this distinctive genre in terms of how the gospel genre came into being.

2.1 *Analogical*: Beginning with a review of the »analogical« approach, one

---

[7] *Gospel of Truth; Gospel of Thomas; Gospel of Philip; Gospel of the Egyptians* and the *Gospel of Mary* (in *BGU* 8502,1).

[8] See E. Hennecke and W. Schneemelcher, *New Testament Apocrypha*, vol I, trans. R. McL. Wilson (London: Lutterworth Press, 1963).

[9] E. g. J. M. Robinson, »On the *Gattung* of Mark (and John)« in *Jesus and Man's Hope*, ed. D. Buttrick (Pittsburgh; Pittsburgh Seminary, 1970) 1. 99–129; and in »The Johannine Trajectory« in *Trajectories Through Early Christianity* (Philadelphia: Fortress, 1971) 166–68. Cf. H. Koester, »One Jesus and Four Primitive Gospels« in *Trajectories*, 161–62.

[10] W. Marxsen, *Mark the Evangelist* (Nashville: Abingdon, 1969) 150, n. 106; so N. Perrin, »The Literary Gattung ›Gospel‹ – Some Observations«, *ET* 82 (1970–71) 7.

[11] Noted by Marxsen, *Mark*, 109 and R. Gundry, »Recent Investigations into the Literary Genre ›Gospel‹« in *New Dimensions in New Testament Study*, edd. R. Longenecker and M. C. Tenney, (Grand Rapids: Zondervan, 1974) 114, but apparently overlooked by Perrin, »Gattung«, 7.

[12] See reviews in R. Gundry, »Investigations«, 97–114; H. C. Kee, *Community of the New Age: Studies in Mark's Gospel* (Philadelphia: Westminster, 1977), 17–30; W. S. Vorster, *Wat is'n Evangelie?* (Pretoria; Kerkboekhandel, 1981) and P. L. Shuler, *A Genre for the Gospels: The Biographical Character of Matthew* (Philadelphia: Fortress, 1982) 1–23.

may further divide these studies into three groupings. Some have found the gospel genre in (1) Semitic literature, others in (2) hellenistic literature and still others in the broader perspective of (3) literary criticism in general[13].

2.1.1 Some recent treatments of Mark's Gospel, assumed to be the earliest Gospel in these cases, within the Semitic context have closely associated this work with *apocalyptic* thought and literature[14]. While affirming the literary uniqueness of Mark[15], each has explained and interpreted Mark from an apocalyptic perspective. So much so that N. Perrin has actually stated that Mark is »essentially an apocalypse«[16], and W. Kelber has referred to the Gospel as an »apocalyptic vision«[17]. H. C. Kee, much more guarded[18], attributes Mark's approach to Scripture and the resultant self-understanding of his community and its role in God's purpose[19] to the »eschatological exegesis« of Jewish prophetic-apocalyptic tradition. This background with its concern for the eschatological »consummation of the divine purpose in history«, the »confirmation of God's true agent through signs and wonders« and the »dogmatic conviction of apocalyptic literature that God's chosen agent must suffer« to bring about the New Age helped Mark »shape the structure of the Gospel«[20].

Since Mark obviously lacks many of the essential formal[21] and material[22] characteristics of an apocalypse, one could hardly classify it under that literary genre. None of the above mentioned actually assigns Mark to such a genre. Yet since genre also refers hermeneutically to how one interprets the work as seen as a whole and not simply to formal literary categories and since

---

[13] This review does not purpose to be exhaustive regarding either options suggested or proponents of each. It intends simply to be representative of trends and scholars.

[14] E. g. W. Marxsen, *Mark*; N. Perrin, »Gattung«, 4–7; *idem, A Modern Pilgrimage in New Testament Christology* (Philadelphia: Fortress, 1974) 107; W. Kelber, »The History of the Kingdom in Mark – Aspects of Markan Eschatology« in *Proceedings: Society of Biblical Literature* (Missoula: Scholars Press, 1972) 1. 86, and *The Kingdom in Mark: A New Place and Time* (Philadelphia: Fortress, 1974); H. C. Kee, *Community*, 64–67; 106–44.

[15] E. g. Perrin, »Gattung«, 4; *Christology*, 106–07; H. C. Kee, »Aretalogy and Gospel«, *JBL* 92 (1973) 422; *Community*, 30, follows A. Wilder, »(The gospel) is the only wholly new genre created by the Church and the author of Mark receives credit for it« in *The Language of the Gospel: Early Christian Rhetoric* (New York: Harper and Row, 1964).

[16] »Historical Criticism, Literary Criticism and Hermeneutics: The Interpretation of the Parables of Jesus and the Gospel of Mark Today«, *JR* 52 (1972) 365–66, 472.

[17] »History«, 86.

[18] But note his rather infelicitious statement: »Written in a hagiographical style, *like other apocalyptic writings*, the Gospel of Mark. . .« in *Community*, 76, (italics mine).

[19] *Community*, 49.

[20] »Aretalogy«, 422.

[21] E. g. pseudonymity, bizzare use of vision and/or symbols, farewell discourse, posture of narrating past events as though future prophecy, etc.

[22] No evidence of sequential dualism between present evil age and future life to come, no accompanying pessimism or ethical passivity; rather a strong sense of the presence of the New Age in and through Jesus' ministry in the midst of the evil age.

each of these noted above has interpreted the whole of Mark from such a context, the avoidance of the generic label »apocalypse« becomes moot. They in actuality treat Mark as an apocalypse[23]. The validity of this interpretation, however, runs aground the discontinuity formally and materially of Mark with the apocalyptic genre.

Coming from an entirely different tack and disputing the apocalyptic reading of Mark's Gospel, D. Lührmann has suggested that Mark's Gospel depicts Jesus and his ministry in the genre of biography, but a particular form of biography, the »*biography of a righteous person*«[24]. Aware of the negative reaction among biblical critics to the notion of biography, Lührmann, following K. Baltzer, distinguishes between an »ideal biography« and contemporary or hellenistic biographies. The former, often seen in Jewish writings concerning the prophets[25], accents the »typical« or representative aspects of the subject in contrast to the latter, which accent the specific distinguishing characteristics of the individual[26]. Lührmann, by noting the shift of the prophet or servant role in Isa 42:1 to the role of the righteous one in Wis 2:12–20 (cf. Mark 1:11) and by noting the application of the plight of the righteous, especially from the Psalms, to Jesus' passion, concludes that Mark has structured his tradition »biographically« as the »typical« or paradigmatic way of the righteous[27]. In so doing, Mark summons the reader to identify with Jesus portrayed as the exemplary, suffering righteous person[28].

Despite the strength of this thesis in recognizing the application of motifs from the suffering righteous in the OT and intertestamental literature to Jesus' work in Mark, the parallels to such a precise literary genre do break down. Lührmann gives few characteristics of this genre apart from the exemplary suffering of a righteous person. But Mark differs considerably from the references in the Psalms and Wisdom to such a »biography«. Rather than an anonymous figure whose exemplary life encourages others and calls for imitation, Mark's Gospel opens with a clear declaration of the subject's identity (1:1). In fact, the concrete, episodic rather than abstract, idealized character of Mark's narrative from beginning to end conflicts fundamentally with an »ideal biography«. Furthermore, would such a genre sufficiently account for the word and works of Jesus and the significant,

---

[23] So D. Via's critique in *Kerygma and Comedy in the New Testament* (Philadelphia: Fortress, 1975) 78–90.

[24] »Biographie des Gerechten als Evangelium«, *WuD* (1977), 23–50.

[25] Lührmann takes his lead from the work of K. Baltzer, *Die Biographie des Propheten* (Neukirchen: Neukirchener Verlag, 1975).

[26] Lührmann, »Biographie«, 37. Consequently, the anonymous Servant of God in Isaiah serves as an example of such an »ideal biography«.

[27] »Biographie«, 39.

[28] »Biographie«, 43–44.

though debated, role of the disciples throughout the Gospel? Rather than a genre from which to interpret the parts, we seem to have a constituent part that has been inappropriately defined as the genre of the whole.

Somewhat related to Lührmann's suggestion, E. Schweizer noted, almost in passing, that the OT *historical works*, Jonah in particular, seem to offer the closest parallel to Mark's genre[29]. Baltzer goes further and includes Mark in his discussion of the biographies of the prophets[30], and R. Brown hints at an analogy between Mark's account and the Elisha story[31]. Yet none of these develops the analogy to the level of assigning Mark to a comparable OT genre. By contrast, M. Kline[32] has found the model for Mark's Gospel in the Exodus account and J. W. Bowman in the Passover *haggadah*[33]. Both, however, fail to establish the generic character of the respective Markan counterpart as well as the direct correspondence of Mark to any such model[34]. Consequently, Mark stands without a convincing generic parallel in Jewish literature.

2.1.2. Since Justin referred to the Gospels as »memoirs of the Apostles«[35], the Gospels have been variously associated with the *biographical literature* of the Graeco-Roman world. Indeed a »biographical« reading of the Gospels seems most natural even today for those who initially discover the Gospels. Certainly this perception underlay the nineteenth century quests for the historical Jesus. And at a time when such a view of the Gospels was coming under severe attack in biblical criticism, C. H. Votaw wrote an extensive article in 1915 called, »The Gospels and Contemporary Biographies«[36].

Recognizing the diversity in the broader category of »biography« as a generic designation, Votaw distinguished between a »popular biography« and an »historical biography«[37], concluding that the Gospels clearly fell short

---

[29] *The Good News According to Mark* (Richmond: John Knox, n.d.) 24.

[30] *Biographie der Propheten*, 85–89.

[31] »Jesus and Elisha«, *Perspective* 12 (1971) 85–104.

[32] M. G. Kline, »The Old Testament Origins of the Gospel Genre«, *WTJ* 38 (1975) 1–27.

[33] *The Gospel of Mark: The New Christian Jewish Passover Haggadah* (Leiden: Brill, 1965).

[34] Among other suggested »models« for the Gospels with roots in Jewish life and literature, one should note the calendarial approaches of P. Carrington, *The Primitive Christian Calendar: A Study in the Making of the Markan Gospel* (Cambridge: University Press, 1952) and more recently M. D. Goulder's work, *The Evangelist's Calendar: A Lectionary Explanation of the Development of Scripture* (London: SPCK, 1974), see 199–201 for his brief excursus on Mark. These works are fraught with assumptions about Jewish-Christian relationships, the use of lectionaries and calendarial cycles, apart from the fact they hardly offer a sufficient generic explanation for the Gospels of Mark and Matthew, not to mention John.

[35] Numerous references to this designation in his *Dialogue with Trypho*, 99–107. T. Zahn, in particular, develops this memoir analogy in *Geschichte des Neutestamentlichen Kanons* (Leipzig: A. Deichert, 1889) 1. 463–76.

[36] Originally published in *American Journal of Theology* 19 (1915) 45–73 and republished as *The Gospels and Contemporary Biographies in the Greco-Roman World* (Fortress: Philadelphia, 1970).

[37] Popular biography consists of ». . . memorabilia of a man's life, disconnected incidents

of the latter category. Rather they belonged to the »popular biographies« along with such works as Arrian's *Discourses of Epictetus*, Philostratus' *Life of Apollonius of Tyana*; Plato's *Dialogues* and Xenophon's *Memorabilia* with which Votaw compared the Gospels. For him the common motif was the »message of each man (which) was the primary interest and value, together with the personality of the man behind the message«[38].

Often overlooked in the references to Votaw's work is his clear description of the Gospel's special character in contrast to the very documents with which he was comparing them. He repeatedly labels the Gospels »religious tracts intended to promote the Christian movement«[39], »propagandist media«[40], »propagandist writings of the early Christian movement« that »contain historical reminiscences, or memorabilia, of Jesus' ministry«[41]; and »evangelistic tracts« to commend Jesus as »Christ, Lord, Savior and Teacher to the Mediteranean world«[42]. Only by so broadly defining biography as a work about persons and their message could one gather »propagandist writings«, the *Discourses of Epictetus* and Plato's early *Dialogues* under the same literary genre.

One does not need to rehearse the lasting critique of this position voiced by K. L. Schmidt[43] and echoed by R. Bultmann[44] and G. Bornkamm[45]. But C. H. Talbert has recently returned to Votaw's thesis and attempted to establish it[46]. Rather than using the results of contemporary classical philology and the developments in biblical criticism over the past fifty years, Talbert sought to demonstrate the biographical genre of the Gospels simply by refuting Bultmann's threefold argument against the possibility[47]. Unfortunately, Talbert falls into the trap of assuming that a refutation of Bultmann's arguments

---

and sayings without adequate chronology and connection, without showing his genetic relation to and his influences upon his times«. Historical biography ». . . presents a man's life with fair completeness, order, accuracy out of an adequate knowledge of the facts«. *Biographies*, 7.

[38] *Biographies*, 11.

[39] *Biographies*, 1.

[40] *Biographies*, 2.

[41] *Biographies*, 3.

[42] *Biographies*, 4.

[43] K. L. Schmidt, »Die Stellung der Evangelien in der allgemeinen Literaturgeschichte« in *ΕΥΧΑΡΙΣΤΗΡΙΟΝ: Studien zur Religion und Literatur des Alten und Neuen Testaments: Festschrift für H. Gunkel*, ed. H. Schmidt (Göttingen: Vandenhoeck und Ruprecht, 1923) 50–134.

[44] *RGG²* 2: 418–22, in English = *Twentieth Century Theology in the Making* (New York: Harper and Row, 1971) 1. 86–92; *History of the Synoptic Tradition* (New York: Harper and Row, 1963) 373–74.

[45] *RGG³* 2: 750.

[46] *What is a Gospel: The Genre of the Canonical Gospels* (Philadelphia: Fortress, 1977).

[47] Simply stated by Talbert: 1) »The gospels are mythical, the Graeco-Roman biographies are not; 2) the gospels are cultic, the Graeco-Roman biographies are not; 3) while the gospels emerge from a community with a world-negating outlook, the literary biographies are produced by and for a world-affirming people«. *Gospel*, 2.

leads to the confirmation of the Gospels as biographies. Countering Bultmann's arguments, even if successfully done[48], may simply say more about
the weakness of Bultmann's critique than about the validity of the Gospels
being biographies. In other words, showing that ancient biographies were at
times »mythical«, »cultic« and arguing the similarity of the Gospels' attitude
towards this world and the attitude of Graeco-Roman biographies does little
to define the genre of biography.

P. L. Shuler[49] has recently followed Talbert's lead in tracing the gospel
genre to Graeco-Roman biography and has sought, in contrast to Talbert, to
delineate that genre more precisely. Finding evidence for a particular »type
of *bios* literature, the primary purpose of which was to praise«, implicit in the
discussion of »history« and »biography«[50]of Polybius (*Hist. X.21.8*), Cicero
(*Epist. ad Fam. V.xii.3*), Lucian (*How to Write History, 7*), and Cornelius
Nepos (*Pelopidas, XVI.1.1*), Shuler calls this literary type more generally a
»laudatory biography«[51]. He concludes that it relates more specifically to the
rhetorical genre known as »encomium«[52]. This genre, according to Shuler,
serves a laudatory purpose by accentuating the person and emphasizing his
or her character or merit through selective use of virtues, deeds, exploits,
sayings and/or teaching. Among the literary techniques used in this genre,
»amplification« (or exaggeration) and »comparison« stand out as tools for
portraying the subject. After briefly examining several examples of this
genre[53], Shuler then applies this genre to Matthew's Gospel[54].

Matthew opens with a »literary procedure« common to the encomium
genre. In 1:1–4:11, the evangelist defines Jesus' identity and gives signs of
future greatness by including ». . . the illustrious lineage of Jesus through his
earthly father, his miraculous birth, his upright earthly father, the time and
place of his birth, his escape from death as an infant, and his home town –
›topoi‹ . . . accented by dreams, stellar illumination and the adoration of the
child«[55]. The evangelist concludes by accenting the importance of Jesus'
death, his innocence, the sinister behavior of his enemies and includes several
supernatural events surrounding Jesus' death and resurrection[56]. Further-

---

[48] See D. Aune's critical review of Talbert's work, »The Problem of the Genre of the Gospels:
A Critique of C. H. Talbert's *What is a Gospel?*« in *Gospel Perspectives: Studies of History and
Tradition in the Four Gospels*, ed. R. T. France and D. Wenham (Sheffield: JSOT Press, 1981)
9–60.

[49] *A Genre for the Gospels: The Biographical Character of Matthew* (Philadelphia: Fortress, 1982).

[50] *Genre*, 37.

[51] *Genre*, 45.

[52] *Genre*, 85.

[53] *Genre*, 58–87.

[54] *Genre*, 88–106.

[55] *Genre*, 94.

[56] *Genre*, 96–97.

more, the evangelist uses the techniques of »amplification« in the progressive revelation of Jesus' identity at the outset and the use of the supernatural events and dreams in both the birth and death narratives. The »comparison« technique comes into play especially with reference to the Baptist and in the contrast between Jesus and his opponents drawn throughout the Gospel.

Assuming that Shuler has successfully delineated a genre of »laudatory biography« similar in character to the encomium[57], he still encounters the problem of a »rose by any other name«. To be sure, Matthew does open with a series of narratives filled with the miraculous that serves to identify Jesus and closes with an account of Jesus' death and resurrection that underscores his innocence, the injustice of his accusers and heightens the account with supernatural events and dreams. But does all this make the product an encomium – a »laudatory biography?« Did the evangelist intend[58] to write a »laudatory biography«, as explicitly indicated by Isocrates, Xenophon, Philo, Lucian, and Philostratus in their respective works, as noted by Shuler?[59]. If so, why then the anonymity of the Gospel, the absence of stated intention, and the stark contrast in the way it reads from any of the examples cited?[60]. In short, does the evangelist view his task to write a »biography« or to set forth the Christian message about what God was doing in and through Jesus Messiah? Is the ultimate focus not on God rather than on Jesus, as seen by the evangelist's deliberate use of the fulfillment motif, the infancy narrative, the baptism and temptation accounts, the »will of God« set forth in the Sermon (5–7), the mission of the »Kingdom« (10), the message of the »Kingdom« (13), the »supernatural« events surrounding the passion and resurrection and the final commission that identifies the work of the Son with the Father (28:18–20)?

To the extent that the Gospels do center around a person, Jesus and his ministry, they share a »biographical« element with the broad category of »biographical« literature then and since. But the great diversity within this category of »biographical« literature both in antiquity and in modern times has precluded any genuine precision in using »biography« as a generic designation. Thus Shuler's attempt at precision by his use of encomium or laudatory biography is commendable though futile. While perhaps delinea-

---

[57] See, however, the article in this volume by A. Dihle, »Die Evangelien und die antike Biographie«, 383 ff.

[58] Shuler contends that »authorial intent« is »fundamental to genre identification«, 32–34.

[59] *Genre*, 58–87.

[60] Whereas the examples from Isocrates, Xenophon, Philo, Lucian and Philostratus cited by Shuler reflect considerable diversity among themselves, no one stands apart from the rest to the extent of Matthew's Gospel. Granting the flexible character of a genre, one must still question whether the first century reader would have »understood« Matthew in terms of an »encomium biography«. Furthermore, Aune's critique noted above (n. 48) applies as well to Shuler's work.

ting a specific genre of »laudatory biography«, he has not succeeded at demonstrating that Matthew or the Gospels fall under that genre.

One is still faced with the reality of the Gospels as anonymous documents composed of various traditional units and literary forms whose language and style in the words of Votaw were »of the people, by the people and for the people«[61] in contrast to the »literature« of biography. Were they after all, »evangelistic tracts« or »popular biography«?

Much more enthusiasm and perhaps potential for analogy has surrounded the suggestion that the Gospels belonged to the genre of *aretalogy*, a special form of hellenistic biography[62]. M. Smith summarizes this alternative by noting that »many accounts of ancient ›divine men‹ are variants of a recognizable aretalogical form« and »the Gospels are more similar to these accounts than to any other ancient non-Christian works we know of«[63]. Yet Smith himself concedes that no Gospel, as we know them, follows this »aretalogical form«[64]. Mark, whose first half may represent the remnants of such an aretalogy with its miracles that follow Jesus' becoming God's Son at the baptism and culminating in the glorification at the transfiguration, has, according to Smith, expanded and given a Judaising reinterpretation to this »primitive aretalogy«[65].

Others have more or less shared Smith's view in attributing at least part of Mark and John to such a genre and have interpreted Mark and John to have been written to counter the christological »heresy« of a *theios aner* type. Thus while Mark and John may not be aretalogies themselves, they are the direct result of such, having incorporated and reworked such a genre as a correction of a false christology. Consequently, the aretalogy becomes a formative factor in the development of the Gospel genre of Mark and John[66].

One might be tempted to leave the matter with this conjecture, since none

---

[61] Votaw, *Biographies*, 2.

[62] M. Hadas and M. Smith, *Heroes and Gods: Spiritual Biographies in Antiquity* (New York: Harper, 1965); M. Smith, »Prolegomena to a Discussion of Aretalogies, Divine Men, the Gospels and Jesus«, *JBL* 90 (1971) 74–99.

[63] »Prolegomena«, 196.

[64] »Prolegomena«, 197.

[65] »Prolegomena«, 198.

[66] E. g. J. Robinson, »The Problem of History in Mark, Reconsidered«, *USQR* 20 (1965) 136–37 and »The Johannine Trajectory« in *Trajectories*, 266–68; H. Koester, »One Jesus and Four Primitive Gospels« in *Trajectories*, 187–93; L. E. Keck, »Mark 3:7–12 and Mark's Christology«, *JBL* 84 (1965) 341–58; P. Achtemeier, »Towards the Isolation of Pre-Markan Miracle Gatenae«, *JBL* 89 (1970) 265–91. Cf. S. Schulz's similar thesis about the »lives« of »divine men« behind the Gospels in *TU* 87 (1964) and W. Schmithals, *Das Evangelium nach Markus* (Gütersloh: Gütersloher Verlagshaus Mohn, 1979), 1. 45–46, suggests that the narrator of the *Grundschrift* followed »die Gestalt einer biographischen Aretalogie«. T. Weeden's thesis posits such a christology serving as a foil for Mark's Gospel, *Mark – Traditions in Conflict* (Philadelphia: Fortress Press, 1971), although he makes no explicit mention of an aretalogy.

of the Gospels represents in final form an aretalogy. But one cannot leave the discussion without also noting the serious question that Kee has raised not only about the ambiguity of the term aretalogy, but even about the very existence of such a defined literary genre[67]. Furthermore, the presence of miracle stories or even a collection of miracle stories need not in itself indicate the presence of an aretalogy, unless one so dilutes the term as to mean merely a collection of miracle stories[68]. The OT and Rabbinic miracle stories give ample illustration of such collections. And the function of the Markan and Johannine miracle stories is much too debated to conclude that they either reflect an aretalogy or a *theios aner* christology[69]. D. Tiede's study underscores the danger of indiscriminately grouping together miracle stories, aretalogies, and the »divine man« concepts of the ancient world[70] in view of the great variety within each category.

Other Graeco-Roman literary genres have been suggested as possible models for the Gospels, such as the *Socratic Dialogues*[71], *Greek Tragedy*[72], *chriae*[73] and *apothegms*[74]. Yet none of these has proven an adequate explanation

---

[67] *Community*, 17–18 and »Aretalogy«, 402–22; so also D. Tiede, *The Charismatic Figure as Miracle Worker* (SBL Dissertation Series 1, Missoula: Scholars Press, 1972).

[68] So M. Smith, »Prolegomena«, 176–77; Robinson, »*Gattung*«, 103; Kee, »Aretalogy«, 409.

[69] See C. R. Holladay's work, *Theios Aner in Hellenistic Judaism* (Missoula: Scholars Press, 1974) whose study of Josephus, Philo and Artapanus' use of *theos, theios* and *theios aner* reflects a great range of functions. Furthermore, Holladay concludes that the miracle stories in hellenistic Judaism stand in the tradition of OT salvation history which attributed the special powers to God rather than any »miracle worker«.

[70] D. L. Tiede, *Charismatic Figure*.

[71] E.g. see D. L. Barr, *Toward a Definition of the Gospel Genre: A Generic Analysis and Comparison of the Synoptic Gospels and the Socratic Dialogues by Means of Aristotle's Theory of Tragedy* (Ann Arbor: University Microfilms, 1974), who concludes that the Gospels more closely approximate Plato's early *Dialogues*, though not sufficiently to call them generically the same, than Greek tragedies.

[72] E.g. E. W. Busch, »Tragic Action in the Second Gospel«, *JR* 11 (1931) 346–58 and C. Beach, *The Gospel of Mark* (New York: Harper and Row, 1959). Both back away from arguing Mark used Greek tragedy as a genre because of difference in style and setting that precluded Mark's familiarity with such literature. G. Bilezikian, *The Liberated Gospel: A Comparison of the Gospel of Mark and Greek Tragedy* (Grand Rapids: Baker, 1977), however, disputes that view by showing how accessible Greek tragedy was to Mark's world (pp. 33–50). He argues for Mark's use of the genre by using Aristotle's six essential criteria for tragedy drawn from the *Poetics*, the very criteria that led Barr, *Definition*, to place the Gospels closer to Plato's *Dialogues*. In any event, such a genre reduces the Gospels to that of a »passion play« or, in more familiar terms, a Passion Narrative with an extended introduction.

[73] This term refers to a technical form used in classical rhetoric whose meaning and usage was quite fluid. See, Kürzinger, »Die Aussage des Papias von Hierapolis zur literarischen Form des Markusevangelium«, *BZ* 21 (1977) 245–64; H. Fischel, »Story and History: Observations on Graeco-Roman Rhetoric and Pharisaism«, *American Oriental Society: Middle West Branch Semi-Centennial Volume* (Asian Studies Research Institute, Oriental Series 3, Bloomington: 1969) 59–88 and »Studies in Cyncism and the Ancient Near East: The Transformation of a Chria« in *Religions in Antiquity*, ed. J. Neusner (Leiden: Brill, 1968) 372–411 (these articles cited by Kee in *Community*, 184, n. 62) and Kee, *Community*, 22–23. Kürzinger notes that the form may extend

for either the form or content of the New Testament Gospels and have little consequence in determining the Gospels'genre. Thus one looks in vain to the Graeco-Roman as to the Jewish literary world for a comparable literary analogy to the Gospels.

2.1.3. Bridging between what might be called the classical literary world and the world of contemporary literary criticism, D. Via's assigning of Mark to the genre of tragicomedy reflects the approach of *structuralism* to Gospel criticism[75] and a shift from a »contextual« – the historical, sociological and literary context – to a structuralist-literary orientation. Via eschews all attempts at delineating the Gospels' genre from a socio-historical reconstruction of the Gospel's setting[76], since texts, accordingly, are not generated by history[77]. Via takes issue with the approach that seeks the genre from the analysis of a text's form and content.

Genre, according to Via, has to do with »the (unconscious) structure that controlled the material in the first place«[78], a »hidden logical structure«[79]. In other words, genre takes on a different meaning. It is the »structure or grid of syntagms[80] and paradigms«[81] gained by »abstracting from several works a number of traits which they have in common . . . and are deemed to be more important than other traits which they do not have in common«[82]. Thus genre is that »hidden« or »unconscious« structure of the whole that is »beyond the text from which the latter draws its meaning«[83].

After examining the variety of formulations of the kerygma in Paul's writings in terms of the comic genre[84], Via turns to Mark's Gospel. He

---

from a statement about a person or analogy focusing on a saying or action by the person to a more extended narrative consisting of a saying, action or both (»Aussage«, 256–57). To this extent it corresponds to such literary forms as an apothegm, apomneumoneuma, gnome or aphorism. According to Kürzinger, Papias (Eus. CH 3,39,15–16) had such a rhetorical meaning in mind when he wrote that Peter gave the Lord's teachings πρὸς τὰς χρείας (»in the manner or form of chriae«). This form may apply, as Papias' suggests, to the pericopes of Jesus' words and deeds but hardly suffices as a genre that includes the extended Passion Narrative.

[74] J. A. Baird, *Proceedings*, 399, suggests in passing an »extended apothegm«. Fortunately, he does not attempt the impossible and explain how such a form could be »expanded« sufficiently to encompass the form and content of Mark's Gospel.

[75] *Kerygma and Comedy in the New Testament: A Structuralist Approach to Hermeneutic* (Philadelphia: Fortress, 1975).

[76] *Kerygma*, 2–7, 78–90.

[77] *Kerygma*, 28–31, 94–95.

[78] *Kerygma*, 29, cf. 31, ». . . the logical structure of a narrative is more determinative than its literary form«.

[79] *Kerygma*, 31.

[80] »The syntagm is a linear and irreversible succession or chain of words . . . spoken or written«, *Kerygma*, 11. In other words, the text or the narrative.

[81] The paradigm is a system ». . . composed of operations or elements from the different texts (narratives) which have something in common, some kind of correlation«, *Kerygma*, 11.

[82] *Kerygma*, 15.   [83] *Kerygma*, 15.

[84] »Death/resurrection is the image which stands at the heart of the comic form«, *Kerygma*, 49.

concludes that Mark was written because ». . . the/a kerygma proclaiming, and faith in, the death and resurrection of Jesus reverberated in the mind of Mark and activated the comic genre whose nucleus is also death and resurrection. . . . The story took the shape it did because the comic genre – deep generative structure of the human mind – generated the Gospel of Mark. . . .«[85] Thus, not unlike the kerygmatic theologians, Via starts with the early Christian kerygma as the catalyst for Mark's Gospel. But his explanation of how the kerygma served as this catalyst differs greatly from the evolutionary and constructive models often posited by form criticism. For him, the comic genre underlying the kerygma generated Mark's Gospel which Via then designates generically to be a tragicomedy[86]. He supports his choice by referring to K. Guthke's work[87] which argues that all tragicomedy has at least two of seven »structural patterns«. Mark has four of the seven[88].

Many fundamental issues of literary criticism are involved here, not the least being the very nature and function of texts. In several ways, one has the distinct sense of *déjà vu* when following Via's quest for genre. The quest for a genre behind the text looks very much like the quest for the kerygma behind the myth. Demythologization becomes »decomposing and recomposing (a text) on ›a different plane‹«[89]. Instead of a history transcending existentialist grid drawn from the history of religions school by the new hermeneutic, Via has placed on the text a structuralist-existentialist grid drawn by the structuralist from literary criticism. To this extent he may be the next logical, consistent twist or »generic transformation« of the genre »kerygmatic theology«. What better alternative can one offer the text shaken free from its authorial intent and historical context?

Recognizing the impasse at the starting point of the question of genre, one can only say that any genre that can include the literary »forms of dramatic history, a biography or autobiography, the history of a given epoch – a Gospel. . .«[90] still has not answered why Mark wrote in the literary »form« he used[91]. In what sense, one must ask, did the »story take the shape it did

---

[85] *Kerygma*, 93.

[86] Why the *tragi*comic genre rather than simply comic genre, the latter being the »generative structure in the kerygma which lies behind Mark, goes unexplained, except by reference to Beach's work on the tragic character of Mark's Gospel. Can one genre (comic) generate a work of another genre (tragicomedy)?

[87] *Modern Tragicomedy* (New York: Random House, 1966).

[88] 1) Contrasts a tragic character with a comic world; 2) contrasts the illusory world of the protagonist and the real world known to the audience or other characters (in Mark this is reversed, so that the protagonist knows the real world); 3) course of events victimizes the protagonist who ironically becomes the tragic hero; 4) internal conflict with the protagonist of appearance and reality, promise and fulfillment or self-image and reality. *Kerygma*, 100–01.

[89] *Kerygma*, 15.   [90] *Kerygma*, 97.

[91] Via's own question in chapter three: »Why was Mark written in the form in which it was written«? *Kerygma*, 71.

because (of) the comic genre?«[92] Apparently, the genre could have generated
numerous shapes, so one is still left without an explanation for Mark's
literary form or shape, what has generally been called the »genre«.

2.2 *Derivational*: Having reviewed some of the analogical explanations and
noted their inadequacy either to provide comparable literary parallels sufficient to offer an appropriate genre (e. g. biography, apocalypse, aretalogy)
or to offer an aetiological basis for explaining the particular form and
materials of the Gospels (e. g. narrative history, tragicomedy), one comes
again to the possibility that the Gospels stand apart having no precise
parallels within literary genres. This absence of suitable literary parallels
raises at least the possibility that the Gospels represent a new literary genre.
This conclusion has had its own advocates for much of this century[93]. But
one still must account for this particular genre and give it some definition.

Three such explanations for the uniqueness of the gospel genre have
emerged with slight variations from time to time. One attributes the Gospels to an (1) evolutionary process of the early Christian tradition. Another
and much later alternative disputes the first and assigns the Gospel genre to
the (2) creative genius of Mark who gave rise to a new literary product, the
gospel, by combining traditional material into a framework. (3) Finally,
another alternative attributes the gospel genre to the evangelist's writing
down and explicating the traditional outline of the primitive Christian
kerygma.

2.2.1. The *evolutionary* or »*constructive*« model has dominated much of
German Gospel studies for the past half century. Dibelius[94] offers one of the
clearest statements of the developmental or »constructive« approach that
persists to the present[95]. Accordingly, the Gospels represent simply the final
phase in the evolution of the early Christian tradition[96] with the primitive
church's kerygma at its core. The final product, the Gospels, and the process
itself were influenced especially for Dibelius by three factors: The primitive
communities' eschatology, the Church's mission, and the kerygma of Jesus'
death and resurrection.

---

[92] *Kerygma*, 93.

[93] Although the roots extend to the influential work done by two nineteenth century
scholars, F. Overbeck (e. g. »Über die Anfänge der patristischen Literatur«, *HZ* 48 [1882]
417–72) and E. Norden (e. g. *Die antike Kunstprosa*, vol. 2, Leipzig, 1898]). Both had major
impact on M. Dibelius and K. L. Schmidt.

[94] *From Tradition to Gospel* (New York: Scribners, 1935); so R. Bultmann, *History of the
Synoptic Tradition* (New York: Harper and Row, 1963) and K. L. Schmidt, *Der Rahmen der
Geschichte Jesu: Literarkritische Untersuchungen zur ältesten Jesusüberlieferung* (Berlin: Trowitzsch
and Son, 1919); *idem*, »Stellung«.

[95] *Tradition*, 1–36; so P. Vielhauer, *Geschichte der urchristlichen Literatur* (Berlin: Walter de
Gruyter, 1975) 348–55.

[96] E. g. Dibelius, *Tradition*, 3–4; esp. Bultmann, *History*, 321.

Dibelius begins with the premise that the early Church lived with the expectation of the imminent parousia. This eschatological orientation qualified their literary intentions and qualified the content of the message. First, such a future anticipation left little »inclination for the production of books«, especially among an »unlettered people« whose capacity for literary productivity was questionable[97]. Yet the Gospels did emerge in barely a generation as »literary« products of an author with literary analogies but as the end-product of a non-literary, organic development of the tradition within the sociological matrix of the believing community[98]. Second, the futuristic eschatology led the Church to focus early on the cross and the development of the Passion Narrative, since the Passion Narrative dealt with the first act of the end of the world as then believed and hoped[99]. By contrast, the »deeds of Jesus« preserved in the community's memory had only »incidental and not essential significance«. These events in Jesus' ministry did not constitute the »introduction of the approaching world change«[100], and thus were not at the core of the primitive kerygma.

Dibelius developed his »constructive« approach by which he sought to reconstruct the process from tradition to Gospel by following Gunkel's lead and tracing the various Sitze im Leben of the traditional components of the Gospels. The broader context was the Church's mission in the world[101] that offered multiple contexts necessitating the reshaping and formation of the traditional units from the Church's preaching. Thus the »sermon« broadly defined[102] offered both the context and the parameters of the traditional material. Contextually, the various functions of the »sermon« in the mission shaped the traditions according to the sermon's requirements[103]. But, according to Dibelius, the sermon formally controlled what could have been used without »disturbing the sequence of the sermon«[104]. This meant the absence of any disruptive features like a »detailed description of isolated matters« or anything the size of the Passion Narrative which was »too large for such a purpose«[105].

The heart of the earliest mission kerygma and the heart of the Gospels was

---

[97] *Tradition*, 9.
[98] *Tradition*, 10–11.
[99] *Tradition*, 22.
[100] *Tradition*, 24.
[101] *Tradition*, 11.
[102] *Tradition*, 15: ». . . all forms of Christian propaganda are included: mission preaching, preaching during worship, and catechumen instruction.
[103] *Tradition*, 26.
[104] *Tradition*, 24–25.
[105] *Tradition*, 27. To fit Dibelius' »sermon« context, the Passion Narrative served as the »text« for the sermon (p. 23), or an extended illustration following upon the message properly so-called (p. 27).

the cross and resurrection of Christ. Dibelius based this conclusion on an analysis of 1 Cor 15:3–7 and the sermons in Acts[106]. Since this was the heart of the primitive kerygma and since this kerygma stems from »eyewitnesses and ministers of the word« (Luke 1:1–4), he concluded that the traditional materials concerning the Passion were of primary significance for the Church. Here »salvation was visible. . .«[107]. Consequently the Passion Narrative takes on its fundamental character in the formation of the Gospels.

Since the other units of the Jesus tradition serve as examples or illustrations in the sermon in contrast to the Passion Narrative, »in itself a sermon by means of what the story contained. .«[108], one can see why P. Vielhauer has concluded with others: first, that the Gospels bring nothing new[109] and second, that the Gospel is formally and materially a Passion Narrative with an extended introduction[110]. In other words, the composition of the Gospels offers nothing new in principle. It merely completes what began with the earliest tradition. Mark, in short, is a »sermon« with the Passion Narrative as its core and all that precedes serves as examples and illustrations that set the stage for the heart of the sermon. The Gospel brings together into one great »sermon« the various traditions arising from multiple contexts in the mission. These disparate traditions of Jesus' ministry are drawn together by the bond of Jesus' death and resurrection.

In this manner, one can account for the Gospel's formal distinctiveness and set its definition. The form evolved or »organically developed« from the traditional process which always had the Passion at its core. Since this traditional development had no »literary« concerns or inclinations from the outset – even disdained such intentions – and since the materials developed out of the requirements of the Church's mission, one should not be surprised that the end product, the Gospel, stands without literary parallel. Its »form« was endemic to its content. And since the content ultimately focused on the kerygma of the Passion, the Gospel is essentially a »sermon« or the Passion kerygma with an extended narrative.

2.2.2 This evolutionary accounting for the gospel »genre« has come under severe attack at several points, especially for the role or rather lack of any definitive role attributed to the evangelists in this process. Güttgemanns' work represents one of the recent criticisms of this approach. He has faulted the »constructive« method at its starting points[111].

---

[106] *Tradition*, 15–22.

[107] *Tradition*, 22.

[108] *Tradition*, 27.

[109] *Geschichte*, 354, citing Bultmann, *History*, 321.

[110] *Geschichte*, 354, echoing M. Kähler, *The So-called Historical Jesus and the Historic, Biblical Christ* (Philadelphia: Fortress, 1964).

[111] E. Güttgemanns, *Offene Fragen zur Formgeschichte des Evangeliums* (Munich: Kaiser, 1970).

First, while form criticism has been exacting in its search for the Sitz im Leben of the Gospels' traditional components, it has failed to take the Sitz im Leben into account that gave rise to the written Gospels[112]. Furthermore, one cannot transfer directly the principles at work in isolated, oral traditional units to that of a written document which has its given framework[113]. Redaction criticism has shown the Gospels to be much more than the final stage in the development of anonymous tradition. Thus the familiar designation, »*Kleinliteratur*«[114], misleads when it results in classifying the Gospels as popular, community »folklore« and propagandistic materials. Each Gospel reflects a careful, if not sophisticated, literary production by the respective writer.

Second, the assumption that the primitive church's »apocalyptic« eschatology precluded any literary interests has been convincingly countered by the presence of apocalyptic literature in general and the writings of Qumran in particular[115]. One may even ask more fundamentally whether the early communities' futuristic orientation led them not only to disdain literary pursuits but to find the core of their gospel in the Passion Narrative rather than also in the words and deeds of Jesus[116].

Third, Güttgemanns appropriately questions the adequacy of Dibelius' »sermon« context and the generally accepted primitive kerygma of the cross to account for the Gospel's shape and content[117]. Even should one be justified in positing a unified kerygma reflected in the development of the Passion Narrative, one still has not accounted for the shape of Mark's Gospel, not to mention Matthew, Luke or John. Labelling everything prior to the Passion Narrative an »extended introduction« or arguing that the Passion Narrative had a determinative role in selecting and shaping the order of the tradition used in leading to the Passion Narrative begs the question of the shape and content of the Gospel.

Thus, Güttgemanns has argued in view of the inadequacies of the »form critical« explanation of the Gospel genre and in view of contemporary linguistic and literary scholarship that the Gospel's (Mark's) uniqueness derives from its »origin« as a literary creation of Mark. To use Güttgemanns' words, the Gospel form is an »autosemantic language form«, that gains its meaning in and through itself[118]. By combining the material (tradition) with

---

[112] *Fragen*, 82–86.
[113] *Fragen*, 86–92.
[114] Cf. K. L. Schmidt, »Stellung«, 50–134.
[115] *Fragen*, 97–100.
[116] *Fragen*, 100–03, notes how little influence the imminent expectation had on Mark.
[117] *Fragen*, 190–222.
[118] *Fragen*, 197, ». . . Eine Sprachform, die in ihrem ›Sinn‹ nur durch und aus sich selbst erklärt werden kann. . . .«

a framework (the evangelist's own), the writer has created a *Gestalt*, a form that has its own theological significance that is greater than the sum of its parts[119]. So that Mark, for example, can no longer be explained and appropriately interpreted by an analysis of its parts removed from the whole.

Yet Güttgemanns himself never defines this »Gestalt« created by Mark nor does he indicate what apart from random choice guided the first evangelist in writing his Gospel. After dismissing the kerygma as an hypothetical unity lost forever in the »darkness« of the past, he offers neither a structural analysis of Mark's »deep structure« (genre for the structuralists) nor any explanation of why Mark structured his gospel the way he chose (genre as used in other literary contexts). Güttgemanns leaves this assignment for a future task[120]. Whereas the evolutionary or constructive approach of form criticism assigned the literary uniqueness to the tradition and its history of development, Güttgemanns is satisfied with attributing this uniqueness to the literary creativity of the evangelist[121]. Neither approach, however, accounts for the formal and material characteristics of the gospel, in short, its genre.

H.-T. Wrege concurs with Güttgemanns's rejection of the form critical solution to the question[122] and with his conviction that the Gospel is a Gestalt in which the whole is greater than the sum of the parts[123]. Furthermore, Wrege accepts the literary uniqueness of the gospel genre and traces it to the mutual interaction of the form and content, the evangelist's framework and the traditional units, the writing process[124]. But he offers a »structural« analysis and explanation of the Gospel by examining both the pre-literary and literary stages where he finds underlying structures (*Vorstrukturen*) such as »deed-consequence«, »humiliation-exaltation«, »Jew first-then Greek«, »fathers-murders of the prophets«, »master-student«, etc., that led to the collecting of the disparate traditional units into larger units like the Passion Narrative[125].

These *Vorstrukturen* also influenced the evangelist's selection and arrangement of the tradition. For example, Mark parlayed the *Vorstruktur* of

---

[119] *Fragen*, 184–88.

[120] *Fragen*, 251.

[121] W. Schmithals, *Markus*, I, 44–46. appears to take the »creativity« of the author quite seriously. Rather than assigning the gospel genre to the writer of Mark's Gospel as we know it (a redactional combination of a *Grundschrift* and Q), he assigns the basic narrative beginning with the Baptist and ending with the Passion Narrative, including the miracle stories, apothegms and some sayings material to the author of the *Grundschrift*. He denies any historical evidence for the existence of this material as oral tradition (pp. 44–45).

[122] *Die Gestalt des Evangeliums: Aufbau und Struktur der Synoptiker sowie die Apostelgeschichte* (BET 11, Frankfurt: Lang, 1978), 11–48.

[123] *Gestalt*, 173–75.

[124] *Gestalt*, 169–72.

[125] *Gestalt*, 58–89.

»unknowing-fulfillment« into the messianic secret motif. In doing so, he was able to combine the earthly Jesus (»not knowing« – before Easter) and the exalted Lord (»fulfillment« – after Easter) for the reader[126]. The evangelist used the »fathers-prophet murderers« or »Jew first-then Greek« to set Jesus' way of the cross and the eventual message of the gospel for the Gentiles[127] and the »master-student« to indicate the way of discipleship[128]. Matthew and Luke-Acts modify Mark by adapting these *Vorstrukturen* to their own schemas[129].

Doubtless the pre-literary as well as literary combination of disparate tradition followed an organizing thread, one of which certainly was thematic (cf. *Vorstrukturen*). But do the *Vorstrukturen* adequately explain the evangelists' selection and arrangement of the tradition from the perspective of the Gospel seen as a whole? Does the underlying structure(s) consciously or subconsciously give shape to the gospel genre? Or was the gospel genre itself a given that existed in its traditional framework that guided the evangelist's selection and ordering of the materials?

2.2.3 C. H. Dodd, whose work has been highly influential on the Anglo-American scene, offered an explanation that accounted for the »scheme of Gospel-writing by Mark« which served as the model for the other canonical Gospels[130]. On the surface, Dodd's stress on the kerygma and on the early church's eschatology as formative influences on the Gospels appears closely related to Dibelius and the evolutionary approach to the Gospels. But Dodd differs at significant points to the extent that one might justifiably refer to his explanation of the gospel as the *explication* rather than the evolution of the kerygma[131].

After carefully distinguishing between kerygma, the »public proclamation of Christianity to the non-Christian world«, and didache as parenetic, apologetic and expositional instruction[132], Dodd sought first to delineate the basic outline of the Christian kerygma[133]. He distilled this outline from allusions in Paul to his own preaching (e. g. 1 Cor 1:23; 2:2–6; 3:10; 15:1–17;

---

[126] *Gestalt*, 111–22, 171. [127] *Gestalt*, 58–95.

[128] *Gestalt*, 97–110. [129] *Gestalt*, 124–58, 171.

[130] *The Apostolic Preaching and its Developments* (London: Hodder and Stoughton, 1936) and »The Framework of the Gospel Narrative«, *ET* 43 (1931–32) 396–400.

[131] Similar approaches could be ascribed to J. Schreiber, *Theologie des Vertrauens: Eine redaktionsgeschichtliche Untersuchung des Markusevangeliums* (Hamburg: Furche, 1967) who like G. Schille, *Anfänge der Kirche: Erwägungen zur apostolischen Frühgeschichte* (Munich: Kaiser Verlag, 1966) finds the outline of Phil 2:6–11 behind Mark. P. Vielhauer, »Erwägungen zur Christologie des Markusevangeliums«, in *Aufsätze zum Neuen Testament* (TB 31, Munich: Kaiser, 1965) 199–214, finds a comparative religion parallel in the coronation scheme behind 1 Tim 3:16; Heb 1:5–13 cf. Rev 5.

[132] *Preaching*, 7.

[133] Dodd uses kerygma as technical but general term to refer to the »message« rather than to any specific formulation of the message.

2 Cor 4:4; Gal 3:1; 1:14; Rom 10:8–9; 14:9–10), to traditional formulations in his letters (e. g. 1 Cor 15:3–7; Rom 10:9; 8:31–34; 1:3–4 etc.), and from an analysis of the sermons in Acts[134]. Dodd's results correspond roughly to the outline found in Mark 1:14–15 and Acts 10:34–43[135].

Though Dibelius read the primitive kerygma in terms of the death and resurrection, Dodd found a more extended base by including above all the emphasis of fulfilled Scripture and the return of Christ. The latter element becomes significant because he combines the death, resurrection, and return of Christ as one »eschatological process«, »inseparable parts of a single divine event«[136]. In particular, the expectation of Christ's return for Dodd was the »impending verification of the Church's faith that the finished work of Christ has in itself eschatological value«[137]. Consequently, whereas Dibelius and followers focused on a »futuristic eschatology«, Dodd read the kerygma in terms of a »realized eschatology«. This reading enabled him to combine the preaching of »Christ crucified« and the »gospel of the King-dom«, since both were ultimately eschatological statements of God's prom-ised redemptive activity.

The extended delay in Christ's return led to two adaptations, according to Dodd, in the Church's thought[138]. The »authentic line of development . . . led to a concentration of attention upon the historical accounts of the ministry, death, and resurrection of Jesus, exhibited in an eschatological setting which made clear their absolute and final quality as saving fact«[139]. This development can be traced through Paul's writings and other epistles (cf. 1 Peter and Hebrews) and emerges most clearly in Mark.

Mark confronts the dilemma of the delay by focusing on the »deeds and words of Jesus« as a »valuation of the life of Jesus in eschatological terms«[140]. Mark 1–8 does not offer simply the »introduction« for the Passion Narrative but the theme of the »kerygma as a whole«[141] that finds its explicit statement at Caesarea Philippi. Jesus has come as the promised Messiah. The theme of the Passion begins in 8:31 so that Mark's proportionate emphasis on the Passion corresponds with the emphasis of the primitive Christian preaching as reported in Acts, Paul, and Hebrews[142]. But even this tragic narrative of

---

[134] *Preaching*, 9–24.

[135] Comes close to Dibelius' allusion to the »skeleton« character of Acts' sermons, cf. *Tradition*, 25.

[136] *Preaching*, 42, 33.

[137] *Preaching*, 42.

[138] Dodd concedes that a futuristic element developed in the early church in view of the delayed return of Christ. He traces this departure from the kerygma and a return to Jewish apocalyptic through 2 Thessalonians, Mark 13, Matthew's Gospel to the dead end street of second century millenialism.

[139] *Preaching*, 42.   [140] *Preaching*, 46.

[141] *Preaching*, 47.   [142] *Preaching*, 49.

suffering eventuates in glory, a motif that occurs repeatedly in 8:31–16:8 (cf. transfiguration; Mark 13; rending of the veil, centurion's confession). Only a glorious account of the resurrection is missing, having been lost as the ending of Mark[143]. Therefore, Mark »conceived himself as writing a form of the kerygma«, a »rendering of the apostolic Preaching«[144].

Dodd supports this conclusion by showing how Mark actually follows and fills out the content of the outline of the apostolic preaching, especially as seen in Acts 10:34–43. First, Mark opens with the fulfillment of the OT promise (1:1–15) by interpreting John and Jesus' coming in view of Isaiah (cf. Acts 10:37, 43). Second, he expands the section (1:16–8:30) dealing with Jesus' ministry in Galilee »doing good and healing all that were oppressed by the devil« (cf. Acts 10:39–40). Therefore, Mark represents a »commentary on the kerygma«[145]. Rather than being the final phase of the evolution of the early Christian preaching (Dibelius), Mark is the »literaturization«[146] of the kerygma as the message of the Church. This explains what Mark is, its literary distinctiveness, the primitive Christian kerygma, and its basic shape.

Furthermore, by accepting the Passion Narrative (Mark 14–16) as a given in the tradition and by recognizing the arrangement of 8:31–12:44 around the Passion sayings and Mark 13 as an assuring prelude for the Passion Narrative, Dodd needed only find an organizing principle for the materials in 1:1–8:30. This »outline« he found in the summaries scattered throughout Mark. When taken together these summaries give a »perspicuous outline of the Galilaean Ministry, forming a frame into which the separate pictures are set«[147].

In this manner, Mark's Gospel emerges as a written expression of the Christian message about what God was doing in history through Jesus Christ – the kerygma which Mark calls the »gospel« in 1:1. Strictly speaking the shape and content do not reflect the literary creativity of Mark, since these were basically given by the traditional »outline« of the kerygma and the traditional materials of the Church's preaching. But as the written kerygma the form and content has no comparable literary parallel. Mark's Gospel is unique. Yet it becomes a model for three other »Gospels«, with only John a close follower of the model. Matthew and Luke make their own adaptation and modification of the models and thus alter the direction of the kerygma[148].

---

[143] *Preaching*, 51.

[144] *Preaching*, 47.

[145] *Preaching*, 48–49.

[146] D. Aune coins this expression in »The Problem of the Genre of the Gospels«, in *Gospel Perspectives*, 2. 45.

[147] »Framework«, 399.

[148] *Preaching*, 52–54, Matthew combines didache and kerygma and accents a »new, higher

The weakness of Dodd's explanation has been scored on several accounts. Whereas Dibelius' category of the sermon was too broad, Dodd's distinction between kerygma and didache is too discreet. Much hinges on the disputed unity of the primitive Christian kerygma, particularly since Dodd has expanded the content from essentially the Passion to include the OT promise-fulfillment, Jesus' ministry, and his return in glory to judge. This »message« is supposedly common to Paul, Acts and the Gospels. Further, Dodd's reading of the kerygma in terms of a »realized eschatology« stands in stark contrast to those who read it as a »futuristic eschatology«. And especially questionable is whether the deeds and words of Jesus ever took the place of the second advent as the vindication of the validity of Jesus' ministry, and thus led to the writing of Mark's Gospel and John.

Despite the serious questions to these integral elements in Dodd's explanation, his greatest vulnerability lies in the existence of a basic outline of the kerygma that helped structure Mark's Gospel. The evidence is drawn from a supposedly common historical context and tradition underlying Acts, Paul and the Gospels. Many have questioned this history of the tradition. Furthermore, Dodd's theory that the Markan summaries provided the structure for the episodic narratives of 1:1–8:30 has gained few followers because of the dubious traditional character of these summaries which he grouped together as an »outline of the whole ministry«[149].

3. Mark 1:1 and the Gospel Genre

The survey has indicated the inadequacy of the analogical approach to the genre question and the derivational approach leaves unanswered, for the most part, the ultimate questions of the Gospel's form and content as well. Only Dodd seems to have accounted for the structure and material of the gospel genre while giving due recognition to the role of the tradition and the evangelist. Yet Dodd's fatal flaw lay in his shakey foundation. Can one find a more adequate basis in the tradition for answering the genre question?

3.1 Mark's Gospel itself provides the major clue to the search for a genre. The Gospel opens with the familiar »heading« – The beginning of the gospel of Jesus Messiah, Son of God« – that has spawned endless debates over the meaning of each word. Yet an equally critical factor in understanding 1:1 has often been overlooked in the recent debates, namely, the relationship of 1:1

---

code of ethics« and a sharpened emphasis on futuristic eschatology. Luke gives a more »rationalized and humanitarian rendering of the Gospel . . .«. Naturally, for Dodd, John's realized eschatology comes closest to preserving the trend in Mark of accenting Jesus' earthly ministry as a vindication of the validity of Jesus' ministry.

[149] »Framework«, 399–400; cf. W. Egger, *Frohbotschaft und Lehre: Die Sammelberichte des Wirkens Jesu im Markusevangelium* (Frankfurt: Knecht, 1976).

to 1:2–3. Many texts and commentators read 1:1 as though a unit in itself with 1:2 beginning a new section. This reading frees 1:1 to function independently of 1:2–3 and provides a greater range of possible interpretations otherwise excluded by a combination of 1:1 with 1:2–3. But the use of καθὼς γέγραπται and the comparable function of ἀρχή in other »headings« make the reading of 1:1 with 1:2–3 imperative[150].

3.1.1 Despite the observation that καθὼς may at times begin a sentence[151], the phrase καθὼς γέγραπται simply does not begin a new thought in NT Greek. First, the phrase καθὼς γέγραπται serves as one of several semi-technical introductory formulas for citing Scripture with numerous parallels in Jewish literature[152]. Then as an introductory citation formula, καθὼς γέγραπται invariably links what follows with what has immediately preceded in the context[153]. Consequently, the »Isaiah« citation in 1:2b–3 is linked directly to the opening statement in 1:1 by the καθὼς γέγραπται (1:2a). In other words, one has no grounds for separating 1:1 as a general heading for the Gospel and starting a new section with 1:2a by taking the formula syntactically with what follows in 1:4–8 (e. g. RSV, »As it was written . . . John the baptizer appeared. . . .«).

3.1.2 What then is the function of the rather clumsy statement in 1:1–3? A study of comparable uses of ἀρχή in extra biblical literature[154], has shown that it either pertains to the immediate context[155] at the opening of a work or the actual beginning of a work's main section that is set off from preliminary comments[156]. In no instance, however, does ἀρχή introduce an entire work as a whole[157]. Therefore, since 1:1 has no preliminary comments preceding it ἀρχή must refer to the immediate context or opening section of the work. Mark 1:1–3 serves then as the heading for the »beginning« section of the Gospel rather than for the work as a whole. The contents of this heading set the limits of the »beginning«.

3.1.3 If ἀρχή refers to the »beginning« section of Mark's Gospel, then »gospel« in 1:1 cannot refer more generally to the »Christian message«

---

[150] See the work by G. Arnold, »Mk 1,1 und Eröffnungswendungen in griechischen und lateinischen Schriften«, *ZNW* 68 (1977) 121–27.

[151] Con. V. Taylor, *The Gospel According to St. Mark* (2nd ed., New York: St. Martins Press, 1966), whose examples are inapplicable, since they do not include καθὼς γέγραπται.

[152] See J. Fitzmyer, »The Use of Explicit Old Testament Quotations in Qumran Literature and in the New Testament«, in *Essays on the Semitic Background of the New Testament* (London: G. Chapman, 1971) 3–58, esp. 7–10.

[153] E. g. *2 Kgs 14:6 (LXX); Luke 2:23; Acts 7:42; cf. 13:33; 15:15; Rom 1:17; 2:24; 3:4,10; 4:17; 8:36; 9:13,33; 10:15; 11:8,26; 15:3,9,21; 1 Cor 1:31; 2:9; 2 Cor 8:15; 9:9.*

[154] See Arnold, »Eröffnungswendungen«, 121–27.

[155] E. g. *Polybius, 1,5,1; Dionysius, Halic. 1,8,4; Josephus, Wars 1,30.*

[156] E. g. Isocrates, *Phil* 1; Philo, *de Sob* 1; *de Spec Leg* 1; Tacitus, *Hist* 1,1.

[157] The commonly cited parallel in Hos 1:2 (LXX) does not hold up, since 1:2 does not serve as the heading for the book.

whose »beginning« consists of Jesus' ministry as depicted by Mark in his Gospel (1:4–16:8)[158]. And since »beginning« is not synonymous with the content of 1:4–16:8, the »gospel of Jesus Messiah« in 1:1 must include at least what follows in 1:4–16:8, the opening part of which the evangelist designates the »beginning of the gospel«. In other words, the evangelist applies εὐαγγέ-λιον in 1:1 to his literary work portraying Jesus' ministry in Galilee that eventuates in his death and resurrection in Jerusalem[159]. The evangelist calls his literary work »the gospel«, because it represents the gospel concerning Jesus Messiah.

3.1.4. What precisely is the »beginning« of this »gospel?« The heading (1:1–3) indicates that the »beginning« corresponds to Isaiah's promise of a »messenger«, a »voice in the wilderness«, who prepares »the way of the Lord« (1:2b–3). Thus, Isaiah's promise sets the parameters of the »beginning«. The Baptist's appearance and ministry in 1:4–8 corresponds without doubt to this promise. But Isaiah's promise and consequently the »beginning« do not conclude simply with the Baptist's appearance. The »Coming One« also appears in light of Isaiah[160]. John's role as preparer of the way includes Jesus' baptism (1:9–11) where Jesus is recognized as the heralded Coming One (cf. 1:7–8) whose way the »voice in the wilderness« had proclaimed (cf. Isa 40:3).

Furthermore, the coming of the Spirit and the voice from heaven identify Jesus as the Spirit-equipped servant of Isa 42:1 (1:11)[161] and the Spirit-annointed messenger of the gospel of Isa 61:1 cf. 52:7 (1:14–15)[162]. One might even argue that Mark's temptation account contains Isaianic motifs of the Edenic age of salvation[163]. Certainly, the emergence of Jesus, after the Baptist had been »delivered up«[164], to preach the »gospel of God« (1:14) echoes Isa 61:1 and 52:7, as seen in the eschatological explication concerning God's rule

[158] So Taylor, *Mark*, 152; R. Pesch, *Das Markusevangelium* (HTKNT II, Freiburg: Herder, 1977) 1. 74–76; J. Gnilka, *Das Evangelium nach Markus* (EKK II, Neukirchen: Neukirchener Verlag, 1978) 1. 42–43.

[159] Cf. as representative of the opposing viewpoint, G. Strecker, »Das Evangelium Jesu Christi« in *Jesus Christus in Historie und Geschichte: Festschrift für H. Conzelmann*, ed. G. Strecker (Tübingen: Mohr, 1975) 536, n. 134.

[160] R. Guelich, »›The Beginning of the Gospel‹ – Mark 1:1–15«, *BR* 27 (1982) 8–10 and Lührmann, »Biographie«, 27–30.

[161] Lührmann, »Biographie«, 27–30. See I. H. Marshall, »Son of God or Servant of Yahweh? – A Reconsideration of Mark 1:11«, *NTS* 15 (1968–69) 326–36.

[162] Lührmann, »Biographie«, 27–30.

[163] Note Mark's emphasis on the »wilderness«, Jesus' presence »with the wild animals«, and the »angels ministering to him«, all support a paradise motif commensurate with Isaiah's depiction of the age of salvation (e. g. 11:6–8; 65:25 cf. *TestNaph* 8:4–6; *Vita Adae et Evae*, 32–38 and *ApocMoses*, 10–11).

[164] So W. Popkes, *Christus Traditus. Eine Untersuchung zum Begriff der Dahingabe im Neuen Testament* (ATANT 49, Zürich, 1967), 143–45, for discussion of this verb as an indicator of Jesus' way.

in 1:15 and the fulfillment of time. Thus »the beginning« of the gospel includes the appearance of the Baptist as the voice preparing the way (1:4–9 cf. 14a) and the appearance of the Coming One who is announced and equipped for his task of proclaiming God's eschatological rule (1:9–15) in keeping with Isaiah's promise. This for the evangelist is the »beginning of the gospel of Jesus Messiah« which he proceeds to narrate[165].

By explicitly identifying the »beginning of the gospel« with Isaiah, Mark connects the gospel to its OT Jewish roots. The evangelist shows how the beginning events correspond to the OT promise. At the same time, he depicts what follows as the »gospel of Jesus Messiah« whose meaning has now been shaped by the Scriptural context in which it has been placed[166]. This is seen further by his introduction of Jesus as the one preaching the »gospel of God« (1:14–15), a correspondence to Isaiah's promise of the one who would herald the »gospel« (cf. Isa 61:1; 52:7) that hardly appears to be coincidental. But how do the »gospel of Jesus Messiah« and the »gospel of God« relate to Isaiah's promise of the »bearer of the gospel?«

3.2 The phrases, »the gospel of Jesus Messiah« and the »gospel of God«, have their setting in the early church's »hellenistic« mission[167]. Yet Mark uses these phrases in a way novel to the rest of the New Testament[168]. First, he employs »the gospel of Jesus Messiah« to designate the narrative of Jesus' earthly ministry that begins with the Baptist's appearance and eventuates in Jesus' death and resurrection in Jerusalem (1:4–16:8). Then the evangelist uses the »gospel of God« to refer to the message about the eschatological fulfillment of time and God's coming rule (1:15) rather than to speak about the one true God who acted and will act in his Son, as found, for example, in the »hellenistic« mission (e. g. Rom 1:1–4; 1 Thess 2:8 cf. 1:9–10)[169]. Yet since this »gospel of God« preached by Jesus (1:14–15) finds its expression for the evangelist not only in Jesus' preaching but above all in his ministry[170] of teaching, exorcisms, healings, and table fellowship with the sinners that

---

[165] E. g. L. Keck, »The Introduction to Mark's Gospel«, *NTS* 12 (1965–66) 352–70.

[166] Cf. similar usage in 13:10; 14:9 and quite possibly the same usage lies behind 8:35; 10:29, where »the gospel« refers to the message about Jesus, the message which Mark has put into writing.

[167] Strecker, »Evangelium«, 523–24, who traces this to »hellenistic« mission settings; P. Stuhlmacher, *Das paulinische Evangelium: I, Vorgeschichte* (FRLANT 95, Göttingen: Vandenhoeck und Ruprecht, 1968) 258–82, who traces these phrases to the »hellenistic-Jewish« mission context.

[168] The debate over whether 1:14–15 stems from pre-markan tradition or Mark's redaction is moot, since the evangelist has arranged the material in this context.

[169] Stuhlmacher, *Evangelium*, 259–60.

[170] E. g. K. G. Reploh, *Markus – Lehrer der Gemeinde* (SBM 9, Stuttgart: Katholisches Bibelwerk, 1969); A. M. Ambrozic, *The Hidden Kingdom: A Redaction-Critical Study of the References to the Kingdom of God in Mark's Gospel* (CBQM 11, Washington: CBA, 1972); W. Kelber, *The Kingdom in Mark: A New Place and Time* (Philadelphia: Fortress, 1974).

show him to be the »Messiah« (8:29) whose way must lead to the cross and resurrection (e. g. 8:31), the »gospel of God« is at the same time the »gospel concerning Jesus Messiah«[171].

3.2.1 This shift in gospel terminology by Mark represents no mean accomplishment. First, to identify the »gospel of Jesus Messiah« with the narrative of Jesus' ministry as well as to his death and resurrection breaks rather dramatically not only in form (narrative) but in content from the conceptual preaching and teaching of the »hellenistic« mission where »gospel of Christ« involved at times the hope of his return (e. g. 1 Thess 1:10), his atoning death and resurrection (1 Cor 15:3–5) and his appointment as Son of God in power at the resurrection (Rom 1:3–4)[172]. The mission focus appears to have been clearly on the death, resurrection and return and not at all on Jesus' earthly ministry. Much the same has been said of Paul's use of the »gospel«.

3.2.2. Second, to identify the »gospel of God« with the message of fulfillment of time and the coming of God's Kingdom also breaks dramatically with the monotheistic overtones of the »hellenistic« mission suggested by 1 Thess 1:9, even assuming that a christological component was inherent in this »gospel of God« as implied by 1 Thess 1:9–10 and Rom 1:1–5. The fulfillment and Kingdom language of Mark 1:15 has its roots deep in Jewish expectation, a context quite foreign, it would seem, to the »hellenistic« mission. This message finds its most natural home in the earliest mission setting of the Church within Judaism. Finally, to identify the eschatological »gospel of God« with the narrative »gospel of Jesus Messiah« reflects an apparent break with all precedents. The assumption of this break by Mark with all precedents, especially his focus on Jesus' earthly ministry, has given rise to numerous explanations of Mark's Gospel[173].

3.2.3. Yet the explanation of Mark's use of »gospel« may lie in the tradition rather than in the evangelist's creative genius. By common consensus 1 Cor 15:3–5 and Rom 1:3–4 represent traditions stemming from the early church, and Acts 10:34–43, though more debated, most likely also represents a traditional underlay. Each tradition explicitly or implicitly uses the *Scriptures* to identify God's redemptive purposes at work in Jesus; each identifies Jesus as the »*Messiah*«, and each culminates in the *cross and resurrection* as the focal point of Jesus' ministry. In 1 Cor 15:1 and Rom 1:1 respec-

---

[171] This »gospel of God« expressed as the »gospel of Jesus Messiah« has its roots, according to Mark, in Isaiah's promise. Cf. Acts 10:36.

[172] So Strecker, »Evangelium«, 517–23.

[173] Some eschatologically oriented: e. g. Marxsen, *Mark*, with a futuristic orientation, or Kelber, *Kingdom*, with a realized orientation; others christologically motivated: e. g. Weeden, *Traditions*, to correct a false *theios aner* christology, or Schreiber, *Vertrauen*, to depict the redeemer myth behind Phil 2:6–11.

tively, Paul calls the message he had received as tradition and for which he had been set apart »the gospel«. Acts 10:36 refers to this event as the »preaching of the gospel of peace«. Thus, one can correctly call this tradition the »gospel«.

Furthermore, Mark's Gospel corresponds in broad outline with this tradition, especially christologically. Jesus is introduced in 1:1 as »Messiah, Son of God«. This identity is then underscored by the voice from heaven at the baptism (1:11), at the transfiguration (9:7), and ultimately by the centurion at the end (15:39), while Peter confesses Jesus to be the »Messiah« at the turning point, if not the climax, of the Gospel (8:29). The »Son« (Ps 2:7), however, is qualified in 1:11 as the »servant« (Isa 42:1), as the transfigured (exalted) one in 9:2–8 and as the crucified Son of God in 15:39. The »Messiah« is qualified as the suffering Son of man in 8:31; 9:31; 10:33–34, whose true identity is recognized by the Roman centurion at the cross.

Therefore, Mark's Gospel corresponds with the christological anomaly found in the tradition noted above, namely, God's Son, the Messiah, accomplishes his work in the cross and resurrection. To this extent, Mark's Gospel like the »gospel« in the tradition is a Passion Narrative. But this correspondence fails to explain why Mark gives a narrative of Jesus' earthly ministry as the »gospel of Jesus Messiah« and how he can identify this with the «gospel of God« in its eschatological dimension. For the answer, one must look more closely at Acts 10:34–43.

3.3. There seems to be little doubt that Acts 10:34–43 shares the basic framework of the »gospel«, as we know it in Mark[174]. But the question remains whether the framework results from Luke's reflected structuring of the material in 10:34–43 into a »mini-gospel«[175] or whether a pre-Lukan tradition underlay Acts 10:36–43 containing the framework to which the Gospels correspond. Much, therefore, depends on the status of Acts 10:34–43 in critical studies.

The evaluation of this passage has just about come full circle. Whereas Dibelius considered the material to be indicative of a pre-Lukan sermon »skeleton«[176] and Dodd found in it the outline of the primitive kerygma[177], later appraisals of this and the other speeches in Acts attributed the form and much of the content to Luke's redactional creativity rather than to the

---

[174] E.g. Dodd, *Preaching*; U. Wilckens, *Die Missionsreden der Apostelgeschichte* (WMANTS, 2nd ed. Neukirchen: Neukirchener Verlag, 1963) 68–70; Stuhlmacher, *Evangelium*, 277, n. 2.

[175] So Wilckens, *Missionsreden*, 68–70.

[176] Dibelius, *Tradition*, 25. But see »Die Bekehrung des Cornelius« in *Aufsätze zur Apostelgeschichte* (FRLANT 42, Göttingen: Vandenhoeck und Ruprecht, 1961) 96–107, esp. 97–98 where he underscores Luke's redactional work in 10:34–43. Cf. K. Haacker, »Dibelius und Cornelius: Ein Beispiel formgeschichtlicher Überlieferungskritik«, *BZ* 24 (1980) 234–51, esp. 244–46.

[177] Dodd, *Preaching*, 46.

tradition[178]. U. Wilckens, for example, concluded that Luke shaped this »sermon« in the form of a »gospel« appropriate to its more catechetical (cf. Luke 1:1–4) than evangelistic function in Acts 10 (cf. οἴδατε ὑμεῖς, 10:36). This setting accounts for Luke's addition of the rather extensive Jesus materials found at its core[179]. The trend now, however, appears to favor a broader pre-Lukan tradition adapted by Luke for his purposes in Acts 10[180].

P. Stuhlmacher, in particular, has argued strongly for a pre-Lukan tradition on the basis of language, correspondence to the tradition in 1 Cor 15:3–5, and the incongruity between Luke's own Gospel outline and the outline of the summary in 10:33–43[181]. More recently, G. Stanton has also argued for the pre-Lukan character of this material primarily on the basis of the unusual use of four OT passages (Ps 107:20; Isa 52:7; 61:1; Deut 21:22) to summarize Jesus' life and give it significance[182]. Stanton then lists several distinctive themes in 10:36–43 that either contrast with Luke's usage elsewhere or do not appear in Luke's writings[183].

---

[178] E.g. especially Wilckens, *Missionsreden*, 63–70 and E. Haenchen, *Die Apostelgeschichte* (MeyK, Göttingen: Vandenhoeck und Ruprecht, 1961) 301–08.

[179] Wilckens, *Missionsreden*, 68–70.

[180] E. g. H. Conzelmann, *Die Apostelgeschichte* (HNT 7, Tübingen: Mohr, 1963) 64–65; O. Steck, *Israel und das gewaltsame Geschick der Propheten* (WMzNT 23, Neukirchen: Neukirchener Verlag, 1967) 267–69; and Stuhlmacher, *Evangelium*, 277, n. 2.279, n. 1; E. Lohse, »Die Frage nach dem historischen Jesus in der gegenwärtigen Forschung«, *TLZ* 87 (1962) 161–64 = *Die Einheit des Neuen Testaments: Exegetische Studien des Neuen Testaments* (Göttingen: Vandenhoeck und Ruprecht, 1973), esp. 35–36; G. Stanton, *Jesus of Nazareth in New Testament Preaching* (SNTSMS 27, Cambridge: Cambridge University Press, 1974) 70–81; J. Roloff, *Die Apostelgeschichte*: *NTD* V (Göttingen: Vandenhoeck und Ruprecht, 1981) 168.

[181] *Evangelium*, 279, n. 1; a) The unusual use of εὐαγγελίζομαι in 10:36; the catechetical use of οἴδατε ὑμεῖς; cf. λόγον and Acts 13:26, 32. b) The titular use of Christ, 10:36; the resurrection on the »third day«, 10:40; reference to Scriptural basis, 10:43 in place of the usual call to repentance in previous sermons in Acts, all correspond to 1 Cor 15:3–5. c) Luke's Gospel begins with an infancy narrative (also, E. Haenchen, *Apostelgeschichte*, 297 and E. Lohse, *Einheit* 35–36).

[182] Stanton, *Jesus*, 70–78, suggests that Ps 107:20 (and context) provides the language that opens this material, τὸν λόγον ἀπέστειλεν (10:36). The context in Ps 107:20 identifies the subject as God and »the word« delivers God's people and »heals« them. This motif, according to Stanton, is carried through the summary in 10:37 where it is picked up in the Isa 61:1 context. The »word« is then identified as that »proclaiming the good news of peace through Jesus Christ«, which is drawn from Isa 52:7, to explicate the first OT allusion. This »good news« is then picked up 10:38 by referring to Jesus' baptism where he is »annointed« with the »Spirit« to proclaim the good news to the poor and to »heal« the afflicted, a clear reference to Isa 61:1. Finally, another OT reference, Deut 21:22, expresses Jesus death as »hanging on the tree«. Since this weaving together of verses was typical of early church exegesis as found throughout the NT but not particularly typical of Luke's style, Stanton finds this passage to contain traditional material.

[183] For example, *Jesus*, 78–79; 1) Why give the Baptist such prominence in 10:37, if otherwise the great redemptive historical break between the Baptist and Jesus is Luke's theme? 2) Jesus is depicted as a miracle worker and prophet rather than as teacher, cf. Acts 1:1; 3) Devil in Luke is more »psychological« (so H. Conzelmann, *The Theology of Luke* [New York: Harper and Row, 1960] 157), whereas he is oppressor in a Markan sense in 10:38. 4) Acts 10:42 makes no reference

One might further support this argument for the traditional character of the material most in question, i. e. the »life of Jesus« summary in 10:37–38, by noting that it consists of expressions quite untypical of Luke's language[184], such as: »Jesus, the one from Nazareth«[185], »with the Holy Spirit and power«[186] »doing good« (hapaxlegomenon), »healing those oppressed by the devil«[187], and the observation, »God was with him«[188]. When one adds the unusual references to »hang him on a tree«, his being »raised on the third day«, and ordained to judge »the living and the dead« at the end and the unusual expression »preaching the gospel of peace through Jesus Christ« at the beginning, one must conclude that the evidence[189] strongly favors the existence of pre-Lukan material behind Luke's redaction in 10:34–43[190].

3.3.1. If one takes genre to consist of a work's form and material viewed as a whole, this tradition underlying Acts 10:34–43 anticipates the literary genre of gospel, since Mark's Gospel directly corresponds formally and materially with this tradition. *Formally*, Mark clearly follows a similar outline, as Dodd argued a generation ago. First, the evangelist specifically

---

to Gentile mission, a motif appropriate to context and found underlined in Acts 1:8 and Luke 24:47.

[184] Con. Conzelmann, *Apostelgeschichte*, 65. Stanton, *Jesus*, 78–79, notes that »peace through Jesus Christ« sounds more like Rom 5:1 than Luke and »Judge of the living and the dead« has no parallel elsewhere in Luke.

[185] Cf. *Ἰησοῦς ὁ Ναζωραῖος* in 2:22; 3:6; 4:10; 6:14; 22:8; 26:9.

[186] Cf. Acts 1:8 but Rom 1:4; 1 Cor 2:4; 1 Thess 1:5.

[187] »Healing«, a rather common concept in Luke but never combined with »oppressed by the devil« (note Stanton's observation about Luke's use of the »devil« in n. 171).

[188] Cf. John 3:2; 8:29.

[189] The evidence may not be beyond question in part. For example, Luke's use of *λόγος* in Acts, especially in combination with the »gospel« (cf. 8:4; 15:7,35), may suggest a Lukan adaptation in 10:36 rather than Ps 107:20. (Note H. Riesenfeld, »The Text of Acts x.36« in *Text and Interpretation: Studies in the New Testament Presented to Matthew Black*, edd. E. Best and R. McL. Wilson [Cambridge: Cambridge University Press, 1979], 191–94, who argues for the longer reading that would change the focus of *λόγον*). Yet that would not ameliorate the force of Isa 52:7; 61:1 and Deut 21:22 and its usage in this passage. Stuhlmacher and Lohse's argument (see n. 170) based on the incongruity of Luke's Gospel and the outline of 10:32–42 loses weight when one observes that Luke does not begin Jesus' ministry until after the baptism, when John was removed from the scene (Luke 3:18–22). Furthermore, the absence of a call to repentance may stem from the context rather than in compliance with a tradition comparable to 1 Cor 15:3–5 (Steck, *Geschick*, 207, n. 3, attributes the call to repentance found in the other sermons of Acts to their peculiar setting in a Jewish mission). The reference to the »prophets« as Scriptural basis for the message has its parallel in Luke 24:27, 42–44.

[190] Luke's redaction appears most evident in 1) his temporal destinction between John's preaching of baptism and Jesus' »beginning«. This bifurcation between the Baptist's ministry and Jesus', especially apparent in Luke 16:16 (cf. 3:19–22), makes the reference to the »annointing« at Jesus' baptism which »begins« his ministry in 10:37–38 a bit awkward, since »beginning« precedes the reference to the Baptist's preaching of baptism. 2) The reference to the »witnesses« in 10:39a and 3) the common eating and drinking with Jesus sound very similar to Luke 24:41–43. Finally, 4) the reference to the prophets as the basis for what has transpired appears similar to Luke 24:27, 42–44.

refs to the Baptist's appearance, the baptism of Jesus and his emergence »after John had been delivered up« to preach the »gospel of God« (1:14–15) as the »beginning« of the »gospel of Jesus Messiah«. Second, the narrative of Jesus' ministry from Galilee to Jerusalem certainly corresponds to his going about »doing good« and »healing the oppressed« as seen by his ministry to those with various needs[191]. Finally, the Passion Narrative and the Easter appearances move the story to its concluding climax in Jesus' atoning death (10:45; 14:24) and the resurrection, motifs included and developed in the conclusion of Acts 10:39–43. Such an »outline« may seem most natural for a »gospel« until compared with the later writings bearing the designation »gospel« and even Q, which has at times been called a primitive gospel.

3.3.2. *Materially*, Acts 10:36 begins with a clear reference to the OT context of Jesus' ministry by citing Isa 52:7. Mark introduces his work as the »gospel of Jesus Messiah«, which includes his preaching of the »gospel of God« (1:1,14–15). Acts 10:36 refers to the events seen in Jesus' ministry, death and resurrection as »God preaching the gospel of peace through Jesus Christ«. In other words, both Mark 1:1 and Acts 10:36 characterize the message about Jesus Christ as the »gospel«: Acts by using the verb form found in Isa 52:7, Mark by using the noun form drawn from Christian preaching (1:1). The content of each is the same, namely, God's promised redemptive activity to bring salvation and wholeness, or, in other words, the establishment of God's sovereign rule, the »Kingdom of God«, in history (Isa 52:7; 61:1) through Jesus' ministry, death and ressurection. The »gospel of peace« in Acts 10:34–43 and the »gospel of Jesus Messiah« in Mark 1:4–16:8 are one and the same, and their roots lie in God's promise given by Isaiah, according to Mark 1:1–3 and the opening statement of Acts 10:36. Therefore, Mark's choice of terminology in 1:1,14–15 – »gospel of Jesus Messiah« and »gospel of God« – corresponds materially with the usage of Acts 10:36 and the content of Acts 10:36–43. This correspondence suggests a common »gospel« tradition in the Church.

If the basic *framework* of Mark's Gospel and the Scriptural context for his calling it the »gospel of Jesus Messiah« corresponds to what one finds in the tradition behind Acts 10:34–43, the traditional character of Mark's *material* used in writing the Gospel is even more apparent. Certainly the pre-literary existence of the Gospel material in oral traditional units is one of the »assured results« of form criticism, W. Schmithals notwithstanding[192]. Form criticism

---

[191] Doubtless coincidental, but Mark opens Jesus' public ministry with the awkwardly introduced exorcism of 1:21–28.

[192] Schmithals's assignment of the form and content to the creativity of the writer of the *Grundschrift* and his denial of any historical trace of underlying oral tradition (*Markus*, I, 44–45) flies in the face of the results of form criticism and fails to account for the amazing stylistic similarity between the *Grundschrift* and similar narratives and sayings found in Matthew and Luke's special traditions.

has also shown how much of this material has been shaped along familiar lines, so that the Gospels contain »forms« that correspond to those found in extra-biblical sources. But the very existence of these traditional units and even traditional blocks of units behind Mark's Gospel should make the existence of the »gospel« in narrative as well as conceptual or propositional form obvious.

While form critics have scrutinized each traditional unit for nearly two generations in search of its literary form and socio-religious Sitz im Leben, the research has too frequently forgotten that each traditional unit made its own »christological« as well as »ecclesiological« (and now »sociological«) statement. To the extent that each unit bore witness in some manner to who Jesus was as the one in whom God was acting in keeping with his Word – a motif that informed all traditional levels of the Church's life from »Jerusalem« to »Rome«, as the NT writings repeatedly indicate – to that extent each traditional unit functioned as an expression in part of the »gospel«. Just as the »*conceptual* gospel« focused at times on the return of Christ (1 Thess 1:9–10), the atoning death and resurrection (1 Cor 15:3–5), or the exalted Son of God (Rom 1:3–4), the »*narrative* gospel« found its expression at times in miracle stories, apothegms, sayings, parables, discourses and even the Passion narrative. These represent but various expressions of the gospel, the good news about what God was doing or had done in Jesus' ministry.

3.4. Mark's achievement, therefore, lies in selecting, arranging and bringing together[193] the traditional narrative and saying units or blocks around the traditional framework of the gospel as seen behind Acts 10:36–43 and putting it in writing. To the extent that Mark first put the »gospel« in *written* form, he created a new *literary* genre, the gospel. But Mark did not create this genre *de novo*. The necessary formal and material components lay at hand in the tradition. In other words, the literary gospel ultimately represents the Church's gospel in narrative form.

3.4.1. This literary gospel then became the model for at least Matthew and Luke and perhaps John. To be sure, none of the other Gospels followed Mark's lead in his use of εὐαγγέλιον[194], and both Matthew and Luke made their respective modifications of the genre by their adaptation of it and other

---

[193] This is not to deny the special emphases or the redactional contribution made by the evangelist such as his emphasis on discipleship and the »messianic secret«. Yet the absence of any clear cut »pattern« or for that matter any agreement among scholars even on an outline of Mark suggests his primary task was to write the »gospel of Jesus Messiah«.

[194] Matthew focuses the term even more by defining it as the »gospel of the Kingdom«, a phrase certainly congruent with Mark's usage, if one takes Kingdom of God in the sense used by Matthew to be an expression of God's promised redemptive activity for his own. Luke may well follow Mark's lead by his redemptive historical division of the »gospel« into Israel (Scripture), Jesus Christ (Gospel) and witnesses (Acts).

traditional materials to shape their own Gospels according to the evangelist's and/or his community situation[195]. But the emphasis on the differences between each Gospel has tended to blur the basic similarity of all three Synoptic Gospels. Jesus is consistently portrayed as the »Messiah« promised in the Scriptures who carries out God's redemptive purposes. Matthew and Luke underscore this by »beginning« their Gospels with infancy narratives whose function above all accents who Jesus is in light of the Scriptures. Furthermore, all three Gospels open Jesus' ministry in Galilee against the backdrop of Isa 61:1, though each does so differently (Mark 1:14–15; Luke 4:16–21; Matt 5:3–6[196]). This ministry consists of words and deeds that show him to be the one in whom God was redemptively at work inaugurating his *shalom*, his sovereign rule of justice[197]. Finally, Matthew and Luke conclude with a Passion Narrative that culminates in the Easter appearances to witnesses who are then commissioned to proclaim the message, an element much closer to Acts 10:36–43 than to Mark 16, as it now stands.

3.4.2. Even John's Gospel fits the same basic framework though differing greatly in the materials used. After a prologue that identifies Jesus in terms of God, creation, the Baptist, and Moses (n. b. the backdrop of Jewish Scriptures), the narrative moves from the Baptist, the »voice« of Isa 40:3, through Jesus' signs and discourses to the cross and resurrection and concludes with the equipping and commissioning of the disciples by the resurrected Christ.

The relation of John, however, to the model, Mark, remains far from clear[198]. Whereas some trace John's outline back to Markan influence while others to an independent tradition with common roots in the synoptic tradition, the issue is ultimately moot for this discussion. In either case, the Fourth Gospel attests the fundamental format of the Church's message about Jesus around which the literary Gospels were written. Should John indeed be independent from Mark[199], then one has another basis for the

---

[195] Yet to consider Matthew a »manual of discipline« fails to account for the significant differences between Matthew and such »manuals« like the *Didache* or the *Manual of Discipline* of Qumran. To consider Luke to be a *bios* again fails to note the basic breakdown between Luke's Gospel and supposedly similar »lives«.

[196] R. Guelich, *The Sermon on the Mount: A Foundation for Understanding* (Waco: Word, 1982), 112–18.

[197] See P. Stuhlmacher, »Die neue Gerechtigkeit in der Jesusverkündigung« in *Versöhnung, Gesetz und Gerechtigkeit* (Göttingen: Vandenhoeck und Ruprecht, 1981), 43–65.

[198] For a thorough discussion of recent viewpoints, see R. Kysar, *The Fourth Evangelist and his Gospel: An Examination of Contemporary Scholarship* (Minneapolis: Augsburg, 1975) 38–66 and his survey in *NovT* 15 (1973) 134–52.

[199] The apparent tendency in contemporary Johannine scholarship, as seen in the works of R. Schnackenburg, *The Gospel According to St. John* (New York, Seabury, 1968) 1. 68–72; R. Brown, *The Gospel According to John* (AB 29, New York: Doubleday, 1966 1. XLI–XLVII; B. Lindars, *The Gospel of John* (CB, London: Oliphants, 1972) 25–28; O. Cullmann, *The Johannine Circle* (Philadelphia: Westminster, 1976); E. Haenchen, *Das Johannesevangelium* (Tübingen:

traditional character of the gospel genre in the early church's preaching and teaching. Acts 10:34–43, Mark and then John would all share the same basic »genre« of the gospel.

3.4.3. But what about the so-called »gospels« emerging in the second century and later? How do they correspond to the genre of the Four Gospels? The church fathers do refer to a number of other works as »gospels«, and several writings bearing the designation »gospel« have appeared in manuscript finds, most notably among the Nag Hammadi codices[200]. Yet many of these »gospels« come to us in name only, since their content exists only in scattered citations, if at all. Consequently, the literary evidence remains so fragmentary that one can hardly make adequate comparisons.

Two developments, however, can be traced. On the one hand, sufficient evidence exists to suggest that some of the »gospels« referred to by the fathers represent variations of the canonical Gospels[201]. These would have followed the Gospels in structure and material. On the other hand, a distinctive type of »gospel« emerges that radically differs in structure and material from the Gospels. Since these »gospels« often consist of discourses or dialogues of Jesus, some have placed them on a trajectory with Q as another form of a »gospel«[202]. To the extent that Q and these »gospels« represent to the hearer/reader the »gospel« = »good news by Jesus of God's redemptive activity«, they would indeed be »gospels«. But to the degree that they differ formally and materially from the gospel genre noted in the Gospels and in the tradition behind Acts 10:36–43, they do not belong to the gospel genre. The same conclusion would obtain for a collection of miracle stories, apothegms, parables and even the Passion Narrative itself. Whereas these are constituent parts of the gospel genre, they are not the whole, they do not represent the gospel genre.

Furthermore, one cannot speak of these later »gospels« generically, since they do not reflect any homogeneity in structure and/or content. For example, five of the works associated with Nag Hammadi bear the designation

---

Mohr, 1980) 74–103; S. Smalley, *John: Evangelist and Interpreter* (Exeter: Paternoster, 1978) 102–119. Two notable exceptions are C. K. Barrett, *The Gospel According to John* (2nd ed., Philadelphia: Westminster, 1978) 15–22 and F. Neirynck, »John and the Synoptics« in *L'Evangile de Jean*, ed. M. de Jonge (Leuven: Duculot, 1977) 73–106.

[200] For an extensive survey see R. Kraft and J. Timbie's review of the *Nag Hammadi Library: In English* (San Francisco, Harper and Row, 1977) in *RSR* 8 (1982) 32–52. For a collection of these and related materials, see R. Cameron, *The Other Gospels: Non-Canonical Gospel Texts* (Philadelphia: Westminster, 1982).

[201] E. g. *Gospel of the Nazaraeans* and *Gospel of the Ebionites* appear to be variants of Matthew's Gospel. The *Secret Gospel of Mark* clearly relates to Mark and the *Gospel of the Hebrews* may reflect influence from all four Gospels.

[202] So Robinson, *Trajectories*, 71–113 and Koester, *Trajectories*, 166–204.

»gospel« either in the opening line or in an incipit[203]. Yet one (*GEgypt*) deals with the life and redemptive activity of Seth; one (*GPh*) is a collection of teaching on the sacraments and ethics; one (*GTr*) is a treatise on truth and Jesus who reveals knowledge of God and truth; one (*GTh*) is a collection of teachings by the »living Jesus«; and one (*GMary*) is a revelation discourse of the resurrected Lord with his disciples. If one discounts the use of »gospel« with three of these[204], two remain that consist of Jesus' secret teaching to one or more disciples (*GTh, GMary*). This theme and content appears in six other works from Nag Hammadi and the *Epistle of the Apostles*. But none of these carries the designation of »gospel«[205]. Three even exist in the genre of an epistle[206]. Therefore, these later wiritings contribute little of significance for the discussion of the gospel genre. The most that one can say is that the term »gospel« continued to function in the Church as it always had with the broader meaning of the message of »good news« about Jesus as the one who brings salvation, even though salvation in these writings has been radically redefined in contrast to its meaning in the canonical Scriptures.

4. Summary and Conclusions

In light of the review and discussion of the gospel genre, several observations can be made to draw this material together in summary with some obvious conclusions.

4.1. The Gospels do stand without adequate parallel in form and content in the literary world. By comparison they share formally and materially more in common with each other than either or all shares with any other literary genre. Therefore, the Gospels do constitute a literary genre.

4.2. The Gospels constitute a literary genre, but not a »unique literary genre«. The Gospels' collective distinctiveness lies in their forming a genre. By definition, genre connotes a certain formal and material uniqueness about a work or group of works. Therefore, »unique literary genre« is redundant, since by definition a genre is unique. When referring to the Gospels as being *sui generis*, one simply affirms their constituting their own literary genre.

4.3. The representatives of this genre are limited in number (four canonical Gospels and fewer, lost apocryphal Gospels) and in time (to the period of the emerging Church, a generation or so before and after the turn of the first

---

[203] *Gospel of Truth; Gospel of the Egyptians; Gospel of Thomas; Gospel of Philip* and *Gospel of Mary*.
[204] *Gospel of Truth; Gospel of the Egyptians: Gospel of Philip*, so Robinson, *Trajectories*, 76–78.
[205] *First Apocalypse of James; Apocalypse of Peter; Apocryphon of James; The Book of Thomas the Contender; Sophia of Jesus Christ; The Letter of Peter to Philip; Dialogue of the Savior.*
[206] *ApocrJas; PetPhil; EpistApost.*

century C.E.). Furthermore, three of the four canonical Gospels are so closely related as to suggest that one influenced the other two, if not also the third. The evidence even suggests that some of the apocryphal Gospels were dependent on these earlier Gospels. Nevertheless, one can still without hesitation speak of a gospel genre, since genre neither requires a set number of representatives nor total literary independence.

4.4. What then is this literary genre called a »gospel«? *Formally*, a gospel is a narrative account concerning the public life and teaching of a significant person that is composed of discreet traditional units placed in the context of the Scriptures. Mark, Acts 10:34–42, and John each set the narrative against the backdrop of the Scriptures and focus, beginning with the Baptist's appearance to »prepare the way«, on Jesus' ministry as it ranged from Galilee to Jerusalem where the narrative concludes with the death, resurrection and appearances to the disciples. The infancy narratives in Matthew and Luke do not formally change this pattern, since they serve to identify who Jesus was particularly in light of the Scriptures rather than to signal the beginning of Jesus' ministry. They, like Mark's »beginning« (1:1–15) and John's »Prologue«, highlight the Scriptural context of the ensuing narrative. Furthermore, Mark's ending, as it presently exists, anticipates Jesus' appearances to his own, a fact obviously known to the reader. Thus, Mark could have concluded with this assumption of his reader's knowledge, or one can also argue for a »lost ending«. Ultimately the issue is moot, since the resurrection and appearances of Jesus are not in doubt.

Formally, the framework or structure of this narrative existed in the Church's preaching and teaching. The evidence for this lies in the common framework underlying Acts 10:36–43, Mark's Gospel and possibly John's Gospel. Yet this framework set only the general parameters, allowing for considerable flexibility in the arrangement of the materials within the framework, as a comparison of all four Gospels indicates.

Materially, the genre consists of the message that God was at work in Jesus' life, death and resurrection, effecting his promises found in the Scriptures. In other words, the gospel genre made a statement about God, Jesus Christ and his/their ministry. Set in the context of the Scriptures, the message makes clear that God is God, Yahweh, the Lord, who had spoken about his actions in history on behalf of his people and the nations. Jesus is identified as the one whom God had ordained and in whose life and death He was at work to accomplish his purposes. These purposes were the establishment of *shalom*, wholeness, the reestablishment of broken relationships between himself and his own, the defeat of evil, the forgiveness of sins and the vindication of the poor. The heralding of this message was called »preaching the gospel«. Therefore, the message was indeed the »gospel of God« and simultaneously the »gospel of Jesus Christ«.

Materially, the tone, language, content and style to a great extent was found in the discreet traditional units used by the evangelists. This material had been formed, used, and preserved as oral tradition in the Church. Each unit had served to indicate what God was doing in Christ and its implications for the hearer. Some of the units had been combined into collections of stories and/or sayings. Some remained as independent units. The evangelists exhibit great freedom to take over *en bloc* or to combine and rearrange the materials for their own needs and purposes. Yet each reflects a care of and faithfulness to the tradition – even when their reworking is traceable. The message of each Gospel remains amazingly similar.

4.5. In view of the traditional character of the framework and the material, indicating that the contents were the common possession of the community, the evangelists had no cause for claiming their work to be »original« or »their« gospel. The Church's gospel was the message of »good news« to the hearer and so was the literary gospel for the reader. This message did not come from the evangelist but from Jesus Christ, and ultimately from God. Thus, the very nature of the message and its traditional roots necessitated that the Gospels be anonymous. It was the »gospel concerning Jesus Messiah« preached by Jesus and by his commissioned witnesses which the evangelists sought to capture in writing.

4.6. The evangelists' use of tradition, shaped at times in familiar forms analogous to other familiar forms such as miracle stories, apothegms, discourses, etc., means that the components of the gospel genre do at times have »literary« parallels. Yet the evangelists' use of the traditional framework and material inherent in the distinctive Christian gospel meant that the actual literary product, their gospel, stood without parallel. The Gospels form a literary genre by virtue of the form and content of the tradition with which the evangelist was working. Therefore, while creating the »literary genre« of the gospel by placing the traditional message in writing, the evangelist did not create the form and content of this gospel. That was the »whole« from which the parts were understood in the Church's preaching and teaching.

4.7. Because the gospel was familiar to the Church, the written genre had its setting in a familiar context, a context from which to interpret the Gospels. This also means that the historical context within the early church which made the gospel genre intelligible must be taken into consideration when interpreting the Gospels as literary works. Removed from the historical context of the Church's gospel that gave rise to the literary gospel genre, the Gospels become like J. Swift's *Gulliver's Travels*, set free from its sociopolitical context. Such works take on meaning from another genre (e. g. children's literature or fairy tale on the one hand; historical narrative, biography, comedy or even apocalypse, on the other). Consequently, one misses or distorts the »authorial intent«, an issue that is irrelevant for some literary critics, but quite germane if one takes seriously the gospel genre as delineated above.

4.8. Since the Gospels constitute a literary genre and since a genre gives the sense of the whole, the »context of expectation«, for the parts, one must read and interpret each Gospel as a whole. The exegetical atomization of the Gospels leads to the distortion of the literary products just as the atomization of the tradition has led to the distortion of the Church's gospel.

4.9. What then are the Gospels? The Gospels are a literary genre whose form and content consist of, to use Mark's words, the »gospel of Jesus Messiah, Son of God«.

Probleme des Markusevangeliums

Martin Hengel

1. Ein Evangelium im Widerstreit

Kein Evangelium hat die Forschung im letzten Jahrzehnt so intensiv beschäftigt wie das des Markus, bei keinem wurde auch die Diskussion so kontrovers geführt wie bei ihm. Rasch nacheinander sind in deutscher Sprache *vier* umfangreiche *Kommentare* erschienen, deren unüberbrückbare Differenzen die Aporie der Markusforschung sichtbar werden lassen. Der monumentale zweibändige Kommentar von Rudolf Pesch[1] sieht in Markus den »konservativen Redaktor«[2], der – darin unterscheidet sich Pesch von der älteren formgeschichtlichen Betrachtungsweise – überwiegend schriftliche Quellen verwendet und seine Traditionen unter Verzicht auf eine ehrgeizige literarische und theologische Ausgestaltung zurückhaltend und schonend verarbeitet. Darum ist für Pesch das Markusevangelium die Hauptquelle für eine Rekonstruktion des Wirkens und Leidens Jesu.

Ganz im Gegensatz dazu steht der radikal »redaktionsgeschichtliche« Kommentar von Walter Schmithals[3], der die die Forschung lange Zeit fast hypnotisierenden formgeschichtlichen Ergebnisse seines eigenen Lehrers R.

---

[1] Das Markusevangelium, HThK II/1, ³1980; II/2, ²1980. S. dazu die ausführlichen kritischen Rezensionen von F. Neirynck, Evangelica, Gospel Studies-Études d'évangile, BEThL 60, 1982, 491–564.

[2] Op. cit. 1,2: »Weil Markus katechetische und missionarische Interessen leiten, weil der konservative Redaktor eher Überlieferungsmaterial zusammenstellt und sich kaum literarisch produktiv verhält . . .«.

[3] Das Evangelium nach Markus, 2 Bde., ÖTK 2/1.2, 1979; und hier vor allem die Einleitung 1,21–70. S. dazu die Rezension von Neirynck (s. Anm. 1), 613–617: »Malgré le caractère fantaisiste de certaines positions de S., son commentaire rendra certainement service à l'exégèse marcienne« (617): Ganz gewiß, der Autor zeigt, was man heute mit Markus alles machen kann. Seine phantasievoll konstruierten Thesen trägt er jetzt auch in dem Artikel »Evangelien« TRE 10, 1982, 570–626 (vor allem 600–612) als Fazit von rund 200 Jahren kritischer Evangelienforschung vor. Er beruft sich dabei vor allem auf die Untersuchungen von Gustav Volkmar, die er in einer Dissertation untersuchen ließ: B. Wildemann, Das Evangelium als Lehrpoesie. Leben und Werk Gustav Volkmars. Diss. Theol. Berlin 1982. Man wird hier an die Szene zwischen Faust und Wagner erinnert:

> »Verzeiht! es ist ein groß Ergetzen,
> Sich in den Geist der Zeiten zu versetzen;
> Zu schauen, wie vor uns ein weiser Mann gedacht,
> Und wie *wir's* dann zuletzt so herrlich weit gebracht. «

Bultmann über Bord warf[4] und in letzter, konsequenter Fortführung des
Ansatzes von Wrede in Markus den freigestaltenden Dichter und Theologen
am Werk sieht, der unter Verwendung eines Minimums an Tradition und
beeinflußt von einer nichtchristlichen galiläischen Jesussekte so etwas wie
einen theologisch scharf profilierten »Jesus-Roman« schrieb und damit das
Problem der erzählenden Jesusüberlieferung überhaupt erst in die christliche
Urgeschichte einführte. Wenn ich von »Markus« sprach, muß ich mich
freilich korrigieren, nicht der Evangelist war dieses schöpferische theologische Genie, sondern der unbekannte Verfasser einer Grundschrift, dem
Schmithals alles »Schöne und Gute« zuschreibt, während der Evangelist
selbst diesen einzigartigen Entwurf durch die Einführung der Messiasge-
heimnistheorie und vieler anderer Torheiten wieder weitgehend verdorben
habe.

Bei aller grundlegenden Verschiedenheit kommen beide Autoren doch in
einem Punkte zusammen: in ihrem – fast unbegrenzten – Zutrauen zu den
Möglichkeiten der Literarkritik im 2. Evangelium, ein Vertrauen, das heute
wieder weite Teile der neutestamentlichen Wissenschaft beherrscht. Man
sieht sich dabei fast in die Blütezeit der literarkritischen Quellenscheidung,
ins 19. Jahrhundert, zurückversetzt, als man versuchte, aus dem vorliegenden Evangelium einen älteren »Urmarkus« oder mehrere Quellen herauszu-
schneiden. Schmithals vollzieht dementsprechend messerscharf die Trennung zwischen »Licht und Finsternis«, der Urschrift und den Zutaten des
»tumben Toren« Markus; Pesch arbeitet mit nicht geringerer Zuversicht die
vielfältigen schriftlichen Quellen des Evangelisten heraus, insbesondere die
schon mit Mk 8,27ff. beginnende, auf die Jerusalemer Urgemeinde der
späten dreißiger Jahre zurückgehende vormarkinische Leidensgeschichte.
Hier glaubt er auf felsenfesten historischen Grund zu stoßen.

Der dritte Kommentar von Joachim Gnilka und der vierte von Josef Ernst[5]
versuchen, jeder auf seine Weise, in der Mitte die nicht immer leichte
Balance zwischen den Extremen zu halten. Man könnte sie beide unter das
Wort Ovids: medio tutissimus ibis stellen[6].

---

[4] Dazu W. Schmithals, Kritik der Formkritik, ZThK 77 (1980), 149–185.

[5] J. Gnilka, Das Evangelium nach Markus, EKK II/1, 1978; II/2, 1979 (vgl. dazu die
Rezension von Neirynck, op. cit. 609–613) und J. Ernst, Das Evangelium nach Markus, RNT,
Regensburg 1981.

[6] Metamorph 2,137.

2. Sammler oder gestaltender Theologe?

2.1 Zur redaktions- und formgeschichtlichen Betrachtungsweise

Insgesamt wird man sagen dürfen, daß die Tendenz der Forschung, vor allem in den USA, aber auch in Frankreich und bei uns, der reinen »*redaktionsgeschichtlichen*« Betrachtungsweise zuneigt, z. T. ergänzt durch die strukturalistische Methode, unter Vernachlässigung der traditionsgeschichtlichen und historischen Fragestellungen. Die geschichtliche Rückfrage nach dem irdischen Jesus wird von vielen in noch radikalerer Weise als zu Bultmanns Zeiten für sachlich unmöglich und methodisch antiquiert gehalten. Fast könnte man meinen, daß sich beim ältesten Evangelium die Ansichten in eine ähnliche Richtung entwickeln, wie sie beim Johannesevangelium schon längst vorherrschend geworden sind: d. h., daß man allein nach der theologischen »Tendenz« des Autors und vielleicht noch nach den von ihm verarbeiteten Quellen fragt, aber ganz aus dem Auge verliert, daß der Verfasser keinen theologischen Traktat schreibt oder gar eine Streitschrift, die den Mirakelglauben oder eine theologia gloriae bekämpfen will[7], sondern *Geschichte* erzählt, genauer, daß er – in einer Form, die man durchaus mit den sehr vielgestaltigen Biographien[8] vergleichen könnte – das Wirken

---

[7] Ein typisches Beispiel für derartige Untersuchungen ist der auf eine Dissertation gründende Aufsatz von Th. J. Weeden, The Heresy that Necessitated Mark's Gospel, ZNW 59 (1968), 145–158 und die sich daran anschließende Studie: Mark: Traditions in Conflict, Philadelphia 1971; vgl. auch sein Vorwort zur Paperback-Edition 1979, VIIf.

[8] Ein möglicher Zusammenhang der Evangelien – und hier vor allem des ältesten Evangeliums – mit antiken Biographien ist von den Vätern der Formgeschichte in aller Entschiedenheit bestritten worden. Zwar gibt R. Bultmann, Gesch. d. syn. Trad., ²1931, 395 den entscheidenden Tatbestand zu: »daß man die Tradition, in deren Mittelpunkt eine geschichtliche Person stand, in die Form einer *zusammenhängenden, geschichtlichen, biographischen Erzählung* faßte, erscheint nur natürlich« (das ist es durchaus nicht, man hätte auch einen Mythos mit Himmelsreisen und Offenbarungen à la Henoch oder der Ascensio Jesaiae fabrizieren können, in dem vor allem der Auferstandene und Erhöhte vorgestellt wurde), und 372 spricht er sogar davon, daß es Mk »gelungen (sei) . . . erstmals eine *Darstellung vom Leben Jesu* zu geben« (Hervorhebungen von mir). Er nimmt dann freilich diese Einsichten wieder weitgehend zurück, indem er »die hellenistische Biographie« als mögliche »(Analogie) für die Erklärung der Form des Evangeliums« mit dem oftmals nachgesprochenen Satz (vgl. z. B. R. Pesch, op. cit. I,2) ablehnt: »Den Evangelien fehlt das historisch-biographische Interesse, und sie berichten deshalb nichts von Jesu menschlicher Persönlichkeit, seiner Erscheinung und seinem Charakter, seiner Herkunft, Bildung und Entwicklung« (397 unten). Das Werk hat »eine . . . nicht biographische, aber eine im Mythos des Kerygma begründete Einheit« (ebd.). Bultmann geht dabei nicht nur von einem modernen, wissenschaftlichen Verständnis des von ihm bei Mk vermißten »historisch-biographischen Interesse(s)« aus, er verkennt auch völlig die literarische Vielfalt der »hellenistischen Biographie«, die durchaus nicht immer in gleicher Weise an »Erscheinung, Charakter, Herkunft, Bildung und Entwicklung« interessiert ist. Das Erstaunliche an der antiken Biographie ist ihre Vielgestaltigkeit. Daß Mythos und Biographie sich nicht ausschließen, zeigen die antiken Biographien von Herakles, Achilleus, Theseus, Romulus und vielen anderen Gestalten der Urzeit, aber auch eines Pythagoras, Alexander und Augustus, s. dazu Ch. H. Talbert, What

Jesu, von seiner Berufung in sein messianisches Amt bis hin zum Auferste-
hungszeugnis des Engels am leeren Grab darstellt. Die Hörer des Markusevangeliums und der nachfolgenden Evangelien haben diese nie anders als
im Sinne von einzigartigen »Biographien« verstanden, die den Weg und die
Lehre des einzigartigen Messias und Gottessohnes Jesu von Nazareth bezeugen. Daß die Evangelien eine literarische »Gattung« von ganz neuer und
besonderer Art seien, hat in der Antike niemand gedacht. Nicht die literarische »Gattung«, sondern die darin dargestellte Person und ihr Heilswerk
waren »einzigartig«.

Diese Art der »biographischen« Erzählung, die nicht mit einer fortlaufenden Chronologie verbunden ist – eine solche taucht erst ab dem Einzug in
Jerusalem 11,1 ff. auf –, sondern aus »kleinen Einheiten« besteht, d. h. aus
kurzen anekdotenhaften Szenen, die durch knappe Überleitungen miteinander verbunden sind und zwischen die zuweilen einzelne Logiengruppen
eingestreut wurden, hat sehr wohl auch antike Parallelen, und zwar sowohl
im »jüdischen« wie im »hellenistischen« Bereich. Ich kann jedoch in diesem
Zusammenhang nicht ausführlicher darauf eingehen.

Ganz wesentlich bleibt dabei, daß die an rabbinische Anekdotensammlun-
gen (Abot des R. Nathan) oder manche alttestamentliche Erzählungskränze
(Simson-, David-, Elia- und Elisageschichten) erinnernde Zusammenstellung des Stoffes darauf hindeutet, daß Markus gerade nicht romanhaft freie,
theologisch eingefärbte Fiktion vorträgt, sondern mit *Traditionsmaterial* arbeitet. Das hat schon vor der Entdeckung der Formgeschichte ein Kenner

---

is a Gospel, Philadelphia 1977, 25 ff. Plutarch hat sowohl Biographien von Heroen aus mythi-
scher Zeit (Herakles – sie ist nicht erhalten –, Theseus, Romulus) als auch von Zeitgenossen
(Otho, Galba) geschrieben. Seine 48 erhaltenen Lebensbilder sind bei gleicher Grundtendenz
inhaltlich z. T. *sehr* verschieden. Obwohl sie von Zweck und Stil her durch einen Graben von
den Evangelien getrennt bleiben, enthalten sie doch zahlreiche Parallelen: die Freude am
Wunder und der Anekdote, der Schwerpunkt bei der »Passionsgeschichte« (etwa bei Cato
minor und Eumenes), das geringe chronologische Interesse, das Fehlen einer tieferen Psycholo-
gie und einer wirklichen Entwicklung, die Charakterisierung durch »Worte und Taten« u.a.m.
Ich hoffe, dieses Thema einmal ausführlicher behandeln zu können. Literarisch scheinen mir
Mk und Mt besser, »dramatischer« disponiert zu sein als viele Viten Plutarchs, s. u.
S. 226–230. Zum Problem s. auch A. Dihle, u. S. 383 ff.; G. N. Stanton, Jesus of Nazareth in
New Testament Preaching, MSSNTS 27, 1974, 117 ff.; M. Hengel, Zur urchristlichen Ge-
schichtsschreibung, 1979, 20 ff. Weiter wurde übersehen, daß wir eine »biographische« *alttesta-
mentlich-jüdische Tradition* besitzen, die von den Erzvätergeschichten der Genesis über die
Mosevita von Exodus bis Deuteronomium (s. u. S. 262 ff.) bis hin zu Tobit, Judith und Esther
reicht und die sich in 2 Makk, bei Josephus und in Philos Vita Mosis mit der »hellenistischen
Biographie« verbindet. Die alttestamentliche Forschung hat diese »biographischen« Züge der
erzählenden Texte, aber auch der Prophetenbücher bisher viel zu wenig wahrgenommen.
Ansätze dazu bei K. Baltzer, Die Biographie der Propheten, 1975, vgl. besonders 38 f. Heilsgeschichtliche Erzähltradition von Gottesmännern mußte biographische Züge erhalten. Die
Besonderheit des Evangeliums liegt darin, daß hier von einem einzigartigen, für alle gültigen
»biographischen« Heilsgeschehen in dem Gottessohn Jesus von Nazareth erzählt wird, das in
dessen Tod kulminiert.

semitischer Volksüberlieferung wie Julius Wellhausen klar gezeigt. Die für
das 4. Evangelium so typischen »Offenbarungsreden« – selbst in Mk 13
wird überwiegend vorgegebene Überlieferung verwendet – sucht man bei
ihm vergebens. Diese Bindung an ältere Einzelüberlieferung unterscheidet
ihn grundsätzlich von späteren romanhaften apokryphen Erzeugnissen wie
dem Protevangelium Jacobi, dem Kindheitsevangelium nach Thomas oder
den sogenannten Pilatusakten, und eben darum kann ihm die *radikale* »redaktionsgeschichtliche« Betrachtungsweise nicht gerecht werden. Hier behält die »Formgeschichte« noch durchaus eine wichtige Aufgabe. Markus
will nicht einfach Neues erfinden, er will die für ihn verbindliche Jesus*tradition* sachgemäß wiedergeben. Darin hat Pesch völlig recht, die Frage ist
nur, *wie* Markus die Tradition vorlag, in literarkritisch noch rekonstruierbaren schriftlichen Quellenstücken oder in mündlicher, bereits im Gottesdienst kerygmatisch geformter Gestalt. Die »vormarkinischen Sammlungen«, die man heute gerne im 2. Evangelium entdeckt – etwa in Mk 2–4 –,
müssen in keiner Weise auf eine schriftliche Quelle eines anderen Autors
zurückgehen. Die angeblich »kritische« Forschung will hier einfach Dinge
wissen, die sie nicht beweisen kann. Daß – noch lange nach Markus – eine
Fülle von mündlichen Jesustraditionen – von z. T. gewiß zweifelhafter Gestalt – vorhanden war, zeigt nicht nur der Sammlerfleiß des Papias (s. u.
S. 244–252), sondern noch mehr die hyperbolische Bemerkung Joh 21,25.
Die *radikale* »Redaktionsgeschichte« kann mit derartigen Nachrichten im
Grunde nichts mehr anfangen; es fällt dagegen auf, wie sie in dem Bemühen,
die Markuserzählung zu enthistorisieren, neuerdings in eine hemmungslose
Allegorisierung der Stoffe hineingerät, da sie diesen einen tieferen, unge-
schichtlichen, symbolisch-dogmatischen Sinn beilegen muß[9].

Auf der anderen Seite hat aber umgekehrt die lange vorherrschende
formgeschichtliche Betrachtungsweise die theologische und literarische Kompetenz des 2. Evangelisten verkannt. Weil er einen so schlichten unliterari-
schen Stil schrieb, oft Einzelperikopen scheinbar kunstlos aneinanderreihte
und der literarische Rahmen des Evangeliums, der nachweislich von ihm
stammt, denkbar einfach war, sah man in ihm, noch mehr als in den stärker
der literarischen Konvention verhafteten Verfassern des 1. und 3. Evangeliums, den »Sammler und Redaktor«[10]. Rudolf Bultmann geht so weit zu

---

[9] Dies gilt sowohl für die Auslegung von W. Schmithals wie für die Untersuchungen von W.
Schreiber, Theologie des Vertrauens, 1967; Die Markuspassion, 1969; und dessen – von
historischen Kenntnissen völlig unangefochtenen – Aufsatz: Die Bestattung Jesu, ZNW 72
(1981), 141–177. Zur Kritik dieser Methode E. Gräßer, Text und Situation. Ges. Aufs. z. NT,
1973, 15 A.9; 29 f. A.91: Mk wird damit zum nur noch divinatorisch zu entschlüsselnden
»Kryptogramm«. Wir stehen hier vor einer neuen Epoche auslegerischer Willkür und dürfen
von ihr noch manches erwarten.
[10] M. Dibelius, Die Formgeschichte des Evangeliums, [6]1971, 2.

behaupten: »Mk ist eben noch nicht in dem Maße Herr über den Stoff geworden, daß er eine Gliederung wagen könnte«[11].

2.2 Die Disposition einer dramatischen Erzählung

In Wirklichkeit haben neuere Untersuchungen wieder entdeckt, wie hervorragend Markus sein Evangelium *disponiert* hat. Das ist keine ganz neue Einsicht. Schon Adolf Jülicher, der der Formgeschichte relativ kritisch gegenüberstand, kam zu dem Urteil: »Die Anordnung des Ganzen ist wohlüberlegt und wirksam«. Zwar können wir den anderen Satz Jülichers nicht mehr so ohne weiteres nachsprechen: »Denn im großen und ganzen hat sich Jesu Leben wohl so entwickelt, wie Mk es darstellt«[12], denn dazu wissen wir von diesem Leben im *Zusammenhang* einfach zu wenig.

Doch wird man sagen dürfen, daß Markus sein Werk als eine *dramatische Erzählung* in mehreren »Akten« aufgebaut hat, die cum grano salis selbst den Gesetzen der antiken Tragödie entspricht, wie sie Aristoteles in seiner Poetik herausgearbeitet hat. In gleicher Weise könnte man darin Ordnungsgesetze der antiken Rhetorik wiederfinden. Diese betont literarische Betrachtungsweise mag als Verfremdung oder gar als Spielerei erscheinen, sie dient jedoch durchaus einem besseren Verständnis dieses von der radikalen Formgeschichte verkannten Werkes[13].

Man entdeckte auf diese Weise bei Markus eine sehr klare Gliederung voll innerer Spannung und Folgerichtigkeit. Ich möchte hier nicht die zahlreichen Gliederungsversuche erörtern, sondern mich weitgehend dem Vorschlag von F. G. Lang[14] anschließen:

---

[11] Gesch. d. syn. Trad., ²1931, 375.

[12] A. Jülicher/E. Fascher, Einleitung in das Neue Testament, ⁷1931, 297. Vgl. seinen Artikel Marcus im NT, RE³, XII, 1903, 288–297. Die Ausführungen von Jülicher zu Mk gehören zum Besten, was über das 2. Evangelium geschrieben wurde. Dazu etwa S. 294: »Er beherrscht den »evangelischen« Stoff; aus dem Reichtum des von Jesu Christo Überlieferten wählt er aus, und gruppiert es so, wie es ihm geeignet schien, für den Sohn Gottes trotz seiner scheinbaren Niederlage neuen Glauben zu gewinnen, alten zu stärken. Nicht als Historiker, sondern als religiöser Agitator schreibt er, aber es ist vielleicht die größte That, daß er einsah, diese Agitation durch nichts wirksamer als durch eine Geschichte Christi, eine fortlaufende Erzählung von Jesu Leben . . . ausführen zu können. Historische Kritik hat er an seinen Stoffen nicht geübt . . ., aber er ist sowenig Lehrdichter gewesen, wie pedantisch bemüht, die Vorträge eines anderen bis auf den Wortlaut genau festzuhalten.« Jülicher hat vieles von dem, was im Folgenden gesagt werden soll, vorweggenommen.

[13] S. dazu vor allem die überaus anregende Dissertation von B.H.M.G.M. Standaert, L'évangile selon Marc. Composition et genre littéraire, Nijmegen 1978, und vor ihm schon der viel zu wenig beachtete Aufsatz von F. G. Lang, Kompositionsanalyse des Markusevangeliums, ZThK 74 (1977), 1–24.

[14] Op. cit. 18ff. Zu den verschiedenen Gliederungsversuchen s. R. Pesch, op. cit. (A.1), I, 32ff.; ders., Naherwartungen, 1968, 50ff. Eine »absolut gültige« Lösung gibt es hier freilich nicht. Man wird immer über Details diskutieren können.

Der Evangelist beginnt mit einem »heilsgeschichtlichen« »Prolog« 1,1–13, der das Auftreten des Täufers und Jesu Taufe und Versuchung enthält. Der Täufer als der letzte, bereits eschatologisch bestimmte Repräsentant des Alten Bundes gibt den äußeren Anstoß zur Berufung Jesu in sein »messianisches Amt«.

Darauf folgt als »erster Akt« der Bericht von der Wirksamkeit Jesu in Galiläa 1,14–3,6 vor der Einsetzung der Zwölf. An dessen Anfang steht einer rhetorischen »propositio« vergleichbar die programmatische Zusammenfassung der Verkündigung Jesu in 1,14 und 15. Dieser Bericht findet seinen dramatischen Abschluß in 3,6: der erste Todesbeschluß der Herodianer und Pharisäer, als Repräsentanten der geistigen und religiösen Führungsschicht, nach einer Folge von Streitgesprächen.

Der »zweite Akt« schildert den Höhepunkt von Jesu Wirken mit dem Zusammenströmen der Volksmassen 3,7f., der Einsetzung der Zwölf und den großen Wundern. Das Gleichniskapitel 4 signalisiert dabei die durch Jesu Predigt bewirkte Verstockung des Volkes. Einen wichtigen Einschnitt bildet 6,1–6, die schroffe Ablehnung in Nazareth; sehr geschickt holt Markus in dieser Perikope alle notwendigen biographischen Angaben über Jesu Beruf und Familie nach, die man in der knappen Einführung Jesu in 1,9 vermißte. Am Ende des »zweiten Aktes« steht – in Kontrast zu den äußeren Erfolgen Jesu, doch in Analogie zu 3,5 – als Klimax Jesu Vorwurf über das völlige Unverständnis, ja die Herzensverhärtung der Jünger (8,14–22), die den Sinn seiner vollmächtigen Lehre (1,22.27) und Taten nicht begriffen haben. Nicht nur die Volksführer, die von Anfang an Jesu Gegner sind (3,5f.), und die Volksmassen, sondern auch Jesu Verwandte und Nachbarn, ja selbst seine Jünger versagen ihm den Glauben. Es ist der Ungehorsam *aller*, der Jesu Weg in den stellvertretenden Sühnetod notwendig macht. Eine novellistische Digression über die Hinrichtung des Täufers (6,14–29) wird eingerahmt durch die Aussendung der Zwölf. Sie demonstriert, daß die Botschaft von der Umkehr um des kommenden Reiches Gottes willen nicht aufgehalten werden kann, und ist zugleich ein Hinweis auf die Passion als das Ziel der ganzen dramatischen Erzählung. Auch die Wundererzählungen zeigen eine deutliche Steigerung. Sie beginnen mit einem einfachen Exorzismus (1,23ff.) in der Synagoge und finden ihren Höhepunkt in der doppelten Speisung der 5000 und 4000 Mk 6,35–44 und 8,1–9.

Seine Peripetie erreicht das Evangelium im »dritten Akt«, der gewissermaßen die ἀναγνώρισις[15], die Aufdeckung des Messiasgeheimnisses im Petrusbekenntnis, bringt. Dazu F. G. Lang[16]: »Stilgemäß . . . werden erst die

---

[15] Vgl. Aristoteles, poet. 11,5 = 1452a, 32f.: καλλίστη δὲ ἀναγνώρισις, ὅταν ἅμα περιπέτεια γένηται.

[16] Op. cit. 20f. Lang verweist dabei auf H. Lausberg, Handbuch der literarischen Rhetorik, 1960, 1, 585 § 1213: »ein plötzlicher Erkenntnisvorgang, der eine Richtungsänderung (μετα-

irrtümlichen Meinungen über Jesus referiert (V. 28), darauf bekennt Petrus
die wahre Identität Jesu (V. 29), und daraus ergibt sich für die Jünger eine
neue Situation, indem sie als Mitwisser Jesu auf Verschwiegenheit verpflichtet werden (V. 30), was eine neue Spannung erzeugt, die erst im Selbstbe-
kenntnis Jesu vor dem Synedrium (14,61 f.) zur Auflösung kommt. Bis 8,21
hat Jesus außerdem äußeren Erfolg, sichtbar in Machttaten und Massenzu-
lauf; 8,31 ff. bringt ebenso unvermittelt die Peripetie[17], die plötzliche Wendung zum ›Unglück‹: Nach allen Regeln der Kunst . . . enthält die Leidens-
ankündigung das Moment der Notwendigkeit (V. 31) und zugleich das
Moment der Überraschung, indem Petrus dagegen Protest einlegt
(V. 32 f.)«. Die *innere* Notwendigkeit des Leidensweges wird am Ende des
»dritten Aktes« in 10,45 offenbar (s. u. S. 230 A. 24), dem Petrusbekenntnis
als ἀναγνώρισις entspricht 10,46–52 der messianische Hilferuf des blinden
Bartimäus unmittelbar vor der letzten Etappe auf dem Weg hinaus nach
Jerusalem. Er zeigt, daß sich das geheime Wissen um Jesu messianische
Vollmacht trotz des Verbots ausgebreitet hat – eben diese wird ihm in
Jerusalem zum Verhängnis werden.

Die λύσις oder καταστροφή, die gewaltsame Lösung des geschürzten Knotens[18] vollzieht sich in Jerusalem; der »vierte Akt« 11,1–13,37 mit Einzug,
Tempelreinigung und den Streitgesprächen mit Vertretern verschiedener
Gruppen, sowie der abschließenden endzeitlichen Jüngerbelehrung bereitet
sie unmittelbar vor.

Mit 14,1, dem endgültigen Todesbeschluß der Volksführer, beginnt der
»fünfte und letzte Akt« und das eigentliche πάθος[19], das – in paradoxer Weise
– mit dem Bekenntnis des heidnischen Centurio zur Gottessohnschaft des
Gekreuzigten endet (15,39).

Die Grablegung und die Entdeckung des leeren Grabes bilden den »Epi-
log« (15,40–16,8), wobei die bisher völlig übergangenen galiläischen Frauen
die Handlung in Gang halten und die Brücke von der Kreuzigung zum
Geschehen am Grabe schlagen (15,40–42.47; 16,1 ff.). Fast könnte man
versucht sein, die Engelerscheinung am leeren Grabe vor den Frauen mit

---

βολή) des Handlungsganges herbeiführt«. Sie setzt einen Irrtum voraus, »eine *Informationsspanne
zwischen der nichtinformierten Person und der Wirklichkeit*« (586). Zur grundlegenden Rolle des
»Wiedererkennens« bei Mk s. auch Standaert (A.13), 89 ff.

[17] Aristoteles, poet. 11,1 = 1452a, 22 ff.: ἔστι δὲ περιπέτεια μὲν ἡ εἰς τὸ ἐναντίον τῶν πραττομένων
μεταβολή . . ., καὶ τοῦτο δέ . . . κατὰ τὸ εἰκὸς ἢ ἀναγκαῖον. Vgl. H. Lausberg, op. cit. 1, 584 f. § 1212.

[18] S. H. Lausberg, op. cit. 1, 568 § 1194,3 zitiert Scaliger: catastrophe (est) *conversio negotii
exagitati in tranquillitatem non expectatam;* vgl. 1, 569 f. § 1197.

[19] Vgl. op. cit. 1, 583 § 1207 und Aristot. poet. 11,10 = 1452b, 9 ff.: neben der περιπέτεια und
der ἀναγνώρισις ist das πάθος der dritte wichtige Bestandteil der dramatischen Erzählung (μῦθος =
fabula): πάθος δέ ἐστι πρᾶξις φθαρτικὴ ἢ ὀδυνηρά, οἷον οἵ τε ἐν τῷ φανερῷ θάνατοι καὶ αἱ περιωδυνίαι καὶ
τρώσεις καὶ ὅσα τοιαῦτα.

dem Deus ex machina[20] der Tragödien des Euripides zu vergleichen, der die wunderbare Wende zum Guten bringt.

Die hier vorgeschlagene Einteilung ist natürlich nicht die einzig mögliche; die antiken Theorien sind im Blick auf die Gestalt einer dramatischen fabula selbst nicht einheitlich. Man könnte etwa auch nur an drei »*Akte*« denken[21]: 1,14–8,26; 8,27–10,52; 11,1–15,39. Die entscheidenden Punkte der Knüpfung des Knotens, der Peripetie und der Lösung verbunden mit dem Motiv der ἀναγνώρισις bleiben auch so erhalten.

Von Umfang, Aufbau und innerer Dramatik her bildet das 2. Evangelium auf jeden Fall ein Werk, das sich in erstaunlicher Weise von den Regeln, die Aristoteles über die gelungene Form der literarischen Mimesis aufstellte, her beleuchten läßt. Der Satz aus seiner Poetik τὸ γὰρ καλὸν ἐν μεγέθει καὶ τάξει ἐστί[22] ließe sich ohne weiteres auf unser Werk beziehen, das eine geschlossene, überschaubare, wohlgeordnete und durchdachte Gestalt aufweist.

F. G. Lang und Standaert gehen noch einen Schritt weiter und möchten selbst den bekannten Effekt von φόβος καὶ ἔλεος, den nach Aristoteles die Tragödie beim Publikum hervorrufen soll, als literarische Absicht des Evangelisten voraussetzen[23]. Doch wird man bei diesem Werk, das von Anfang an für den Gottesdienst geschaffen wurde, ja m. E. aus dem Gottesdienst herausgewachsen ist, grundsätzlich keine Trennung von »theologischer« und »literarischer« Absicht voraussetzen dürfen. Das Evangelium hat als kerygmatische Erzählung nur *ein* Ziel: Glauben zu wecken und zu stärken; diesem sind die literarischen Zwecke: Spannung, Erhebung und Erschütterung hervorzurufen, völlig untergeordnet.

Überhaupt darf die in souveräner Weise komponierte Gestalt des Evangeliums samt seiner Analogien zur dramatischen fabula und Rhetorik nicht zu fragwürdigen Schlüssen über Herkunft, Bildung und Intention des Verfassers verleiten (s. u. S. 242 ff.). Die Dramatik seines Werkes ist bei allen Berüh-

---

[20] Vgl. dazu Standaert, op. cit. (A.13), 99 ff.

[21] Vgl. H. Lausberg, op. cit. (A.16), 1,568 ff. § 1193–1197. Aristoteles geht von drei Teilen aus poet. 7,3 = 1450b, 26 f.; vgl. 12,1 = 1452b, 14–16: μέρη δὲ τραγῳδίας . . . τάδε ἐστίν, πρόλογος ἐπεισόδιον ἔξοδος. Das χορικόν als 4. Teil kann für die fabula außer Betracht bleiben. Horaz, arte poet. 189, fordert strikt fünf Akte für die fabula und fügt (191) hinzu: »nec deus intersit, nisi dignus vindice nodus/ inciderit«. Standaert op. cit. (A.13) 50 f. legt ein rhetorisches Schema (introduction) narration, argumentation, dénouement (conclusion) zugrunde: (1,1–13) 1,14–6,13; 6,14–10,52; 11,1–15,47 (16,1–8) vor, wobei er das Mittelstück wieder in drei Einheiten 6,14–8,21; 8,22–9,29; 9,30–10,52 gliedert (148.172 f.298 ff.). Ich kann freilich in 6,13 nicht einen derartig entscheidenden Bruch sehen, da 6,30 unmittelbar daran angeknüpft wird. Alle Gliederungsversuche stehen in der Gefahr, um der Stimmigkeit des Schemas willen überzogen zu werden.

[22] Poet. 7,2 = 1450b, 37 f. Vgl. schon Jülicher, Einleitung (A. 12), 297: »Mk (hat) von allen Evgl. die beste τάξις.«

[23] F. G. Lang, op. cit. (A. 13), 21 möchte selbst das ἐφοβοῦντο γάρ am Ende in diesem Sinne verstehen. Vgl. auch Standaert, op. cit. 102 ff.

rungen mit der poetischen Theorie des Aristoteles doch eine wesentlich andere als die der griechischen Tragödie. Es geht darin nicht um die Verstrickung von Schuld und Schicksal, sondern um die – gewiß je und je verkannte – Gegenwart des Heils gerade im Leiden und Sterben des Gottessohnes.

2.3 Disposition und theologische Reflexion

Fast jede Perikope und jedes Logion hat seinen wohlüberlegten Ort und seinen paradigmatischen Charakter. Man könnte z. B. vermuten, daß die soteriologische Bedeutung des *Todes Jesu als stellvertretender Sühnetod* bei Markus nicht von zentraler Wichtigkeit sei, weil er im ganzen Evangelium nur zweimal in 10,45 und in 14,24 zur Sprache komme. Doch wenn man genauer hinblickt, entdeckt man, wie beide Stellen durch den Kontext hervorgehoben werden, daß 10,45 die ganze Jüngerbelehrung vor dem Einzug nach Jerusalem abschließt, die ab 8,31 unter dem Stichwort vom leidenden Menschensohn steht, und daß 14,24, das Wort vom Bundesblut, das für die Vielen vergossen wird, den Höhepunkt der Abendmahlsszene darstellt. D. h. die Stellung beider Texte im Gesamtevangelium macht deutlich, wie ungerechtfertigt ein solches Urteil wäre[24].

Die Tatsache, daß Jesus *Sünden vergibt*, kommt expressis verbis nur einmal in 2,5–10 zur Sprache, und doch hat dies für das Verständnis Jesu bei Markus

---

[24] Vgl. etwa J. Wellhausen, Das Evangelium Marci, ²1909, 84: »Die ἀπολύτρωσις durch den Tod Jesu ragt nur hier in das Evangelium hinein; unmittelbar vorher ist er nicht *für* die Anderen und an ihrer statt gestorben, sondern ihnen *vor*gestorben«. Er verkennt damit die klimaktische Bedeutung von 10,45. Der Tod Jesu wird bei ihm dadurch sinnlos. Zu welchen Fehlurteilen man kommt, wenn man die markinische Stoffanordnung nicht beachtet, zeigt Ph. Vielhauer, Aufsätze zum N.T., ThB 31, 1965, 200: »Die Vorstellung vom Sühnetod Jesu . . . ist nicht konstitutiv für die markinische Christologie; sie begegnet nur zweimal (Mk 10,45; 14,24), fehlt aber ganz da, wo man sie am ehesten erwarten würde, in der eigentlichen Passionsgeschichte und in den Leidensweissagungen. Diese stehen unter dem Gedanken des göttlichen δεῖ, des Vorherwissens und der willigen Leidensübernahme Jesu; jene ist bestimmt vom Schriftbeweis und dem Gedanken der erfüllten Weissagung«. In Wirklichkeit setzt Mk 10,45 als Abschluß und Höhepunkt der ganzen Jüngerbelehrungen ab 8,31 den Weg Jesu in den Tod erst ins rechte Licht, wobei das negative Kontrastwort 8,37 jenes entscheidende Schlußwort vorbereitet (s. o. S. 228). Ebenso beleuchtet 14,24 die ganze nachfolgende Passionsgeschichte. Auch das Zerreißen des Tempelvorhangs 15,38 ist am besten von Lev 16, dem Opfer am Versöhnungstag, her zu verstehen. Daß das »göttliche δεῖ« nicht als Gegensatz zum »Schriftbeweis« und zu »erfüllter Weissagung« verstanden werden darf, vielmehr für Markus beides untrennbar zusammengehört, zeigen 14,21 und 49: das abschließende Wort Jesu bei seiner Verhaftung: ἀλλ' ἵνα πληρωθῶσιν αἱ γραφαί. Richtig dagegen J. R. Donahue, in W. H. Kelber (ed.), The Passion in Marc, 1976, 13: »The leitmotiv of his whole Gospel« und 77: »a saying (10:45) which summarizes the theology of 8,27–10,52«. Zur Traditionsgeschichte und Ursprünglichkeit, s. P. Stuhlmacher, Existenzstellvertretung für die Vielen: Mk 10,45 (Mt 20,28), in: Werden und Wirken des Alten Testaments, Festschrift für Claus Westermann zum 70. Geburtstag, 1980, 412–427, und M. Hengel, The Atonement, London 1981, 34 ff. 42. 49 ff. 71 ff.

besonderes Gewicht; eben darum hat er es zum Thema der ersten Auseinandersetzung mit den religiösen Führern Israels gemacht, die in Gedanken jene Anklage erheben, die Jesus vor dem Synhedrium das Todesurteil einbringt: »Er lästert Gott«. Der erste und letzte Konflikt mit den Gegnern entsprechen sich in diesem Verdikt (2,7; 14,64).

Die Bedeutung dieser nur einmal erzählten Tat am Anfang seines Wirkens in Verbindung mit den beiden Sühneaussagen gegen Ende wird nur verständlich, wenn man der Darstellung der überwältigenden *Macht der Sünde* bei Markus nachgeht, der Jesus durch sein Wirken und Sterben entgegentritt. Sie betrifft nicht nur die Gegner oder die Volksmassen, sondern in gleicher Weise auch die Jünger bis zu ihrem Sprecher Petrus, ja bis zu den Frauen, die »in Furcht und Entsetzen« vom leeren Grabe fliehen und dem Wort des Engels nicht gehorchen (16,8)[25]. Die Sünde hat hier scheinbar »das letzte Wort« und ist doch durch den Sühnetod Jesu bereits überwunden.

Markus erzählt nicht einfach zufällig Geschehenes und Überliefertes; was er auswählt und zur Darstellung bringt, hat tiefere »idealtypische« Bedeutung, von der Berufung der Jünger bis hin zu Gethsemane und der Kreuzigung Jesu als »König der Juden«. *Doch mit dieser Strenge in der Durchführung des Ganzen wird die Geschichtlichkeit nicht einfach aufgehoben, wohl aber berichtet Markus nur Geschichte, die durch die bewußte Reflexion des Glaubens hindurchgegangen ist*[26]. Selbst scheinbare Nebenbemerkungen wie 7,3f.; 13,10.14b; 14,9 u. a. haben ihren theologisch reflektierten Sinn. Um seine eigene Christologie und Soteriologie zu entfalten, schafft er nicht neue Erzählungen und Jesusworte, sondern bedient sich des Mittels einer sehr überlegten Stoffauswahl und Anordnung, bei der kaum etwas dem Zufall überlassen wird.

Ganz im Gegensatz zur formgeschichtlichen Betrachtungsweise, die in den synoptischen Evangelien – und hier wieder besonders bei Markus – ein Erzeugnis der volkstümlichen, unbewußt wachsenden »Kleinliteratur« sah, hat Standaert·in seiner in vielen Punkten überraschenden Untersuchung aufgrund der Entdeckung der dramatischen oder auch rhetorischen Kunstregeln in diesem rätselhaften Werk die Vermutung einer tiefergehenden rhetorisch-literarischen Bildung des Autors geäußert. Dieser habe sich lediglich durch seinen schlichten Stil dem Fassungsvermögen seiner Hörer

---

[25] Zur Flucht der Frauen, die der der Jünger in Gethsemane korrespondiert (14,50 und 16,8: ἔφυγον), s. M. Hengel, Maria Magdalena und die Frauen als Zeugen, in: Abraham unser Vater. Festschrift für Otto Michel zum 60. Geburtstag, 1963, 253.

[26] Zur Geschichtsbezogenheit des Glaubens s. die bedenkenswerten Erwägungen von H. Weder, Zum Problem einer ›christlichen Exegese‹, NTS 27 (1981), 64–82 und ders., Das Kreuz Jesu bei Paulus, FRLANT 125, 1981, 49–119: »Es ist jedenfalls unzulässig, schon aufgrund ihres (sc. der Evangelien) kerygmatischen Charakters auf ihre historische Unzuverlässigkeit zu schließen. Unzuverlässigkeit ist nur im Einzelfall und nur mittels eines *dokumentarischen* Beweises festzustellen« (59f.). Dabei muß der Begriff der »historischen Unzuverlässigkeit« zunächst an antiken Maßstäben und nicht sofort am hehren Ideal moderner Kritik gemessen werden.

akkomodiert[27]. Aber eine Analyse biographischer Erzählungen der jüdisch-alttestamentlichen Überlieferung wie Esther, Susanna, Judith[28], der David- und Eliaerzählungen und insbesondere der Josephsgeschichte könnte zeigen, daß die von Aristoteles ans Licht gebrachten Regeln der wohlgeordneten *fabula* auch außerhalb der griechisch-römischen Welt gültig waren[29]. Die Kunst des Erzählens ist älter und setzt nicht unbedingt schulmäßige Ausbildung im hellenistisch-rhetorischen Sinne voraus. Dabei ist nicht auszuschließen, daß in der griechischsprechenden Synagoge und in der frühesten Gemeinde der rhetorisch aufgebaute Lehrvortrag, die Fähigkeit der lebendigen Erzählung wie auch der ausgefeilten Rede zu missionarischen Zwecken erlernt werden konnten[30].

---

[27] Standaert, op. cit. (A. 13), 486–491.619ff. »De façon générale on peut affirmer que Marc est, dans l'histoire de l'éloquence chrétienne, un des tout premiers témoins du *sermo humilis*, tel que l'a défini plus tard Augustin« (488). Schon F. G. Lang, op. cit (A. 13) 18 kam zu dem Schluß: »Wenn nun erwiesen ist, daß Markus eine ausgebildete Kompositionstechnik anwendet, dann rückt freilich sein Evangelium in die Nähe der ›hohen Literatur‹. Das setzt dann beim Autor eine gewisse literarische Bildung voraus«. Er vermutet weiter 22 A. 48, daß zwar Markus nicht gerade die Poetik des Aristoteles studiert habe, wohl aber hellenistisches Theaterwesen gekannt habe, was damals selbst in Jerusalem nicht unmöglich war.

[28] Vom Judithbuch hat Standaert selbst zum Vergleich eine Analyse vorgelegt, op. cit 392ff. Sicherlich spiegelt diese dramatische Novelle aus der Zeit der erfolgreichen makkabäischen Erhebung den Einfluß hellenistischer literarischer Konvention wider. Dennoch wäre es grundverkehrt, beim Verfasser eine gründlichere rhetorische Ausbildung vorauszusetzen, denn das Werk war mit großer Wahrscheinlichkeit ursprünglich auf Hebräisch abgefaßt. S. dazu A. M. Dubarle, Judith, AnBib 24, Rom 1966, I, 80–110 und E. Zenger, Das Buch Judit, JSHRZ I 6, 1981, 430f. Vgl. dort auch 436ff. zum Judithbuch als »hellenistischem Roman«.

[29] Das Zusammenfallen von Peripetie einer Erzählung und Wiedererkennen findet sich etwa in der Josephs-Novelle Gen 45,1–15, dazu J. G. Williams, JBL 101 (1982), 435: »›composite artistry‹ of a high order«. Ähnlich das Urteil von H. Donner, Die literarische Gestalt der alttestamentlichen Josephsgeschichte, SHAW.PH 1976², besonders S. 10ff. und 36 zum Kompositionsprinzip der Doppelung. Auch die Saul- und Davidserzählungen bis hin zum Bericht von dessen Thronnachfolge bieten Meisterstücke vorzüglich disponierter, dramatischer Erzählkunst, wobei das Erkenntnismotiv je und je den Höhepunkt der Erzählung bildet, vgl. etwa 1 Sam 9,16ff.; 20,25ff.; 28,15ff.; 2 Sam 12,5ff.; 18,19–32. Zur Eliaerzählung 1 Kön 17–19 s. jetzt R. L. Cohn, The Literary Logic of I Kings 17–19, JBL 101 (1982), 333–350: »An excellent example of a carefully woven literary tissue . . . the richness of its structural and thematic texture. At the same time that the story develops linearly, it establishes three parallel episodic sequences« (333.349). Diese Beispiele zeigen zugleich, daß kunstvolle Disposition, spannende Erzählung und Geschichtsbericht nicht in einem grundsätzlichen Gegensatz stehen müssen.

[30] Wir müssen daher kaum annehmen, daß der Vf. des 2. Evangeliums ein fleißiger Theaterbesucher gewesen sei oder eine höhere rhetorische Ausbildung in der hellenistischen Schule durchlaufen habe. Dafür, daß sein ganz schlichter Stil, den Matthäus und Lukas verbessern, nur auf Anpassung an den Hörer beruhe und nicht seine ureigene Sprache sei, gibt es m. E. keinen Beweis. Zu der stark von Semitismen geprägten Sprache s. N. Turner in dem von ihm verfaßten Bd. IV von J. H. Moulton, A Grammar of New Testament Greek, 1976, 11–29: »On the one hand, it is felt that Mark's style is unpretentious, verging on the vernacular; on the other, that it is rich in Aramaisms. The latter are so much in evidence that early in this century scholars were convinced that Aramaic sources had been translated« (11). Aber auch sein ganzes Griechisch ist schlicht: ». . . he is manipulating none too skillfully but with a curious overall

3. Die Geschichtstreue des dramatischen Erzählers

Aus dem bisher Gesagten wird deutlich, daß die so extrem verschiedene Beurteilung des 2. Evangeliums in der Forschung darauf beruht, daß es sich in diesem Werk – wie wohl bei keiner anderen neutestamentlichen Schrift – zumindest für den modernen Betrachter um eine *coincidentia oppositorum* handelt, die vereinigt, was die deutsche theologische Forschung lange Zeit als unversöhnlichen Gegensatz sah: die spannende, dramatische Erzählung, ein klares, mit großem schriftstellerischem Geschick herausgearbeitetes theologisch-kerygmatisches Profil und eine – für antike Verhältnisse – durchaus respektable Traditions- und Geschichtstreue – und das alles dargeboten in äußerlich schlichter Gestalt und barbarischem Stil. Markus geht mit seinem Stoff sicher nicht freier um als etwa Plutarch. Er wählt exemplarisch aus und gestaltet die Tradition, er besitzt selbstverständlich eine theologische Tendenz, aber er hat es einfach nicht nötig, völlig frei zu erfinden. Die Trennung von »Tradition« und »Redaktion« ist bei ihm – wenn man von den einfachen Rahmungen und stereotypen Einleitungen absieht – sehr schwierig, da er, wie die allermeisten antiken Schriftsteller, den Stoff aus der Quelle bzw. der Tradition dem eigenen Stil anpaßt[31]. Es will gerade darin εὐαγγέλιον Ἰησοῦ Χριστοῦ sein, daß es beides – das scheinbar Unvereinbare[32] – zusammenbringt: den erzählenden, historisch-biographischen Bericht und die Heilsverkündigung als Anrede. Das *Heil* lag ja schon für Markus nicht in

---

effectiveness, a stereotyped variety of Greek, rather inflexible and schematized, adhering to simple and rigid rules« (28). Hinzu kommt, daß wir kein literarisches Werk in griechischer Sprache besitzen, das soviele aramäische Ausdrücke und Formeln enthält wie das 2. Evangelium. Von der gewiß reichen jüdisch-hellenistischen Literatur sind – abgesehen von Philo und Josephus und einigen »apokryphen Texten« – nur Splitter auf uns gekommen. Einen Eindruck von der synagogalen Predigt geben uns die beiden Armenisch erhaltenen pseudophilonischen Predigten De Jona und De Sampsone: F. Siegert, Drei hellenistisch-jüdische Predigten I, 1980. Daß das griechischsprechende Judentum eigene Schulen zum Studium der Schrift, der Apologetik und der gottesdienstlichen Rhetorik besaß, ist kaum zu bezweifeln. Dafür spricht auch in Jerusalem die bekannte Theodotosinschrift CIJ II Nr. 1404, dazu M. Hengel, Zwischen Jesus und Paulus, ZThK 72 (1975), 151–206 (184f.): ᾠκο/δόμησε τὴν συναγωγὴν εἰς ἀν[άγν]ω/ο [ιν] νόμου καὶ εἰς [δ]ιδαχ[ὴ]ν ἐντολῶν . . .

[31] S. Sh. J. D. Cohen, Josephus in Galilee and Rome. His Vita and Development as a Historian, 1979, 24–47: »On the whole Josephus was faithful to his sources: he neither invented new episodes nor disorted (sic! vermutlich distorted) the essential content of those previously narrated. However, he did not confuse fidelity with slavish imitation. Like all ancient historians, he molded his material to suit his own tendentious and literary aims. . . . the language of the source was not reproduced but was entirely recast« (47).

[32] Typisch für diesen verhängnisvollen, falschen Gegensatz, der auch heute noch durch die Literatur geistert, W. Marxsen, Der Evangelist Markus. Studien zur Redaktionsgeschichte des Evangeliums, ²1959, 87: »Es ist *ein* Evangelium. Das aber heißt von Anfang an: das Werk ist als Verkündigung zu lesen, ist als solches Anrede, nicht aber »Bericht von Jesus«. Daß hier *auch* Berichtetes auftaucht, ist unter diesem Aspekt fast zufällig. Es ist jedenfalls nur Material. Paulus kann auf dieses Material weitgehend verzichten«. Ganz anders: W. Schadewaldt, Die Zuverlässigkeit der synoptischen Tradition, Th Beitr 13 (1982), 201–223.

den wechselnden, jeweils aktuellen theologischen Konstruktionen, sondern
in dem, was Gott durch seinen Sohn, den »Bauhandwerker« Jesus von
Nazareth (Mk 1,9 u. 6,3), vom See Genezareth bis Golgatha und dem
Felsengrab, in einer ca. 40 Jahre zurückliegenden, relativ kurzen Zeitspanne
für alle Menschen gewirkt hatte[33]. Dies verpflichtet den Erzähler, das zu-
rückliegende Geschehen *auch* in seiner Distanz zur Gegenwart – der sich der
Evangelist nur zu gut bewußt ist – zu berichten[34]. Der Hörer wird eingela-
den, Einkehr zu halten, bei dem Prediger und Wundertäter Jesus im abgele-
genen, fremden Galiläa zu verweilen, in dem letzten Kampf in Jerusalem an
seiner Seite zu stehen und an seiner Passion – wie die Frauen – von ferne
teilzunehmen. Damals, als der Sohn Gottes der letzten Gottverlassenheit
ausgeliefert wurde, hat Gott selbst durch dessen Blut den Neuen Bund
gestiftet und durch die Auferweckung von den Toten besiegelt.

Markus bringt in seinem vergangenes Geschehen nacherzählenden Bericht ausführlich zur Sprache, was Paulus in äußerster, punktueller Konzentration durch die Aoriste seiner Bekenntnisformeln und durch den Hinweis
auf das *Kreuz Jesu* – das keinesfalls als bloße theologische Chiffre mißverstanden werden darf – ausdrücken will: das aller glaubenden Re-aktion
vorauslaufende, vergangene, einfürallemal für alle geschehene Handeln
Gottes in seinem Christus[35]. Den Satz Röm 5,8: »Gott erweist seine Liebe
gegen uns, daß, als wir noch Sünder waren, Christus für uns starb« (ἀπέθα-
νεν), könnte man durchaus als Fazit über das ganze zweite Evangelium

---

[33] Zur Kritik an der verbreiteten geschichtsfeindlich-doketischen Haltung s. H. Weder, NTS
27 (1981), 74–78. Heilsbotschaft und geschichtliches Ereignis sind, wie Weder mit Recht
betont, freilich auch nicht einfach identisch. Die Geschichte Jesu weist über sich hinaus, weil der
Glaube an diesem Jesus erkennt, daß Gott in ihm zu uns Menschen gekommen ist. »Hält man
sich etwa vor Augen, wie die synoptischen Evangelien sich auf die Geschichte Jesu beziehen, so
fällt auf, daß es nicht bloß um die Erzählung der Geschichte Jesu geht. Vielmehr verlassen sie
den Bereich des Geschichtlichen immer wieder, indem sie die Geschichte Jesu als Geschichte der
Ankunft Gottes in der Welt erzählen . . . Das Faszinierende dabei ist indes, daß der Glaube das
Geschichtliche dennoch nie hinter sich gelassen hat« (op. cit. 75 f.). Dabei wäre zu bedenken,
daß für das früheste Christentum wie für das Judentum »Geschichte« einen weiteren Raum
umfaßt als für uns heute: Die himmlische Welt nimmt teil an der irdischen Geschichte und die
irdische Geschichte ist vom himmlischen Geschehen unmittelbar abhängig und darauf bezogen. Unsere – kurzschlüssige – Trennung von Immanenz und Transzendenz besteht so noch
nicht.
[34] Zum glaubenden Mit-Jesus-Gegenwärtigwerden und der geschichtlichen Distanz s. J.
Roloff, Das Kerygma und der irdische Jesus, 1969, 110 ff. 205 ff.
[35] Im Blick auf die paulinische Kreuzestheologie. Vgl. dazu H. Weder, Kreuz (A. 26), 12
A. 1, 40 ff., 123 ff., 154 f., 165 A. 164, 179 f., 224 ff.; und ders., NTS 27 (1981), 76 »Paulus hat
sich . . . nie darauf beschränkt, den Kreuzestod Jesu nur geschichtlich – etwa als Martyrium des
Propheten – zur Sprache zu bringen. Er hat den Kreuzestod Jesu als die Tat der Liebe Gottes
verstanden (vgl. Röm 5,8). Das Kreuz ist bei ihm nirgends zur theologischen Chiffre geworden. Vielmehr bezeichnet es den bestimmten, konkreten Tod Jesu und ist es in dieser Verwei-
sungsqualität konstitutiv (vgl. etwa Gal 3.13).« S. auch M. Hengel, Crucifixion, 1977, 88 ff.;
Atonement, 1981, 33 ff. 65 ff.

setzen. Denn diese »Passionsgeschichte mit verlängerter Einleitung«[36] ist – von Anfang an – auf den Tod Jesu als Ziel ausgerichtet, da er allein das Heil der Glaubenden wirklich begründet. Dieser kann darum gerade bei Markus als Integral des »gelebten Lebens Jesu« bezeichnet werden[37].

Hierin liegt der grundlegende Unterschied zur *Logienüberlieferung*, die Markus in einer eigenen Form kennt und bei seinem Hörer als selbstverständlich bekannt voraussetzt. Daß er später schreibt als die Sammlung von Jesussprüchen in der sogenannten Logienquelle, ergibt sich daraus, daß dort, wo er vereinzelt Traditionen und Logien verarbeitet, die sich auch in Q finden, seine Fassung überwiegend eine weiterentwickelte, spätere Form besitzt. Wenn man so will, schreibt er das – theologisch notwendige – »Komplement« für eine derartige, vom Standpunkt der nachösterlichen Gemeinde insuffizient gewordene reine Sammlung der Worte Jesu, in der – wie Q zeigt – das Kerygma von Tod und Auferstehung wie auch eine explizite Christologie fehlten, m. E. ein Hinweis auf das Alter und die Ursprünglichkeit derartiger Sammlungen, die in ihrem Grundbestand wohl auf die »Hellenisten« in Jerusalem zurückgehen könnten und die auch Paulus wahrscheinlich schon voraussetzte. Markus bringt abgesehen von der Passionsgeschichte überwiegend das, was in der Logienquelle fehlt: Wundererzählungen, Streitgespräche und jüngerspezifische Belehrung[38]. Die Spruch-

---

[36] Dazu H. Weder, Kreuz (A. 26), 56 A. 22.

[37] E. Jüngel, Gott als Geheimnis der Welt, 1977, 413: »Es hat einen hermeneutisch zwingenden Grund, daß das eschatologische Ereignis der Identifikation Gottes mit dem Gekreuzigten zum Integral des gelebten Lebens Jesu und damit zu einer geballten Erzählung wurde, die ihrerseits auf Explikation drang. In diesem Sinn kann und darf keine Theologie des Gekreuzigten auf die Erzählung des Lebens und Leidens Jesu (als eines Lebens in der *Tat des* von Gottes Menschlichkeit erzählenden *Wortes*) verzichten« (Sperrung vom Vf.). Vgl. auch 413 f.

[38] Mk 1,22 ἦν γὰρ διδάσκων αὐτοὺς ὡς ἐξουσίαν ἔχων und 27 διδαχὴ καινὴ κατ’ ἐξουσίαν setzt beim Hörer im Gottesdienst die Kenntnis solcher Lehre Jesu in messianischer Vollmacht voraus. Mt 7,28 hat mit gutem Recht die Formel von Mk 1,22 auf die Hörer der »Bergpredigt« bezogen. Das Markusevangelium als »Passionsgeschichte mit ausführlicher Einleitung« erhebt nicht den Anspruch, die ganze, der Gemeinde verfügbare Jesustradition zu umfassen. Sie will gewissermaßen die überlieferte »Jesushalacha« durch eine das Heilsgeschehen erzählende, für den Glauben notwendige Darstellung der »Jesushaggada« ergänzen. Zur Schwierigkeit des Problems s. M. Devisch, La relation entre l’évangile de Marc et le document Q, in: L’Évangile selon Marc, ed. M. Sabbe, BEThL 34, 1974, 59–91. Die Folgerungen, die W. Schenk, Der Einfluß der Logienquelle auf das Markusevangelium, ZNW 70 (1979), 141–165 aufgrund von sehr hypothetischen literar- und formkritischen Erwägungen zieht, daß »Praemarkus . . . gegenüber Q primär«, die »Markus-Redaktion« jedoch »gegenüber Q sekundär« sei (ebd. 161), sind wenig überzeugend. Die ausführlichste Untersuchung von R. Laufen, Die Doppelüberlieferungen der Logienquelle und des Markusevangeliums, BBB 54, 1980, 386 f. kommt zu dem Ergebnis, daß weder Q noch Mk gegenseitig literarisch abhängig sind, daß jedoch bei den 9 untersuchten Paralleltraditionen Q in 4 Fällen, Mk in 2 Fällen älter erscheinen, während in 3 Fällen sowohl die Mk- wie die Q-Überlieferung teilweise ältere Züge tragen. Seine Analysen haben mich jedoch dort, wo er eine Markuspriorität behauptet, nicht überzeugt, so 93 ff. zu Mt 3,11/Lk 3,16 im Vergleich zu Mk 1,7 f. und 302 ff. zu Mt 10,38/Lk 14,27 und Mk 8,34.

überlieferung, die Markus verarbeitete, war freilich von der sogenannten Quelle Q, die Lukas und Matthäus benutzten, nicht unwesentlich verschieden; man kann daher nicht einfach sagen, daß er Q in der uns bei Matthäus und Lukas vorliegenden Form gekannt habe. Aber er war mit der Spruchüberlieferung von Jesus vertraut und nahm doch nur einen relativ kleinen Teil von ihr in sein Evangelium auf. Weil Markus das, was man in der Spruchüberlieferung vermißte, das Leidenskerygma und die Christologie, in den Mittelpunkt seiner »Geschichte Jesu« stellte, darum konnte er sie nicht als λόγια κυρίου, d. h. »(Offenbarungs-)Worte des Herrn«, sondern mit gutem Recht als εὐαγγέλιον Ἰησοῦ Χριστοῦ bezeichnen (s. u. S. 257–262).

Das heißt aber zugleich, daß er seinen Bericht über Jesus nicht schreibt, um den Leser zu fesseln, um ein historisches Informationsbedürfnis zu stillen oder ihn moralisch zu mahnen und zu bessern – obgleich er dies an antiken Maßstäben gemessen alles *auch* tut. Noch weniger will er durch die Erzählung von Jesu Wundern fromme Sensationsgelüste befriedigen, aber genausowenig übertriebene Wundersucht bekämpfen. Jesu Taten sind ja durchaus ambivalent, sie provozieren die Anklage des Teufelsbündnisses, d. h. der Magie, und sie wirken selbst in den Jüngern nicht bleibenden, beständigen Glauben. Auf dem Hintergrund von Jesu δυνάμεις erscheint die alle ohne Ausnahme betreffende Herzenshärtigkeit nur um so erschreckender. Für den Evangelisten sind sie Hinweis auf die messianische ἐξουσία Jesu und Ausdruck endzeitlicher Erfüllung prophetischer Verheißungen. Beides läßt sich mit dem abgegriffenen Schlagwort vom θεῖος ἀνήρ gerade nicht begreifen.

Der Bezug zur *Gegenwart seiner Gemeinde*, die unmittelbare Anrede an den Leser oder Hörer, wird dabei keineswegs vergessen. Das abschreckende Beispiel der Jünger ist zugleich Warnung, und der Aufforderung zur Selbstverleugnung, zur Nachfolge und zum Kreuztragen kann sich kein Hörer entziehen. Der verhängnisvolle Irrtum in der Interpretation der Evangelien überhaupt und des Markus im besonderen war, daß man glaubte, man müsse zwischen Predigt und Geschichtserzählung trennen, hier könne nur ein Entweder-Oder gelten. In Wirklichkeit besteht die »theologische Leistung« des Evangelisten darin, daß er beides untrennbar miteinander verbindet, daß er predigt, indem er erzählt, daß er Geschichte schreibt und eben darin verkündigt. Dies ist gewissermaßen die *theologische* Seite jener coincidentia oppositorum, die sein Werk auszeichnet. Er hat an diesem Punkt das Vorbild alttestamentlicher Geschichtserzählung vor sich, wo diese Einheit von Erzählung und Verkündigung ebenfalls je und je sichtbar werden kann.

Der unmittelbare Bezug zur Gegenwart wird vor allem in *Mk 13* deutlich, der sogenannten synoptischen Apokalypse, die für Markus das Testament, die eschatologische Abschiedsrede Jesu darstellt. Sie enthält so etwas wie eine aufs äußerste verkürzte »Kirchengeschichte in nuce«, die an die Gegen-

wart des Autors, vermutlich kurz vor der Zerstörung Jerusalems, heran-
führt[39]: das letzte Wort Jesu »Was ich euch« – das heißt den vier Jüngern, die
mit Jesus auf dem Ölberg den Tempel betrachten – »sage, sage ich allen,
›wachet‹!« (13,37 vgl. 14,38) zeigt, daß Jesu Wort, das er im Evangelium an
die Jünger richtet, zur Zeit des Evangelisten zum Wort für die verfolgte,
bedrohte und inständig auf die Parusie des Menschensohnes wartende Kirche wird.

4. *Das Messiasgeheimnis*

Man hat im Anschluß an William Wrede gerne das »*Messiasgeheimnis*« als
den Schlüssel zum Verständnis des zweiten Evangeliums bezeichnet. Das
besitzt eine gewisse, begrenzte Berechtigung, darf jedoch nicht zu einseitig
gesehen werden. So kann man cum grano salis sagen, daß die Frage nach der
messianischen Vollmacht und dem Auftrag Jesu dem ganzen Werk seine
Einheit gibt und daß das Motiv der Verborgenheit wesenhaft mit dazu
gehört. Doch dies alles ist nicht einem widerstrebenden Stoff künstlich
aufoktroyiert, sondern hängt mit dem innersten Wesen des berichteten
Geschehens zusammen. Außerdem ist der ganze Komplex vielschichtiger
und komplizierter, als man lange Zeit annahm. So besitzen der Weg Jesu
zum Kreuz, sein Sühnetod für die Vielen und die Kreuzesnachfolge der
Jünger für Markus kein geringeres Gewicht als das Problem der bewußten
Verhüllung seines Messiasanspruchs vor dem Volk. Erst im Leiden macht
der markinische Jesus seine messianische Würde im vollen Sinne offenbar.
Messianische Würde und stellvertretendes Leiden gehören untrennbar zusammen.

Die neuere Forschung ist sich eben wegen dieser Kompliziertheit der
Sache über Einheit, Umfang und Bedeutung des sogenannten »Messiasgeheimnisses« längst nicht mehr einig[40]. Im strengen Sinne gilt es nur noch für

---

[39] Die Frage ist, ob 13,1 f. im Blick auf die völlige Zerstörung des Tempels durch Titus vom
Evangelisten neu gebildet wurde. Ich halte dies für unwahrscheinlich. Die Erwartung einer
möglichen Tempelzerstörung war älter. Auch 13,14 ff. bezieht sich nicht auf konkrete Vorgänge des jüdischen Krieges, sondern auf eine ältere jüdisch-christliche apokalyptische »Antichrist-
tradition«. Wer vor dem Heranrücken der Römer im Jahr 70 in das judäische »Bergland«
flüchtete, lief den Römern oder aber den fanatischen Sikariern in und um Masada direkt in die
Hände. Die in der Darstellung der messianischen Wehen 13,14–18 geschilderte Erfahrung geht
im Grunde auf die Zeit der seleukidischen Religionsnot zurück. Auf die Zerstörung Jerusalems
und die konkreten Vorgänge des jüdischen Krieges wird in 13,14–18 im Gegensatz zu den
Matthäus- und Lukasparallelen (Mt 24,15 ἑστὸς ἐν τόπῳ ἁγίῳ; vgl. 22,7; Lk 21,20, vgl. 17,31;
19,43 f.) gerade nicht eingegangen. Mk hat auch sonst keinerlei Hinweis auf die Belagerung und
Eroberung Jerusalems durch die Römer. S. dazu jetzt M. Hengel, Entstehungszeit und Situation des Markusevangeliums, in: H. Cancik (Hg.), Markusphilologie, WUNT, 1983. Das
Evangelium ist vermutlich im Jahr 69 in Rom entstanden.
[40] Grundlegend jetzt H. Räisänen, Das »Messiasgeheimnis« im Markusevangelium, Helsin-

zwei unmittelbare Anweisungen Jesu: Das erste Schweigegebot an die Jünger nach dem Petrusbekenntnis 8,30 und vor der ersten Leidensweissagung
und das zweite beim Abstieg vom Offenbarungsberg 9,9 an die Begleiter, sie
sollten »niemandem erzählen, was sie gesehen hätten, bis der Menschensohn
von den Toten auferstünde«. Sie sind für Markus die Konsequenz aus der
ungeheuerlichen Tatsache, daß der Messias und Gottessohn sich nicht unmittelbar in »der Herrlichkeit seines Vaters mit den heiligen Engeln« (8,38)
offenbarte, sondern gehorsam den Weg ans Kreuz ging – für das zeitgenössi-
sche Judentum, wie für die antike Welt überhaupt, ein unerhörter, überaus
anstößiger Gedanke, den die Jünger, weil er der traditionellen messianischen
Heilserwartung widersprach, nicht verstehen *konnten.*

Es ist bezeichnend, daß von 9,13 ab das Motiv des »Messias*geheimnisses*«
zumindest äußerlich völlig zurücktritt und im Grunde schon seit dem Bekenntnis des Bartimäus in Jericho (10,48) zu Jesus als »Sohn Davids« aufgehoben ist. Diesmal wollen die *Jünger* das offene Bekenntnis verhindern,
während Jesus auf den Ruf positiv eingeht. Die Situation hat sich umgekehrt. Die Vollmachtsfrage 11,28 deutet schon ein Wissen der Volksführer
um Jesu Anspruch an, sie wollen ihn damit aus der Reserve locken, und die
Hohepriesterfrage (14,61) bedeutet keine Überraschung mehr: sie bringt zur
Sprache, was längst »in der Luft lag« und schon die Anklage wegen des
Worts vom Niederreißen und Bauen des Tempels motiviert hatte (14,58);
überraschend war Jesu eindeutiges, unüberbietbares Bekenntnis zu seiner
einzigartigen Würde. Der Enthüllungsroman, den A. Schweitzer mit der
Entschleierung des »Messiasgeheimnisses« verband, daß Judas eben dieses
den Volksführern verraten habe, hat keinen Anhalt im Text. So geheimnis-
voll stellt Markus das Ganze nicht dar. Es folgen ja schon ab Mk 9,11 keine
Schweigegebote an die Jünger mehr.

ki, 1976, 159: »Wredes Studie liess die grundlegende Frage hervortreten, ob die theologische
Anschauung des Markusevangeliums auf einer *einheitlichen* Geheimnistheologie beruht. Die
Antwort muss nach der . . . Analyse *negativ* lauten. Und zwar genügt es nicht, dass die auch
von Wrede festgestellten ›Widersprüche‹ . . . von der Geheimnistheologie getrennt werden. Es
ist ans Licht gekommen, dass auch die von Wrede verbundenen Stoffe *keine* solche homogene
Einheit darstellen, wie er und die meisten Interpreten nach ihm gedacht haben.« Vgl. auch den
Exkurs von R. Pesch, op. cit. (A. 1), II, 36–47. Der Meinung von Pesch, daß Mk eine
»unterschiedlich konzipierte, in verschiedenartigem Traditionsmaterial ausgeprägte und an
verschiedenen Würdetiteln orientierte Christologie . . ., ja ohne eigenes christologisches Konzept vereinigen kann« (45), kann ich freilich so nicht beipflichten. Die Frage ist, was Pesch unter
einem »eigenen christologischen Konzept« verstehen will. Unser modernes Verständnis theologischer »Originalität« ist Markus fremd. Er will nichts anderes, als Werk und Würde des
Christus, Menschen- und Gottessohnes in einer der überlieferten Wahrheit entsprechenden
Weise zur Sprache bringen. Aber er tut es in bewußter Reflexion und besitzt eine Leidens- und
Erhöhungschristologie eigenständiger Prägung, die sich teilweise mit Paulus, vor allem aber
mit dem 1. Petrusbrief berührt. Im Hebräerbrief werden einzelne Motive derselben weiterentwickelt.

Die sonstigen Bestandteile des sog. Messiasgeheimnisses, die Wrede herausgearbeitet hatte, bilden keine wirkliche Einheit; sie bedürfen darum auch keiner fragwürdigen übergreifenden Theorie mehr, die sich sowieso nicht streng durchführen läßt, sondern müssen zunächst einmal einzeln aus sich erklärt werden: Daß Jesus die aus dem übernatürlichen Wissen der Dämonen kommende Akklamation zurückweist, ist selbstverständlich, er steht ja im Kampf mit ihnen. Man könnte hier auf Jak 2,19 verweisen: »die Dämonen glauben und zittern«. Aber ihr besonderes Wissen, das sich im beschwörenden Anruf des Stärkeren äußert, ist unangemessen, und sie müssen daher zum Schweigen gebracht werden. Die Mächte des Bösen können nicht legitime Zeugen für Jesu Gottessohnschaft sein[41]. Gleichzeitig will Markus durch dieses Motiv den Kontrast zwischen dem Volk und den Jüngern, die Jesu Würde noch nicht kennen können, und der unsichtbaren Welt der Geister, die von Anfang an in Jesus ihren Besieger erkannt haben, sichtbar werden lassen.

Die nicht konsequent durchgehaltenen Schweigegebote bei Heilungen sollen verdeutlichen, daß Jesus als Wundertäter verborgen bleiben will und dem Massenandrang eher wehrt, ganz im Gegensatz zu den volkstümlichen Thaumaturgen und Magiern der hellenistisch-römischen Zeit, denen man häufig auch im jüdischen Milieu begegnete[42]. Sowohl das Schweigegebot bei Exorzismen wie das Verbot an Geheilte, ihre Heilung laut zu verkündigen, mögen dabei auf das Verhalten Jesu selbst zurückgehen.

Die sog. Parabeltheorie 4,10ff., daß Jesus in Rätseln spricht zur Verstockung des Volkes, hat, wie H. Räisänen gezeigt hat, mit dem Messiasgeheimnis erst recht nicht direkt zu tun; sie will die – für die Gemeinde später anstößige – Tatsache erklären, daß das Volk trotz Jesu Lehre und Wundertaten ihn nicht im wahren Glauben erkannt, sondern verworfen hat: es konnte nicht zum Glauben kommen, denn es verstand Jesu Verkündigung in »Rätselworten« gar nicht[43].

Auch die Verstockung und das Unverständnis der Jünger im Blick auf den Leidensweg Jesu sind vom eigentlichen Messiasgeheimnis zu trennen; sie entsprechen der *illusionslosen Anthropologie* des Evangelisten, die erzählend und ohne spezielle Begrifflichkeit einen Sachverhalt zum Ausdruck bringt, den auch Paulus kennt. Man könnte als Kommentar dazu auf Röm 3,22ff.

---

[41] Mk 1,24f.; 1,34; 3,11f.; 5,7.

[42] Mk 1,44 (vgl. schon 1,35ff.); 5,43; 7,36; 8,30; vgl. auch 9,30. Dies wird durchaus historische Wurzeln haben. Der Wunderheiler Jesus sah in den Heilungen kein Propagandamittel für seine Person, und er mußte die Massen zuweilen abwehren.

[43] H. Räisänen, Die Parabeltheorie im Markusevangelium, Helsinki, 1973. Hier handelt es sich vermutlich um eine sekundäre Konstruktion, die freilich nicht vom Evangelisten selbst stammen muß. Das Wort von der Verstockung Israels Jes 6,9f. = Mk 4,12 hat ja im Urchristentum eine breite Wirkung entfaltet: s. Joh 12,40; Apg 28,26ff.; Röm 11,8; vgl. 2Kor 3,14.

verweisen: »denn es ist kein Unterschied« (bei Markus zwischen Jüngern
und Volk[44]), »denn sie alle haben gesündigt und Gottes Herrlichkeit verloren, und werden ohne Verdienst gerecht durch seine Gnade, durch die
Erlösung in Jesus Christus«. Nicht umsonst steht – wie ich schon sagte (man
kann im Blick auf die heutige Markusexegese nicht oft genug darauf hinweisen) – am Ende der Jüngerbelehrung das Logion vom Dienst des Menschen-
sohn-Gottesknechts für die Vielen (10,45) und im Mittelpunkt des letzten
Mahles das Wort vom vergossenen Bundesblut (14,24). Das Gewicht beider
Worte trägt die markinische *Soteriologie*. Auch Selbstverleugnung und
Kreuzesnachfolge werden nur unter diesem Vorzeichen möglich: das den
ganzen Komplex abschließende Logion 8,37 »denn was vermag ein Mensch
als Lösegeld für sein Leben zu geben?« weist ja auf die Notwendigkeit des
Opfers Christi hin, ähnlich 10,27 als Antwort auf die erschreckte Frage der
Jünger »und wer kann gerettet werden?«: »Bei den Menschen ist es unmöglich, nicht aber bei Gott«. Die berühmte These von Wrede, die Bultmann
übernahm[45], daß Markus das Messiasgeheimnis deshalb so sehr hervorhebe,
weil der Evangelist (bzw. die von ihm verarbeitete Tradition) damit habe
verbergen wollen, daß Jesus in Wirklichkeit gar kein messianisches Selbstbewußtsein besaß, wird so heute kaum noch vertreten. Man erklärt das «Messiasgeheimnis« in der Regel nicht mehr durch eine historisierende Konstruktion, sondern als Ausdruck spezifisch markinischer Theologie, vornehmlich
seiner theologia crucis. Doch die markinische Passionstheologie bedarf einer
derartigen sekundären Hilfskonstruktion nicht[46]. Ganz abgesehen davon ist
es sehr die Frage, ob man die *so* verschiedenartigen Komponenten, die man
unter der griffigen Formel »Messiasgeheimnis« vereinigte, einfach auf die
redaktionelle Arbeit des Evangelisten zurückführen darf. Dazu sind sie viel
zu komplex, ja disparat. Gewiß kann man dies alles *auch* unter dem weitgefä-
cherten Oberbegriff des »Geheimnisses Jesu und seines Leidensweges« subsumieren. Aber dieses »Geheimnis Jesu« ist keine sekundäre, von Markus

---

[44] Alle sind von der Herzensverhärtung betroffen: Die Volksführer (3,5): συλλυπούμενος ἐπὶ τῇ
πωρώσει τῆς καρδίας αὐτῶν; die Menge (4,12); die Jünger (6,52): ἀλλ' ἦν αὐτῶν ἡ καρδία πεπωρωμένη
und (8,17): οὔπω νοεῖτε οὐδὲ συνίετε; πεπωρωμένην ἔχετε τὴν καρδίαν. Diese zweimalige Hervorhebung der Herzensverhärtung der Jünger begründet, warum der 8,31 offenbarte Leidensweg
Jesu notwendig wird. Dessen Zurückweisung ab 8,32 ist weiterhin Ausdruck solcher Verhär-
tung.
[45] Theologie des Neuen Testaments, ³1958, 26–34: »Der Versuch, das Messiasgeheimnis
nicht als die Theorie des Evangelisten, sondern als Geschichte zu verstehen (Schniewind),
scheitert daran, daß es seinen Sitz in den redaktionellen Sätzen des Evangelisten und nicht in der
alten Überlieferung hat.« (33). Eben das ist heute so nicht mehr haltbar. Redaktion und »alte
Überlieferung« lassen sich nicht so leicht reinlich scheiden. Darum wächst heute die Tendenz,
fast überall nur noch »Redaktion« zu sehen, und aus Mk einen »theologisierenden Romancier«
oder »Lehrdichter« zu machen, um ihn dann allegorisch zu deuten. Damit wird Mk erst recht
der Willkür der Exegeten ausgeliefert (s. o. S. 223–225).
[46] S. die Forschungsüberblicke bei H. Räisänen, op. cit. (A. 40), 18–49.

dem Ganzen aufoktroyierte Theorie; ihr eigentlicher Grund liegt im »Geheimnis« des irdischen Jesus selbst.

M. E. werden die – gegenüber den Theorien Wredes reduzierten und disparaten – Phänomene des »Messiasgeheimnisses« am besten aus der von Markus verarbeiteten Tradition erklärt. Sie wußte noch um Jesu *messianischen Anspruch*, der historisch nicht bezweifelt werden sollte, da sonst sein ganzes, in der antiken Religionsgeschichte ohne Parallele dastehendes Wirken bis hin zu seiner Passion wie auch die Herausbildung der frühesten Christologie nach Ostern geschichtlich und sachlich unverständlich würden. Wir haben keinerlei traditionsgeschichtlichen Hinweis darauf, daß die Messiaswürde im Judentum in irgendeiner Weise mit der Auferstehung eines Gerechten oder Propheten von den Toten verbunden wurde. Darum kann man schwerlich die messianische Würde Jesu einfach auf die Auferstehungserscheinungen zurückführen. Erscheinungen von Toten in verklärter Gestalt und die messianische Würde sind zwei völlig verschiedene Dinge. Die Christologie kann aus dem Auferstehungsgeschehen – ganz gleich, wie man es deutet – *allein* nicht hergeleitet werden. Die Wurzel muß in Jesu Verhalten und Hinrichtung zu suchen sein. Er hat seinen messianischen Auftrag zwar nicht wie im Johannesevangelium in offener Proklamation, wohl aber punktuell und indirekt, vor allem in der Jüngerbelehrung, ausgesprochen[47].

Das Messiasgeheimnis geht letztlich auf die geheimnisvolle messianische Vollmacht Jesu zurück. Es ist so keine Erfindung des Evangeliums oder der vormarkinischen Gemeinde, sondern Ausdruck des Geheimnisses Jesu selbst, das zur Messiasfrage hindrängt. Markus bringt es 4,41 durch die Frage zum Ausdruck: »Wer ist nun dieser, daß ihm Wind und Meer gehorchen?«. Das Geheimnis der messianischen ἐξουσία Jesu und das μυστήριον τῆς βασιλείας 4,11 hängen untrennbar zusammen[48]. Die Unstimmigkeiten in den einzelnen Aussagen beruhen auf der Disparatheit der verarbeiteten Traditionen über Jesus und haben ihre letzte Wurzel in diesem selbst. Bei einer so einzigartigen, alle historischen Schemata sprengenden Gestalt wie Jesus konnte es keine »eindimensionale« Überlieferung ohne Spannungen und scheinbare Widersprüche geben. Seine Person und Wirksamkeit ließen sich nicht in vorgefertigten christologischen Theorien einfangen.

---

[47] S. dazu J. Jeremias, Neutestamentliche Theologie. I. Teil: Die Verkündigung Jesu, 1971, 239–284. Zur Messianität Jesu im Prozeß s. A. Strobel, Die Stunde der Wahrheit, WUNT 21, 1980 u. O. Betz, Probleme des Prozesses Jesu, in: ANRW II,25,1, 1982, 565–647; s. jetzt auch im selben Band die Beiträge von R. Leivestad, Jesus-Messias-Menschensohn, op.cit. 220–264 und H. Bietenhard, »Der Menschensohn . . .«, op. cit. 265–350.

[48] J. Jeremias, op. cit. 121 ff. 244 ff.

5. Die theologische Herkunft des Verfassers

5.1 Das Verhältnis zu Paulus

Die mehrfach erwähnten soteriologischen Berührungen des 2. Evangeliums mit *Paulus* dürfen nicht dazu führen, daß Markus in seiner Theologie direkt von dem Heidenapostel abhängig gemacht wird[49]. Wo Anklänge bestehen, gehen sie auf gemeinsame »vorpaulinische« Traditionen zurück. Von einer *unmittelbaren* Verbindung zwischen beiden ist im Evangelium kaum etwas zu spüren. Der grundlegende Unterschied besteht darin, daß Markus sein εὐαγγέλιον Ἰησοῦ Χριστοῦ als *biographischen* Bericht von Jesus entfaltet, während Paulus in seinen Briefen Jesusüberlieferungen nur ganz am Rande und formelhaft zu Worte kommen läßt. Es führt daher kein unmittelbarer Weg vom *paulinischen Evangelium* für die Heiden, das in der Predigt von der Rechtfertigung des Sünders durch Christus proklamiert wird, zur *Geschichte Jesu bei Markus*, obwohl der Evangelist das – letztlich im Verhalten Jesu gründende – Motiv der Zuwendung des Gottessohnes zu den Sündern nicht nur kennt, sondern in hervorgehobener Weise verarbeitet hat (2,13–17).

Es ist jedoch bezeichnend, daß er – im Zusammenhang des Themas Jesus und die Sünder – das Motiv der Heidenmission noch in keiner Weise anklingen läßt. Auch von den vorpaulinischen Formeln wie 1 Kor 15,3 f., die der Apostel ja ausdrücklich als εὐαγγέλιον bezeichnet, läßt sich keine *direkte* Brücke zum Evangelisten schlagen, denn hier wird nichts vom Wirken Jesu *vor* seinem Tode gesagt. Um Markus besser zu verstehen, müssen wir am Ende nach seiner Herkunft und nach seiner Tradition fragen.

5.2 Der griechischsprechende Judenchrist aus Jerusalem

Markus war *griechischsprechender Judenchrist*, der auch Aramäisch verstand; das zeigen die korrekten aramäischen Zitate in seinem Evangelium. Ich

---
[49] Wir können hier nicht hinter die grundlegenden Einsichten von Martin Werners Untersuchung, Der Einfluß paulinischer Theologie im Markusevangelium, BZNW 1, 1923, zurück, auch wenn diese die Unterschiede zuweilen etwas überpointiert betont. Vgl. schon P. Wernle, Die synoptische Frage, 1899, 199 ff., weiter G. Delling, Der Kreuzestod Jesu in der urchristlichen Verkündigung, 1972, 57: »Markus ist nach allem kein Paulusschüler, d. h. er steht nicht in einem unmittelbaren Kontakt mit der paulinischen Theologie«. Vgl. 57 f.: »Markus tritt uns als Vertreter einer theologia crucis der Zeit nach Paulus entgegen, seine Gemeinde . . . als Zeugin einer theologia crucis neben Paulus; da die Gemeinde des Markus ihr Traditionsgut . . . insgesamt kaum aus eigenem gestaltet hat, weist die geprägte Deutung des Kreuzes, die uns hier begegnet, jedenfalls im Ansatz in die Zeit vor Paulus zurück.« Könnten wir hier statt der unbekannten »Gemeinde des Markus« nicht ebensogut den »Lehrer des Markus« einsetzen? Relativ kritisch äußert sich auch K. Romaniuk, Le Problème des Paulinismes dans l'Évangile de Marc, NTS 23 (1977), 266–274.

wüßte kein anderes griechischsprachiges Werk, das auf so engem Raum so viele aramäische (bzw. hebräische) Worte und Formeln enthält wie das 2. Evangelium. Sie sind zu zahlreich und zu exakt, als daß man sie einfach als die konventionelle ῥῆσις βαρβαρική des Wundertäters und Magiers erklären könnte. Schon dieser Tatbestand allein macht eine »heidenchristliche« Herkunft des Evangeliums unwahrscheinlich (vgl. Mk 3,17–19; 5,41; 7,11; 8,34; 10,46; 11,9 f.; 14,1.32.36.45; 15,22.34). Die meisten dieser fremdklingenden Worte werden von Matthäus und Lukas weggelassen. Vermutlich war Markus Jerusalemer; denn er kannte sich zwar nicht in Galiläa, wohl aber in Jerusalem und im palästinischen Judentum aus[50]. Die von den heutigen Exegeten gerne kritisierte mangelnde Kenntnis der Geographie Galiläas zeugt nur vom historischen Unverständnis der Kritiker: ohne Landkarte war es selbst für einen antiken Menschen wie Markus schwer, sich in einem fremden Gebiet zurechtzufinden, das gute 120 km von seiner Heimatstadt, die er vermutlich längst verlassen hatte, als er sein Werk schrieb, entfernt war und das er offenbar nie besucht hatte[51]. Was die angeblich nicht einwand-

---

[50] K. Niederwimmer, Johannes Markus und die Frage nach dem Verfasser des zweiten Evangeliums, ZNW 58 (1967), 172–188 will in dem Vf. einen unbekannten Heidenchristen sehen, »dem das Judentum von Haus aus fremd ist« (185). Man kann aus Niederwimmers Argumentation freilich nur entnehmen, daß ihm selbst das Judentum zur Zeit Jesu (wie auch die Problematik geographischer Kenntnisse in der Antike und die Zuverlässigkeit polemischer Schilderungen in antiken Texten) »von Haus aus fremd ist«. S. Schulz, Die Stunde der Botschaft, 1967, 127 f.139 glaubt aufgrund der Zeitangabe 14,12, »daß Markus als Heidenchrist nicht mehr mit den komplizierten Passahbestimmungen vertraut war« (ebd. 127), vgl. E. Lohse, Die Geschichte des Lebens und Sterbens Jesu Christi, 1964, 43. In Wirklichkeit hat der Autor, der für heidenchristliche Leser schreibt, die schwer verständliche jüdische Tagesrechnung, in der der Tag mit Sonnenuntergang beginnt, der örtlichen – vermutlich römischen – Zeitrechnung angeglichen und den Beginn des Festes auf den Tagesanbruch vorgezogen. A. Strobel, Ursprung und Geschichte des frühchristlichen Osterkalenders TU 121, 1977, 49 sieht hier »deutlich das Kolorit des christlichen Sprachgebrauchs«.

[51] Die angebliche Unkenntnis der Geographie Palästinas dient in stereotyper – und unkritischer – Weise zur Begründung der Behauptung, der Autor könne kein palästinischer Jude gewesen sein. So Niederwimmer op. cit. 178: »Das Evangelium weist an einigen Stellen Vorstellungen von der Geographie Palästinas auf, wie sie sich nur bei einem Landfremden finden können«. Sachlich richtig hat in neuerer Zeit nur F. G. Lang, »Über Sidon mitten ins Gebiet der Dekapolis«. Geographie und Theologie in Markus 7,31, ZDPV 94 (1978), 145–160 das Problem gesehen. Seine Argumente wurden dementsprechend kaum zur Kenntnis genommen. S. auch meine Studie: Der Historiker Lukas und die Geographie Palästinas in der Apostelgeschichte, ZDPV 98 (1983) (Festschrift A. Kuschke). Zu dem dort am Ende angeführten modernen Beispiel ein noch aktuelleres. Beim Besuch des Jubilars Herrn Kollegen A. Kuschke in Kusterdingen südöstlich von Tübingen konnte man das nördlich, jenseits des Neckars gelegene Pfrondorf bewundern. Ein Kollege – seit vielen Jahren in Tübingen – fragte mich: Ist das da drüben Wankheim? Nein, mußte ich antworten, das liegt gerade in entgegengesetzter Richtung. Sollte man da die fragwürdige Reihenfolge Mk 11,1 Bethphage/Bethanien (s. Niederwimmer 181) dem Autor nicht verzeihen dürfen, zumal die römische Straße direkt nur an Bethphage vorbeiführte und Bethanien südlich links liegen ließ. Mk führt es an, um seine ungefähre Lage zu kennzeichnen, da er es später mehrfach erwähnt (11,11 f.; 14,3). Vielleicht müßten auch kritische Neutestamentler lernen, daß ein Evangelium

frei berichteten jüdischen Gebräuche und historischen Verhältnisse anbetrifft, so ist zu bedenken, daß Markus nicht mit wissenschaftlicher Akribie berichten will, sondern die jüdischen Gebräuche polemisch-tendenziös, und d. h. unscharf und übertreibend, darstellt[52]. Dennoch ist er neben Josephus und Lukas die wichtigste Quelle über das palästinische Judentum der Prokuratorenzeit 6–70 n. Chr., die in vielen Punkten von Josephus bestätigt wird. Josephus will als wissenschaftlich vertrauenswürdiger »Historiker« erscheinen und ist trotzdem von einer sträflichen Nachlässigkeit[53]. Markus hat diesen Ehrgeiz nicht, darum sollte man von ihm in diesem Punkte nicht *zu* viel verlangen.

5.3 Die Papiasnotiz

Über die Entstehung seines Werkes besitzen wir die in der neueren Forschung oft mißverstandene, ja mißhandelte, m. E. jedoch sehr ernstzunehmende Notiz des Papias um ca. 120/130 n. Chr. aus der Zeit Hadrians, die dessen »fünfbändigen« Λογίων κυριακῶν ἐξηγήσεις entstammt[54]:

---

weder ein geographisches Handbuch Palästinas noch ein exaktes Nachschlagewerk für jüdische Bräuche ist. Es werden dort so viel und so wenig Fehler gemacht wie in neutestamentlichen Monographien.

[52] Niederwimmer, op. cit. 185 will aus 7,3f. »mangelnde Vertrautheit mit dem Judentum« erschließen. Meine Gegenfrage wäre: Was wissen wir Genaueres über das Judentum Palästinas und der Diaspora, um dem Vf. des 2. Evangeliums derartige Vorwürfe machen zu können? Zum »Händewaschen« s. meinen Aufsatz: Mk 7,3 πυγμῇ: Die Geschichte einer exegetischen Aporie und ihrer Lösung, ZNW 60 (1969), 182–198. Zu 7,4 s. Billerbeck 1,934ff. und 2,14; Pesch, op. cit. (A. 1), 1,371. Vermutlich ist 7,4a mit Nestle/Aland[26] βαπτίσωνται zu lesen und bezieht sich auf das Tauchbad zur Wiederherstellung der levitischen Reinheit, die auf dem Markt beim Umgang mit Heiden verletzt werden konnte. Der ganze Einschub hat den Charakter einer typischen polemischen Übertreibung zur Information von Heidenchristen. Es soll die pharisäisch-jüdische παράδοσις τῶν πρεσβυτέρων ad absurdum führen. Wie sehr er dennoch bei aller Unexaktheit einen guten historischen Hintergrund besitzt, zeigt J. Neusner, The Rabbinic Traditions about the Pharisees before 70, 1971, 3, 304: »Approximately 67% of all legal pericopae deal with dietary laws: ritual purity for meals and agricultural rules governing the fitness of food for Pharisaic consumption.« Die pharisäische Paradosis vor der Katastrophe und inneren Verwandlung des palästinischen Judentums betraf nicht zuletzt die rituelle Reinheit bei Mahlzeiten. Vgl. dazu noch Mk 7,15 und Gal 2,11ff. Man sollte Mk, der kein Wissenschaftler sein will, diese polemisch übertreibende Darstellung verzeihen und keine unsinnigen Schlüsse daraus ziehen. Daß auch Neutestamentler gegen derartige Übertreibungen nicht gefeit sind, zeigt der absurde Schlußsatz von Niederwimmer (188): »Ist diese Vermutung richtig, dann würde das bedeuten, daß die Papias-Notiz über Markus als ein Musterbeispiel jener dogmatischen Ideologie erscheint, mit der die Kirche des 2. Jahrhunderts (!?) sich ihre eigenen Ursprünge zu verdecken und sekundär zurechtzuinterpretieren versuchte«.

[53] S. dazu Sh. J. D. Cohen (s. Anm. 31) Index 276 s. v. »Josephus' exaggerations; inconsistency and sloppiness; corrupt transmission of names and numbers«.

[54] Die Datierung des Werkes ist umstritten. A. v. Harnack, Geschichte der altchristlichen Literatur bis Eusebius, 2. Teil: Die Chronologie der altchristlichen Literatur bis Eusebius, Bd. I, 1897, 721 vgl. 356ff. verlegt es in die Zeit zwischen 145 (140)–160, das Geburtsjahr des

»Und dies sagte der Presbyter: Markus war der Dolmetscher des Petrus und schrieb sorgfältig auf, soweit er sich dessen erinnerte – freilich nicht in der (richtigen) Ordnung – was vom Herrn gesagt oder getan worden war. Denn er (selbst) hatte weder den Herrn gehört, noch war er ihm nachgefolgt, sondern erst später, wie gesagt dem Petrus, der seine Unterweisung nach den Bedürfnissen (der Hörer) einrichtete, nicht jedoch, um eine geordnete (schriftliche) Darstellung der Lehren des Herrn (zu geben). Daher beging Markus keinen Fehler, wenn er einiges so niederschrieb, wie er sich erinnerte. Denn er war auf eines bedacht, nichts von dem, was er gehört hatte, wegzulassen oder zu verfälschen« (Eus. h. e. 3,39,15).

Papias hat diese Nachricht vermutlich von dem kleinasiatischen Presbyter Johannes[55], dessen Akme eine Generation früher etwa um 70–100 anzusetzen ist. Man hat diese vielbe- und vielmißhandelte Notiz in neuerer Zeit gerne

---

Papias sei freilich »schwerlich später als um das Jahr 80« (ebd. 358); ihm folgt etwas vorsichtiger Ph. Vielhauer, Geschichte der urchristlichen Literatur, 1975, 759: gegen Ende oder nach der Regierungszeit Hadrians (± 138); er will in ihm einen Zeitgenossen Justins sehen, S. 785, vgl. 254: »Um die Mitte des 2. Jh.s . . .« »sein Zeit- und Gesinnungsgenosse Justin«. Beide trennt in Wirklichkeit ein Graben. Justin ist an mündlicher Tradition kaum mehr interessiert und hält sich an die *schriftlichen* »Erinnerungen der Apostel«, auch wenn er sie relativ frei zitiert. S. auch L. Abramowski, Die »Erinnerungen der Apostel« bei Justin, u. S. 341 ff. Mit guten Argumenten vertritt dagegen die neue Untersuchung von U. H. J. Körtner, Papias von Hierapolis. Ein Beitrag zur Geschichte des frühen Christentums, Diss. theol. masch. Bethel, 1982, 74–80.213 f. eine Frühdatierung um 110. Ich kann mich freilich nicht so ohne weiteres über das aus der Kirchengeschichte des Philippus von Side stammende Fragment XI (Funk/Bihlmeyer, Apostol. Väter, 1924, 138 f.) hinwegsetzen, das ausdrücklich auf die Zeit Hadrians (117–138) verweist. Dem Titel entsprechend legte Papias die für ihn als autoritativ geltenden »Herrenworte« – im weitesten Sinne – aus. Λόγιον bedeutet in der zeitgenössischen Literatur fast immer den Götterspruch s. W. Bauer, WbNT s.v. oder Plutarch, Theseus 32,4; Romulus 14,1; Numa 9,3; Aristides 9,2; 15,3; Camillus 4,1.3 u. ö. Vgl. weiter den festen Sprachgebrauch von λόγια θεοῦ bzw. κυρίου im Psalter der LXX; Polyk. 7,1; Justin dial. 18,1; Iren. adv. haer. I praef.; 8,1 u. ö. Für Papias kann es sich dabei auch um Anekdoten und kurze Erzählungen handeln. Die mündliche Tradition schätzt er viel höher ein, s. u. A. 61. Der Versuch einer Gattungsbestimmung dieser λόγια bei U. H. J. Körtner, op. cit. 143 ff., ist verfehlt. Papias geht es um den religiösen Klang des Begriffs λόγιον gegenüber dem Allerweltswort λόγος. S. jetzt auch die Aufsatz- und Fragmentensammlung mit ausführlicher Bibliographie von J. Kürzinger, Papias von Hierapolis und die Evangelien des Neuen Testaments, Eichstätter Materialien 4, 1983. Seiner Deutung der Fragmente über Mk und Mt kann ich freilich nicht zustimmen.

[55] Dieser wichtige Tatbestand (καὶ τοῦθ' ὁ πρεσβύτερος ἔλεγεν) wird in der »kritischen« Literatur gerne übersehen oder grundlos bezweifelt, vgl. z. B. Niederwimmer, op. cit. 185 f. »seinen angeblichen Gewährsmann«. Von dem Presbyter referiert Euseb im Anschluß an das Proömium (h. e. 3,39,7): »Papias . . . sagt aber, er sei selbst Hörer des Aristion und des Presbyters Johannes gewesen. Er erwähnt sie daher oftmals namentlich und gibt in seiner Schrift ihre Traditionen wieder«. Vgl. 14 unmittelbar vor der Markusüberlieferung: »Noch anderes berichtet er in seiner Schrift aus den Auslegungen der Herrenworte des oben erwähnten Aristion und den Überlieferungen des Presbyters Johannes. Nachdem wir die Wißbegierigen darauf hingewiesen haben, halten wir es für notwendig, seinen bisher angeführten Bemerkungen eine Überlieferung hinzuzufügen, die er über Markus, den Verfasss Evangeliums, aufgezeichnet hat.« Papias bringt hier nicht seine eigene Erfindung, sondern eine durch den Presbyter verbürgte alte Tradition, die in die Zeit gegen Ende des 1. Jh.s hinaufreicht.

als sekundäre, apologetische Ehrenrettung der apostolischen Herkunft des 2. Evangeliums abgetan. In Wirklichkeit handelt es sich um durchaus kritische Anmerkungen von einem Autor, der die mündliche Überlieferung noch höher schätzte als Schriftwerke. Der Zusammenhang zwischen Petrus und Markus, der ja ins 1. Jh. zurückreicht und unabhängig vom Presbyter im 1. Petrusbrief 5,13 bezeugt wird[56], muß nicht nachträglich erfunden worden sein, um dem Evangelium eine »apostolische« Autorität unterzuschieben. Der Haupteinwand gegen die Papiasnotiz, der von den Vertretern der formgeschichtlichen Schule vorgebracht wurde, das 2. Evangelium sei kein literarisches Werk, sondern eher ein Konglomerat gesammelter, anonymer, volkstümlich-kollektiver Jesusüberlieferung, ist zudem jetzt hinfällig geworden[57]: Was sind dann aber noch die Gründe, die uns zwingen,

---

[56] Unsinnig ist die besonders beliebte Behauptung, Papias habe die Verbindung zwischen dem Evangelisten Markus und Petrus aufgrund der Lektüre von 1 Petr 5,13 erfunden. J. Regul, Die Antimarcionitischen Evangelienprologe, 1969, der die Papiasnotizen S. 113–160 ausführlich, aber z. T. mit rabulistischer, in die Irre führender Argumentation und ohne historisches Verständnis behandelt, behauptet S. 96 ohne jede Begründung, das Papiaszeugnis über Markus sei »aus 1 Pt 5,13, der Schlüsselstelle für die Verbindung des Markus und des diesem beigelegten Evangeliums mit dem Apostel Petrus ausgesponnen«. Papias kennt zwar 1 Petr (wie auch 1 Joh), h. e. 3,39,17, aber die Zeit seines Tradenten ist ja etwa synchron mit der Entstehung von 1 Petr unter oder bald nach Domitian (81–96). Beide Überlieferungen sind unabhängig und bestätigen sich gegenseitig. Auch daß nur der erste Satz des Zitats Presbyterüberlieferung sei und alles andere die Ausdeutung des Papias, bleibt eine unbeweisbare Behauptung. Papias gibt diese Überlieferung mit eigenen Worten wieder. Ihr genauer Wortlaut ist nicht mehr zu rekonstruieren. Vgl. schon A. Jülicher, RE XII, 291: »Keinesfalls liefert Papias hier ein buchstäbliches Protokoll über eine Mitteilung seiner Hauptautorität des Presbyters (Johannes) . . ., und nicht minder willkürlich ist es, in dem Fragment die Zusätze des Papias noch genau von den Aussagen des Presbyters unterscheiden zu wollen. Vielmehr wird für den Wortlaut durchweg Papias verantwortlich sein, in der Sache ist er überzeugt, lediglich wiederzugeben, was er von einer wohlunterrichteten Persönlichkeit der vorangehenden Generation empfangen hat. Da wir keinen Grund haben dem Papias zu mißtrauen, achten wir sein Urteil als das eines angesehenen Mannes aus der kleinasiatischen Kirche . . ., etwa zwischen 90 und 130 n. Chr.«. Frau Kollegin Abramoski, s. u. S. 350 A. 35 beruft sich für die Unzuverlässigkeit der Papiasnotizen auf das Urteil von E. Schwartz (op. cit. [s. A. 59], 76 f.) und dessen Hinweis, daß Euseb selbst bei Origenes und erst recht sonst in »seiner Literaturgeschichte« nur über schriftliche Quellen verfügte. Man kann jedoch Euseb als homme lettré, der über eine riesige Bibliothek verfügte, und Papias als Sammler von vorwiegend mündlicher Überlieferung schwerlich vergleichen. Die nächsten Parallelen zu den Papiastraditionen, die ja noch ein stark judenchristliches Gepräge tragen, sind in den rabbinischen Quellen zu suchen. Mit diesen haben sie z. T. den bizarr-hyperbolischen Charakter gemeinsam (vgl. fr. I. III. XI Funk/Bihlmeyer).

[57] Vgl. etwa K. L. Schmidt, Die Stellung der Evangelien in der allgemeinen Literaturgeschichte, in: *EYXAPIΣTHPION*. FS H. Gunkel 2. Teil, 1923, 57 f. = Neues Testament – Judentum – Kirche, ThB 69, 1981, 46 f. zu Papias in der Auseinandersetzung mit E. Meyer: »Markus wird als der erste Verkünder und Literat der Jesus-Geschichte hingestellt, während die literarische Eigenart des Markus-Evangeliums eine so individuelle Entstehung ausschließt«. Hier wird einerseits Papias falsch interpretiert, und zum anderen ist diese Voraussetzung fraglich geworden. E. Meyer, Ursprung und Anfänge des Christentums, 1. Bd. Die Evangelien, 4–51924 Nachdr. 1962, 157 ff. und 245 ff. hat z. T. durchaus Richtiges gesehen, das durch die formgeschichtliche Woge verschüttet wurde; s. die m. E. – in ihrer schroffen Kritik überschar-

dieser höchst *eigenartigen* Notiz *jeglichen* historischen Wert abzusprechen? Spricht aus den zahlreichen (kritiklos-radikal-)kritischen Urteilen nicht ein im Grunde ahistorischer Eifer, der gar nicht mehr darauf hört, was dieser rätselhafte Text wirklich sagt?

Auch die zweite Nachricht über das Matthäusevangelium:

»Matthäus zeichnete in hebräischer Sprache die Worte (des Herrn) auf und jeder übertrug sie (oder: legte sie aus), wie er dazu in der Lage war.« (Eus., h.e. 3,39,16).

setzt ja die Autorität des griechisch verfaßten ersten Evangeliums eher herab, indem sie andeutet, daß es sich dabei nicht um die Originalschrift des Apostels handelt, sondern um eine sekundäre Übertragung einer hebräischen Urschrift. Pesch geht daher in seiner Interpretation der Papiaszitate in die Irre, wenn er meint, daß Papias apologetisch die Apostolizität des Markusevangeliums verteidige und es zugleich an der besseren Ordnung des Matthäus messe[58]. Von einer besseren Ordnung des Matthäus ist mit keinem Wort die Rede, zumal dieser in Wirklichkeit ja selbst der für Papias unzureichenden τάξις des Markus gefolgt war.

Der Vorwurf der fehlenden »Ordnung« betrifft auch nicht die literarische Disposition, sie ist beim 2. Evangelium ohne Tadel, sondern die historisch-chronologische Anordnung des Stoffes. Darum liegt es nahe anzunehmen, daß Papias die ganz andere Chronologie und Ordnung des *4. Evangeliums* im Auge hat: er zitiert die Apokalypse und den 1. Johannesbrief und berichtet im zweiten Buch seiner Schrift eine Tradition über den Tod der Zebedaiden Johannes und Jakobus durch die Juden, darüberhinaus spricht vieles dafür, daß er das 4. Evangelium gekannt hat[59]. So findet seine Jüngerreihe Andreas-

---

fen und darum selbst wieder teilweise irreführenden – Rezensionen von K. L. Schmidt, ChW 35 (1921), 114–120 und M. Dibelius DLZ 42 (1921), 225–235.

[58] Op. cit. (A. 1), 1,5 f. Pesch spricht auch von einem »apologetischen Kommentar zur Aussage des Presbyters« (6) und will in 1 Petr 5,13 die »Brücke einer Identifikation« sehen (7 f.). Vgl. auch R. Pesch, Die Zuschreibung der Evangelien an apostolische Verfasser, in: ZKTh 97 (1975), 56–71. Richtig dagegen W. Bauer, Rechtgläubigkeit und Ketzerei im ältesten Christentum, BHTh 10, ²1964, 111: ». . . beide Persönlichkeiten (d. h. Petrus und Markus) erscheinen schon im 1. Jahrhundert in Rom durch ein so enges Band verbunden (1 Pt 5,13), daß ich kaum daran zweifeln kann, daß man hier zuerst von der Entstehung des Markusevangeliums unter dem Einfluß des Petrus gesprochen hat, und daß der ›Älteste‹ aus dieser Quelle schöpfte, was er an Papias weitergegeben hat«. Die Frage ist, ob diese mündliche »Quelle« zuverlässig war. Dies würde ich bejahen. Zur Markus-Petrus-Tradition s. auch U. H. J. Körtner, Markus der Mitarbeiter des Petrus, ZNW 71 (1980), 160–173 mit sehr erwägenswerten Überlegungen. Weil er jedoch zu sehr den unhaltbaren Thesen von Niederwimmer vertraut (171 A. 54a), kommt er zu einer falschen Beurteilung.

[59] So schon mit guten Gründen J. B. Lightfoot, Biblical Essays, ²1904 (1893), 63–70 und E. Schwartz, Über den Tod der Söhne Zebedaei, in: Ges. Schriften Bd. 5. Zum Neuen Testament und zum frühen Christentum, 1963, 78 ff. = AGG NF VII,5, 1904, 23 ff. Vgl. auch A. Jülicher/ E. Fascher, Einleitung in das NT, ⁷1931, 284 f.; und H. Merkel, Widersprüche zwischen den Evangelien, WUNT 13, 1971, 46 ff.: »Papias scheint also die Unterschiede zwischen der

Petrus-Philippus ihre Entsprechung in der Berufung der Jünger nach Joh
1,40ff., weiter begegnet uns im Proömium auch ein dem 4. Evangelium
nahekommender absoluter Gebrauch des Begriffs »Wahrheit« (3,39,3 Ende): »die vom Herrn dem Glauben gegebenen Gebote, die von der Wahrheit
selbst herstammen« (τὰς παρὰ τοῦ κυρίου τῇ πίστει δεδομένας ἐντολὰς καὶ ἀπ᾽ αὐτῆς
παραγινομένας τῆς ἀληθείας). Auch von ἐντολαί Jesu und dem ἐντολὰς (bzw. -ὴν)
διδόναι ist vor allem bei Johannes die Rede (Joh 11,57; 12,49; 14,15.21.31;
15,10; 1 Joh 2,3f.; 3,22.23.24; 5,2f.)[60]; selbst die Vermeidung des Begriffs
Apostel in den erhaltenen Fragmenten und seine Vorliebe für »Jünger des
Herrn« könnten mit Johannes zusammenhängen. Zudem ist es schwierig,
dem Papias um 120 oder 130 (oder schon um 110?) apologetische Absichten
zu unterstellen: wer sollte zu seiner Zeit die Authentizität des Markus oder
Matthäus bezweifelt haben? Gnostiker wie Basilides oder Valentinus zitierten die kirchlichen Evangelien eifrig, nach Irenäus hatten doketische Gnostiker sogar eine Vorliebe für Markus[61]. Marcion war dagegen noch nicht

---

Chronologie des Joh und der des Mk erkannt zu haben und ergreift unverhohlen für Joh. Partei«
(48f.). Vgl. jetzt dazu F. Siegert, Unbeachtete Papiaszitate bei armenischen Schriftstellern,
NTS 27 (1981), 605–614. Zum Streit darüber, ob Papias das Johannesevangelium kannte, s.
ausführlich J. Regul (op. cit. A. 56) 143ff., der diese Ansicht erbittert, aber wenig überzeugend
bekämpft. Sein Hauptargument, daß Euseb eine solche Bekanntschaft erwähnt hätte, geht fehl,
weil Euseb tendenziös und notorisch unzuverlässig auch nicht von der Verwendung der
Johannesapokalypse durch Papias berichtet, die durch das Fragment von Andreas von Caesarea
(F. IV) eindeutig feststeht. Darüberhinaus kann man mit W. Heitmüller, ZNW 15 (1914), 200
vermuten, daß Papias über das Johannesevangelium (und die Apokalypse) Dinge sagte, die
Euseb nicht gefielen. Ich glaube, daß eben zur Zeit des Presbyters und Papias ca. zwischen 90
und 120 das 4. Evangelium in Kleinasien von der Großkirche rezipiert wurde. Einige Jahrzehnte später spielt es dort, wie der Osterstreit und die montanistische Bewegung zeigen, eine ganz
wesentliche Rolle. Die Entstehung der vielschichtigen Tradition vom kleinasiatischen Johannes
läßt Regul völlig ungeklärt. Das bei Irenäus adv. haer. I,8,5 (Harvey I,75.78) erhaltene valenti-
nianische Fragment einer Auslegung des Joh-Prologs läßt vermuten, daß schon die Valentinia-
ner den Vf. des 4. Evgs als Ἰωάννης ὁ μαθητὴς τοῦ κυρίου bezeichneten. Die Zuschreibung des
Evangeliums an Joh hängt mit seiner kirchlichen Rezeption zusammen, die, wie schon Harnack
vermutete, in Kleinasien erfolgte.
   [60] Euseb, h.e. 3,39,4: »Was Andreas oder was Petrus sagte, oder was Philippus oder was
Thomas oder was Jakobus oder was Johannes oder Matthäus oder ein anderer der Jünger des
Herrn . . .«. Vgl. dazu J. B. Lightfoot, op. cit. 69 u. A. Ehrhardt, The Gospels in the
Muratorian Fragment, in: The Framework of the New Testament Stories, 1964, 11–36 (=
Ostkirchliche Studien 2 [1953], 121–138); dieser verweist noch auf die besondere Hervorhebung des Andreas im Zusammenhang der Entstehung des Johannesevangeliums im Kanon
Muratori Z. 13ff. (19ff.). Von den 13 bei Funk/Bihlmeyer abgedruckten Fragmenten erwähnen 9 in irgendeiner Form Johannes. Das mag weitgehend auf sekundärer Überlieferung
beruhen, doch ist der Zusammenhang des Bischofs von Hierapolis mit der johanneischen
Tradition unübersehbar. Vgl. auch die Johannesauslegung der Presbyter bei Irenäus, adv. haer.
2,22,5 (Harvey I,331f.) = Joh 8,56 und 5,36,1 (Harvey 2,428) = Joh 14,2, die wohl auf Papias
zurückgeht.
   [61] Das Bild', das W. Bauer, op. cit. (A. 58), 187ff. u. Index s. v. Papias, von dem phrygischen
Bischof zeichnet, ist völlig irreführend. Wie auch sonst arbeitet Bauer allzu sehr mit dem
fragwürdigen argumentum e silentio. Von dem wenigen, was aus dem papianischen Werk

aufgetreten. Seine Trennung von der römischen Gemeinde geschieht vermutlich erst um 144 n. Chr.[62], auch richtete sich sein Zorn weniger gegen die Evangelisten als die Urapostel wie Petrus und Johannes selbst[63]. Für eine Verteidigung gegen Marcion ist das Werk des Papias zudem völlig ungeeignet. Das Alte Testament, der eigentliche Streitpunkt, spielt in den Fragmenten keine Rolle, und die Bemerkungen über Markus und Matthäus sehen nicht gerade nach einer überzeugenden Verteidigung aus. Dieses sonderbare Opus muß älter sein. Neben einer – hypothetischen – Vorliebe für das 4. Evangelium könnte man bei Papias als Ursache seiner Kritik auch seine sachlich schon anachronistische Vorliebe für die viva vox (ζῶσα φωνὴ καὶ μένουσα, h.e. 3,39,4), die lebendige mündliche Tradition im Gegensatz zur Schriftlichkeit, vermuten, die wir – in anderer Weise – auch bei manchen gnostischen Lehrern und darüberhinaus, freilich dann ohne die Abwertung der unverzichtbar gewordenen schriftlichen Überlieferung, im ganzen früheren Christentum finden[64]. Offenbar besaß dieser fleißige Sammler älterer

---

überliefert ist, macht nichts den Eindruck, er schreibe als bewußter Ketzerbestreiter. Seine Polemik gegen die »Vielschreiber«, an denen »die Vielen« Gefallen haben, und gegen die »fremden Gebote« im Proömium ist weitgehend schriftstellerische Konvention. Schon Lukas schrieb das πολλοί 1,1 mit spitzer Feder. Daß Papias die lebendige mündliche Tradition den »Büchern« noch grundsätzlich und nicht nur verbal (s. u. A. 65) vorzieht, *unterscheidet* ihn gerade von den literarischen Ketzerbestreitern ab der Mittte des 2. Jh.s. Antignostische Polemik wird in den Fragmenten nirgendwo sichtbar. Daß »die Kritik an Markus und Matthäus in der Auseinandersetzung mit Häretikern und den von ihnen empfohlenen Evangelienschriften (welchen?) begründet« sei (W. Bauer, op. cit. 188), ist nicht zu begründen. K. Niederwimmer, op. cit. (A. 50), 186 vergröbert die Vermutung Bauers noch in der ihm eigenen Weise: ». . . daß sich des Papias Apologie zugunsten des Markusevangeliums an die Adresse gnostischer Kreise richtet. Es galt, das Markusevangelium (und das Matthäusevangelium, vgl. Eus. h.e. III,39,16) gegen die Vorwürfe der Gnostiker und vielleicht sogar gegen die *Vorzüge* (Hervorhebung vom Vf.) gnostischer Evangelien zu verteidigen.« Zur Kritik der These einer eindeutig antignostischen Frontstellung des Papias überzeugend: U. H. J. Körtner, op. cit. (A. 54), 154–159. Er denkt eher an Häretiker wie die rätselhaften Nicolaiten (Apk 2,6.15). Zu Irenäus und der Vorliebe von Gnostikern für Mk s. adv. haer. 3,11,7: »Qui autem Jesum separant a Christo et impassibilem perseverasse Christum, passum vero Jesum dicunt, id quod secundum Marcum est praeferentes Evangelium«; vgl. 3,10,6.

[62] Vgl. A. v. Harnack, Marcion, ²1924 (Nachdruck 1960), 26–70*.

[63] Vielleicht etwas überpointiert H. F. v. Campenhausen, Die Entstehung der christlichen Bibel, 1969, 184: »Soweit wir sehen, hat er niemals gegen bestimmte Evangelien polemisiert. Was er in der Großkirche angreift, ist vielmehr die Lehre der judaisierenden Urapostel«.

[64] Gerne wird in diesem Zusammenhang auf Clem. Alex., strom. 7,106,4 verwiesen: ». . . und erst später zu den Zeiten des Kaisers Hadrian sind die Begründer der Irrlehren aufgetreten – und blieben bis zur Zeit des älteren Antoninus, wie es bei Basilides der Fall ist, wenn er auch als seinen Lehrer Glaukias bezeichnet, der wie sie selbst rühmen, der Dolmetscher des Petrus war. Ebenso behaupten sie auch, daß Valentinus Theodas gehört habe. Dieser aber war ein Schüler des Paulus gewesen. « (Üs. im Anschluß an O. Stählin BKV). Die entscheidende Stelle ist nicht ganz einfach zu deuten, denn es wird hier zwischen Basilides, der Glaukias seinen Lehrer nennt (καθάπερ ὁ Βασιλείδης, κἂν Γλαυκίαν ἐπιγράφηται διδάσκαλον), und dem Plural derer, die Glaukias als Dolmetscher des Petrus rühmen (ὡς αὐχοῦσιν αὐτοί, τὸν Πέτρου ἑρμηνέα), klar unterschieden. Stählin übersetzt daher interpretierend: »der, wie die Anhänger des Basili-

Überlieferung mündlicher (wie schriftlicher) Provenienz Nachrichten, die ein bis zwei Generationen zurückreichten[65], d. h. noch bis in die Zeit der Entstehung der Evangelien, des Matthäus etwa um 90 und des Markus etwa um 70. Seine Hauptgewährsleute waren der Presbyter Johannes, der doch wohl mit dem Corpus Johanneum zusammenhängt, und der Presbyter Aristion, von dem vielleicht der unechte Markusschluß stammt.

Die Kritik des Papias an Markus geht von zwei Punkten aus:

a) Er hat die Worte und Taten des Herrn nicht in der richtigen chronologischen und sachlichen *Ordnung* vorgetragen (οὐ μέντοι τάξει): diese grundsätzliche Kritik geht sicher auf die Presbytertradition zurück.

b) Er war *kein unmittelbarer Jünger* des Herrn, sondern nur des Petrus, d. h. er schöpft nur aus zweiter Hand.

Der Unterton der Kritik wird auch anhand der anschließenden Erläuterungen sichtbar: die kritisierte fehlende Ordnung seines Werkes geht auf das Verhalten des Petrus zurück, der seine mündlichen Lehrvorträge – verständlicherweise – nach den Bedürfnissen der Hörer gestaltete, d. h. die Jesusüberlieferung an literarisch-historischen Maßstäben gemessen ungeordnet vortrug und an einer – literarisch bzw. chronologisch wohlgeordneten – Zusammenstellung (σύνταξις) der »Herrenworte« uninteressiert war. Markus hat keinen Fehler begangen, wenn er daraus wieder nur einiges (ἔνια) niedergeschrieben hat, wie es ihm im Gedächtnis haftete (ὡς ἀπεμνημόνευσεν).

Die positiven Aussagen, daß Markus, soweit er sich an die Lehrvorträge des Petrus erinnerte, diese ἀκριβῶς zu Papier brachte, und daß er sich *bemüht*

---

des selbst rühmen, der Dolmetscher des Petrus war«. Es könnten mit dem Plural freilich auch die Häretiker allgemein gemeint sein, vgl. 7,108,1 über dieselben: κἂν τὴν Ματθίου αὐχοῦσι προσάγεσθαι δόξαν »Auch wenn sie sich rühmen, die Meinung des (Apostels) Matthias vorzutragen«. Man muß jedoch aufgrund des Bruchs im Wortlaut damit rechnen, daß erst die Basilidianer Glaukias zum Dolmetscher des Petrus erhoben. Darum wird der historische Sachverhalt auf den Kopf gestellt, wenn E. Schwartz, op. cit. (A. 59), 74 = 20 f. vermutet, Papias sei mit seiner Markusnotiz (die ja in Wirklichkeit auf den Presbyter Johannes zurückgeht), von diesen gnostischen Behauptungen abhängig, eine Ansicht, die Ph. Vielhauer, op. cit. (A. 54), 764 A. 11 beifällig zitiert. Eher ist das Umgekehrte der Fall, daß die Gnostiker die alte Markus-Petrustradition für ihre Zwecke nachgeahmt haben. Papias stellt ja auch im Unterschied zu den Basilidianern keine Traditionsverbindung von Petrus über Markus zu sich selbst her, um sich dadurch zu legitimieren. Auch erhebt er nicht Anspruch auf Geheimtradition!

[65] Sie hat bei ihm bereits »nostalgischen« Charakter. Die erhaltenen Stücke der Jesustradition fallen dabei hinter die Evangelien zurück. S. auch H. F. v. Campenhausen, op. cit. (A. 63), 154 f. A. 10: Die Hochschätzung der viva vox »ist für das frühe Christentum gerade charakteristisch«. Vgl. noch Irenäus an Florinus bei Euseb, h.e. 5,20,6 f. und adv. haer. 3,2,1: non enim per literas traditam illam, sed per vivam vocem: sc. die traditio der Kirche, die allein den rechten Schriftgebrauch garantiert, die den Häretikern fehlt. Irenäus könnte bei dieser Formulierung von Papias, den er kannte, abhängig sein. Sein Skopus ist ein wesentlich anderer als bei Papias: s. o. A. 61. Aristides, apol. 15,3 (Goodspeed): ἔχουσι τὰς ἐντολὰς αὐτοῦ τοῦ κυρίου Ἰησοῦ Χριστοῦ ἐν ταῖς καρδίαις κεχαραγμένας . . . Zu persönlicher mündlicher Überlieferung, die über mehrere Generationen zurückreicht, vgl. Plutarch, Mark Anton 28,2–7 und 68,4 f.; Kimon 1,2–2,5; s. auch Jos. Vita 3 f.

habe, nichts vom Gehörten auszulassen oder zu verfälschen[66], haben konventionellen Charakter: die entsprechenden Formeln erscheinen fast stereotyp in den Historikerprologen[67]. Ein solches Zugeständnis war an sich eine Selbstverständlichkeit, die man bei jedem einigermaßen ordentlichen Geschichtsschreiber voraussetzen kann. Hätte Papias weniger gesagt, wäre dies eine *direkte* Herabsetzung des Markus gewesen.

Auffallend ist weiter die zweimalige Betonung der *Erinnerung*. Sie trifft sich mit der Betonung der Erinnerung der Jünger im 4. Evangelium (2,17.22; 12,16; 15,20; 16,4) und dem später bei Justin vorherrschenden

---

[66] Ph. Vielhauer, op. cit. (A. 54), 260, deutet in seinem verfehlten Bestreben, Papias zum unglaubwürdigen Apologeten zu machen, die Aussagen gegen ihren Wortlaut viel zu positiv: »Er kann diese Einwände, von denen der zweite – Mk (sei) kein Augenzeugenbericht eines Jüngers – für seine Auffassung besonders peinlich ist (woher weiß Vf. das?), nicht bestreiten, sucht sie aber umso energischer (?) durch die Behauptung zu entkräften, das Buch enthalte nichts anderes als die genau und vollständig wiedergegebenen Lehrvorträge des Petrus.« Eben davon kann keine Rede sein. Mk schrieb ja nur einiges nieder, so, wie er sich erinnerte (ἔνια γράψας ὡς ἀπεμνημόνευσεν). Der Schlußsatz sagt nur, daß sich Markus Mühe gab (ἐποιήσατο πρόνοιαν), nichts vom Gehörten wegzulassen oder zu verfälschen. Das darf man aber schon bei jeder Seminararbeit voraussetzen.

[67] S. dazu Sh. J. P. Cohen, (A. 31), 24 f. besonders zu der Allerweltsformel: »Nichts hinzufügen und nichts weglassen« (27 f.), die ursprünglich aus der Rechtssprache stammt, aber dann von den Historikern übernommen wurde. S. dazu schon H. Cancik, Mythische und historische Wahrheit, SBS 48, 1970, 24 ff. 85 ff. 99–103. Zu ihrer Häufigkeit s. etwa auch Plutarch, Lykurg 6,4; 13,2; 25,4; Theopomp, FGrHist 115 T 31 = Photius bibl. 176 p. 121a 35; Dionys. Hal., Thuc. 5 (LCL vol. 465, p. 472) u. 8 (p. 478) über Thukydides: πλείστην ἐποιήσατο πρόνοιαν, οὔτε προστιθεὶς τοῖς πράγμασιν οὐδὲν ὃ μὴ δίκαιον οὔτε ἀφαιρῶν, οὐδὲ ἐνεξουσιάζων τῇ γραφῇ. Zum späteren christlichen Sprachgebrauch s. den antimontanistischen Anonymus (Eus., h.e. 5,16,3) und Polykrates v. Smyrna 5,24,2. Die entscheidenden Begriffe und Formeln, die Papias verwendet, finden sich z. T. leicht verändert auch bei Josephus, Ant. 1,17: τὰ μὲν οὖν ἀκριβῆ τῶν ἐν ταῖς ἀναγραφαῖς προϊὼν ὁ λόγος κατὰ τὴν οἰκείαν τάξιν σημανεῖ· τοῦτο γὰρ διὰ ταύτης ποιήσειν τῆς πραγματείας ἐπηγγειλάμην οὐδὲν προσθεὶς οὐδ' αὖ παραλιπών. Unmittelbar zuvor steht die Beteuerung der dem Leser zur Prüfung empfohlenen Glaubwürdigkeit Moses, der, da er von so lange vergangener Zeit erzählt, »eine große Freiheit zu lügnerischen Fälschungen gehabt hätte« (1,16: πολλὴν εἶχεν ἄδειαν ψευδῶν πλασμάτων). Der ganze Text »consists of historiographical commonplaces« (Cohen, op. cit. 28). Zur Auswahl von ἔνια s. Lukian, Demonax 12: Βούλομαι δὲ ἔνια παραθέσθαι; zum »Erinnern« s. ib. 67: ταῦτα ὀλίγα πάνυ ἐκ πολλῶν ἀπεμνημόνευσα.
Die fehlende τάξις ist dagegen ein echter Vorwurf, der Begriff entspricht dem καθεξῆς von Lk 1,3. Proömium wie Markusnotiz zeigen, daß Papias nach Lukas der zweite uns bekannte mit griechischen literarischen Gebräuchen vertraute Autor war, wie schon E. Schwartz, op. cit. (A. 59), 70 = 18 zum Markusbericht betonte: ». . . diese Sätze verraten eine elegante Schreibart«. Auch der Vorwurf der mangelnden τάξις entspricht diesem schriftstellerischen Jargon und wiegt nicht leicht. An sich bedeutet er einen Hinweis auf eine falsche Disposition, s. H. Lausberg, op. cit. (A. 16), 241, § 443; 507. § 1055; in unserem Falle geht es jedoch nicht um die literarische, sondern um die historische Anordnung. Bei einem »Historiker«, der »Worte und Taten« einer geschichtlichen Gestalt beschreibt (zur Formulierung vgl. Polyb. 2,56,10; Gellius, noct. Att. 14,3,5), ist eine falsche chronologisch-sachliche Anordnung des Stoffes ein Grundfehler. Für Lukian gehört darum zum Einmaleins der Geschichtsschreibung (Quom. hist. conscr. 6): καὶ τάξιν ἥντινα τοῖς ἔργοις ἐφαρμοστέον, vgl. auch Jos., Ant. 1,17 und Bell. 1,15. Für Papias und seinen Gewährsmann geht es – an Joh orientiert – um die richtige »historische« Stoffanordnung, die sie bei Markus nicht finden können.

Begriff der ἀπομνημονεύματα τῶν ἀποστόλων, mit dem Unterschied, daß Papias
die Erinnerung des Markus nur auf die untergeordnete Verkündigung des
Petrus einschränkt: Markus ist kein unmittelbarer Augenzeuge. Daß bei der
Entstehung der synoptischen Evangelien nicht primär die erfinderische
Kreativität anonymer urchristlicher Propheten, Gemeinden oder gar selbst-
sicherer theologischer »Dichter«, sondern durchaus die »Erinnerung« der
Autoren (bzw. ihrer Gewährsleute und Tradenten) die maßgebliche Rolle
spielte, sollte man nicht mehr leugnen. Die Autoren sind vor allem für die
Auswahl und Anordnung des Stoffes sowie für die sprachlich-stilistische
Formung verantwortlich.

5.4 Markus und Petrus

Die Abhängigkeit des Autors von *Petrus*, die bei der Begründung der
Priorität des Markus eine ganz wesentliche Rolle spielt, heute aber in der
Regel völlig mißachtet, ja schroff abgelehnt wird, ist festzuhalten und trägt
nicht unwesentlich zum Verständnis des Evangeliums bei[68]. Sie wird unabhängig von Papias auch durch Justin in seinem Hinweis auf Mk 3,16 f. als
angebliche »Petruserinnerungen« bestätigt[69]. Die zunächst ungewöhnlich
klingende Nachricht, daß Markus der Dolmetscher des Petrus gewesen sei,
hat gute historische Gründe für sich. Daß der galiläische Fischer Simon nie
so exakt Griechisch erlernte, daß er seinen Lehrvortrag fließend in einwand-
freiem Griechisch halten konnte, ist naheliegend[70]. Der Graecopalästiner
Johannes Markus, dessen Haus Petrus in der Legende Apg 12,12 ff. nach
seiner Befreiung aus dem Gefängnis als erstes aufsuchte, war vermutlich in
der späteren Zeit sein Begleiter und dazu Dolmetscher, wo dies notwendig

---

[68] P. Wernle, dem wir die nach wie vor grundlegende Untersuchung: Die synoptische Frage,
1899, verdanken, widmet sich ausführlich der Frage »Marcus und die Petrustradition«
(195–208) und kommt zu dem für heutige Ohren kühnen Schluß: »Vielmehr ist das Mrevg die
wertvollste Quelle für die ›Theologie‹ des Petrus« (ebd. 200). Ähnlich E. Meyer, Ursprung und
Anfänge des Christentums, Bd. I. Die Evangelien, ⁴⁻⁵1924, 147–160. Ich würde nicht so weit
gehen, doch sollte man den Zusammenhang Petrus-Markus nicht mehr völlig leugnen.

[69] Dial. 106,3 nach der Umbenennung des Apostels Petrus: καὶ γεγράφθαι ἐν τοῖς ἀπομνημονεύ-
μασιν αὐτοῦ (= Πέτρου) γεγενημένον καὶ τοῦτο, μετὰ τοῦ καὶ ἄλλους δύο ἀδελφούς, υἱοὺς Ζεβεδαίου ὄντας,
ἐπωνομακέναι ὀνόματι τοῦ Βοανεργές, ὅ ἐστιν υἱοὶ βροντῆς. Vgl. auch 103,8: Die Erinnerungen sind
von seinen Aposteln und deren »Nachfolgern« (vgl. Papias zu Mk als »Nachfolger des Petrus«:
in beiden Fällen steht das Verb παρακολουθεῖν), d. h. Markus und Lukas, verfaßt. Der Begriff der
ἀπομνημονεύματα bei Justin wird in der Regel – mit Recht – auf die ἀπομνημονεύματα Σωκράτους
Xenophons zurückgeführt, die Justin kannte (vgl. apol II 11,3). S. auch L. Abramowski, Die
»Erinnerungen der Apostel« bei Justin, u. S. 341 ff. Der Begriff taucht jedoch in der zeitgenössischen Literatur auf, so als Sammlung von »Lesefrüchten« in fünf Büchern bei Favorinus (ca.
80–150), und bei seinem Freund Plutarch, dessen ἀπομνημονεύματα leider nicht erhalten sind.
Plut. Cato major 9,7 gebraucht es im Sinne von »berühmten Aussprüchen« Catos.

[70] Zu den Schwierigkeiten des »Barbaren«, der nicht einwandfrei Griechisch sprechen konnte, s. M. Hengel, Juden, Griechen und Barbaren, SBS 7 76, 1976, 107 f.

war[71]. Das Griechisch des Petrus wird dem verwöhnten Ohr des antiken Hörers wohl kaum gefallen haben. Der kritische, gebildete Leser möge sich selbst prüfen, ob er das Englische oder Französische *literarisch* einwandfrei beherrscht und ob er nicht bei der Vorbereitung eines fremdsprachlichen Referats für Übersetzungshilfe dankbar ist. Soll Petrus eine bessere sprachliche Ausbildung gehabt haben als wir?

Unter Berücksichtigung des wesentlich kleineren Umfanges seines Werkes nennt das Markusevangelium Simon Petrus häufiger als die anderen synoptischen Evangelien und auch häufiger als Johannes, wenn man von dem kritischen Petruskapitel im Nachtrag Joh 21 absieht, nämlich insgesamt 25mal[72]. Simon wird 1,16 unmittelbar nach der »propositio« 1,14.15 als *erster*

---

[71] Die Inscriptiones und Subscriptiones der Evangelien sind – das zeigt ihre völlige Einheitlichkeit gegen Ende des 2. Jh.s von Ägypten bis Lyon und von Afrika bis Antiochien – sehr alt. So mit Recht gegen die heute übliche Meinung H. F. v. Campenhausen, op. cit. (A. 63), 203 A. 121: »Aber diese alten und vermutlich ursprünglichen Bezeichnungen standen ja schon längst fest, wie man aus Papias und ebenso wohl aus Justin . . . folgern muß, und konnten auch später nicht mehr willkürlich geändert werden«. Dazu ausführlich meine in Vorbereitung befindliche Studie: »Die Evangelienüberschriften«. Eine Zusammenfassung derselben findet sich im Jahrbuch der Heidelberger Akademie der Wissenschaften 1981, 104f. Der im NT genannte Markus 1 Petr 5,13; Phlm 24; Kol 4,10; 2 Tim 4,11 und Johannes Markus Apg 12,12.25; 15,37 und 15,39 (dort nur noch *Μάρκος*) sind mit großer Wahrscheinlichkeit identisch. Das 2. Evangelium wurde nicht anonym von irgend jemand, sondern von einem theologischen Lehrer mit Autorität geschrieben, hinter dem eine noch größere Autorität stand.

[72] Eine Übersicht über die Erwähnungen des Petrus bei Markus zeigt, daß sie sich in den Schwerpunkten des Evangeliums häufen: Am Anfang, in der Peripetie und zu Beginn der Passionsgeschichte. Das ist wohl kaum ein Zufall, sondern hängt mit der Disposition des Ganzen zusammen:

C. 1	2	3	4	5	6	7	8
1,16:2×S		3,16:2×S+P		5,37 P			8,29 P
1,29 S							8,32 P
1,30 S							8,33 P
1,36 S							

C. 9	10	11	12	13	14	15	16
9,2 P	10,28 P	11,21 P		13,3 P	14,29 P		16,7 P
9,5 P					14,33 P		
					14,37 P+S		
					14,54 P		
					14,66 P		
					14,67 P		
					14,70 P		
					14,72 P		

Auffallend ist dabei außerdem die genaue Trennung zwischen dem ursprünglichen Namen Simon und dem von Jesus beigelegten Petrus. Simon wird der erste Jünger bis zur Namengebung (3,16) genannt und dann noch einmal in der besonderen, vertraulichen Anrede in Gethsemane (14,54). Die anderen Evangelien unterscheiden hier in der Namengebung nicht mehr ganz so exakt. Am ehesten wird die Tendenz des Mk von Mt fortgeführt. Er baut auf dem

Jünger erwähnt, und sein Bruder Andreas ist in ganz ungewöhnlicher Weise
durch ihn als »der Bruder des Simon« gekennzeichnet (vgl. dazu 15,21). Zu
Beginn von Jesu Wirken, nach der Berufung der ersten vier Jünger und dem
ersten Exorzismus in der Synagoge von Kapernaum, betritt dieser – eine aus
dem Rahmen fallende, sehr persönlich wirkende Mitteilung im Evangelium
– das Haus des Brüderpaares und heilt dessen Schwiegermutter (1,29). In
1,36 wird der erste Jüngerkreis in ungewöhnlicher Weise mit »Σίμων καὶ οἱ
μετ᾽ αὐτοῦ« charakterisiert. Im folgenden steht er an der Spitze aller Jüngerli-
sten, der Zwölf wie der Drei und Vier[73]. Das alles kann nicht einfach als bloße
Konvention erklärt werden, sondern muß tiefere *historische* Gründe haben.
Als der Sprecher der Zwölf bekennt er sich nicht nur zur Messianität Jesu,
sondern wird auch von Jesus aufs schärfste zurechtgewiesen (8,29.32f.) und
ist Repräsentant des Unverständnisses und Versagens der Jünger[74]. Er ist der
letzte Jünger, den Jesus in Gethsemane persönlich anspricht (14,37), der
letzte, der Jesus bis in den Hof des hochpriesterlichen Palastes begleitet, ja
noch mehr, der *letzte*, der im Evangelium überhaupt genannt wird. Die
außergewöhnliche Formulierung 16,7, des Engelbefehls an die Frauen: »Ge-
het hin und saget seinen Jüngern *und dem Petrus* . . .« (τοῖς μαθηταῖς αὐτοῦ καὶ
τῷ Πέτρῳ), stellt den Namen des Jüngers, der zuerst im Evangelium erscheint, auch an dessen Ende: es handelt sich um eine Inclusio, *durch die der
Evangelist bewußt diesen einen Jünger in ganz besonderer Weise hervorheben will*[75].
Man kann wohl kaum bezweifeln, daß Markus in deutlicher Weise die
einzigartige Bedeutung des Petrus betont, ohne jedoch dabei dessen Versa-

---

Markusevangelium auf und fügt weitere legendäre Petrustraditionen hinzu (14,28 ff.; 16,16 ff.;
17,25 ff.). Zum Ganzen s. den Beitrag von R. Feldmeier u. S. 267 ff.

[73] Vgl. Mk 3,16 ff.; 5,37; 9,2; 13,3.

[74] Vgl. außer 8,29; 9,5; 10,28; 11,21; 13,3; 14,29.37.

[75] Vgl. dazu P. Wernle, op. cit. (A. 68), 197: »An allen wichtigen Punkten von Anfang bis zu
(sic) Ende der Erzählung ist er die führende Person im Jüngerkreis. Er ist der Erstberufene, der
Erste im Apostelkatalog, den Jesus Fels benennt bei der Wahl, der Erste, der Jesus als Messias
bekennt und seine Herrlichkeit schaut, trotz der Verleugnung derjenige Jünger, der am längsten
ihm folgt, der Erste, der einer Erscheinung gewürdigt werden soll«. H.-H. Stoldt, Geschichte
und Kritik der Markushypothese, 1977, 180 f. hat gegenüber dieser Deutung protestiert. Er
mag recht haben, daß man aus 16,7 nicht unmittelbar die Protophanie vor Petrus herauslesen
darf – sie könnte für die Gemeinde, die darum weiß (vgl. 1 Kor 15,4 und Lk 24,34), dort
immerhin angedeutet sein –, doch hat er auch keine Erklärung für die konzentrierte Hervorhebung des Petrus bei Mk. In der Parallele Mt 28,7 f. wird der Hinweis auf Petrus gestrichen.
Auch die Hypothese von Schmithals, ZThK 77 (1980), 164, Mk zeichne hier »einen von Anfang
an geschlossenen und nur in solchem Zusammenhang verständlichen Entwurf des exemplarischen Jüngers bzw. Christen«, ist nur mit einigen wesentlichen Einschränkungen richtig.
Einmal ist das Verhalten des Petrus sehr oft gerade nicht exemplarisch, zum anderen sind
einzelne Szenen: 1,29 (vgl. 1 Kor 9,5); 8,32 f. oder 14,66 ff. für eine derartige abstrakte Konstruktion viel zu konkret. Mk arbeitet eben nicht – wie Schmithals es gerne wollte – romanhaft
freischaffend und theologisch abstrakt, sondern gestaltet Petrustradition, die ihm offenbar
nahesteht. Auch die Zebedaiden Jakobus und Johannes gewinnen noch ein gewisses, freilich
sehr viel begrenzteres Profil: 1,19 f.; 3,17; 10,35 ff.

gen zu unterschlagen. Sollte dies nicht doch mit der besonderen Herkunft seiner Tradition zusammenhängen? Irgendeine Art späterer theologischer Polemik gegen Petrus oder das Judenchristentum überhaupt sollte dagegen aus dem 2. Evangelium nicht herausgelesen werden, denn es wird – anders als im 4. Evangelium mit seinem rätselhaften Lieblingsjünger – kein anderer Jünger- (bzw. Gemeinde-)Standpunkt sichtbar, von dessen Autorität aus eine derartige Polemik hätte betrieben werden können[76]. Matthäus und Lukas haben diese Hervorhebung des Petrus von Markus übernommen und – so vor allem Matthäus – noch ein wenig stärker *legendär* ausgemalt; der feste Ausgangspunkt ist aber bei Markus zu suchen, der zeitlich und räumlich dem Petrusmartyrium im Jahr 64 in Rom recht nahesteht. Johannes möchte dagegen die Bedeutung des Petrus gegenüber dem unbekannten Lieblingsjünger einschränken.

Gewiß erscheint Simon Petrus nicht in seiner lebendigen Individualität, sondern in typisierter Form, aber das gehört zum kerygmatischen Stil des Erzählers überhaupt und betrifft alle Personen des Evangeliums, inklusive Jesus selbst: man merkt den Stoffen an, daß sie seit über einer Generation kerygmatisch geformt worden waren. Umsomehr ist es erstaunlich, wie Markus, bei allen erzählerischen Verkürzungen, dennoch seinen lebendig-anschaulichen Stil zur Geltung bringt[77].

Auffällig ist schließlich, daß bei Markus und seinen Nachfolgern der Herrenbruder Jakobus und die Familie Jesu gänzlich zurücktreten. Es wird in 6,3 nur ihre Existenz konstatiert. Dies ließe sich dadurch erklären, daß Jakobus seit Beginn der vierziger Jahre (vgl. Apg 12,17; Gal 2,9) Petrus aus seiner ersten Stellung in Jerusalem verdrängt hatte und daß hier Spannungen bestanden, die kaum geringer waren als die zwischen Paulus und seinen Gegnern.

Dafür, daß hinter dem Markusevangelium petrinische Autorität steht, sprechen auch noch andere Gründe. Einmal, daß das Werk des Markus von dem Historiker Lukas wie auch von dem so selbstbewußten christlichen Schriftgelehrten »Matthäus« in ganz selbstverständlicher Weise als »Leitfaden« verwendet wurde, wobei vor allem bei Matthäus auffällt, mit welcher Treue er seine Markusvorlage im ganzen reproduziert. Weiter erklärt die

---

[76] Abwegig etwa W. H. Kelber, Mark's Story of Jesus, Philadelphia 1979, 90: »In sum, Mark's combined critique of the Twelve, the Three, Peter, Jesus' family, and the Galilean women is directed against people who are identifiable as representative figures of the Jerusalem Church«. Die enthemmte Redaktionsgeschichte macht so ziemlich alles möglich.

[77] Zu den verschiedenen Petrustraditionen s. die in absehbarer Zeit in den WUNT erscheinende, von G. N. Stanton betreute Londoner Dissertation von T. Smith, Petrine Controversies in Early Christianity, s. weiter R. Pesch, Simon-Petrus, Päpste u. Papsttum 15, 1980, 138–149 und die leider wenig befriedigende Sammelstudie: Der Petrus der Bibel, hg. v. R. E. Brown, K. P. Donfried, J. Reumann, üs. v. R. Mohr, 1974, 54–129. Zu Petrus in den vier Evangelien und zu der Bedeutung des Mk als Ausgangspunkt s. den Beitrag von R. Feldmeier u. S. 267 ff.

Tatsache, daß, obwohl Matthäus gegen 90% des Markus-Stoffes übernommen hat, das im Grunde unnötig gewordene 2. Evangelium dennoch in der
Kirche weiterlebte, sich ebenfalls am besten dadurch, daß das Werk des
Markus von Anfang an mit der Autorität des Namens Petrus verbunden
war.

Wahrscheinlich ist das Evangelium aus dem lebendigen *mündlichen Vortrag*
herausgewachsen und für die lectio sollemnis im Gottesdienst abgefaßt
worden. Die kurzen, oft rhythmisch geformten Kola weisen auf die mündliche Rezitation in der Gemeindeversammlung hin. Das Evangelium ist für
das Ohr des Hörers geschrieben, und darum alles andere als ein künstliches
literarisches Schreibtischprodukt, das aus obskuren schriftlichen Quellen,
aus zahlreichen Zetteln und Flugblättern zusammengestückelt wurde[78]. Wir
sollten hier nicht einfach unsere Exzerpten- und Zettelwirtschaft, unsere
relativ mechanische »wissenschaftliche« Arbeitsmethode auf Markus proji-
zieren. Hinter diesem Werk steht weder ein bloßer Sammler volkstümlicher
amorpher »Gemeindetradition«, die irgendwo in den heidenchristlichen
Kirchen »umlief« (wie soll man sich das vorstellen?), noch ein anonymer,
poetisch inspirierter, heidenchristlicher Literat, sondern ein theologischer
Lehrer, der selbst ein Meister des Wortes und eine urchristliche Autorität
gewesen sein muß. Einem Herrn »Niemand« hätte man die revolutionäre
Neuerung einer Evangelienschrift wohl kaum abgenommen. M. E. war er

---

[78] Schon J. G. Herder, Vom Erlöser der Menschen, Sämtl. Werke, hg. v. B. Suphan, Bd. 19,
1880, hat die entscheidenden Züge des Werkes von Mk erkannt: »Sein Evangelium ist zum
lauten Vortrage eingerichtet; er schließet und kürzt die Rede für Herz und Ohr« (216). »Kurz,
das Evangelium Markus ist ein *kirchliches Evangelium* aus lebendiger Erzählung zur öffentlichen
Verlesung in der Gemeinde geschrieben« (217). Wenn Herder daher von den Evangelien als
»heilige(m) Epos« (199) spricht und dies näher als »den Vortrag der Evangelien nach Composition und Absicht« (Hervorhebungen vom Vf.) bezeichnet, so gilt dies ganz besonders vom
2. Evangelium, und wenn er die Evangelisten »Rhapsoden« nennt (214), von wem könnte das
mit besserem Recht gesagt werden als von Markus, dem »lebendigen Rhapsoden dieser
Geschichte« (217). Der amerikanische Jesuit und klassische Philologe James A. Kleist gibt in
seinem wenig beachteten Kommentar, The Gospel of Saint Mark, NY. Milwaukee Chicago,
1936, durch die Anordnung des Textes in »Sinneinheiten«, d. h. kurzen »Cola et Commata«,
dem Leser einen Eindruck davon, wie das Evangelium vorgetragen wurde, wobei das Gespür
des Evangelisten für Rhythmus und Sprachmelodie besonders auffällig ist (s. 91–127), vgl.
125 f. zu Mk 4,2: »The very rhythm, even apart from the meaning of the words, puts the hearer
in a solemn and attentive mood«. S. auch die Beobachtungen von G. Lüderitz zum »poetischen
Rhythmus« im 2. Evangelium, in: H. Cancik, op. cit. (A. 39). B. H. M. G. M. Standaert,
op. cit. (A. 13), 496–618 vermutet als ursprünglichen Sitz im Leben des Evangeliums den
liturgischen Gebrauch bei der Tauf- und christlichen Passafeier am Ostersonntag in Rom.
Dadurch wird der Gebrauch des Werkes sicher zu sehr eingeengt. Er beschränkt sich keinesfalls
nur auf einen Tag im Jahr. Andererseits führt kein Evangelium so gezielt auf den Ostermorgen
hin wie Mk, auch macht der sonderbare, abrupte Schluß 16,8 eine liturgische Antwort im
Bekenntnis der Gemeinde plausibel. S. dazu jetzt auch E. Trocmé, The Passion as Liturgy,
1983.

zugleich Schüler der größten apostolischen Autorität der frühesten Kirche. Das könnte den anfänglichen Erfolg seines Werkes erklären.

Auf der anderen Seite darf man gewiß auch keine *sklavische* Abhängigkeit von der Petrustradition annehmen. Dazu trägt das Werk des zweiten Evangelisten doch wieder ein zu eigenständiges theologisches Gepräge. Auch die deuteropaulinischen Briefe Eph und Kol, die von unbekannten Paulusschülern stammen, ja selbst der 1. Johannesbrief gegenüber dem Evangelium, haben bei aller Abhängigkeit eine eigene Handschrift – von dem Paulusschüler Lukas ganz zu schweigen. Sicherlich war – ca. 5 Jahre nach dem Tode des Petrus und in den Wirren des Bürgerkriegs nach Nero – eine richtungweisende Evangelienschrift aus der Hand eines Petrusschülers das Gebot der Stunde.

Leider wissen wir über die Theologie des Petrus, des einflußreichsten Lehrers neben Paulus, kaum mehr etwas. Es wäre ein reizvoller Versuch, gewisse Grundzüge aus dem 2. Evangelium rekonstruieren zu wollen, doch würde dies als gar zu phantasievolle Hypothese mit einem gewissen Recht von vornherein auf Ablehnung stoßen. Hier müssen wir bei der offenen Frage stehen bleiben[79].

6. Das Werk des Markus als Evangelium

6.1 Der Sprachgebrauch

Dennoch sei mir eine abschließende *Hypothese* erlaubt. Markus verwendet den Begriff εὐαγγέλιον 7mal. Zu Beginn seines Evangeliums bedeutet das εὐαγγέλιον Ἰησοῦ Χριστοῦ als Genetivus objectivus das Evangelium *von* Jesus Christus, d. h. das in dem jetzt beginnenden »biographischen« Werk[80] erzählte Heilsgeschehen von Wirken und Sterben Jesu[81].

---

[79] Wie wenig wir wissen, zeigen die Erörterungen von O. Cullmann, Petrus, ²1960, 72–77. Ich würde Cullmann darin zustimmen, daß Petrus vermutlich theologisch nicht *allzu* weit von Paulus entfernt war; auch daß die Deutung des Todes Jesu als Sühnetod bei ihm eine wesentliche Bedeutung besaß. Darauf weist auch der deuteropetrinische 1. Petrusbrief hin. Zu Petrus als erstem Osterzeugen s. R. Pesch, op. cit. (A. 77), 48ff.

[80] S. o. S. 223ff. S. Schulz, Die Bedeutung des Markus für die Theologiegeschichte des Urchristentums, in Studia Evangelica II, TU 87, 1964, 135–145 hat mit Recht darauf hingewiesen, daß das »Evangelium« zugleich eine »historia zwischen Galiläa und Jerusalem« darstellt, zu deren »konstitutive(n) Elemente(n)« u. a. »geographische Verknüpfungen, chronologische Folgen und biographische Angaben« (136) gehören. Unglücklich ist freilich seine Ableitung dieser »fortlaufenden, zusammenhängenden historia Jesu« »aus der volkstümlichen Tradition der θεῖος ἀνήρ-Viten, wie zum Beispiel Apollonius von Tyana, Alexander von Abonuteichos und Peregrinus Proteus (143f.)«. Derartige *volkstümliche* θεῖος ἀνήρ-Viten sind als *besondere Gattung* nicht nachweisbar, und die Evangelien haben mit den späteren hochliterarischen und z. T. polemischen Werken eines Lukian und Philostratos über jene »Helden« herzlich wenig zu tun.

[81] 1,1 ist als Bucheinleitung zu verstehen. Der »Sachtitel« lautet: εὐαγγέλιον Ἰησοῦ Χριστοῦ. Das

In der »propositio« 1,14 tritt Jesus in Galiläa auf und verkündigt das
εὐαγγέλιον τοῦ θεοῦ. Hier handelt es sich um einen Genetivus auctoris, um
Gottes frohe Botschaft, die im V. 15 expliziert wird: »Die Zeit ist erfüllt, die
Gottesherrschaft ist herbeigekommen[82]. Kehrt um und glaubt an das Evangelium«. Die frohe Botschaft Gottes ist identisch mit der Proklamation von
Gottes anbrechender Herrschaft als Inbegriff der Verkündigung und des
Wirkens Jesu in Galiläa. Das Evangelium von Jesus Christus in 1,1 hat
dagegen noch umfassenderen Charakter, es enthält das *ganze* Heilsgesche-
hen, das in Jesu Tod für die Vielen und in seiner Auferstehung kulminiert. In
Jesu öffentlicher Ansage des Anbruchs der Gottesherrschaft allein ist dieses
noch nicht in seiner *ganzen* Fülle enthalten. D. h. im Gegensatz zur Darstel-
lung der Verkündigung Jesu im 4. Evangelium besteht bei Markus noch
eine gewisse Spannung zwischen der in Galiläa beginnenden Reich-Gottes-
Predigt Jesu und dem das ganze Evangelium umfassenden christologischen
Heilsgeschehen, das das Leiden und die Auferstehung, ja die Verheißung der
Parusie des Menschensohnes (8,34; 9,1; c. 13; 14,62) mit einschließt.

Dementsprechend verwendet Markus den Begriff εὐαγγέλιον im ersten
Teil seines Berichts nicht mehr. Dagegen taucht er zweimal in der Jüngerbelehrung nach dem Petrusbekenntnis und der Leidensansage auf: 8,35 in der
Aufforderung zur Selbstverleugnung: »Denn wer sein Leben verlieren wird
um meinet- und um des Evangeliums willen, der wird es retten«. Ganz
ähnlich in 10,29: »denn keiner hat Haus (und Familie) . . . und Äcker um
meinet- und um des Evangeliums willen verlassen, der es nicht hundertfältig
wieder empfängt . . .«, das ἕνεκεν ἐμοῦ καὶ ἕνεκεν τοῦ εὐαγγελίου ist ein Hen-
diadyoin: »um Jesu willen« heißt zugleich »um des Evangeliums willen« und
umgekehrt. Jesus ist der Inhalt des Evangeliums. Dies weist auf das umfas-
sendere Verständnis von 1,1 zurück.

Der letzte Beleg hat fast paulinischen Klang, er durchbricht in 13,10 den
Zusammenhang der kleinen Apokalypse mit der Ankündigung der Verfol-
gung »aber zuerst muß allen Völkern das Evangelium verkündigt werden«:
Hier ist es Inbegriff der weltweiten Missionspredigt[83]. In 14,9 zu Beginn der

---

Werk hat das ganze εὐαγγέλιον Ἰησοῦ Χριστοῦ vom Auftreten des Täufers bis zur Parusie (Mk 13)
nicht nur dessen Anfang zum Inhalt. Die ἀρχὴ τοῦ εὐαγγελίου . . . bezieht sich auf das Auftreten
des Täufers und die Taufe und Versuchung Jesu 1,1–13, d. h. es umfaßt das Geschehen vor der
öffentlichen Wirksamkeit des Gottessohnes. Zwischen V. 1 und 2 ist ein Semikolon zu setzen:
»Der Anfang des Evangeliums von Jesus Christus (geschah) wie geschrieben steht . . .«. Der
eigentliche Bericht beginnt mit 1,14.

[82] Das Perfekt ἤγγικεν ist wie das aramäische מטא präsentisch zu verstehen: vgl. Mk 14,42:
ἰδοὺ ὁ παραδιδούς με ἤγγικεν »Siehe mein Verräter ist da!« Dazu auch J. Jeremias, Die Gleichnisse
Jesu, ⁷1965, 227: »Die Stunde der Erfüllung ist da«.

[83] Dazu R. Pesch, op. cit. (A. 1), 2, 285 und G. Schneider, Der Missionsauftrag Jesu in der
Darstellung der Evangelien, in: Mission im Neuen Testament, hg. v. K. Kertelge, QD 93,
1982, 84f. Das Wort ist von Mk »redaktionell« eingefügt, es ist jedoch von der Sache her selbst
wieder »traditionell«. M. E. geht die Formulierung auf griechischsprechende judenchristliche

eigentlichen Leidensgeschichte wird nun dieses paulinisch klingende traditionell-kerygmatische Verständnis von εὐαγγέλιον mit der Erzählung der Jesusgeschichte, vor allem der Passionsgeschichte, verbunden, so daß solche Erzählung als ein wesenhafter Bestandteil der Missionspredigt überhaupt erscheint: »Wahrlich ich sage euch, wo auch immer das Evangelium in der ganzen Welt verkündigt wird, wird auch erzählt werden, was sie getan hat, ihr zum Gedächtnis«[84].

Dieser eigenartige Sprachgebrauch, der das christologische Kerygma, das wir von Paulus her kennen, untrennbar mit der ganzen Jesusgeschichte als dem Heilsgeschehen verbindet, war wohl nicht die persönliche Erfindung des Markus. Einige Belege wie 1,1; 13,10 und 14,9 mögen von ihm redaktionell gebildet sein, bei den anderen greift er doch wohl auf *ältere Tradition* zurück[85]. Wahrscheinlich wird man diese christologische Verbindung von

---

Kreise zurück, die parallel zu Paulus den Gedanken weltweiter Mission vor der Parusie vertraten, eine Gruppe, der Petrus in seiner späteren Zeit nach seiner Abkehr von Jerusalem (vgl. Apg 12,17b) bzw. den Jahren nach dem Apostelkonzil zuzurechnen ist. Vgl. M. Hengel, Zur urchristlichen Geschichtsschreibung, 1979, 79–84: Petrus und die Heidenmission. Petrus war nicht jener »Gesetzesknecht«, zu dem ihn Marcion und die Tübinger Schule machen wollten. S. dazu u. A. 90. Der Missionsbefehl Mt 28,18–20 führt diese Linie weiter, es ist aber bezeichnend, daß dort, dem Verständnis des 1. Evangelisten entsprechend, an die Stelle des verkündigten εὐαγγέλιον die Ausbreitung der Jüngerschaft unter den Heiden und die Lehre der Gebote Jesu treten.

[84] Hier hat der Evangelist die Erzählung in seinem Sinne verändert. Die ursprüngliche Fassung des Logions läßt sich m. E. nur noch sehr hypothetisch rekonstruieren. S. dazu R. Pesch, op. cit. (s. Anm. 1), 2, 334 f. und J. Jeremias, Abba, 1966, 115–120. Dieser Text, der als die markinische Klimax der Salbungserzählung zu Beginn der eigentlichen Passionsgeschichte (des »5. Aktes«) unmittelbar vor dem Verrat des Jüngers Judas steht – der Kontrast wird ganz bewußt hergestellt –, besitzt im Evangelium selbst eine Schlüsselstellung. Es ist verständlich, daß Schmithals von seinen Voraussetzungen aus gerade an diesem Vers Anstoß nehmen muß. Sein Unwillen steigert sich zu der Behauptung, 14,3–9 sei »eine ursprünglich redaktionelle Einheit«, die der tumbe Tor Mk ohne jedes »spezifisch theologische(s) Interesse« aus »historisch-biographischen« Gründen gebildet habe, um »die Tageseinteilung der Passionswoche zu ermöglichen« (vgl. ders., 593 A. 3). Die »theologisch geschlossene Originalfassung der Erzählung« liege Lk 7,36–47 vor, das Machwerk des Mk sei nur »eine schlechte Kopie« (595). Schmithals beruft sich dabei auf M. Goguel, Das Leben Jesu, üs. v. R. Binswanger, 1934, 307, der freilich sehr viel vorsichtiger urteilt: Hinter Lk und Mk liege »ein einfacheres Urbild«. Der Lukasbericht komme diesem »am nächsten«. Entsprechend von dogmatischem Eifer geprägt ist das Urteil von Schmithals zu 14,9: »Der historisierenden Tendenz des Evangelisten ist auch die theologische Geschmacklosigkeit zuzutrauen, mit dem Höhepunkt der Geschichte den Blick von Jesus wegzuwenden, dem doch der Dienst der Frau galt« (590). De gustibus non disputandum. M. E. ist es ein Zeichen der theologischen Größe des Evangelisten und der geisterfüllten Menschlichkeit seines Evangeliums, daß er in dieser Perikope, die durch den Todesbeschluß und den Verrat des Judas gerahmt wird, zu berichten wagt, daß *Jesus* den Blick einer unbekannten Frau zuwandte, um die weltweite Verkündigung der Siegesbotschaft mit dem erzählenden Gedenken an das Liebeswerk dieser Frau zu verbinden.

[85] Zur Traditionsgeschichte von εὐαγγέλιον in der »hellenistisch-judenchristlichen Gemeinde« s. die grundlegende Arbeit von P. Stuhlmacher, Das paulinische Evangelium, FRLANT 95, 1968, 245–286 sowie ders. in diesem Band, S. 157 ff. Vgl. auch M. Hengel, Zwischen Jesus und Paulus, ZThK 72 (1975), 200–202.

Jesuserzählung und Verkündigung mit dem Begriff εὐαγγέλιον schon vor
Entstehung seines Werks in einer größeren Zahl von Gemeinden voraussetzen müssen. Sie begegnet uns ca. eine Generation nach Markus in auffallender, geprägter Form etwa bei Ignatius oder auch in der Didache, wo in
beiden Fällen der Übergang zum schriftlichen Evangelium bereits angedeutet wird[86]. Ohne diesen älteren Sprachgebrauch in zahlreichen Gemeinden
wäre es wohl *nie* zur Bezeichnung »Evangelium« für jene vier kerygmatischen »Jesusbiographien« gekommen, die wir im neutestamentlichen Kanon beieinander finden. Woher stammt diese Benennung?

6.2 Petrus und der Begriff »Evangelium«

In den Paulusbriefen als den ältesten Zeugnissen erscheint uns nur *eine*
Gestalt aus dem engsten Jüngerkreis der Zwölf, deren Einfluß von Jerusalem
über Antiochien und Korinth bis Rom reichte, und die in besonderer Weise
Gesprächspartner *und* missionarischer Konkurrent des Heidenapostels war,
eine Gestalt, die wie kein anderer als Sprecher der Jünger über die Fülle der
Jesustradition verfügte: *Simon Petrus*. Man wird nicht fehlgehen, wenn man
ihn – mehr als alle anderen Jünger Jesu – für den autoritativen *Vermittler von
Jesusüberlieferung* in den Missionskirchen von Antiochien bis Rom hält. Seine
ursprüngliche, enge Verbindung mit dem Meister trug ebenso zu seiner
einzigartigen Autorität bei wie seine Protovision des Auferstandenen.

Auf der anderen Seite darf man auch als gesichert betrachten, daß das von
Paulus so häufig verwendete Wort εὐαγγέλιον als Inbegriff der neuen Botschaft nicht erst von dem Heidenapostel entdeckt wurde, sondern auf die
früheste griechischsprechende Gemeinde in Jerusalem zurückgeht. Möglicherweise steht sogar ein aramäischer Begriff dahinter, da das Targum zu Jes
53,1 bei der Frage: »Wer hat unserer Botschaft geglaubt?« das hebräische
שמועה mit בסורתא, dem aramäischen Äquivalent von εὐαγγέλιον, wiedergibt,
und der Begriff von dem Verb בשׂר = εὐαγγελίζεσθαι abzuleiten ist, das von
Deuterojesaja zur Umschreibung der Verkündigung der Siegesbotschaft
vom Anbruch der Herrschaft Gottes gebraucht wird[87] (40,9; 60,6; 61,1) und
im Anschluß daran auch in der Verkündigung Jesu eine gewisse Rolle

---

[86] Ignatius, Phld. 5,1 f.; 8,2; 9,2: ἐξαίρετον δέ τι ἔχει τὸ εὐαγγέλιον, τὴν παρουσίαν (hier im Sinne
der Ankunft Jesu bei der Menschwerdung, s. W. Bauer, WBzNT s.v. 2b) τοῦ σωτῆρος... τὸ
πάθος αὐτοῦ καὶ τὴν ἀνάστασιν; Sm 5,1; 7,2. In der Didache wird einer Gemeindeordnung
entsprechend mit εὐαγγέλιον stärker auf die Worte und Gebote Jesu Bezug genommen: 8,2; 11,3;
15,3.
[87] Vgl. noch Joel 3,5; Nah 2,1; Ps 86,12. Die Urbedeutung »Siegesbotschaft« erscheint vor
allem in 2 Sam 18,19–32, vgl. auch 2 Sam 4,10; 2 Kön 7,9. Zum Vorgang s. auch Plutarch,
Demetr. 17, wo am Ende in 17,5 εὐαγγέλιον in der Bedeutung von Botenlohn (für die Siegesbotschaft) erscheint.

spielte[88]. Auch 1 Kor 15,1 ff., wo Paulus das festgeprägte Leidens- und Auferstehungskerygma als εὐαγγέλιον bezeichnet, das er selbst als Paradosis empfangen hat, weist auf eine ganz frühe vorpaulinische Verwendung des Wortes zurück. Schließlich legt Gal 2,1–10 nahe, daß der Begriff εὐαγγέλιον – bzw. sein aramäisches Äquivalent – auch den Jerusalemer Autoritäten nicht fremd war[89]. In 2,7 betont Paulus, seine Gesprächspartner hätten eingesehen, »daß ich mit dem Evangelium für die Heiden betraut wurde, wie Petrus mit dem (Evangelium) für die Juden«[90].

Man hat von hier aus guten Grund anzunehmen, daß auch für Petrus dieser Begriff Bedeutung besaß, wenngleich wir keinen Zugang zu seiner Predigt und seiner Theologie mehr besitzen. Daß von ihm ein ungeheurer Einfluß ausgegangen ist, der kaum geringer war als der des Paulus, läßt sich schwerlich bezweifeln. Die Wirkung des Paulus wurde freilich im Gegensatz zu der des Petrus durch die Sammlung und Verbreitung seiner Briefe prolongiert bzw. erneuert. Bei Petrus blieb dagegen nur die Erinnerung an seine Person und nicht an seine Lehre erhalten. Wenn aber auch für Petrus der Terminus εὐαγγέλιον wesentlich war, dann wird die Jesusüberlieferung bzw. der *Bericht von Jesus* darin eine sehr viel größere Rolle gespielt haben als bei Paulus. Vielleicht ist davon in der Petrusrede vor Cornelius mit dem Abriß von der Wirksamkeit Jesu Apg 10,36–43 eine kleine Spur erhalten. Warum sollte Lukas, der ja Paulus in Apg 13,38f. und 20,24–35, so gut er vermag, theologisch zu charakterisieren sucht, nicht auch noch einige Überlieferung von Petrus besessen haben? Möglicherweise wußte er noch, daß es sich bei dem Wort »Evangelium« *nicht* um einen »jesuanischen« Begriff handelte, so daß er denselben in seiner Markus-Vorlage konsequent insgesamt 4mal streicht[91]. Um so mehr fällt es auf, daß Lukas in Apg 20,24 das Wort in den

---

[88] Vgl. Lk 7,22 = Mt 11,5 Q. Dazu aus dem lukanischen Sondergut 4,18, wo der Evangelist Jes 61,1 in sachlich durchaus angemessener Weise Jesus selbst in den Mund legt. Zum Targum von Jes 53,1 vgl. O. Betz, Jesu Evangelium vom Gottesreich, o. S. 55 ff.

[89] Dazu P. Stuhlmacher, op. cit. (A. 85), 266 ff. Mit dem in 1 Kor 15,3f. explizierten traditionellen εὐαγγέλιον stimmen nach 15,11 auch Petrus, die Zwölf, Jakobus und alle Apostel überein.

[90] Wie Paulus ist auch Petrus von Gott (pass. div.) mit »dem Evangelium« betraut (πεπίστευμαι τὸ εὐαγγέλιον), nur verkündigt dieser es den Juden. Diese Beschränkung auf die Juden mag noch für das Apostelkonzil um 48 gegolten haben. Wie die »Petruspartei« in Korinth zeigt, ist ca. fünf Jahre später von einer solchen Einschränkung nicht mehr die Rede. Jetzt kann Petrus auch zur apostolischen Autorität für Heidenchristen werden.

[91] Vgl. Mk 1,14b und Lk 4,15; Mk 8,35 und Lk 9,24; Mk 13,10 und Lk 21,13f. Am auffallendsten ist Lk 18,30, hier wird Mk 10,29 ἕνεκεν ἐμοῦ καὶ ἕνεκεν τοῦ εὐαγγελίου durch ein ἕνεκεν τῆς βασιλείας τοῦ θεοῦ ersetzt. Dagegen gebraucht Lk im Evangelium relativ häufig das Verb εὐαγγελίζεσθαι vermutlich im Anschluß an die Sprache der LXX vgl. 4,18 = Jes 61,1; 1,19; 2,10; 8,1; 16,16; 20,1. Außer 7,22 = Mt 11,5 Q (καὶ πτωχοὶ εὐαγγελίζονται vgl. wieder Jes 61,1) könnten alle Stellen »redaktionell« sein. Mt übernimmt drei Belege von Mk: 4,23 gleichlautend 9,.35; 24,14; 26,13. Er bestimmt an den ersten drei Stellen das Wort εὐαγγέλιον durch das Genetivattribut τῆς βασιλείας. Im Corpus Johanneum fehlt der Begriff – wie auch in der

Mund des Paulus legt mit der bezeichnenden Formulierung: er habe vom
Herrn den Dienst empfangen διαμαρτύρασθαι τὸ εὐαγγέλιον τῆς χάριτος τοῦ θεοῦ.

Den zweiten Beleg finden wir in 15,7 im Munde des Petrus: in der
Corneliusgeschichte hat Gott bestimmt διὰ τοῦ στόματός μου ἀκοῦσαι τὰ ἔθνη τὸν
λόγον τοῦ εὐαγγελίου καὶ πιστεῦσαι. Fast könnte man meinen, daß in seiner
letzten Rede Petrus durch Lukas bewußt als *Heidenmissionar* verabschiedet
wird.

Das Junktim zwischen dem Begriff Evangelium und Jesusüberlieferung
bei Petrus könnte erklären, warum einmal Markus dieses Wort in einer so
prägnanten, von Paulus z. T. abweichenden Weise gebraucht, zum anderen,
daß in manchen Gemeinden εὐαγγέλιον offenbar als Bezeichnung für die
»Geschichte und Lehre Jesu« verwendet wurde, und schließlich auch, daß
die Verbindung zwischen Jesustradition und dem Begriff bei dem »Pauli-
ner« Lukas in dessen Evangelium offenbar abgelehnt wird. Der eigenwillige
johanneische Kreis ging in seiner Verkündigungssprache sowieso häufig
andere Wege, er kann auf das geprägte Wort ebenso verzichten wie auf
ἀπόστολος im Sinne von »Bote Jesu«.

Der bei Markus erstmals sichtbar werdende besondere Sprachgebrauch,
der die erzählende Jesustradition miteinbezieht, hätte sich dann trotz aller
Widerstände schließlich doch durchgesetzt, weil dahinter letztlich die alte,
noch weiterwirkende Autorität petrinischer Tradition stand, für die geschichtliche Jesusüberlieferung und frohe Botschaft untrennbar zusammen-
gehörten.

6.3 Markus und die Mosegeschichte

Daß hier bei Markus – und in der m. E. zugrundeliegenden petrinischen
Tradition – gerade die Jesusgeschichte einschließlich der Wortüberlieferung
als Evangelium bezeichnet wurde, hat noch einen tieferen Grund: *auch das
Judentum kannte ein geschichtliches Heilsgeschehen: den Exodus aus Ägypten unter
der Führung Moses und die Übergabe der Tora an Israel durch Mose.* Die Tora
umfaßte ja nicht nur die 613 Gebote und Verbote[92], sondern vom Exodus bis
zum Deuteronomium eine »Biographie« des Gottesmannes[93], die u. a. auch

---

Logienquelle – ganz. Apk 14,6 hat der Begriff nicht die spezifische Bedeutung »Heilsbotschaft«.

[92] Zu dieser erstmals im 2. Jh. n. Chr. nachweisbaren Aufzählung s. Billerbeck, 1,900; 3,542;
4,438f. dazu Tg Jerus. I zu Gen 1,27.

[93] Der Pentateuch konnte vor allem im griechischsprechenden Judentum auch als »vita
Mosis« mit vorangehender »ausführlicher Einleitung« durch die Genesis verstanden werden.
Daß ihrerseits die griechische Biographie ausführliche gesetzliche bzw. religiös-rituelle Passa-
gen enthalten konnte, zeigen Plutarchs Doppelviten eines Lykurg und Numa und die Solons.
Hinzu kommt, daß Mose »die bekannteste Persönlichkeit der jüdischen Geschichte« war (I.
Heinemann, PRE 16,1 [1933] Sp. 361). Für Philo, der ja eine umfangreiche Mosebiographie

die eschatologische Verheißung eines »Propheten« wie Mose (Dtn 18,19 ff.) enthielt, die im Judentum aufs engste mit der Erwartung des Elia (Mal 3,23) verbunden wurde[94]. Mose war als der erste Erlöser Typos des zweiten Erlösers und Elia die erste Manifestation des »Mose redivivus«. Als solcher wurde er entrückt und wiedererwartet. Es ist auffallend, in welch dichter Weise das Markusevangelium von der *Mose-Elia-Typologie* geprägt ist. Diese beginnt mit Johannes dem Täufer, der für Markus der Elia redivivus ist, sie wird weitergeführt in der Taufe und der Versuchung Jesu in der Wüste, sie zeigt sich in der Entsprechung zwischen Mk 1,15 und Ex 14,31[95], das für die jüdische Überlieferung den ersten Höhepunkt des Heilsgeschehens vom Exodus andeutet und im Bekenntnis des Moselieds den Glauben Israels und seine Anerkennung der Königsherrschaft Jahwes (15,18) manifest machte. Diese Typologie tritt dann wieder deutlich in einzelnen Wundererzählungen, vor allem in deren Klimax, den Speisungsgeschichten, hervor, erreicht in der Verklärungsszene mit der Erscheinung von Mose und Elia ihren eigentlichen Höhepunkt. Schließlich nimmt sie im Passamahl mit dem neuen Bundesopfer, dem Gericht über den Hirten 14,27 (vgl. dazu Num 27,17), der Verurteilung Jesu durch den Hohepriester, seiner Kreuzigung und dem Schrei der Gottverlassenheit ausgesprochen antitypische Züge an. Wohl jeder Jude und Judenchrist kannte Legenden vom Ende Moses, daß er entweder ohne sterben zu müssen in den Himmel entrückt wurde, oder aber Gott selbst ohne alle Todesnot seine Seele aus dem Leib nahm »wie mit einem Kuß«. Der Kontrast zwischen dem Tod Jesu und dem des Mannes vom Sinai ist evident[96]. Mit anderen Worten: die Geschichte Jesu als endzeit-

---

schrieb, ist er »der πάνσοφος und ίεροφάντης« (Sp. 369), und als solcher »der schlechthin vollkommene Mensch« (Sp. 371). In Jos., Ant. 2,201–4,331 besitzen wir eine ausführliche, stark apologetisch geprägte Mose-Vita, die mit einem Enkomium (4,327–331) abschließt, das ihn als den bedeutendsten Propheten bezeichnet, dessen Wort so gut wie Gottes Stimme war (329).

[94] Der auch für Mk wesentliche Text Mal 3 (vgl. Mal 3,1; Ex 23,20: Mk 1,2; Mal. 3,23 f.: Mk 9,11 f.) hat vor der bekannten Elia-Passage den Hinweis auf die Offenbarung der Tora auf dem Horeb an Mose als verpflichtendes Heilsgeschehen; die vom Gericht errettende »Wende«, die Elia bringt, bedeutet Umkehr zur Tora (3,22): »Gedenket der Tora Moses, meines Knechtes, welches ich ihm befohlen habe auf dem Horeb für ganz Israel, Gebote und Satzungen. Siehe, ich sende zu euch den Propheten Elia, bevor der Tag Jahwes kommt, der große und furchtbare. Und er wird zurückführen das Herz der Väter zu ihren Söhnen und das Herz der Söhne zu ihren Vätern, damit ich nicht komme und das Land mit dem Bann schlage« (3,22–24).

[95] Ex 14,31: וייראו העם את־יהוה ויאמינו ביהוה; Mk 1,15b μετανοεῖτε καὶ πιστεύετε ἐν τῷ εὐαγγελίῳ (= τοῦ θεοῦ, V. 14). Vgl. dazu den alten tannaitischen Kommentar Mekh zu Ex 14,31 (ed. Lauterbach 1,252 f.): Der Glaube Israels bewirkt die Gabe des Geistes und damit das Bekenntnis im Moselied 15,1–18. Die Erlösung aus Ägypten ist allein der Lohn dieses Glaubens.

[96] Dazu K. Haacker/P. Schäfer, Nachbiblische Traditionen vom Tod des Mose, in: Josephus-Studien. Festschrift O. Michel, 1974, 146–174. Vgl. die eine Entrückungshypothese abwehrende Bemerkung Jos., Ant. 4,325. Nach LibAnt 19,16 stirbt Mose »in gloria«. In AssMos 10,12 ist wohl »als Variante zu ›morte‹« als Glosse ein ›receptione‹ in den Text eingedrungen (160). Bei

liches Heilsgeschehen, als Evangelium, steht in einem spannungsvollen
Verhältnis zur Geschichte Moses als »Heilsgeschehen« für Israel, bzw. zur
Tora als »Heilsbotschaft«. Jesus als messianischer Lehrer bringt einerseits die
Tora durch das Liebesgebot erst recht zur Geltung (Mk 12,29–34), so daß
ihm ein Schriftgelehrter, der ja das Vermächtnis Moses zu bewahren hat
(vgl. Mt 23,2), zustimmt, ja er begründet – durchaus im pharisäischen Sinne
(vgl. Mk 12,28: ὅτι καλῶς ἀπεκρίθη αὐτοῖς) – die Auferstehung der Toten aus
der Tora (12,18–27). Zum anderen erscheint er jedoch als der Herr über die
Tora (2,28), der das Sabbatgebot, die Reinheitsgebote (7,15), oder die
Zulassung der Ehescheidung in Frage stellt, und der nimmermehr alten
Wein in neue Schläuche gießen will (2,22). D. h. der paulinische und johanneische Gegensatz Mose-Christus, den der Johannesprolog auf die einpräg-
same Formel brachte: »Das Gesetz ist durch Mose gegeben, die Gnade aber
und Wahrheit ist durch Jesus Christus geworden« (Joh 1,17), nimmt im
Markusevangelium die Form der typologisch-antitypischen Gegenüberstellung zweier Geschichtsberichte an. Matthäus hat diese dialektische Relation
ganz bewußt unter besonderer Hervorhebung Jesu als des messianischen
Lehrers weitergeführt. Bei ihm findet sie ihren neuen Ausdruck in den
Antithesen der Bergpredigt. Es ist erstaunlich zu sehen, wie hier ein Evangelist als theologischer Lehrer dem anderen die Hand reicht.

Diese am Ende doch überwiegend antithetische Entsprechung Mose-
Jesus hat dann im Gottesdienst zur Folge, daß die *Evangelienlesung* (und
-auslegung) allmählich an die Stelle der *Toralesung* (und -deutung) als dem
Höhepunkt des Wortgottesdienstes[97] tritt, während das Alte Testament ganz

---

dem Samaritaner Memar Marqa läßt Gott über Mose, der sich in einer Höhle auf dem Garizim
niedergelegt hatte, »Schlaf . . . kommen, und seine Seele verließ ihn ohne Schmerz, ja, ohne
daß er es merkte« (163). In TgJer I zu Dtn 34,5 wird das Sterben Mose עַל־פִּי יהוה des mas.
Textes als ein Sterben »durch einen Kuß der Memra Gottes« gedeutet, so auch in einzelnen
Midraschim (169f.). Zur Entrückung und Wiederkehr s. 170ff. Dabei kann Mose mit Elia
verbunden werden.

[97] Wahrscheinlich sind Mk und Mt von Anfang an für die Lesung im Gottesdienst geschrieben worden (s. o. S. 256). Gottesdienstliche Schriftlesung des AT und Predigt ist bereits 1 Tim
4,13 vorausgesetzt. Apk 1,3 enthält den ältesten klaren Hinweis auf die Lesung einer christlichen »Offenbarungsschrift« im Gottesdienst. Vgl. jedoch schon 1 Thess 5,27 und Kol 4,16. Als
allen verständlicher Brauch wird die Schriftlesung der Evangelien im Gottesdienst dann bei
Justin, Apol 1,67,3 bezeugt: καὶ τὰ ἀπομνημονεύματα τῶν ἀποστόλων ἢ τὰ συγγράμματα τῶν προφητῶν
ἀναγινώσκεται. Hier ist die Voranstellung der Evangelienlesung auffallend. M. E. geht die
Schriftlesung in ursprünglich judenchristlich geprägten Gemeinden, die sich von der Synagoge
trennten, etwa in Rom, Antiochien, aber auch in Korinth, auf die Anfänge dieser Gemeinden
zurück. Ohne relativ regelmäßige Schriftlesung im Gottesdienst hätte Paulus in seinen Briefen
gar nicht mit Hilfe des AT argumentieren können. Wie hätten sonst die neugewonnenen
Heidenchristen seine oft komplizierte schriftgelehrte Argumentation überhaupt verstehen
sollen? 2Kor 3,14 setzt wohl voraus, daß Mose (als Prophet mit anderen Propheten) auch im
christlichen Gottesdienst vorgelesen wurde, daß hier für die Christen jedoch »die Decke
weggenommen« und das prophetische Wort geistgemäß als Verheißung verstanden wurde.
Zur Bedeutung der Schriftlesung s. auch meine Studie: Die Evangelienüberschriften (A. 71).

unter die *prophetische* Verheißung subsumiert wurde, die das Evangelium vorbereitete. Die teils typologische, teils antitypische Relation war auch im Hebräerbrief und dann im 2. Jh. bei Ignatius, Justin, bei Meliton von Sardes und bei Irenäus wirksam. Eine ihrer Wurzeln mag u. a. darin liegen, daß im Markusevangelium die Jesusgeschichte als Evangelium erstmals sichtbar in ein dialektisches Verhältnis zur Geschichte des Mose als der »Heilsbotschaft« der Tora trat. Die Sache selbst ist älter und geht letztlich auf Jesus zurück[98]. Auch der Gegensatz »Gesetz und Evangelium« scheint so nicht ausschließlich paulinisch gewesen zu sein. Er gründet daneben in einer Gemeindetradition, die noch stärker als Paulus heilsgeschichtlich-typologisch dachte, die sich auf Jesustradition berief und bei der man wieder fragen kann, ob sie nicht ursprünglich mit der petrinischen Verkündigung zusammenhängt.

Die Jesusgeschichte als Evangelium, wie sie uns vor allem von den Synoptikern, d. h. in erster Linie von Markus und – abgeleitet – von den von ihm abhängigen Lukas und Matthäus, erzählt wird, wäre dann, als das dritte bedeutsame Corpus im Neuen Testament neben dem Corpus Paulinum und Corpus Johanneum, zu einem gewissen Teil auch von petrinischer Tradition beeinflußt. Die Bezeichnung εὐαγγέλιον ginge dabei *vielleicht* auf dieses petrinische Evangeliumsverständnis zurück.

---

[98] Vgl. Lk 16,16 = Mt 11,12 Q; Lk 7,26ff. = Mt 11,9ff Q; Lk 11,30ff. = Mt 12,41 f. Q u. a.

Die Darstellung des Petrus in den synoptischen Evangelien

Reinhard Feldmeier

Markus[1] erwähnt Simon/Petrus 25mal[2], *Matthäus* ebenfalls 25mal und *Lukas* 30mal[3]. Bei einer Gesamtzahl von 11 078 Worten bei Markus, 18 298 bei Matthäus und 19 448 bei Lukas ergibt sich für Markus eine Häufigkeit der Nennung von 1:443, für Lukas von 1:648 und für Matthäus von 1:722[4]. Bei ungefährem Gleichstand von Lukas und Matthäus wird also Petrus bei Markus relativ am häufigsten genannt (Mk:Mt 1:1,65; Mk:Lk 1:1,46).

In erster Linie ist dieses Ungleichgewicht durch Q bedingt, in dem Petrus nirgendwo genannt wird[5], wie überhaupt in Q die Jünger nicht als handelnde Personen auftreten[6].

1. Im *Markusevangelium* nimmt Petrus unter den Jüngern eine hervorragende Stellung ein. Er wird als erster berufen (1,16), er erhält den Ehrennamen ›Petrus‹ und wird in der Jüngerliste als erster genannt, womit deutlich eine Wertung verbunden ist: Es folgen die Zebedaiden und erst dann sein (mit ihm berufener) Bruder Andreas (3,16ff.). Seine besondere Stellung kommt auch in der Wendung Σίμων καὶ οἱ μετ' αὐτοῦ (1,36) zum Ausdruck. Simon gehört immer zum engsten Kreis um Jesus (5,37; 9,2; 13,3; 14,33) und ist – von Mk 9,38ff. und 10,35–40 abgesehen – der einzige Jünger, der als

---

[1] Nicht berücksichtigt sind die textkritisch als sekundär zu beurteilenden Zusätze am Ende des Markusevangeliums.

[2] In Mk 1,16 wurde die Bezeichnung des Andreas als ›Bruder des Simon‹ als eigenständige Nennung gezählt, weil es sich um eine ungewöhnliche Näherbestimmung des Andreas von seinem Bruder her handelt (und nicht – wie üblich – vom Vater wie bei den Zebedaiden). Die Umbenennung des Petrus in Simon wurde dagegen nur einfach gezählt.

[3] Einfach gezählt wurde der Doppelname Simon Petrus (vgl. Mt 16,16; Lk 5,8) sowie entsprechende Formulierungen (Mt 4,18; 10,2: ›Simon, der Petrus genannt wird‹).

[4] Die Zahlen sind der Statistischen Synopse von R. Morgenthaler, Zürich/Stuttgart 1971, 89 entnommen.

[5] Umstritten war lediglich Mt 18,21; vgl. dazu A. Polag, Fragmenta Q, Neukirchen ²1982, 76f. (dort auch weitere Literaturangaben).

[6] μαθητής wird nur einmal für die Jünger des Täufers verwendet (Mt 11,2 par. Lk 7,18) und einmal in einem Wort über das Verhältnis Meister-Jünger (Mt 10,24 par. Lk 6,40). Auf die ›Zwölf‹ als Jünger nimmt wohl das Wort Mt 19,28 par. Lk 22,30 Bezug, wo Jesus den ihm Nachfolgenden verheißt, daß sie auf zwölf Thronen sitzen und die zwölf Stämme Israels richten werden. Ansonsten werden die Jünger weder als Gesamtheit noch einzeln genannt.

individuelles Gegenüber zu Jesus auftritt (8,29.32f.; 9,5; 10,28; 11,21; 14,29ff.). Sein Versagen in Gethsemane schmerzt Jesus besonders: ›Simon, (auch) du schläfst?‹ (14,37). Petrus folgt dann auch als Einziger Jesus noch nach seiner Gefangennahme (14,54.66–72), und nach Jesu Auferstehung erhalten die Frauen den Befehl, es ›seinen Jüngern und dem Petrus‹ zu sagen (16,7).

Es hat nicht an Versuchen gefehlt, diese Sonderstellung des Petrus als nachösterliche Eintragung zu interpretieren. Doch schon die Tatsache, daß die einen darin eine Bestätigung des späteren Kirchenführers, die anderen dagegen seine Bekämpfung sehen wollen, zeigt die Unmöglichkeit, die Vorrangstellung des Petrus bei Markus aus einer bestimmten Absicht heraus zu erklären. Denn Petrus ist ein hervorragendes Gegenüber zu Jesus im Guten wie im Schlechten. Seinem Christusbekenntnis (8,29) folgt der Widerstand gegen Jesu Weg und das an ihn daraufhin gerichtete Satanswort (8,32f.), seiner Bereitschaft zu bedingungsloser Nachfolge (14,26–31) korrespondiert sein um so tieferer Fall (14,37.66–72). Eine vom späteren Petrus ausgehende Retrojizierung müßte ihn weit eindeutiger positiv oder negativ - je nach Stellung zu ihm – schildern.

Gegen eine nachträgliche Eintragung spricht weiter, daß Petrus keine leitende Stellung innerhalb des Zwölferkreises innehat, wie sie sich teilweise schon im (stärker nachösterlich geprägten) Petrusbild der synoptischen Seitenreferenten spiegelt.

Unerklärlich bliebe endlich, warum der Herrenbruder Jakobus, der bald in Jerusalem eine so entscheidende Rolle spielen sollte, bei Markus noch keinerlei Bedeutung erhält.

Ohne daß die Möglichkeit einer Typisierung des Petrus als Exponent der Jünger bestritten werden soll, dürften doch die zum Teil sehr charakteristischen Züge im Petrusbild des Markus im Kern auf historische Erinnerung zurückgehen.

2. *Matthäus* hat 9mal gegenüber der Markusvorlage den Namen Petrus/ Simon ausgelassen (Mk 1,16b.30.36; 5,37; 11,21; 13,3; 14,37b.67; 16,7), 3mal hat er ihn eindeutig redaktionell hinzugefügt (Mt 15,15; 18,21; 26,35), 6mal findet sich der Name im Sondergut, wo zwischen Tradition und Redaktion nicht eindeutig getrennt werden kann (Mt 14,28f.; 16,17f.; 17,24f.).

2.1. Die *Auslassungen* besagen nicht allzu viel: 3mal sind sie stilistisch bedingt (Mk 1,16b.29b.; 14,67), 3mal wird die Einschränkung der Teilnehmer an einem Geschehen, bei einer Rede oder einer Frage zugunsten aller Jünger bzw. aller Beteiligten aufgehoben (Mk 5,37; 11,21; 13,3). Mk 1,35–38 fehlt bei Matthäus aus kompositorischen Gründen[7]. Die Auslassung

---

[7] Nach der Berufung der Jünger zeigt Mt zunächst den ›Christus des Wortes‹ (c. 5–7), dann den ›Christus der Tat‹ (c. 8f.). Die von Mk 1,21–34 berichteten Taten Jesu hat er entweder ausgelassen (Mk 1,23–28) oder in das 8. Kapitel integriert (Mk 1,29–31 par. Mt 8,14f.; Mk 1,32–34 par. Mt 8,16f.). Das Verlassen von Kapharnaum Mk 1,35–38 und das darauf folgende Suchen Jesu mußte daher entfallen.

des allein an Petrus gerichteten Vorwurfes Mk 14,37b soll diesen wohl schonen und die Verantwortung auf alle Jünger verteilen. Wie auch Lukas hat Matthäus das auffällig nachklappende ›und dem Petrus‹ (Mk 16,7) als störend empfunden.

2.2. In den *Hinzufügungen* wird Petrus ebenfalls als Exponent der Jünger gezeigt (Mt 15,15; 18,21; 26,35), wobei 18,21 ihn bereits eine – vor allem im Blick auf eine feststehende Gemeinschaft wichtige – Frage stellen läßt, ihn also (gegen Q) als spätere Autorität in Fragen der Gemeindezucht einführt.

2.3. Im *Sondergut* ist der sinkende Petrus Mt 14,28ff. eine legendarische Erweiterung vom Seewandel Jesu Mk 6,45–52. Das hier gezeichnete Petrusbild – sein ›williger Geist‹ und sein ›schwaches Fleisch‹ – entspricht dem Petrusbild, wie es Markus v. a. in der Passionsgeschichte zeichnet. Das durch diesen überkommene Petrusbild hat sich hier anekdotisch-legendarisch verdichtet.

Umstritten ist die Überlieferungsgeschichte von Mt 16,16b–19, der Seligpreisung des Petrus nach seinem Messiasbekenntnis und des Schlüsselwortes. In jedem Fall ist hier der Rahmen des Markus im Blick auf die nachösterliche Stellung des Petrus verlassen, wie insbesondere der Begriff ἐκκλησία (als eine nach der Verheißung auf Dauer angelegte) zeigt.

Die Steuerfrage Mt 17,24–27 geht zwar in ihrem Grundbestand sicher auf die Zeit vor der Tempelzerstörung zurück; welche Rolle Petrus (wenn überhaupt) in dieser Vorlage gespielt hat, ist nicht mehr auszumachen[8]. Bemerkenswert an der Erzählung in ihrer jetzigen Form ist, daß diejenigen, die etwas über den ›Lehrer‹ wissen wollen, sich an Petrus wenden, während Jesus (der die Antwort des Petrus bereits kennt, ohne gefragt worden zu sein) diesen nur noch belehrt. Auch hierin spiegelt sich wohl bereits die nachösterliche Führungsposition des Petrus, der zwar von Jesus belehrt wird, aber Fragen autoritativ klärt.

Bei Matthäus ist so Petrus – aus der Sicht der dritten Generation und über Markus hinaus – zum Mann der Kirche geworden. Aufs Ganze des Evangeliums gesehen hat er jedoch kein größeres Gewicht als bei Markus.

3. *Lukas* hat gegenüber Markus den Namen Simon/Petrus 15mal ausgelassen (1,16a.16b.36; 8,32.33; 11,21; 13,3; 14,29.33.37a.37b.66.67.70; 16,7), 10mal hat er ihn hinzugefügt (Lk 8,45; 9,32; 12,41; 22,8.34.55. 58.60.61a.61b), 9mal findet er sich in seinem Sondergut (Lk 5,3.4.5.8. 10a.10b; 22,31; 24,12.34). Bei diesen Zahlen ist allerdings zu berücksichti-

---

[8] Vgl. J. Schniewind, Das Evangelium nach Matthäus, 195f.; E. Lohmeyer/W. Schmauch, Das Evangelium des Matthäus, 275f.; R. Bultmann, Die Geschichte der synoptischen Tradition, Göttingen ²1931, 34; E. Schweizer, Das Evangelium nach Matthäus, 231–233 u. a.

gen, daß Lk 5,1–11 als Sondergut beurteilt wurde, obgleich Beziehungen zu
Mk 1,16ff. wahrscheinlich sind.

3.1. Die *Auslassungen* verdanken sich 3mal stilistischer Umgestaltung
(Mk 14,66.67.70). Stilistischer Glättung dürfte auch das Mk 16,7 nachklappende ›und dem Petrus‹ zum Opfer gefallen sein. Die bei Markus vermutlich
jüngerkritisch gemeinte Erzählung vom Versuch des ›Petrus und derer mit
ihm‹, Jesus zurückzuholen (Mk 1,35–38)[9], dient bei Lukas dazu, Jesu Erfolg
zu unterstreichen: Nun sind es die Massen, die Jesus suchen und bei sich
behalten wollen. Die Erzählung vom verdorrten Feigenbaum fehlt bei Lukas
ganz, folglich auch die diesbezügliche Frage des Petrus Mk 11,21. Wie
Matthäus hat auch Lukas die Einschränkung der Adressaten der eschatologischen Rede auf die vier erstberufenen Jünger aufgehoben (Mk 13,3). Mk
14,29 ist zwar der Name des Petrus ausgelassen, jedoch im Dialog nachgetragen (Lk 22,34). Eindeutige redaktionelle Absicht steht hinter der Auslassung des Satanswortes gegen Petrus Mk 8,32f.: Wie auch sonst im Evangelium ist dieser Zug des Jüngerversagens abgemildert bzw. getilgt. Dieses
Motiv bestimmt offensichtlich auch die Wiedergabe der lukanischen Geth-
semaneperikope Lk 22,39–46: Jesus findet alle Jünger nur einmal schlafend,
und zwar paradoxerweise ἀπὸ τῆς λύπης (Lk 22,45fin). Entsprechend wird
auch der Vorwurf an Petrus (Mk 14,37a.b) ausgelassen[10].

3.2. Auch von den *Hinzufügungen* sind drei stilistisch bedingt (Lk
22,55.58.60). Lk 22,61 (Jesus sieht Petrus nach seiner Verleugnung an) kann
zwar nicht als redaktionell nachgewiesen werden, stellt aber eine überliefe-
rungsgeschichtlich sekundäre, novellistische Steigerung des Vorganges dar.
Lk 22,34 ist der ausgelassene Name des Petrus nachgetragen (s.o.). Der
Schlaf des Petrus bei der Verklärung Lk 9,32 ist wohl, wie die wörtlichen
Übereinstimmungen zeigen, aus der markinischen Gethsemaneszene ent-
lehnt und bei Lukas als abgemilderter Ausdruck des Unverständnisses an die
Stelle des Satanswortes getreten, erklärt sich also aus der schon beobachteten
Tendenz des Lukas, die Jünger zu schonen[11]. Eine bewußte Hervorhebung
des Petrus und des Johannes stellt ihre Identifizierung mit den beiden bei
Markus ungenannten Jüngern dar (Lk 22,8), die wohl durch die spätere
Bedeutung beider Apostel (vgl. Acta 3,1.3ff.11; 4,13.19; 8,14) bedingt ist[12].

---

[9] J. Gnilka, Das Evangelium nach Markus, I,88.

[10] Ein weiterer Grund für die Auslassung könnte die Einarbeitung der aufgrund innerer
Kriterien zum ursprünglichen Text gehörenden Vv. Lk 22,43f. (vgl. G. Schneider, Engel und
Blutschweiß, BZ N.F. 20 (1976), 112–116) und die damit verbundene Umarbeitung des Textes
sein. Das ändert jedoch nichts an der Tatsache, daß Lukas das Versagen der Jünger hier stark
abgemildert hat.

[11] Vgl. I. H. Marshall, The Gospel of Luke, Exeter 1978, 385.

[12] Daß diese Hervorhebung durch die spätere Bedeutung der Apostel bedingt ist, zeigt sich
besonders bei Johannes. Dieser wird bei wichtigen Gelegenheiten im Gegensatz zur Markus-

3.3. Gleich 6mal wird Petrus in der zum lukanischen *Sondergut* gehören-den Erzählung vom wunderbaren Fischfang genannt (Lk 5,3.4.5.8. 10a.10b). Diese Legende[13] ist an die Stelle der beiden knappen markinischen Berufungserzählungen Mk 1,16–20 getreten. Auffällig ist die Konzentration auf Petrus, dem auch – im Gegensatz zur Markusvorlage – allein das Wort von den Menschenfischern gilt. In ganz besonderer Weise wird hier Petrus als der spätere Führer der Kirche berufen und erhält den Missionsauftrag (was seiner Rolle als entscheidender Wegbereiter der paulinischen Heiden-mission in der Apostelgeschichte entspricht). Lk 24,12 berichtet in bemer-kenswerter Parallelität zu Johannes (20,3) von einem Gang des Petrus zum Grab. Die Protophanie des Auferstandenen vor Petrus Lk 24,34 wird 1. Kor 15,5 bestätigt.

Zusammenfassung

Bei den synoptischen Seitenreferenten fällt auf, daß sie in ihrem Petrusbild einerseits weitgehend von der Vorgabe des Markus abhängig sind, daß andererseits jedoch die Konturen des Petrusbildes abgeschliffen werden. Negative Züge sind öfters getilgt oder abgemildert, dagegen zeigen die meist hagiographischen Charakter tragenden Hinzufügungen mehr oder weniger deutlich bereits den späteren ›Fels der Kirche‹. Historische Erinne-rung kann auch hier nicht völlig ausgeschlossen werden (vgl. Mt 16,16ff.; Lk 22,31 f.); zumeist ist jedoch nur das markinische Petrusbild aufgrund der späteren Bedeutung des Petrus retuschiert. Die Notizen Lk 24,12.34 zeigen, daß Lk mit einer 1. Kor 15,3ff. entsprechenden Tradition bekannt war. Auffällig ist, daß diese nachösterliche Rolle des Petrus in den Berichten des Mt und Lk über die Auferstehungserscheinungen sonst keine Rolle mehr spielt.

---

vorlage von Lukas vor seinem im Jahr 44 hingerichteten Bruder Jakobus genannt (vgl. Lk 8,51 mit Mk 5,37, Lk 9,28 mit Mk 9,2).

[13] R. Bultmann, op. cit., 232.

Matthew as a Creative Interpreter of the Sayings of Jesus

Graham Stanton

In the context of this symposium Matthew's gospel raises one fundamental question. Has the evangelist retained, developed, modified or distorted the *theological content* of the traditions at his disposal? Or, to put the same question another way: Does a quite distinctive new understanding of either the content or the genre of εὐαγγέλιον (or both) emerge in Matthew?

This major issue cannot be fully resolved by one paper. I shall approach it by examining one particular phenomenon to which insufficient attention has been given: the points at which the evangelist himself has *expanded* the traditions of the words of Jesus to which he has had access.

For many decades now the great literary and theological skill of Matthew has been recognised. He repeats key points several times; he abbreviates Mark's verbosity and improves his clumsy Greek style; he clarifies many of the Marcan theological enigmas – even if, in so doing, he creates a few new puzzles for his readers. He reshapes, rearranges and often conflates his two main sources, Mark and Q; he supplements them with additional material from a variety of sources (whether oral or written), and thereby creates a masterpiece of careful design[1]. Even if there is still little scholarly agreement on some of the details of the distinctive themes of the evangelist, nearly four decades of redaction critical studies have shown that Matthew has placed his own stamp firmly on the traditions he uses.

Matthew is often seen as a revised and enlarged edition of Mark. This may well be an over-simplification, but the evangelist has been influenced very strongly indeed by Mark[2]. Even more important, however, is Matthew's presentation of the *sayings* of Jesus, only a relatively small proportion of which are taken from Mark. On any view the five grand Matthean dis-

---

[1] See G. N. Stanton, »The Origin and Purpose of Matthew's Gospel: Matthean Scholarship from 1945–1980«, *ANRW* II, 25, 3, ed. H. Temporini and W. Haase, Berlin, 1983.

[2] M. D. Goulder, *Midrash and Lection in Matthew*, London, 1974, claims that apart from a very small number of oral traditions Matthew depends on no source other than Mark; on his view Matthew has used midrashic techniques in order to expand Mark very considerably and to create the discourses. While he has certainly exaggerated his case and has also failed to demolish the Q hypothesis, some of his observations on the extent to which Matthew has been influenced by Mark are valuable.

courses in chapters 5–7, 10, 13, 18 and 24–25 (with, perhaps, 23 as part of the fifth discourse) are most impressive. These discourses (and, to a lesser extent, several shorter collections of the sayings of Jesus) have a greater thematic unity and a more carefully worked out structure than any similar collections in Mark, Q or Luke.

It is often assumed that Matthew has retained with relatively few modifications the sayings of Jesus in Mark and in Q. The evangelist's creativity is seen to lie primarily in the *rearrangement* of the sayings of Jesus in his traditions. W. G. Kümmel, for example, claims that Matthew changes »almost nothing in the sayings of Jesus he has taken over from Mark«[3]. Studies of the Q material often conclude that while the original order of the Q material is usually retained by Luke, it is Matthew who (on the whole) retains more carefully than Luke its original wording. D. E. Garland has recently insisted that »Matthew's redaction of his material respected in most cases the formulation of an earlier time, but his rearrangement and his juxtaposition of independent units of tradition gave them a significance which they did not previously possess. The result reflects Matthew's theology and intention, for an insertion of traditional material into a different context overrides the original connotation of that material . . . He thus imposed his own message on traditional material by arranging it into a montage and creating a new context«[4].

These observations by-pass the phenomenon to which I wish to draw attention: Matthew's creativity lies not just in the modifications he makes to individual sayings and in his rearrangement of them into new contexts, but also in his own *expansion* of a number of sayings of Jesus. I hope to show that careful attention to this phenomenon sheds important light on the evangelist's methods and purposes and gives at least a partial answer to the question posed at the outset of this paper.

In a study of the ways Matthew expands the sayings of Jesus, there is an obvious difficulty which must be faced immediately. How can we tell whether the expansion (or, to use a more neutral expression, the addition) comes from the evangelist's own hand or from tradition to which he had access? Redaction criticism can come to our aid at this point. The evangelist's distinctive vocabulary and style can be detected fairly readily: where there is general scholarly agreement that the logion or phrases under discussion come from Matthew himself, a detailed redaction critical analysis will be superfluous.

I shall consider first of all what I take to be some examples of Matthean

---

[3] *Introduction to the New Testament,* E.tr. London, 1975[2], 107.

[4] *The Intention of Matthew 23,* Leiden, 1979, 22f. Garland is referring primarily to the composition of ch. 23, but also by implication at least to the other discourses.

expansions of sayings of Jesus in Mark. If a fairly consistent pattern emerges, it will then be possible to turn to the Q material with greater confidence; finally, two passages in which the evangelist is dependent neither on Mark nor on Q, but on traditions not found elsewhere in the gospel will be examined.

Mt. 9:13a, b (cf. Mark 2:17) and *Mt. 12:7* (cf. Mark 2:26f.)

In these two passages the wording of the quotation from Hosea 6:6, ἔλεος θέλω καὶ οὐ θυσίαν and part of the introduction, τί ἐστιν is identical. While the quotation is too short to determine whether it is more closely related to the LXX than to the MT[5] (and thus more probably comes from the evangelist) the emphasis on mercy is found in several other passages in Matthew and is certainly typical of the evangelist[6].

In Mt. 9:12 the reply of Jesus to the trenchant criticism levelled at him for eating with tax collectors and sinners is taken from Mark 2:17. The comment added by Matthew in his next verse strengthens the reply of Jesus by appealing to Scripture: Jesus can associate freely with sinners because God is gracious and merciful[7].

Mt. 12:1–8 is a more difficult pericope. While it is possible that verses 5–7 may all stem from the evangelist, verse 7 is almost certainly part of the evangelist's own addition to and interpretation of Mark 2:23–28[8]. Matthew is stressing that God is merciful and that the Sabbath commandment should be considered in the light of his kindness. The Sabbath commandment is not abolished; it is subordinated to the kindness and mercy of God. In this way the conduct of the disciples is defended[9].

This presentation in both passages of Jesus' attitude to the law and the use of the OT is quite consistent with Matthean teaching elsewhere. In both passages the evangelist himself creates »new« words of Jesus as part of his elucidation and exposition of the Marcan pericopae. As in the other passages where the OT is quoted, Matthew is not reinterpreting Scripture in the light of Jesus, but rather citing Scripture in order to interpret the actions and teaching of Jesus.

---

[5] So, for example, K. Stendahl, *The School of Matthew and its use of the Old Testament*, Philadelphia, 1968[2], 128, and W. Rothfuchs, *Die Erfüllungszitate des Matthäus-Evangeliums*, Stuttgart, 1969, 25.

[6] See G. Bornkamm, G. Barth, H. J. Held, *Tradition and Interpretation in Matthew*, E.tr. London, 1963, 26 and 257.

[7] πορεύομαι 28x Mt., Ox Mk. μανθάνω is used only here, at 11:29 (in a phrase which I take to be a Matthean redactional addition – see below) and at 24:32 (= Mk 13:28, the only use in Mk.).

[8] It is surely significant that Matthew inserts the same quotation of Hos. 6:6 into two almost adjacent Marcan pericopae (Mk. 2:13–17 and 2:23–28) even though he alters the Marcan order at this point.

[9] So also G. Barth in G. Bornkamm, G. Barth, H. J. Held, *op. cit.*, 81 ff.

Mt. 10:5–6 (cf. Mark 6, 6b ff.) and *Mt. 15:24* (cf. Mark 7:24 ff)

These passages should be considered together. In the latter passage Jesus explains to his disciples the reason for his apparent rejection of the Canaanite woman, »I was sent only to the lost sheep of the house of Israel«. The words τὰ πρόβατα τὰ ἀπολωλότα οἴκου ᾽Ισραήλ are also used as part of the instruction given by Jesus to his disciples, »Go nowhere among the Gentiles . . .« (Mt. 10:1).

The use of identical wording as part of an expansion of Marcan traditions and the way the evangelist underlines carefully (as elsewhere in the gospel) that the disciples act (and teach) in the same way as Jesus himself may both be taken to point to the hand of the evangelist himself.

Many exegetes have taken a rather different view. R. Bultmann's claim that Mt. 15:24 arose from discussions in the Palestinian church about the Gentile mission is often quoted[10]. R. Hummel takes Mt. 10:5 f., 15:24 and 5:18 f. as Jewish Christian material which Matthew consciously inserts into his gospel and reinterprets[11].

But in Mt. 15:24 it is clear that Matthew is simply attempting to clarify the rather puzzling Marcan pericope. There is no suggestion in Matthew's interpretation of the incident that a strict »Jewish Christian« restriction of mission to Israel is modified[12]. Matthew is stating as clearly as he can what he believes (following Mark) was the attitude of Jesus to the »lost sheep« and to non-Jews. For Matthew, Israel's rejection of her Messiah at the end of the life of Jesus leads to acceptance of the Gentiles[13].

In the introduction to his account of the sending out of the disciples Mark's reference in 6:34 to the crowds as »sheep who do not have a shepherd« is expanded with »they were harassed and helpless« (9:36). This Matthean addition is surely in line with τὰ πρόβατα τὰ ἀπολωλότα in 10:6 and 15:24: the »sheep« are »lost« because those responsible for guiding them have failed[14].

In neither case do we need to assume use of a Jewish Christian tradition[15]. The evangelist is entirely consistent with his emphases elsewhere in the

[10] R. Bultmann, *The History of the Synoptic Tradition*, E.tr. Oxford, 1963, 167.

[11] R. Hummel, *Die Auseinandersetzung zwischen Kirche und Judentum im Matthäusevangelium*, Munich, 1966², 167. See also J. P. Meier, *Law and History in Matthew's Gospel*, Rome, 1976, 27.

[12] If Mt. 5:18 represents a strict Jewish-Christian attitude to the law, 5:17 and 5:18d (ἕως ἂν πάντα γένηται) make it clear that for the evangelist this view has been modified.

[13] So also W. Trilling, *Das Wahre Israel*, Munich, 1964³, 105. (Trilling also takes 15:24 as the creation of the evangelist.) Similarly, G. Strecker, *Der Weg der Gerechtigkeit*, Göttingen, 1971³, 196, though he refers with approval to R. Bultmann's view of the origin of the saying.

[14] See H. Frankemölle, *Jahwebund und Kirche Jesu*, Münster, 1974, 137 f.

[15] G. D. Kilpatrick, *The Origins of the Gospel according to St Matthew*, Oxford, 1946, 27, even refers to the evangelist's *written* source.

gospel. Once again Matthew is expanding his Marcan traditions in order to expound them.

Mt. 21:41c and 43 (cf. Mark 12:9 and 11 f.)

The reason for the evangelist's additions in the two passages just considered becomes even clearer in the light of his modifications to the Marcan parable of the wicked husbandmen. Mt. 21:43 is now widely accepted as the evangelist's own conclusion to the parable[16]. This is perhaps the clearest indication in the gospel that the Matthean community saw itself as a separate and quite distinct entity over against Judaism[17].

In the light of 21:43 Matthew has made expansions of Mark earlier in the parable at verses 34 and 41c. In verse 34 καιρός and καρπός are taken from Mark but linked together in the phrase ὁ καιρὸς τῶν καρπῶν; in verse 41c τοὺς καρποὺς ἐν τοῖς καιροῖς αὐτῶν is an important expansion of Mark 12:9. In these verses, as in 21:43, the evangelist is drawing out what he takes to be the point of the Marcan parable. Although 21:43 is a sharper and clearer statement of the rejection of Israel than is found in any part of Mark 12:1–12, it is intended by Matthew to be his elucidation of verses 9–11, especially καὶ δώσει τὸν ἀμπελῶνα ἄλλοις and the citation of Psalm 118:22f.

Mt. 24:10–12, 26 (cf. Mark 13:13 and 23)

Although Matthew abbreviates Mark's eschatological discourse at several points, there are some significant additions. At 24:24 the evangelist follows Mark 13:22 almost *verbatim:* »For false Christs and false prophets will arise and show great signs and wonders, so as to lead astray, if possible, even the elect«. In three places Matthew develops the theme of this verse in his own insertions into Marcan material. At 24:5 he makes Mark 13:6 refer more explicitly to false Christs. Mt. 24:11 has no direct parallel in Mark, but it is a repetition of part of 24:24. At 24:26 the »false Christs« theme is taken up again in a verse which the evangelist himself adds to Mark – but this verse is simply an expansion of 24:23 and 24.

There is little doubt that at 24:10–12 all three logia stem from the evangelist and have been inserted into the Marcan context by him[18]: almost every

---

[16] See the detailed discussion of the individual words and phrases in W. Trilling, *op. cit.*, 58 ff. Strecker (*op. cit.*, p. 164 n. 4) however, is not convinced and insists that it is not possible to decide whether the evangelist has drawn on independent tradition or has composed the verse himself. Some of the evidence used by Trilling is not decisive, but in the light of the cumulative evidence for the evangelist's *expansion* of his sources given in this paper, I am convinced that Matthew composed 21:43 himself.

[17] See D. Hare, *The Theme of Jewish Persecution of Christians in the Gospel according to St Matthew*, Cambridge, 1967, 153. Hare rejects Trilling's view that Matthew's community sees itself as the »true« Israel: the transfer is from Israel to *another people*, »non-Israel«.

[18] For a good detailed discussion see J. Lambrecht, »The Parousia Discourse: Composition

word of 24:10 is taken from Mark 13:9–13; 24:11 comes from Mark 13:22 and 24:12, while not linked to Marcan phraseology, is thoroughly in line with Matthean emphases elsewhere. The »false prophets« theme is of special concern to the evangelist, as his redactional additions at 7:15, 21–23 confirm.

These additions are not the only ones made by the evangelist in ch. 24, but they show clearly how in his additional sayings of Jesus he is often simply elaborating themes found already in his sources: very often those themes are underlined by the evangelist himself elsewhere in the gospel.

Mt. 26:52–4 (cf. Mark 14:47 ff.)

These three verses of words of Jesus have also been inserted by the evangelist into a Marcan context. At several points Matthew expands phrases found in the immediate context in Mark. D. Senior has shown convincingly that there is a »homogeneous conception behind Matthew's redactional intervention«[19] in these verses: since their vocabulary and themes are thoroughly Matthean there is no need to consider use of a special source.

These passages all show that Matthew has creatively added »new« sayings of Jesus into Marcan traditions. But his redactional work is not arbitrary: in these passages his intention has been to expound and elaborate his traditions. These conclusions can also be supported by a study of Matthew's additions to Marcan *narratives* – see, for example, 14:28–31; 16:12; 17:6–7, 13[20].

There are a number of passages in Matthew where the evangelist seems to have expanded Q traditions of the sayings of Jesus. In some cases it is of course possible that Matthew had access to a fuller form of Q than Luke; in some cases the evangelist may have expanded a Q logion with an independent piece of tradition. But there do seem to be several passages which are entirely consistent with the way Matthew has expanded Marcan sayings of Jesus in order to underline his own emphases. If, in an apparently expanded Q tradition, the additional phrases (or a complete logion) seem to be designed to *expound* the tradition to which they are related, and if Matthean vocabulary or themes are in evidence, then we may be fairly confident that the evangelist himself is responsible for the »new« words of Jesus.

---

and Content in Mt. XXIV–XXV«, in *L'Évangile selon Matthieu*, ed. M. Didier, Gembloux, 1972, 320 f., notes 28–29.

[19] D. Senior, *The Passion Narrative according to Matthew*, Leuven, 1975, 148. Senior provides a detailed discussion of Mt. 26:52–54 on pp. 130–148.

[20] Cf. H. J. Held's conclusions on the basis of his study of Matthew's use of Mark's miracle stories: ». . . the retelling is in many cases fashioned in the light of a saying of Jesus in the pericope and brings it firmly into prominence. Thus the guiding thought in the interpretative retelling is already in the tradition itself.« G. Bornkamm, G. Barth and H. J. Held, *op. cit.*, 298. See also D. Senior, *op. cit.*, 335 f., ». . . in the Passion narrative Matthew is not an innovator but a creative redactor. «

Mt. 6:9–13 (cf. Luke 11:2–4)

The addition to the opening address and the two petitions which are found only in the Matthean version of the Lord's Prayer probably come from Matthew rather than earlier tradition. For Matthew the coming of God's kingdom should mean that his will is done on earth, a point the evangelist stresses in his own additions to a Q logion (cf. Luke 6:46) at 7:21[21]. The addition to the final petition (ἀλλὰ ῥῦσαι ἡμᾶς ἀπὸ τοῦ πονηροῦ) can readily be seen as a »filling out« of καὶ μὴ εἰσενέγκης ἡμᾶς εἰς πειρασμόν: it is certainly in line with the Matthean interpretation of the parable of the sower (where at 13:19 ὁ πονηρός replaces Mark's ὁ σατανᾶς) and the Matthean interpretation of the parable of the weeds (where οἱ υἱοὶ τοῦ πονηροῦ at 13:38 is almost certainly from the evangelist).

Mt. 7:12, 15–20 (cf. Luke 6:31 and 43–5)

In the final sections of the Sermon on the Mount Matthew summarises, repeats and develops a number of themes from earlier parts of the Sermon. At 7:12 the Q version of the »Golden Rule« is introduced by the Matthean πάντα ὅσα (cf. 28:20) and the additional words οὗτος γάρ ἐστιν ὁ νόμος καὶ οἱ προφῆται are surely the evangelist's own composition, which recall 5:17, a strongly redacted logion.

7:13–20 contains excellent examples of Matthew's carefully balanced and easily memorable representation of Q logia. There are a number of expansions which sharpen the point of the original logia. At 7:19 an additional logion which repeats Mt. 3:10 (Q, cf. Lk. 3:9) is inserted. The final verse, 7:20, is a typical Matthean concluding summary.

Mt. 7:21 (cf. Luke 6:46)

Here the evangelist has expanded considerably a Q logion. The Matthean version recalls 5:20 which is a »bridge« verse composed by the evangelist as a summary of 5:17–19 and as an introduction to verses 21–48. The final clause of 7:21 recalls, as we have seen, Matthew's own expansion of the Lord's Prayer.

But there is an even more important modification in this verse. Whereas Luke 6:46 (»Why do you call me Lord, Lord, and do not do what I say?«) and 6:47 ff. (the house built near a stream) both refer to carrying out the sayings of Jesus, Matthew reshapes Luke 6:46 and makes it refer to »doing the will of my Father in heaven«. In so doing he makes it quite clear that to hear and obey the words of Jesus is to do the will of the heavenly Father. Precisely the

---

[21] In several redactional passages the evangelist carefully »balances« heaven and earth: 6:19–20; 6:25, 28; 16:19; 18:18; 28:18. 5:5 may have been created by the evangelist to expand and »balance« 5:3.

same Christological point is made at the end of the second major discourse: at 10:40 (Matthean redaction of Q, cf. Luke 10:16) the disciples are told »he who receives me receives him who sent me«; the preceding context has made it clear that »receiving« (δέχεσθαι) means »accepting the teaching of« (cf. Mt. 10:14 where the phrase added by Matthew τοὺς λόγους ὑμῶν to Mark 6:11 makes this point).

Mt. 10:1–42

There are several significant expansions of Q (and Marcan) traditions in Matthew's »mission« discourse. At 10:8 the Q reference to healing (cf. Luke 10:9) and the Marcan reference to healing and exorcisms (Mark 6:12f.) are expanded by Matthew with references to raising the dead and cleansing lepers (cf. Mt. 11:5, Q) in order to emphasise that the disciples act in exactly the same way as Jesus himself.

At 10:24–25 Matthew expands considerably a Q logion (cf. Luke 6:40). This passage is probably recalled at 23:34 where the fate of those sent is related to the crucifixion. The disciple is not above his master: if Jesus suffers crucifixion, it can also be expected by his disciples[22].

The final three verses of chapter 10 reveal Matthew's literary and theological skill particularly clearly. 10:41 has been composed by the evangelist: his distinctive vocabulary is clearly in evidence. This additional logion is not an arbitrary creation for it is an expansion and development of 10:40 and 42. This important passage paves the way for the grand conclusion to Matthew's fifth discourse where, in the evangelist's interpretation of the »great assize« his community is told that acceptance or rejection of Christian missionaries by »all the nations« will be seen in the final judgement as acceptance or rejection of the Son of Man[23]. At the end of both the second and the fifth discourses the Matthean community is told that Jesus continues to be »with« them in the closest possible way – the very theme with which the evangelist concludes his gospel at 28:20.

Mt. 18:10a,14 (cf. Luke 15:3–7)

In Luke the parable of the lost sheep is a response to the critical comments of the scribes and Pharisees who are outraged by the way Jesus associates with tax collectors and sinners: God's acceptance of the »undeserving« is proclaimed. But in Matthew the parable is addressed explicitly to the disciples and it is used to exhort the community to seek out the straying Christian »lost sheep« of the evangelist's own day.

The Matthean interpretation results partly from the new setting but also

---

[22] So D. Garland, *op. cit.*, 177.
[23] See the discussion of this passage below.

partly from the words of Jesus added by the evangelist as an introduction and conclusion to the parable. 18:14 includes several examples of the evangelist's distinctive vocabulary and it almost certainly comes from Matthew himself. At 18:35 there is a further example of a thoroughly Matthean logion which has been added by the evangelist as a concluding summary to a parable.

Mt. 18:10a is probably the evangelist's own introduction to the parable. The phrase ἓν τῶν μικρῶν τούτων is used by the evangelist four times: at 10:42 (which, as we have seen, is part of an important redactional passage); at 18:6 (where Mark 9:42 has been expanded in order to state explicitly that the »little ones« believe *in Jesus* – the only time such a phrase is used in the synoptic traditions)[24] and at 18:10,14 where there are no parallels. The phrase, then, derives ultimately from Mark, but it has been developed considerably by Matthew: as in numerous other passages, the evangelist takes *tradition* as his starting point[25].

The Matthean use »one of these little ones« is thoroughly in line with the observations we have made on the passages considered so far in this paper. But it can hardly be claimed that in his interpretation of the parable *as a whole* the evangelist is simply developing, elucidating or expounding the Q tradition as it is found in Luke.

Do our observations on the methods used by the evangelist need to be modified considerably in the light of this passage? I do not think so. The Lucan setting may not be original. There is a characteristically Lucan conclusion to the parable (Luke 15:7) and the present introduction in 15:1–3 may well have been added to the parable either by Luke or at an earlier stage. It is probable that *both* evangelists have interpreted the parable by setting it in quite different contexts. By its very nature parabolic and metaphorical language lends itself readily to reinterpretation; a new context can easily alter the thrust of a particular tradition even if the original words are retained.

Mt. 5:13a, 14a, 16 (cf. Mark 9:49–50, 4:21; Luke 14:34–5, 8:16 and 11:33)

This passage is a further example of Matthean expansion of metaphorical or parabolic traditions. For convenience we shall consider it at this point even though it contains Marcan as well as Q traditions. It is extremely difficult to reconstruct the history of these enigmatic traditions which the evangelist has developed, but there is general scholarly agreement that Matthew has provided the parallel introductions ὑμεῖς ἐστε τὸ ἅλας τῆς γῆς 5:13a and ὑμεῖς ἐστε τὸ φῶς τοῦ κόσμου (5:14a) as well as the whole of 5:16. This latter logion can be compared with 18:14 and 35: in each case a Matthean

---

[24] A number of mss. do have εἰς ἐμέ at Mark 9:42, but I take this reading to be a harmonisation to the Matthean tradition.

[25] The origin of Mt. 18:10b is more difficult to determine. This logion has no parallels elsewhere in Matthew, or in Mark or Luke.

οὕτως logion summarises and applies the preceding parable (or metaphor) to the community. Matthew has reinterpreted his traditions partly by juxtaposing the »salt«, »city set on a hill« and »lampstand« sayings and partly by adding his own introduction and conclusion.

In so doing the evangelist stresses themes prominent elsewhere in the gospel[26]. G. Eichholz draws attention, surely appropriately, to Schlatter's observation: the task given to the disciples in this passage is quite simply, »Make disciples of all nations«[27]. The ethical conduct of the disciples is stressed in 5:16: τὰ καλὰ ἔργα is almost synonymous with δικαιοσύνη at 5:20.

In this passage there is an example (which seems to have escaped notice) of a pattern found elsewhere in Matthew. The disciples follow after Jesus: his coming to »Galilee of the Gentiles« is a »great light« (4:23); they are to be the »light of the world« (5:14).

Mt. 23:28, 32–4 (cf. Luke 11:44, 47f.)

It is extremely difficult to isolate the evangelist's sources in Mt. 23: at times he uses traditions not found elsewhere (the so-called M traditions); at times he uses Q traditions and in several places he seems to have composed logia himself. 23:28 is a good example of an expansion of Q traditions by the evangelist. Once again a οὕτως logion (cf. 5:16; 18:14,35 discussed above) elucidates the preceding simile in the sixth woe; this verse may well be intended by the evangelist to summarise the previous woes[28].

Mt. 23:32 also develops the Q tradition: this logion has probably been composed by the evangelist as a summary of the seventh woe and as a transition to the verses which follow[29]. Verse 33 parallels very closely the Q tradition applied by Matthew to the Pharisees and Sadducees at Mt. 3:7. The phrase γεννήματα ἐχιδνῶν is also found at 12:34 in Matthew's reshaping of a Q tradition (cf. Luke 6:45). The evangelist has added this verse here on the basis of Q traditions and his own modifications of them elsewhere.

In verse 34, in addition to important modifications of a Q logion (cf. Luke 11:49) which cannot be discussed here, the second half of the logion, καὶ σταυρώσετε καὶ ἐξ αὐτῶν μαστιγώσετε ἐν ταῖς συναγωγαῖς ὑμῶν (καὶ διώξετε) ἀπὸ

---

[26] See G. Bornkamm, *op. cit.*, 16.

[27] G. Eichholz, *Auslegung der Bergpredigt*, 1970[2], 58f. See also the interesting (but not completely convincing) discussion of this passage by M. J. Suggs, *Wisdom, Christology and Law in Matthew's Gospel*, Cambridge, Mass., 1970, 123ff.

[28] So also D. Garland, *op. cit.*, 158 n. 29; R. Bultmann, *op. cit.*, 113.

[29] D. Hare, *op. cit.*, 87, notes that it cannot be demonstrated that the diction of this verse is particularly characteristic of the evangelist and leaves open the possibility that it has been composed by the evangelist. But since this logion functions in a similar way to other Matthean logia which expand and »sum up« a preceding piece of tradition used by the evangelist, we may be reasonably confident that the evangelist has supplied this verse.

πόλεως εἰς πόλιν has been added by the evangelist[30]. But once again he repeats phrases used elsewhere in the gospel[31]. These verses confirm our earlier observations. The evangelist has added »new« words of Jesus to his Q traditions, but his intention is to elucidate, apply and summarise his traditions rather than to supplement them with sayings which he has created *de novo*.

There are a number of important sayings of Jesus and parables in Matthew which are not found elsewhere in the gospels. Exegetes have often reached quite divergent conclusions: some have claimed that many of these passages have been composed by the evangelist, while others have appealed to the use of independent tradition. If the cumulative argument of this paper is sound, we may expect to find that the evangelist is closely dependent on his sources but that he has not hesitated to expand them in order to repeat or develop his own redactional themes. This view can, I think, be advanced as a plausible hypothesis. A full defence of it is not possible here, but a brief examination of two passages will confirm that the evangelist has used and expanded at least some so-called M traditions of sayings of Jesus in the same way as Marcan and Q sayings.

Mt. 11:28–30

There is now general scholarly agreement that this passage has not been taken from Q. In its present context it refers to the disciples, though the original tradition may have had a much wider audience in mind. Many of the words in these verses are not found elsewhere in the gospel, but two clauses seem to me to be Matthean additions: καὶ μάθετε ἀπ' ἐμοῦ, ὅτι πραΰς εἰμι καὶ ταπεινὸς τῇ καρδίᾳ. The original tradition which was expanded by the evangelist may have been as follows:

a   δεῦτε πρός με πάντες οἱ κοπιῶντες καὶ πεφορτισμένοι,
b   κἀγὼ ἀναπαύσω ὑμᾶς.
a¹   ἄρατε τὸν ζυγόν μου ἐφ᾽ ὑμᾶς,
b¹   καὶ εὑρήσετε ἀνάπαυσιν ταῖς ψυχαῖς ὑμῶν.
c   ὁ γὰρ ζυγός μου χρηστὸς καὶ τὸ φορτίον μου ἐλαφρόν ἐστιν.

The first four lines are well-balanced and are undergirded by the »reasoning« of the fifth and final line. The clauses which have the clearest Matthean parallels (either in vocabulary or thought) καὶ μάθετε ἀπ' ἐμοῦ, ὅτι πραΰς εἰμι καὶ ταπεινὸς τῇ καρδίᾳ, break up the low of the »argument« in this section and

---

[30] καὶ διώξετε is found in Luke 11:49 (Q).

[31] μαστιγόω is found as a Matthean redaction of Mark 13:9 at 10:17; in the same verse Matthew adds αὐτῶν to ἐν ταῖς συναγωγαῖς (cf. Mt. 4:23, 9:35 – the evangelist's own summaries); the phrase ἀπὸ πόλεως εἰς πόλιν recalls Mt. 10:23.

seem to come from the evangelist's own hand[32]. This must now be demonstrated briefly.

The words »learn from me« recall numerous passages in the gospel where
Jesus (and not Moses or the scribes and Pharisees) is the *one* teacher *par
excellence*[33]. The disciples must learn from Jesus for they are to teach all
nations all that Jesus has commanded them (28:20).

Jesus as the »meek and lowly one« is also a Matthean theme. In his account
of the entry of Jesus into Jerusalem the evangelist deliberately modifies Zech.
9:9 in order to allow the paradox of Jesus the *humble* one who is king to stand
at the very centre of the fulfilment citation in 21:4 ff.: »Behold your king is
coming to you, humble ($\pi\rho\alpha\ddot{\upsilon}\varsigma$), and mounted on an ass . . .«

This very theme is central in two further fulfilment citations. At 12:15 ff.,
the longest of all Matthew's citations from scripture, he has again reshaped
the text to suit his own purposes and has emphasized the role of Jesus as
humble servant. »Here is my servant, whom I have chosen, *my beloved on
whom my favour rests* . . .« At this point the evangelist has modified Isa.
42:1 ff. in order to bring the phraseology into line with his account of the
heavenly voice at the baptism of Jesus (3:15) and at the Transfiguration
(17:5). Clearly this »servant« citation from Isa. 42 is a most important
passage for the evangelist.

There is a further interpretative modification to be seen in this citation of
Isa. 42 in ch. 12. Matthew's phrase at the beginning of 12:19 $o\dot{\upsilon}\kappa\,\dot{\epsilon}\rho\acute{\iota}\sigma\epsilon\iota$, can be
explained neither from the MT nor from the LXX, but it can readily be
related to the evangelist's concerns. At the end of the immediately preceding
account of the healing of the man with the withered arm, Jesus *withdraws*
deliberately in the face of Pharisaic opposition. He is the one who »will not
strive, he will not shout, nor will his voice be heard in the streets . . .«

At Mt. 8:17 the healing ministry of Jesus, which Matthew emphasizes
strongly, is seen as a fulfilment of another »servant« passage, Isa. 53:4: »He
took away our illnesses and lifted our diseases from us.«

So who is issuing the invitation in Mt. 11:28–30 as the passage now
stands, with the evangelist's additions? It is not so much Jesus as Sophia (a
theme which the evangelist barely hints at in his gospel), but Jesus as the
humble Servant of God on whom God's Spirit rests, the Servant whose
healing acts reveal his compassion for those in need.

I take »all who are weary and heavy laden« to refer primarily to the costly

---

[32] For a fuller discussion see G. N. Stanton, »Matthew 11:28–30: Comfortable Words?«, *ET*
94, 1982, 3–9. The analysis offered there differs slightly from that given above. I am grateful to
A. Dihle for the suggestion that $\kappa\alpha\dot{\iota}\,\mu\acute{\alpha}\vartheta\epsilon\tau\epsilon\,\dot{\alpha}\pi'\,\dot{\epsilon}\mu o\ddot{\upsilon}$ may also have been a Matthean insertion. R.
Guelich has pointed out to me that F. Filson's article, »Broken Patterns in the Gospel of
Matthew«, *JBL* 75, 1956, 227 ff. is relevant at this point.

[33] D. Garland, *op. cit.*, 58, though he does not refer to 11:29.

and demanding nature of discipleship. Several verses earlier in ch. 11, as well as many in ch. 10, have stressed that disciples are to expect opposition and rejection. By linking 11:28–30 on to the preceding pericope Matthew makes the end of this important discourse in ch. 11 become a word of encouragement to hard-pressed disciples – the very theme he emphasizes at the end of the discourses in ch. 10 and in ch. 25.

Mt. 25:31–46

This pericope is Matthew's grand climax to his presentation of the teaching of Jesus. As these verses now stand in the gospel they pick up and develop themes Matthew has emphasized earlier in the gospel. Judgement is associated with the Son of Man in two redactional passages, 19:28 and 24:30. Provision of hospitality is a mark of acceptance, 10:11 ff. Men who reject the disciples will be judged and punished, 10:15 and, implicitly, 10:42. The punishment is so severe that it is clear that persecution is in mind. Earlier in the final discourse, in a redactional addition, persecution by *Gentiles* is mentioned explicitly at 24:9: »Men of all nations will hate you for your allegiance to me.«

By now it will be clear how I interpret this much-disputed pericope[34]. The Matthean community is committed to evangelism among all nations. Rejection, opposition and persecution have been experienced. Quite naturally Matthean Christians have asked, »Why does God allow his enemies to play havoc with the new people who do bear the proper fruit (cf. 21:43)?« The evangelist's answer is that at the end all men will be judged, rewarded and punished on the basis of their acceptance or rejection of those who have taught all nations all that Jesus has commanded. This passage functions as a final note of consolation and encouragement to the Matthean community.

This very theme is prominent in Jewish apocalypses written about the same time as Matthew – about 90 A.D. Following the triumph of the Romans in 70 there was bound to be bewilderment and confusion and this is reflected in 4 Ezra and Baruch. 4 Ezra 7:37 and Baruch 72:2 provide very instructive parallels to the interpretation I have proposed.

This approach to 25:31–46 depends heavily on taking πάντα τὰ ἔθνη in verse 32 in a Matthean sense as »all non-Christian nations« and on interpreting ἐνὶ τούτων τῶν ἀδελφῶν μου τῶν ἐλαχίστων in verse 40 (and in verse 45) as a Matthean phrase which refers to members of the Christian community. These phrases

---

[34] For recent discussions see U. Wilckens, »Gottes geringste Brüder – zu Mt. 25,31–46«, in eds. E. E. Ellis and E. Grässer, *Jesus und Paulus* (Festschrift W. G. Kümmel), Göttingen, 1975, 363–83; J. Friedrich, *Gott im Bruder? Eine methodenkritische Untersuchung von Redaktion, Überlieferung und Traditionen in Mt. 25,31–46*, Stuttgart, 1977; D. R. Catchpole, »The Poor on Earth and the Son of Man in Heaven. A Re-appraisal of Matthew XXV.31–46«, *BJRL* 61, 1979, 355–97.

are redactional Matthean additions elsewhere; they have almost certainly been added by the evangelist to this tradition here[35].

On this interpretation Mt. 25:31–46 is a further example of a passage which Matthew has expanded and reinterpreted in the light of his own concerns elsewhere. Here the evangelist's reinterpretation is probably very considerable, for the original tradition may well have stated that judgement of *disciples* would be on the basis of their acceptance or rejection of all sorts and conditions of men in need. The evangelist's reinterpretation is bold, but it should not be seen as completely arbitrary. Parabolic language, which lends itself readily to reinterpretation, has been set in a new context and applied, as so often in Matthew, to the needs of the evangelist's community.

From a wide range of examples (which is by no means an exhaustive list) a consistent pattern has emerged. The evangelist has expanded (often considerably) sayings of Jesus in Mark, Q and »M«. There are a surprisingly large number of additions – and we have not considered sayings which Matthew has repeated. In the expansions we almost invariably find themes which the evangelist has himself emphasised elsewhere.

At the beginning of this paper I referred to D. Garland's use of the analogy of a montage to illustrate the evangelist's methods. This analogy helpfully underlines the extent to which Matthew's gospel is both *more than* and *other than* the sum of the individual traditions incorporated. The evangelist has reinterpreted his traditions by reshaping and »tidying« them, and by setting them in new contexts – often by juxtaposition with originally unrelated traditions. For all of this, the analogy of a »montage« is appropriate. But this analogy does not do justice to the extent to which the evangelist has himself *expanded* individual narrative and sayings traditions. Again and again we have seen that Matthew is creative but not innovative: he is committed to the traditions at his disposal, but he endeavours to *elucidate* them for his own community.

The evangelist's interests are varied. In the sayings we have considered discipleship and community themes are prominent, but so too are Christological and eschatological concerns. It is a mistake to try to decide which of these themes is *primary* for the evangelist, for in the context of the whole gospel they are intertwined and interdependent.

If these observations are valid, there are two implications which are of some importance in the context of this symposium. The interpretative methods used by Matthew can be traced (though less clearly and less extensively) at other stages in the transmission of gospel traditons[36]. I am

[35] See J. Friedrich, *op. cit.*, 258–70 for details.
[36] See, for example, J. Wanke, »›Kommentarworte‹, Älteste Kommentierungen von Herrenworten«, *BZ* 24, 1980, 208–233.

convinced that at all stages greater development of the traditions took place by setting them in new contexts and by attempts to elucidate them than by the »creation« *de novo* of sayings of Jesus. On the whole the words of Jesus were transmitted with great care: various attempts to clarify the traditions and make them applicable to new circumstances were probably more creative than the communities which first transmitted the traditions. Discussions of the role of Christian prophets in the development of the synoptic tradition often overlook this point. The expansions we have observed are not the work of a Christian prophet, but of an »exegete«[37].

If the evangelist Matthew is as creative as has been suggested, is his work still a »gospel«? Two factors suggest that if Mark is a εὐαγγέλιον, so is Matthew. As we have seen, the evangelist is constantly attempting to draw out the significance of his *traditions*, so he is almost certainly not attempting to create a new *genre*.

I believe that Matthew would have accepted εὐαγγέλιον as a title for his writing[38]. He uses τὸ εὐαγγέλιον τῆς βασιλείας as a summary of the proclamation of Jesus at 4:23 and 9:35. In three redactional passages, 24:14 (τοῦτο τὸ εὐαγγέλιον τῆς βασιλείας), 26:13 (τὸ εὐαγγέλιον τοῦτο), 13:19 (τὸν λόγον τῆς βασιλείας), he is clearly thinking of his account of the words and deeds of Jesus as εὐαγγέλιον. By using the same term εὐαγγέλιον both for the proclamation of Jesus and for that of the church of his own day he underlines the *continuity* between them. Twice Matthew omits Mark's phrase καὶ τοῦ εὐαγγελίου (Mark 8:35; 10:29): the most plausible explanation is that he is suspicious of Mark's apparent distinction between Jesus and the gospel in his phrase ἕνεκεν ἐμοῦ καὶ τοῦ εὐαγγελίου. For Matthew Jesus is (almost) τὸ εὐαγγέλιον (or ὁ λόγος) τῆς βασιλείας and for that reason (among others) the words of Jesus are to be treasured carefully; they are elucidated by the evangelist so that they can be appropriated by his community and used in its proclamation (28:20a)

---

[37] For a wide-ranging discussion of this point, see M. E. Boring, *Sayings of the Risen Jesus*, Cambridge, 1982. With the exception of Mt. 28:18–20, Boring is rightly cautious about claims that individual sayings found in Matthew originated as words of Christian prophets. I do not think that 28:18–20 is an exception. Even this passage should be seen as an expansion and summary (in a new context) of themes the evangelist has stressed earlier in the gospel. These verses are not so much the »key« (so O. Michel) which unlocks the whole gospel (i. e. a new *revelation*) as a *grand finale* in which the evangelist summarises his main points.

[38] For a rather different view, see H. Frankemölle, *op. cit.*, who claims that Matthew is a literary work, a *Buch der Geschichte* modelled on Jewish history writing such as Deuteronomy and Chronicles. This is, I think, an exaggerated claim which does not do justice to the importance for Matthew of the OT prophetic writings and of Mark.

Luke and his ›Gospel‹

I. Howard Marshall

> Forasmuch as many have undertaken to com-
> pile an account of the things which have been
> accomplished by the author of Luke-Acts, just
> as they have been interpreted for us by scholars
> in recent times, it seemed good to me also, even
> though I have not followed closely all that has
> been written, to set out my thoughts in order
> for you, most gentle reader, so that you may
> check the reliability of that of which you have
> been informed.

During the last few years the writings of Luke have been the object of a
remarkable amount of study. After the impetus given to a fresh approach by
H. Conzelmann, E. Haenchen and H. Schürmann there has been a large
number of monographs by younger scholars, and then most recently a
number of major commentaries by J. A. Fitzmyer, J. Roloff, W. Schmithals,
G. Schneider and E. Schweizer. It is, however, remarkable that in these
works one important question is treated only briefly and inadequately or not
at all. This is the question of the purpose of the author. Since the writers of
commentaries usually write their introductions after the completion of their
exegesis, one would expect them to be in a good position to discuss this
crucial question and to express a mature opinion, but none of the commentators whom I have mentioned tackles it seriously. It is true that G.
Schneider has devoted an article to the subject, but this is concerned more
with how to solve the problem than with actually solving it[1]. The situation
has been changed by the appearance of a monograph by R. Maddox specifically devoted to *The Purpose of Luke-Acts*, but despite the thorough and
excellent treatment offered in this book there is perhaps still room for further
thinking about this topic which may then act as a context for understanding
the character of Luke's gospel.

---

[1] G. Schneider, ›Der Zweck des lukanischen Doppelwerkes‹, BZ 21, 1977, 45–66.

I. Defining the Objective

Part of the difficulty lies in establishing the precise object of enquiry. We may distinguish at least four aspects of it. First, there is the *conscious aim* of the author. What purpose, if any, did the author consciously have as he wrote the book? If he had been asked what he was trying to do, how would he have answered? Second, it is necessary to recognise that an author may have had one or more *principal* aims and one or more *secondary* aims. It is all too easy to look for *the* aim or to elevate aims that can have been only secondary to the level of primary aims. In this connection I would mention theories which see Luke as endeavouring to deal with questions of riches and poverty in his church[2] or to defend or rehabilitate Paul[3]; such themes, which come to expression in some parts of Luke-Acts, may well have been aspects of Luke's concern, but surely cannot have been his main concern. Third, we need to enquire whether any specific, *concrete occasion* gave rise to the composition and thus shaped the author's aim. In my earlier work on the writings of Luke I suggested a fairly broad aim, namely that Luke's main aim was simply to present salvation to his readers; ›it was enough that he should compose his record as a means of evangelism‹[4]. This approach was subjected to friendly criticism in a comment by R. P. Martin who argued that my severely negative approach, in which I rejected such concrete suggestions as that Luke was motivated by the delay of the parousia or by the need to attack Gnostic heresy, was ›a weakness since it is arguable that no other New Testament book lacks a definite purpose in its composition and publication‹[5]. I accept the criticism; even if Luke wrote, as I rather vaguely suggested, to present salvation, one must still ask why he felt the need to do so, and whether we can identify any concrete circumstances which led him to do so in the precise way in which he did write. However, there is also a fourth element in the picture, namely the question of what *circumstances and unconscious motives* may have affected the author and determined the character of his work. For example, it is possible that the church was beginning to become more institutionalised in Luke's time, and that when he wrote Acts he unconsciously presented and defended a view of the church that was related positively or negatively to this ongoing trend. Again, if the delay of the parousia was a dominant factor in Luke's situation, a hypothesis which I find very dubious, then I should find it very doubtful that Luke consciously set himself to reshape the character of his theological account of the early

---

[2] R. J. Karris, ›Poor and Rich: The Lukan *Sitz im Leben*‹, in C. H. Talbert (ed.), *Perspectives on Luke-Acts* (Danville/Edinburgh, 1978), 112–125.

[3] See R. Maddox, *The Purpose of Luke-Acts* (Göttingen/Edinburgh, 1981), 20f., for reference.

[4] I. H. Marshall, *Luke: Historian and Theologian* (Exeter, 1979[2]), 221.

[5] R. P. Martin, *New Testament Foundations* (Grand Rapids, 1975), I, 248f.

church in such a way as to take account of this fact; if it affected him at all, it must have done so as an unconscious factor in his theological environment. We ought to keep the differences between these different aspects of the purpose of Luke-Acts in view, although I recognise that in practice the different aspects may merge with one another.

II. Luke-Acts as a Unity

One important factor pointed out by Maddox seems to need further emphasis and restatement in determining our starting point for research. It has indeed come to be generally recognised not only that Lk and Acts are the work of one single author but also that in their finished form they are two parts of one single literary work. To be sure, scholars are not agreed about the precise nature of the unity of the work in terms of its composition. It can be argued that there was a sizable timegap between the composition of Lk and of Acts, and that it is not clear that when Luke commenced to write his gospel he already had it in mind to write the sequel. Nor is it certain that Acts was submitted to final revision by its author. However, it seems more probable to me that from the beginning Luke intended to write a two-part work, even if, as some think, there was some interval between the composition of the two parts[6]. I want, therefore, to carry out my investigation on the assumption that Luke-Acts was planned as a unity.

If this assumption is correct, then it will be evident that the correct question is the one posed by Maddox, namely, what is the purpose of Lk-Acts as a whole[7]? The important point, to which I think insufficient attention has been given, is that the question regarding the purpose of Part One can be asked only within the framework of the question regarding the purpose of the whole. It is only when we appreciate the purpose of the whole work that we can attempt to understand fully what Luke was doing that may have been distinctive in relation to the work of the other Evangelists. That is to say, redaction-critical studies of the gospel tend to compare Mt and Mk with Lk when in fact the comparison ought perhaps to be made not with Lk but with Lk-Acts as a whole.

III. Luke's Models

This means that it may be inaccurate to speak of Luke as a gospel writer or as the third evangelist. In fact we may well ask whether this description is an

---

[6] So E. Schweizer, *Das Evangelium nach Lukas* (Göttingen, 1982), 5.
[7] R. Maddox, *op. cit.*, 19.

292   *I. Howard Marshall*

apt one in respect of the other synoptic evangelists, however convenient it may be for us to think of them in this way.

I assume without further argument that Luke knew Mk. But what was it that Mark was writing, and how did his work appear to his contemporaries? Mark commences with the words: ›The beginning of the gospel of Jesus Christ, the Son of God‹. This phrase can be taken as referring to the whole of the book that follows or merely to the prologue in the immediately following verses.

On the former view it can be paraphrased: ›This is the story of the beginning of the good news . . .‹ The word εὐαγγέλιον must then be understood to refer to the church's proclamation of the good news of salvation; it is not yet a title for the whole book, no matter how early we may set the use of the word ›gospel‹ to refer to the individual accounts of the ministry of Jesus. Mark would then see the beginning or foundation of the church's message in the ministry of Jesus; he proceeds to relate that story, but of course the effect is that he thus proclaims the church's message so that his account is indeed a presentation of the gospel. J. Gnilka is thus correct when he states that Mk 1:1 is not the title of the book, but rather a summary or indication of its contents[8]. If this is a fair account of the situation, then it follows that there is no evidence that Mark thought of himself as writing a work that fell into the literary genre of ›gospel‹, or rather as self-consciously creating that new genre. Rather he thought of himself as recounting the *beginning* of the good news, and therefore his story was perhaps open in principle to further extension.

If we adopt the latter view, then the prologue is the beginning of the story about Jesus related in Mark's book[9]. Mark then regarded telling the story of Jesus as a means – perhaps *the* means – of proclaiming the good news. But this is not the same thing as saying that he was creating a new literary genre which later writers would have felt bound to follow. Since his was the pioneering effort, later writers could have felt free to present their material in other ways.

More controversially, I would add that, although I cannot offer any convincing argument for my view, I confess to an intuitive feeling that Mk 16:8 is not the original, intended end of the gospel, and that it is not beyond the bounds of probability that the gospel proceeded further or that Mark intended some kind of sequel. I should not, however, wish to rest any part of my case on such conjectures. The point which I think is established is that for Mark the story of Jesus was a form of the gospel, a story that was in principle open to continuation.

---

[8] J. Gnilka, *Das Evangelium nach Markus* (Zürich/Neukirchen, 1978), I, 42f.

[9] See R. A. Guelich's essay in this volume.

According to the commonly accepted hypothesis of synoptic relationships Luke was also acquainted with the sayings source Q. This document
has not survived; we do not have sufficient evidence to reconstruct it in
detail, and in particular to reconstruct its beginning and end, and therefore I
should want to be extremely cautious about determining its character and
extent. The best analogy to it still seems to be the Gospel of Thomas which
understands itself as a collection of sayings of Jesus. As such, it would be a
complete document in the sense of gathering together the earthly teaching of
Jesus. The important point is that neither Luke nor Matthew followed its
pattern in the composition of their works. Both writers incorporated the Q
material in a pattern that is based on Mk. This is true for Luke regardless of
whether he directly inserted the Q material into the edited version of Mk
which formed the backbone of his gospel or whether some form of the
proto-Luke hypothesis is true in envisaging some kind of uniting of Q
material with Luke's special material before this was itself united with
Marcan material[10]. Luke, that is to say, deliberately rejected the Q-type of
composition for one that was broadly similar to that of Mk.

Finally, there is the question of Matthew. I regard it as extremely unlikely
that Luke was familiar with Mt. But, although Matthew in no way provided
a pattern for Luke to follow, nevertheless his own procedure is of interest as
showing how another Christian at approximately the same time regarded
his own work. Matthew commences with the statement: ›The book of the
genealogy of Jesus Christ, the son of David, the son of Abraham.‹ This
statement is usually regarded as an introduction to the actual genealogy
which immediately follows it[11]. Another view, however, is possible. Γένεσις
does not strictly mean a genealogy, and in Mt 1:18 it means ›birth‹. Nor
again is βίβλος the most apt phrase for describing the first seventeen verses of
the book. I am therefore strongly tempted by the view of D. Hill[12], that Mt
1:1 is to be taken, like Mk 1:1, as referring to the whole book, although I find
it difficult to follow him in believing that ›of Jesus Christ‹ is to be understood
as a subjective genitive. Rather it seems that Mt 1:1 is a title which announces
that the theme is the story of the coming of Jesus in a broad sense. Whichever
view we take of the matter, Matthew does not use the word ›gospel‹ to
describe the character of his work, but only to refer to the message preached
by Jesus and his followers. He writes a book about Jesus, and, although the
book is a complete whole, it nevertheless points forward to the apostolic task
of making disciples of all nations and preaching the gospel to the whole
world.

---

[10] This still seems to me to be the most defensible part of the proto-Luke hypothesis; see I. H.
Marshall, *op. cit.*, 62.

[11] E. Schweizer, *Das Evangelium nach Matthäus* (Göttingen, 1973), 8.

[12] D. Hill, *The Gospel of Matthew* (London, 1972), 74f.

From these comments it emerges that there is nothing to suggest that there was a fixed category of ›gospel‹ into which Luke had to fit his work[13]. When Luke refers to the works of his predecessors, he describes them as ›accounts‹ or ›narratives‹ and as being of the same character as his own work. But whereas Mark and certainly Matthew saw their tasks as accomplished by telling the story of Jesus up to the resurrection and so laying down the beginning of the church's message, Luke took the story on to the arrival of Paul with the good news in Rome. What he wrote was a unified story, but it was broken up into two parts for a number of reasons. First, the example of his predecessors showed that there was a natural historical break at the ascension of Jesus; the story of the earthly life of Jesus could be treated as a unit on its own. Second, there was a theological break in the story at the ascension of Jesus, but, as Luke's treatment shows, the ascension formed a bridge between the two parts; it terminates Part One of the story, but it also commences Part Two. Third, there was the eminently practical consideration, which must certainly be allowed its full weight, that Luke was limited by the maximum length of a roll of papyrus, which is usually said to have been about the size required for Lk or Acts.

The point which, I suggest, emerges from this is that we should not think of Luke writing a gospel and then taking the unprecedented step of adding a sequel. He was not writing a book called a ›gospel‹ followed by a separate sequel. Indeed C. H. Talbert suggests that we should think of Luke writing an account of the early church to which he prefixed a gospel[14]. Rather at this time the concept of a ›gospel‹ had scarcely been formalised, and Luke was not tied to a stereotyped pattern whose bounds he decided to burst. On the contrary, Luke saw that the concept of the beginning of the church's message in the story of Jesus naturally led on to an account of the spread of the church. Or, to repeat the point made earlier, in a sense the true counterpart of the Gospel of Mark is not the Gospel of Luke but Lk-Acts. For Luke what Mark recorded was, as Mark had said, only the beginning, and Luke desired to present the full story. Although Mark himself had not taken this step, what he did was in principle open to expansion.

---

[13] See C. H. Talbert, *What is a Gospel: The Genre of the Canonical Gospels* (Philadelphia, 1977); D. E. Aune, ›The Problem of the Genre of the Gospels: A Critique of C. H. Talbert's *What is a Gospel?*‹, in R. T. France and D. Wenham (ed.), *Gospel Perspectives* (Sheffield, 1981), II, 9–60; and R. A. Guelich's essay in this volume for discussion from various perspectives. I do not dispute Guelich's general conclusions, but wish to guard against the assumption that Mark set a precedent which his successors felt *bound* to follow, even though they did in fact adopt his pattern.

[14] C. H. Talbert, *Literary Patterns, Theological Themes and the Genre of Luke-Acts* (Missoula, 1974), 30.

IV. A Prologue to the Whole of Lk.-Acts

This view of the matter is, I submit, supported by a re-examination of the prologue to Lk. In verse 1 ›the things which have been accomplished among us‹ should not be confined to the story of the earthly life of Jesus but can very well be extended to include what had happened in the early days of the church; this view of the phrase gives a better sense to ›among us‹ than confining the reference to the earthly life of Jesus[15]. If this is correct, then the reference to the ›attempts‹ of previous writers, which does not need to be adversely critical of what they did but nevertheless allows that there is room for a further attempt, may be not so much to any alleged deficiencies in how they related the story of Jesus but rather to the fact that they told only half the story and thus did not achieve the purpose which Luke himself felt was necessary to achieve. The fact that Luke speaks of what had been ›accomplished‹ or ›fulfilled‹ will again fit in with his understanding of things, since one of the points which he makes is that the history of the early church as well as the career of Jesus was in accordance with the fulfilment of prophecy. The reference to those who were eyewitnesses and ministers of the word can also very naturally cover those who passed on to Luke both the story of Jesus and the story of the early days of the church.

A particular problem is posed by the word παρακολουθέω, which Luke uses to describe his own activity preparatory to drawing up his account of what had happened. In my commentary I took the verb to refer to historical investigation of events outside the author's own personal experience. Maddox, however, has re-examined the evidence originally adduced by H. J. Cadbury that the verb refers to keeping informed about contemporary events or participating in them, and has shown that this is the common meaning of the term[16]. However, this view still seems difficult to me in view of the use of ἀκριβῶς, ›accurately‹, with the verb, and Cadbury is forced to take the verb as ›to keep in touch with‹ in order to meet this problem; once this is granted, however, the point is in effect allowed that the meaning of the verb can be widened to refer to research, and this is confirmed by the usage in Josephus, Ap 1:218. Perhaps, then, the scope of the verb here should be widened somewhat so that it includes both those events in the past which Luke had investigated by examining the relevant evidence both written and oral and also those more recent events in which he himself had personally participated[17]. (Here I am assuming the identity of the author of the ›we-

---

[15] Against this view it can be argued that the perfect participle implies that the events form a completed whole, but this may be to press the force of the participle unduly. Luke could see that a series of events had been ›fulfilled‹ and yet be capable of continuation.

[16] R. Maddox, *op. cit.*, 4f. and n. 23.

[17] *Cf.* J. A. Fitzmyer, *The Gospel according to Luke I–IX* (New York, 1981), 296f.

sections‹ of Acts with the author of the whole work, which has been most recently affirmed by J. A. Fitzmyer.)[18] It is, therefore, possible that the scope of Luke's investigations in the prologue is the whole area covered by Lk-Acts.

A further important point leading in the same direction is to be seen in the comment on the things of which Theophilus had been informed. However formal or informal catechetical instruction was at this stage (and I incline to a belief in its relative informality), it is highly improbable that such instruction was confined to the story of the life of Jesus or that it covered the story of Jesus in detail. What we know of the early kerygma and of the ethical instruction reflected in the epistles points to a wider area of teaching. In particular it is surely inconceivable that the teaching given to Theophilus said nothing about the experience of the Holy Spirit. Moreover, as J. Jervell has shown, the kerygma may well have included accounts of how the gospel had been effective in the foundation of the various churches[19]. From all this it follows that when Luke desired to give Theophilus a reliable account of the things in which he had already been instructed this account cannot have been confined to the material in the gospel. Thus the prologue has in view the whole of the two-part work right from the start[20] and is not designed simply to refer to the gospel[21]. This is, of course, what should be expected in the light of other literary prefaces of the time which were intended to introduce the work as a whole. It is also confirmed by the prologue to Acts which sums up Part One as being concerned with what Jesus began to do and to teach. It is unfortunate that Luke has not specified more clearly what he was going on to do in Acts, but at least his verdict on what he had already done is quite clear; the first part presents merely the beginning.

We can now claim that Luke saw his composition as a unified whole, introduced by a prologue which covers both parts of it, so that we are justified in enquiring what purpose he had for it as a whole and can attempt to ascertain the place of Part One in relation to the total purpose.

V. Clues to Luke's Purpose

In seeking to understand Lk-Acts as a whole we can leave aside any views of its purpose which do not take both parts of the story into account. Clues to the purpose will lie rather in common themes which can be traced through both parts. In previous discussions of the topic I have suggested that Luke's

---

[18] *Ibid*, 35–53.
[19] J. Jervell, *Luke and the People of God* (Minneapolis, 1972), 19–39.
[20] R. Maddox, *op. cit.*, 1–6; J. A. Fitzmyer, *op. cit.*, 289.
[21] *Pace* H. Schürmann, *Das Lukas-Evangelium* (Freiburg, 1982²), 4; E. Schweizer, *Das Evangelium nach Lukas*, 8.

concern is to present salvation to his readers. This concept is a determinative one in both parts of the work. The birth narratives bring it out especially clearly, and I believe that this is quite deliberate on the part of Luke. But can we be more specific?

First, there is much to be said for the view of W. C. van Unnik that Acts presents the confirmation of the gospel which is recorded in the first part of the work. It shows how the salvation brought by Jesus became a reality for people separated from him in time and space, both Jews and Gentiles. The broad correspondences between the Gospel and Acts are significant in showing that the same kind of activity is going on in the time of the apostles as in the time of Jesus. Luke shows that the gospel ›works‹[22].

Second, this basic insight has been developed by Maddox. He is led to postulate that Luke's readers were having doubts about the truth of the gospel and the reality of salvation because of the way in which the Jews were rejecting both them and the gospel: how could the gospel of Jesus as the Messiah be true if the Jews by and large had rejected Jesus? Luke, therefore, takes up two main issues according to Maddox. First, he emphasises that what was taking place in effect fulfilled the promises made in the Old Testament and was a present reality. Second, he emphasises that this fulfilment had taken place among us, that is to say, in the Christian church. ›He writes to reassure the Christians of his day that their faith in Jesus is no aberration, but the authentic goal towards which God's ancient dealings with Israel were driving. The full stream of God's saving action in history had not passed them by, but has flowed straight into their community-life, in Jesus and the Holy Spirit. If there are apostates and heretics who have cut themselves off from participation in the Kingdom of God, it is not the Christians to whom such terms apply. It is Jesus, their Lord, in whom the promises of the ancient scriptures are fulfilled; it is Jesus who sends the Holy Spirit, whose powerful influence the Christians actually experience; and it is Jesus alone through whose name salvation occurs.‹[23]

Alongside these two views must be placed a third one, which is not intended as a statement of the total purpose of Luke but is rather a study of an important Lucan theme. I refer to the work of G. Lohfink on *Die Sammlung Israels*[24]. In this work we see how Luke has used his work to record the story of how God has gathered together the new Israel composed of both Jews and Gentiles. Jesus announces the good news to all Israel in the gospel, but it is not until we reach Acts that we hear of the response in the ›gathering‹ of

---

[22] W. C. van Unnik, ›»The Book of Acts«, the Confirmation of the Gospel‹, NT 4, 1960, 26–59.

[23] R. Maddox, *op. cit.*, 187. See earlier F. Danker, *Jesus and the New Age* (St Louis, 1972), xiii–xvii.

[24] G. Lohfink, *Die Sammlung Israels* (München, 1975).

Israel. Those Jews who respond to the Gospel form the new Israel which arises out of continuity with the old, and the Gentiles who respond to the Gospel also enter into this new Israel, the church, but the Jews who reject the message are no longer reckoned among Israel. It follows that the church did not exist before the ascension, and also that the day of Pentecost is not to be regarded as its day of birth; rather the church is continuous with Israel and grows out of it through the work of God himself who is its real Founder. Seen in this way Lk-Acts records the story of the gathering of the new people of God.

We have here the ingredients which may help us towards a comprehensive picture of the purpose of Luke.

VI. Defining Luke's Main Purpose

1. The theme of Luke is at first sight Jesus himself, or what he did and preached. Acts 1:1 must be taken as Luke's intended summary of the gospel, so that the things fulfilled among us regarding which Theophilus was to be given reliable information must be understood as the deeds and words of Jesus. The problem is whether the same can be said of Acts: is it an account of what Jesus continued to do and to preach? Luke does not say so. It is rather the account of the witnesses who testify to Jesus from Jerusalem outwards, and this is confirmed by the last verse of Acts which refers to the activity of Paul in preaching the kingdom of God and teaching about the Lord Jesus quite openly and unhindered. From this it emerges that Jesus Christ is the theme of both parts of Lk-Acts only in the sense that Part One describes what he himself did and taught and Part Two describes how his followers testified and taught about him; Part One is the content of the witness, and Part Two is the action of witness. While therefore it is tempting to read into Acts 1:1 a contrast between what Jesus *began* to do and preach and what Jesus *continued* to do and teach, it is doubtful whether this is the intended contrast; we may be nearer the mark in contrasting what *Jesus* began with what his *followers* continued to do at his command and by the power of Spirit. The point of comparison will then lie in the common activity: Jesus preached the kingdom as the manifestation of salvation, but the followers preached the kingdom and ›another king‹. Thus the common thread is ›the things accomplished among us‹ rather than simply the person of Jesus, and it is significant that the thought is of what happened and of the deeds of Jesus (the words being added in the second place): it is historical events with which Luke is concerned, but historical events which bring salvation. Further, the historical events are those to which testimony is borne by witnesses. We must avoid the frequently erected dichotomy between a salvation-historical understanding of Luke as being concerned purely with saving events and an

existential view of him as being concerned purely with the kerygma. Deed and word, event and witness belong together in Luke as well as in the rest of the NT. The saving events are made known by the witnesses, but the witness would be empty if it was not a testimony to real events.

To say that Luke's main theme is the deeds and words of Jesus as attested by the witnesses which leads to salvation is, however, a very general statement, and it needs to be filled out to indicate what is specifically Lucan.

2. Luke's purpose is not merely to narrate the deeds and words of Jesus but to show how these did in fact lead to the experience of salvation and to the formation of the community of the saved. It was, therefore, impossible for him to stop at the end of Part One with a situation in which the post-Easter and post-Pentecost experience had not yet been realised and the disciples had merely been commanded to go and proclaim salvation. His purpose was to describe how salvation had become a reality as the witnesses went out in obedience to the Lord's command. Although Jesus gathered disciples during his earthly ministry, the meaning of discipleship after Easter was inevitably somewhat different, and Luke was concerned to make clear the reality and nature of the experience for his readers. In this way Luke manages to overcome an obvious deficiency in the work of his predecessors: they had not shown sufficiently clearly how the ministry and teaching of Jesus linked up with the history of the early church. Luke's aim was *to bind together what happened before and after Easter,* to tie the two parts of the story together so that the ›gospel story‹ could indeed be seen as the content of the church's message.

It should be observed at this point that Luke does not draw a line between the history of the early church and his own time. There is some doubt as to how salvation-history should be divided up in line with the general thesis of H. Conzelmann[25] which sees three periods in the process:

View 1	View 2
OT period	OT period
Ministry of Jesus	Ministry of Jesus *and* period of early church
Pentecost – parousia	End of Acts – parousia

Neither of these schemes does justice to Luke's conception. First, Luke undoubtedly thinks in terms of promise and fulfilment. M. Rese's attempt to play down the significance of this element in Luke's thinking has in my opinion been convincingly refuted in a thesis by D. Bock who attempts a more refined analysis of Luke's use of the OT and shows that Rese's view is

---

[25] H. Conzelmann, *Die Mitte der Zeit* (Tübingen, 1964[5]); see C. H. Talbert, *op. cit.*, 106.

inadequate[26]. Second, I can find no clear evidence that Luke separates off the ›ideal‹ period of the early church from the period of the continuing church. His purpose is to show that what happened in the early church can and must still go on in the church in his day. Third, Luke's aim is to tie together closely the ministry of Jesus and the witness of the church. Thus the pattern is more like this:

View 3
    OT period of promise (creation to end of OT period)
    NT period of fulfilment – ministry of Jesus
                             and witness of church (extending to parousia)

Fourth, it follows incidentally that Luke does not conceive of the ministry of Jesus as ›the middle of time‹; it is true that it could be seen as falling in between the two other periods, and one can understand how Conzelmann was tempted to make this the key to Luke's view of salvation-history, but undoubtedly for Luke the coming of Jesus is primarily the beginning of the new age of fulfilment. Fifth, Luke does not make sharp breaks between the periods: the infancy narratives partake of the character of the old and the new, and similarly the resurrection and ascension period spans the time between the ministry of Jesus and the church so as to bind them closely together. Thus the unity of salvation-history is manifested.

3.   Through various common themes Luke expresses the continuity between the story of Jesus and the preaching and mission of the church.

(I) Luke makes it clear that *the teaching* of the early church is a continuation of that of Jesus with appropriate changes to take account of the post-Easter situation. In his editing of Acts he shows that the kingdom of God continued to be a theme in the apostolic preaching (Act. 1:3; 8:12; 19:8; 20:25; 28:23, 31). Although to some extent Luke plays down the significance of the kingdom in the gospel, choosing rather to emphasise fulfilment and salvation themes, nevertheless he correctly recognises the central place of this theme in the teaching of Jesus (Lk 4:43; 8:1). In Acts he is right in showing that the kingdom was still a theme of apostolic instruction, although other themes overshadowed it; it is now the kingdom and *Jesus* which is the theme of preaching. Yet it does not seem likely that he has significantly edited the tradition to bring out this continuity. The gospel does show that faith and repentance are important factors in response to the ministry of Jesus, and that the effect of hearing the gospel and responding to it is salvation, but in

---

[26] M. Rese, *Alttestamentliche Motive in der Theologie des Lukas* (Gütersloh, 1969); ›Die Funktion der alttestamentlichen Zitate und Anspielungen in den Reden der Apostelgeschichte‹, in J. Kremer (ed.) *Les Actes des Apôtres: Tradition, rédaction, théologie* (Louvain, 1979), 61–79; D. Bock, *Proclamation from Prophecy and Pattern: Lucan Old Testament Christology*, unpublished thesis, Aberdeen, 1982.

these respects Luke simply brings out more clearly what is already latent in the tradition. One may see this crystallised in Lk 8:11–15 where Luke has edited the explanation of the parable of the sower to make some of these points more explicit (see 8:12b, 13b), but in so doing he has not effected any fundamental shift in understanding the tradition.

(II) Luke's *christology* in the Gospel and Acts is fundamentally the same. An important point of continuity is the use of the term κύριος in narrative in the gospel which expresses the conviction that the Jesus who is described there is one with the Lord who is proclaimed in Acts. Opinions differ whether Luke has carefully preserved the pre- and post-Easter distinction in the status of Jesus in his use of this device. Jesus is also declared to be the Son of God at the outset of the Gospel (Lk 1:32), and this understanding controls the christology of the whole work in my view. It is also significant that Luke can use the term Son of man once, but only once, in Acts (7:56). Luke lets Peter summarise the earthly ministry of Jesus as part of his preaching in the house of Cornelius, so that the content of the gospel is seen to be closely tied to the kerygma; I share the view that the tradition reproduced in this sermon is that which lies behind the gospels and is not a Lucan construction on the basis of his gospel[27]. This passage is meant to summarise for the reader what Luke has already related in the gospel and to show how the gospel is to be understood. It is precisely because the Gospel is there that Luke can be content with so brief a summary of it in Acts.

(III) The *eschatology* of both parts of Luke's work is fundamentally the same[28]. The same combination of present realisation and future hope is to be found, although the future element is less conspicuous in Acts. In both parts the present working of God is seen in the signs and wonders which are performed. There is in fact a degree of parallelism here which is meant to indicate that the same activity is at work in the early church as in the case of Jesus, and it is made clear that it is through Jesus that the mighty works continue to be performed. The way in which to some extent the ministries of Peter and Paul parallel that of Jesus underlines this point. The Spirit who leads and empowers the church is the Spirit of Jesus.

(IV) In both parts of the work the task of *mission* is presented, but the historical differences are carefully preserved, with the mission in the gospel being restricted essentially to the Jews. There is nothing surprising in this, since the career of Jesus is best summed up as mission and since the sending out of the disciples on mission belongs to a well-attested tradition. This motif is not a distinctively Lucan one. Along with mission should be

---

[27] See P. Stuhlmacher's essay, ›Zum Thema: Das Evangelium und die Evangelien‹ in this volume.

[28] R. Maddox, *op. cit.*, ch. 5.

mentioned suffering and persecution. As C. K. Barrett has shown afresh, the
theology of Luke is indeed a *theologia crucis*, and this is seen in the parallel
fates of Jesus and his followers[29].

3. An important element in Luke's work is to demonstrate that the truth
of the gospel can be seen by the correspondence between prophecy and its
fulfilment. Perhaps that is not the best way to put the point, which is rather
that Luke shows how the ministry of Jesus and the mission of the church
were both foretold in Scripture and thus formed part of the divine plan[30]. The
new element here is the way in which the church's mission and above all the
inclusion of the Gentiles are seen to be in accordance with Scripture, so that
the credentials of the church are thereby established. The effect of the
argument from prophecy is thus to legitimate the ministry of salvation. All
this forms part of a cumulative argument or demonstration of the reality of
salvation. This of course is not a new move on the part of Luke, since we can
see it already in the writings of Paul, especially in Romans 9–11, but it is
given a new emphasis compared with the other gospels. Along with this use
of prophecy we should include the way in which the mission of the church is
also foretold or commanded by Jesus himself, so that what happens in Acts
forms part of the deliberate purpose of the risen Lord. Both the teaching of
Scripture and the teaching of Jesus legitimate the mission and the assembling
of the new people of God.

4. Within this framework special importance attaches to the theme of the
conversion of individuals and *the creation of the church* which functions both as
the community of believers and as the instrument of mission. Luke, we may
say, writes to tell the members of the church in his day ›how we got here‹
both in terms of individual faith and of corporate union in the people of God.
He is particularly concerned with showing how the church has come
together as a company of believing Jews and Gentiles and how it is related to
the Jewish roots from which it sprung. This leads to his interest in the
question of the law and the problem of fellowship between Jews and Gentiles
which is taken up in what is probably intended as the central scene in Acts,
the so-called council of Jerusalem.

We should possibly regard this last theme as summing up most com-
prehensively what Luke is trying to do in his two-part work. It is to show
›how we got here‹ in the sense of giving an account of Christian origins
which will demonstrate how salvation was brought to the world by Jesus
and the apostolic witnesses who testified to Jesus. The effect of reading this
account will be to give assurance to people such as Theophilus that what they

---

[29] C. K. Barrett, ›Theologia Crucis – in Acts‹, in C. Andresen and G. Klein (ed.), *Theologia Crucis – Signum Crucis* (Tübingen, 1979), 73–84.

[30] J. Dupont, *The Salvation of the Gentiles* (New York, 1979).

had been taught catechetically was sound and reliable[31]. It follows from this that the things in which Theophilus had been instructed were not identical with ›the things accomplished among us‹ of which others had already written reports. It is not that Theophilus knew in detail the contents of Mk. or similar works, or that he had been fully instructed orally in the story of Jesus. What he had received was catechetical instruction in the kerygma, more detailed than the sermon outlines in Acts, but not so detailed as in the Gospel in their accounts of Jesus. What he needed was fuller instruction to show the reliable basis on which his instruction rested.

VII. Luke's Motivation

The problem which now arises is: Why did Luke do what he did? If we have identified accurately the intention of his work, we have still to ask whether a concrete occasion can be discovered.

We may find it easier to reject some views of the occasion of Lk–Acts than to frame a positive hypothesis. Thus we can safely rule out the view that *the delay of the parousia* was the motivating force. The only way one might defend this view would be by saying that once the church gave up focussing its hope of salvation on the imminent return of the Lord it was necessary to produce a reformulation of the story of its origins to show that salvation was a present experience mediated by the risen Lord and the Spirit. But this theory is shattered on the simple fact that long before Lk–Acts was written the church had already come to this realisation. Second, it is unlikely that Lk–Acts was written to provide *a reply to heresy*, Gnostic or otherwise, and it surprises me that J. Roloff still defends this point of view[32]. In particular, W. Schmithals' attempt to defend this view in a new form is not persuasive[33]. He postulates a situation of persecution in the early second century in which the author was attacking a pre-Montanist, ultra-Pauline group who wished to sunder all connections with Judaism and hence with the OT. This theory ignores the fact that persecution was a fairly constant factor in the First-century church; it assumes a Roman hostility to the Jews, from which the Christians were trying to escape by asserting their separate existence, for which the evidence is uncertain (especially outside Palestine): and it constructs a picture of an ultra-Pauline group which is not found in other

---

[31] So rightly J. A. Fitzmyer, *op. cit.*, 301. I am less certain that Lk.-Acts is primarily an evangelistic work (*pace* C. F. D. Moule, *The Phenomenon of the New Testament* (London, 1967), 103), although clearly it is admirably fitted for this secondary purpose: the dividing line between people on the fringe of the church who have not yet made a full commitment to Christian faith and those who have done so is obviously hard to draw.

[32] J. Roloff, *Die Apostelgeschichte* (Göttingen, 1981), 36.

[33] W. Schmithals, *Das Evangelium nach Lukas* (Zürich, 1980).

sources nor necessary to explain Acts. There simply is no sign of an opposing group which Luke was trying to convert and win over. Third, despite the many valuable details in his book and his correct assessment of the centrality of salvation for Luke I am unhappy with Maddox's precise formulation of the view that it was *the position of the Jews* vis à vis the church which was causing Luke's readers to have doubts about the reality of their salvation and the legitimacy of their claim to be the people of God[34]. On Maddox's own premiss that the work was composed in the 80s it would seem that the fall of Jerusalem and the destruction of the temple must have been sufficient to convince the Christians that the future did not lie with Judaism and that Judaism was no longer enjoying God's favour. If, as I am inclined to believe, Lk-Acts was written somewhat earlier, then one has to say that uncertainty caused by the opposition of the Jewish leaders does not seem to have caused a crisis of confidence elsewhere in the Christian church. It is true that Maddox tries to find the problem reflected in Romans, but I do not find him convincing on this point[35].

The question boils down to: why did Luke think that Theophilus needed to be given ἀσφάλεια regarding the contents of Christian catechesis?

Is it too simplistic to say that the obvious answer to the question is the right one? If Theophilus and other Christians received catechetical instruction in the kerygma which was of a fairly general character, then it would be important to fill out the story for them by giving an account of those events which lay behind the kerygma, both the life of Jesus and the story of the growth of the church. This situation would arise as soon as the Christian mission moved out into the Hellenistic world and into a time when the original eye-witnesses and ministers of the word were no longer able to keep in touch with all the congregations, and when the church needed written documents to put alongside the spoken word. This is an old and familiar explanation of the origins of the written gospel, but it is a plausible one. The merit of Luke is that he saw that an account of the story of Jesus alone was inadequate to fulfil this purpose; he needed to tell the story of Christian beginnings more broadly. I confess to an inability to be any more specific than this in the lack of any positive indications in Lk-Acts which would enable one to be more precise. Suggestions about the rich/poor problem in Luke's church may illuminate some of Luke's secondary motivation, but do not throw any light on his main purpose in writing his work.

---

[34] R. Maddox, *op. cit.*, 180–187.
[35] This is not to say that the early church did not face problems caused by the general failure of Judaism to respond to the gospel; what I question is whether a precisely delineated crisis can be identified as *the* occasion of Luke's work.

VIII. The Consequent Shaping of Lk-Acts

Our final question is whether we can see any ways in which this purpose may have shaped Luke's work. First, it is clear that Luke wished to present the events in such a way that they would be seen to confirm the reliability of the catechesis. He is therefore concerned with their theological significance. At the same time, however, the point of his work is that an ›account‹ of what happened will secure this end. Therefore his intention must have been basically to present the facts, admittedly as he saw them, rather than to create a semifictitious account which would not in fact substantiate them. Luke's concern for ἀσφάλεια must imply a concern for accuracy, and the other phrases in the prologue, ἀκριβῶς and καθεξῆς, confirm this. (This does not mean that Luke thought that Christian faith was faith *in* certain historical events which could be *proved* to have happened, but it does mean that faith, which is a trust in God who has acted in certain events, is impossible if those events did not happen).

The working out of this can be seen in Luke's treatment of his sources. His treatment of Mk and of the Q material shows him to have been consistently faithful in reproducing the substance of his sources. A recent thesis by an Aberdeen student has demonstrated the same point with respect to some of Luke's special source material preserved in the parables peculiar to this gospel[36]. M. Hengel has reaffirmed the case for the basic historicity of the material in Acts[37].

We must of course remember that the reliability of a writer is very much dependent upon the reliability of his sources, but this is a question that lies outside our present concern. Plainly Luke thought that the information which he had received was reliable in view of its origin. He seems to have sought to reassure Theophilus by means of a reference to the source of the material rather than by any kind of historical analysis and testing of the actual accounts.

Further, we must distinguish between Luke's concern for historicity and his success in achieving it. These are two different questions, although the obvious fact must be noted that in general a writer whose declared aim is reliability is more likely to achieve it than one who has no concern for it or is deliberately writing a fictitious or semi-fictitious narrative.

Yet again, there is the problem of the nature of ancient historical writing. How much liberty did a writer feel that he possessed in including in a historical narrative material that we should describe as legendary, or in

---

[36] C. L. Blomberg, *The Tradition History of the Parables peculiar to Luke's Central Section*, unpublished thesis, Aberdeen, 1982.
[37] M. Hengel, *Acts and the History of Earliest Christianity* (London, 1979).

revising his sources in the interests of his own *Tendenz*, or in giving a shaping to the narrative that is based in unhistorical construction?

Certainly Luke has edited his material, but I should want to emphasise that a good deal of Lucan redaction is basically literary and is not meant to forward a fresh theological interpretation of the material; here I reject the view propounded in the case of Matthew's Gospel by R. H. Gundry that the evangelist's alterations can *all* be seen to have a theological motivation[38]. For details on this point with respect to Luke I must be allowed to refer to my commentary[39]. Of course some theological shaping has taken place, reflected in the choice of material, the structure of the work, and the presentation of individual pericopes. Luke obviously has some different emphases from Mark. But if my view of the prologue is correct, then Luke did not need to drastically rewrite an unsatisfactory gospel of Mark in order to convince Theophilus. It was not dissatisfaction with Mark that led to his new attempt, but rather the need to expand Mark by the inclusion of the new material and the placing of the story within the broader context of an account of early Christian witness. This suggests that in principle the attempt to detect elaborate theological motivation behind every piece of Lucan redaction is wrong-headed, and we should pay more attention perhaps to Luke as a literary stylist.

Gospel critics often seem to take up two opposed positions. At one side there is the belief that if a narrative can be shown to be theologically motivated, then it follows that it was not motivated by historical interest, and therefore it is its historicity which needs to be demonstrated rather than its unhistorical character. This principle is a false one, as has been frequently pointed out. The view that the historicity of the Gospels rather than their unhistoricity must be demonstrated deserves to be buried once and for all. However, those who take the opposite position may also express themselves rashly. They often claim that, just as in law a person is assumed to be innocent until proved to be guilty, so too a narrative must be assumed to be historical until the contrary is proved. But this principle assumes that guilty and theological are analogous terms and that both are pejorative. This may not be so. Theology is not necessarily a bad thing, and it is the merit of the NT writers to have recognised that the simple historical statement ›Jesus died on the cross‹ needs to be interpreted theologically as ›Christ died for our sins‹. The problem is whether the recognition and expression of theological significance necessitates some manipulation and falsification of the history. There is no simple rule of thumb for answering this question, and we may

---

[38] R. H. Gundry, *Matthew: A Commentary on his Literary and Theological Art* (Grand Rapids, 1982).

[39] I. H. Marshall, *The Gospel of Luke* (Exeter, 1978).

often have to be agnostic in trying to do so. The point is that surely the probabilities lie with the view that Luke was trying to be faithful to history in expressing its theological significance, and if we can study his writings in this light we may begin to do justice to them.

Conclusion

I have argued in this paper:

1. We need to distinguish between Luke's principal conscious aim(s), his secondary aims, the concrete occasion of his writing, and the unconscious factors that may have shaped his work.

2. The unity of Lk–Acts must be taken seriously in attempting to determine the purpose of the gospel as part of the whole work.

3. To think of Luke as a *gospel*-writer may be misleading. There was no fixed ›gospel‹-genre into which he had to fit his work as a whole. He regarded the works of his predecessors as ›accounts‹ not as gospels. He was not writing a ›gospel‹ to which he subsequently added a sequel, but a two-part work.

4. Lk 1:1–4 is a prologue to Lk–Acts. The ›things that have been accomplished among us‹ include the growth of the church. If Luke had any quarrel with his predecessors, it was not because what they wrote was faulty but because it was incomplete.

5. Clues to Luke's purpose will therefore be found in threads running through both books: his stress on salvation, on the ›confirmation‹ of the gospel in Acts (W. C. van Unnik), on the reality of the fulfilment of God's promises to the Jews (R. Maddox), and on the gathering of Israel (G. Lohfink).

6. Against this background Luke's main purpose was to confirm the kerygma/catechetical instruction heard by people like Theophilus with a fuller account of the basis of the kerygma in the story of Jesus, as handed down by faithful witnesses, and in the continuing story of the way in which through the activity of the witnesses the church, composed of Jews and Gentiles, came into existence. He showed how the OT promises were fulfilled in Jesus and the church's mission, so that history is divided into a period of promise and a still-continuing period of fulfilment. The continuity between the ministry of Jesus and the witness of the church is seen in various common themes – teaching about salvation, christology, eschatology and mission. Luke writes to tell the church ›how we got here‹. What Theophilus had been taught was not the content of the Gospels in detail but the broad outline of the kerygma (including the ministry, death and resurrection of Jesus and the coming of the Spirit, Acts 10:34 ff.) which is now confirmed by a trustworthy account of Jesus and the church.

7. A concrete occasion for this task is hard to find, except in terms of the geographical expansion of the church and the demise of the original witnesses, which made it necessary for new converts to be assured that what was taught to them rested on the testimony of the first followers of Jesus.

8. The implications for understanding the gospel are that Luke's theological motivation primarily led him to write what he regarded as a historical account. His treatment of his sources is conservative, and it was motivated by literary reasons as much as by theological ones. He has emphasised the association of Jesus' ministry with salvation and brought out the connections with the kerygma and witness of the church, but this is a matter of emphasis rather than of revision of the gospel tradition.

Luke is certainly to be regarded as an Evangelist and the first part of his work is certainly a presentation of the gospel, but his distinctive contribution to the New Testament is a two-part work which links together the story of Jesus and the story of the experience of salvation and the gathering of the church as the confirmation of the gospel of salvation[40].

---

[40] R. J. Dillon, ›Previewing Luke's Project from His Prologue (Luke 1:1–4)‹, CBQ 43, 1981, 205–227, unfortunately did not come to my notice until after the completion of this essay.

Let John be John

A Gospel for Its Time*

James D. G. Dunn

I.

1. There are several reasons why the Fourth Gospel is distinctive, even unique, among the NT documents. One reason is that it is more difficult in the case of John than with any other NT writing to speak of an ›author‹. With every other NT document we can talk confidently of an ›author‹, of the one who was more or less exclusively responsible for the words and sentiments of our texts as they now stand. We can set the goal of exegesis as the uncovering of the *intention* of the author, and pursue that goal as a meaningful and viable objective. But with John the concept of a single author, or of a document written from start to finish over one short period, becomes problematical. It is not simply that the history of traditions and/or sources *behind* John is obscure (the Fourth Gospel is not alone in this). It is rather that the stages of composition of the Gospel itself are difficult to recover, and the relative importance of each stage for the final product difficult to determine. To what extent have the theology and character of the Fourth Gospel been decisively stamped on the material at an *earlier* stage in the process – whatever that ›earlier stage‹ might be – traditions or sources utilized, or an earlier edition of our present Gospel? Or, putting the same question from the other end of the process: how much of the Gospel is properly to be defined as ›redactional‹? And if we must speak of a redactor, to what extent has he determined the character and theology of what we now have[1]? The still vigorous debate on such questions shows how difficult NT scholarship has found it to achieve a firm orientation towards the Fourth Gospel[2]. In the

---

* Also delivered in modified form as one of the Wilkinson lectures at Northern Baptist Theological Seminary, Lombard, Illinois, in November 1982.

[1] Cf. H. Thyen, ›Aus der Literatur zum Johannesevangelium‹, *ThR* 39, 1974, 252: ». . . ein Großteil der wissenschaftlichen Kontroversen um die Auslegung des vierten Evangeliums (hängt) an der Frage, ob einer seinen Standort im Lager der ›Grundschrift‹ oder in dem der ›Redaktion‹ einnimmt«.

[2] See the review of the debate in R. Kysar, *The Fourth Evangelist and his Gospel*, Augsburg: Minneapolis, 1975, Part One; R. Schnackenburg, ›Entwicklung und der Stand der johanneischen Forschung seit 1955‹, *L'Évangile de Jean: Sources, rédaction, théologie*, par M. de Jonge, BEThL XLIV, Leuven University Press, 1975. See also R. A. Culpepper, *The Johannine School*, SBL Dissertation series 26, Scholars Press: Missoula, Montana, 1975. Worth pondering is the

present paper we shall speak of ›the Fourth Evangelist‹ to denote whoever put the Gospel into its present form without prejudice to the question of what and how much is more appropriately described as ›redactional‹.

Another distinctive feature of John's Gospel, which appears to be further from the concerns of this Symposium but which is nevertheless of relevance, is the way in which, more than any other NT writing, John has served as a bridge between the beginnings of Christianity in Jesus, and the orthodox faith which achieved definition at Nicea and which has provided the dogmatic basis of Christianity ever since. John is written about Jesus, about his ministry of word and sign in Judea and Galilee, and its traditions are certainly rooted in greater or less degree in the earliest memories of that ministry. At the same time, John's Gospel brought together the key categories which dominated the subsequent developing debates on christology (Logos and Son of God), and the Gospel has provided a portrayal of Jesus which has served as probably the chief inspiration and text book for centuries of Christ-centred apologetic and piety.

It is presumably these two elements of John's distinctiveness which have caused scholarship such difficulty in locating the Fourth Gospel within early Christianity. By this I do not refer simply to the difficulty of placing the Fourth Gospel within the time-scale of early Christianity and within the geography of the eastern Mediterranean – the problem of date and place of composition. I am referring to the larger *problem of setting John within its historical context* – the difficulty of illuminating the cultural and theological situation(s) which called for this complex document to be written, the difficulty of determining to what extent such cultural and theological influences have shaped the Gospel, whether at an earlier or later stage in composition.

I emphasize this for two reasons. First, in my view the task of clarifying the historical context as much as possible is crucial for exegesis: the more fully and sympathetically we can enter into the historical context of a writing, the more likely we are to understand that writing, its character and theology, to perceive the intention of the one(s) who determined that character and theology. So with John in particular, only by uncovering the historical context of John can we hope to hear John as the first readers were intended to hear it, both the allusions and nuances as well as the explicit teaching. Second, the task of clarifying the tradition-process behind John, of illuminating both the continuities and the discontinuities with the earliest forms of the gospel, depends to a considerable extent on our achieving such a

---

caution of R. E. Brown, *The Community of the Beloved Disciple*, Chapman: London, 1979, 28: »The tendency among some scholars, especially in Germany, to see an opposition between the Johannine evangelist and his sources, and thus antithetical phases of community life in the pre-Gospel period, is in my judgment almost certainly wrong«.

successful exegesis of John. Only when we have learned to recognize what the concerns of the Fourth Evangelist were in writing his Gospel will we be in a position to recognize whether these concerns have influenced his use of pre-formed material. Only when we have a clear grasp of what is Johannine can we hope to distinguish what is pre-Johannine in any systematic way. Of course, it by no means follows that the categories ›Johannine‹ and ›pre-Johannine‹ are mutually exclusive, that distinctive Johannine motifs are the *creation* of the Fourth Evangelist. But if we find that some of the motifs have been formulated to address the particular historical situation in which and to which the Gospel was written, we will be in a better position to determine the extent to which these motifs have shaped or moulded the material used.

Consequently *the task of setting John in its historical context must be given a place of priority* in any enquiry into the gospel and the Fourth Gospel. Unfortunately it is a task which has often been ignored, or which has been pursued without sufficient care[3]. In both cases, because the historical context has not been clarified, John has been *mis*understood, the Fourth Gospel has not been heard in its own terms, John has not been allowed to be John. Let me say a little more on this as a way of explaining my own approach to John and his Gospel.

II.

2. The task of contextualizing the Fourth Gospel and its message has been seriously ignored or misconceived in two directions – by reading John as though it belonged either to a *later* context or to a very *early* context.

2.1 The interpretation of John in the light of later developments is actually the classic reading of John. The fact that the Fourth Gospel played such a crucial role in the development of christological and trinitarian dogma up to and beyond Nicea has resulted in generations of scholarship reading John in the light of these subsequent debates[4]. In particular, it has been all too easy to assume that the Athanasian and post-Nicene concern to define the *relation* between the Father and the Son was already the Fourth Evangelist's concern. How natural, with a Gospel which speaks so much about God as Father and Jesus as the Son, simply to take it for granted that the Evangelist too was wrestling with the problem of how to conceptualize and define the relationship between the first two persons of the Godhead. But that is something

---

[3] Cf. K. Wengst, *Bedrängte Gemeinde und verherrlichter Christus*,, Neukirchener Verlag: Neukirchen-Vluyn, 1981, 29–32.

[4] T. E. Pollard begins his *Johannine Christology and the Early Church*, SNTS Monograph 13, Cambridge University Press, 1970, by citing F. C. Conybeare: »If Athanasius had not had the Fourth Gospel to draw texts from, Arius would never have been confuted«. But he goes on to note »that if Arius had not had the Fourth Gospel to draw texts from, he would not have needed confuting« (p. 13).

exegesis cannot simply assume. The use of the Fourth Gospel within subsequent dogmatics, quite legitimate within its own terms, is *not* the key to a historically contextualized exegesis. If exegesis has the task of hearing John speak in its own terms and in its own time, so far as that is possible, then we exegetes must be prepared to speak on John's behalf if we see his Gospel being ›hi-jacked‹ forward in time. For only when we have let John be itself and heard its message as its first readers heard it, so far as that is possible, only then will we be in a position to evaluate also the way in which John was used in the subsequent debates. Here not least we must be prepared to let John be John, for the dogmatic use of John too must justify itself by at least some reference to the meaning intended by the Fourth Evangelist.

2.2 Somewhat surprisingly the classic *religionsgeschichtliche* treatments of the Fourth Gospel cannot be exempted from the same criticism at this point. Although rightly motivated as attempts to understand John's Gospel against the religious context of its time, their pursuit of the phantom of the pre-Christian Gnostic redeemer myth threw their whole endeavour off course. What emerged in the event was John set against and interpreted within the context of Mandaism and the later Gnostic systems[5]. The same criticism applies, though with less force, to those who have attempted to sustain a different or modified version of the Bultmann thesis – to locate John some way along a ›gnosticizing trajectory‹[6]. We cannot criticize those who see the Fourth Gospel simply as a stepping stone towards Nicene orthodoxy without criticizing also those who see the Fourth Gospel simply as a stepping stone towards Gnosticism. To show how John was *used* by different factions from the second century onwards is no answer to the question, What was the message John was intended to convey to its *first* readers? The ›dogmatic‹ or the ›heretical‹ John may in the event tell us very little about what we might call the ›historical‹ John. To postulate a vague ›gnosticizing‹ context for John may make meaningful sense of some elements in John, but only at the expense of ignoring much firmer indications of a historical context which makes better sense of the whole, as we shall see. Even Käsemann, who attempts manfully to elucidate the Fourth Gospel from its own internal logic and who in fact succeeds in grasping much of John's central thrust[7], cannot in the event

---

[5] See e.g. the criticisms of W. A. Meeks, ›The Man from Heaven in Johannine Sectarianism‹, *JBL* 91, 1972, 45: »Bultmann's synthetic myth is heavily dependent on the terminology of the Fourth Gospel; there is hardly any single document other than John in which all the elements of the ›gnostic redeemer myth‹ listed by Bultmann in his 1923 article are integrally displayed«.

[6] See particularly J. M. Robinson, ›The Johannine Trajectory‹ (1968), in J. M. Robinson & H. Koester, *Trajectories through Early Christianity*, Fortress: Philadelphia, 1971, 232–68; L. Schottroff, *Der Glaubende und die feindliche Welt*, Neukirchener Verlag: Neukirchen, 1970; S. Schulz, *Johannes*, NTD 4, Vandenhoeck & Ruprecht: Göttingen, 1972, e.g. 28, 211; W. Langbrandtner, *Weltferner Gott oder Gott der Liebe: Der Ketzerstreit in der johanneischen Kirche*, BBE 6, Lang: Frankfurt 1977.   [7] See below n. 94.

escape from his early *religionsgeschichtliche* perspective, and ends by accusing John of ›gnosticizing tendencies‹ and ›naive docetism‹, which the church declared ›orthodox‹ in error[8].

A methodological point of some importance emerges from all this. I mean that the NT exegete should never forget that it is possible to presume too *broad* a historical context for a NT document as well as too *narrow* a context. The twentieth century student of first and second century religion in the eastern Mediterranean (or of third and fourth century patristic thought, for that matter) may be as much hindered as helped by the breadth of his historical knowledge. The context within which he sets a document like the Fourth Gospel, consciously or unconsciously, may be far too wide, both in time and in geographical extent. He may detect wide-ranging influences and tendencies which were not actually factors in the understanding of the writer(s) and the first readers. It is as important for an exegete to remember the *limited horizons* of particular documents, as it is for him to appreciate the much more diverse currents within the broader milieu. A bird's eye view of the whole scene, desirable as it is, will not facilitate a close encounter with a particular author on the ground. To the extent then that German scholarship on the Fourth Gospel has been dominated by the Bultmann-Käsemann debate on Jn 1,14[9], to that extent it is vulnerable to the criticism of treating the Fourth Gospel anachronistically, of asking the right questions, but against too broad a background. Here too we must attempt to let John be John[10].

III.

3. If John has been read too quickly as though it belonged to a later context, an alternative tendency has been to read the Fourth Gospel as far as possible within the context of Jesus' own ministry in the late 20s or early 30s.

3.1 Most serious here has been the attempt to argue that the Fourth Gospel is more or less strictly historical from start to finish. Not simply particular elements (like geographical notes) and particular traditions (like those about the Baptist) are historical, but the narratives as such were intended as historical descriptions of actual events in Jesus' life. Not simply

---

[8] E. Käsemann, *The Testament of Jesus*, Eng. trans. SCM Press: London, 1968.

[9] According to Thyen (n. 1) 50: the Interpretationsmodelle of Bultmann and Käsemann »(begrenzen) als Eckpfeiler das Feld der Johannesforschung«.

[10] On this whole subject cf. particularly the wisely cautionary comments of W. A. Meeks, ›»Am I a Jew?«‹ – Johannine Christianity and Judaism‹, *Christianity, Judaism and other Greco-Roman Cults: Studies for Morton Smith*, ed. J. Neusner, Brill: Leiden, 1975, Part One, 163–85; and Wengst's concise critique of some of the above theses in *Bedrängte Gemeinde* (n. 3) 12–22. My own *Christology in the Making: an Inquiry into the Origins of the Doctrine of the Incarnation*, SCM Press: London, 1980, is in fact an exposition of the very important ›limited horizons‹ point.

individual sayings within the Johannine discourses, but the discourses as a whole were intended to document what Jesus actually said during his life on earth. On this view, everything John presents Jesus as doing or saying, Jesus must actually have done, must actually have said in more or less the words reported. Only if exegesis proceeds on this presupposition can we be faithful to the intent and meaning of the document as scripture. Such would be the thrust of conservative scholars who try to push the recognition of historical tradition in John to its fullest extent[11].

We should pay heed to such attempts, for not only is their concern to emphasize the historical character of John's Gospel of crucial importance in itself, but they also represent a substantial body of belief at the popular level. We need, for example, only recall the multitudinous ecumenical pronouncements which take their justification from the prayer of Jesus in John 17 (›that they may be one even as we are one‹ – v 22) – apparently on the grounds that this was a dominical word. Probably no issue marks off the bulk of NT scholarship so sharply from the piety of the pews than the issue of how the Fourth Gospel should be understood. A NT scholarship which is concerned to be heard also by ›the ordinary believer‹[12] cannot be unconcerned at the way in which the Fourth Gospel is expounded in so many churches today. For if it is a mistake to assume that the discourses of John are more or less a transcript of what Jesus actually said during his ministry in Galilee and Judea, and if preaching on that basis is misleading the people, then those of us who are concerned to exercise a teaching ministry in the church cannot escape the obligation of correcting that mistake. Despite the desire to be true to scripture, such expositions are not being true to John. They are *imposing* a context and an intention *on* John, not allowing an exegesis which is mindful of historical context to elucidate the questions of intention and meaning. They are not letting John be John.

3.2 What of our own concern to trace the traditions behind the Fourth Gospel, the continuities of the gospel within and behind the Fourth Gospel? It is a concern which I certainly share. If John's Gospel cannot be shown to have firm roots in the history of Jesus Messiah, the value of John *is* significantly diminished; not least its role as a bridge between the beginnings of

---

[11] See e.g. L. Morris, *Studies in the Fourth Gospel*, Eerdmans: Grand Rapids, Michigan, 1969, chap. 2; also *John*, New London Commentary, Marshall Morgan & Scott: London, 1971, 40–9; D. A. Carson, ›Historical Tradition in the Fourth Gospel: After Dodd, What?‹, *Gospel Perspectives*, Vol. II, ed. R. T. France & D. Wenham, JSOT Press: Sheffield, 1981, 83–145; G. Maier, ›Johannes und Matthäus – Zwiespalt oder Viergestalt des Evangeliums‹, *ibid*, 267–91; cf. the older work of E. Stauffer, *Jesus and his Story*, Eng. trans. SCM Press: London, 1960, 149–59.

[12] I do not imply that scholars have neglected this concern; see e.g. E. E. Ellis, *The World of St John*, Lutterworth: London & Abingdon: Nashville, 1965; A. M. Hunter, *According to John*, SCM Press: London, 1968; S. S. Smalley, *John: Evangelist and Interpreter*, Paternoster: Exeter, 1978.

Christianity and the subsequent christological dogmas is undermined at one end.

Moreover, I am confident that the Fourth Gospel does draw on good tradition at many points. I think, for example, of the topographical notes (Aenon near Salim, the pools of Bethzatha and Siloam, a town called Ephraim, etc.), and the parallel traditions (particularly regarding John the Baptist, the calling of the disciples, the cleansing of the temple, the healing miracles and the feeding of the five thousand, and the passion narrative). At such points John can quite justifiably be said to supplement the Synoptics, whether by design or simply because the traditions utilized by John were fuller at various points[13]. I think too of how particular verses central to the themes of various Johannine discourses can be paralleled by individual sayings in the Synoptic tradition (e.g. Jn 3,3.5 another version of Mt 18,3/ Mk 10,15; Jn 5,19 and 10,15 possible variants of Mt 11,27; Jn 6,53 drawing on the tradition of the Last Supper; Jn 10,1–5 a development of the parable of the lost sheep in Mt 18, 12–13; Jn 13,20 parallel to Mt 10,40), and how even the striking ›I am‹ formula in John can be paralleled to some extent by Mk 6,50 (cf. 14,62). In all this the definitive work of C. H. Dodd still stands as a landmark in Johannine study[14]. It has been and will be supplemented at individual points[15]. But it is hard to imagine its main findings being overthrown or their overall balance being much altered.

I also consider it highly probable, in the light of Jn 19,35; 20,2–9 and 21,24, that the source and validator of this earlier tradition was the historical individual described as ›the beloved disciple‹; though I am less certain of the extent to which the beloved disciple has been idealized[16]. So too it must be considered probable, in the light of Jn 4, that Samaritans were involved in the history of the Johannine community; though I am much less certain that

---

[13] Despite recent restatements of the view that John knew and used one or more of the Synoptics, I find the evidence not wholly persuasive. See e.g. the review of the discussion by Kysar (n. 2) 54–66. Since then note particularly F. Neirynck, ›John and the Synoptics‹, *L'Évangile de Jean* (n. 2) 73–106; C. K. Barrett, *John*, SPCK: London, ²1978, 15–18, 42–6; Mgr de Solages, *Jean et les Synoptiques*, Brill: Leiden, 1979; D. M. Smith, ›John and the Synoptics: Some Dimensions of the Problem‹, *NTS* 26, 1979–80, 425–44; J. Becker, ›Aus der Literatur zum Johannesevangelium‹, *ThR* 47, 1982, 289–94.

[14] C. H. Dodd, *Historical Tradition in the Fourth Gospel*, Cambridge University, 1963.

[15] See particularly the sequence of studies by B. Lindars, *Behind the Fourth Gospel*, SPCK: London, 1971; also *John*, NCeB, Oliphants: London, 1972, especially 46–54; also ›Traditions behind the Fourth Gospel‹, *L'Évangile de Jean* (n. 2) 107–24; also ›John and the Synoptic Gospels: a Test Case‹, *NTS* 27, 1980–81, 287–94; also ›Discourse and Tradition: the Use of the Sayings of Jesus in the Discourses of the Fourth Gospel‹, *JSNT* 13, 1981, 83–101.

[16] See particularly H. Thyen, ›Aus der Literatur zum Johannesevangelium‹, *ThR* 42, 1977, 213–61; Brown (n. 2) 31–4; M. de Jonge, ›The Beloved Disciple and the Date of the Gospel of John‹, *Text and Interpretation: Studies in the New Testament Presented to Matthew Black*, ed. E. Best & R. McL. Wilson, Cambridge University, 1979, 99–114.

we can use the different *emphases* within the Gospel's christology as evidence of different *stages* in the development of the same Johannine community[17]. All in all, then, there are sufficient indications from within the Gospel itself that the Fourth Evangelist's clearly implied concern to preserve and re-proclaim the truth of Jesus and the ›testimony‹ of those who were with Christ ›from the beginning‹ (15,27; 16,13) is to be taken with all seriousness.

My point, however, is that it is difficult to advance the discussion about such issues until the historical context of the Fourth Gospel itself has been clarified, until, in other words, we know whether we have to discount (for the purposes of tracing historical tradition) certain emphases as belonging to the latest stage of the tradition-history. Not only so, but it is worth bearing in mind that a tradition-history investigation too much concerned with the gospel behind the Gospel may fail to appreciate sufficiently the Gospel itself. A tradition-history investigation, precisely because it is more concerned with the points of similarity and contact with the Synoptic tradition, may well pay too little attention to the Johannine *distinctives*, particularly the theological features which give John its distinctive character.

If, in addition, the inquiry is directed towards demonstrating the historical trustworthiness of the earlier tradition, that may detract still further from the Gospel itself by strengthening the hidden assumption or implied inference that John's Gospel is ›authentic‹ or ›authoritative‹ only in proportion as it draws on historical tradition: the more we can show the Fourth Gospel to have been dependent on tradition which goes back to the 30s, the more we value it. For all that a legitimate concern is involved here, what if John's Gospel was *not* intended primarily as a supplement to one or more of the other three? What if John's Gospel was not intended to serve as a source of *historical* information about Jesus in his ministry on earth[18]? In that case an enquiry which sought to *vindicate* John by demonstrating the historical roots of his tradition would in fact be missing the point, *John's* point. Here too it may be more important even for our present purposes to insist, Let John be John!

---

[17] See Brown (n. 2) 25–58, in discussion with alternative reconstructions particularly of J. L. Martyn, ›Glimpses into the History of the Johannine Community‹, *L'Évangile de Jean* (n. 2) 149–75, reprinted in J. L. Martyn, *The Gospel of John in Christian History*, Paulist Press: New York, 1978, 90–121. See also U. B. Müller, *Die Geschichte der Christologie in der johanneischen Gemeinde*, SBS 77, KBW Verlag: Stuttgart, 1975; G. Richter, ›Präsentische und futurische Eschatologie im 4. Evangelium‹ (1975), *Studien zum Johannesevangelium*, hrsg. J. Hainz, Friedrich Pustet: Regensburg, 1977, 346–82, especially 354–81; Langbrandtner (n. 6) especially 117–20.

[18] Cf. Lindars, ›Discourse and Tradition‹ (n. 15) 83: ›Although . . . the sayings tradition is the only source of the discourses in the strict sense, the meaning and purpose of the discourses are not dictated by the sayings, but relate closely to the conditions of Johannine Christianity at the time when the evangelist is writing, probably late in the first century‹.

It will be clear by now that I wish to tackle the whole question of *Traditionsgeschichte* with reference to John from the *other* end – by attempting to understand the finished product of the Fourth Gospel in its own terms, within its own context. Where other approaches are more obvious and more attractive with regard to the other Gospels, by virtue of their high degree of similarity of form and content, with the Fourth Gospel it is the *distinctiveness* of John which we must come to terms with in the first instance. The more we can clarify the Johannine distinctives, the reasons for any discontinuities and their theological significance, the better position we will be in to highlight the points of similarity and continuity. By hearing the Gospel according to *John* clearly we may hear the gospel according to all four Evangelists more clearly too.

IV.

4. Two observations provide our point of departure. Having achieved a preliminary ›fix‹ on John we will then be able to ›spiral in‹ to gain a closer look at the Fourth Gospel within its historical context.

4.1 First, in attempting to let John be John, I make no apology for focusing on *John's christology*. For one thing, the stated *aim* of the Gospel as it now stands gives first place to christological claims: ›these things are written that you may believe that Jesus is the Christ, the Son of God . . .‹ (20,31). We need not decide here whether this is an evangelistic aim for a Gospel written to non-believers, or, as is more probable, a didactic aim to strengthen the faith of those who have already believed, at least in some measure[19]. Either way the first objective of the Evangelist is christological – so to present Jesus in his Gospel that his readers may believe the Christian claim expressed in the formulation, ›Jesus is the Christ, the Son of God‹.

For another, it is abundantly apparent that most of the Johannine *distinctives* come to clearest expression in John's christology. Certainly we can find many Synoptic-like traditions in the Johannine discourses; but it is the thorough-going portrayal of the Son sent from the Father, conscious of his pre-existence, the descending-ascending Son of Man, making the profoundest claims in his ›I am‹ assertions, which both *dominates* John's christology *and* distances it most strikingly from the Synoptic tradition. Bultmann after all did have a point when he insisted that any attempt to solve the ›johannine puzzle‹ must begin with John's portrayal of Jesus as the descending-ascending redeemer[20] – a rock on which many a thesis regarding John has come to grief. If we can reach a clearer understanding of these Johannine distinctives,

---

[19] See e.g. Wengst (n. 3) 33–6 and those cited by Meeks (n. 10) 180 n. 64.
[20] See the references in Meeks (n. 5) 44.

we will be in a better position both to distinguish the historical roots of John's tradition and to evaluate the Johannine elaboration of that tradition.

We can also learn the same lesson from what we might call *the points of sensitivity* in the Gospel, the points at which an effort is evidently being made to clarify some confusion or to counter opposing views. These points obviously tell us something about the situation to which such polemic or apologetic is addressed – a subject to which we must return shortly. For the moment, all we need note is how consistently these points of sensitivity focus on the Christian claims concerning Christ – for example, the repeated contrast with John the Baptist in the first three chapters, with the Baptist being deliberately set over against the Christ as his inferior (1,6–9.15.20; 3,28–31)[21]; he way in which older battles over the law and the Sabbath have become christological battles (particularly chaps. 5, 7 and 9)[22]; the dramatic unfolding of the mounting *krisis* in the middle section of the Gospel, where the point of *krisis* particularly for the wavering crowd is consistently the status of Jesus (7,12–15.25–7.31.40–4.52; 8,12.25.48.53; 9,16–17.29–33; 10,19–21.24.33; 11,27; 12,34)[23]; or the way in which the Evangelist depicts the disciples' faith in the Christ going from initial confidence through crisis and clarification to the climactic confession of Thomas, ›My Lord and my God‹ (1,41.45.49; 6,68–9; 14,5–11; 20,28).

The christological claim is at the heart of the Fourth Gospel, including not least the distinctively Johannine elements of that claim. Clearly then it is the reason for and rationale of this christological claim which we must illuminate if we are to have any hope of understanding the good news as preached by John.

4.2 Second, in attempting to set John within its historical context, it is *the context of late first century Judaism* which must have first claim on our attention. This view has been well argued several times and has won increasing support during the past twenty years, so that I need do little more than rehearse its main outline. The factors of greatest significance are John's references to ›the Jews‹ and his use of the word *aposynagōgos* (9,22; 12,42; 16,2).

›The Jews‹ feature regularly in the Fourth Gospel as the opponents of Jesus. In this role they appear as a single coherent group. More important, in this role they are evidently the official representatives of Judaism, the religious authorities who determine matters of faith and polity for the people

[21] W. Wink, *John the Baptist in the Gospel Tradition*, SNTS Monograph 7, Cambridge University Press, 1968, chap V.

[22] See particularly S. Pancaro, *The Law in the Fourth Gospel, NT.S* XLII, Brill: Leiden, 1975.

[23] It was C. H. Dodd's masterly exposition of this theme in his *The Interpretation of the Fourth Gospel*, Cambridge University Press, 1953, 345–89, which first stirred my interest in John as a work of theology in my student days.

(1,19; 5,16; 9,18; 18,12; 19,31; even Jews fear ›the Jews‹ – 7,13; 9,22; 19,38; 20,19). In this role, in fact, ›the Jews‹ are often more or less synonymous with the Pharisees (cf. 1,19 and 24; 7,1 and 32; 8,13 and 22; 9,13 and 18; 18,3 and 12), and, most striking of all, with ›the world‹ in its hatred of Jesus (cf. particularly 8,21–47 with 15,18–25)[24]. As for *aposynagōgos*, the significance particularly of 9,22 is that it seems to presuppose a formal decision made by Jewish authorities to excommunicate Jews from the synagogue on the sole ground that they confessed Jesus to be the Messiah[25]

The prominence and character of this tension between Jesus and ›the Jews‹ points the exegete firmly towards a mainly Jewish context for the Fourth Gospel, somewhere after the destruction of Jerusalem in AD 70. (1) The sharpness of the breach between Jesus and ›the Jews‹ and the sustained vehemence of the polemic in the middle section of the Gospel is matched elsewhere in the NT only in part, even when we include Mt 23. (2) The breach evidently centred on the Christian confession of Jesus as Messiah. And although Jesus was, of course, crucified as a messianic claimant[26], there is *no* indication that in the intervening years the confession of Jesus as Messiah was regarded as a ›make or break‹ issue between Jewish Christians and the leaders of Judaism[27]. There *were* issues which brought Jew and Christian to blows (particularly the temple and the law). But in Jerusalem itself, and probably also in areas of the Christian mission controlled from Jerusalem, Jews who believed Jesus to be the Messiah were apparently undisturbed (and even highly regarded) in the period prior to the Jewish revolt. (3) In particular, there is no clear evidence of an official policy of

---

[24] See e.g. E. Grässer, ›Die antijüdische Polemik im Johannesevangelium‹, *NTS* 11, 1964–65, 74–90; R. E. Brown, *John 1–12*, AncB 29, Doubleday: New York, 1966, LXXI; Wengst (n. 3) 37–44. The fact that the Fourth Evangelist also uses the phrase in a broader, less polemical way does not diminish the force of this point; see e.g. most recently, F. Hahn, ›»Die Juden« im Johannesevangelium‹, *Kontinuität und Einheit: Für Franz Mussner*, hrsg. P. G. Müller & W. Stenger, Herder: Freiburg-Basel-Wien, 1981, 430–8. On the irony of Jn 19,15 (›We have no king but Caesar‹) see particularly W. A. Meeks, *The Prophet-King: Moses Traditions and the Johannine Christology*, *NT.S* XIV, Brill: Leiden, 1967, 76–8.

[25] See particularly J. L. Martyn, *History and Theology in the Fourth Gospel*, Abingdon: Nashville, 1968 [2]1979, chap. 2, whose main thesis that the Evangelist presents a two-level drama (an *einmaliges* event during Jesus' earthly lifetime, and the situation facing his own community) has been widely accepted.

[26] In recent literature see particularly O. Betz, ›Probleme des Prozesses Jesu‹, *ANRW* II 25,1, 1982, 565–647, especially 633–7; A. E. Harvey, *Jesus and the Constraints of History*, Duckworth: London, 1982, chap. 2.

[27] See particularly Martyn (n. 25) 45–51; B. Lindars, ›The Persecution of Christians in John 15,18–16,4a‹, in *Suffering and Martyrdom in the New Testament*, ed. W. Horbury & B. McNeil, Cambridge University Press, 1981, (48–69) 49–51; against J. A. T. Robinson, *Redating the New Testament*, SCM Press: London, 1976, especially 272–4, and Carson (n. 11), who pick at the evidence and do not succeed in producing an alternative historical context which fits all the elements of 9,22 so well.

excluding Jews who believed in Jesus from the synagogue during the same period. Although church and synagogue pulled apart in the Gentile mission, there is no indication of such a disruption within the Jewish mission (cf. Acts 21,20–1). Thus, when Josephus writes of Syria in the period prior to the Jewish war, he seems to know of no faction within the Jewish communities excluded from the synagogue. And even in the Gentile mission it is significant that (prior to the Neronian persecution at least) the Roman authorities thought of Jewish-Christian controversy as an internal Jewish affair (Acts 18,15; Suetonius, *Claudius* 25,4)[28]. (4) The degree to which the Pharisees emerge in the Fourth Gospel as the dominant force in Judaism, in contrast to the other Gospels (even ›many of the rulers‹ fear ›the Pharisees‹ – 12,42)[29], is surely best explained as a reflection of the growing dominance of the rabbinic authorities within Judaism during the Jabnean period.

Finally (5) there is enough evidence to indicate that it was precisely during this period that rabbinic Judaism began to take deliberate steps to mark itself off from other claimants to the broader heritage of pre-70 Judaism. It should be noted that this last point does not depend on establishing a precise text and date for the twelfth Benediction, the *birkat-ha-minim*, or on postulating a specific reference to Christians in this malediction on heretics[30]. It is enough to note that rabbinic tradition traces the composition of the *birkat-ha-minim* back to the time of Gamaliel II (b. Ber 28b)[31] and that it was probably aimed at those regarded by the rabbis as (Jewish) sectarians, including Jewish Christians[32]. The point then is that the independent evidence of Jewish tradition confirms what the internal evidence of the Fourth Gospel made probable anyway (cf. also Justin, *Dial*, 16; 47; 96) – viz., that rabbinic Judaism began to take steps in the late first century and early second century to exclude

---

[28] The recognition that Christians were an entity distinct from the Jews is first attested by Tacitus (*Annals* XV 44,2–5), though it is significant that Tacitus accuses them of ›hatred of the human race‹, that is, the old charge regularly brought against the Jews – see M. Stern, *Greek and Latin Authors on Jews and Judaism*, The Israel Academy of Sciences and Humanities: Jerusalem, Vol. II, 1980, 93.

[29] See e.g. Martyn (n. 25) 84–9; Lindars, *John* (n. 15) 37; H. F. Weiss, *pharisaios*, *TDNT* IX, 43–5.

[30] Martyn (n. 25) 58, assumes too quickly that Christians (=Nazarenes) were explicitly mentioned in the Jabnean form; but see the fuller discussions in n. 32 below.

[31] The period of Gamaliel II's ascendancy at Jabneh is usually reckoned from about 80 to 115. Most scholars accept a date for the *birkat-ha-minim* in the middle 80s, though note Martyn's (n. 25) increased caution and its reasons, discussed in his 1979 edition (nn. 69,75).

[32] See particularly W. Horbury, ›The Benediction of the *Minim* and Early Jewish-Christian Controversy‹, *JThS* 33, 1982, 19–61, which includes discussion of the too cautious treatment by R. Kimelman, ›Birkat Ha-Minim and the Lack of Evidence for an Anti-Christian Jewish Prayer in Late Antiquity‹, *Jewish and Christian Self-Definition: Vol. II: Aspects of Judaism in the Graeco-Roman Period*, ed. E. P. Sanders, SCM Press: London, 1981, 226–44, 391–403; see also A. F. Segal's note in the following essay (pp. 409f. n. 57) cited below (n. 62); earlier bibliography in Wengst (n. 3), notes to pp. 53ff.

various expressions of heterodoxy, which from the point of view of (newly) normative Judaism had come to be regarded as heresy – including Jewish Christian belief in Jesus as Messiah.

It is possible therefore to reach the fairly strong conclusion that the Fourth Gospel itself reflects the situation confronting the Johannine author/school/ community in the late first century of our era – a situation where the Jewish Christians concerned saw themselves threatened by the world as represented particularly by the Jewish authorities where they were[33]. The fact that christology seems to have been the focal point of the confrontation between the Fourth Evangelist and ›the Jews‹ provides strong encouragement for us to investigate the issues involved more closely in the hope of shedding further light on the historical context of the Gospel and on the reasons for its distinctive christological emphases.

V.

5. The second stage of our enquiry is to question more closely why it was that the Christian confession of Jesus as Messiah provoked such confrontation between the Johannine Jewish-Christian ›sect‹ and ›the Jews‹. We can hope to shed some light on these questions both from the Fourth Gospel itself and from what we know of Judaism between the revolts.

5.1 What were the particular issues at stake so far as ›the Jews‹ were concerned in their confrontation with Jesus? It was not simply the assertion that Jesus was Messiah, which might well have remained largely unexceptionable or at least non-heretical in itself. What caused the trouble was the fact that the Messiah claim was itself a summary for a much fuller christology – all in fact that is expressed more adequately, so far as John is concerned at any rate, in the title ›*Son of God*‹. To defend and win belief in Jesus as the Son of God is the Evangelist's stated aim in 20,31, where ›Son of God‹ is the necessary supplement to and explanation of the less provocative ›Messiah‹ claim (similarly 11,27). And it is precisely on the grounds that Jesus ›made himself Son of God‹ that ›the Jews‹ denounce Jesus to Pilate (19,7).

When we unpack this claim and the reasons for its offensiveness to Jewish ears, it becomes clear that one of the main contentious points revolves round

---

[33] Wengst (n. 3) thinks it possible to locate the Johannine community with some precision within the southern part of Agrippa II's kingdom, in the territory of Gaulanitis and Batanea (pp. 77–93); but it is enough for our purposes to note that there is at least one setting in the general area of the eastern Mediterranean which matches the probable historical context of the Fourth Gospel so well. Cf. O. Cullmann, *The Johannine Circle*, Eng. trans. SCM Press: London, 1976, 59f. On the ›sectarian‹ consciousness of the Johannine community, see particularly Meeks (n. 5) and D. M. Smith, ›Johannine Christianity: Some Reflections on its Character and Delineation‹, *NTS* 21, 1974–75, 222–48.

the question of Jesus' *origin:* Where has he come from? – from Bethlehem, from Galilee, from where? The Gospel reader, of course, knowing full well the Evangelist's answer – ›from his Father in heaven‹ (see particularly 6,41; 7,27–9.42.52; 8,23; 9,29; 19,9). Most disturbing of all to ›the Jews‹ is the inference they draw that in claiming to be Son of God, Jesus has made himself ›equal to God‹ (5,18), indeed has made himself *God* (10,33)[34] – a significance for ›Son of God‹ which the Evangelist, of course, wants to press home on his own account (1,1.18; 20,28).

That it is the question of Jesus' heavenly origin and status which is mainly at issue in all this is confirmed by the most distinctive feature of the Johannine Son of Man sayings. The offence of Jesus' teaching is both heightened and (if it can be accepted) resolved by reference to the Son of Man's descent from heaven and ascent to heaven (3,12–13; 6,61–2)[35]. Bound up with this is one of the most consistent emphases of the Fourth Gospel, on Jesus as the bearer of divine revelation – the Son of God who makes known the heavenly mysteries with authority, precisely because he has been sent from heaven and speaks of what he has seen and heard with his Father (see particularly 1,17–18.49–51; 3,10–13.32; 7,16–18; 8,14.28.38; 12,49–50; 14,10; 15,15; 17,14).

It is clear then that what is at stake for the Johannine community is the full significance of the confession ›Jesus is the Christ, the Son of God‹. And what is of particular importance for the Evangelist, and particularly contentious to the Jews of his time, is the claim that this confession includes belief that Jesus came from heaven and speaks with the authority of God[36].

5.2 When we set this fuller picture of John's christology into the context of post-70 Judaism, it quickly becomes apparent that there are some striking overlaps with the Johannine concerns. As has been more clearly perceived in the past few years, Judaism between the two revolts was not yet the massively uniform structure embodied in the Mishnah and Talmuds[37]. The disappearance of other parties (Sadducees, Zealots, Essenes) did not mean a disappearance of other facets of pre-70 Judaism. In particular, recent scholarship has reminded us of two other important strands of that broader Judaism

---

[34] p[66] reads τὸν θεόν.

[35] ›Wherever the (ascent/descent) motif occurs, it is in a context where the primary point of the story is the inability of the men of »this world«, preeminently »the Jews«, to understand and accept Jesus‹ – Meeks (n. 5) 58.

[36] The subsequent ascent through death and resurrection is, of course, also of crucial significance for John's christology, as I have myself noted elsewhere (›John 6 – a Eucharistic Discourse?‹, *NTS* 17, 1970–71, 328–38; also *Unity and Diversity in the New Testament*, SCM Press: London, 1977, 301–2), but to include that aspect within the present paper would enlarge the discussion too much (though see below 9.2).

[37] See now the welcome Eng. trans. of G. Alon, *The Jews in their Land in the Talmudic Age*, Magnes Press: Jerusalem, 1980.

which survived the destruction of the temple – the apocalyptic and mer-kabah mystical traditions[38]. Several points of relevance for our enquiry emerge here.

First, we should note the extent to which these two strands themselves overlap. Both apocalyptic and merkabah mysticism are characterized pre-cisely by their claim to a direct knowledge of heavenly mysteries, either by means of a vision, or, more frequently, by means of an ascent to heaven[39]. Such ascents to heaven are attributed not only to Enoch (1 En 14,8 ff; 39,3 ff.; 70–71; 2 En 3 ff.) and to Abraham (TestAb 10 ff.; ApocAb 15 ff.; cf. also 4 Ezra 3,14; 2 Bar 4,4), but also to Adam (Life of Adam and Eve 25–9), to Levi (TestLevi 2,5 ff.), to Baruch (2 Bar 76, 3 Bar) and to Isaiah (AscIs 7 ff.; cf. Sir 48,24–5)[40] – most of these reports are either roughly contemporary with or pre-date the period in which we are interested[41]. So too the account of Moses' ascent of Mt Sinai (Ex 19,3; 24,18) evidently encouraged several circles within Judaism to view it as an ascent to heaven (Philo, *Mos* 1,158; *QuEx* 2,29.40.46; Josephus, *Ant* 3,96; 2 Bar 4,2–7; *BibAnt* 12,1; *Memar Marqah* 4,3.7; 5,3; cf. Ezekiel the Tragedian in Eusebius, *PraepEvang* IX 29,5–6; 4 Ezra 14,5; 2 Bar 59)[42]. Likewise the practice of merkabah mysti-cism, in which one sought by meditation, particularly on the chariot vision of Ezekiel 1 (but also passages like Is 6 and Dan 7,9–10, as well as the story of creation in Gen 1), to experience for oneself a mystical ascent to or revelation of the throne of God, seems to have been already well established in our period[43]. Such interest is evident already in 1 Enoch 14, is hinted at in Sir 49,8, and is clearly attested in the so-called ›angelic liturgy‹ of Qumran (4 QSl 40,24)[44]. Not least of relevance here is the appearance in some of these visions

---

[38] See particularly I. Gruenwald, *Apocalyptic and Merkabah Mysticism*, Brill: Leiden, 1980; C. Rowland, *The Open Heaven: a Study of Apocalyptic in Judaism and Early Christianity*, SPCK: London, 1982.

[39] This overlap has been obscured by identifying apocalyptic too closely with eschatology. See particularly the important corrective by Rowland on this point (n. 38). D. J. Halperin, *The Merkabah in Rabbinic Literature*, American Oriental Society: New Haven, Connecticut, 1980, does not take sufficient account of this overlap.

[40] Note also the ›final‹ ascents of Elijah (especially 2 Reg 2,11; Sir 48,9–10; 1 Enoch 90,31), Ezra (4 Ezra 14,9) and Abel (TestAb 11; AscIs 9,8).

[41] For fuller detail see A. F. Segal, ›Heavenly Ascent in Hellenistic Judaism, Early Christian-ity, and their Environment‹, *ANRW* II 23,2, de Gruyter: Berlin/New York, 1980, 1352–68.

[42] See particularly Meeks (n. 24) 110–1, 120–5, 147–9, 156–9, 206–9, 241–4; also ›Moses as God and King‹, *Religions in Antiquity: Essays in Memory of E. R. Goodenough*, ed. J. Neusner, Brill: Leiden, 1968, 354–71.

[43] Modern interest in merkabah mysticism as a feature of second temple Judaism derives chiefly from G. G. Scholem, *Major Trends in Jewish Mysticism*, 1941, Schocken Paperback: New York, 1961, especially 42–4.

[44] J. Strugnell, ›The Angelic Liturgy at Qumran‹, *VT.S* 7, 1959, 318–45. See further C. Rowland, ›The Visions of God in Apocalyptic Literature‹, *JSJ* 10, 1979, 137–54. In a paper delivered at the SNTS Conference in Leuven, Belgium, 1982, H. C. Kee argued that Joseph and

of a glorious being closely related in appearance to God (Ezek 8,2 compared with 1,26–7; Dan 7,13 LXX; 10,5–6; ApocAb 10; ApocZeph 9,12–10,9)[45], and the motif of the transformation into angel-like form of the one who ascends himself, notably Moses and Isaiah (see above), and most strikingly Enoch (1 Enoch 71,11; 2 Enoch 22,8; AscIs 9,9), who is identified as the Son of Man in the Similitudes of Enoch (1 Enoch 71,14) and subsequently as Metatron in 3 Enoch 3–16[46].

Second, we should note also that *both* early Christianity *and* the Jabnean sages were not unaffected by such tendencies within Judaism. Paul's account of a visionary ascent to the third heaven (2 Cor 12,2–4) may well support the view that Paul himself was familiar with the practice of merkabah mysticism[47], and the vision of John the seer (Rev 1,13–16) has some striking points of contact with the earlier visions of Ezek 1 and of Daniel (Dan 7 and 10,5–6)[48]. As for the rabbis, there is strong evidence that Johanan ben Zakkai, who played the leading role in initially re-establishing rabbinic Judaism at Jabneh, was himself greatly interested in the chariot chapter of Ezek 1 and probably practised meditation on it (TosHag 2,1–1 and parallels)[49]. More striking is the tradition about the four sages who ›entered the garden *(pardes)*‹ (TosHag 2,3–4 and parallels). As most agree, the tradition probably refers in a veiled way to a vision of the chariot throne of God. This is confirmed by such fuller information as we have about these rabbis[50]. One of them, Elisha ben Abuyah, is remembered as an arch-heretic, because in his vision of heaven he mistook the glorious figure sitting on a great throne (Metatron) as a second power in heaven – thus denying the unity of God (b. Hag 15a; 3 Enoch 16); one of the starting points for this ›two powers‹ heresy seems to

Asenath stands within the merkabah mystical tradition of Judaism (›The Socio-Cultural Setting of Joseph and Asenath‹).

[45] Rowland (n. 38) 94–103, though unfortunately he fails to ask whether similarities in such visionary appearances may be due simply to the seer having to draw on a common but inevitably limited stock of imagery deemed appropriate to describe glorious heavenly beings. See also R. Bauckham, ›The Worship of Jesus in Apocalyptic Christianity‹, NTS 27, 1981, (322–41) 323–7.

[46] See also J. A. Bühner, *Der Gesandte und sein Weg im 4. Evangelium*, J. C. B. Mohr: Tübingen, 1977, 353–62. In his otherwise valuable exploration of the historical context of the Fourth Gospel, Wengst (n. 3) unfortunately ignores this whole dimension almost entirely – taking note of Meeks only in passing and dismissing Bühner in a footnote (17 n. 24).

[47] J. W. Bowker, ›»Merkabah« Visions and the Visions of Paul‹, JSSt 16, 1971, 157–73: ›. . . Paul practised *merkabah* contemplation as an ordinary consequence of his highly extended Pharisaic training‹ (p. 172).

[48] C. Rowland, ›The Vision of the Risen Christ in Rev 1,13ff.: the Debt of an Early Christology to an Aspect of Jewish Angelology‹, JThS 31, 1980, 1–11.

[49] See J. Neusner, *A Life of Yohanan ben Zakkai*, Brill: Leiden, ²1970, 134–40; Gruenwald (n. 38) 75–86; Rowland (n. 38) 282–305. Halperin (n. 39) 107–140 is more sceptical.

[50] Gruenwald (n. 38) 86–92; Rowland (n. 38) 306–40. Halperin (n. 39) 89–92 disputes the link to merkabah mysticism.

have been speculation on the plural throne*s* in Dan 7,9[51]. There is also a tradition regarding another of the four, the famous rabbi Akiba, in which he is rebuked for his speculation as to the occupant of the second throne in Dan 7,9 (b.Hag 14a; b.Sanh 38b).

Third, we know that there were already strong reactions against some of these tendencies in apocalyptic and merkabah speculation. Sir 3,18–25 can be readily understood as an exhortation to refrain from speculations involving visionary experiences[52]. And 4 Ezra 8,20 f. seems to be directed against claims to be able to see and describe God's throne[53]. In specifically Christian circles we may recall the strong warnings against angel worship in Col 2,18 and Heb 1–2[54], and the early churches' hesitation over granting too much authority to the book or Revelation. Similarly, the rabbinic polemic against angelology probably goes back to our period[55], there are explicit cautionary notes concerning the chariot chapter in the Mishnah (m.Hag 2,1; m.Meg 4,10), and the apostasy of Elisha ben Abuyah is a notorious fact elsewhere in rabbinic tradition[56]. We may also note how frequently subsequent rabbinic polemic against the *minim* consists in a defence of monotheism, the unity of God[57].

5.3 All this evidence points strongly to a three-fold conclusion. (1) There was evidently considerable interest in the possibility of gaining heavenly knowledge through visions and heavenly ascents in the period between the two Jewish revolts. (2) This interest is reflected in the Fourth Gospel as well as in our other sources from this period. (3) There were various degrees of misgiving about and hostility to this interest as too speculative and dangerous among both Christians and the rabbis.

VI.

6. The main question which remains for us therefore is: Does an awareness of *this* context, of these cross-currents in Jewish and Christian thinking during the period in which the Fourth Gospel was probably written, help us to make clearer sense of the Johannine distinctives? If we return again to the

---

[51] See A. F. Segal, *Two Powers in Heaven: Early Rabbinic Reports about Christianity and Gnosticism*, Brill: Leiden, 1977, particularly 33–67, 148–149.

[52] Gruenwald (n. 38) 17–18.

[53] Rowland (n. 38) 54–5.

[54] See also Bauckham (n. 45).

[55] P. S. Alexander, ›The Targumim and Early Exegesis of »Sons of God« in Gen 6‹, *JJS* 23, 1972, 60–71; see also J. Goldin, ›»Not by Means of an Angel and not by Means of a Messenger«‹, *Religions in Antiquity* (n. 42) 412–24.

[56] See Rowland (n. 38) 331–9.

[57] See the texts collected by R. T. Herford, *Christianity in Talmud and Midrash*, Reference Book Publications: Clifton, New Jersey, 1966, 291–307.

Gospel itself, we should now be in a better position to appreciate some of
John's finer points as he seeks to promote faith in Jesus as the Christ, the Son
of God, to hear more of the nuances which a first century reader would have
been expected to observe. We will have time to note only a few key
examples.

6.1 The prologue ends with the highest claim for the revelatory significance of Jesus: ›No one has ever seen God; the only Son/God . . . has made
him known‹ (1,18). True knowledge of God comes through only one –
Jesus, the incarnate Logos. The reader is probably intended to bear this blunt
assertion in mind when he comes to the next climax of christological
confession – the exchange with Nathanael (1,47–51)[58]. The train of thought is
at first puzzling, but it gains invaluable illumination from the background
sketched out above. In mystical thought ›Israel‹ is taken to mean ›he that
sees‹ or ›he that sees God‹ (as often in Philo)[59]. Nathanael is presented as ›a
genuine Israelite‹, who has begun to believe in Jesus (›rabbi, Son of God,
King of Israel‹ – 1,49). But Jesus replies that he will see more than that – a
vision just like that of the first Israel (Jacob – Gen 28.12), where the central
feature will be the Son of Man mediating between heaven and earth (1.51)[60].
For no one else has seen God – not Moses (1.17; cf. Ex 33,20; Dt 4,12), and
not even Israel. The true Israelite is thus encouraged to ›see‹ that all God's
self-revelation now comes to focus in and through Jesus (1,18.51); God can
only be seen to the extent that one sees him in and through (the revelation of)
Christ.

John 1 links with John 3 in that another sympathetic Jew (3,2) needs
similar instruction. Though ›a teacher of Israel‹ (3,9), Nicodemus has no idea
of how one can ›see the kingdom of God‹, how it is possible to ›enter the
heavenly realm‹ (3,3.5)[61]. Such knowledge cannot be attained by an ascent to
heaven – ›*no one* has ascended into heaven‹ (3,13). This sweeping assertion
can hardly be other than a polemic against current beliefs in the possibility of

---

[58] Cf. M. de Jonge, *Jesus: Stranger from Heaven and Son of God*, Scholars Press: Missoula,
Montana, 1977, 83: ›1,19–50 stands between 1,18 and 1,51, both dealing with the heavenly
status of the One to whom all the designations in the intermediate section point in their own
way‹.

[59] See references in vol. X of the Loeb edition of *Philo*, p. 334 note; J. Z. Smith, ›The Prayer
of Joseph‹, *Religions in Antiquity* (n. 42) 265–8.

[60] Cf. H. Odeberg, *The Fourth Gospel*, Uppsala 1929, 33–40; Dodd (n. 23) 245–6; N. A.
Dahl, ›The Johannine Church and History‹, in *Current Issues in New Testament Interpretation:
Essays in Honour of O. A. Piper*, ed. W. Klassen & G. F. Snyder, Harper & Row: New York,
1962, 136, notes that ›in the Haggadah, Genesis 28,12, like other visionary texts, is often
combined with Daniel 7 and Ezekiel 1‹; P. Borgen, ›God's Agent in the Fourth Gospel‹,
Religions in Antiquity (n. 42) 145–6.

[61] In John the kingdom of God = ›the heavenly realm on high to which the divine envoy leads
(cf. 14,3; 12,26; 17,24)‹ – R. Schnackenburg, *Johannesevangelium*, HTK IV, Herder: Freiburg-
Basel-Wien, Bd. I [3]1972, 380.

such heavenly ascents, through contemplation on the divine chariot or otherwise[62]. Such knowledge of heavenly things is possible *only* for him who *de*scended from heaven, the Son of Man (3,12–13). Mention of Moses in the following verse and the return to the same theme in 3,31–6 (›he who comes from above is above all‹) effectively distances this Son of Man from any competing claims about the heavenly commissions of Moses and John the Baptist (cf. 1,6.17). Not even Moses ascended to heaven, and the Baptist remains rootedly ›of the earth‹[63]. True knowledge of heaven comes only from Christ, he who is from above and bears witness to what he (alone) has seen there[64].

In John 6 the narrative moves with fine dramatic sense from the enthusiastic recognition of Jesus as ›the prophet who is to come into the world‹ (6,14), the prophet like Moses who could be asked to repeat the miracle of manna (6,31), to the point where many of his own disciples take offence (6,60f.66). What causes the offence is the way in which the category of prophet is transcended and left behind: to speak of Jesus as ›him whom God sent‹ (6,29) is only adequate if by that phrase is meant ›sent from heaven‹, without implication of any previous ascent; his subsequent ascent is to ›where he was before‹, to his place of origin (6,62). Moses too is pushed to one side (6,32). The manna miracle does not exalt Moses, as the Jews assumed[65]; that model of divine mediation (cf. Dt 18,18) is inadequate to express the significance of Jesus. The direct communication from God promised by Is 54,13 is now a reality in Jesus (not the Torah); he is the yardstick by which all claims to knowledge from God must be tested, for only he has seen the Father (Jn 6,45–6)[66]. Thus the experience which mediates eternal life is believing recognition that Jesus is himself from God, the living bread which came down from heaven, the life from God incarnate in Jesus (6,35–58).

Finally, we might note in chapters 7 and 12 some indication that John's constituents were aware of wider speculations within Judaism about the Messiah's origin and end. Some thought simply in terms of Davidic descent and birth at Bethlehem (7,42); others, who claim that no one knows where

---

[62] Odeberg (n. 60) 72–98; Meeks (n. 24) 295–301; F. J. Moloney, *The Johannine Son of Man*, Las: Roma, 1976 ²1978, 54–7; A. F. Segal, ›Ruler of this World: Attitudes about Mediator Figures and the Importance of Sociology for Self-Definition‹, *Jewish and Christian Self-Definition* (n. 32) 245–68, especially 255f.

[63] Cf. Targum Neofiti of Dt 30,12, cited below in 7.2.

[64] Cf. Meeks (n. 5) 52–7, though to insist that ›the one born from above/ from the spirit‹ can *only* be the Son of Man, Jesus (p. 53) is overscrupulous. See also J. H. Neyrey, ›John III – a Debate over Johannine Epistemology and Christology‹, *NT* 23, 1981, 115–27.

[65] Cf. particularly G. Vermes, ›»He is the Bread«: Targum Neofiti Exodus 16,15‹, *Post-Biblical Jewish Studies*, Brill: Leiden, 1975, 139–46.

[66] See particularly P. Borgen, *Bread from Heaven, NT.S* X, Brill: Leiden, 1965, especially 150–4.

the Christ comes from (7,27), may thereby allude to the sort of speculation we find in the Similitudes of Enoch, in 4 Ezra and 2 Baruch, about the hiddenness of the Messiah in the divine purpose (in heaven?) (1 Enoch 48,6–7; 62,7; 4 Ezra 7,28; 12,32; 13,26.32.52; 2 Bar 29,3; 39,7)[67]. So too the crowd's opinion ›that the Christ remains for ever‹ (Jn 12,34) may well reflect the sort of speculation that various heroes of the past had been translated or apotheosed to heaven, in some cases at least without tasting death (Enoch, Elijah, Abel?, Moses?, Ezra)[68], or (less likely) the targumic tradition which found in Is 9,5's phrase ›everlasting Father‹ a reference to the eternal existence of the Messiah[69]. The Fourth Evangelist does not respond directly to such queries. He simply drives on single-mindedly towards the climax of each of these sections (8,48–59; 12,44–50), in which the emphasis on the continuity between the Father and the Son transcends all such speculations and leaves them behind.

These examples must suffice to show how central it is for John that *Jesus is from above*, and because he is from above, *he brings and embodies the truth*, the true knowledge of God and of heavenly things.

6.2 What is the Fourth Evangelist trying to do in all this? Clearly he is in touch with something at least of the range of theological reflection about God, about God's favoured servants, about the means of gaining heavenly knowledge, particularly through ascending to heaven – the sort of speculation, in fact, which we know to have been current towards the end of the first century. Some of this reflection he merely acknowledges in passing; some he makes use of. He maintains the Christian claim to the Messiahship of Jesus without debating all the questions being discussed. The language of heavenly ascent and descent is taken over for his own purposes. One of his chief categories, Jesus as the one sent from God, is an elaboration of a familiar prophetic category – the prophet as the agent of God[70]. But clearly he also sees Jesus as transcending such categories as ›prophet‹ and ›king‹ and even ›Messiah‹[71]. Clearly he wants to say more – much more. What precisely is this ›more‹? And why does it bring the wrath of ›the Jews‹ upon the Christian believers?

The answer most probably is bound up with these points which John has taken such care to emphasize so much, those claims which prove so contentious to ›the Jews‹. One is John's claim of a *heavenly origin* for Jesus the Messiah, a heavenly origin which goes back to the beginning of time. Jesus is not one whose claims on our attention derive from an ascent to heaven; they

[67] De Jonge (n. 58) 90–1.
[68] See above 5.2 and n. 40; cf. Barrett (n. 13) 427.
[69] See particularly B. McNeil, ›The Quotation at John 12,34‹, *NT* 19, 1977, 22–33.
[70] See particularly Bühner (n. 46) Dritter Hauptteil
[71] See particularly the two essays on these three titles by de Jonge (n. 58) chaps. III and IV.

derive rather from the fact that he descended from heaven. The other is John's claim for *a closeness of continuity* between Father and Son which is more than simply identity of will or function: the Son is so like, so close to the Father, that we can even speak of some kind of identity of being (he makes himself God; he and the Father are one).

The importance of these points receives striking confirmation when we compare the findings of the two studies which, more than any other in recent years, have succeeded in setting the Fourth Gospel's christology within the historical context of late first century Judaism. In his ground-breaking investigation of the background to John's christology, W. A. Meeks recognized one major point of distinctiveness: the Johannine ›pattern of *descent/ ascent* of a heavenly messenger has no direct parallel in the Moses traditions (of Jewish and Samaritan theology)‹[72]. Subsequently Meeks also conceded de Jonge's criticism that ›Jesus' kingship and his prophetic mission are both redefined in terms of the *unique relationship* between Son and Father, as portrayed in the Fourth Gospel‹[73].

The other most thorough recent investigation of the background of the Fourth Gospel's christology, by J. A. Bühner, highlights by failing to explain precisely the same two points. He attempts to root the idea of the Son's pre-existence in the *Berufungsvision* of the prophet, interpreted in the light of the fact that the same commissioning formula (God sent) is used also of angelic messengers[74]. But the idea of Jesus as a glorious angel, even an angel like the figure of Ezek 8,2 or Jaoel in the Apocalypse of Abraham, is simply not present in John[75]: in 1,51 the Son of Man seems to be of a different order from ›the angels of God‹; and the polemic of 3,13 seems likewise intended precisely to distance Jesus, the Son of Man, from such visionary ascents[76]. The commissioning formula is too narrow a base to sustain such a thesis. John's language almost certainly grew out of this kind of talk of divine commissioning of the prophet, but his christology is neither con-

---

[72] Meeks (n. 24) 297.

[73] De Jonge (n. 58) 52; Meeks (n. 10) 173.

[74] Note also the important earlier study of the question from this aspect by Borgen (n. 60).

[75] Possible parallels like 11 QMelch (?) and the Prayer of Joseph hardly provide encouragement for the thesis. Other examples of descending angels (collected by C. H. Talbert, ›The Myth of a Descending-Ascending Redeemer in Mediterranean Antiquity‹, *NTS* 22, 1975–76, 422–6, and *What is a Gospel? The Genre of the Canonical Gospels*, SPCK: London, 1977, 57–61) are only ›short-term visitors‹.

[76] According to 1,51, ascent precedes descent even in the case of the angels of God. Both Bühner (n. 46) and P. Borgen, ›Some Exegetical Traditions as Background for the Son of Man Sayings in John's Gospel (John 3,13–14 and context)‹, *L'Évangile de Jean* (n. 2) 243–58, argue that the Fourth Evangelist's language implies a *previous* ascent, to ›become‹ the Son of Man, prior to his descent as Son of Man (in Borgen's case, an ›ascent‹ in pre-existence). But this forces too much upon the language, and throws the Johannine christology into confusion (the Logos ›ascends‹ to become the Son of Man?!); cf. Barrett (n. 13) 213.

tained in nor explained by it – particularly, once again, his emphasis on a *pre-existence* that is pre-cosmic (as in 8,25 and 17,5), or his emphasis on a *unity* between Father and Son (as in 1,18 and 10,30) which goes far beyond the identity of sender and sent on the *šaliah* model.

The very fact that John moves beyond such background parallels at just these points strengthens the impression given by passages like those examined above (6.1), that it is precisely these two points which John wishes to emphasize. In presenting Jesus as the Messiah, the Son of God who is also the Son of Man, the Fourth Evangelist wants to persuade his readers of *a heavenly origin* for Jesus the Messiah which goes back to the beginning of time, and of *a closeness of continuity* between Father and Son which is more than simply identity of will or function. From where then does he derive these emphases? Our task remains incomplete unless we can clarify the source of these key Johannine distinctives.

In fact, the Fourth Evangelist himself probably gives us the decisive clue, in the prologue. The prologue seems to be intended to provide a category or model, that of Wisdom or Logos[77], in terms of which the reader can (and should) understand the christology of the whole[78]. In the final stage of our attempt to illuminate the Johannine distinctives in the light of John's historical context we shall focus therefore on John's Wisdom christology.

VII.

7. Does the Wisdom christology of the prologue explain these points of distinctiveness which our *religionsgeschichtliche* investigation has brought to the fore?

7.1 It is often assumed that the Wisdom/Logos motifs are more or less confined within the prologue, and so are without relevance to the rest of the Gospel. On the contrary, however, language and imagery from the Wisdom/Logos tradition occur repeatedly in the Fourth Gospel, as R. E. Brown in particular has shown[79]. These include, not least, the idea of being sent or descending from heaven, as in 3,13 (the nearest parallels are in Wisd 9,16–17; Bar 3,29; 1 Enoch 42 – both descent and ascent)[80], and the ›I ams‹, which can

---

[77] Wisdom and Logos are virtually synonymous so far as our present enquiry is concerned; see Dunn (n. 10) index ›Word and Wisdom‹.

[78] I find it impossible to regard the prologue of John's Gospel as redactional (i. e. added after the Fourth Evangelist put the Gospel into its present form); the themes of the prologue are too closely integrated into the Gospel as a whole and are so clearly intended to introduce these themes, that any other conclusion is rendered implausible.

[79] Brown (n. 24) especially CXXII–CXXV and index ›Wisdom‹.

[80] To reject a Wisdom background at this point on the grounds that the language parallels are not close enough (the usual objection) is to refuse to allow the Fourth Evangelist any creativity of his own – an implausible evaluation, considering the distinctive character of the Gospel.

be paralleled both in first person singular speech (Prov 8 and Sir 24) and in content (e.g. light – Wisd 7,26.29; food and drink – Sir 24,19–22; shepherd – Philo, *Agr* 51; *Mut* 116)[81]. Most important of all, it is only in the Wisdom/ Logos tradition of the Jewish background that we have anything really close to the synthesis of Johannine conceptuality – a Wisdom/Logos which is distinct from all other potential intermediaries, angelic or human, precisely by virtue of *its pre-cosmic existence with God* (e.g. Prov 8,27–30; Sir 24,9; Wisd 9,9), and precisely by virtue of *its close identity with God* (e.g. Ps 33,6; Wisd 7,25; Philo, *Opif* 24; *Sac* 64). The point of distinctiveness being that Wisdom/Logos is *not* a heavenly being over against God, but is *God himself, God in his self-manifestation*, God insofar as he may be known by the mind of man[82]. It is precisely for this reason, because the Son is the incarnate *Logos*, God in his ›knowability‹ and ›visibility‹, that the *Son* can say, ›He that has seen *me* has seen the *Father*‹ (12,45; 14,9). In a similar way, the working out of the ›glory‹ motif of the prologue (1,14) includes the otherwise puzzling 12,41 (›Isaiah saw his glory and spoke of him‹), where Isaiah's vision of the *Lord* sitting on his throne (Is 6) is interpreted as a vision of *Christ's* glory – presumably because for the Fourth Evangelist Christ is to be identified not with one of the seraphim, as in some later Christian thought, but as *the shekinah of God*, the visible presence of God himself[83].

   The key then to understanding the Johannine distinctives in his presentation of Jesus as Messiah, Son of God and Son of Man, is to see these titles primarily as *an elaboration of the initial explicit identification of Jesus as the incarnate Wisdom/Logos* – an identification taken over certainly from earlier Christian tradition[84], but expounded in John's own distinctive fashion. It is this which alone satisfactorily explains John's repeated emphasis on the direct continuity between this Jesus and God from the beginning of time. The revelation which Jesus brings seems to be so limited, precisely because

---

Closer parallels, as in later Gnosticism, probably imply dependence – on John! Since the Gnostic Sophia myth is also dependent on the *Jewish* Wisdom tradition (G. W. Macrae, ›The Jewish Background of the Gnostic Sophia Myth‹, *NT* 12, 1970, 86–101), it is wiser to conclude that the descent/ascent motif in its Johannine form is a creation of the Johannine school itself, formed precisely by the conviction that the full significance of Jesus could be grasped only in terms of the identification of Christ as Wisdom.

[81] Cf. particularly E. Schweizer, ›Zum religionsgeschichtlichen Hintergrund der »Sendungsformel« Gal 4,4f.; Röm 8,3f.; John 3,16f.; 1John 4,9‹, *Beiträge zur Theologie des Neuen Testaments*, Zwingli Verlag: Zürich, 1970, 83–95. On 8,58 see especially Lindars, ›Discourse and Tradition‹ (n. 15) 96.

[82] See my *Christology* (n. 10) 168–76, 217–30.

[83] Cf. Dahl (n. 60) 131–2. On the shekinah as the immediate presence of God, see A. M. Goldberg, *Untersuchungen über die Vorstellung von der Schekhinah in der frühen rabbinischen Literatur*, Berlin, 1969; E. E. Urbach, *The Sages: their Concepts and Beliefs*, Magnes Press: Jerusalem, ²1979, chap. III.

[84] See below 9.2.

what he reveals is not information but, quite simply, God, that he is God in his self-revelation[85]. *This* is what it means for the Fourth Evangelist to confess Jesus as the Messiah, the Son of God. It is this faith which he wants to win or sustain in his readers.

7.2 The coherence of this exegesis (on internal grounds) is confirmed by the fact that this understanding of John's claims regarding Christ provides an excellent explanation for the fierceness of the rabbinic opposition to the Jesus of the Fourth Gospel. As we have already noted (5.2), the Jabnean rabbis were at least to some degree engaged in a similar interaction with these other (apocalyptic and mystical) strands of Judaism to that which we find in the Fourth Gospel. And in a similar way they were both drawing *on* that broader tradition, *and*, over the period between the two Jewish revolts, beginning to distance themselves from unacceptable elements within it.

The difference was that while the Christians were focusing what they wanted to say on *Jesus*, the rabbis were focusing on the *law*. Clear hints of this fact, so abundantly obvious from rabbinic sources, occur at several points in John (7,49; 9,28–9; 12,34; 19,7). Already within the Wisdom tradition a firm equation between Wisdom and Torah had been established (Sir 24,23.25; Bar 3,36–4,4). And the rabbis probably took up and developed this equation just as the Christians were developing the identification of Wisdom with Christ. One indication may lie in the fact that Dt 30,12–14, which the Baruch passage just cited referred to Wisdom, was interpreted by Targum Neofiti with reference to Moses and the law: ›The law is not in the heavens, that one should say: Would that we had one like Moses the prophet who would go up to heaven and fetch it for us . . .‹. And certainly we can have little doubt that the allusions to ›the gift of God‹ and ›living water‹ in Jn 4,10 have in mind the rabbinic readiness to use such phrases of the Torah[86]. In effect, what the Christians were claiming for Christ, the rabbis were claiming for the law. And quite soon (we do not know how soon) they began to speak of the law as pre-existent[87] – just as Christians had begun to speak of Christ in the same way.

More important still, what we see reflected in the Fourth Gospel is the debate between Christian and rabbi at a crucial stage in these mutual developments. On the one hand, we see the Fourth Evangelist disputing the rabbinic exaltation of the law: the law is *not* the climax of God's revelation,

---

[85] Cf. E. Haenchen, ›»Der Vater, der mich gesandt hat«‹, *NTS* 9, 1962–63, 208–16, reprinted in *Gott und Mensch*, J. C. B. Mohr: Tübingen, 1965, 68–77, especially 71–3; Wengst (n. 3) 101–4. My formulation alludes, of course, to Bultmann's famous comment: ›Jesus as the revealer of God reveals nothing but that he is the revealer‹ (*Theology of the New Testament*, Vol. II, Eng. trans. SCM Press: London, 1955, 66).

[86] Barrett (n. 13) 233.

[87] Gathered by StrB II.353–5. See Dunn (n. 10) chap. VI n. 43.

Christ is the climax; the law bears witness to *him* (1,45; 5,39.46). Beside the fulness of divine revelation in Christ, the law is defective (1,17). Compared with the climactic revelation of Christ, the revelation given through Moses, Sinai and the whole wilderness period is deficient (3,9–15; 5,37–47; 6,35–58; 7,14–24; 10,34–6)[88]. The Wisdom of God is present in the Torah, but present in fulness only in Christ. Christ, *not* the Torah, is the embodiment of divine Wisdom, the incarnation of God's Word.

On the other hand, at one and the same time, we see reflected the *rabbinic* opposition to the *Christian* claim regarding Christ. As the Fourth Evangelist protests against the rabbinic exaltation of the law (and by implication, the rabbinic equation of Wisdom with the law), so the rabbis protest against the Christian identification of Wisdom as Christ. ›The Jews‹ recognized that so to identify Christ with Wisdom/Logos, the self-expression of God, was to make Jesus equal with God (5,18), was to make him not simply an angel or heavenly figure (like Enoch), but *God* (10,33). The equation of Wisdom with the Torah was attractive as an alternative, presumably not least because it posed no such threat to Jewish monotheism. But ›the Jews‹ could not understand John's christology except as a severe threat to the unity of God – just as John no doubt considered their over-exaltation of Moses and the law a threat to the claims of the revelation given in and through Christ. Evidently then, in rabbinic eyes, the Fourth Evangelist and his community/school belonged with those others within Judaism who were speculating too unguardedly (not least about the vision of Dan 7), on the basis of revelation they claimed to have received, and who, in consequence, were endangering the primary axiom of Judaism – the oneness of God.

In short, what we see reflected in the Fourth Gospel is a three (or even four) way dialogue – the Fourth Evangelist in dialogue with broader strands of apocalyptic and mystical Judaism, with the rabbis of Jabneh, and possibly with other Christians too[89]. The Fourth Evangelist draws on this larger heritage, both Christian and Jewish, as the others do in their own way. And, under the inspiration of the Spirit of Jesus (14,26; 16,13–15), and in debate with these alternative theologies of revelation and salvation, he presents his own faith centred on Jesus the Christ, the Son of God.

---

[88] See particularly the richly seminal study of Dahl (n. 60), here p. 133; Meeks (n. 24) 287–91, 299–301; also ›The Divine Agent and his Counterfeit in Philo and the Fourth Gospel‹, *Aspects of Religious Propaganda in Judaism and Early Christianity*, ed. E. S. Fiorenza, Univeristy of Notre Dame, Indiana, 1976 (43–76) 56–8; de Jonge (n. 58) 56–8; and exposition with notes 6.1 above.

[89] Cf. Segal (n. 62) 256. On the intra-Christian dialogue see above n. 17; also de Jonge (n. 58) 99.

VIII.

8.1 This essay has attempted to take the first step towards clarifying the Gospel of John in its relation to the gospel particularly as presented by the other three Evangelists. As a first step it seemed necessary to try to understand John in its own terms, to seek to clarify the distinctive features of the Fourth Gospel's presentation of Christ by situating it as far as possible within the context in which and in relation to which it was written. Over against those who have missed out that first step and have sought to understand John's christology *too quickly* as an expression of later orthodoxy (or later heresy) or in relation to the historical Jesus *per se*, it is important for exegesis to insist that John must first be allowed to be itself before its relation to other expressions of the gospel can be properly and fully explored. Insofar as we have been able to fulfil even that modest aim within the scope of this paper, we can now attempt to draw out the most obvious and potentially important conclusions, before finally reflecting briefly on the next step, for which we have only been able to prepare.

8.2 One immediate result is in effect quite *a major shift in perspective*. The apparent dominance of the Son of God category over the initial Logos category is misleading. Rather, the Fourth Evangelist evidently intended what is in fact the much vaguer titel (Son of God)[90], to serve as a vehicle for his basically Wisdom christology. The Fourth Evangelist really did intend his Gospel to be read through the window of the prologue. The *Son of God* reveals nothing other than that he is the *Wisdom of God*, God in his encounter with men. The late first century Jewish desire for knowledge of heavenly things is met in Jesus, because he is the Logos of God, God insofar as he may be known and seen by man: he that has seen the Son has seen the Father (12,45; 14,9).

To put it another way, by reading the Father-Son language in the light of the Wisdom/Logos prologue, the range of options possible in the title Son of God is narrowed dramatically. Over against any who might be content with a prophet christology, or a merely Davidic Messiah christology, John insists unreservedly on a Wisdom christology. In modern terms, which echo John's to a significant degree, the Fourth Evangelist insists that a christology ›from below‹ is inadequate (a christology of inspiration or mystical ascent or apotheosis). The meaning of Christ cannot be expressed except as a christology ›from above‹. Over against any who might offer an alternative theology of revelation and redemption (through Torah or angel?) he insists that Christ alone is able to reveal God, to bring the true knowledge of God, to mediate the fulness of his grace (1,16–18). And, that can only be because he is the

---

[90] Dunn (n. 10) 14–16.

Wisdom of God incarnate, the fullest possible embodiment in human flesh of God in his outreach to this world.

8.3 It follows that in a vitally important sense, for the Fourth Evangelist *theology* (in the narrower sense) is more important than *christ*ology[91]. We only let John be John if we recognize that the primary debate the Fourth Evangelist engaged in with the rabbis was actually a debate about *monotheism*. The Fourth Gospel belongs, in *religionsgeschichtlichen* terms, to that diverse body of late first century and early second century Jewish piety and literature, which explored the boundaries of earlier conceptualities of deity and revelation within a framework of monotheism. Set against that context, what we see is John in effect claiming that Christian revelation could not be expressed without understanding Jesus in full-blown Wisdom terms, without, in that sense, redefining the basic category of Jewish monotheism itself. The Fourth Evangelist had no intention of breaking or moving out from that category. Precisely because Wisdom/Logos rather than Son of God is his primary category, he remains a monotheist – for while ›Son‹ is more fitted to express distinction and relation (as Athanasius realized), ›Logos‹ by definition better expresses sameness and continuity[92]. But ›the Jews‹ focused more on the talk of sonship and heard it as blasphemy against the unity of God. At this point the Fourth Gospel becomes a valuable witness not only to the development of early Christian theology, but also to the tensions within late first century Judaism, important background for understanding the subsequent rabbinic rejection of the two powers heresy.

This insight enables us to sharpen our initial criticisms both of subsequent Christian interpretation of John in relation to Nicene orthodoxy, and of the earlier *religionsgeschichtliche* interpretation of John (2). On the one hand, the Fourth Gospel is not speaking to a trinitarian debate about the interior relationships within the Godhead. It is speaking to a discussion about monotheism, advocating the necessity of identifying Jesus with God insofar as God makes himself known to men. Thus, for example, to understand John's frequent talk of the Son's obedience to the Father as an assertion of the Son's *subordination* to the Father is anachronistic and not quite to the point[93]. It would be more accurate to say that the Fourth Evangelist's intention was to emphasize the *continuity* between Father and Son, the continuity of Wisdom/Logos: he is doing the same work as God (5,17); his hand and the Father's hand are one (10,28–9); he speaks with the authority of God

---

[91] Cf. C. K. Barrett, ›Christocentric or Theocentric? Observations on the Theological Method of the Fourth Gospel‹ (1976) reprinted in *Essays on John*, SPCK: London, 1982, 1–18.

[92] Hence the ambiguity between *logos* = unuttered thought, and *logos* = uttered thought, for *logos* denotes precisely the continuity between the same thought in its unexpressed and expressed forms. Cf. the ambiguity of Philo, *Sac* 80–3, *Ebr* 157 and *Som* I.102–14.

[93] Cf. e.g. the ›subordination‹ of the uttered *logos* to the unexpressed *logos* in Philo, *Abr* 83.

(14,10)[94]. The issue here is not so much one of *relation* between Father and Son, as of the validity of the Logos-Son's *revelation* of the Father[95]. If the Fourth Gospel is interpreted primarily as an exposition of the relationship between the Father and the Son, it becomes difficult to avoid slipping over into a form of bi-theism or tri-theism – as popular treatments purporting to expound the orthodox trinitarian faith often demonstrate. Rather, the Fourth Evangelist's contribution to that subsequent stage of Christian reflection is that *by his presentation of the Logos-Son he established monotheism as the primary framework for further thought*. That presumably is why the next main stage in the intra-Christian discussion was to debate the modalist option. And, more important, that is why when ›Logos‹ finally gave way to ›Son‹ as the primary category of christology, Christian belief in the oneness of God was not threatened – because the earlier Logos christology pioneered by John had already secured the base of Christian monotheism. From John onwards, to understand the Son other than as the Logos-Son is to misunderstand Christianity[96].

On the other hand, by thus letting John be John we can recognize more clearly that both ›sides‹ of the earlier *religionsgeschichtliche* investigation are partly right and partly wrong. Meeks, Borgen, Bühner, etc. are right in seeing late first century Jewish thought as John's primary historical context; but they have not given enough weight to the significance of Wisdom/Logos as John's dominant *Leitmotif*[97]. Bultmann and his followers were right insofar as they recognized that the ›Wisdom myth‹ is the decisive extra factor in John's christology; but in interpreting this Wisdom tradition in the light of or as a precursor to the Gnostic redeemer myth, they distorted the picture even more. The key is to recognize that what John draws on is the Wisdom tradition *within* Judaism – where Wisdom/Logos is not understood as a divine being distinct from God, interpreted as an ›intermediary being‹ between God in his lofty transcendence and his world[98], but rather where

[94] Cf. Käsemann (n. 8) 25: ›John's peculiarity is that he knows only one single dogma, the christological dogma of the unity of Jesus with the Father‹; and Appold in n. 95 below.

[95] Cf. particularly M. L. Appold, *The Oneness Motif in the Fourth Gospel*, WUNT 1, J. C. B. Mohr: Tübingen, 1976, 18–34: ›John's christology leaves no room for even incipient subordination‹ (p. 22)! I would thus want to qualify Barrett's otherwise important counter emphasis, ›»The Father is Greater than I« John 14,28. Subordinationist Christology in the New Testament‹ (1974), reprinted in *Essays* (n. 91) 19–36.

[96] See my debate with Maurice Wiles in *Theology* 85, 1982, 92–8, 324–32, 360–1.

[97] Bühner (n. 46) dismisses the possibility of Wisdom influence on John's christology in far too casual a manner (pp. 87–103, 411); but Borgen (n. 60) 146, and Meeks (n. 5) 59,61, recognize its importance without giving it primary weight.

[98] W. Bousset & H. Gressmann, *Die Religion des Judentums im späthellenistischen Zeitalter*, HNT 21, ⁴1966, 319.

Wisdom is understood precisely as the expression of God's *immanence*[99]. It is precisely because the incarnate Logos has made God visible in his immanence that the heavenly ascent or mystical vision is unnecessary[100], just as it is precisely because the immanent God has made himself known in the man Jesus that the equation of Wisdom with Torah is inadequate.

In short, however we may think John's Logos-Son christology stretches monotheism, it is only when we understand John as an expression of Christian monotheism that we understand it aright.

IX.

9. Finally, we must ask what light our findings throw on the larger questions of this symposium. Now that we have come to a clearer understanding of John in its own terms, what corollaries follow for our understanding of John's relation to the other Gospels? If we now understand better the emphases and motivations of the Johannine distinctives, what pointers do they provide for the next stage of an enquiry into the continuities and discontinuities between John and the earlier tradition on which John draws?

9.1 The most striking point to emerge from our study in this connection must be *the extent to which the Johannine distinctives have been formulated out of John's interaction with the other strands of late first century Judaism.* In terms of the tradition-history of the material incorporated into the Fourth Gospel, it would appear that some of John's key emphases belong (in their Johannine formulation at least) to the later stages of that tradition-history – in particular, the question of Jesus' origin, John's insistence that Jesus descended from heaven, and the assertion of Jesus' pre-cosmic existence with God and identity as Son of God with the Father.

Equally striking, however, is the degree to which these Johannine distinctives mark John off *both* from earlier forms of the Jesus-tradition *and* from its context within late first century Judaism. It is *not* the case that John's differences from the earlier Jesus-tradition can be explained simply by John's drawing ideas from the contemporary melting pot of religious reflection; John's emphases are distinctive also when set against the broader context of the late first century, and are better explained as John's development of the *earlier Christian tradition.* Nor is it the case, conversely, that John's differences from its historical context are to be explained simply as elements drawn from the earlier Jesus-tradition; the Johannine formulation presupposes too much of the issues and speculations which came to the fore in the late first

---

[99] See Dunn (n. 82 above); also ›Was Christianity a Monotheistic Faith from the Beginning?‹, *SJTh* 35, 1982, 303–36.

[100] Contrast Scholem (n. 43) 55: in merkabah mysticism ›the idea of the Shekinah and of God's immanence plays practically no part at all‹.

century, so that if the Johannine distinctives *are* derived from the earlier Christian tradition, they have to be explained as a *development* of that tradition.

In short, if we are to do justice to the Johannine distinctives, we have to see them as a development of the Jesus-tradition designed to express the truth of Jesus as understood within the Johannine circle. It was a development which was actually part of the late first century exploration of the conceptualities available and appropriate to talk of God's revelation and salvation, and which probably was in the vanguard of that exploration. It was a developing theology which was partly reacting against other strands of that exploration and partly stimulating reaction from others (the rabbis in particular), and which was in process of formulating a distinctive *Christian* theology which would be increasingly unacceptable for the rest of Judaism, being perceived as a denial of the unity of God.

9.2 Clearly, then, more study is required of what precisely is involved in this *development* of the earlier Christian traditions about Jesus. Does such clarification as we have achieved of the later stages of the tradition-history of John's material throw any light on the earlier stages?

One thing can be said straightaway. Our findings do not require us to modify in any degree our earlier recognition of the many points of continuity between John and the earlier Synoptic tradition (above 3.2). On the contrary, the recognition that what we have in John is development of the earlier Christian tradition underscores the importance of these points of continuity. Moreover, we can trace something of the course of the development even of John's distinctives, particularly his Wisdom christology and his emphasis on Christ's pre-existence, in the Wisdom christology of Paul and of Hebrews (1 Cor 8,6; Col 1,15–20; Heb 1,3–4)[101]. Even John's integration of a Wisdom christology (Jesus identified *as* Wisdom) into the Jesus-tradition is paralleled in some degree in the Matthean redaction of Q at three or four points (Mt 11,19/Lk 7,35; Mt 11,25–30/Lk 10,21 f.; Mt 23,34–6/Lk 11,49–51; Mt 23,37–9/Lk 13,34 f.)[102]. It is not so much the *content* of the Fourth Evangelist's distinctive christology which marks him out, then, as the *way* in which he formulates it, as the *degree of development* of the Jesus-tradition which distinguishes the Fourth Gospel from the Synoptics – the style of elaborate discourse and self-testimony, with only minimal parallel in the Synoptic form of the tradition.

Another striking fact is that the Fourth Evangelist obviously felt it necessary to retain the format of a *Gospel*. For all its differences from the Synop-

---

[101] See Dunn (n. 10) 176–196 and 206–9.

[102] See Dunn (n. 10) 197–204. To my bibliography there add M. Hengel, ›Jesus als messianischer Lehrer der Weisheit und die Anfänge der Christologie‹, in: Sagesse et Religion (Colloque de Strasbourg, Octobre 1976), Paris 1979 (148–188), 149–60.

tics, John is far closer to them than to any other ancient writing (as the Symposium has shown). Although it is the discourses of Jesus which are the most elaborated feature of John's Gospel, the Evangelist did not elect to present a document consisting solely of the discourses or sayings of the redeemer (we may contrast gnostic equivalents like Gospel of Thomas, Thomas the Contender and Pistis Sophia). Rather he chose, and chose deliberately, to retain the developed discourse material within the framework of a Gospel as laid down by Mark – traditions of Jesus' miracles and teaching building up all the while to the climax of the cross[103].

All this highlights what in many ways is the most fascinating aspect of the Fourth Gospel – the fact that the author(s) felt *both* free towards the Jesus-tradition (the degree of development) *and* bound to it and its Gospel framework at one and the same time. It is this interplay of freedom and constraint – greater freedom than we find in the Synoptics, greater restraint than we find in the Gnostic equivalents – which requires more detailed study. How could John think that such a degree of development was still being true to the word ›from the beginning‹? Did he exercise sufficient restraint? – the implication that some of the Johannine community went off into a docetic christology (1Jn 2,19) and 1John's increased emphasis on continuity with the original word (1Jn 1,1; 2,7.24; 3,11) serve only to sharpen the question[104]. Does the Fourth Gospel provide an exemplary case study of how to re-express the gospel in the different and constantly changing circumstances of a later era while remaining true to the earlier tradition of the gospel – or a cautionary tale? These are some of the issues at stake in a fuller investigation of the actual tradition-history process, which began with the Synoptic-like sayings from the earliest Jesus-tradition scattered throughout the Fourth Gospel, and which ended with the elaborate discourses of the Fourth Gospel itself aimed at presenting the gospel to a later audience. Such an investigation would provide an agenda in itself for another symposium. Hopefully we have succeeded in letting John be John, but perhaps the greater challenge is to let John's Gospel be John's Gospel – both *gospel* and *John's* gospel!

[103] Cf. Dunn (n. 36) 287, 301 f., 307.
[104] See particularly Brown (n. 2) 109–23.

Die »Erinnerungen der Apostel« bei Justin

Luise Abramowski

In den uns erhaltenen Werken Justins begegnet der Ausdruck ἀπομνημονεύματα τῶν ἀποστόλων zweimal in der Apologie (66,3; 67,3) und dreizehnmal im
Dialog mit Trypho, der nach der Apologie verfaßt ist; dazu kommt Apologie 33,5[1] als eine verbale Anspielung. In der Apologie werden die Apomnemoneumata mit den Evangelien identifiziert (66,3), wobei umstritten ist, ob
der identifizierende Relativsatz eine Glosse im Text ist oder nicht[2]. Die
Apomnemoneumata werden hier als Quelle für die Abendmahlsworte angegeben: »Die Apostel nämlich in den von ihnen hergestellten (γενομένοις)
Apomnemoneumata, *die Evangelien genannt werden*, haben so überliefert, daß
ihnen geboten sei . . .«. Der Identifizierungssatz hat tatsächlich die typische
Glossengestalt – aber dieses Urteil ist nur auf den ersten Blick entscheidend,
denn schließlich handelt es sich um eine an Heiden gerichtete Schrift; den
Heiden war zwar der literarische Ausdruck, aber nicht der kirchliche geläufig, so daß die Echtheit der Erläuterung erwogen werden kann. Außerdem
sind zu vergleichen Apol. 65,1 τοὺς λεγομένους ἀδελφούς; 65,5 οἱ καλούμενοι
παρ᾽ ἡμῖν διάκονοι; Dial. 10,2 (im Munde Tryphos) ἐν τῷ λεγομένῳ εὐαγγελίῳ.
Die Erwähnung der Apomnemoneumata in Apol. 67,3 gehört in die Beschreibung des Gottesdienstes: in der Zusammenkunft (συνέλευσις) werden
die Apomnemoneumata der Apostel oder die συγγράμματα der Propheten
vorgelesen.

Im Dialog gibt es die Bezeichnung in einem zusammenhängenden Stück,
das nur neun Seiten in Goodspeeds Ausgabe füllt, nämlich in der christologischen Auslegung von Ps. 21 LXX (22),2–24. Dial. 97,3 f. zitiert Justin Ps.
21,17–19 (eine von ihm sehr oft gebrauchte Bibelstelle[3]) und nimmt das zum
Anlaß, im Folgenden die ganze erste Hälfte des Psalms abzuschreiben (c. 98)
und dann abschnittsweise auszulegen (bis c. 106). Wahrscheinlich gehört

---

[1] Zitiert weiter unten.

[2] E. F. Osborn, Justin Martyr (BHTh 47), Tübingen 1973, p. 124 n. 29. – Osborns Buch hat
zwar ein Kapitel »The memoirs of the apostles«, aber über die Bedeutung des Titels und seine
Funktion bei Justin enthält es nur wenige Zeilen (p. 123 unten), wo es u. a. heißt: »The use of
this word may be understood from the principle that Justin is an apologist who is writing for
Jews and Romans«. Der unten herangezogene Aufsatz von Hyldahl ist nicht benutzt und fehlt
auch in der Bibliographie.

[3] Osborn p. 102: ». . . Psalm xxii which Justin quotes twenty-six times«.

c. 107 über die Auferstehung auch noch zu dieser Auslegung, jedenfalls wird
c. 107,1 noch einmal der Titel Apomnemoneumata genannt. Bousset hat die
gleichen Beobachtungen gemacht und daraus die Folgerung gezogen, daß
Justin »hier einen bereits fertigen Kommentar zu Ps. 21 seinem Dialog
einverleibt hat«[4]. Es gibt keinen sonstigen erkennbaren formalen Grund, der
für die Herkunft der Zitate in c. 100–107 diese spezielle Formulierung im
Unterschied zum Rest des Werkes verlangt. (Die Annahme eines anderen
Verfassers als Justin selber ist nicht nötig.) Andere Formeln für neutestamentliche Anführungen sind etwa: Dial. 18,1 »kurze Worte Jesu«; 18,3
»Befehl unseres neuen Gesetzgebers«; 85,7 »Jesus hat befohlen« (unmittelbar davor eine lange Passage aus dem Alten Testament als »Schrift«). Dagegen kommt Dial. 88,3, daß (über die Taube bei der Taufe Jesu) »die Apostel
dieses unseres Christus selber geschrieben haben«, dem Titel »Erinnerungen
der Apostel« recht nahe und ist eine Anspielung darauf. – Es ist übrigens
neuerdings wieder die Verarbeitung einer geschlossenen literarischen Einheit Justins durch ihn selber für den Dialog postuliert worden: c. 10–29 über
das Gesetz (von Campenhausen im Anschluß an Prigent[5]).

Wenn wir es mit der Auslegung von Ps. 21 (22) im Dialog mit einer
ursprünglich selbständigen kleinen Schrift Justins zu tun haben, dann fällt
natürlich das Prioritätsverhältnis, das für Apologie und Dialog als Gesamt-
schriften gilt (Dialog später als Apologie), dahin; denn der exegetisch-
christologische Traktat könnte ja älter sein als die Apologie. Als Faktum ist
festzuhalten, daß Justin die literarisch-technische Bezeichnung für die Evangelienbücher aus dem eingearbeiteten Traktat nicht auf das umfangreiche
Gesamtwerk Dialog sich hat ausbreiten lassen (bis auf die erwähnte Anspielung in 88,3). Offenbar hat Justin dies für die Intention des Ganzen nicht für
nötig gehalten. Und das hängt vielleicht wieder damit zusammen, daß die
christologische Erklärung von Ps. 21 (22),2–24 in Dial. 98–107 ursprünglich
möglicherweise einen anderen Adressaten als die Juden hatte (für Dial. 10–29
über das Gesetz gilt das gleiche[6]).

In der kleinen Einleitung (Dial. 98,1), die er dem langen Psalmtext voran-
schickt, gibt Justin mehrere Gründe an, warum er *soviel* Text vorlegt; davon
ist der letzte: »er (Christus) zeigt, daß er wahrhaftig (ἀληθῶς) ein Mensch
geworden ist, aufnahmefähig für Leiden (ἀντιληπτικὸς παθῶν)«. Und nach
dem Zitat: der ganze Psalm ist von Christus gesagt, zum Erweis dessen will

[4] W. Bousset, Jüdisch-christlicher Schulbetrieb in Alexandria und Rom, Göttingen 1915, p. 292.
[5] H. von Campenhausen, Die Entstehung der christlichen Bibel (BHTh 39), Tübingen 1968, p. 112 n. 174 unter Hinweis auf Prigent, Justin, p. 74f. – Bousset postulierte eine beträchtliche Anzahl im Dialog verarbeiteter Traktate, s. seine Zusammenstellung l.c. p. 298f.
[6] H. von Campenhausen l.c.: Dial. 10–29 »ursprünglich gegen Gnostiker und Markioniten gerichtet«.

Justin ihn auslegen (99,1). Das Gebet Jesu in Gethsemane macht deutlich, daß er »wahrhaftig leidensfähiger Mensch geworden war (ἀληθῶς παθητὸς ἄνθρωπος γεγένηται)« (99,2). Das Kolon καὶ οὐκ εἰς ἄνοιαν ἐμοί aus Vers 3 des Psalms (Haeuser: »und ich habe davon gewußt«; zum Verständnis des Folgenden besser wörtlich: »und mir nicht zur Unwissenheit«[7]) veranlaßt diesen Gedankengang: *Wie* Gott nicht aus Unwissenheit den Adam fragte: »Wo bist du?« und den Kain: »Wo ist Abel?«, sondern (so fragte), um jeden von beiden anzuklagen, was für einer er sei; und damit wir zur Erkenntnis (γνῶσιν) durch das Aufschreiben kämen, *so* bekundet er (sc. Christus) nicht *seine* Unwissenheit, sondern die Unwissenheit derer, die ihn nicht für Christus hielten, sondern meinten, er würde sterben und wie ein gewöhnlicher Mensch in der Hölle bleiben (99,3). Dies letztere scheint christologisch in eine andere Richtung zu weisen[8] als die beiden Sätze über die Leidensfähigkeit, die uns in 98,1 und 99,2 auffielen. Aber 100,2 nimmt die 98,1 eingeschlagene Richtung der Argumentation wieder auf: Christus ist der Erstgeborene Gottes und vor allen Geschöpfen, *und* der Sohn der Patriarchen, da er ja, fleischgeworden durch die Jungfrau aus ihrem Geschlecht, es duldete, ein Mensch zu werden ohne Gestalt[9] und ohne Ehre und leidensfähig (παθητός). Nicht nur ist er wahrhaftig leidensfähig, sondern er *hat* auch wahrhaftig gelitten: 103,8 Jesu Ringen in Gethsemane läßt uns wissen, daß der Vater gewollt hat, daß sein Sohn um unsretwillen sich in solchen Leiden tatsächlich befunden hat (καὶ ἐν τοιούτοις πάθεσιν ἀληθῶς γεγονέναι), damit wir nicht sagen, daß er als Sohn Gottes nicht aufnahmefähig (οὐκ ἀντελαμβάνετο) war für das, was ihm geschah. Zu diesem Paragraphen hat schon Haeuser angemerkt, daß er gegen den gnostischen Doketismus gerichtet sei[10].

Aus dem Referierten ist klar, daß die Auslegung von Ps. 21 in ihrer selbständigen Gestalt eine antidoketische Tendenz hatte. Die Zurückweisung von Gottes angeblicher Unwissenheit in der Paradiesesgeschichte und in der Geschichte von Kain und Abel bringt uns aus dem Bereich des bloß unbestimmt Antidoketischen in den des Antignostischen; es ist kein Zufall, daß an der betreffenden Stelle (100,3) das Wort γνῶσις vorkommt, und zwar ist Erkenntnis von der Schrift für uns beabsichtigt – das entscheidende Stichwort wird also für die nichtgnostische Auslegung der Schrift in Anspruch genommen.

Gegenüber den Juden muß Justin im Dialog u. a. nachweisen, daß das Alte Testament einen Messias vorausgesagt hat, der *leidet;* deswegen konnte er

---

[7] Lutherbibel nach dem Hebräischen: »doch ich finde keine Ruhe«.

[8] Der letzte Satz klingt antijüdisch und wäre dann ein Anzeichen von Überarbeitung für den Dialog; in der antignostischen Gestalt des Textes wurde hier vielleicht auf die gnostische Unterscheidung von Jesus und Christus angespielt.

[9] ἀειδής.

[10] BKV² 33 p. 170 n. 3.

leicht die kleine Psalmenauslegung, die das wirkliche Leiden des Christus Jesus, also des gekommenen Messias, stark betont, in die große Schrift mit ihrer anderen Frontstellung einfügen.

Es ist nun bemerkenswert, daß in dieser kurzen antignostischen Auslegung so oft von den Apomnemoneumata der Apostel die Rede ist, dagegen in der Apologie nur zweimal. Man muß daraus schließen, daß im Gegensatz zur verbreiteten Meinung dieser Titel nicht aus apologetischem, sondern aus antignostischem Interesse eingeführt worden ist.

Niels Hyldahl bietet in seinem Aufsatz über Hegesipps Hypomnemata[11] auch einen Abschnitt über den Titel Apomnemoneumata[12]. Er arbeitet heraus[13], daß Hypomnemata und Apomnemoneumata zwar beide mit »Aufzeichnungen« übersetzt werden können, daß sie jedoch zwei verschiedene literarische Gattungen bezeichnen. Hyldahl nennt eine Reihe von Beispielen antiker Apomnemoneumata, beginnend mit den berühmtesten, den Memorabilien des Xenophon über Sokrates. »Außerdem belegte Justinus Martyr bekanntlich die Evangelien mit diesem Namen, wodurch er diese literarisch charakterisieren wollte, weil die Bezeichnung ›Evangelium‹ noch zu seiner Zeit kaum anders als in der Bedeutung ›frohe Botschaft‹, also im nichtliterarischen Sinn verwendet wurde«. – Hierzu ist anzumerken, daß bei Justin εὐαγγέλιον dreimal vorkommt, zwei Stellen davon haben wir schon genannt:

Apol. 66,3 – Identifikation der im Gottesdienst verlesenen Apomnemoneumata mit den Evangelien; ob nun von Justin stammend oder nicht, eindeutig sind damit die Evangelien als geschriebene gemeint;

Dial. 10,2 redet Trypho von »euren wunderbaren und großen Lehren«, von denen er weiß, weil er sich damit befaßt hat, das »sogenannte Evangelium« zu lesen[14];

schließlich: in der Auslegung von Ps. 21 (22), Dial. 100,1, wird von Jesus gesagt: ἐν τῷ εὐαγγελίῳ γέγραπται εἰπών, es folgt Mt. 11,27.

Wenn überhaupt, dann ist Justin also ein Zeuge für »Evangelium« als Buch, und Hyldahls Begründung, warum Justin häufiger von Apomnemoneumata als von Evangelium redet, kann nicht die zutreffende sein.

Hyldahl widerlegt[15] im Einzelnen die Einwände, die von Richard Heard 1954 gegen eine Einordnung der Justinischen Apomnemoneumata in die Memorabilienliteratur als Gattung erhoben wurden. Heard wollte statt dessen einen Zusammenhang mit dem von Papias benutzten Verb ἀπομνημονεύω herstellen. Das Verb, so Hyldahl, sei dafür in der christlichen Literatur

[11] N. Hyldahl, Hegesipps Hypomnemata, StTh 14 (1960), p. 70–113.
[12] p. 77–83.
[13] p. 78.
[14] Justin greift später darauf zurück, Dial. 18,1.
[15] l.c. p. 79.

des 2. Jahrhunderts zu häufig, er verweist auf die Beispiele bei Zahn[16]. Heard habe auch »nicht erkannt, welche einzigartige Stellung Sokrates in den Schriften des Justin innehat«.

Die Ergebnisse Zahns über die Memorabilien faßt Hyldahl folgendermaßen zusammen[17]: »Zahn gereicht es zum Verdienst, daß er die verschiedenen apomnemoneumata als ›Gattung‹ behandelt hat. Indem er von den Memorabilia des Xenophon ausgeht, bestimmt er als Literaturkategorie die der ›Erinnerungen‹ einer bestimmten Person. Der Erzähler ist Augenzeuge. Die erwähnten Personen sind ›nicht Helden der That, sondern Meister der Philosophie‹ (p. 473). Daß der Erzähler Augenzeuge ist, kommt auch bei Justin zum Ausdruck: die von ihm benutzten Evangelien sind von den Aposteln geschrieben. Apomnemoneumata sind weder Aufzeichnungen zu eigener Erinnerung und Benutzung, noch Sammlungen von ›Denkwürdigkeiten‹ für die Nachwelt – das wären hypomnemata –, sondern ›Erinnerungen‹ an einen bedeutenden Menschen. Dies ist der prinzipielle Ausgangspunkt. In einzelnen Fällen besteht eine gewisse Elastizität innerhalb der völligen Übereinstimmung. So teilt Xenophon auch Dinge mit, die er nicht selbst, sondern andere erlebt haben, und Justin gesteht an einer Stelle, daß nicht nur die Apostel die Evangelien geschrieben haben, sondern auch diejenigen, die ihnen folgten[18]. Die Apomnemoneumata des Favorinus dagegen nahmen eine Sonderstellung ein, da Favorinus nicht selbst Augenzeuge war von dem, was er erzählte«[19].

Einzuwenden hat Hyldahl etwas gegen die Augenzeugenschaft als für die Gattungsbestimmung unentbehrliches Instrument. »Man kann nicht ohne weiteres voraussetzen, daß das, woran man sich erinnerte, von dem niedergeschrieben wurde, der es selbst erlebt hatte. Das Wesentliche war, daß man überhaupt Erinnerungen zum Niederschreiben hatte.«[20] Unter seinen Literaturhinweisen und Materialzusammenstellungen zu ὑπόμνημα und ἀπομνημόνευμα zitiert Hyldahl[21] auch Martin Dibelius aus der »Formgeschichte« zu Apomnemoneumata bei Justin: »Hier ist apologetische Tendenz wirksam, die das Christentum in die Bildungssphäre erhebt: durch die Etikettierung ›Memoiren‹ werden die Evangelienbücher der großen Literatur einverleibt«, ein Urteil, das auch von Campenhausen übernimmt[22].

---

[16] Th. Zahn, Geschichte des neutestamentlichen Kanons I 2, Erlangen/Leipzig 1889, p. 471–476.

[17] l.c. p. 79f.

[18] Dial. 103,8 (unten zitiert).

[19] Aber auch Favorinus handelt von berühmten Philosophen.

[20] Das wurde von A. Dihle in der Diskussion unterstrichen; auch Xenophon habe literarische Quellen benutzt.

[21] l.c. p. 82.

[22] l.c. p. 216; s. auch Osborn oben n. 2.

Das kann man vielleicht noch präzisieren. Zunächst einmal ist die Tatsache festzuhalten, daß überhaupt so betont von der *Schriftlichkeit* der Evangelien gesprochen wird; das ist im 2. Jahrhundert noch alles andere als selbstverständlich. Zweitens ist es wohl kein Zufall, daß Justin eine literarische Gattungsbezeichnung gewählt hat, die sonst für »Erinnerungen an Meister der *Philosophie*« benutzt wurde. Das Christentum ist, woran Pierre Hadot uns aus anderem Anlaß erinnert[23], »von einem ganzen Strang der christlichen Tradition als eine *Philosophie* dargestellt worden. Diese Assimilation hat mit den christlichen Schriftstellern des 2. Jahrhunderts begonnen, die man Apologeten nennt, ganz besonders Justin. Um diese Philosophie, die das Christentum in ihren Augen ist, der griechischen Philosophie gegenüberzustellen, nennen sie es ›unsere Philosophie‹ oder ›barbarische Philosophie‹[24]. Doch betrachten sie das Christentum nicht als eine Philosophie unter anderen, sondern als *die* Philosophie. Was in der griechischen Philosophie zerstreut und zerstückelt ist, ist in der christlichen Philosophie zusammengefaßt und systematisiert. In ihren Augen haben die griechischen Philosophen nur Logospartikel besessen, während die Christen im Besitz des Logos selbst sind, der sich in Jesus Christus inkarniert hat. Wenn Philosophieren heißt, in Übereinstimmung mit dem Vernunftgesetz leben, dann philosophieren die Christen, wenn sie übereinstimmend mit dem Gesetz des göttlichen Logos leben«. Die Wahl der Gattungsbezeichnung Apomnemoneumata für die Evangelien als Schriften könnte, wie ich meine, sehr wohl damit zusammenhängen, daß darin des Meisters der Philosophie schlechthin, nämlich Christi, gedacht wird. Der irdische Jesus ist für Justin ja im Wesentlichen διδάσκαλος (und Bestandteil seiner Lehre ist auch die Logostheologie – ein Unterschied gegenüber dem Neuen Testament).

Die Verbindung, die Hyldahl herstellt zwischen der »einzigartigen Stellung« des »Sokrates in den Schriften des Justin« und der Wahl einer literarischen Bezeichnung, deren ältestes und berühmtestes Beispiel die »Erinnerungen« Xenophons an Sokrates waren, ist außerordentlich geistvoll und plausibel. In den erhaltenen Texten wird es allerdings der Bildung des Lesers überlassen, diesen Konnex mitzuhören, Justin selber stellt ihn nicht ausdrücklich her. Aber wir wissen, daß Justin Xenophon gekannt hat (App. 11,2f.[25]); dazu zitiert er Plato über Sokrates (App. 10,5). Dem Sokrates schreibt er den ἀληθὴς λόγος zu (Apol. 5,3), Sokrates hat Christus ἀπὸ μέρους erkannt (App. 10,8). An dieser letzten Stelle wird Christus als Logos prädiziert, der immer ist und durch die Propheten das Zukünftige vorhersagt, mit

---

[23] P. Hadot, Exercices spirituels et philosophie antique, Paris 1981, p. 61. – S. auch das Kapitel »The true philosophy« bei Osborn, dessen Inhalt die biblische Beweisführung Justins ist.
[24] So Tatian.
[25] Aber Xenophons Schrift »Apomnemoneumata« nennt er nicht!

uns gleichbildlich wird und uns eben dieses alles lehrt. Sokrates überzeugt niemanden und stirbt, Christus dagegen überzeugt Philosophen und Laien bis zur Todesverachtung.

Von hier aus kann man wiederum das auffällige Auftreten des Titels Apomnemoneumata für die Evangelien gerade in der antignostischen Auslegung von Jesu Leidenspsalm deuten: Wenn es darauf ankommt, Christus auch als den anzuerkennen, der wirklich gelitten hat – und das haben wir oben als ursprünglichen Scopus des Traktats herausgearbeitet – dann legt sich für Justin unter subtiler Beziehung zur Sokratesvorläuferschaft die Übernahme eines Titels nahe, worunter speziell die Erinnerungen an einen gemeint waren, der für seine Überzeugungen zum Tode verurteilt worden war. Die Gnostiker waren gebildet genug, um solche Anspielungen zu begreifen, ihre philosophischen Querbeziehungen sind inzwischen für die großen Schulhäupter des 2. Jahrhunderts, für die von Hippolyt bekämpften römischen Gnostiker und für die Schriften von Nag Hammadi nachgewiesen.

Ein Einwand von Heard[26] gegen die Zahnsche These bezieht sich auf die Verschiedenartigkeit der Genitive, mit denen die Memorabilien bei Justin und in der profanen Literatur grammatisch verbunden werden: bei Justin werden die Verfasser der Erinnerungen angegeben und nicht der philosophische Meister, dem sie gewidmet sind. Hyldahl hat darauf erwidert, das Entscheidende für die Gattungsbestimmung sei der terminus Apomnemoneumata. Trotzdem wird man zugeben, daß die justinische Form des Titels hybride wirkt. Aber die besondere Gestalt des Titels wird bei antignostischer Ausrichtung viel verständlicher als bei apologetischer, wo sich als Genitiv τοῦ Ἰησοῦ Χριστοῦ [τοῦ σωτῆρος ἡμῶν] in genauer Parallele zu den Philosophenmemorabilien nahegelegt hätte. Justin wäre (jedenfalls nach den erhaltenen Quellen) der erste christliche Schriftsteller, der sich gegen die Gnostiker auf die Apostel beruft.

Glücklicherweise erfahren wir von Justin auch explizit Einiges über seine Intentionen, wenn er von ἀπομνημονεύματα redet. Ganz im Vordergrund steht die Schriftlichkeit, das Faktum des Niedergeschriebenen, Aufgezeichneten[27]. Der Akzent auf der Schriftlichkeit des neutestamentlichen Stoffes ist

---

[26] Hyldahl p. 79.

[27] Herr Kollege Hofius steuert den folgenden Hinweis bei, für den ich herzlich danke: »Apokryphon des Jakobus (NHC I 2) 2,7ff.: ›[Sie] saßen aber alle da [. . .] miteinander, die zwölf Jünger, und sie *erinnerten sich* an die (Dinge), die der Erlöser gesagt hatte zu jedem von ihnen, sei es geheim, sei es offen, und sie *[setzten (?)] sie in Bücher‹*. Im Kommentar dazu (in: Epistula Iacobi Apocrypha edd. Malinine etc., S. 39) wird auf die bei Justin erwähnten ›apomnemoneumata‹ verwiesen.« Ich stimme Hofius zu, daß das Apokryphon des Jakobus »schriftliche Jünger-Erinnerungen voraussetzt«. Nach Meinung von Hofius denkt der Verfasser »an die Niederschrift vorösterlicher Worte des ›Erlösers‹, also an Schriften wie das Thomasevangelium«. Nun vermutet F. E. Williams in seiner Einleitung zum Apokr. Jak. (NHLibrEng p. 29)

im 2. Jahrhundert wie gesagt alles andere als selbstverständlich. Papias erklärt in seiner Schrift schlicht die φωνὴ ζῶσα καὶ μενοῦσα für »nützlicher« als Bücher[28], Irenäus muß gegenüber den Gnostikern mühsam die Schriftlich-

---

als Entstehungszeit das 3. Jahrhundert, und es lassen sich soviel Querverweise zu den synoptischen Evangelien herstellen (die Diskussionen über das Reich Gottes knüpfen deutlich an Acta 1,4 an), daß es kaum nötig scheint, überhaupt an gnostische Evangelien zu denken! Erst recht ist es dazu so später Enstehungszeit möglich, daß der Verfasser Justin kennt.

[28] Euseb, h.e. III 39,4. – In diesem § 4 erscheinen im Papias-Zitat zweimal die »Jünger des Herrn«, beim zweiten Mal (c. 39, Zeile 20 in der editio minor von Schwartz) sind die Worte als Glosse zu streichen; schon der fehlende Artikel im Griechischen deutet darauf hin, daß textlich etwas nicht stimmt. Die Glosse erklärt auch Aristion und den Presbyter Johannes zu Jüngern des Herrn. Hieronymus hat die Glosse in dieser Gestalt gelesen: discipuli domini; Rufin liest: ceterique discipuli, womit er entweder selber eine Angleichung an Zeile 19 vornimmt oder eine solche Angleichung bereits vorgefunden hat. Die syrische Übersetzung gibt jedoch die Wörter nicht wieder, hat sie also nicht gelesen. (Den mündlichen Einwand von Kollegen Hengel, die syrische Übersetzung sei so frei, daß der Befund nichts besage, kann ich nicht gelten lassen; die strikte Wörtlichkeit syrischer Übersetzungen beginnt allmählich mit den christologischen Streitigkeiten, also aus dogmatischen Gründen, bis dahin hat man mehr übertragen als übersetzt, aber auch unter diesen Umständen kann man erkennen, ob der Textbestand wiedergegeben ist oder nicht). Die Glosse muß sehr alt sein, wenn Hieronymus und Rufin sie schon kannten. Der beste Beweis, daß »Jünger des Herrn« als Apposition zu Aristion und dem Presbyter Johannes nicht von Euseb stammen kann, ist Eusebs Diskussion der beiden Johannesse in § 5 ff. Euseb sagt dort »Apostel« statt »Jünger des Herrn«; Papias zähle einen Johannes zu den Aposteln, und im Fortgang der Rede führe er *außerhalb der Zahl der Apostel* einen anderen Johannes an, den er »klar« als »Presbyter« bezeichne. Dem Euseb ist wichtig, daß Papias ein Zeuge für das Vorhandensein von zwei Leuten namens Johannes ist, die deutlich voneinander unterschieden werden. Wenn Euseb im Papiszitat auch für den Presbyter Johannes die Apposition »Jünger des Herrn« vorgefunden hätte, hätte er diesen Titel in seine Diskussion einbezogen; auch hätte er nicht ohne weiteres Apostel und Jünger des Herrn gleichgesetzt, wenn er auch Aristion und den Presbyter Johannes in dieser Gruppe hätte unterbringen müssen. Nachträglich stelle ich fest, daß ich mich mit diesem aus Eusebs Kontext geschöpften Argument wie mit der Atethese der Apposition überhaupt in der ausgezeichneten Gesellschaft von Th. Mommsen befinde; auf Mommsens Miszelle: Papianisches, ZNW 3 (1902), p. 156–159, hat mich gütigerweise Herr Hengel aufmerksam gemacht. – Herr Kollege Hengel zog zur Unterstützung seiner Auffassung den Brief des Bischofs Polykrates von Ephesus an den römischen Bischof Viktor heran, worin als ein in Ephesus Entschlafener auch Johannes aufgeführt wird (Euseb h.e. V. 24,3): »Dazu aber auch Johannes, der an der Brust des Herrn lag, welcher Priester war, den Stirnschild tragend, und Märtyrer und Lehrer; dieser ist in Ephesus entschlafen«. Dieser Johannes wird von Polykrates also u. a. als der Lieblingsjünger betrachtet, trägt jedoch nicht den Beinamen »Presbyter«. Die Zeit Viktors wird auf 189–198 angesetzt, der Brief des Polykrates ist demnach Jahrzehnte nach Papias geschrieben. Die Johannesbeschreibung des Polykrates beruht aber gewiß nicht auf *den* Papiaszeilen, die uns erhalten sind, sondern vermutlich auf lokalen Überlieferungen. Wie ist das Verhältnis dieser gleichnamigen Männer? (Dionys von Alexandrien, 3. Jahrhundert, weiß sogar von zwei Johannesgräbern, die man in Ephesus zeigte, Euseb h.e. VII 25,16, darauf beruht Eusebs Mitteilung über die beiden Gräber in seiner Papiasbesprechung III 39,6). – Eine Identifikation des Herrenjüngers Johannes und des Johannes, den Papias selber gehört hat (welches nach Eusebs auf Papias beruhender Mitteilung III 39,7 der Presbyter ist), führt Irenäus absichtlich oder unabsichtlich im Kopf seines Lesers herbei, wenn er Adv. haer. V 33,1 ein Zitat eines angeblichen Herrenwortes einleitend, sagt: quemadmodum presbyteri meminerunt, qui Ioannem discipulum domini viderunt, audisse se ab eo . . ., und nach dem Zitat in § 4 fortfährt: Haec autem et Papias Ioannis auditor, Polycarpi

keit der Evangelien rechtfertigen; die Gnostiker ziehen die viva vox vor[29]. Auch bei Justin selber ist das Insistieren auf der Schriftlichkeit des Evangelienstoffes exzeptionell. Denn das, was für ihn selbstverständlich »Schrift«, »Schriften« ist, das Alte Testament, *spricht und redet*, wie die Zitationsformeln zeigen; »for him scripture is alive and active« sagt Osborn richtig[30], »God is a God who speaks«. Was das Neue Testament betrifft, so sind Justins Zitate »primarily concerned with the sayings of Jesus, and he thought of the sayings in this way and not as the record of a particular apostle. When he writes, the particular account of each apostle never becomes a factor«[31]. Das gilt wiederum nicht nur für Justin; von Campenhausen stellt fest[32]: »Es gibt in den ersten anderthalb Jahrhunderten der Kirche keine einzige Evangelienschrift, die beim Zitieren unmittelbar kenntlich gemacht, genannt oder irgendwie hervorgehoben würde. Schriftliche und mündliche Überlieferungen laufen ununterscheidbar und ununterschieden nebeneinander her«. »Auch eine wie immer geartete Sammlung von Jesusworten tritt niemals als solche in den Blick«[33]. »Unbefangen werden neben den synoptischen Sprüchen solche Jesus-Worte zitiert, die wir der Herkunft und dem Sinn nach als apokryph bezeichnen müssen«[34].

Kann Justin also durchaus ein alttestamentliches Zitat einführen mit den Worten: »Eine andere Schrift *sagt*«, so heißt es mehrfach bei den Erwähnungen der Apomnemoneumata ausdrücklich, das Mitgeteilte stehe in ihnen *geschrieben*. Die beiden Stellen in der Apologie setzen ebenfalls das Aufgeschriebensein voraus: Apol. 67,3 aus den Memorabilien der Apostel wird im Gottesdienst *vorgelesen;* Apol. 66,3 »die Apostel in den von ihnen *herstammenden* (γενομένοις) Memorabilien . . .«. Im Dialog ist selbst die Nennung der Apostel zur Hälfte an die Auslegung des 21. Psalms gebunden (9 Stellen von 18); Dial. 88,3 (»haben geschrieben die Apostel dieses unseres Chri-

---

autem contubernalis, vetus homo, per scripturam testimonium perhibet in quarto librorum suorum. Was Irenäus in § 1 sagt, würde im Papias-Zitat bei Euseb III 39,4 den Zeilen 16–19 entsprechen. Irenäus, aus Kleinasien stammend, ist Zeitgenosse des Polykrates. Er ist es auch, der den Bischof Polykarp von Smyrna, den er selber noch gekannt hat, zu einem Johannesschüler macht, während der Brief des Ignatius an Polykarp, der Brief Polykarps nach Philippi und das Polykarpmartyrium nichts davon erkennen lassen. Angesichts dieser Zeugnisse müssen die »kleinasiatischen Traditionen« des Irenäus, was die Nachrichten über historische Personen betrifft, höchst kritisch verwertet werden. – Die Glosse »Jünger des Herrn« zu Aristion und dem Presbyter Johannes bei Euseb halte ich nach all dem für eine »Irenäisierung« des Textes in einem sehr alten Manuskript der Kirchengeschichte des Euseb.

[29] Adv. Haer. III 2,1. Das Insistieren auf der viva vox hat die Gnostiker nicht im geringsten an unermüdlicher literarischer Produktion gehindert, wobei die Verarbeitung vorhandener Schriften eine auffällige Rolle spielt.

[30] l.c. p. 87.

[31] ibid. p. 125f.

[32] l.c. p. 144.

[33] ibid. n. 64.

[34] p. 144.

stus«) ist oben schon als Anspielung auf den Memorabilientitel betrachtet
worden, kommt also noch dazu[35].

Die hauptsächliche Funktion der Erinnerungen der Apostel in der Auslegung des 21. Psalms besteht darin, daß sie als *geschehen* dokumentieren,
wovon im Psalm verheißen wird, daß es in Zukunft geschehen wird, so
Dial. 101,3; 102,5; 103,8; 104; 105,1; 106,1.2.4. Charakteristisch c. 104: Was
in Vers 16–19 des Psalms gesagt wird, προαγγελία ἦν seiner Todesart, was
auch in den Erinnerungen seiner Apostel γέγραπται γενόμενον. Dial. 107,1
meint die innerevangelische Verheißung der Auferstehung und damit die
Jonageschichte als alttestamentliche Verheißung dieses Ereignisses. Es ergibt sich aus all diesem, daß die Betonung des schriftlichen Niederschlags
der Erinnerung der Apostel an Geschehenes eine spezielle Ausprägung des
Schemas von Verheißung und Erfüllung ist. Diese besondere Form war

---

[35] Bemerkenswerterweise ist die Johannes-Apokalypse »das einzige Buch des NT, auf das
sich Justin spezifisch bezieht« (Osborn p. 137), nämlich unter Nennung von Verfasser und
Titel: Dial. 81,4. Das liegt aber wahrscheinlich daran, daß Titel und Empfänger und damit der
literarische Autor der Apokalypse im ersten Vers des ersten Kapitels genannt werden. Bei dieser
Gelegenheit erlaube ich mir ein längeres Zitat aus der Göttinger Akademieabhandlung von E.
Schwartz von 1904 »Über den Tod der Söhne Zebedaei. Ein Beitrag zur Geschichte des
Johannesevangeliums« (jetzt: Gesammelte Schriften V, Berlin 1963, p. 48–123). Trotz des
Witzes und der Schärfe des Verfassers ist die Abhandlung mühsam zu lesen, weil sie sehr
unübersichtlich ist, u. a. wegen ihres wie immer bei Schwartz enormen Materialreichtums.
Auch wenn man nicht jede einzelne These oder Schlußfolgerung von Schwartz akzeptieren
will, sollte man die literarische Beobachtung, die auf seiner Kenntnis der gesamten antiken
Literatur beruht, wie die folgende, nicht vergessen, zumal sie geeignet ist, das Gewicht der
Papiasnotizen über die Verfasser der Evangelien (man vergleiche den Beitrag von M. Hengel in
diesem Band) auf das ihnen zukommende Maß zu reduzieren. Schwartz schreibt p. 76f.: »Der
immer wieder auftauchenden Neigung gegenüber, Papias' Bemerkungen über die ersten
beiden Synoptiker für ›alte Nachrichten‹ auszugeben und im einen oder anderen Sinne zu
verwerten, dürfte eine etwas allgemeinere Bemerkung nicht unangebracht sein. Die klassische
Literaturgeschichte hat es allmählich gelernt, mit den Begriffen der literarhistorischen Legende,
Novelle, Erfindung zu arbeiten; sie hat nach unzähligen Versuchen zu pragmatisieren eingesehen, *daß nur in besonderen Fällen über literarische Produkte eine von den Selbstzeugnissen dieser
Produkte unabhängige Überlieferung existiert und daß derjenige, der eine literarhistorische Überlieferung
benutzt, immer erst den Beweis ihrer Urkundlichkeit zu führen hat; durch allgemeine Wahrscheinlich-
keitsgründe kann dieser nicht ersetzt werden.* Bei den Christen ist es nicht anders. Euseb hat sich mit
seiner Literaturgeschichte redlich Mühe gegeben; er hatte, wie er selbst in der Vorrede sagt,
kein anderes Material zur Verfügung als die Selbstzeugnisse der Bücher. Nicht einmal über die
äußere Geschichte der Werke des Origenes, für die er sich wahrhaftig interessierte, weiß er
irgend etwas außer dem beizubringen, was in oder unter ihnen stand. Und wenn es bei den
Schriftstellern, die als individuelle, z. T. weithin bekannte Persönlichkeiten in heller Öffentlichkeit dastanden, schon so dürftig mit den Nachrichten über ihre Produktion aussah, wie erst bei
den Evangelien, deren Verfasser bewußt oder unbewußt im Dunkel der Gemeinde sich hielten,
weil sie nichts anderes sein wollten oder durften als die Verkündiger der einen, von ihrer
Menschlichkeit unabhängigen Botschaft? Es ist auch nicht der geringste Schatten einer Hoffnung da, daß jemals über deren Entstehung eine zuverlässige Kunde existiert hätte: die alten
Christen hatten andere Sorgen als die Geschichte von der Aufzeichnung der Evangelien
auszuforschen und zu konservieren, und als die Gnosis ihnen die Sorge aufzwang, füllten sie das
Nichts mit Erfindungen, wie die Gnosis vor ihnen« (Hervorhebung von mir).

nötig in einer Argumentation, in der *Belege* vorgeführt werden mußten, in diesem Fall gegen die Gnostiker für das reale Leiden und den Kreuzestod Jesu als des Christus.

Die Erfüllung des prophetisch Verheißenen ist bekanntlich in der Apologie, gegenüber den Heiden, der Beweis für die Wahrheit des christlichen Glaubens, ein Beweis, der auch die Heiden überzeugen müßte, so Justin grundsätzlich Apol. 30. Gegen den möglichen Einwand, daß der »von uns so genannte Christus« zu seinem Titel »Sohn Gottes« gekommen sein könnte, weil er ein so eindrucksvoller Zauberer war, sagt Justin: was uns überzeugt, ist das ὄψει ὁρᾶν γενόμενα καὶ γινόμενα, das prophezeit worden war, πρὶν ἢ γενέσθαι. Hier läge es ja nahe, auf die »Erinnerungen der Apostel« für eventuelle Augenzeugenschaft zu verweisen. Dies tut Justin jedoch nicht, obwohl kurz danach Apol. 33,5 auf den Titel anspielt, interessanterweise ohne Akzentuierung des Aufzeichnungscharakters: Justin zitiert dort Lc. 1,31 f. (die Verkündigung des Engels an Maria) mit folgender Herkunftsangabe ὡς οἱ ἀπομνημονεύσαντες πάντα τὰ περὶ τοῦ σωτῆρος ἡμῶν Ἰησοῦ Χριστοῦ ἐδίδαξαν, οἷς ἐπιστεύσαμεν. Statt apostolischer Aufzeichnungen offeriert er den Heiden eine Möglichkeit profaner »amtlicher« Unterrichtung. Apol. 34,1 wird die Micha-Prophezeiung über Bethlehem in Juda vorgelegt. § 2 sagt Justin: »(Das) ist aber ein Dorf im Land der Juden, von Jerusalem 35 Stadien entfernt, in dem Jesus Christus geboren wurde, wie ihr erfahren könnt ἐκ τῶν ἀπογραφῶν[36] τῶν γενομένων ἐπὶ Κυρηνίου, eures ersten in Judäa gewesenen ἐπίτροπος«. Apol. 35,5 zitiert aus Ps. 21 das Durchbohren der Füße und Hände und das Werfen des Loses über das Gewand; in den nächsten Paragraphen wird geschildert, wie das alles auch bei der Kreuzigung Jesu geschehen ist. Schließlich § 9 καὶ ταῦτα ὅτι γέγονε, δύνασθε μαθεῖν ἐκ τῶν ἐπὶ Ποντίου Πιλάτου γενομένων ἄκτων. Auf die unter Pilatus »entstandenen Akten« wird der Leser noch einmal später verwiesen, Apol. 48. § 1: Daß von unserem Christus prophezeit wurde, er werde alle Krankheiten heilen und die Toten auferwecken, (dafür) hört das Gesagte; § 2: »es ist aber dieses: . . .«. Goodspeed hat den Rest des Paragraphen vollständig unterstrichen und damit als Zitat gekennzeichnet. Aber die ersten drei Worte, τῇ παρουσίᾳ αὐτοῦ, »bei seinem Auftreten«, sind nicht Zitat; was folgt, ist eine Kombination aus Jesaja 35,6 und Mt. 11,5 mit Umstellungen und Verkürzungen in beiden Teilen; die Totenauferweckung gehört natürlich in den neutestamentlichen Bestandteil des »Zitats«. Im § 3 wird analog zu Apol. 35,9 gesagt: »Daß er dieses getan hat, könnt ihr ἐκ τῶν ἐπὶ Ποντίου Πιλάτου γενομένων ἄκτων erfahren«. Die Pilatusakten des 4. Jahrhunderts haben vielleicht diese Erwähnung von »Akten unter Pilatus« zum Anknüpfungspunkt genommen[37]. Osborn er-

---

[36] cf. Lc. 2,1.3 ἀπογράφεσθαι; 2,2 ἀπογραφή.

[37] E. Bammel, Art. »Pilatus« RGG³ V 383f., spricht unter Verweis auf Apol. 35 und 48 von

klärt schlicht[38]: »There are no reasons for believing that such a writing existed in Justin's time«, ohne sich weiter darüber zu äußern, was Justin an diesen Stellen meinen könnte.

Die *Funktion* von ἀπογραφή und ἄκτα in Justins Argumentation ist klar: der heidnische Leser wird auf Protokolle von Maßnahmen der römischen Verwaltung verwiesen, die durch die Amtszeiten der hohen Beamten datierbar waren und damit die betreffenden Ereignisse als zu bestimmbaren Zeitpunkten geschehene nachwiesen. Hätte aber Justin selber die Steuerlisten unter Kyrenius und die Gerichtsprotokolle des Pilatus vorlegen können? Ich nehme an, daß er seine Kenntnis von der Steuerliste aus Lc. 2 hat und daß er mit den acta die Passionsgeschichte der Evangelien meint. Er verrät sich nämlich in Apol. 48 (s. o.): die Beschreibung der irdischen Tätigkeit Jesu als Heiland ist ja Jesu Antwort auf die Täuferfrage (von Justin noch »schriftgemäßer« gestaltet als in Mt. 11!), und der Beleg für die Ereignisse ist die Erzählung in den Evangelien – d. h. daß in Apol. 48 die »Akten unter Pilatus« nur ein anderes Wort für das Evangelium oder die Evangelien sind. Im Fall der Steuerliste und der Akten über den Prozeß Jesu hätte er auf Befragen wahrscheinlich so geantwortet: in unseren Büchern wird die Steuerliste zur Zeit des Kyrenius erwähnt und der Prozeß vor dem Statthalter; also könne man in der Steuerliste für Bethlehem nachsehen; die Existenz eines amtlichen römischen Protokolls über den Prozeß Jesu sei aus der Tatsache des Prozesses selber zu folgern. Aber für das Leben Jesu zwischen den beiden Daten, für die es seinerzeit amtliche Schriftstücke gegeben haben sollte, konnte er eine solche Antwort kaum geben.

Wenn Justin sich gegenüber den Heiden für den Nachweis der tatsächlichen Erfüllung des Verheißenen einer anderen Terminologie als gegenüber den Gnostikern bedient, trotzdem aber keine anderen Schriften vor Augen hat, dann legt sich der Schluß nahe, daß er von vornherein den Titel »Erinnerungen der Apostel« aus Gründen antignostischer Polemik geprägt hat und nicht etwa aus der apologetischen Praxis in die Diskussion mit den Gnostikern übernommen hat. Vielmehr übernimmt er umgekehrt den einmal geprägten Titel aus jener Diskussion in die apologetische Schrift, aber in einen deskriptiven Abschnitt (Apol. 66 und 67), in gewissermaßen neutraler Verwendung des Aspekts der Schriftlichkeit.

Der Vollständigkeit wegen ist noch anzumerken, daß vom Topos der *Schriftlichkeit* der Memorabilien das Problem der *Wörtlichkeit* (oder vielmehr Nichtwörtlichkeit) der neutestamentlichen Zitate bei Justin zu unterscheiden ist. (Obwohl das Alte Testament undiskutabel »Schrift« ist, stellt sich

---

»ins 2. Jahrhundert zurückreichenden« »Pilatusnachrichten«; aber von solchen Pilatusnachrichten kann *bei Justin* keine Rede sein.

[38] l.c. p. 133.

dafür dasselbe Problem). Über die biblischen Zitate, speziell die neutestamentlichen, gibt es seit zweihundert Jahren eine umfangreiche Literatur, ich
selber habe keine Untersuchungen zu dieser Frage angestellt. Osborn hat
nach dem Referat über die Problematik schließlich vorgeschlagen »that
Justin used a harmony of the synoptic gospels« (Hauptbeweis dafür sind die
Zitatkombinationen), »which was a teaching and apologetic anthology, but
that this harmony was primarily transmitted in oral form«[39]. »In Justin we
hav to do with oral tradition; but it is not the kind of oral tradition which
Köster postulates for the Apostolic Fathers. It is much more a secondary or
tertiary growth. Between the original oral synoptic tradition and Justin's
oral tradition stand the written gospels. Oral tradition in Justin is largely the
transmission in unwritten form of what had been written in the synoptic
gospels«[40].

Man könnte versucht sein, in den Memorabilien die Buchform einer
solchen Evangelienharmonie zu sehen. Aber dagegen spricht die ausdrückliche Identifikation der Memorabilien in der Apologie (obwohl die Identifikation in ihrer Herkunft nicht ganz sicher ist). Ferner spricht dagegen, daß
Justin anscheinend den Papias oder Vergleichbares gekannt hat mit den
Nachrichten über Einzelevangelien und über die Evangelienverfasser. Dial.
103,8 redet Justin von Memorabilien, »welche von seinen Aposteln *und den
ihnen Folgenden* zusammengestellt worden sind«. Dial. 106,3 heißt es einmal
und ausnahmsweise ἀπομνημονεύματα αὐτοῦ. αὐτός kann nach dem Zusammenhang nur Petrus sein, so daß man theoretisch an das Petrusevangelium
denken könnte[41]. Aber was Justin hier argumentativ verwendet, die Zube-
nennung der Zebedäussöhne als »Boanerges, d. h. Söhne des Donners«, ist
Mc. 3,16f. entnommen. Justin kannte anscheinend die Auffassung, das
Markusevangelium sei Aufzeichnung der Predigt des Petrus. Auch von
daher ist also nicht anzuzweifeln, daß die Memorabilien der Apostel unsere
Evangelien sind.

---

[39] ibid. p. 121.
[40] ibid. p. 132.
[41] S. schon Haeuser l.c. p. 173 n. 2 zur Stelle; Haeuser nennt auch die folgende Möglichkeit.

»Unbekannte Jesusworte«

Otfried Hofius

I.

Von »unbekannten« Jesusworten ist erstmals im 3. Buch der Kirchengeschichte des Eusebius die Rede. Nach dem Bericht des Caesariensers hat
Papias in seinem Werk »Erklärung von Herrenworten« (um 130 n. Chr.) aus
der »ungeschriebenen« Überlieferung unter anderem auch ξένας τινὰς παραβο-
λὰς τοῦ σωτῆρος καὶ διδασκαλίας αὐτοῦ mitgeteilt[1], – »unbekannte Gleichnisse
und Lehren«[2] Jesu also, die nicht in den vier kanonischen Evangelien geschrieben standen. Solchen außerevangelischen Jesusworten, die wir »Agrapha« zu nennen pflegen, sollen die folgenden Überlegungen gewidmet sein.
Dabei gebrauche ich den an sich mehrdeutigen Ausdruck »Agrapha« in
einem fest umgrenzten Sinn: Ein Agraphon ist ein dem *irdischen* Jesus zuge-
schriebener Ausspruch, der in der ältesten Fassung der vier kanonischen
Evangelien *nicht* überliefert ist[3]. Mit dieser Begriffsbestimmung werden alle
jene außerevangelischen Texte aus der Betrachtung ausgeschlossen, die als
Worte des präexistenten Christus oder des auferstandenen bzw. erhöhten
Herrn stilisiert sind. Die entsprechenden neutestamentlichen Aussprüche[4]
gehören somit ebensowenig zu den Agrapha wie etwa die Worte des präexistenten Jesus im Naassener-Hymnus (Hippolyt, Ref. V 10,2) oder die zahlreichen Jüngerbelehrungen und Offenbarungsreden, die in christlichen und
christlich-gnostischen Schriften dem auferstandenen Christus in den Mund

---

[1] Eusebius, Hist.eccl. III 39,11.

[2] So die Übersetzung in: Eusebius von Caesarea, Kirchengeschichte, hg. von H. Kraft,
München ²1981, 190.

[3] Vgl. L. Vaganay, Agrapha, DBS I (1928) 159–198: 160ff.; J. Jeremias, Agrapha, RGG³ I
(1957) 177f.; O. Hofius, Agrapha, TRE II (1978) 103–110: 103f.; ferner: S. Leanza, I Detti
extracanonici di Gesu', Messina 1977, 7f. – Bei J. Jeremias, Unbekannte Jesusworte, 3., unter
Mitwirkung von O. Hofius völlig neu bearbeitete Auflage, Gütersloh 1963 (= ⁴1964 =
Taschenbuchausgabe [GTB 376] 1980) werden auch die außerevangelischen Worte des Erhöhten zu den Agrapha gezählt (vgl. die Begründung S. 20). Diese seinerzeit von mir voll
mitgetragene Entscheidung erschien mir später als revisionsbedürftig (s. meinen o. g. Artikel).

[4] Worte des Präexistenten: Hebr 2,12f. (= Ps 22,23; Jes 8,17f.); 10,5ff. (= Ps 40,7ff.). –
Worte des Auferstandenen bzw. des Erhöhten: Apg 1,4f.7f.; 9,4–6.10–12.15f.; 11,16; 18,9f.;
22,7f.10.18.21; 23,11; 26,14–18; 2 Kor 12,9; Offb 1,11.17–20; 2,1–3,22; 16,15; 22,10–16.20.

gelegt werden. Ein Agraphon liegt in der Regel[5] auch da nicht vor, wo
frühchristliche Schriften und liturgische Texte der Alten Kirche einen alttestamentlichen Prophetenspruch oder ein neutestamentliches Apostelwort
als ein »Wort des Herrn« anführen[6]. Die Zuweisung solcher Zitate an den
»Herrn« beruht nämlich auf der theologischen Überzeugung, daß der prä-
existente Christus – als der im Alten Testament bezeugte κύριος – durch die
Propheten und der erhöhte Christus – als der in der Gemeinde gegenwärtige
Herr – durch den Mund seiner Apostel geredet habe[7].

Durch die oben formulierte Begriffsbestimmung wird schließlich noch
eine weitere Gruppe von Texten von der Liste der Agrapha ausgeschlossen.
Es handelt sich um die zahlreichen Fälle, in denen ein in den kanonischen
Evangelien enthaltenes Jesuswort aufgrund ungenauer Erinnerung oder aus
Gleichgültigkeit gegenüber dem genauen Wortlaut lediglich frei zitiert bzw.
in einer nur äußerlich abweichenden Gestalt wiedergegeben wird[8]. Wenn
wir etwa bei dem syrischen Kirchenvater Afrahat das Logion lesen: »Wenn
ihr Glauben habt, so wird auch ein Berg vor euch weichen«[9], so haben wir
kein Agraphon vor uns, sondern eine freie und gedrängte Formulierung des
Wortes Mt 17,20b (bzw. Mt 21,21). Eine freie und geraffte Wiedergabe der
Worte Mt 6,25ff. par. Lk 12,22ff. bietet der Oxyrhynchus-Papyrus 655
(Ia.b)[10]. Der abschließende Satz αὐτὸς δώσει ὑμεῖν τὸ ἔνδυμα ὑμῶν ist deshalb
ebenfalls kein Agraphon, sondern eine knappe Zusammenfassung von Mt
6,30 par. Lk 12,28. Nicht als Agrapha zu beurteilen sind schließlich auch jene
Stellen in den Paulusbriefen, an denen der Apostel auf ein Wort Jesu Bezug
nimmt, das uns in den synoptischen Evangelien überliefert ist[11].

---

[5] Eine Ausnahme bilden die noch zu erwähnenden irrtümlichen Übertragungen.

[6] Kein Agraphon ist auch das Wort des »Erlösers« bei Clemens Alex., Excerpta ex Theodoto
2,2: σῷζου σὺ καὶ ἡ ψυχή σου. Es ist ein freies Zitat von Gen 19,17 LXX und wird von dem
Gnostiker Theodotus als ein Wort des präexistenten σωτήρ verstanden.

[7] Vgl. dazu syr. Didascalia cap. 21 (ed. A. Vööbus, CSCO 407, 210,3f.): Einführung von Jes
65,1 mit den Worten: »wie unser Herr und Erlöser durch den Propheten Jesaja gesagt hat«;
Liber Graduum, Serm. X 5 (ed. M. Kmosko, PS I 3, 257,21ff.): Einführung von Röm 14,21 mit
den Worten: »so hat uns unser Herr geboten . . . und durch Paulus gesprochen«. – Lehrreich ist
das dem Kirchenvater Johannes Chrysostomus zugeschriebene und an den Kyrios Jesus Christus gerichtete Gebet aus der griechischen Akoluthie der Beichte: Μικρὸν Εὐχολόγιον ed. Pant-
eleemon, Athen o.J., 177f. Hier begegnen nebeneinander u. a. die folgenden Prädikationen:
»der du durch den Propheten Nathan dem David seine Vergehen vergeben und zu ihm gesagt
hast: ›So hat auch der Herr deine Sünden hinweggenommen‹ (= 2 Sam 12,13)«; »der du zu der
Dirne gesagt hast: ›Frau, deine Sünden sind dir vergeben‹ (= Lk 7,48)«; »der du gesagt hast:
›Bekennt einander eure Sünden‹ (= Jak 5,16a)«.

[8] Vgl. W. Bauer, Das Leben Jesu im Zeitalter der neutestamentlichen Apokryphen, Tübingen 1909 = Darmstadt 1967, 378 (Beispiele ebd. Anm. 1).

[9] Afrahat, Demonstrationes (ed. J. Parisot, PS I 1) I 17.

[10] E. Klostermann, Apocrypha II: Evangelien (KlT 8), Berlin ³1929, 23.

[11] Röm 14,14: Mk 7,15 par. Mt 15,11; 1 Kor 7,10f.: Mk 10,11f. par. Lk 16,18/Mt 19,9 (vgl.
5,32); 1 Kor 9,14: Mk 10,10 par. Lk 10,7; 1 Kor 11,24f.: Mk 14,22–24 parr.

II.

Wenden wir uns den *Quellen* zu, in denen sich Agrapha finden, so ist als das älteste Dokument die Apostelgeschichte des Lukas zu nennen. Nach dem Bericht Apg 20,17–38 hat Paulus seine Abschiedsrede an die Ältesten der Gemeinde von Ephesus mit den Worten beschlossen (20,35): »Immer und überall habe ich euch gezeigt, daß man . . . arbeiten und sich der Schwachen annehmen und dabei der Worte des Herrn Jesus eingedenk sein soll. Denn er selbst hat gesagt: ›Geben ist seliger als nehmen‹ (μακάριόν ἐστιν μᾶλλον διδόναι ἢ λαμβάνειν).«

Wenn ich in Apg 20,35 den ältesten Beleg für ein außerkanonisches Jesuswort erblicke, so deshalb, weil nach meiner Überzeugung in 1 Thess 4,15–17 *kein* Agraphon vorliegt[12]. Mit den – in der Exegese äußerst kontrovers beurteilten – Versen will Paulus die Befürchtung der Thessalonicher zerstreuen, daß die verstorbenen Gemeindeglieder die Parusie Christi nicht miterleben würden. Dieser Befürchtung gegenüber hat der Apostel bereits in V. 14 betont, daß Gott durch den wiederkommenden Herrn auch die entschlafenen Christen zur Herrlichkeit führen werde. Die damit implizierte Aussage, daß die verstorbenen Christen am Tag der Parusie gegenüber den Lebenden nicht im Nachteil sein werden, begründen und bekräftigen die Verse 15 ff.:

> »(15) Denn das sagen wir euch ἐν λόγῳ κυρίου, daß wir, die Lebenden, die wir übrigbleiben bis zur Ankunft des Herrn, den Entschlafenen nicht zuvorkommen werden. (16) Denn der Herr selbst wird – wenn das Befehlswort ergeht, die Stimme des Erzengels ruft und die Gottesposaune erschallt – vom Himmel herabkommen. Und zuerst werden die in Christus Verstorbenen auferstehen. (17) Danach werden wir, die Lebenden, die wir übrigbleiben, mit ihnen zusammen auf Wolken emporgerissen werden in die Luft – zur Einholung des Herrn. Und dann werden wir allezeit mit dem Herrn zusammensein. (18) So tröstet euch nun untereinander mit diesen Worten!«

Die tröstenden λόγοι umfassen von der Textstruktur her die Verse 15b–17 und haben ihre entscheidende Aussage darin, daß am Tag der Parusie »zuerst« die verstorbenen Christen auferweckt werden und demzufolge die Verstorbenen und Lebenden *miteinander* dem vom Himmel kommenden Herrn begegnen werden. Diese Trostworte sagt der Apostel den Thessalo-

---

[12] Anders Jeremias, Unbekannte Jesusworte³ 77–79, der in 1 Thess 4,16–17a »das älteste der außerhalb unserer vier Evangelien überlieferten Herrenworte« erblickt (77). Zu Jeremias' Einzelargumentation s. die – m. E. berechtigten – kritischen Einwände von B. Henneken, Verkündigung und Prophetie im Ersten Thessalonicherbrief. Ein Beitrag zur Theologie des Wortes Gottes (SBS 29), Stuttgart 1969, 85 ff.

nichern *ἐν λόγῳ κυρίου*. G. Kittel rechnet die Wendung *ἐν λόγῳ κυρίου* zu den Formulierungen, mit denen Paulus ein Einzelwort des irdischen Jesus zitiert[13]. V. 15a müßte dann übersetzt werden: »Dies sagen wir euch *mit* einem Wort des Herrn (oder: *in* einem Wort des Herrn)«. Auf Kittel beruft sich J. Jeremias, wenn er erklärt: »Paulus . . . war, wie die Wendung *ἐν λόγῳ κυρίου* . . . zeigt, überzeugt, ein Wort des irdischen Herrn weiterzugeben«[14]. Daß wir in der von Paulus gebrauchten Wendung eine Zitationsformel vor uns haben, ist jedoch mehr als fraglich. Gegen diese Annahme spricht schon, daß Paulus gar nicht zitiert, sondern – wie insbesondere die Wahl der 1. Person Plural in den Versen 15b und 17 und die Worte *αὐτὸς ὁ κύριος* in V. 16a zeigen – selbst formuliert[15]. Hinzu kommt die Schwierigkeit zu entscheiden, in welchen Sätzen eigentlich das zitierte Herrenwort zu suchen ist[16]. Von besonderem Gewicht aber ist die Beobachtung, daß die Wendung *ἐν λόγῳ κυρίου* im Neuen Testament ganz singulär ist, wohl aber an einigen Septuaginta-Stellen begegnet[17]. Von diesen Stellen her scheinen mir zwei Lösungsvorschläge diskutabel zu sein:

1. Nach der Erzählung 3 Reg (1 Kön) 12,33–13,34 kommt ein prophetischer Gottesmann *ἐν λόγῳ κυρίου* nach Bethel (13,1) und ruft dort *ἐν λόγῳ κυρίου* ein Drohwort gegen den Altar zu Bethel und seine Priester aus (*ἐπεκάλεσεν* 13,2; *ἐλάλησεν* 13,32; vgl. auch 13,5). An diesen Stellen hat der Ausdruck *ἐν λόγῳ κυρίου* die Bedeutung: »auf ein an den Propheten ergangenes Wort des Herrn hin«[18]. Er bezeichnet somit die in einem persönlichen Wortempfang begründete prophetische Legitimation des Gottesmannes. Die gleiche Bedeutung liegt auch 3 Reg 21,35[19] (= 1 Kön 20,35 MT) und –

---

[13] G. Kittel, ThWNT IV 105,38 ff.

[14] Unbekannte Jesusworte³ 78.

[15] Auch in Röm 14,14; 1 Kor 7,10 f.; 9,14 bringt Paulus kein wörtliches Zitat; diese Stellen unterscheiden sich jedoch ihrer sprachlichen Struktur nach erheblich von 1 Thess 4,15 ff.

[16] Die unterschiedlichen Vorschläge (V. 15b–17, V. 16–17, V. 16–17a, nur V. 15b, nur V. 17) machen m. E. nur deutlich, daß die Suche nach dem »Zitat« eine vergebliche Mühe ist.

[17] 3 Reg (1 Kön) 13,1.2.5.32; 21 (MT: 20),35; 2 Chron 30,12; Sir 48,3. Zu vergleichen sind ferner: *ἐν ῥήματι κυρίου* 3 Reg 13,18; *ἐν λόγῳ θεοῦ* 1 Chron 15,15; *ἐν λόγῳ ὑψίστου* Sir 48,5.

[18] Vgl. Henneken (Anm. 12) 92 ff. Zu dem zugrunde liegenden בדבר יהוה erklärt M. Noth, Könige I (BK IX/1), Neukirchen-Vluyn 1968, 296: »Das ב dürfte instrumental zu verstehen sein (BrSynt § 106k), und danach ist wörtlich etwa zu übersetzen: ›kraft des Wortes Jahwes‹«; Noth ebd. 288 f. übersetzt: »im Auftrag Jahwes«. E. Würthwein, Das Erste Buch der Könige. Kapitel 1–16 (ATD XI 1), Göttingen 1977, 166 ff. übersetzt: »auf Geheiß Jahwes« und bemerkt ebd. 169: »Die Formel . . . will ausdrücken, daß der Gottesmann auf Schritt und Tritt nur auf Jahwes Weisung hin handelt.« Vgl. auch W. Zimmerli, Ezechiel I (BK XIII/1), Neukirchen-Vluyn 1969, 11 (zu Ez 3,4). Zimmerli vermutet für die Wendung דבר בדבר יהוה den Sinn: »›in prophetischer Sendung, amtsmäßig‹ Jahwes Wort reden«.

[19] *Καὶ ἄνθρωπος εἷς ἐκ τῶν υἱῶν τῶν προφητῶν εἶπεν πρὸς τὸν πλησίον αὐτοῦ ἐν λόγῳ κυρίου* . . . = »einer von den Prophetenjüngern aber sagte auf ein (an ihn ergangenes) Wort des Herrn hin zu seinem Genossen«.

hier auf eine Weisung des Mose bezogen[20] – 1 Chron 15,15 LXX vor[21]. Versteht man 1 Thess 4,15a in diesem Sinn, so beruft sich Paulus für seine Aussage, wonach die verstorbenen und die lebenden Christen bei der Parusie dem Kyrios in gleicher Weise begegnen werden, auf ein an ihn selbst ergangenes Offenbarungswort des erhöhten Herrn: »Dies sage ich euch auf ein (an mich ergangenes) Wort des Herrn hin«[22]. Das heißt: Paulus teilt in 1 Thess 4,15b–17 mit eigenen Worten mit, was ihm in einer ἀποκάλυψις erschlossen worden ist[23]. Diese Vermutung findet ihre Stütze in 1 Kor 15,51 f., wo Paulus m. E. auf das gleiche Offenbarungswort Bezug nimmt[24] und seine Aussage mit den Worten einleitet: ἰδοὺ μυστήριον ὑμῖν λέγω. Das Offenbarungswort selbst wird dann in 1 Thess 4,15b bzw. 1 Kor 15,51b.52a angesprochen sein, während wir in 1 Thess 4,16 f. bzw. 1 Kor 15,52b jeweils eine Explikation des Offenbarungswortes durch den Apostel zu erblicken haben.

2. Für eine andere Deutung der Wendung ἐν λόγῳ κυρίου könnten die beiden Verse Sir 48,3.5 sprechen. Von Elia, dessen Worte wie Feuer waren (V. 1), heißt es in V. 3, daß er ἐν λόγῳ κυρίου den Himmel verschloß (= 1 Kön 17,1) und dreimal Feuer vom Himmel regnen ließ (= 1 Kön 18,36–38; 2 Kön 1,10.12), und in V. 5, daß er ἐν λόγῳ ὑψίστου einen Verstorbenen vom Tode auferweckte (= 1 Kön 17,17 ff.). Da Elia die hier angesprochenen Taten den biblischen Berichten zufolge nicht auf ein Wort Jahwes hin vollbracht hat, dürfte der Ausdruck ἐν λόγῳ κυρίου bzw. ἐν λόγῳ ὑψίστου in abgeleitetem Sinn einfach die dem Propheten von Gott gegebene Vollmacht und die ihn kennzeichnende göttliche Autorität beschreiben[25]. Entsprechend könnte man 1 Thess 4,15a dahingehend verstehen, daß Paulus sich für das in den Versen 15b–17 Gesagte auf die Autorität des erhöhten Herrn beruft. Wir

---

[20] . . . ὡς ἐνετείλατο Μωυσῆς ἐν λόγῳ θεοῦ = » wie Mose es auf das (an ihn ergangene) Wort Gottes hin geboten hatte« (vgl. Num 4,15; 7,9).

[21] Vgl. schließlich auch das Wort des Propheten von Bethel 3 Reg (1 Kön) 13,18: ἄγγελος λελάληκεν πρός με ἐν ῥήματι κυρίου λέγων . . . = »ein Bote/Engel hat zu mir auf ein (an ihn ergangenes) Wort des Herrn hin gesagt«.

[22] Vgl. im einzelnen: Henneken (Anm. 12) 73 ff. S. auch bereits E. von Dobschütz, Die Thessalonicher-Briefe (KEK X), Göttingen [7]1909 = 1974, 193 f.

[23] Ein an ihn selbst ergangenes Wort des erhöhten κύριος zitiert Paulus in 2 Kor 12,9, von ihm gewährten ἀποκαλύψεις κυρίου spricht er in 2 Kor 12,1 ff. (V. 1 und V. 7). Daß es sich bei den ἀποκαλύψεις um worthafte Offenbarungen handelt, zeigt V. 4. Die hier erwähnten ἄρρητα ῥήματα meinen nicht unverständliche Worte, sondern – wie Paulus selbst erklärt – Worte, »die ein Mensch nicht sagen darf«; das heißt: »they were unutterable in the sense that they conveyed divine secrets which were not to be communicated to men at large« (C. K. Barrett, A Commentary on the Second Epistle to the Corinthians, London 1973 = 1979, 311).

[24] Vgl. Henneken aaO. 95 ff.

[25] Einen Hinweis auf die Vollmacht und Autorität Elias konnte der Siracide den angesprochenen Texten selbst entnehmen; s. 1 Kön 17,1; 17,24; 18,36; 2 Kön 1,10.12. Im Blick auf hebrSir 48,3 könnte man allerdings fragen, ob die Wendung בדבר אל durch בדבריו 1 Kön 18,36 veranlaßt ist.

hätten dann in der Formulierung τοῦτο ὑμῖν λέγομεν ἐν λόγῳ κυρίου eine Parallele zu jenen paulinischen Texten zu erkennen, in denen der Apostel für seine das Leben der Gemeinden bzw. des einzelnen Christen betreffenden Weisungen die Autorität des erhöhten Herrn in Anspruch nimmt und damit deutlich macht, daß er in höchster und letzter Verbindlichkeit spricht[26].

Auf der Linie der beiden skizzierten Möglichkeiten dürfte die Erklärung für 1 Thess 4,15–17 zu suchen sein, – wobei nach meinem Urteil der erstgenannte Lösungsvorschlag den Vorzug verdient. Daß Paulus ein Wort des irdischen Herrn anführt, läßt sich dagegen nicht überzeugend nachweisen[27]. Nicht besser steht es mit der These, daß der Apostel sich auf den Spruch eines urchristlichen Propheten berufe, den dieser im Namen des erhöhten Herrn verkündigt habe[28] und der bereits »als Herrenwort in die Tradition eingegangen« war[29]. Gegen diese These sprechen entschieden die erwähnten alttestamentlichen Stellen; denn ihnen zufolge redet der ἐν λόγῳ κυρίου, der selbst und ganz unmittelbar das »Wort des Herrn« von Gott empfangen hat.

Die Frage, ob uns im Neuen Testament selbst neben dem Logion Apg 20,35 noch ein zweites Agraphon überliefert ist, bedurfte einer etwas ausführlicheren Erörterung. Im Blick auf die weiteren Quellen muß ein knapper Überlick genügen[30]. Zu erwähnen ist zunächst, daß einige Evangelienhandschriften in sekundären Zusätzen Agrapha enthalten[31]. Aus diesem

---

[26] 1 Thess 4,1 f.; Röm 15,30; 1 Kor 1,10; 14,37; auch 1 Kor 7,25 (s. dazu F. Hahn, Christologische Hoheitstitel [FRLANT 83], Göttingen 1963, 92 Anm. 5). – Zu dem Gedanken, daß Christus selbst durch den Apostel redet und dessen Autorität somit die Autorität Christi ist, s. im übrigen 2 Kor 13,3.

[27] N. Hyldahl, Auferstehung Christi – Auferstehung der Toten (1 Thess. 4,13–18), in: S. Pedersen, Die Paulinische Literatur und Theologie (TSt 7), Aarhus bzw. Göttingen 1980, 119–135: 129 ff. bringt – wie andere Exegeten vor ihm – das in V. 16 f. gesuchte »Herrenwort« mit der Parusieschilderung Mt 24,30 f. in Verbindung. Die Rückführung auf ein Mt 24,30 f. entsprechendes Logion ist jedoch schon deshalb nicht einleuchtend, weil die für Paulus wesentlichen Aussagen (die Auferweckung der verstorbenen Christen und ihre Gleichstellung mit den Lebenden) in diesem Logion gerade *nicht* enthalten sind. Man müßte schon annehmen, daß Paulus diese Aussagen aus den Worten καὶ ἐπισυνάξουσιν τοὺς ἐκλεκτοὺς αὐτοῦ κτλ. (Mt 24,31) erschlossen habe. Das aber halte ich für ganz unwahrscheinlich.

[28] So z. B. G. Friedrich, Der erste Brief an die Thessalonicher (in: NTD 8), Göttingen [14]1976, 243.

[29] So z. B. W. Marxsen, Auslegung von I Thess 4,13–18, ZThK 66 (1969) 22–37: 36.

[30] S. im einzelnen Jeremias, Unbekannte Jesusworte[3] 20 ff. (und die Ergänzungen in meinem Anm. 3 genannten Artikel [104 f.]). Unentbehrlich sind nach wie vor: a) die große, allerdings recht unkritische Materialsammlung von A. Resch, Agrapha. Außercanonische Schriftfragmente (TU NF XV 3.4), Leipzig 1906 = Darmstadt 1967 (= 2., völlig neu bearbeitete Auflage von: Agrapha. Außerkanonische Evangelienfragmente [TU V 4], Leipzig 1889); b) E. Klostermann, Apocrypha III: Agrapha usw. (KlT 11), Berlin [2]1911.

[31] Zu dieser Gruppe rechne ich nicht das in gewichtigen Textzeugen fehlende Kreuzeswort Lk 23,34a, das m. E. aufgrund innerer Kriterien dem ursprünglichen Bestand des Lukasevangeliums zuzuweisen ist. Vgl. G. Schneider, Das Evangelium nach Lukas II (ÖTK 3/2), Gütersloh bzw. Würzburg 1977, 483; I. H. Marshall, The Gospel of Luke, Exeter 1978, 867 f.

nicht sehr umfangreichen Material seien hervorgehoben: das Herrenwort in der kleinen Jesusgeschichte Lk 6,5 D, die drei Jesusworte in der – ursprünglich nicht zum Johannesevangelium gehörenden – Erzählung Joh 7,53 – 8,11 (8,7b.10b.11b) und der nachträglich in die Perikope Lk 9,51–56 eingefügte Ausspruch Jesu Lk 9,55b.56a. Agrapha finden sich sodann in den sog. Apokryphen des Neuen Testaments[32], unter denen die Fragmente verlorener Evangelien besondere Erwähnung verdienen; ferner – in relativ großer Zahl – bei den christlichen Schriftstellern vom 2. Jahrhundert an sowie in den Kirchenordnungen und Liturgien der Alten Kirche[33]. Weiteres Material liefert die christlich-gnostische Literatur. Besondere Bedeutung kommt dabei dem koptischen Thomasevangelium aus Codex II von Nag Hammadi zu[34], da es eine Sammlung von Jesus-Logien darstellt, der eine ältere, nicht gnostische Spruchsammlung zugrunde liegen wird[35]. Ältere Spruchsammlungen könnten auch in dem Apokryphon des Jakobus (Nag Hammadi-Codex I 2)[36] und in dem Dialog des Erlösers (Nag Hammadi-Codex III 5)[37]

---

[32] Aus Schriften, die im weiteren Sinn hierher zu stellen sind, notierte ich inzwischen zwei weitere Agrapha: Die Bücher der Einsetzung der Erzengel Michael und Gabriel ed. C. D. G. Müller (CSCO 225), Louvain 1962, 32,32/33,31; 76,17 ff.

[33] Das in liturgischen Texten enthaltene Material dürfte reicher sein, als die bisherigen Zusammenstellungen (Resch [Anm. 30] 355 ff.; F. Cabrol, Agrapha, DACL I [1907] 979–984; Jeremias, Unbekannte Jesusworte³ 28) erkennen lassen. Auf ein zuvor übersehenes liturgisches Agraphon hat J. Karawidopulos aufmerksam gemacht: Ein Agraphon in einem liturgischen Text der griechischen Kirche, ZNW 62 (1971) 299 f. Seine ebd. 299 geäußerte Vermutung, »daß es noch andere Agrapha gibt, vor allem in späteren Texten«, ist durchaus begründet. Vor allem in den Gebeten und Hymnen der westsyrischen (jakobitischen) Kirche findet sich reiches Material, das der Sammlung und Sichtung bedarf; s. dazu etwa: The Book of Common Prayer of the Syrian Antiochian Church, transl. by B. Griffith, Kottayam 1972, 30.33.62.64.77.114 f.132.140.154.188.198.242.295.305; H. Denzinger, Ritus Orientalium Coptorum Syrorum et Armenorum in administrandis Sacramentis II, Würzburg 1864 = Graz 1961, 516 f. Zwei bislang nicht notierte liturgische Agrapha s. u. zu Anm. 62 bzw. in Anm. 86.

[34] A. Guillaumont/H.-Ch. Puech/G. Quispel/W. Till/Yassah 'Abd al Masih, Evangelium nach Thomas, Leiden 1959; J. Leipoldt, Das Evangelium nach Thomas (TU 101), Berlin 1967. Ich zitiere im folgenden: ThEv und Logienzahl der Leidener Ausgabe.

[35] Aus dem Prolog der gnostischen Endfassung (»Dies sind die verborgenen Worte, die der *lebendige* Jesus gesprochen und die Didymos Judas Thomas aufgeschrieben hat«) kann nicht gefolgert werden, daß die Logien als Offenbarungsworte des Auferstandenen aufgefaßt sein wollen; vgl. E. Haenchen, Die Botschaft des Thomas-Evangeliums (ThBT 6), Berlin 1961, 35 f. Das Epitheton »lebendig« (vgl. ThEv 59) bezeichnet das göttliche Wesen Jesu (vgl. Evangelium Veritatis [Nag Hammadi-Codex I 3] 20,29 f.), wie denn Gott selbst »der lebendige Vater« (ThEv 3.50) bzw. »der Lebendige« (ThEv 37) genannt wird. Wie u. a. durch die Situationsangaben in mehreren Logien (22.60.72.79.100) bestätigt wird, will das Thomasevangelium eine Sammlung von Worten des *vorösterlichen* Jesus sein, deren geheimnisvoller Sinn sich einzig dem Gnostiker erschließt (ThEv 1). Vgl. zu diesem Charakter des Thomasevangeliums die Erwähnung der niedergeschriebenen Jünger-Erinnerungen im Apokryphon des Jakobus (s. Anm. 36): 2,7–15.

[36] M. Malinine/H.-Ch. Puech/G. Quispel/W. Till/R. Kasser, Epistula Iacobi Apocrypha, Zürich – Stuttgart 1968.

[37] Englische Übersetzung in: The Nag Hammadi Library in English, Leiden 1977, 229 ff.

verarbeitet sein[38]. Als Quellen für Agrapha sind schließlich noch zu nennen: die manichäischen und mandäischen Schriften; die rabbinische Literatur, in der auffallenderweise nur ein einziges Agraphon zu verzeichnen ist[39], und die jüdischen Toledot Jeschu[40]; der Koran sowie die Schriften islamischer Asketen und Mystiker, in denen die Zahl der Jesus zugeschriebenen Aussprüche in die Hunderte geht.

III.

Das umfangreiche Material, das aus den erwähnten Quellen zusammengetragen werden kann, verlangt nach einer kritischen *Sichtung*[41]. Dabei wird die leitende Frage nicht sogleich die nach der Echtheit der Jesus zugeschriebenen Logien sein können. Mit J. Jeremias sind vielmehr in einem ersten Schritt des Sichtungsverfahrens diejenigen Aussprüche zu ermitteln, »die inhaltlich, formal und überlieferungsgeschichtlich den Jesusworten der synoptischen Evangelien an die Seite gestellt werden können«[42].

Wendet man dieses Auswahlkriterium an, so kann von vornherein eine erhebliche Anzahl von Agrapha ausgeschieden werden. Hierher gehören in erster Hinsicht alle frei erfundenen oder durch die Umgestaltung kanonischer Herrenworte gewonnenen Aussprüche, die Jesus asketische Forderungen erheben[43] oder häretische Anschauungen äußern lassen[44]. Zu nennen sind

---

[38] Vgl. H. Köster, Dialog und Spruchüberlieferung in den gnostischen Texten von Nag Hammadi, EvTh 39 (1979) 532–556. Dem Urteil Kösters über das hohe Alter der Spruchsammlungen vermag ich nicht zuzustimmen.

[39] bAZ 17a par. QohR 1 § 24 zu V. 8. Vgl. dazu jetzt J. Maier, Jesus von Nazareth in der talmudischen Überlieferung, Darmstadt 1978, 144 ff.

[40] G. Schlichting, Ein jüdisches Leben Jesu (WUNT 24), Tübingen 1982, 78 ff. passim.

[41] Grundlegende Arbeiten auf diesem Gebiet haben vor allem vorgelegt: J. H. Ropes, Die Sprüche Jesu, die in den kanonischen Evangelien nicht überliefert sind. Eine kritische Bearbeitung des von D. Alfred Resch gesammelten Materials (TU XIV 2), Leipzig 1896; Ders., Agrapha, DB Extra Vol. (1904) 343–352; W. Bauer, Das Leben Jesu (Anm. 8) 351–360.377–415; L. Vaganay, Agrapha (Anm. 3) aaO.; J. Jeremias in den drei Auflagen seines Buches »Unbekannte Jesusworte«: 1. Aufl. Zürich 1948 (AThANT 16); 2. Aufl. Gütersloh 1951 (BFChTh XLV 2); 3. Aufl. Gütersloh 1963 (s. o. Anm. 3).

[42] Unbekannte Jesusworte³ 47 (vgl. 44 f.). Wenn Jeremias hinzufügt: »und deren historische Echtheit ernsthaft erwogen werden kann« (ebd.), so ist das m. E. nicht unproblematisch.

[43] Als Beispiel diene die Forderung sexueller Enthaltsamkeit, die Clemens Alex., Strom III 9,63 aus dem Ägypterevangelium anführt: »Ich bin gekommen, die Werke des Weiblichen zu zerstören«.

[44] Einige Beispiele für *gnostische* Bildungen seien aus dem koptischen Thomasevangelium angeführt: »Selig ist, wer war, bevor er wurde« (ThEv 19a); »Wenn man zu euch sagt: Woher seid ihr gekommen?, so sagt ihnen: Wir sind aus dem Licht gekommen, aus dem Ort, wo das Licht aus sich selbst entstanden ist« (ThEv 50a); »Wer die Welt erkannt hat, hat einen Leichnam gefunden; und wer einen Leichnam gefunden hat, dessen ist die Welt nicht wert« (ThEv 56); »Wer sich selbst findet, dessen ist die Welt nicht wert« (ThEv 111b). – Häretische Polemik gegen das Alte Testament (die Propheten) wird in dem von Augustin, Contra adversarium legis

ferner die – ebenfalls frei erfundenen – Aussprüche, die Jesus im Rahmen legendärer Jesuserzählungen in den Mund gelegt werden und die man deshalb als haggadische Agrapha bezeichnen könnte. Schließlich sind etwa anzuführen: die Weisheitssprüche unterschiedlicher Provenienz, die Jesus aufgrund der ihm entgegengebrachten Wertschätzung von islamischen Autoren zugeschrieben werden[45]; aber auch die in polemischer Absicht gebildeten Worte, die Jesus in mandäischen Texten unterschoben werden und ihn als »Lügen-Messias« bloßstellen sollen[46].

Was die verbleibenden und inhaltlich weithin unanfechtbaren Agrapha anlangt, so lassen sich der überwiegenden Mehrheit gegenüber *überlieferungsgeschichtliche* Bedenken geltend machen. Ich führe dafür verschiedene Beispiele an, wobei ich u. a. auch einige Agrapha heranziehe, denen J. Jeremias ein relativ großes Vertrauen entgegengebracht hat und denen gegenüber ich selbst erst mit der Zeit immer skeptischer geworden bin. Ich fasse die hier zu besprechenden Agrapha in vier Gruppen zusammen[47].

1. Eine erste Gruppe umfaßt biblische und außerbiblische Zitate, die in der Regel irrtümlich, gelegentlich aber auch mit Absicht auf Jesus übertragen worden sind. Eine bewußte Übertragung liegt zweifellos vor, wenn der von Paulus in 1 Kor 2,9 zitierte Spruch in mehreren Quellen als ein Wort Jesu ausgegeben wird[48]. Den ältesten Beleg liefert das koptische Thomasevangelium (ThEv 17):

> »Jesus hat gesagt: Ich werde euch geben, was kein Auge gesehen und kein Ohr gehört und keine Hand berührt hat und was in kein Menschenherz gekommen ist.«

Die unbekannte Herkunft des von Paulus zitierten Spruches gab den Anlaß dazu, ihn Jesus zuzuschreiben. Als eine bewußte Bildung verrät sich auch das von Clemens von Alexandria mitgeteilte Agraphon, das zweifellos

---

et prophetarum II 4,14 zitierten Agraphon greifbar: »dimisistis vivum qui ante vos est et de mortuis fabulamini«. Daß der – jetzt im koptischen Thomasevangelium (ThEv 52) belegte – Ausspruch eine häretische Erfindung darstellt, hat schon Augustin mit Recht betont.

[45] Dazu zählt das bekannte Agraphon: »Die Welt ist eine Brücke. Geht über sie hinüber, aber laßt euch nicht auf ihr nieder!« Vgl. zu diesem Wort: J. Jeremias, Zur Überlieferungsgeschichte des Agraphon »Die Welt ist eine Brücke«, NAWG, Phil.-hist. Kl. 1953, 95–103; Ders. Unbekannte Jesusworte[3] 105 ff.

[46] S. etwa M. Lidzbarski, Ginzā. Der Schatz oder Das große Buch der Mandäer, Göttingen – Leipzig 1925, 47,16 ff.

[47] S. außerdem die bei Jeremias, Unbekannte Jesusworte[3] 41–44 unter der Rubrik »Agrapha als kompositionstechnisches Hilfsmittel« behandelten Texte, auf die ich hier nicht eingehe.

[48] ThEv 17; Martyrium Petri 10 = Actus Petri cum Simone 39; Liber Graduum, Serm. XVI 12 (ed. M. Kmosko, PS I 3, 412,19 ff.); Pseudo-Titus-Brief (s. in: E. Hennecke/W. Schneemelcher, Neutestamentliche Apokryphen[3] II: Apostolisches, Apokalypsen und Verwandtes, Tübingen 1964, 91); Turfān-Fragment M 789.

aufgrund der Ausführungen des Paulus in 1 Kor 7,1–9.25–38 formuliert
worden ist:

> »Wer geheiratet hat, soll nicht verstoßen,
> und wer nicht geheiratet hat, soll nicht heiraten.«
>
> ὁ γήμας μὴ ἐκβαλλέτω
> καὶ ὁ μὴ γαμήσας μὴ γαμείτω[49].

Mit einer irrtümlichen Übertragung dürften wir es dagegen in dem Logion ThEv 58 zu tun haben, das auf einer Kombination der beiden Makaris-
men Jak 1,12 (μακάριος ἀνὴρ ὃς ὑπομένει πειρασμόν, ὅτι δόκιμος γενόμενος λήμψε-
ται τὸν στέφανον τῆς ζωῆς) und 1 Petr 3,14 (εἰ καὶ πάσχοιτε διὰ δικαιοσύνην,
μακάριοι) beruht:

> »Selig ist der Mensch, der gelitten hat;
> er hat das Leben gefunden.«[50]

Um die irrtümliche Zuweisung einer in der griechisch-römischen Welt
verbreiteten Sentenz an Jesus handelt es sich, wie reiches Belegmaterial
zeigt, bei dem Agraphon von Apg 20,35 (»Geben ist seliger als nehmen«)[51].
Zu den irrtümlichen Übertragungen rechne ich auch zwei Agrapha, die J.
Jeremias als der synoptischen Tradition gleichwertig beurteilt[52]. Das zuerst
von Justin überlieferte Agraphon:

> »Es wird Spaltungen und Parteiungen geben«
>
> ἔσονται σχίσματα καὶ αἱρέσεις[53]

ist m. E. aus 1 Kor 11,18 f. entstanden, wo Paulus die Bemerkung ἀκούω
σχίσματα ἐν ὑμῖν ὑπάρχειν (V. 18) mit der Feststellung verbindet: δεῖ γὰρ καὶ
αἱρέσεις ἐν ὑμῖν εἶναι (V. 19). Den Anlaß zu der Übertragung auf Jesus haben
synoptische Worte wie Mt 24,5.11.24 f. gegeben[54]. Das von Tertullian zitierte Agraphon:

---

[49] Clemens Alex., Strom III 15,97. Zur 1. Zeile s. besonders: 1 Kor 7,10 f.27a, zur 2. Zeile:
1 Kor 7,1.7a.8.26.32 ff.

[50] Möglich ist wegen der im Koptischen nicht ungewöhnlichen asyndetischen Parataxe auch
die Übersetzung: »Selig ist der Mensch, der gelitten und das Leben gefunden hat«.

[51] E. Haenchen, Die Apostelgeschichte (KEK III), Göttingen [15]1968, 526 f. Anm. 5. Vgl. auch
das bei J. J. Wettstein, Novum Testamentum Graecum II, Amsterdam 1752 = Graz 1962, 600
zu Apg 20,35 verzeichnete Material. H. Köster, Die außerkanonischen Herrenworte als Produkte der christlichen Gemeinde, ZNW 48 (1957) 220–237: 228 vermutet, daß Apg 20,35
»ursprünglich wohl ein jüdisches Logion« war; dafür fehlen jedoch überzeugende Belege.

[52] Unbekannte Jesusworte[3] 74 f. und 71–73 (beachte dazu u. Anm. 55!).

[53] Justin, Dial. 35,3. Das Agraphon findet sich ferner bei Didymus, De trinitate III 22 und in
der syrischen Didascalia, cap. 23 (ed. A. Vööbus, CSCO 407, 226,2).

[54] Vgl. Justin, Dial. 51,2; Ps. Clem. Hom II 17,4; XVI 21,4.

»Niemand kann das Himmelreich erlangen,
der nicht durch Versuchungen ging«
neminem intemptatum regna caelestia consecuturum[55]

dürfte auf das Wort Apg 14,22b zurückgehen, das in den Johannesakten des
Pseudo-Prochorus als ein Ausspruch Jesu erscheint[56]: διὰ πολλῶν θλίψεων δεῖ
ἡμᾶς εἰσελθεῖν εἰς τὴν βασιλείαν τοῦ θεοῦ. Wie Tertullian ausdrücklich erwähnt,
hatte der von ihm zitierte Ausspruch seinen Ort in der Passionsgeschichte
kurz vor der Gethsemane-Erzählung. Diese Angabe wird sich so erklären
lassen, daß Tertullian das Wort Jesu Lk 22,28 f. im Sinn hat: »Ihr habt in
meinen Versuchungen bei mir ausgeharrt. Darum vermache ich euch das
Reich, wie mein Vater es mir vermacht hat.«

Der Gruppe der Übertragungen ist auch das theologiegeschichtlich interessante Agraphon aus der griechischen Akoluthie der Krankensalbung zuzuweisen, auf das J. Karawidopulos 1971 in ZNW aufmerksam gemacht hat[57].
Dort werden in einem Gebet – jeweils durch σὺ εἶ ὁ εἰπών eingeleitet – vier
Jesusworte zitiert: Lk 5,32; Joh 6,37b; Lk 15,7 und das Agraphon:

ὁσάκις ἂν πέσῃς, ἔγειραι,
καὶ σωθήσῃ

»Sooft du fällst, steh auf,
und du wirst gerettet werden.«[58]

Das Agraphon ist sicher nicht erst von dem Verfasser des Gebetes gebildet
worden. Karawidopulos rechnet damit, daß es »aus alter Überlieferung«,
vielleicht sogar aus einer »verlorenen Schrift« stammt[59]. Ich selbst habe in
TRE II 106 die Vermutung geäußert, daß es sich um »eine von der Großkirche geschaffene tendenziöse Bildung« handle, und dazu bemerkt: »Es dürfte
an Prov 24,16a; Jer 8,4; Mi 7,8 anknüpfen und seine Entstehung der Diskussion über die Frage verdanken, ob es auch für den nach der Taufe in Sünde
fallenden Christen noch die Möglichkeit der Umkehr gibt«. Während sich
mir das Urteil über den »Sitz im Leben« des Agraphons bestätigt hat, muß
ich die Zuweisung zu den freien Bildungen revidieren, da sich die Entste-
hungsgeschichte des Logions m. E. aufhellen läßt. Das Gebet, dem wir unser
Agraphon verdanken, bietet das Jesuswort Lk 15,7 in einer verkürzten und

---

[55] Tertullian, De baptismo 20,2. – Jeremias läßt, wie ausdrücklich angemerkt sei, die Möglichkeit offen, »daß Tertullian infolge eines Gedächtnisirrtums . . . ein Wort wie Jak 1,12 (vgl.
13) für ein Passionswort Jesu gehalten hat«: Unbekannte Jesusworte[3] 72.
[56] S. dazu Resch (Anm. 30) 89: Agraphon Nr. 68b.
[57] S. o. Anm. 33.
[58] Μικρὸν Εὐχολόγιον (Anm. 7) 146 f.: 147. Das Agraphon findet sich auch in dem entsprechenden Gebet des koptischen Ritus (Denzinger [Anm. 33] II 491), nicht dagegen in dem
vergleichbaren Gebet des westsyrisch-jakobitischen Ritus (s. ebd. 509).
[59] Karawidopulos (Anm. 33) 300 bzw. 299.

vom neutestamentlichen Wortlaut etwas abweichenden Fassung: χαρὰ γίνε-
ται ἐν οὐρανῷ ἐπὶ ἑνὶ ἁμαρτωλῷ μετανοοῦντι. Der gleiche Wortlaut begegnet auch
in den Apostolischen Konstitutionen[60], – und zwar in einem Kontext, der
dem Bischof die Annahme des in Sünde gefallenen und bußfertigen Christen
gebietet[61]. Ihm soll der Bischof die σωτηρία zusprechen (13,5), weil es der
Wille Gottes sei, daß die umkehrenden Sünder die ἐλπὶς σωτηρίας haben sollen
(12,3). In diesem Zusammenhang wird zum einen das auch in dem erwähnten Gebet aufgenommene Wort Ez 33,11 zitiert (12,2) und zum anderen
daran erinnert, daß Gott selbst durch den Propheten Jeremia mit eindrückli-
chen Worten zur μετάνοια angespornt habe (14,2): μὴ ὁ πίπτων οὐκ ἀνίσταται ἢ ὁ
ἀποστρέφων οὐκ ἐπιστρέφει; . . . ἐπιστράφητε, υἱοὶ ἀφεστηκότες, καὶ ἐγὼ ἰάσομαι τὰ
συντρίμματα ὑμῶν (»Steht nicht, wer fällt, wieder auf und kehrt nicht, wer
fehlgeht, wieder um? . . . Kehrt um, ihr abgefallenen Söhne, und ich werde
euer Zerbrochensein heilen«). Auf die hier vorliegende Kombination aus Jer
8,4f. und Jer 3,22 geht unser Agraphon zurück, kann es doch unschwer als
eine deutende Zusammenfassung des alttestamentlichen Gotteswortes begriffen werden. Wenn diese Zusammenfassung dann kanonischen Jesusworten an die Seite gestellt und also zu einem Agraphon wurde, so ist die
Erklärung dafür darin zu suchen, daß die alte griechische Kirche in dem
alttestamentlichen Gotteswort die Stimme des menschgewordenen Gottes
vernahm. Ein Zeuge dafür ist das unser Agraphon enthaltende Gebet selbst,
– nämlich der Wortlaut der Gebetsanrede: ὁ θεὸς ὁ μέγας καὶ ὕψιστος . . ., ὁ διὰ
τὴν τῶν ἁμαρτωλῶν σωτηρίαν ἐνανθρωπήσας θεὸς ὤν.

2. Zu den Agrapha, die aus überlieferungsgeschichtlichen Gründen der
synoptischen Tradition nicht an die Seite gestellt werden können, gehören –
als zweite Gruppe – solche Aussprüche, die von der Sprache und Theologie
des Johannesevangeliums geprägt sind. So ist die Abhängigkeit von der
johanneischen Brotrede Joh 6 evident, wenn Jesus nach der Abendmahlsliturgie der ostsyrischen (sog. nestorianischen) Kirche »im Geheimnis«, d. h.
bei der Stiftung des Herrenmahls, zu seinen Jüngern gesagt hat:

> »Ich bin das Brot, das von oben herabgekommen ist.
> Wer in Liebe kommt und es empfängt,
> lebt in mir in Ewigkeit und ererbt das Reich.«[62]

---

[60] Const. Ap. II 13,5; s. ferner ebd. VIII 9,5; 47,52.

[61] Const. Ap. II 12–18 (F. X. Funk, Didascalia et Constitutiones Apostolorum I, Paderborn
1905 = Torino 1970, 49 ff.).

[62] The Liturgy of the Holy Apostolic and Catholic Church of the East, Chicago 1949, 30; vgl.
The Liturgy of the Holy Apostles Adai and Mari, London 1893, 28; F. E. Brightman/C. E.
Hammond, Liturgies Eastern and Western I: Eastern Liturgies, Oxford 1896 = 1967, 290. – In
dem mir vorliegenden syrischen Missale der Syro-Malabarischen Kirche heißt es: ». . . und
mich(!) empfängt . . .«; Ṭaksā' d'Qudāšā', Alwaye 1960, 37 f.

Schwerlich mit einer »Vorstufe des Johannesevangeliums«[63], sondern mit
einem Nachhall johanneischer Texte haben wir es in dem Herrenwort zu
tun, das Eusebius dem Nazaräerevangelium entnahm[64]:

> »Ich wähle mir die Würdigen aus;
> die Würdigen sind jene, die mir mein Vater im Himmel gibt.«[65]

Die Erwählungsaussage ist Stellen wie Joh 6,70; 13,18; 15,16.19 verpflichtet, der Hinweis auf die Gabe des Vaters Stellen wie Joh 6,37.39; 10,29;
17,2.6.9.

Als ein letztes Beispiel für die Abhängigkeit vom Johannesevangelium sei
ein Agraphon aus den apokryphen Petrusakten angeführt, das kaum mit
Jeremias[66] zu den der synoptischen Tradition gleichwertigen Logien gerechnet werden kann:

> »Die mit mir sind, haben mich nicht erkannt.«
>
> qui mecum sunt, non me intellexerunt.[67]

In dem Apokryphon des Jakobus von Nag Hammadi findet sich der
ähnlich lautende Ausspruch: »Ich bin bei euch gewesen, (und) ihr habt mich
nicht erkannt«[68], und das Jesuslogion ThEv 91 schließt den Satz ein: »Den,
der vor euch ist, habt ihr nicht erkannt«. Man könnte deshalb für das
Agraphon der Petrusakten einen gnostischen Einschlag vermuten[69]. Da der
Verfasser der Petrusakten jedoch das Johannesevangelium gekannt und
benutzt hat[70], liegt es näher, im Hintergrund des Agraphons die an Philippus
gerichtete Frage Jesu Joh 14,9 zu erblicken: τοσούτῳ χρόνῳ μεθ' ὑμῶν εἰμι καὶ οὐκ
ἔγνωκάς με; – wobei der Umstand Beachtung verdient, daß die Vulgata

---

[63] So vermutete Jeremias in der 2. Auflage der »Unbekannten Jesusworte« (s. o. Anm. 41)
65.

[64] Zur Zuweisung an das Nazaräerevangelium s. P. Vielhauer, Judenchristliche Evangelien,
in: E. Hennecke/W. Schneemelcher, Neutestamentliche Apokryphen I: Evangelien, Tübingen
³1959, 75–108: 79.94.98.

[65] Eusebius, Theophania syr. IV 12 (ed. S. Lee, London 1842, 234). Zum Verständnis des
syrischen Wortes šappîrê im Sinne eines griechischen ἄξιοι vgl. Jeremias aaO. 65 Anm. 1. S.
ferner auch das Wort des Auferstandenen an die Jünger, das Clemens von Alexandria (Strom.
VI 6,48) aus dem Kerygma Petri zitiert: ἐξελεξάμην ὑμᾶς δώδεκα μαθητὰς κρίνας ἀξίους ἐμοῦ.

[66] Unbekannte Jesusworte³ 86 f.

[67] Actus Vercellenses (= Actus Petri cum Simone) cap. 10 (R. A. Lipsius/M. Bonnet, Acta
Apostolorum Apocrypha I, Leipzig 1891 = Darmstadt 1959, 58,5 f.).

[68] Codex I 12,36 f.; vgl. ebd. 13,38 ff.; ThEv 43.

[69] So meine Vermutung in TRE II 107. Vgl. auch bereits H. von Campenhausen, Kirchliches
Amt und geistliche Vollmacht in den ersten drei Jahrhunderten (BHTh 14), Tübingen 1953, 11
Anm. 3. Die Einwände gegen die Möglichkeit eines gnostischen Einschlages bei Jeremias aaO.
87 sind angesichts der Stellen aus dem Jakobus-Apokryphon und dem Thomasevangelium
nicht aufrecht zu erhalten.

[70] S. außer cap. 10 selbst vor allem auch cap. 7 und cap. 20.

pluralisch formuliert: »tanto tempore vobiscum sum et non cognovistis me?«

3. Umfangreicher als die Gruppe der »johanneischen« Agrapha ist die – als dritte anzuführende – Gruppe der Herrenworte, die deutlich ihre Abhängigkeit von der synoptischen Tradition verraten. Eine einfache Erweiterung von Lk 10,16b stellt das im syrischen Liber Graduum mitgeteilte Wort dar:

> »Wer euch verachtet, der verachtet mich,
> und wer euch ehrt, der ehrt mich.«[71]

Zu den sekundär erweiterten Logien zählt auch das schöne Agraphon ThEv 25:

> »Liebe deinen Bruder wie deine Seele,
> hüte ihn wie deinen Augapfel!«

Die erste Zeile gibt das von Jesus (Mt 19,19b; Mk 12,31 parr.) aufgenommene Liebesgebot Lev 19,18 wieder[72], wobei unter dem Einfluß von Lev 19,17a (»Du sollst deinen Bruder in deinem Herzen nicht hassen«) das Wort »Nächster« durch das Wort »Bruder« ersetzt ist[73]. Das Liebesgebot ist dann um eine synonyme Aussage erweitert worden, die sich einer dem Alten Testament (Dtn 32,10; Ps 17,8; Prov 7,2) entlehnten Metapher bedient.

Daß synoptische Jesusworte auch durch interpretierende Zusätze erweitert worden sind, zeigt exemplarisch das Agraphon:

> »Selig sind, die da Leid tragen
> über das Verderben derer, die nicht glauben.«[74]

Während in diesem Ausspruch der – vielleicht in Reminiszenz an Phil 3,18f. (oder Röm 9,2f.) formulierte – Zusatz zu Mt 5,4a als Bestandteil des Herrenwortes gehört sein will, kann im Blick auf Justin, Apol. I 15,8 kaum ein sicheres Urteil gefällt werden. Auf das Wort Jesu Lk 5,32 (οὐκ ἦλθον καλέσαι δικαίους ἀλλὰ ἁμαρτωλοὺς εἰς μετάνοιαν) folgt dort der Satz: θέλει γὰρ ὁ πατὴρ ὁ οὐράνιος τὴν μετάνοιαν τοῦ ἁμαρτωλοῦ ἢ τὴν κόλασιν αὐτοῦ. Diese Zufügung wird von manchen Forschern zu den Agrapha gerechnet[75]. Sie könnte aber auch eine von der Hand Justins stammende Begründung und also gar nicht als Herrenwort gemeint sein[76].

---

[71] Liber Graduum, Serm. XVII 1 (ed. M. Kmosko, PS I 3, 417,1 ff.).

[72] Die Formulierung »wie deine Seele« – statt »wie dich selbst« Lev 19,18 MT.LXX; Mt 19,19b; Mk 12,31 parr. – entspricht dem Befund in der syrischen Bibel.

[73] Vgl. dazu auch Jub 36,4; TestGad 6,1 v.l. – Weniger wahrscheinlich ist, daß Einfluß von 1Joh 2,10; 4,21 vorliegt.   [74] Syr. Didascalia cap. 21 (ed. A. Vööbus, CSCO 407, 209,11 f.).

[75] So z. B. Resch (Anm. 30) 98 f. (Nr. 73); Ropes, Agrapha (Anm. 41) 349 (Nr. 56).

[76] Vgl. E. Klostermann, Zu den Agrapha, ZNW 6 (1905) 104–106: 105 f.; Ders., Apocrypha III (Anm. 30) 6 Anm. zu Nr. 24; Vaganay (Anm. 3) 185 f.

Nicht wenige unter den der synoptischen Tradition verpflichteten Agrapha erweisen sich als Umgestaltungen kanonischer Herrenworte oder als Vermischungen verwandter kanonischer Aussprüche. Beides kennzeichnet das Logion ThEv 48, das zu den eindrücklichsten Sprüchen des Thomasevangeliums gehört:

> »Wenn zwei miteinander in Frieden leben[77] in demselben Hause, werden sie zum Berge sagen: Hebe dich hinweg!, und er wird sich hinwegheben.«

Dieses Agraphon verdankt seine Entstehung einer Kombination der beiden Worte Mt 18,19 und Mt 17,20[78]. Daß die Apodosis des koptischen Spruches der Apodosis von Mt 17,20 (ἐρεῖτε τῷ ὄρει τούτῳ· μετάβα ἔνθεν ἐκεῖ, καὶ μεταβήσεται) entspricht, liegt auf der Hand[79]. Die Protasis des koptischen Spruches geht auf eine verkürzte Fassung der Protasis von Mt 18,19 zurück, die gelautet hat: ἐὰν δύο συμφωνήσωσιν ἐν τῷ αὐτῷ[80]. In dieser Fassung hatte das Verbum συμφωνεῖν wie in Mt 18,19 die Bedeutung »einer Meinung *werden*«, »übereinkommen«. Das aus Mt 18,19 und Mt 17,20 kombinierte Wort, auf das das koptische Agraphon zurückgeht, lautete demnach: »Wenn zwei übereinkommen in demselben (Gebets)anliegen, werden sie zum Berg sagen: Hebe dich hinweg!, und er wird sich hinwegheben.«[81] Die Entwicklung zu dem in der Protasis abweichenden koptischen Wortlaut hin erklärt sich daraus, daß das Verbum συμφωνεῖν auch die Bedeutung »einer Meinung

---

[77] Das koptische ʿr eirēnē wird von den Übersetzern des Thomasevangeliums vielfach mit »Frieden machen« wiedergegeben (z. B. W. Till, in: Evangelium nach Thomas [Anm. 34] 29; Haenchen, Botschaft [Anm. 35] 23; Ders., in: Synopsis Quattuor Evangeliorum ed. K. Aland, Stuttgart ²1964, 523; B. M. Metzger, ebd.; R. Haardt, Die Gnosis. Wesen und Zeugnisse, Salzburg 1967, 195; Th. O. Lambdin, in: The Nag Hammadi Library [Anm. 37] 123). Gefordert ist m. E. jedoch die Übersetzung »Frieden halten«, »in Frieden leben« (so z. B. auch: H. Quecke, Das Thomasevangelium, in: W. C. van Unnik, Evangelien aus dem Nilsand, Frankfurt am Main 1960, 161–173: 166; R. Kasser, L'Évangile selon Thomas, Neuchâtel 1961, 77; Leipoldt [Anm. 34] 39; H. Greeven, Synopse der drei ersten Evangelien, Tübingen 1981, 198). Ich verweise dazu auf die saïdische Übersetzung von Mk 9,50; Röm 12,18; 1 Thess 5,13, wo ʿr eirēnē dem Verbum εἰρηνεύειν entspricht. Zu der Wendung ʿr eirēnē mʿnnouerēu in ThEv 48 ist insbesondere die analoge Formulierung in Mk 9,50 sa zu vergleichen: ʿntetʿnʿreirēnē mʿnnetʿnerēu = εἰρηνεύετε ἐν ἀλλήλοις.
[78] Vgl. W. Schrage, Das Verhältnis des Thomas-Evangeliums zur synoptischen Tradition und zu den koptischen Evangelienübersetzungen (BZNW 29), Berlin 1964, 116f.
[79] Wenn die koptische Apodosis im Unterschied zu Mt 17,20 die 3. Pers. Plur. aufweist, so ist das als Konsequenz aus der koptischen Protasis zu verstehen; vgl. Schrage aaO. 117.
[80] Diese verkürzte Gestalt der Protasis von Mt 18,19 wird auch durch den lateinischen Text der syrischen Didascalia bezeugt, in der wir die folgende Kombination der beiden vom Gebet handelnden Worte Mt 18,19 und Mt 21,21 lesen: »Duo si convenerint in unum et dixerint monti huic: tolle et mitte te in mare, fiet« (Funk [Anm. 61] 192,23f.; die syrische Version ist ausführlicher, s. ed. A. Vööbus, CSCO 407, 161,19ff.).
[81] Vgl. Haenchen, Botschaft (Anm. 35) 38f. Anm. 11.

sein«, »im Einklang sein«, »einträchtig sein« hat[82]. Wurde συμφωνεῖν in diesem Sinn verstanden, so ergab sich für die präpositionale Wendung ἐν τῷ αὐτῷ die Bedeutung »an demselben Ort«, was der Kopte dann durch die Worte »in demselben Haus« wiedergibt.

Hatten wir es bislang mit Agrapha zu tun, die durch die Ausgestaltung, Deutung, Umprägung und Kombination synoptischer Jesusworte entstanden sind, so stoßen wir gelegentlich auch auf Agrapha, die unter Verwendung synoptischer Sprüche oder in Analogie zu ihnen ganz neu gebildet worden sind. In der kleinen – zu katechetisch-homiletischen Zwecken vorgenommenen – Zusammenstellung von Herrenworten 1 Klem 13,2 erscheint neben 6 Sprüchen, die Parallelen in den synoptischen Evangelien haben, als eine Analogiebildung das Logion:

> »Wie ihr euch gütig erweist,
> so wird euch Güte erwiesen werden.«

> ὡς χρηστεύεσθε,
> οὕτως χρηστευθήσεται ὑμῖν.[83]

Eine analoge Neubildung zu Mt 23,13 par. Lk 11,52 (vgl. ThEv 39a) stellt der – ein griechisches Sprichwort aufgreifende[84] – Weheruf ThEv 102 dar:

> »Wehe den Pharisäern! Denn sie gleichen einem Hund, der auf der Krippe der Rinder liegt. Denn weder frißt er selbst, noch läßt er die Rinder fressen.«

Daß auch mehrere synoptische Sprüche an der Bildung eines neuen Herrenwortes beteiligt sein konnten, zeigt das in die Perikope Lk 9,51–56 sekundär eingefügte Logion:

> »Wißt ihr nicht, welches Geistes ihr seid? Der Menschensohn ist nicht gekommen, Menschenleben zu vernichten, sondern sie zu retten (. . . οὐκ ἦλθεν ψυχὰς ἀνθρώπων ἀπολέσαι ἀλλὰ σῶσαι).«

Diese Worte sind – durch καὶ εἶπεν eingeleitet – an den Satz στραφεὶς δὲ ἐπετίμησεν αὐτοῖς (V. 55) angefügt worden, weil ein Abschreiber den nicht ganz unberechtigten Eindruck hatte, daß auf diese Notiz noch ein Wort Jesu folgen müsse. Das großartige Agraphon ist zweifellos eine Neubildung,

---

[82] Vgl. W. Bauer, Wörterbuch zum NT 1546 s. v. 2a mit dem Hinweis auf Herm. Vis. III 5,1, wo es von den Aposteln, Bischöfen, Lehrern und Diakonen der ältesten Zeit heißt: πάντοτε ἑαυτοῖς συνεφώνησαν καὶ ἐν ἑαυτοῖς εἰρήνην ἔσχαν, »allezeit waren sie untereinander einträchtig und hielten sie Frieden untereinander«.

[83] Vgl. H. Köster, Synoptische Überlieferung bei den Apostolischen Vätern (TU 65), Berlin 1957, 12 ff.

[84] S. dazu das Material bei J. B. Bauer, Echte Jesusworte?, in: van Unnik (Anm. 77) 108–150: 149 Anm. 80.

basiert aber, wie mir scheint, auf den beiden Jesusworten Lk 6,9 (ἔξεστιν . . . ψυχὴν σῶσαι ἢ ἀπολέσαι;) und Lk 19,10[85]. Der Geist, der die Jünger Jesu bestimmt, kann nach der Überzeugung des Interpolators nur der Geist ihres Herrn sein, – und das heißt: der Geist dessen, der als der die Verlorenen suchende und rettende Menschensohn (Lk 19,10) mit seiner Existenz die Frage entschieden hat, ob man »Leben retten oder vernichten« soll (Lk 6,9).

4. Eine vierte und letzte Gruppe von überlieferungsgeschichtlich ableitbaren Agrapha bilden solche Logien, die dadurch entstanden sind, daß eine erzählende Notiz aus den kanonischen Evangelien zu einem direkten Jesuswort umgestaltet wurde. Diese Gruppe wird etwa durch das bei Afrahat mitgeteilte und in Erinnerung an Lk 18,1 formulierte Agraphon repräsentiert:

> »Betet und werdet nicht müde!«[86]

Daß Lukas in Lk 18,1 ein Jesuswort aus der direkten in die indirekte Rede umgewandelt hat[87], ist angesichts der Treue des Evangelisten gegenüber der ihm überkommenen Herrenwort-Tradition[88] so gut wie ausgeschlossen.

IV.

Das – an einigen Beispielen demonstrierte – kritische Reduktionsverfahren läßt die Zahl der Agrapha auf ein Minimum zusammenschmelzen. Zu dem »verbleibenden Rest« derjenigen Sprüche, »gegen die weder inhaltlich noch überlieferungsgeschichtlich gewichtige Bedenken vorliegen, die sich vielmehr dem Rahmen der von den synoptischen Evangelien gebotenen Überlieferungen einfügen«[89], rechnete J. Jeremias in der Letztfassung seines Buches (»Unbekannte Jesusworte«) 18 Agrapha, denen er eine sorgfältige

---

[85] Mit Marshall, Luke (Anm. 31) 407 könnte man außerdem auch an Joh 3,17 denken. Die Erinnerung an synoptische *und* johanneische Herrenworte wird etwa in der Erzählung [Joh] 7,53–8,11 spürbar (vgl. zu 8,7b: Mt 7,1–5; zu 8,11b: Joh 3,17; 8,15b sowie Joh 5,14). Gleiches gilt für die Jesusworte des Papyrus Egerton 2 (H. I. Bell/T. C. Skeat, The New Gospel Fragments, Oxford 1935 = 1955). Der Verfasser dieses unbekannten Evangeliums kannte die vier kanonischen Evangelien, – so mit Recht J. Jeremias, Unbekanntes Evangelium mit johanneischen Einschlägen (Pap. Egerton 2), in: Hennecke/Schneemelcher I (Anm. 64) 58–60: 59; Ders., Unbekannte Jesusworte[3] 42ff. Anders, aber m. E. nicht überzeugend: Köster, Dialog und Spruchüberlieferung (Anm. 38) 554f.

[86] Afrahat, Demonstrationes IV 16 (ed. J. Parisot, PS I 1, 173,26). Ein analoges Beispiel liefert ein Gebet aus der griechischen und koptischen Akoluthie der Krankensalbung (Μικρὸν Εὐχολόγιον [Anm. 7] 171; Denzinger [Anm. 33] II 498): Umsetzung vom Mt 10,1 in ein Wort Jesu.

[87] So Resch (Anm. 30) 138.

[88] S. dazu J. Jeremias, Die Sprache des Lukasevangeliums, Göttingen 1980, 9.

[89] Jeremias, Unbekannte Jesusworte[3] 44f.

Auslegung gewidmet hat[90]. Die von Jeremias genannte Zahl ist jedoch, wie sich mir bei der weiteren Beschäftigung mit den Agrapha ergeben hat, entschieden zu hoch gegriffen. Sie muß – insbesondere aufgrund überlieferungsgeschichtlicher Erwägungen – noch einmal um die Hälfte reduziert werden[91].

Was die verbleibenden 9 Agrapha anlangt, so lassen sich, wenn man einen sehr kritischen Maßstab anlegt, auch hier in fünf Fällen überlieferungsgeschichtliche Bedenken nicht völlig ausschließen:

1. Das wahrscheinlich einem als Amulett verwendeten Evangelienbüchlein entstammende Pergamentblatt Oxyrhynchus-Papyrus 840 enthält eine ausführliche Erzählung über den Zusammenstoß Jesu mit dem pharisäischen Oberpriester Levi im Tempelvorhof[92]. In dieser Erzählung spricht Jesus zweimal. An den Oberpriester, der ihm und seinen Jüngern kultische Unreinheit vorwirft, richtet Jesus die Frage (Z. 23f.):

> »Bist du, der du (auch) hier auf dem Tempelplatz bist, denn rein?«

Und als Levi dies mit dem Hinweis auf die von ihm vollzogenen Reinigungsriten bejaht, erwidert ihm Jesus (Z. 31ff.):

> »Wehe euch Blinden, die ihr nicht seht! Du hast dich in solchem hingegossenen Wasser gebadet, in dem Hunde und Schweine bei Nacht und Tag liegen, und hast dich gewaschen und die äußere Haut abgerieben, die auch die Dirnen und Flötenspielerinnen salben, baden, abreiben und schminken, um die Begierde der Männer zu erregen, inwendig aber sind sie voll von Skorpionen und von [Schlechtig]keit [aller Art]. Ich aber und [meine Jünger], von denen du sagst, wir hätten uns nicht unter[getaucht, – wir sind unter-] getaucht in dem leben[digen und reinen] Wasser, das herabkommt von [dem Vater im Himmel(?)]. «

Jeremias hat beachtliche Argumente zugunsten der Geschichtlichkeit unserer Erzählung und der Authentizität der in ihr enthaltenen Jesusworte vorgetragen[93]. Gleichwohl bleibt die Frage, ob die in dem zweiten Wort Jesu

---

[90] Ebd. 47–99. Im Blick auf die 18 Texte betonte Jeremias allerdings ausdrücklich, daß man »in manchen Fällen über die Abgrenzung« – d. h. über die Zuweisung zur Gruppe der den synoptischen Jesusworten gleichwertigen Agrapha – »streiten« könne (ebd. 45). Vgl. auch Jeremias, Versprengte Herrenworte, in: Hennecke/Schneemelcher I (Anm. 64) 52–55: 53.

[91] S. dazu meine knappen Erwägungen in TRE II 107f.

[92] Text und Übersetzung bei Jeremias, Unbekannte Jesusworte³ 50ff. Ich schließe mich im wesentlichen an Jeremias' Übersetzung an.

[93] Ebd. und bereits: J. Jeremias, Der Zusammenstoß Jesu mit dem pharisäischen Oberpriester auf dem Tempelplatz, in: FS Anton Fridrichsen (CNT 11), Lund – Kopenhagen 1947, 97–108; Ders., Unbekanntes Evangelium synoptischen Stils (Pap. Ox. 840), in: Hennecke/Schneemel-

ausgesprochene Gegenüberstellung von äußerlicher Reinheit und inwendiger Unreinheit nicht den Weheruf Mt 23,27 f. zum Vorbild haben und der Hinweis auf die »Reinigung« durch das »lebendige« Wasser nicht an Aussagen des Johannesevangeliums (4,10 ff.; 7,37; 3,5; 13,10 f.; 15,3) orientiert sein könnte[94].

2. Das syrische Stufenbuch überliefert mehrfach das Agraphon:

> »Wie ihr gefunden werdet,
> so werdet ihr hinweggeführt.«[95]

Das Logion spricht von der – jede Möglichkeit zur Umkehr ausschließenden – Sichtung, die die Engel Gottes an dem plötzlich hereinbrechenden Tag des Endgerichts vollziehen werden. Daß das Agraphon nur knapp zusammenfaßt, was in synoptischen Worten wie Mt 24,27.40 f. bzw. Lk 17,24.26–30.34 f. ausführlicher geschildert wird, muß in Erwägung gezogen werden.

3. Unter den im koptischen Thomasevangelium enthaltenen Gleichnissen, die keine Entsprechung in den synoptischen Evangelien haben[96], ragt nach Form und Inhalt das Gleichnis vom großen Fisch (ThEv 8) heraus:

> »Mit der Königsherrschaft verhält es sich wie mit einem klugen Fischer[97], der sein Netz ins Meer warf und es (wieder) aus dem Meer

---

cher I (Anm. 64) 57 f. Vgl. auch W. Bieder, Die Verheißung der Taufe im Neuen Testament, Zürich 1966, 95–101.

[94] Auch Jeremias, Unbekannte Jesusworte[3] 58 erblickt in den Schlußzeilen (Z. 41–45) »spätere Stilisierung«. – Zum Weheruf über die »Blinden« vgl. auch Mt 23,16 f.19.24.26 (15,14) und zu der Erwähnung von »Hunden und Schweinen« Mt 7,6.

[95] Liber Graduum, Serm. III 3 (ed. M. Kmosko, PS I 3, 49,26 f.); III 3 (52,7 f.); XV 4 (344,15 f.); ähnlich XXIV 2 (720,13). Eine sekundäre (und von Ez 33,20 beeinflußte) Umgestaltung des Agraphons liegt m. E. in dem von Justin, Dial. 47,5 mitgeteilten außerkanonischen Herrenwort vor: ἐν οἷς ἂν ὑμᾶς καταλάβω, ἐν τούτοις καὶ κρίνω. S. dazu wie auch zu den zahlreichen Parallelen zu dem von Justin gebotenen Wort meine Ausführungen in: Jeremias, Unbekannte Jesusworte[3] 80–84. Weiteres Material teilte mit: A. Baker, Justin's Agraphon in the Dialogue with Trypho, JBL 87 (1968) 277–287.

[96] Außer ThEv 8 handelt es sich um die Gleichnisse von den kleinen Kindern auf dem Feld (ThEv 21 a), von der unachtsamen Frau (ThEv 97) und vom Attentäter (ThEv 98). ThEv 21a und ThEv 97 halte ich für gnostische Bildungen, ThEv 98 für eine sekundäre und wenig geistreiche Analogiebildung zu Lk 14,28–32. Für die Echtheit von ThEv 98 plädierte C.-H. Hunzinger, Unbekannte Gleichnisse Jesu aus dem Thomas-Evangelium, in: Judentum Urchristentum Kirche (FS Joachim Jeremias), BZNW 26, Berlin [2]1964, 209–220:211 ff.; vgl. J. Jeremias, Die Gleichnisse Jesu, Göttingen [8]1970, 195. Daß Jesus, der nach dem Ausweis der synoptischen Evangelien ein meisterhafter Gleichniserzähler gewesen ist, eine derart konstruierte und jeder Realität entbehrende Szene erfunden haben sollte, vermag ich nicht zu glauben.

[97] Der koptische Text lautet: »Der Mensch gleicht einem klugen Fischer«. Statt des vom Kopten gebotenen *rōme* (Mensch) wird jedoch ursprünglich *m*ᶜ*ntero* (= βασιλεία) zu lesen sein; s. zu dieser Emendation Jeremias, Unbekannte Jesusworte[3] 85; P. Nagel, Die Parabel vom klugen Fischer im Thomasevangelium von Nag Hammadi, in: Beiträge zur Alten Geschichte und

heraufzog, – voll von kleinen Fischen. Unter ihnen fand der kluge Fischer einen großen schönen[98] Fisch. (Da) warf er alle die kleinen Fische ins Meer und wählte den großen Fisch ohne Zaudern. «

Hat dieses Gleichnis im Kontext des Thomasevangeliums auch zweifellos gnostischen Sinn[99], so läßt es sich doch keineswegs als eine zum Teil gnostisch bedingte Sekundärform des Gleichnisses vom Fischnetz Mt 13,47 f. begreifen[100]. Wir haben es vielmehr mit einem eigenständigen und ursprünglich durchaus nicht gnostischen Gleichnis zu tun, das nach Struktur und Aussage aufs engste mit dem Gleichnis von der kostbaren Perle Mt 13,45 f. verwandt ist und sich inhaltlich außerdem mit dem Gleichnis vom Schatz im Acker Mt 13,44 berührt. Mit den beiden von Matthäus überlieferten Gleichnissen teilt es darüber hinaus noch das Merkmal, daß es ein traditionelles Erzählmotiv verwendet[101]. Wenn der Fischer einen »großen« und »schönen« Fisch fängt und daraufhin ein ungewöhnliches Verhalten (die Wahl nur dieses einen Fisches) an den Tag legt, so erinnert das sehr an einen Passus aus der von Herodot mitgeteilten Erzählung vom Ring des Polykrates[102]: Dort fängt ein Fischer »einen großen und schönen Fisch« (ἀνὴρ ἁλιεὺς λαβὼν ἰχθὺν μέγαν τε καὶ καλόν), den er dann dem König mit überschwenglichen Worten zum Geschenk macht. Das in der Antike weit verbreitete Erzählmotiv vom Fang eines großen und schönen Fisches dürfte auch in unserem Gleichnis verwendet sein. Daß die Geschichte vom Ring des Polykrates in Palästina bekannt war, wird durch Mt 17,27 und durch rabbinische Erzählungen belegt[103]. Was nun die überlieferungsgeschichtliche Beurteilung des Gleichnisses vom großen Fisch anlangt, so sind zwei Möglichkeiten denkbar. Da sich das Gleichnis durch palästinisches Lokalkolorit auszeichnet[104] und sich inhaltlich aufs engste mit den beiden Gleichnissen Mt 13,44.45 f. berührt, ist – einerseits – nicht auszuschließen, daß wir in ihm eine selbständige alte Überlieferung vor uns haben, die den Matthäus-Gleichnissen an die Seite

deren Nachleben (FS Franz Altheim) I, Berlin 1969, 518–524. – Zur Übersetzung des Gleichnisanfangs vgl. Jeremias, Gleichnisse (Anm. 96) 100 f.

[98] Das koptische Wort *nouf* dürfte Wiedergabe von καλός sein (vgl. Greeven [Anm. 77] 96), nicht dagegen von ἀγαθός (so Kasser [Anm. 77] 40). Für diese Annahme spricht auch die – wohl auf unser Gleichnis anspielende – Bemerkung bei Clemens Alex., Strom. I 16,3: ἐν πολλῇ τῇ τῶν ἰχθύων ἄγρᾳ ὁ καλλιχθύς (vgl. Hunzinger [Anm. 96] 217 f. Anm. 37). In der saïdischen Übersetzung des Neuen Testaments ist *nouf* 92mal Übersetzung von καλός, 32mal Übersetzung von ἀγαθός. Vgl. im übrigen auch die Übersetzung von Lambdin (Anm. 77) 118: »a fine large fish«.

[99] Vgl. Schrage (Anm. 78) 37 ff.

[100] Gegen Schrage ebd.

[101] Zu Mt 13,44.45 f. s. Jeremias, Gleichnisse (Anm. 96) 199 und das rabbinische Material bei Billerbeck I 674 bzw. I 614.675.

[102] Herodot, Hist. III 40–43: hier 42,1 f.

[103] bSchabb 119a; GenR 11,5 zu 2,3 par. PesiqR 23,6; QohR 11 § 3 zu V. 1.

[104] S. dazu Jeremias, Unbekannte Jesusworte³ 85 f.

gestellt werden kann. Es ist aber – andererseits – auch mit der Möglichkeit zu rechnen, daß es sich bei dem Gleichnis vom großen Fisch um eine sekundäre Nachbildung handelt, der das Gleichnis von der kostbaren Perle als Vorbild diente, – und zwar in der Fassung, wie sie das Thomasevangelium in Logion 76 bietet: »Mit dem Königreich des Vaters verhält es sich wie mit einem Kaufmann, der eine Warenladung hatte und eine Perle fand. Jener Kaufmann war klug. Er verkaufte die Warenladung und kaufte sich diese eine Perle.«

4. Clemens von Alexandria, Origenes und Eusebius zitieren als Wort Jesu die Gebetsanweisung:

> »Erbittet euch das Große,
> so wird Gott euch das Kleine hinzutun.«

> αἰτεῖσθε τὰ μεγάλα,
> καὶ τὰ μικρὰ ὑμῖν προστεθήσεται.[105]

Diese Gebetsanweisung berührt sich formal wie inhaltlich mit Mt 6,33 par. Lk 12,31 (ζητεῖτε . . . πρῶτον τὴν βασιλείαν [τοῦ θεοῦ] καὶ τὴν δικαιοσύνην αὐτοῦ, καὶ ταῦτα πάντα προστεθήσεται ὑμῖν / ζητεῖτε τὴν βασιλείαν αὐτοῦ, καὶ ταῦτα προστεθήσεται ὑμῖν). Das Agraphon könnte deshalb eine in der Gemeindeunterweisung entstandene Anwendung des synoptischen Spruches auf das Gebet sein[106]. Die Alternative, daß es sich um ein eigenständiges und von dem synoptischen Logion unabhängiges Herrenwort handelt, bleibt aber durchaus erwägenswert[107].

5. Überaus häufig wird in der frühchristlichen Literatur ein Wort zitiert, das zur nüchternen Beurteilung und Scheidung der Geister aufruft:

> »Seid tüchtige Wechsler!«

> γίνεσθε τραπεζῖται δόκιμοι.[108]

Origenes und andere Autoren bezeichnen den Spruch ausdrücklich als ein Jesuswort[109], und es ist durchaus denkbar, daß das Wort bereits in der frühesten Kirche als ein Ausspruch Jesu überliefert worden ist. Zu Bedenken

---

[105] Clemens Alex., Strom. I 24,158; Origenes, Sel. in Psalm. 4,4; De orat. 2,2; 14,1; Eusebius, In Psalm. 16,2. – Origenes und Eusebius schreiben αἰτεῖτε; προστεθήσεται ist Passivum divinum.

[106] Allzu sicher urteilt Köster, Die außerkanonischen Herrenworte (Anm. 51) 226, daß das Agraphon »zweifellos« eine analoge Neubildung zu Mt 6,33 sei.

[107] Vgl. Jeremias, Unbekannte Jesusworte³ 93 ff.

[108] Das Material s. bei Resch (Anm. 30) 112 ff. und ergänzend dazu: G. W. H. Lampe, A Patristic Greek Lexicon, Oxford ⁵1978, 1400 s.v. τραπεζίτης. – Zu dem verwendeten Bild vgl. Philo, SpecLeg IV 77: »Wer sich anschickt, zu Gericht zu sitzen, sondere und scheide wie ein guter Geldwechsler (καθάπερ ἀργυραμοιβὸς ἀγαθός) die Dinge nach ihrer Beschaffenheit, damit er nicht Echtes und Gefälschtes zusammenwerfe und durcheinandermenge«.

[109] Origenes, In Joh. Comm. XIX 7; Pistis Sophia cap. 134; Ps. Clem. Hom. II 51,1; III 50,2; XVIII 20,4; Joh. Chrysostomus, Hom. in princ. Act. Apost. IV 2; Hieronymus, Epist. CXIX 11,2; Socrates, Hist. eccl. III,16; Vita S. Syncleticae 100.

gegen diese Annahme könnte jedoch der Umstand Anlaß geben, daß das Agraphon bei den frühchristlichen Schriftstellern zumeist mit der Anspielung auf 1 Thess 5,21 f. (*πάντα δοκιμάζετε, τὸ καλὸν κατέχετε, ἀπὸ παντὸς εἴδους πονηροῦ ἀπέχεσθε*) oder mit dem direkten Zitat dieses Pauluswortes verbunden wird[110]. Die frühchristlichen Schriftsteller verstanden offenbar das Wort *εἶδος* – gegen den bei Paulus selbst vorliegenden Sinn – in der Bedeutung »Münzsorte«[111] und fanden dementsprechend in 1 Thess 5,21 f. die Weisung ausgesprochen, die Geister (V. 19 f.) so kritisch zu prüfen, wie ein tüchtiger Geldwechsler die Münzen prüft. Von daher ist die Möglichkeit nicht einfach von der Hand zu weisen, daß das Agraphon aus dem so interpretierten Pauluswort entstanden ist und es sich also, wie W. Bauer vermutet hat, »nur um eine Epexegese von 1 Thess 5,21« handelt[112]. Daß Dionysius von Alexandria, ein Zeitgenosse des Origenes, das Bildwort als *ἀποστολικὴ φωνή* bezeichnet[113], verdient in diesem Zusammenhang Beachtung.

Während sich die fünf besprochenen Agrapha einer eindeutigen überlieferungsgeschichtlichen Beurteilung entziehen, lassen sich gegen die restlichen vier Agrapha keine begründeten überlieferungsgeschichtlichen Einwände erheben[114]. Das heißt: Für diese vier Agrapha kann eine Abhängigkeit von der synoptischen Tradition oder die Entstehung aus einem alttestamentlichen Spruch bzw. aus einem Apostelwort weder nachgewiesen noch auch mit diskutablen Argumenten vermutet werden.

1. Im Codex Bezae Cantabrigiensis (D) erscheint anstelle von Lk 6,5 eine kleine Jesusgeschichte, in deren Mittelpunkt ein Herrenwort steht, das vor einer leichtfertigen Übertretung des Sabbatgebotes warnt:

> »An demselben Tag sah er (Jesus) einen Mann am Sabbat arbeiten. Da sagte er zu ihm: ›Mensch, wenn du weißt, was du tust, bist du selig; wenn du es aber nicht weißt, bist du verflucht und ein Übertreter des Gesetzes! (*ἄνθρωπε, εἰ μὲν οἶδας τί ποιεῖς, μακάριος εἶ, εἰ δὲ μὴ οἶδας, ἐπικατάρατος καὶ παραβάτης εἶ τοῦ νόμου*)‹. «

Eine dem Agraphon vergleichbare Aussage läßt sich nirgends im Neuen Testament namhaft machen. Daß der antithetisch formulierte Satz in

---

[110] So schon der älteste Zeuge Clemens von Alexandria, der das Logion als ein Wort der »Schrift« anführt: *γίνεσθε δὲ δόκιμοι τραπεζῖται, τὰ μὲν ἀποδοκιμάζοντες, τὸ δὲ καλὸν κατέχοντες* (Strom. I 28,177).

[111] Vgl. Jeremias, Unbekannte Jesusworte[3] 97 f.

[112] W. Bauer, Das Leben Jesu (Anm. 8) 400.

[113] Bei Eusebius, Hist. eccl. VII 7,3. Cyrill von Alexandria schreibt das Wort direkt Paulus zu; s. bei Resch (Anm. 30) 116, Nr. 34–36.

[114] Zu diesen Agrapha s. im einzelnen: Jeremias, Unbekannte Jesusworte[3] 61–64; 64–73; 88 f.; 91 f.

sprachlicher Hinsicht durchaus den Schluß auf palästinische Provenienz
erlaubt, hat J. Jeremias überzeugend gezeigt[115].

2. Von dem Ernst und der Verheißung der Nachfolge spricht ein im
koptischen Thomasevangelium überliefertes Agraphon (ThEv 82), das auch
Origenes und Didymus von Alexandrien bekannt war und von beiden aus
einer griechischen Fassung des Thomasevangeliums geschöpft sein dürfte[116]:

> »Wer mir nahe ist,
>   ist dem Feuer nahe;
> wer mir fern ist,
>   ist dem Königreiche fern.«

ὁ ἐγγύς μου,
    ἐγγὺς τοῦ πυρός·
ὁ δὲ μακρὰν ἀπ᾽ ἐμοῦ,
    μακρὰν ἀπὸ τῆς βασιλείας.

Zur formalen Struktur des Agraphons hat Chr. Burchard auf den Ausspruch bQid 66b par. bZeb 13a aufmerksam gemacht: »Aqiba, wer sich von
dir trennt, trennt sich vom Leben«[117]. Inhaltlich bringt das Agraphon ähnlich
dem Logion Lk 12,49 (vgl. Mk 9,49) zum Ausdruck, daß das eschatologische Feuer der Erprobung und das eschatologische Heil (βασιλεία) mit Jesu
Kommen auf den Plan getreten sind und daß an der Stellung zu Jesus die
Entscheidung über Gottesgemeinschaft oder Gottesferne fällt[118]. Die Berührung mit Lk 12,49 und Mk 9,49 erlaubt jedoch nicht, in dem Agraphon eine
aus den synoptischen Worten entwickelte Neubildung zu erblicken.

3. Aus dem Hebräerevangelium führt Hieronymus eine Weisung Jesu an
die Jünger an, die unter Berücksichtigung des zugrunde liegenden aramäischen Wortlauts zu übersetzen ist:

> »Und nur dann sollt ihr fröhlich sein,
>   wenn ihr euren Bruder mit Liebe anseht.«

---

[115] Ebd. 61 f. Zu der u. a. von G. Dalman aufgestellten Behauptung, daß die Anrede ἄνθρωπε
ein Gräzismus sei, merkt Jeremias ebd. Anm. 48 an: »Im Hebräischen (Micha 6,8; Ez 2,1 und
oft; Dan 8,17) und im Arabischen ist die Anrede ›Mensch‹ belegt, u. W. jedoch bis jetzt nicht im
Aramäischen«. Ich notiere als *aramäischen* Beleg MidrPs 103 § 10 zu V. 7: »O Mensch
(חוי בר נש), wenn deine Taten barmherzig sind, erbarmt man (d. h. Gott) sich über dich«.
Hebräische Belege aus der rabbinischen Literatur: LevR 2,6 zu 1,2; QohR 1 § 4 zu V. 3.
[116] Origenes, In Jerem. Hom. lat. III 3; Didymus, In Psalm. 88,8 (im folgenden zitiert). S.
dazu wie auch zu der vom Thomasevangelium unabhängigen Überlieferung des Agraphons in
einer armenisch erhaltenen und Ephraem dem Syrer zugeschriebenen »Erklärung des Evangeliums«: Jeremias ebd. 64 ff.
[117] Chr. Burchard, Das doppelte Liebesgebot in der frühen christlichen Überlieferung, in:
Der Ruf Jesu und die Antwort der Gemeinde (FS Joachim Jeremias), Göttingen 1970, 39–62: 57
Anm. 80.
[118] Vgl. F. Lang, ThWNT VI 943,10 ff. mit Anm. 84; Jeremias aaO. 70 f.

et numquam laeti sitis,
nisi cum fratrem vestrum videritis in caritate.[119]

Während das oben angesprochene Logion ThEv 25 eindeutig als eine
Erweiterung des Liebesgebotes Lev 19,18 = Mt 19,19b; Mk 12,31 parr.
beurteilt werden konnte, läßt sich das Agraphon aus dem Hebräerevangelium kaum als eine »Abwandlung des Gebotes der Liebe« begreifen[120].

4. In dem nur bruchstückhaft erhaltenen Oxyrhynchus-Papyrus 1224[121],
der vielleicht als Fragment eines apokryphen Evangeliums angesehen werden darf, lesen wir den Ausspruch Jesu:

»Und betet für eure [Fei]nde.
Denn wer nicht [gegen eu]ch ist, der ist für euch.
[Wer heute] fern steht, wird [euch] morgen [nahe] sein.«

Das erste Wort ist eine auf die Fürbitte bezogene Umgestaltung des
Gebotes der Feindesliebe (Mt 5,44 par. Lk 6,27), der wir z. B. auch in der
Didache, bei Justin und in der syrischen Didascalia begegnen[122]. Das zweite
Wort gibt Lk 9,50b fast wörtlich wieder. Mit den beiden bekannten Jesus-
worten ist ein Agraphon verbunden, das nicht als Umgestaltung eines
kanonischen Herrenwortes erklärt werden kann:

[ὁ σήμερον ὢ]ν μακρὰν αὔριον [ἐγγὺς ὑμῶν γ]ενήσεται.

Dieses Agraphon dürfte dem Verfasser des Liber Graduum bekannt gewesen sein. Er führt in Serm. XX 13 aus, daß der Herr den Christen auch
darin ein Beispiel geworden sei, wie sie ihren Feinden begegnen sollen.
Denn: »Vos, inquit, patienter *orate pro eis*, ut salventur. Si paenitentiam,
inquit, egerint, ecce eos ipsos pudebit delictorum suorum *et adibunt vos*
(syrisch: *w'tjn l'pjkwn*) et vivent . . . Vos autem, ait, . . . *orate pro eis*, ut
surgant.«[123]

Fassen wir an dieser Stelle rückblickend das Ergebnis der kritischen Sichtung zusammen, so muß gesagt werden: Aus der immensen Fülle von
Agrapha bleiben lediglich 9 Texte übrig, die – z. T. mit gewissen Vorbehal-

---

[119] Hieronymus, In Ephes. 5,4. Zum Sprachlichen s. Jeremias aaO. 88 f.
[120] Gegen Köster, Die außerkanonischen Herrenworte (Anm. 51) 227.
[121] Klostermann (Anm. 10) 26.
[122] Did 1,3; Justin, Apol. I 15,9; syr. Didascalia cap. 21 (ed. A. Vööbus, CSCO 407, 209,10).
Vgl. A. Vööbus, Studies in the History of the Gospel Text in Syriac (CSCO 128 [= Subs. 3]),
Louvain 1951, 137 f.
[123] Übersetzung von M. Kmosko, PS I 3, 563,13 ff. Vgl. im übrigen auch Did 1,3: *ὑμεῖς δὲ
φιλεῖτε τοὺς μισοῦντας ὑμᾶς, καὶ οὐχ ἕξετε ἐχθρόν;* syr. Didascalia lat. (Funk [Anm. 61] 8,3 f.):
»diligite odientes vos et orate pro maledicentibus vos, et inimicum nullum habebitis« (= syr.
cap. 1 [ed. A. Vööbus, CSCO 401, 14,3 f.]).

ten – mit den Jesusworten der synoptischen Evangelien auf eine Stufe gestellt werden können. Daß damit für die 9 Agrapha die *Echtheitsfrage* nicht schon entschieden, sondern erst gestellt ist, versteht sich von selbst. In eine Erörterung dieser Frage möchte ich jetzt nicht eintreten. Ich merke lediglich an, daß ich die Geschichtlichkeit der in Lk 6,5 D geschilderten Szene und die Authentizität der Weisung »Seid tüchtige Wechsler!« für ganz unwahrscheinlich halte[124] und daß nach meinem Urteil hinsichtlich der restlichen 7 Agrapha weder die Echtheit noch die Unechtheit stringent nachgewiesen werden kann.

V.

Aus der Beschäftigung mit den Agrapha ergeben sich einige Beobachtungen und Erwägungen, deren knappe Skizzierung den Kreis der Betrachtungen schließen soll.

1. Auffallend ist die geringe Zahl derjenigen Agrapha, die den Jesusworten der synoptischen Evangelien an die Seite gestellt werden können: 9 Worte, wenn man die überlieferungsgeschichtlich ambivalenten Texte einbezieht, – nur 4 Worte, wenn man diese Texte ausklammert. Dieser Befund spricht m. E. gegen die Annahme, daß die in die synoptischen Evangelien eingegangenen Jesusworte nur einen Ausschnitt aus einem viel breiteren vorsynoptischen Überlieferungsbestand darstellen und daß der in den synoptischen Evangelien insgesamt dargebotene Stoff als das Ergebnis eines bewußten Auswahl- und Ausscheidungsverfahrens angesehen werden muß. Man wird im Gegenteil – unter Einbeziehung auch des Johannesevangeliums – sagen dürfen: »Unsere vier kanonischen Evangelien haben mit großer Vollständigkeit nahezu alles erfaßt, was die Urkirche in der zweiten Hälfte des 1. Jahrhunderts über die Worte und Taten Jesu wußte«[125]. Hätte es Ende des 1. Jahrhunderts neben den synoptischen Evangelien noch eine reiche – mündliche oder gar schriftliche – Überlieferung weiteren Logiengutes gegeben, so bliebe unerklärlich, warum die frühe Kirche auf die Sammlung und Bewahrung dieser Worte ihres Herrn keinen Wert gelegt hat[126].

---

[124] Zu Lk 6,5 D verweise ich auf: E. Lohse, ThWNT VII, 23,23 ff.; H. Schürmann, Das Lukasevangelium I (HThK III 1), Freiburg – Basel – Wien 1969, 304 Anm. 29; J. Roloff, Das Kerygma und der irdische Jesus, Göttingen 1970, 87 f. Zu dem Agraphon »Seid tüchtige Wechsler!« vgl. außer dem oben zur überlieferungsgeschichtlichen Ambivalenz Gesagten auch meine Erwägung in TRE II 108 f.

[125] J. Jeremias, Die Zuverlässigkeit der Evangelien-Überlieferung, JK 6 (1938) 572–582: 580 (ich halte diese Formulierung für angemessener als das Unbekannte Jesusworte[3] 11 Gesagte); vgl. auch Ropes, Agrapha (Anm. 41) 344b.

[126] Daß des Papias – um 130 geschriebene – 5 Bücher »Erklärung von Herrenworten« (s. o. zu Anm. 1) wertvolles Material enthalten haben, muß bezweifelt werden (vgl. E. Bammel, RGG[3] V 47 f.: »Echtes Überlieferungsgut ist nicht feststellbar« [48]). Die Skepsis des Eusebius in

2. J. Jeremias hat geurteilt, daß die den synoptischen Herrenworten gleichzustellenden Agrapha »fast ausnahmslos« aus apokryphen Evangelien stammen[127]. Ein überzeugender Beweis dafür läßt sich jedoch kaum erbringen. Einzig über das von Hieronymus mitgeteilte Agraphon (o. S. 377f.) erfahren wir, daß es im Hebräerevangelium stand. Über dessen Quellen wissen wir aber so gut wie nichts. Die Schrift des Oxyrhynchus-Papyrus 1224 (o. S. 378) weist in den Beginn des 4. Jahrhunderts, die des Oxyrhynchus-Papyrus 840 (o. S. 372) in die Zeit um 400. Der ganz fragmentarische Text beider Papyri erlaubt uns kein Urteil über den Charakter und das Alter der verlorenen Evangelien und erst recht keine Entscheidung über deren Quellenbenutzung. Hinsichtlich des koptischen Thomasevangeliums ist die Quellenfrage nach wie vor offen. Wie mir je länger je mehr scheinen will, setzt die in die Mitte des 2. Jahrhunderts zu datierende griechische Vorlage[128] die Kenntnis der kanonischen Evangelien voraus. Ob die beiden Agrapha ThEv 8 (o. S. 373f.) und ThEv 82 (o. S. 377) aus einer schriftlichen Logiensammlung oder aus der mündlichen Überlieferung stammen, läßt sich nicht entscheiden. Offen bleiben Herkunft und Überlieferungsweg auch bei der Jesusgeschichte Lk 6,5 D und bei den von Clemens von Alexandria (o. S. 375), von Origenes (o. S. 375) und im Liber Graduum (o. S. 368) mitgeteilten Agrapha. Man kann erwägen, ob diejenigen Agrapha, die dem kritischen Sichtungsverfahren standzuhalten vermögen, letztlich auf die mündliche Gemeindepredigt oder Gemeindeunterweisung zurückgehen. Mehr als eine Vermutung ist das jedoch nicht. So werden wir es hinsichtlich der Frage nach der Traditionszugehörigkeit bei allen 9 Agrapha mit einem bescheidenen »ignoramus« bewenden lassen müssen.

3. Für kein einziges der im kritischen Sichtungsverfahren herausgefilterten 9 Agrapha kann wahrscheinlich gemacht, geschweige denn der Nachweis erbracht werden, daß der dem irdischen Jesus zugeschriebene Ausspruch auf ein ursprünglich nachösterliches Prophetenwort zurückgeht. Was darüber hinaus die nicht zur Gruppe jener 9 Agrapha gehörenden außerkanonischen Logien anlangt, so lassen sich auch hier die Selbstaussagen und Ich-Worte Jesu keineswegs auf Prophetensprüche zurückführen. Sofern wir es nicht mit haggadischen oder häretischen Erfindungen zu tun haben, ist bei der überwiegenden Mehrzahl die Abhängigkeit von synoptischen oder johanneischen Herrenworten und in den restlichen Fällen die

---

seinem Bericht Hist. eccl. III 39 ist jedenfalls unüberhörbar. Vgl. auch die kritischen Bemerkungen bei Jeremias, Unbekannte Jesusworte[3] 37f. 112; ferner B. Altaner/A. Stuiber, Patrologie, Freiburg – Basel – Wien [9]1980, 53.

[127] Jeremias aaO. 45.

[128] Zeugen für die griechische Fassung sind die Oxyrhynchus-Papyri 1 (bald nach 200), 654 (Ende 2./Anfang 3. Jh.) und 655 (2. oder 3. Jh.).

Abhängigkeit von anderen Schriftstellen evident[129]. Diese Beobachtungen begründen für sich genommen natürlich keinen überzeugenden Einwand gegen die formgeschichtliche These, wonach in nicht geringem Maße solche Worte, die ursprünglich durch urchristliche Propheten im Namen des erhöhten Christus gesprochen waren, den überlieferten Worten des irdischen Jesus gleichgestellt worden sind. Der bei den Agrapha zu verzeichnende Tatbestand tritt jedoch als ein zusätzliches kritisches Argument den wohlbegründeten Bedenken an die Seite, die F. Neugebauer, D. Hill und J. D. G. Dunn jener These gegenüber angemeldet haben[130].

4. Hinsichtlich der im Raum der Alten Kirche entstandenen – also nicht häretischen – Agrapha, für die eine Zuweisung zur Gruppe der in Teil IV vorgestellten Worte nicht in Frage kommt, zeigt sich aufs Ganze gesehen ein erstaunliches Bild: Sieht man von den haggadisch-legendären Aussprüchen und den bewußten bzw. irrtümlichen Übertragungen ab, so handelt es sich ganz überwiegend um Erweiterungen, Umgestaltungen und Vermischungen synoptischer (gelegentlich auch johanneischer) Logien und in selteneren Fällen um Analogiebildungen zu kanonischen Herrenworten oder um die Umsetzung einer Evangeliennotiz in ein direktes Jesuswort. Die Zahl der völlig freien Neuschöpfungen ist demgegenüber ganz minimal[131]. Dieser Befund muß als ein beachtens- und bedenkenswertes Phänomen bezeichnet werden. Die in ihm greifbare Bindung an die *vorgegebene* Herrenwortüberlieferung läßt es m. E. als überaus fraglich erscheinen, daß die frühe Kirche in

---

[129] Zu den von kanonischen Herrenworten abhängigen Selbstaussagen und Ich-Worten s. die in der vorliegenden Arbeit zitierten Beispiele, außerdem etwa die bei Resch (Anm. 30) notierten Agrapha Nr. 84.91 (aus Mt 25,35f.42f. entwickelt).93.107.108.110–113.117–119.123.124. – Das Agraphon bei Macarius, Hom. XII 17 (Resch Nr. 104) ist Apg 20,32f.; Eph 1,18f.; 1 Petr 1,4 verpflichtet; dem von Epiphanius, Panar.haer. XXIII 5,5 u.ö. mitgeteilten Agraphon (Resch Nr. 185) liegt Jes 52,6 zugrunde, dem von mehreren Autoren bezeugten Agraphon Resch Nr. 84 – trotz der Einwände Reschs (S. 108f.) – Jes 24,16. – Keine Agrapha, sondern freie Abschlußbildungen sind die beiden Ich-Worte Barn 7,5.11; s. dazu Köster, Synoptische Überlieferung (Anm. 83) 127f.; Ders., Die außerkanonischen Herrenworte (Anm. 51) 230f.

[130] F. Neugebauer, Geistsprüche und Jesuslogien, ZNW 53 (1962) 218–228; D. Hill, On the Evidence for the Creative Role of Christian Prophets, NTS 20 (1973/74) 262–274; J. D. G. Dunn, Prophetic ›I‹-Sayings and the Jesus Tradition: The Importance of Testing Prophetic Utterances within Early Christianity, NTS 24 (1977/78) 175–198.

[131] Sie beschränken sich im wesentlichen auf die bei Jeremias, Unbekannte Jesusworte[3] 41 ff. besprochenen kompositorischen Bildungen, zu denen auch Lk 22,28a D zu stellen wäre. Freie Bildungen sind ferner etwa: a) das Agraphon bei Macarius, Hom. XXXVII 1 (ἐπιμελεῖσθε πίστεως καὶ ἐλπίδος, δι' ὧν γεννᾶται ἡ φιλόθεος καὶ φιλάνθρωπος ἀγάπη ἡ τὴν αἰώνιον ζωὴν παρέχουσα); b) das Herrenwort aus der Apostolischen Kirchenordnung cap. 26 (τὸ ἀσθενὲς διὰ τοῦ ἰσχυροῦ σωθήσεται); c) das Wort des »Heilandes« in den späten, von J. A. Robinson in Texts and Studies V 1, Cambridge 1897, 28–45 edierten Acta Thomae (ὁ λυτρούμενος ψυχὰς ἀπὸ τῶν εἰδώλων, οὗτος ἔσται μέγας ἐν τῇ βασιλείᾳ μου [S. 29,16f.]). – Einen Sonderfall stellen die freien, z. T. allerdings unter Verwendung älteren Gutes geschaffenen Bildungen im syrischen Liber Graduum (wohl 5. Jh.) dar, die auf das Konto des unbekannten Verfassers gehen und dessen spezifische theologische Anschauungen zum Ausdruck bringen.

großem Ausmaß und ohne Hemmungen Worte des irdischen Jesus frei produziert hat[132]. Die Neubildung von Herrenworten durch die Gemeinde soll damit keineswegs grundsätzlich bestritten werden, – das Agraphon Lk 6,5 D liefert ja, wie ich meinen möchte, einen deutlichen Beleg dafür. Wohl aber ist zu bezweifeln, daß wir mit einer in der Prägung neuer Jesusworte recht produktiven Gemeinde zu rechnen haben. Entspräche diese Sicht nämlich der geschichtlichen Wirklichkeit, so müßte analog zu dem für die häretischen Kreise zu konstatierenden Sachverhalt unter den im Raum der Kirche formulierten und tradierten Agrapha die Zahl der reinen »Gemeindebildungen« erheblich größer sein. Diese Folgerung erscheint mir als unausweichlich, – es sei denn, man wollte zu der wenig plausiblen Auskunft greifen, daß im nicht-häretischen frühen Christentum die freie Produktion neuer Jesusworte mit der Entstehung der kanonischen Evangelien schlagartig aufgehört habe.

Die Agrapha-Forschung hat es, wie deutlich geworden sein wird, mit einem sehr disparaten Material und mit Texten recht unterschiedlicher Qualität zu tun. Was die Untersuchung der Agrapha für die Erforschung der frühen Kirchen- und Theologiegeschichte austrägt, war in den vorliegenden Ausführungen nicht zu erörtern. Fragen wir nach dem Ertrag für die Evangelienforschung, so wird man im Blick auf den gesamten Stoff nur uneingeschränkt dem Urteil von J. Jeremias zustimmen können: Die Bedeutung der außerevangelischen Herrenwort-Überlieferung besteht ganz wesentlich darin, daß sie den einzigartigen Wert unserer vier kanonischen Evangelien hervortreten läßt[133].

---

[132] Das Johannesevangelium kann nicht zum Beweis des Gegenteils angeführt werden. Die in ihm enthaltenen Worte und Reden Jesu wollen keineswegs vordergründig als Aussprüche des irdischen Jesus verstanden sein. Sie sind im Verständnis des vierten Evangelisten – als ῥήματα ζωῆς αἰωνίου (6,68; vgl. 6,63; 5,24; 8,31 f.51) – Worte des Christus und Gottessohnes, der in unlöslicher Einheit als der Menschgewordene, Gekreuzigte und Erhöhte gesehen ist. Wenn der Evangelist *sein* Christuszeugnis in Form von Worten und Reden *Jesu* zur Sprache bringt, so kommt darin zum Ausdruck, daß das apostolische Christuszeugnis nicht ein menschliches Werturteil *über* Jesus ist. Der Zeuge kann nur sagen, was ihm der im Geist gegenwärtige Herr selbst erschlossen hat (vgl. 14,16ff.25 f.; 15,26 f.; 16,12ff.); und er kann es nur in der Gewißheit tun, daß einzig und allein der im Christuszeugnis sich selbst bezeugende Herr den Leser oder Hörer von der Wahrheit dieses Zeugnisses zu überzeugen vermag.

[133] Unbekannte Jesusworte[3] 112.

Die Evangelien und die griechische Biographie*

Albrecht Dihle

Die Frage nach der Gattung, der man die Evangelien zuordnen kann, ist vielschichtig und darum schwer zu beantworten. Eines freilich scheint in diesem Problemkreis unproblematisch zu sein: Jeder Theologiestudent wird schon im ersten Semester davor gewarnt, die vier kanonischen Evangelien als Lebensbeschreibungen Jesu, als Biographien, zu lesen. In dieser – negativen – Bestimmung des literarischen Charakters unserer Evangelien scheinen alle Richtungen der neutestamentlichen Exegese übereinzustimmen.

Ein solcher Consensus läßt sich zwar aus der Forschungsgeschichte der letzten 100 Jahre unschwer erklären, aber es verdient festgehalten zu werden, daß er sich gegen ein mehr als anderthalb Jahrtausende geltendes Verständnis der Evangelien richtet. Dieses Verständnis ist die Voraussetzung für den seit dem 2. Jahrhundert immer wieder unternommenen Versuch, die Unterschiede zwischen den vier Evangelien zu erklären, und noch die von der kirchlichen Lehrtradition sich stetig entfernende Leben-Jesu-Forschung des 19. Jh. hat es geteilt.

Ganz offensichtlich beabsichtigen die Evangelisten ja auch, einen chronologisch geordneten Bericht vom Erdenleben Jesu zu liefern, gewiß mit je verschiedener Vollständigkeit und aus je anderer Perspektive. Die Vermeidung des Terminus »Biographie« zur Bezeichnung dieses Sachverhaltes erklärt sich allein aus spezifischen und möglicherweise kurzlebigen Fragestellungen der neutestamentlichen Wissenschaft. Jedenfalls spricht m. E. nichts dagegen, daß man die Evangelien als Lebensbeschreibungen liest und ebenso bezeichnet, wenn dabei ein Mißverständnis ausgeschlossen wird: Über ihre Gattungszugehörigkeit im strengen Sinn des Wortes ist damit nichts ausgesagt.

Wenn ein gegebener Text sinnvoll einer literarischen Gattung zugeordnet werden soll, müssen sehr viele Voraussetzungen erfüllt sein. Nur auf einen kleinen Bruchteil dessen, was Menschen in Vergangenheit und Gegenwart geschrieben haben, läßt sich der literarische Gattungsbegriff anwenden, sofern man ihn nicht auf unerträgliche Weise strapazieren will.

---

* Eine Kurzfassung des nachstehenden Aufsatzes ist in ZThK 80, 1983, 33–49, unter dem Titel »Die Evangelien und die biographischen Traditionen der Antike« erschienen.

Ob ein Text einer literarischen Gattung zugehört und diese damit in einem solchen Text repräsentiert wird, läßt sich immer nur sagen, wenn über einen längeren Zeitraum hin die Tradition bestimmter literarischer Verfahrensweisen im Sinn einer danach zu definierenden Gattung fest geworden ist. Das bezieht sich auf sprachliche und rhythmische Konventionen, auf Kompositionsregeln sowie auf das Verhältnis zwischen den Intentionen eines Autors oder einer Folge von Autoren und den Erwartungen eines bestimmten Publikums. Erst wenn in allen diesen Hinsichten über mehrere Generationen eine Abstimmung erfolgt ist und sich bewährt hat, konstituiert sich eine literarische Gattung. Sie erweist ihre Lebenskraft, Anpassungsfähigkeit und Produktivität dadurch, daß sie nicht selten die geschichtlichen Bedingungen ihrer Entstehung und Verfestigung überlebt und von einer Sprache in die andere wandert. Die Geschichte der Tragödie liefert dafür ein gutes Beispiel.

Der Großteil der schriftlichen, ja sogar der literarischen Kommunikation innerhalb einer Gesellschaft vollzieht sich außerhalb dessen, was man dem Gattungsbegriff subsumieren kann. Das gilt gerade für die Biographie. Biographisches Interesse meldet sich wohl in jeder Gruppe, deren Identitätsbewußtsein den Zeitraum einer Generation überdauert. Gesetzgeber, Feldherren, Baumeister, Befreier, Tyrannen und viele andere Einzelne, deren Taten das Leben der Gruppe geformt haben, besitzen spätestens seit ihrem Tode die Chance, daß man sich für ihre Lebensumstände interessiert. Diesem biographischen Interesse entsprechen viele subliterarische und literarische Formen, die keineswegs alle zum Rang einer literarischen Gattung aufgestiegen sind. Es sei nur an Anekdoten, Apophthegmen und vergleichbare Überlieferungsformen erinnert. Sie alle haben die Möglichkeit, sich bei gegebenem Anlaß zu einem ganzen oder partiellen Lebensbericht zusammenzuschließen, etwa in Lobreden, Grabinschriften, zum Zweck des Jugendunterrichtes, aus paränetischen Gründen in kritischen Situationen der Gruppe und zur Festigung ihres Wert- und Traditionsbewußtseins. Daß aus solchen Lebensberichten Biographien im Sinn einer literarischen Gattung werden, ist alles andere als selbstverständlich und hat sich in der Tat auch nur selten ereignet.

Es ist also im folgenden darauf zu achten, daß das Wort Biographie terminologisch und unterminologisch verwendet werden kann. Biographien, Lebensbeschreibungen, kann es sehr wohl geben, ohne daß man zu ihrer Einordnung den Gattungsbegriff bemühen sollte.

Form und Darstellungsweise des Evangelienberichtes haben sich über fast 200 Jahre hin entfaltet, und man hat vermutlich das Recht, in diesem Zusammenhang vom Entstehen einer literarischen Gattung zu reden. Fragt man also nach einer möglichen Beziehung dieses Vorgangs zur griechischen Biographie, liegt es wohl nahe, dabei die griechische Biographie insofern ins

Auge zu fassen, als einer ihrer Zweige sich zu einer literarischen Gattung mit ausgeprägter Formentradition herausgebildet hat.

Die gegenwärtig dominierende, durch Quellenanalyse, Form- und Traditionsgeschichte bestimmte Ausrichtung der neutestamentlichen Studien hat sich als sehr fruchtbar erwiesen, und die Tragweite dieser Richtung läßt sich noch keineswegs absehen. Freilich erfährt auf diese Weise die Eigenart der jeweils unter einem distinkten Verfassernamen als Einheit überlieferten Evangelien zwar ihre Erklärung aus der theologischen Tendenz, dem historischen Zeugniswert und der spezifischen Auswahl vorgeformter Traditionsstücke, nicht jedoch eine literarhistorische Würdigung. Das zeigt sich schon darin, daß die gängigen Nachschlage- und Studienbücher[1], selbst dort, wo sie mit neueren Text- und Literaturtheorien operieren, unter dem Stichwort »Literarische Formen und Gattungen« reiche Auskunft über die im Evangelientext nachweisbaren Traditionselemente – Gleichnisreden, Wundergeschichten, Paränesen, Gebete und anderes mehr – geben können, aber kaum je etwas über die Form des gesamten Evangelienberichtes in ihrem Wandel von Markus zu Lukas bis hinein in die reiche Evangelienliteratur des 2. und frühen 3. Jahrhunderts.

Daß die Evangelien des Kanons jahrhundertelang bis hin zur Leben-Jesu-Forschung[2], als zusammenhängende Darstellungen des Lebens und der Wirksamkeit Jesu gelesen wurden, war so abwegig nicht. Biographische und prosopographische Details bilden, wie schon Äußerungen des Apostels Paulus lehren, von Anfang an feste Bestandteile der christlichen Verkündigung. Gerade hierin unterscheiden sich die Evangelien von ihrer jüdischen Umwelt, die doch sehr vergleichbare Lehr-, Schul- und Gemeindetraditionen besaß. Wie spärlich sind die prosopographischen Angaben der Pirqe ʾAḇōt, wie wenig erfährt man vom Gründer der Qumran-Gemeinde, dem »Lehrer der Gerechtigkeit«[3]!

Aus der Fülle biographischer Details, das die synoptische und die post-synoptische Überlieferung bewahrt hat, heben sich zwei Begebenheiten heraus, die Johannes-Taufe und die mit z. T. marginal erscheinenden Einzelheiten überlieferte Passion. Sie bezeichneten offenbar seit jeher Anfang und Ende der irdischen Wirksamkeit Jesu und boten den Rahmen, in den man

---

[1] Das gilt etwa für die einschlägigen Artikel in den beiden letzten Auflagen der »Religion in Geschichte und Gegenwart«, also »Formen und Gattungen« (R.G.G.³ 1958) sowie »Formgeschichte« und »Evangelien« (R.G.G.² 1928). Neuere Literatur bei P. Vielhauer, Geschichte der urchristlichen Literatur, Berlin 1975, 252 ff. Auch die neuere Texttheorie hat zum Gattungsproblem wenig zu sagen; vgl. K. Berger, Exegese des Neuen Testamentes, Heidelberg 1977, 33 ff., 78 ff., 128 ff.

[2] Vgl. H. Kraft, Die Evangelien und die Geschichte Jesu, ThZS 37, 1981, 321–341. Zur heute durchgehenden Ablehnung des Verständnisses der Evangelien als Biographien vgl. G. N. Stanton, Jesus of Nazareth in New Testament Preaching, Cambridge 1974, 118 f.

[3] Stanton aaO. (Anm. 1) 126 ff.

Aussprüche, Gleichniserzählungen und Wunderberichte einfügen konnte. Die unbestreibare Tatsache der Johannes-Taufe verursachte offensichtlich den ersten Anhängern Jesu gewisse Schwierigkeiten und mußte gerade deshalb erwähnt und erklärt werden. Jes. 40 und 61 boten sich dabei als willkommene Interpretationshilfen an. Passion und Kreuzigung aber hinterließen in ihrer Faktizität für die erste Generation einen so überwältigenden Eindruck, daß dahinter zunächst alle theologische Reflexion, alle erbaulich-didaktische Absicht zurücktrat und das biographische Faktum im Vordergrund blieb. Die bei Markus erstmals bezeugte literarische Form eines Evangelienberichtes scheint sich also dadurch konstituiert zu haben, daß zwei chronologisch fixierte Ereignisse aus Jesu Leben den Rahmen für ein chronologisch neutrales, aber durchaus mit biographischen Einzelhinweisen durchsetztes Traditionsgut abgaben, denn auch an Gleichnisreden oder Wundergeschichten knüpften sich mancherlei Überlieferungen von einzelnen Ereignissen im Leben Jesu.

Wichtig ist nun, daß die so entstandene Form eine Fortbildung erfuhr. Sie vollzog sich von den Synoptikern bis zu den apokryphen Evangelisten des 2. Jahrhunderts entweder als Vervollständigung der Biographie des Herrn oder als Abkehr von der biographischen Darstellung wie z. B. in einigen gnostischen Verkündigungsschriften, die sich Evangelien nannten. Daß schon die Zeitgenossen hier ein Problem sahen, erkennt man in Origenes' langer Abhandlung über die Bedeutung der Bezeichnung »Evangelium« am Anfang seines Johanneskommentars.

Die Vervollständigung der Jesus-Biographie betraf notwendigerweise vor allem zwei Zeitabschnitte: die Kindheit und die Erscheinungen des Auferstandenen.

Die Ausgestaltung der Berichte über Jesu Herkunft und Geburt, Kindheit und Erziehung, Verwandte und Beruf beginnt für uns bei Matthäus, erreicht bei Lukas den etwa dreifachen Umfang und führt später, etwa im Protevangelium des Jakobus und im Thomasevangelium, zu ausgedehnten Neuschöpfungen. Die Überlieferung vom Auferstandenen umfaßt in der älteren Markusfassung ganze 8 Verse, bei Matthäus sind es schon 20, bei Lukas – ohne Berücksichtigung des Anfangs der Apostelgeschichte – 53 Verse. Die zwei diesbezüglichen Kapitel des Johannesevangeliums sind noch länger und vor allem viel reicher ausgestaltet. In enkratitischen und gnostischen Evangelien des 2. Jh. wird dann sogar die gesamte, in festen Traditionsstücken vorformulierte Verkündigung dem Auferstandenen in den Mund gelegt, so etwa im gnostischen Thomasevangelium. Ebenso geschieht es in der antignostischen Epistula Apostolorum. Der Sachverhalt ist aufschlußreich: Einmal beseitigt zwar ein solches, aus gnostisch-doketischem Denken erwachsenes Verfahren den biographischen Rahmen, weil das diesseitig-leibliche Leben des Herrn seiner Bedeutung entkleidet worden ist. Andererseits aber

steht diese Evangelienform, mögen dabei auch Spruchsammlungen o. dgl.
als Quellen gedient haben, gleichzeitig in der Tradition einer fortschreiten-
den Ausgestaltung der nachösterlichen Biographie, die bei den Synoptikern
beginnt.

Es fehlt auch nicht an Bestrebungen, die Beschreibung des Leben Jesu in
der Periode seiner öffentlichen Wirksamkeit, also zwischen Johannes-Taufe
und Passion, besser zu gliedern und reicher auszugestalten. Das zeigt sich
z. B. in den unterschiedlichen Akzenten, mit denen der Beginn der Wirksamkeit versehen wird – also in der großen Komposition der Bergpredigt bei
Matthäus, in Jesu Auftreten in Nazareth nach dem Bericht von Lc 4 oder im
Wunder von Kana bei Johannes. Auch die Ausgestaltung der Begebenheiten
und Reden auf dem letzten Zug nach Jerusalem weist in diese Richtung. Am
deutlichsten wird diese Tendenz vielleicht im Unterschied zwischen den drei
Jahren, die Johannes, und dem einen Jahr, welches die Synoptiker für die
öffentliche Wirksamkeit annehmen. Diese Divergenz hat im 2. Jahrhundert
n. Chr. eine große Rolle gespielt. Das Problem wurde dadurch erweitert,
daß es Meinungen, vielleicht sogar Evangelienberichte gab, die für Jesu
Wirksamkeit einen weitaus längeren Zeitraum ansetzten und darum die
Passion in die Regierungszeit des Kaisers Claudius verlegten[4]. Das Motiv für
diese Spekulationen war zugleich theologisch und biographisch: Die
Menschwerdung Gottes sollte sich in einem vollständigen, auch die höheren
Altersstufen umfassenden Lebenslauf vollziehen. In denselben Zusammenhang gehören zweifellos Nachrichten vom Aussehen, den besonderen Cha-
raktereigenschaften oder der Berufstätigkeit des Herrn, die für einige sehr
späte Evangelien bezeugt sind[5].

Endlich muß erwähnt werden, daß einige judenchristliche Evangelien,
ähnlich wie das Johannesevangelium, Berichte aus der Jugend Jesu offenbar
bewußt ausschlossen, weil nach Meinung ihrer Verfasser die Herabkunft
Gottes sich in der Taufe, nicht in Empfängnis oder Geburt, vollzogen habe.
Ähnliches gilt auch für Markion[6]. Diese Entscheidung läßt sich im 2. Jahrhundert nur als Stellungnahme zu einer bereits vorhandenen biographischen
Tradition verstehen, welche die Kindheitsgeschichte einschloß.

Aus den vorgelegten Zeugnissen ergibt sich demnach, daß die Biographie
Jesu als Aufgabe für den Schriftsteller bei den Christen des 1. und 2. Jahrhunderts zunehmende Bedeutung gewann, diese Bedeutung aber sich in
einer geprägten, von Generation zu Generation bereicherten literarischen
Form Ausdruck verschaffte. Daß diese geprägte Form um die Wende vom 1.
zum 2. Jahrhundert als verfügbar empfunden wurde, zeigt ihre in vieler

---

[4] Iren.adv.haer. 2,22,3ff.; Mart.Petri et Pauli 18ff. (AAA 1,134ff.); Hippol. in Dan.comm.
4,3.

[5] Hennecke[3]-Schneemelcher, Neutest. Apokryphen I 322–24.

[6] A. v. Harnack, Marcion, Leipzig[2] 1924, 52ff.

Hinsicht »antitraditionelle« Verwendung durch den Verfasser des vierten Evangeliums.

Da nun in demselben Zeitraum auch die Anpassung der Christen an die literarischen Konventionen ihrer Umwelt zunahm, liegt die Frage nahe, ob in irgendeinem Stadium der Entfaltung der Evangelienliteratur das Vorbild der griechischen Biographie, die damals durch hervorragende Werke repräsentiert war, auf diesen Prozeß einwirkte. Das wäre nicht ohne Parallelen in der Geschichte anderer Literaturgattungen der Christen: Die apokryphen Apostelakten des 2.–3. Jahrhunderts verraten den Einfluß der griechischen Romanliteratur, und die frühe Hagiographie des 4. Jahrhunderts steht unter dem Eindruck der Philosophenbiographie. Um die damit aufgeworfene Frage sinnvoll beantworten zu können, muß man freilich zuerst den Begriff der Biographie derart definieren, daß er den literarhistorischen Verhältnissen des 1. und 2. Jahrhunderts n. Chr. angemessen ist. Auch verdient angemerkt zu werden, daß ein solcher Versuch historischer Erklärung dem Entstehen einer literarischen Form oder Gattung, nicht aber dem Phänomen des biographischen Interesses gilt. Für die von uns gewählte Fragestellung besagen also bloße Ähnlichkeiten in der Auswahl, Überlieferung und Darstellung des biographischen Details, die sich auf nichtchristlicher und christlicher Seite feststellen lassen, nicht besonders viel[7].

Der Historiker Arnaldo Momigliano[8] machte vor etlichen Jahren mit Recht darauf aufmerksam, daß die Väter der griechischen Geschichtsschreibung im 5. Jahrhundert v. Chr., Herodot und Thukydides, auf Leben und Wirken großer Einzelpersönlichkeiten in der Darstellung griechischer Geschichte sehr wenig eingehen. Darin liegt ein auffälliger Unterschied zur Historiographie des Alten Orients, wo die Konzentration des Berichtes auf die Taten der Könige als durchgehender Zug notiert werden kann. Auch das Alte Testament enthält bekanntlich umfängliche Beispiele derart personen-

---

[7] Ein gutes Beispiel dafür, wie die bloße Registrierung motivischer Ähnlichkeiten nicht Basis weitreichender literarischer Schlüsse sein darf, bietet F. Pfisters Versuch, den Typ einer kynisch-stoischen Herakles-Biographie als Vorbild der synoptischen Evangelien zu erweisen (ARW 34, 1937, 42–59). Aus Nachrichten über Geburt, Jugend, Taten, Tod und Himmelfahrt des Herakles, die aus Autoren von der archaischen Dichtung bis zur spätkaiserzeitlichen Mythographie zusammengetragen und mit vergleichbaren Stellen des lukanischen Berichtes in Parallele gesetzt werden, erschließt der Verfasser zunächst eine Herakles-Biographie religiös-philosophischer Tendenz und erhebt diese dann zum Vorbild der Form des Evangelienberichtes. Selbst wenn man sich die mit Antisthenes (fr. 22–28 Decleva-Caizzi) einsetzenden Herakles-Schriften kynischer und stoischer Provenienz sämtlich oder teilweise als fiktive Biographien vorstellt – was alles andere als sicher ist – berechtigt doch nichts dazu, aus den oben erwähnten inhaltlichen Parallelen den Schluß vom Aufbau des Lukas-Evangeliums auf dessen zu rekonstruierendes Vorbild zu ziehen. Daß die inhaltlichen Parallelen ihrerseits durch den Verweis auf ähnliche Motive in ganz anderen Zusammenhängen erheblich an Aussagekraft verlieren, sei nur am Rande vermerkt.
[8] A. Momigliano, The Development of Greek Biography, Cambridge Mass. 1971.

bezogener Geschichtsschreibung. So ist es kein Wunder, daß im Werk Herodots diejenigen Partien, die bestimmten Personen gewidmet sind, meist orientalische Überlieferungen wiedergeben, und daß die ersten Beispiele biographie-ähnlicher Literatur, z. B. Memoiren, im östlichen Teil der griechischen Welt, in der Kontaktzone zum Orient, auftauchen[9]. Indessen hat das Vorbild der großen Historiker des 5. Jahrhunderts, die vornehmlich überpersönlichen Faktoren des geschichtlichen Ablaufs ihre Aufmerksamkeit widmeten, die ganze antike Geschichtsschreibung so sehr geprägt, daß die Biographie des einzelnen Staatsmannes oder Feldherrn niemals zu einer anerkannten Form der Historiographie werden konnte. Ganz anders sieht das in der neueren Zeit aus, in der Werke wie die Yorck-Biographie Droysens oder die Richelieu-Biographie C. J. Burckhardts als spezifische, ja klassische Leistungen der Geschichtsschreibung angesehen werden.

Der beschriebene Unterschied ist deshalb besonders bemerkenswert, weil auch in Griechenland seit dem 4. Jahrhundert das Interesse an der herausragenden Einzelperson innerhalb wie außerhalb des politischen Lebens ständig zunahm. Man denke nur an Alexander den Großen und seine Nachfolger oder an die ganz und gar individualethische Zielsetzung der nachklassischen Philosophie. Bereits der Historiker Theopomp verfaßte um die Mitte des 4. Jahrhunderts v.Chr. ein Geschichtswerk über die eigene Zeit, in dem Person und Leistung Philipps II von Makedonien im Mittelpunkt standen und das darum »Philippika« betitelt war[10]. Die darin zum Ausdruck kommende Geschichtsauffassung kann für einen großen Teil der griechischen Geschichtsschreibung nachklassischer Zeit durchaus als repräsentativ gelten. Es ist jedoch festzuhalten, daß derartige auf Personen bezogene Geschichtswerke keineswegs Biographien waren, etwa in dem Sinn, daß im Leben eines großen Einzelnen sich die ganze Epoche wie in einem Hohlspiegel erkennen läßt. Das biographische Element in der nachklassischen Geschichtsschreibung hatte einen anderen Sinn: Die denkwürdigen Ereignisse sollten dadurch verständlicher werden, daß der Leser etwas über Charakter und Lebensumstände der Hauptakteure erfuhr. Diesem Gedanken, der in aller volkstümlich-historischen und anekdotischen Tradition lebendig ist – man denke an die Überlieferungen von Heinrich IV. von Frankreich oder vom »Alten Fritz« –, waren Herodot und Thukydides und in nachklassischer Zeit Polybios offenbar gerade nicht nachgegangen. Die nachklassische Geschichtsschreibung, für die Autoren wie Theopomp, die Alexanderhisto-

---

[9] Helene Homeyer (Philol. 106, 1962, 75ff.) deutet Herodots Erzählungen von Kyros und Kambyses geradezu als Vorstufe der griechischen Biographie und vergleicht sie mit der für Skylax von Karyanda bezeugten Schrift über den Tyrannen Herakleides von Mylasa (Fragmente s. Anm. 10, Nr. 709 T 1).

[10] Fragmente bei F. Jacoby, Die Fragmente der griech. Historiker II[B], Leiden 1962 Nr. 115 F 24ff.

riker oder Duris von Samos stehen, stellt sich mit ihrem besonderen Interesse am handelnden Individuum an die Seite vor- und außerliterarischer Überlieferung, ebenso wie die historiographische Literatur des Alten Orients. Die von 1. Sam. 16 bis 1. Kön. 2 reichende Geschichtserzählung kann man – ganz unabhängig von aller Quellenanalyse – zwanglos als historische Biographie Davids verstehen, in der aus Schicksal und Charakter des Königs die Ereignisse ihre Erklärung finden.

Genau an diesem Punkt aber, nämlich der Erklärung denkwürdiger, in die Gegenwart fortwirkender Taten durch Informationen über Charakter und Lebensumstände der Akteure, liegt nach griechischer Auffassung der Unterschied zwischen Biographie und Geschichtsschreibung. Dieser Unterschied verhinderte, daß die Biographie bei den Griechen jemals zu einer anerkannten Form der Geschichtsschreibung wurde, trotz aller Aufmerksamkeit, die man gerade in nachklassischer Zeit der Rolle des Individuums im historischen Prozeß zuwandte.

In der Zeit um 100 n. Chr. äußerte sich Plutarch zu eben dieser Frage, und zwar in der Einleitung zur Biographie Alexanders des Großen, also einer besonders bedeutsamen geschichtlichen Gestalt[11]. Plutarch betont nachdrücklich, daß er Biographien und keine Geschichtswerke abfasse und darum niemand erwarten solle, nun die Taten Alexanders vollständig und korrekt erzählt zu bekommen.

Es war ein solcher Hinweis wohl schon deshalb bedeutsam, weil Plutarch durchweg auf historiographische Quellen angewiesen war, die vor allem Alexanders Feldzüge zum Inhalt hatten.

Die Bedeutung des statuierten Unterschiedes reicht aber weiter. Plutarch versichert, daß unscheinbare, oft nur anekdotisch überlieferte Begebenheiten das Wesen des Titelhelden viel besser illustrieren als die großen Taten, die den Historiker angehen. Der griechische Biograph interessiert sich eben nicht für das Privatleben seines Helden, weil daraus Erklärungen seiner geschichtlich bedeutsamen Leistungen zu erhoffen sind. Dieses wäre das Motiv des Historikers, auf biographische Details zu achten. Der Biograph studiert umgekehrt die Handlungen seines Helden, um daraus Schlüsse auf sein Wesen zu ziehen, und in dieser Hinsicht sind Alltäglichkeiten aufschlußreicher als große Taten.

Daß aus Taten (ἔργα) auf das Wesen (τρόποι) eines Menschen zu schließen sei, ist ein Gedanke, der für die formale Gestaltung der Gattung des Enkomion konstitutiv geworden ist[12]. Freilich geht es den Enkomiasten nicht um das vollständige Persönlichkeitsbild, sondern um dessen preiswürdige Züge. Darum ist es ihm weder an der vollständigen Erfassung des Lebenslaufes

---

[11] Plut. Alex. 1.
[12] Xen. Ages. 1,6; ähnlich Isoc. Euag. 65.

noch an der chronologischen Abfolge der Ereignisse gelegen, und für die Würdigung der Größe des Helden haben die Quisquilien des Alltags wenig Bedeutung. Plutarch hingegen will offenbar ein vollständiges Bild vom Charakter seines Helden gewinnen, das auf der Ebene der Alltagserfahrung seiner Leser liegt. Gerade das aber erfordert die möglichst vollständige Erfassung des privaten Lebenslaufes, und Plutarch scheint überzeugt zu sein, daß dieses auf Grund historischer Quellen auch bei Königen ferner Länder oder Kriegshelden weit zurückliegender Epochen möglich ist. Eben deshalb aber ist es für den Leser einer Alexanderbiographie wichtiger zu wissen, wie er sich räusperte und spuckte, als seine weltbewegenden Taten erzählt und erläutert zu erhalten.

Der von Plutarch vorausgesetzte Sinn biographischer Schriftstellerei ist nur verständlich, wenn an ein literarisches Lebensbild die Forderung gestellt wird, es müsse ein moralisches Exempel enthalten, das ungeachtet aller zeitlichen oder sozialen Differenzen der Alltagserfahrung des Lesers kommensurabel sei und darum seiner moralischen Erziehung dienen könne. Plutarch hat diese Aufgabe ernst genommen und in ihr die eigentliche Aufgabe biographischer Schriftstellerei gesehen: In der Einleitung zu den Biographien zweier wenig angenehmer Gestalten bezeichnet er diese ausdrücklich als negative moralische Exempel[13] und rechtfertigt damit die getroffene Auswahl.

Wenn man aus dem, was ältere historiographische Literatur über herausragende Personen überliefert, pädagogische Exempel für eine private, im Leben des Lesers zu praktizierende Moral gewinnen möchte, geht das nicht ohne Auslassungen und Hinzufügungen ab. Das wußte auch Plutarch, zumal es in jener Zeit schon eine reiche Tradition der Technik biographischer Erfindung – z. B. auf dem Wege der Schlußfolgerung aus den Schriften des Helden – gab[14]. So macht er dem Leser seiner Solon-Biographie deutlich, daß die durch Herodots Erzählung berühmte Begegnung des weisen Atheners mit dem reichen Lyderkönig Kroisos aus chronologischen Gründen schwerlich stattfinden konnte. Er will jedoch wegen der moralisch-pädagogischen Zielsetzung seines Werkes diese Begebenheit nicht auslassen[15].

Plutarchs Biographien gehören also in den Umkreis moralischer Theorie und Paränese, und dasselbe galt für viele andere, uns nur noch indirekt erkennbare Biographien.

Das griechische Wort *βίος* bezeichnet nicht nur die Lebensspanne oder den Lebenslauf, sondern auch den Lebensunterhalt und die Lebensform. Ein Werk mit dem Titel *βίοι* oder *βίος τοῦ δεῖνα* kann also ebensowohl Schilderun-

---

[13] Plut. Demetr. 1; ähnlich Sertor. 10.
[14] Janet Fairweather, Ancient Society 5, 1974, 231–275; Mary R. Lefkowitz, Class. Quart. 28, 1978, 459–469.
[15] Plut. Sol. 27.

gen einzelner Lebensläufe wie die Beschreibung bestimmter Lebensweisen, also etwa des politischen oder des kontemplativen Lebens enthalten. Es kann ein solcher Titel aber auch andeuten, daß wie in der Sokrates- und der Pythagoras-Vita des Peripatetikers Aristoxenos aus dem späten 4. Jh. v.Chr. individuelle Lebensläufe als Beispiel verschiedener Lebensformen erzählt werden[16]. Dasselbe gilt mutatis mutandis für die Biographie, die Nikolaos von Damaskos, der Hofhistoriograph Herodes des Großen, vom Kaiser Augustus anfertigte[17]. Auch hier geht es nicht im Sinn eines Geschichtswerkes um das Thema »Augustus und seine Zeit«, vielmehr wird das Leben des Kaisers, in diesem Fall in enkomiastischer Absicht, als individuelle Verwirklichung zeitloser sittlicher Werte dargestellt. Man kann demnach die griechische Biographie als literarische Gattung nicht einfach durch die Aussage definieren, sie beschreibe Lebensläufe vollständig und mit chronistischer Sorgfalt. Nicht die detailierte Wiedergabe eines Lebensablaufes interessiert den Biographen, sondern die Verwirklichung moralisch bewerteter Handlungsweisen im Laufe eines nur unter diesem Gesichtspunkt als Einheit erfaßten Menschenlebens.

Es liegt der so definierten Literaturgattung, wie man aus vielen Formulierungen Plutarchs entnehmen kann, ein sehr spezifisches Bild vom Menschen zugrunde. Wichtig ist dabei zunächst die Voraussetzung, daß die Menschennatur vom geschichtlichen Wandel nicht berührt wird. Platon und Caesar, Solon und Sulla lassen sich in denselben anthropologischen und moralischen Kategorien beschreiben, weil sie ihr Leben auf Grund derselben natürlichen Voraussetzungen gestaltet haben.

Freilich verteilt die Natur ihre Gaben innerhalb des gleichbleibenden Spielraumes sehr ungleich, und ungleich sind deshalb auch die Menschen. Die natürlichen Anlagen sind nun zwar Grundlagen des Gebäudes von Eigenschaften, das der Mensch im Laufe seines Lebens errichtet, entziehen sich jedoch selbst jedem moralischen Urteil. Dieses richtet sich allein auf die guten und schlechten Verhaltensweisen, die ἤθη, des Menschen. Sie entstehen, indem der Mensch im Lebensvollzug fortgesetzt seine natürlichen Gaben benutzt, um in bewußten, also von Entscheidungen des Verstandes gelenkten Handlungen (πράξεις) auf das zu reagieren, was ihm aus der Umwelt widerfährt (πάθη). Die Gesamtheit der durch ständiges Handeln gebildeten und verfestigten Verhaltensweisen (ἕξεις) ergibt dann das, was man mit einem modernen Wort den Charakter des Menschen nennt[18]. Hier-

---

[16] Fragmente bei F. Wehrli, Die Schule des Aristoteles II (Aristoxenos) Basel 1945, fr. 11–41; 51–60.   [17] Fragmente bei Jacoby (s. o. Anm. 10) Nr. 90 F 126 ff.

[18] Die berühmten »Charaktere« Theophrasts enthalten gerade keine Personen- oder Charakterbilder in unserem Sinn, sondern Beschreibungen einzelner, und zwar extremer Handlungsweisen. Darum stehen sie der Komödie und ihren Typen auch näher als der philosophischen Ethik und Psychologie.

für kannten die Griechen nur den pluralischen Ausdruck τὰ ἤϑη, die Handlungsweisen. Für diese ist der Mensch in vollem Umfang verantwortlich, hier unterliegt er dem moralischen Urteil, denn die Natur hat ihm die Möglichkeit gegeben, alle seine Handlungen durch die Vernunft zu lenken. Dem sozialen Umfeld, in dem sich ein Menschenleben vollzieht, gelten keine besonderen Überlegungen des Biographen. Natürlich kommen in einem Lebensbericht immer auch die Beziehungen zur Sprache, die eine Person mit anderen unterhalten hat. Aber von Interesse sind sie für den Biographen von der Art Plutarchs nur, insofern sie Einblick in Wesen und Wandel der sittlichen Persönlichkeit des Titelhelden gewähren. Das entspricht genau dem ethischen Individualismus aller hellenistischen Philosophie. Zwar haben alle Philosophenschulen z. T. sehr weitgehende soziale Forderungen in ihre Ethik aufgenommen. Aber die Regeln für den Umgang mit dem Mitmenschen sollen den Einzelnen seiner naturgewollten Vollkommenheit, dem eigentlichen Ziel sittlichen Bemühens, näherbringen.

Wer sich ein wenig in der antiken Philosophie auskennt, wird in dieser für den Aufbau einer plutarchischen Biographie maßgebenden Lehre vom Menschen die Handschrift des Aristoteles erkennen[19]. Dazu stimmt, was wir von Peripatetikern, also Angehörigen der Schule des Aristoteles, aus der Frühzeit der biographischen Schriftstellerei im 4. Jahrhundert v.Chr. erfahren.

Fast für alle frühen Peripatetiker, deren Fragmente Fritz Wehrli gesammelt hat (s. o. Anm. 16), sind Schriften mit dem Titel βίος, βίοι, περὶ βίων u. dgl. bezeugt. Nicht immer freilich lassen die Fragmente oder Titelangaben erkennen, ob es sich um Beschreibungen individueller Lebensläufe, abstrakt formulierte[20] oder an einzelnen Lebensschicksalen[21] exemplifizierte Erörterungen bestimmter Lebenstypen oder um historisch-antiquarische Darlegungen an Hand der Überlieferung von einzelnen Personen handelte[22]. Immerhin wird deutlich, daß schon in der Frühzeit des Peripatos die biographische Behandlung politisch-historisch und literarhistorisch[23] interessanter Personen aufkam, die reiche biographische Literatur der von philosophischen Interessen unberührten Schriftsteller und Antiquare des späten 3. und 2. Jahrhundert v.Chr. (Satyros, Antigonos von Karystos, Hermippos, Herakleides Lembos) also an Vorbilder aus dem 4. und frühen 3. Jahrhundert

---

[19] Dazu A. Dihle, Studien zur griechischen Biographie, Göttingen ²1970, sowie J. R. Hamilton, Plutarch Alexander – A Commentary, Oxford 1969, XXXVII ff.

[20] So z. B. Theophrast. ap. Diog. Laert. 5, 42 und Straton fr. 18 W.

[21] Z. B. Aristoxenos fr. 26–32 W. u. Dikaiarch fr. 25–46 W. Besonders ausgeprägt findet sich dieser Typus in der Pythagoras-Tradition, wo sich die Nacherzählung der biographischen Pythagoras-Legende und die Beschreibung pythagoreisch regulierter Lebensweise einander durchdringen oder ablösen.

[22] Besonders schwer zu beurteilen sind in dieser Hinsicht die einschlägigen Fragmente des Klearch (fr. 37–62 W.) und des Hieronymos von Rhodos (fr. 34–49 W.).

[23] Das erste gilt für Phainias fr. 20–28 W., das zweite für die Dichterbiographien des Chamaileon fr. 23–43 W.

v.Chr. anknüpfen konnte. Natürlich aber gab es weiterhin biographische Traditionen innerhalb der philosophischen Literatur, etwa dem Alexandriner Sotion, auf dessen Biographien die heute noch gültigen Vorstellungen von den Schulzusammenhängen der nachsokratischen Philosophie zurückgehen oder die vielen Gewährsleute der Epikur-Biographie im Sammelwerk des Diogenes Laertios und der verschiedenen erhaltenen Aristoteles-Biographien.

Leider bietet die Überlieferung der biographischen Literatur des Hellenismus und der Kaiserzeit das Bild eines einzigen großen Trümmerfeldes, aus dem nur Plutarchs Biographien als vollständige Denkmäler herausragen. Es kann darum keine Rede davon sein, daß man sich mit einiger Zuversicht an eine Rekonstruktion der Geschichte dieser Literaturgattung und ihrer formalen Entwicklung begeben könnte. Unbestreitbar ist nur, daß die Viten Plutarchs eine hochentwickelte literarische Form besitzen und sich dadurch von allen übrigen erhaltenen Lebensbeschreibungen in der griechischen Literatur unterscheiden, und daß diese Form untrennbar mit einer Auffassung vom Wesen des Menschen zusammenhängt, die, obgleich in den Grundzügen sehr alten gemeingriechischen Vorstellungen entsprechend, in der aristotelischen Ethik ihre Theorie erhalten hatte. Nimmt man hinzu, daß in hellenistischer Zeit immer wieder Literaten wie Satyros, die sich u. a. durch die Abfassung von Biographien einen Namen gemacht hatten, in unserer Überlieferung Peripatetiker genannt werden, ohne daß man bei ihnen irgendeine nähere Beziehung zur Schule des Aristoteles nachweisen kann, liegt der Schluß nahe, daß die enge und sehr spezifische Verbindung der literarischen Form und der ethisch-anthropologischen Konzeptionen des Peripatos, die den Biographien Plutarchs ihr Gepräge gibt, zur Tradition dieser literarischen Gattung gehört und nicht nur als Eigentum des Autors anzusehen ist. Gerade der Vergleich mit den zahlreichen kunstlosen Lebensbeschreibungen von Dichtern und Philosophen, die sich aus der griechisch-römischen Antike erhalten haben, läßt die Sonderstellung der Plutarch-Viten deutlich hervortreten (s. u. 395 ff.). Daß aber dieser Unterschied in der Ausbildung der Form nicht oder doch nicht primär, wie einst Friedrich Leo meinte, mit einer prinzipiell unterschiedlichen Behandlung politisch-historisch und literarisch-philosophisch bedeutsamer Gestalten zusammenhängt, zeigen schon kunstlose Kurzbiographien ptolemäischer Könige, die ein Papyrus zutage gebracht hat (P. Haun. p. 37). Das Vorwiegen literarisch hervorgetretener Personen bei den formlosen Biographien läßt sich sehr einfach damit erklären, daß diese in erheblich größerem Umfang Objekte gelehrter philologischer Untersuchung waren, deren Ergebnisse in aller Regel kunstlos festgehalten und weitergegeben wurden[24].

---

[24] Vgl. I. Gallo, Un nuovo frammento di Cameleonte e il problema della »biografia grammaticale« allessandrina: Vietriana N.S. 2, 1973, 241–246.

Die bei Plutarch dokumentierte literarische Gattung einer kunstmäßigen Biographie jedenfalls beruht auf bestimmten anthropologischen Grundvorstellungen, die oben geschildert wurden[25]. Ihr unpolitischer, ungeschichtlicher, privater Charakter ergibt sich aus dem Naturalismus und Individualismus, der die gesamte Ethik der hellenistischen Philosophie bestimmt, und diese konzeptuellen und inhaltlichen Eigenschaften der griechischen Biographie des plutarchischen Typus beeinflussen auch die Regeln ihrer Formgebung.

Herkunft, Familie und Kindheit behandelt eine solche Biographie meist recht ausgiebig, weil nur Informationen dieser Art Rückschlüsse auf die Anlagen des Dargestellten, auf seine unverfälschte Natur gestatten. Solche Schlüsse werden denn auch in den entsprechenden Abschnitten immer wieder ausdrücklich gezogen. Der Bericht über Lehrer und Erziehung kann deshalb gleichfalls größeren Raum beanspruchen, weil bei ihnen die Herausbildung der sittlichen Verhaltensweisen beginnt.

Recht ausführlich erzählt der Biograph üblicherweise auch von der letzten Lebensphase und vom Tod seines Helden, weil hier Anlaß gegeben ist, die Summe zu ziehen, und zwar im Sinn einer Bestandsaufnahme der sittlichen Verhaltensweisen, ob gut oder schlecht, die im Laufe dieses Lebens in Erscheinung traten und sich nunmehr nicht mehr ändern können.

Wo es Quellen und das beim Leser vorauszusetzende Interesse gestatten, werden die Begebenheiten zwischen Kindheit und Tod zwar im allgemeinen chronologisch erzählt. Das gilt bezeichnenderweise nicht für diejenigen griechischen Lebensskizzen, die nur lexikalische, nicht aber moralisch-pädagogische Bedürfnisse erfüllen, etwa in der Einleitung zur Werksausgabe eines Dichters oder Nachschlagewerken. Dort verwirren Verzeichnisse der Bücher, systematische Darstellungen philosophischer Lehren, Kataloge der Freunde o. dgl. häufig den chronologischen Ablauf. Aber selbst in literarisch geformten Biographien, wie sie Plutarch verfaßte, überwiegt gelegentlich das Interesse am Entstehen und Funktionieren sittlicher Eigenschaften die chronologische Sorgfalt so sehr, daß unter moralischem Gesichtspunkt vergleichbare Episoden auch gegen die Zeitabfolge zusammenrücken.

Die Auswahl und Gewichtung der eigentlichen Lebensereignisse in einer plutarchischen Biographie dienen ganz dem Ziel, den sittlichen Werdegang des Helden zu dokumentieren. Das versucht Plutarch selbst dort, wo seine Quellen nur Haupt- und Staatsaktionen boten. Zwar kann er es sich zuweilen nicht versagen, glänzende Schlachtschilderungen u. dgl. ausführlich nachzuerzählen[26]. Immer aber achtet er auf das Auftauchen neuer Verhal-

---

[25] Vgl. ferner B. Bucher-Isler, Norm und Individualität in den Biographien Plutarchs, Bern 1972.

[26] So etwa die Beschreibung der Schlacht von Carrhae i. J. 53 v. Chr. bei Plutarch (Crass. 29 ff.).

tensweisen seines Helden, und auch dort, wo diese vornehmlich militärische oder politische Bedeutung haben, sucht er sie mit Ereignissen in der Privatsphäre ursächlich zu verknüpfen[27]. Immer wieder zeigt sich hier das spezifische Interesse des Biographen, dem es nicht um die Größe, sondern um den moralischen Zeugniswert der Handlungen geht. Nicht der Hinweis auf Charakterzüge soll Taten erklären, vielmehr sollen aus Handlungen Charakterzüge hergeleitet werden.

Natürlich gab es im weiten Feld der griechischen Literatur neben diesem Typus der Biographie viele andere Texte ganz oder teilweise biographischen Inhalts. Von den informationsreichen Kurzbiographien, den Personenartikeln unserer Konversationslexika vergleichbar, war schon die Rede. Sie sind besonders zahlreich als Dichter- und Philosophenbiographien vertreten, wobei freilich die Überlieferung vom Leben einzelner Philosophen, etwa Platons und Epikurs[28], pietätvoll enkomiastische Züge trägt und damit Ansatzpunkte zu höherer Stilisierung besitzt. Daneben finden wir biographische Exkurse in Geschichtswerken, Memoiren und andere Berichte autobiographischen Inhalts, Lobreden auf Lebende oder Tote, in denen biographische Information nach Eigenschaften geordnet dargeboten wird, Erzählungen von Gestalt und Leben fiktiver Personen sowie von vielen literarischen und historischen Personen eine überreiche anekdotische Tradition[29], die mit biographischen Hinweisen durchsetzt ist u. a. m.

Die Fülle der Verschiedenartigkeit dieser Textarten hat immer wieder diejenigen verwirrt, die sich um eine literartheoretische Einordnung der griechischen Biographie bemühten[30], und erst jüngst machte man den Vorschlag, auf die Annahme einer distinkten Gattung »Biographie« in der griechischen Literatur überhaupt zu verzichten[31]. Das erscheint um so berechtigter, als die antike Literaturtheorie von der Biographie kaum Notiz genommen zu haben scheint. Die Äußerungen Plutarchs zum Unterschied

---

[27] So Dihle aaO. (o. Anm. 19) 57 ff. Skeptisch A. Momigliano, Meded. Kon. Ned. Akad. Letterkd. 34, 1971 Nr. 7.

[28] Die biographisch-enkomiastische Platon-Tradition in der Akademie beginnt mit dem Platon-Schüler Hermodoros (Diog. Laert. 2, 106), und die Epikur-Biographie bei Diogenes Laertios (10,1 ff.) gibt Einblick in eine reiche Überlieferung innerhalb wie außerhalb der Schule dieses Philosophen.

[29] Zur Rolle der Anekdote in der biographischen Tradition vgl. I. Gallo, L'origine e lo sviluppo della biografia greca = Quad. Urb. 18, 1974, 182.

[30] Zuerst F. Leo, Die griechisch-römische Biographie nach ihrer literarischen Form, Leipzig 1901. Leos Hauptthese, es habe jeweils nur eine Grundform der Biographie für Gestalten der politischen Geschichte und des literarischen Lebens gegeben, wurde sehr bald durch Papyrusfunde widerlegt. Vgl. Satiro, Vita di Euripide ed. G. Arrighetti, Pisa 1964, 5 ff.

[31] Wenn Josephus die nach ihrer Lebensführung voneinander unterschiedenen jüdischen Sekten seiner Zeit für ein griechisches Lesepublikum als »Philosophien« charakterisierte, war das unter den Bedingungen des 1. Jahrhunderts n. Chr. gar nicht abwegig (Bell. 2,118; Ant. 18,11 u. ö.). Zum antiken Philosophie-Begriff vgl. A. M. Malingrey, Philosophia, Paris 1961.

zwischen Biographie und Geschichtsschreibung haben Seltenheitswert.
Während es über die verschiedenen Arten der Rede und der Geschichtsschreibung, über Enkomiastik und Epistolographie, Fabel, Ekphrasis, Dialog und andere Formen stilisierter Prosa so viele Darlegungen in den rhetorisch-literarischen Werken der Antike gibt, daß daraus die formale Bestimmung der jeweiligen Gattung fast immer unschwer abzuleiten ist, scheinen
die Rhetorik und Literaturtheorie der Antike der Biographie den Rang einer
Gattung, die sich nach Regeln der Formgebung bestimmen läßt, niemals
zuerkannt zu haben. In der Tat zeichnet sich ja auch die große Masse
erhaltener griechischer Lebensbeschreibungen durch große Formlosigkeit
aus. Das lehrt schon ein Blick in das Werk des Diogenes Laertios oder in eine
der Viten, wie sie oftmals in den mittelalterlichen Handschriften den Werken eines Dichters oder Prosaschriftstellers vorangeschickt sind. Die Auf-
häufung des Überlieferungsstoffes verschiedenster Herkunft erfolgt, ob mit
oder ohne Quellenangabe, meist völlig ohne Rücksicht auf die Ausformung
der jeweils vorliegenden Endfassung. Es handelt sich eben um formlose
Weitergabe gelehrten Materials. Natürlich bieten sich für derartige Stoff-
sammlungen auch Dispositionsschemata an: Wo etwa die biographische
Überlieferung vornehmlich aus Anekdoten besteht, wie etwa im Fall des
Diogenes (Diog.Laert. 6,20ff.), lag es nahe, das zwar biographisch interessante, aber chronologisch indifferente Material mit den Notizen über Geburt
bzw. Herkunft und Tod des Helden einzurahmen. (Das ergibt eine auf den
ersten Blick ähnliche Form wie die des Markus-Evangeliums[32]). Wo dagegen
Lehre oder literarische Werke der Titelfigur im Vordergrund des Interesses
standen, bot sich für den Haupt- und Mittelteil zwischen Herkunft und
Jugend einerseits, Tod, Testament und Grabtradition andererseits die systematische Darlegung der Lehre, die Aufzählung der Werke, die Erörterung
der Schüler- und Lehrverhältnisse an. Dieses Schema findet sich bei Diogenes Laertios besonders häufig. Aber keines der beiden Schemata wird durchweg und sklavisch befolgt. Man sieht das bei Diogenes Laertios z. B. in der
Sokrates-Vita, für die eine genaue Befolgung des erstgenannten sehr geeignet gewesen wäre. Vor allem aber läßt sich nirgends erkennen, daß solche
Dispositionsschemata in dem Sinn zu Regeln literarischer Formgebung
geworden wären, daß mit ihrer Hilfe eine formale Ausgewogenheit der
Darstellung erreicht werden sollte, die ästhetischen Anforderungen genügt.
Die Schemata werden in sehr beliebiger Weise abgewandelt, und an biographischem Stoff wird ohne Rücksicht auf irgendwelche Formgesetze das
mitgeteilt, was dem Biographen zur Verfügung steht bzw. was er für
mitteilenswert hält. Gerade das, was an Philosophenbiographien erhalten
ist, zeichnet sich durch diese, man möchte sagen prinzipielle, Formlosigkeit

---

[32] Auf diese Parallele verwies mich freundlicherweise Olof Gigon.

aus, und anders als im Fall der Evangelienliteratur läßt sich nirgends eine signifikante Fortbildung oder -entwicklung der genannten Dispositionsschemata nachweisen. Das ändert sich erst im Neuplatonismus, als die bei Plotin auftauchende, von Porphyrios systematisierte Lehre von den stufenweise angeordneten Tugenden zum Gerüst exemplarischer Philosophenbiographien wurde, am eindrucksvollsten in der Proklos-Biographie des Marinos. Noch Porpyrios' Plotin-Vita steht demgegenüber in der Tradition der Philosophenbiographie, die Lebensumstände als Teil einer Einführung in Lehre und schriftlichen Nachlaß des Titelhelden mitteilt, wie das z. B. auch für die erhaltenen und rekonstruierbaren Aristoteles-Viten gilt[33]. Gerade aus der hellenistisch-kaiserzeitlichen Philosophen- und auch Dichterbiographie gewinnt man also schwerlich Hinweise auf das, was möglicherweise im 1. oder 2. Jahrhundert n. Chr. als Biographie im Sinn einer literarischen Gattung verstanden wurde. Daß Plutarch aber ein solcher Gattungsbegriff vorgegeben war, als er seine Viten scharf von der Historiographie abgrenzte, dürfte alle Wahrscheinlichkeit für sich haben, denn diese Werke sind sorgfältig komponiert und stilisiert.

Der negative Befund bei der Philosophenbiographie zusammen mit der oben genannten Vielzahl von Textarten mehr oder weniger biographischen Charakters sollte aber doch die Resignation nicht so weit treiben, daß man auf den Versuch völlig verzichtete, eine im 1. und 2. Jahrhundert n. Chr. produktive literarische Gattung der Biographie zu bestimmen.

Unter allen den genannten, in sehr verschiedenem Grade durchstilisierten Textformen gibt es keine, die ihre Entstehung ausschließlich biographischem Interesse verdankt. Sie teilen diese Eigentümlichkeit mit der vor- und außerliterarischen Überlieferung biographisch-anekdotischen Charakters: Hier wie dort geht es um biographische Implikationen oder biographische Erläuterungen von Denkwürdigkeiten, die auch und sogar vornehmlich aus anderen Gründen der Darstellung wert sind. Die anekdotische Überlieferung, die das Bild großer Feldherren, Gesetzgeber, Dichter, Philosophen oder Herrscher bewahrt, wird um der bleibenden Bedeutung ihres Werkes willen gepflegt, nicht wegen eines exklusiven Interesses an ihrem Lebenslauf. Allein in derjenigen Art der Biographie, die uns bei Plutarch entgegentritt, dominiert das biographische Interesse in der Weise, daß die moralischen Phänomene, die dem Autor wichtig sind, nicht anders als durch den in seiner Gesamtheit erfaßten und ausgewerteten, wenn auch nicht notwendigerweise vollständig nacherzählten Lebenslauf demonstriert werden können. Eben dieser Ansatz war für die Ethik der gesamten nachsokratischen Philosophie bezeichnend: Seit Sokrates hatte es in der Philosophie nicht

---

[33] Hierzu umfassend I. Düring, Aristotle in the Ancient Biographical Tradition, Göteborg 1957.

mehr mit dem Denken, Lehren und Lernen sein Bewenden, Philosophie mußte gelebt werden, und zwar bis an das Lebensende, denn ein Leben ohne ständige Rechenschaftsablage hatte Platon im Gefolge des Sokrates für nicht lebenswert erklärt (apol. 38A). Sokrates war durch sein Leben und Sterben zum philosophischen Lehrer geworden, die Philosophie dementsprechend zur ars vitae, die von philosophischen Schulen nur als Lebensgemeinschaften weitergepflegt werden konnte. Der Wert jeder Philosophie ließ sich fortan nur am Lebensvollzug selbst erweisen[34].

Diese moralphilosophische Grundüberzeugung führte, auf literarische Lebensbeschreibungen angewendet, zu Gestaltungsprinzipien und -regeln, die eben nur der Biographie des plutarchischen Typus den Rang einer literarischen Gattung verschaffen[35]. Die meisten anderen Textformen, die man immer wieder als Biographien bezeichnet oder doch in die Geschichte der Biographie eingeordnet hat, besitzen die Kriterien nicht, nach denen sie einer als Biographie bezeichneten Gattung zugeordnet werden könnten. Gelegentlich, etwa bei den Enkomien des Isokrates und Xenophon, reichen formale Kriterien und äußere Zeugnisse aus, um eine distinkte literarische Gattung zu erkennen, doch ist es gerade nicht die Gattung der Biographie[36].

Ist nun die für Plutarch zu erschließende literarische Gattung für uns nur noch durch dessen Viten repräsentiert?

Was die literarische Formung eines Lebensberichtes angeht, so sind auch noch andere griechische Werke erhalten oder greifbar, die dieses Phänomen bezeugen. Aus dem späten 3. Jahrhundert v.Chr. kennt man durch einen Papyrusfund Teile der Euripides-Vita des vor allem durch seine biographische Tätigkeit berühmten alexandrinischen Literaten Satyros[37]. Sie war als Dialog stilisiert, suchte also durchaus höheren literarischen Ansprüchen zu genügen. Der Umfang des Erhaltenen gestattet jedoch nicht eine Antwort auf die Frage, ob die Herausbildung eines Charakters ($\tilde{\eta}\vartheta\eta$) in den Handlungen des Titelhelden auf ähnliche Weise als Gestaltungsprinzip wirksam war wie in den Viten Plutarchs. Die Methode, aus Handlungen des Dargestellten auf seine Eigenschaften zu schließen bzw. die Eigenschaften durch Handlungen anschaulich zu machen, ist natürlich auch bei Satyros anzutreffen, aber kein Spezifikum biographischer Schriftstellerei. Was aber Satyros an biographischen Details auswählt, aus den Tragödien des Dichters und aus Komikerzitaten erschließt oder einfach erfindet, läßt eigentlich nicht darauf schließen, daß ihm moralphilosophisches oder charakterologisches Interesse die Feder führte[38].

---

[34] Vgl. A. Dihle (o. Anm. 19) aaO. 3ff.
[35] A. Dihle aaO. (o. Anm. 19) 88ff. mit einer Analyse der plutarchischen Lebensbeschreibung des Spartanerkönigs Kleomenes. [36] A. Dihle aaO. (o. Anm. 19) 27ff.
[37] Letzte Ausgabe s. o. Anm. 30.
[38] Dazu Mary R. Lefkowitz, Gr.Rom.Byz.Stud. 20, 1979, 187–210.

Reichlich 100 Jahre vor Plutarch entstand die schon oben S. 392 erwähnte Augustus-Biographie des Nikolaos von Damaskus, die sich unter allen erhaltenen Zeugnissen griechischer biographischer Kunst am ehesten Plutarchs Viten an die Seite stellen läßt, ohne daß freilich der Umfang des Erhaltenen bindende Schlüsse aus einem Vergleich gestattet.

Aus der Zeit nach Plutarch haben sich ein paar Werke biographischen Inhaltes erhalten, die gleichfalls literarisch durchstilisiert sind. Es handelt sich um die Beschreibungen, die Lukian vom Wirken des Demonax, des Peregrinos Proteus und des Alexander von Abunoteichos in der zweiten Hälfte des 2. Jahrhunderts n. Chr. verfaßte, sowie um die umfangreiche Vita des Wundertäters Apollonios aus dem späten 1. Jahrhundert n. Chr., die Philostrat am Beginn des 3. Jahrhunderts n. Chr. veröffentlichte. Die sogenannten Vitae Sophistarum desselben Verfassers sind deshalb von geringerem Interesse, weil es in diesem Werk mehr um die Geschichte der Zweiten Sophistik als um die Persönlichkeiten der Sophisten geht.

Unter den genannten Schriften Lukians ist der »Demonax« am ehesten im vorliegenden Zusammenhang heranzuziehen, wenn auch das im engeren Sinn biographische Element durch ein enkomiastisches überlagert wird, weil der große Spötter diesem Kyniker offensichtlich ganz aufrichtige Verehrung entgegengebracht hat. Das für dieses Leben herangezogene Beispiel des Sokrates (11) und auch die Ausflüge ins Übersinnlich-Wunderbare (1;11) erschweren den Vergleich mit Plutarch zusätzlich. Immerhin finden sich der ausdrückliche Hinweis auf den Zweck der Schrift als moralisches Exempel (2f.), die kurze Schilderung des Werdens der Persönlichkeit des Titelhelden auf Grund natürlicher Veranlagung (3) und Erziehung (4f.), sowie eine ausführlichere Erzählung der Ereignisse um seinen Tod (63ff.). Den weitaus größten Teil der Schrift aber füllen die chronologisch indifferenten, wenn auch gelegentlich mit biographischem Detail verknüpften Anekdoten und Aussprüche (12–62), unter denen sich freilich auch manche auf den Titelhelden übertragene Wanderanekdoten der kynischen Tradition befinden[39]. Immerhin ist die Ähnlichkeit zum Markus-Evangelium im Aufbau unverkennbar, während die zu erschließenden moralisch-anthropologischen Richtwerte, aus denen das Werk seine Legitimation bezieht, an Plutarch erinnern. Freilich, vom lebenslangen Werden einer Persönlichkeit im Vollzug ihres Handelns erfährt man nichts, und insofern ist schon die literarische Klassifizierung der Schrift als Biographie fragwürdig.

Viel schwieriger liegen die Dinge beim »Peregrinos Proteus« und beim »Alexandros«. In beiden Fällen handelt es sich um boshaft-polemische Schriften, deren Witz in einer vielschichtigen Parodie liegt, die sich nur zum kleinen Teil auf die literarische Form der Lebensbeschreibung bezieht. Gera-

---

[39] J. Bompaire, Lucien écrivain, Paris 1958, 514f.

de in dieser Vielschichtigkeit erweist sich das rhetorisch-literarische Können des Autors, wie es Bompaire (o. Anm. 39) analysiert hat. Die Ähnlichkeiten zwischen Philostrats Apollonios-Vita und den beiden genannten Werken Lukians beruhen darauf, daß sich Philostrat ernsthaft, Lukian parodistisch an der Tradition der Pythagoras-Biographie orientieren, in der sich die wunderbaren Lebens- und Reisegeschichten des alten Wundertäters mit der exemplarischen Beschreibung pythagoreischer Lebensweise verbinden. Im »Peregrinos Proteus« wird aber zusätzlich auch die Sokrates-Tradition (12)[40], im »Alexandros« der damals schon seit langem blühende legendäre Zweig der Tradition von den Taten des großen Makedonenkönigs als Bezugspunkte der Parodie[41] herangezogen. Dabei mag die Verknüpfung von Pythagoras- und Alexander-Legende Lukian durchaus schon vorgegeben gewesen sein, denn man findet sie – in ernster, erbaulicher Absicht – eben auch in der Apollonios-Vita Philostrats. Endlich darf man die mögliche Einwirkung des Romans nicht außer Acht lassen, dessen literarische Tradition nach unserer Kenntnis in späthellenistischer Zeit beginnt, und zwar mit Werken, die ihre wunderbaren Erzählungen im Anschluß an historische Gestalten ausbreiten, zu denen sich sogleich das Motiv weiter, gefahrvoller und wundersamer Reisen gesellt.

Ähnlich wie die literarisch durchgeformten Biographien hat auch die Gattung des Romans die Aufmerksamkeit der antiken Rhetorik und Literaturtheorie nicht auf sich lenken können, und darum sind wir heute bei dem Versuch einer Klassifizierung auf Rückschlüsse und Vermutungen angewiesen.

Die vielbehandelte Apollonios-Vita Philostrats endlich läßt sich als Biographie deshalb so schwer einordnen, weil die religiös motivierten Wunder- und Wanderungsgeschichten die gesamte Struktur des Werkes überwuchern. Die Einflüsse und Vorbilder, die man unzweifelhaft ausmachen kann – Pythagoras-Tradition, Kultlegende, Alexander-Legende, Reiseroman, Philosophen-Anekdote, Dialog, Tyrannen-Anekdote, Wundergeschichte, Geschichtsschreibung, geographisch-ethnographischer Bericht, Epistolographie – sind so vielfältig, daß man sich immer nur auf einzelne Partien des Werkes beziehen kann und keines von ihnen die Gestalt dieser monströsen Schrift wirklich bestimmt. Für die Frage nach Ursprung und Entfaltung der Form des Evangelienberichtes ist die Schrift schon deshalb, und nicht nur wegen ihres späten Datums, unergiebig[42].

---

[40] G. Anderson, Lucian, Leiden 1976, 72f.

[41] G. Anderson, Studies in Lucian's Comic Fiction, Leiden 1976, 89ff.

[42] Eine nützliche Bestandsaufnahme und reiche Literaturangaben bei G. Petzke, Die Traditionen über Apollonios von Tyana und das Neue Testament, Leiden 1970, wo freilich die Traditionsstücke, die im Wege der Formanalyse gewonnen werden, dann ohne Rücksicht auf

Es bleibt also doch wohl dabei, daß man sich von einer literarischen Gattung Biographie, die aus konzeptionellen und formalen Gründen diese Bezeichnung verdient, nur aus Plutarchs Parallelbiographien ein Bild machen kann. Die hier greifbare Gattung aber besaß offensichtlich die ausreichende Lebenskraft, um über die griechische Literatur hinaus fortzuwirken. Von ihrem Einfluß auf die christliche Hagiographie war schon die Rede. Ins Lateinische wurde sie durch Cornelius Nepos im 1. Jahrhundert v. Chr. übertragen und eben dort im 2. Jahrhundert n. Chr. durch Sueton soweit modifiziert[43], daß sie als Kaiservita zur anerkannten Form der Geschichtsschreibung in Spätantike und Mittelalter werden konnte.

Kehren wir nach diesem Überblick zu unserem eingangs formulierten Problem zurück. Es leuchtet wohl unmittelbar ein, daß die Frage nach einer möglichen Einwirkung der griechischen Biographie auf die Evangelienliteratur sinnvollerweise nur im Hinblick auf die soeben definierte Gattung gestellt werden kann. Biographisches Interesse im weiteren Sinn konnte sich im Zusammenhang einer Verkündigung, welche die Wirksamkeit Jesu von Nazareth zum wichtigsten Inhalt hatte, auf verschiedenste Weise Geltung verschaffen, ohne daß es dazu des literarischen Vorbildes einer festen Gattung bedurft hätte. Das beweisen die vielen vorliterarischen Formen anekdotisch-biographischer Überlieferung in aller Welt. Die Vervollständigung des Lebensberichtes, die wir als wichtiges Motiv fortgesetzter Evangelienschriftstellerei vom 1. zum 2. oder sogar 3. Jahrhundert n. Chr. erkennen konnten, impliziert also keinesfalls den Hinweis auf die Orientierung an der griechischen Biographie.

Spezifische Ähnlichkeiten zwischen der griechischen Biographie und den kanonischen wie außerkanonischen Evangelien, vor allem solche, die sich aus der Gemeinsamkeit der anthropologischen Konzeptionen ergeben könnten, scheinen durchaus zu fehlen. Das ist auch nicht verwunderlich: Die Vorstellung, daß sich die eigentlich wichtigen, weil moralisch bewertbaren Wesenszüge eines Menschen erst im Laufe seines Lebens durch das eigene Handeln herausbilden, konnte auf das Erdenleben des menschgewordenen Gottes schwerlich angewendet werden. Einerlei, ob man die Sendung Jesu, nach späterem dogmatischem Verständnis die Inkarnation, von der Geburt oder der Taufe an datierte, in jedem Fall dokumentierte sie sich in einem von Anfang an vollkommenen Menschen. In dieser Überzeugung treffen sich die lukanischen Kindheitsgeschichten und die Erzählung von der Hochzeit zu Kana mit den Erzählungen des apokryphen Thomasevangliums. Deutlich wird dieser kaum zu überbrückende Unterschied an einem Vergleich

---

ihre jeweilige literarische Formung und auf die literarische Form des Endproduktes behandelt werden.

[43] G. Luck, Die Form der suetonischen Biographie und die frühen Heiligenviten, in: Mullus (Festschrift Th. Klauser) Jb. A. C. Erg. 1, 1964, 230 ff.

mit der Hagiographie. Athanasius konnte das Entwicklungsschema, das wir in der Charakterbeschreibung der biographischen Tradition gefunden haben, durchaus übernehmen, und zwar modifiziert durch die neuplatonische Lehre von den stufenweise angeordneten Tugenden, die zur Vollkommenheit führen. Diese Konzeption bildet den Rahmen einer Vita des Mönchsvaters Antonios, die den wichtigsten Zweig christlicher Hagiographie eröffnet[44]. Für einen Evangelienbericht war das Schema unbrauchbar.

Immerhin darf man nicht vergessen, daß aus der Periode, die uns hier beschäftigt, also die Zeit vom späten 1. zum 2. Jahrhundert n. Chr., durchaus die Übernahme einzelner Konventionen griechischer Literatur in die junge christliche Schriftstellerei zu verzeichnen ist. Im Hinblick auf die sich damals entfaltende Evangelienliteratur bedeutet das aber vor allem eine gewisse Berührung mit der griechischen Historiographie, von der, wie wir sahen, die griechische Biographie trotz des auf beiden Seiten lebendigen Interesses an der Einzelpersönlichkeit als literarische Gattung streng getrennt war.

Unübersehbar ist die Verknüpfung von Evangelien und Historiographie schon bei Lukas, dem Historiker unter den Evangelisten, wie ihn am eindringlichsten Martin Dibelius[45] beschrieben hat. Die Proömien des Lukasevangeliums und der Apostelgeschichte, die sorgfältigen Datierungen und andere Details, die an die literarischen Konventionen der griechischem Umwelt erinnern, rücken das berichtete Geschehen in einen geschichtlichen Zusammenhang, der die ganze Heidenwelt einschließt.

Der veränderten geschichtlichen Perspektive im Werk des Gebildetsten unter den kanonischen Evangelisten entspricht nun aber keineswegs eine grundlegend neue Form des Evangelienberichtes, verglichen mit der für ihn vorauszusetzenden, bezeugten Tradition. Das betrifft gerade auch die Einordnung der im engeren Sinn biographischen Information. Konnte doch eingangs gezeigt werden, wie die Vervollständigung der Biographie Jesu offenbar einer Tendenz entspricht, die sich ohne Bruch von der frühen synoptischen bis in die außerkanonische Evangelienliteratur verfolgen läßt. Die geschichtliche Perspektive, in der die Details des Berichtes von Jesu Leben angeordnet sind, ist bei Lukas zwar verändert und erweitert, das Vorhandensein einer solchen Perspektive aber durchaus nicht neu. Sie ist vielmehr mit der Bezugnahme auf das Alte Testament, als Schema von

---

[44] Zum Problem der Form der Antonius-Vita immer noch maßgebend K. Holl, Ges. Aufsätze II, Tübingen 1928, 249 ff. Neue Gesichtspunkte bei A. Priessnig, Die biographische Form der Plotin-Vita des Porphyrios und das Antonios-Leben des Athanasios: Byz. Z. 64, 1971, 1 ff.

[45] M. Dibelius, Die Reden der Apostelgeschichte und die antike Geschichtsschreibung (Sitz. Ber. Ak. Heidelberg, phil.-hist. 1949 Nr. 1).

Prophezeiung und Erfüllung, in der christlichen Verkündigung vom An-
fang an gegeben. Es lohnt sich, in diesem Zusammenhang an eine vor langer
Zeit gemachte Beobachtung zu erinnern: Der Teil der Überlieferung vom
Leben Jesu, der weitaus die meisten, oft ganz nebensächlich erscheinenden
Einzelheiten enthält, nämlich die Passionsgeschichte, ist auch mit dem dich-
testen Netz von Hinweisen auf das Alte Testament überspannt, durch
welche die Ereignisse als Erfüllung des verheißenen Heiles gedeutet werden.
Man denke nur an die Bedeutung, die Psalm 22 in allen Evangelien für die
Gliederung und Deutung der Passionsgeschichte hat. Gerade den Elementen, die man in der frühen christlichen Verkündigung am ehesten als biographische bezeichnen könnte, kommt also eine besondere geschichtliche, genauer gesagt heilsgeschichtliche, Bedeutung zu. Der Horizont dieser geschichtlichen Betrachtungsweise kann sich zwar ändern, wie man bei Lukas
oder Johannes sieht. Er greift dann über den mit der Tradition des Volkes
Israel gesetzten Rahmen hinaus, ohne ihn freilich zu zerbrechen. In jedem
Fall aber läßt sich die Konzeption, die Predigt vom Heil im Christus als
Bericht vom Leben und Wirken Jesu von Nazareth zu formen, nur als
Ausfluß geschichtlich orientierten Denkens begreifen. Das Leben Jesu erscheint aus dieser Sicht als entscheidender Abschnitt einer in ferner Vergangenheit begonnenen, in die Zukunft hinein fortwirkenden Heilsgeschichte.
    Wir hatten eingangs gesehen, wie Johannes-Taufe und Passion bei Mar-
kus offenbar zu Konstituenten einer neuen literarischen Form, nämlich der
des Evangeliums als eines Berichtes von der Wirksamkeit Jesu, wurden,
indem sie den biographischen Rahmen für ein im übrigen chronologisch
neutrales Traditionsgut abgaben. Dieser biographische Rahmen wiederum
gehörte aber von vornherein in einen mit der Tradition des Volkes Israel
vorgegebenen heilsgeschichtlichen Zusammenhang. An der Wiege der griechischen Biographie als literarischer Form stand demgegenüber die philosophische Überzeugung von der Unveränderlichkeit der natürlichen Ordnung, die sich gerade in den sittlichen Phänomenen des Menschenlebens
bestätigte und vor der alle geschichtlichen Unterschiede verblaßten. Die
Verkündigung des göttlichen Heils in der Form des Berichtes vom Wirken
Jesu von Nazareth setzte jedoch gerade den festen Glauben an die Einmaligkeit und Unvergleichlichkeit dieses Lebenslaufes voraus. Zu verifizieren
war diese Einmaligkeit durch die Bezugnahme auf die weitgespannte heilsgeschichtliche Perspektive der biblischen Tradition. Diesen Zusammenhang konnte man, wie es nach Lukas auch Meliton von Sardes oder Eusebios
von Kaisareia taten, recht wohl erweitern, modifizieren und mit anderen
Überlieferungen verknüpfen, nicht aber durch den Rekurs auf eine unveränderliche Natur- oder Schöpfungsordnung ersetzen, wollte man den Kern
der Verkündigung unangetastet lassen. Darum konnte es zwar zu inhaltlichen und formalen Berührungen zwischen Evangelienliteratur und antiker

Universalhistoriographie kommen, zur Gattung der griechischen Biographie und ihren anthropologischen Grundlagen gab es jedoch keine Brücke.

Für eine besondere Art geschichtlichen Denkens also darf man die kanonischen Evangelien, und durchaus nicht nur die synoptischen, als Zeugnisse in Anspruch nehmen, und das trennt sie von der griechischen Biographie trotz aller Interessen an biographischen Details. Dieses Interesse war eben geschichtlich und letztlich nicht biographisch motiviert.

Mit der Kanonisierung unserer vier Evangelien aber hat freilich ein geschichtliches Denken Anerkennung gefunden, das man keineswegs für alle christlichen Gruppen der Frühzeit voraussetzen kann. Gerade im Licht der von uns gewählten Fragestellung, also im Hinblick auf eine möglicherweise sinnvolle Definition der Evangelien als Biographien, wird das deutlich.

Es war schon davon die Rede, daß gewisse Gnostiker, indem sie die Traditionsstücke der frühen christlichen Verkündigung dem Auferstandenen in den Mund legten, zwar der Tendenz zu einer Vervollständigung der Jesus-Biographie – gewiß ungewollt – nachkamen, zugleich aber der Geschichtlichkeit seines Auftretens die Bedeutung absprachen und darum den Lebensbericht vernachlässigten. Das Thomas-Evangelium von Nag Hammadi enthält zahlreiche Aussprüche Jesu ohne jeden biographischen Zusammenhang, den die auch bei Matthäus greifbare Logienquelle bei vielen Einzelsprüchen durchaus erkennen ließ (s. o. S. 386 f.). Neben dieser spezifisch gnostischen Abkehr von der geschichtlichen Perspektive der Verkündigung gibt es einen ähnlichen Geschichtsverlust in der späteren Evangelienliteratur, aber aus anderen Motiven, vorwiegend wohl solchen der Erbaulichkeit und Anschaulichkeit.

Die Evangelisten verifizieren bekanntlich wieder und wieder die heilsgeschichtliche Bedeutung einzelner Begebenheiten im Leben Jesu anhand von Bibelstellen, die als Prophezeiungen ausgelegt werden. Daß diese Methode in einer sich schnell entfaltenden Evangelienliteratur zu Fortbildung überlieferter und Erfindung neuer Episoden einlud, liegt auf der Hand. Es sei nur an Joh. 19,24 erinnert: In Anlehnung an die mißverstandene Parallelformulierung des Psalmenverses 22,19 im Stil hebräischer Poesie erzählt das Johannesevangelium abweichend vom synoptischen Bericht, die Soldaten hätten die Kleider des Gekreuzigten untereinander verteilt, den besonders wertvollen Leibrock aber unzerteilt verlost.

Solche, gleichsam durch die Suche nach dem Schriftbeweis gesteuerten Ausgestaltungen des biographischen Details halten sich in der prophetischen Perspektive, die eine Formulierung der Verkündigung als Bericht vom Leben Jesu rechtfertigt. Es gibt daneben, vor allem in der außerkanonischen Evangelienliteratur, ein Fortspinnen der Biographie Jesu ohne diese Motivation. Dahin gehören vermutlich die reich ausgestalteten Kindheitserzählungen, von denen eingangs die Rede war, oder die Geschichte vom Briefwech-

sel zwischen Jesus und dem Edessener König Abgar⁴⁶. In solchen Texten
erbaulich-anekdotischen Inhaltes läßt sich indessen das Fehlen der heilsgeschichtlichen Perspektive lediglich konstatieren. Manchmal aber kann man
geradezu ablesen, wie die biographische Legendenbildung sich aus diesem
Rahmen löst. Johannes hatte in der Leidensgeschichte das Unterbleiben des
Crurifragiums aus den Ereignissen mit dem bereits eingetretenen Tod Jesu,
heilsgeschichtlich mit dem Verweis auf die Vorschrift über das Passalamm
in Ex 12,46 begründet. Ein Evangelium des 2. Jahrhunderts n. Chr. greift
das Motiv auf, erklärt es aber mit der besonderen Grausamkeit der Soldaten,
die so das Leiden des Herrn verlängern wollten⁴⁷. Hier hat sich die biographisch gestaltete Legende verselbständigt, vermutlich aus Unkenntnis des
Sinnes der Überlieferung. Doch setzt dieses Fortspinnen einer Biographie
Jesu zu erbaulichen Zwecken die kanonische Formung der Heilsbotschaft als
heilsgeschichtlich erläuterten Bericht vom Leben Jesu bereits voraus.

Die anthropologischen Auffassungen, welche die literarische Form der
griechischen Biographie geprägt haben, sind also von den Voraussetzungen
der Evangelienliteratur toto coelo verschieden. Die exemplarische, moralisch bewertete Verwirklichung bestimmter Möglichkeiten der Menschennatur in den Handlungen eines individuellen Lebenslaufs – diese Konzeption
konnte durchaus in dem Sinn auf das Leben eines christlichen Heiligen
angewendet werden, daß sein Aufstieg zur geistlichen Vollkommenheit sich
über viele Stufen hin vollzog. Das Erdenleben des menschgewordenen
Gottes als entscheidender Abschnitt des langen Weges, den derselbe Gott die
Welt zum Ziel ihres ewigen Heils führt, war in diesen Kategorien nicht zu
erfassen. Die Begebenheiten im Leben Jesu erhielten Sinn im Rahmen der
Verkündigung nicht als Zeugnisse dafür, wie sich ein möglicherweise voll-
kommener Charakter bildet und entfaltet. Sie sollten vielmehr nach dem
Willen der Evangelisten zeigen, wie große und unscheinbare Handlungen in
einem Menschenleben dem, der hören konnte, das von allem Anfang an
zielgerichtete und heilsame Tun eines jenseitigen, unbegreiflichen Gottes
bezeugten.

Wenn wir deshalb die Evangelien mit einigem Recht Biographien Jesu
nennen – denn ein biographischer Rahmen bestimmt ohne Frage ihre literarische Form und biographisches Interesse die Ausgestaltung ihres Inhalts –,
so sollten wir dabei doch den Gedanken an die spezifisch griechische Kunst
der Biographie fernhalten. Wie die Kaiserviten des Römers Sueton bezeugen
sie viel eher die historiographischen Möglichkeiten eines vollständigen oder

---

⁴⁶ Die Texte zur Abgar-Legende bei Hennecke³-Schneemelcher, Neutest. Apokryphen I
325 ff.
⁴⁷ Ev. Petri 4,14 Klostermann (Kl. Texte Nr. 3, Bonn ³1921); dazu M. Dibelius, Botschaft
und Geschichte (Ges. Aufsätze I 1953, 221 ff.).

partiellen Lebensberichtes, die in der mittelalterlichen und neuzeitlichen Literatur in reichem Maße verwirklicht wurden. Hier erscheint ein Menschenleben als unvergleichbares, unwiederholbares Stück Geschichte, in der spezifisch griechischen Biographie hingegen als individuelle Verwirklichung von Möglichkeiten, die eine unveränderliche Natur für alle Zeiten bereithält.

Die historiographische Funktion, die man dem Evangelienbericht zuschreiben darf, rückt diese literarische Gattung auf eigentümliche Weise in die Nähe römischer Biographie.

Es war schon oben angedeutet worden, daß die griechische Biographie in ihrer römischen Adaption zum verbreiteten Mittel historischer Darstellung in Spätantike und Mittelalter wurde. Eine Schlüsselstellung in diesem Prozeß nehmen die Caesares des Sueton ein. Sie sind in griechischem Sinn Biographien, insofern sie Werden und Wesen der einzelnen Kaiserpersönlichkeiten zu erfassen suchen, und auch ihr Aufbau entspricht auf den ersten Blick diesem Ziel der Darstellung: Herkunft, Jugend und »Entwicklung« des Titelhelden wurden zunächst bis zum Regierungsantritt chronologisch geschildert, dann folgt eine nach Tätigkeitsfeldern und Lebensbereichen geordnete Beschreibung der Wirksamkeit des regierenden Kaisers, und den Beschluß macht eine wiederum chronologisch angeordnete Erzählung der Ereignisse um den Tod des Herrschers. Dieser in den einzelnen Viten jeweils leicht modifizierte Aufbau der Viten Suetons hat zu weitgespannten literarhistorischen Hypothesen Anlass gegeben, auf die hier nicht eingegangen wird. Im vorliegenden Zusammenhang ist nur darauf hinzuweisen, daß hier zwar unverkennbar die biographische Konzeption der Griechen Pate gestanden hat, diese aber mit ihrer individualethischen Tendenz historiographischen Absichten gerade nicht entgegenkommt. Indessen enthalten schon die Mittelteile der suetonischen Viten sehr viel Historiographisches, das in seinem Informationswert über das Ziel, die Persönlichkeit des jeweiligen Kaisers zu beschreiben, hinausweist. Nimmt man nun hinzu, daß die lückenlose Sequenz der Kaiserbiographien ihrerseits einen historiographischen Tatbestand schafft, wird der Übergang von der individualethisch orientierten zur historischen Biographie unmittelbar deutlich.

Natürlich ist es kein Zufall, daß dieser folgenreiche Übergang, der aus der Biographie ein Medium der Geschichtsschreibung machte, von einem römischen Literaten der hohen Kaiserzeit aus der Umgebung des Hofes vollzogen wurde. Im etablierten Kaisertum konzentrierten sich die Vorgänge von politischer Bedeutung in viel stärkerem Maße um die Person des Herrschers als je zuvor, so daß eine Sequenz von Herrscherbiographien als Darstellung der Geschichte der Epoche aufgefaßt werden konnte. Das bezeugt in anderer Weise auch das in seiner Formgebung ganz traditionelle Geschichtswerk des Tacitus. Indessen gibt es wohl noch tiefer liegende Gründe, daß der individuelle Lebensbericht gerade in Rom zu einem Mittel der Geschichtsschreibung wurde.

Das Identitäts- und Kontinuitätsbewußtsein, das jede Gruppe oder Gemeinschaft, in der Menschen zusammengeschlossen sind, zu bilden pflegt, nahm auf griechischer Seite seit früher Zeit Züge an, die auf den in klassisch-nachklassischer Zeit griechisches Denken beherrschenden Naturbegriff hindeuten. Könige, die als Gründer einer Polis oder Urheber eines Synoikismos angesehen wurden, Gesetzgeber, auf die man die politische Ordnung zurückführte, Krieger oder Feldherren, deren Tapferkeit man die Bewahrung des Gemeinwesens zuschrieb – sie alle versetzte man in früher, aber durchaus auch noch in historischer Zeit als Heroen in den Kreis der Mächte, welche die natürlich-kosmische Ordnung aufrecht erhielten. Damit aber, daß die Gewährsleute der bestehenden Staats- und Gesellschaftsordnung bis hin zu den Marathon-Kämpfen in die Sakralsphäre versetzt wurden, verloren sie einen guten Teil ihrer geschichtlichen Individualität, und die von ihnen gestiftete oder bewahrte Sozialordnung konnte mit der göttlich – natürlichen Ordnung der Welt zwanglos als ungeschichtliche, darum aber um so ehrwürdigere Einheit aufgefaßt werden. Solons Athen-Elegie (fr. 4 West) oder Sophokles' Lied von den Gesetzen (Oed.R. 863 ff.) sind eindrucksvolle Dokumente dieses Denkens, das in seiner saekularisierten Form zur Überzeugung führt, im Rahmen der ewigen kosmisch-natürlichen Ordnung sei auch die Menschennatur unveränderlich, und dieses zeige sich gerade in den Geschicken der politischen Gemeinwesen. Thukydides hat dieser Geschichtsauffassung, die in der Tat eine ungeeignete Grundlage zur Entwicklung der Biographie, also der Beschreibung eines individuellen Lebenslaufes, als Form historiographischer Darstellung abgibt, den präzisesten Ausdruck gegeben (1,22,4).

Auch bei den Römern war das Bewußtsein lebendig, jedes politische Gemeinwesen bedürfe des Schutzes und der ungestörten Verbindung zu den Göttern, die das Naturgeschehen regulieren, und insofern müsse jede soziale Ordnung mit der göttlich-natürlichen kongruieren. Aber das Identitäts- und Kontinuitätsbewußtsein des römischen Volkes bezog sich in ungleich stärkerem Maße als das der Griechen auf eine in die Vorzeit zurückreichende, nie abgerissene Kette von Personen, Taten und Begebenheiten, von denen keine einzelne in die Sakralsphäre erhoben zu werden brauchte und aus denen insgesamt sich der mos maiorum, das geltende Normensystem sozialen Handelns, herleitete. Der berühmte Ennius-Vers

moribus antiquis res stat Romana virisque

beschreibt diesen Sachverhalt mit unübertrefflicher Genauigkeit. Sowohl die Tradition des römischen Gesamtstaates wie diejenigen der großen Gentes, welche die eigentlichen Subjekte der römischen Geschichte waren, setzten sich aus zahllosen präzisen Einzelerinnerungen zusammen, deren

jede einen Präzedenzfall bedeutete. Der Gebrauch der patria potestas durch
einen bestimmten Consul, die Eroberung einer Stadt durch einen bestimmten Proconsul, der Gesetzesantrag eines bestimmten Volkstribunen und
zahllose andere Einzelereignisse und damit die Erinnerung an unverwechsel-
bare, aber keineswegs sakral überhöhte Einzelpersonen bewahrte das kol-
lektive Gedächtnis des römischen Gemeinwesens. Polybios' berühmte Beschreibung der Ahnenbilder, die im Leichenzug eines römischen Großen in
ihrer Amtstracht mitgeführt wurden, illustriert dieses auf das anschaulichste
(6,53,4ff.). Bei aller Hochschätzung individueller Persönlichkeiten und Leistungen, die solcher Traditionspflege eignete, verhinderte doch die Rückführung des mos maiorum auf zahllose Gewährsleute gerade jede Überhe-
bung des Einzelnen. Der ältere Cato vermied in seinem Geschichtswerk aus
Protest gegen die in seiner Zeit aufkommende, aus der hellenistischen Welt
importierte Überschätzung der Einzelperson die Nennung jeglicher Eigen-
namen und sprach nur von dem Consul, dem feindlichen Feldherrn oder
dem Centurio. Trotzdem war das Werk voll von Berichten über die Leistungen unverwechselbarer Einzelpersonen, die als Exempel rechter Staatsgesin-
nung dienen sollten. Ähnlich wie in der frühen römischen Rechtswissen-
schaft war auch in der römischen Geschichtsauffassung die Vorstellung von
einem durch jeweils ganz individuelle Präzedenzfälle geschaffenen Vorrat an
Werten und Einsichten wichtiger als der Gedanke an allgemeingültige, von
der geschichtlichen Situation ablösbare Gesetzmäßigkeiten.

Vor diesem Hintergrund überrascht es nicht, daß man schon längst beob-
achtet hat, wie ein biographisches Element der römischen Historiographie
von Anfang an eigentümlich ist. Die frühesten Geschichtswerke der Römer
stammen von Angehörigen des Adels, die ihre eigene Politik erläutern und
rechtfertigen wollten, und in denselben Kreisen entsteht aus demselben
Anlaß schon früh eine autobiographische Memoirenliteratur[48]. Caesars
Commentarien sind bei aller scheinbaren Distanz, die der Autor vom
Haupthelden der Handlung hält, eben doch ein (auto)biographisches Zeugnis, und ähnliches wird für Ciceros Werke über seine Amtszeit gegolten
haben. Der jüngere Plinius berichtet über Schriften der Gattung Exitus
virorum illustrium (ep. 5,5; 8,12), die er halb der Geschichtsschreibung
zurechnet. Die Schilderung der Ereignisse um den Tod eines Menschen ist
gerade nach antiker Auffassung ein besonders wichtiger Teil seiner Biographie. Auch diese Werke, in deren Nachfolge übrigens Lactanz' Schrift ›De
mortibus persecutorum‹ steht, bezeugen die Verbindung biographischer
und historiographischer Motive, denn die viri illustres, um die es dabei geht,
waren Opfer der Tyrannei Neros bzw. Domitians. Die Abrechnung mit
diesen Tyrannen aber war ein Hauptanliegen politischer Geschichtsschrei-

---

[48] Dazu Momigliano aaO. (s. o. Anm. 8) 93 f.

bung im Rom Trajans. Vergleichbares gilt für Tacitus' Lebensbeschreibung seines Schwiegervaters Agricola, die wohl gelungenste Übertragung der biographischen Form ins Lateinische. Auch hier geht es nicht um die Schilderung eines Menschenlebens unter allgemeingültigen, individualethischen Gesichtspunkten. Vielmehr will Tacitus zeigen, wie sein Schwiegervater unter den spezifischen historischen Bedingungen der Tyrannei Domitians seine sittliche Integrität bewahrte und darüber hinaus in verantwortlicher Position große und bleibende Leistungen zum Wohl des römischen Staates vollbrachte. Einen großen Teil der Schrift füllt dementsprechend die detaillierte Schilderung des britannischen Feldzuges, die ebenso in einer historischen Monographie stehen könnte.

Nun ist die erste Serie von Kaiserbiographien mit Sicherheit ein Werk des Griechen Plutarch, der acht solcher aufeinander folgender Biographien verfaßte, und zwar vermutlich bald nach dem Sturz Domitians i. J. 96 n. Chr.[49] Leider sind nur die drei der kurzlebigen Herrscher des Dreikaiserjahres – Galba, Otho, Vitellius – erhalten, und dabei handelt es sich, wie Syme richtig bemerkt, eher um die Schilderung der turbulenten Ereignisse dieses Jahres als um Lebensbilder. So wissen wir nicht recht, ob schon bei Plutarch die Sequenz der Kaiserleben als Darstellung der römischen Geschichte aufgefaßt war, wie das unzweifelhaft für die Viten Suetons von Caesar bis Domitian gilt[50]. Daß Plutarch vor und in der Abfassungszeit seiner Kaiserviten enge Kontakte zur lateinischen Welt, insbesondere zur stadtrömischen Oberschicht unterhielt, ist sicher. So wäre es nicht merkwürdig, wenn die in den Verhältnissen des Prinzipates begründete Verstärkung des der römischen Historiographie innewohnenden biographischen Elementes, das wir soeben zu beschreiben versuchten, auf ihn gewirkt hätte.

Für Sueton besaß diese spezifisch römische Tradition mit Sicherheit Bedeutung, und deshalb darf man sagen, daß seine biographische Historiographie nicht von ungefähr kam, sondern aus der römischen Auffassung von Staat, Gesellschaft, Familie und ihrem Wandel abgeleitet war. Der wiederholt beobachteten Affinität des Biographen Sueton zur Historiographie[51] entspricht durchaus ein biographischer Aspekt, unter dem viele römische Historiker seit früher Zeit Geschichte schrieben. Davon unberührt bleibt das Verdienst Suetons, trotz aller schriftstellerischen Unzulänglichkeit mit Erfolg eine griechische Form der Lebensbeschreibung den Erfordernissen römischer Geschichtsschreibung angepaßt zu haben. Sein Werk, nicht die ungleich gelungenere Agricola-Biographie des Tacitus, hat Schule gemacht.

---

[49] R. Syme, Biographers of the Caesars: Mus.Helv. 37, 1980, 104–128.

[50] Vgl. R. Syme, aaO. (Anm. 49) 110f.

[51] Zuletzt H. Gugel, Studien zur biographischen Technik Suetons (Wien.Stud.Beih. 7) 1977, 145f., 154; ferner S. Doepp, Hermes 100, 1972, 444–460. Neuere Literatur zu Form und Tendenz der Biographien Suetons bei G. Alföldy, Ancient Society 11/12, 1980/81, 352.

So wenig nun Sueton und die Evangelisten miteinander zu tun haben, so überraschend ist es, daß in der Evangelienliteratur aus der heilsgeschichtlichen Perspektive der frühen Christenheit zum ersten Mal in griechischer Sprache durch eine sich über einige Generationen hin entfaltende literarische Gattung historiographische Möglichkeiten eines individuellen Lebensberichtes verwirklicht wurden[52], wie es auch auf römischer Seite geschah. Während aber bei den Römern dabei die Einwirkung fester Formtraditionen aus der griechischen Literatur unverkennbar ist, läßt sich vergleichbares für die Evangelienliteratur nicht behaupten.

---

[52] Den historiographischen Charakter des Markus-Evangeliums betont H. Cancik, Die Schriften des Neuen Testamentes und die antike Literatur: Humanist. Bildung 4, 1981, 63 ff., vor allem 70–72.

Diskussionsüberblick

Peter Lampe und Ulrich Luz

Als durchs *ganze Symposion* hindurchgehende offene, noch einmal nach eigener Bearbeitung rufende Fragen sind vor allem geblieben:

1. Das *johanneische Problem.* Wie gestaltet sich das Verhältnis von Johannes zur synoptischen Tradition? Stellt das Johannesevangelium gegenüber den synoptischen Evangelien etwas genuin anderes dar? Setzt Johannes die stabilitas der synoptischen Tradition voraus oder gerade nicht?

2. Das Problem der *urchristlichen Prophetie.* Als Konsens schälte sich ansatzweise der ambivalente Charakter der urchristlichen Prophetie heraus: Prophetie und Tradition, Propheten und Lehrer erscheinen gerade *nicht* als Gegensätze, sondern als zwei Seiten desselben Phänomens.

Als Verbindungsglied zwischen beiden Problemkreisen steht Käsemanns alte These im Raum: Repräsentierte das Johannesevangelium eventuell eine Art Endstadium eines urchristlichen prophetischen Stromes?

Zur Einheit »Jesu Botschaft vom Gottesreich« (O. Betz)

1. Problematisiert wurde der von Betz intendierte Begriff von »Ursprünglichkeit«, der das als »ursprünglich« qualifiziert, was dem AT (respektive Deuterojesaja) am nächsten steht. Zumindest erscheint diese Verwendung der Kategorie »ursprünglich« wenig geeignet, traditionsgeschichtliche Aussagen zu zeitigen: kann doch auch im Laufe späterer Tradition sekundär Annäherung an das AT geschehen, so daß AT-Nähe methodisch wenig Rückschlüsse auf traditionsgeschichtlich Frühes (z. B. auf Jesu genuine Verkündigung) ermöglicht.

2. Als weitere Hauptschwierigkeiten für den Entwurf von Betz verblieben: Warum vermeidet Lukas in seinem Evangelium konsequent den Begriff εὐαγγέλιον, ja streicht ihn sogar aus der Markusvorlage und benutzt ihn in der Apostelgeschichte nur am Rand? Ist bei Lukas tatsächlich das Sühneleiden von Jes 53 repräsentiert? Wenn ja, warum benutzt Lukas nicht den Begriff εὐαγγέλιον?

Der unterschiedliche Gebrauch des εὐαγγέλιον-Begriffes bei den Evangelisten (von Mk am häufigsten benutzt, von Mt eingeschränkt, von Lk fast und

von Joh gänzlich vermieden) steht der von Betz konstatierten Abstufung Lk-
Mt-Mk eher entgegen.

Zur Einheit »Der Weg der Evangelienüberlieferung«
(B. Gerhardsson)

1. Wie ist das Verhältnis des Traditionsprozesses der evangelischen
Überlieferung zu weisheitlichem oder rabbinischem Lehrbetrieb einerseits
und zum Überlieferungsprozeß prophetischer Texte andererseits zu bestimmen?

Der Schülerkreis alttestamentlicher Propheten stellt eine gewichtige Analogie zu den Jesusgemeinden dar. Im Unterschied zu ihnen hat aber der
Prophet Jesus viel stärker sprachbildend gewirkt. Urchristliche Propheten
wußten sich ihrem Meister Jesus sprachlich und inhaltlich viel stärker verpflichtet als alttestamentliche Prophetenschüler ihren Meistern (cf. Schürmann: Christussprache!). In ihren Neubildungen sind urchristliche Propheten gebunden an die Sprache und den Inhalt jesuanischer Verkündigung.

Gerhardsson unterstreicht dagegen die Analogie zwischen den Evangelien
und rabbinischem Lehrbetrieb, versteht sie aber nicht exklusiv. Zwischen
dem Tätigkeitsbereich des Lehrers und des Propheten kann, wie gerade Jesus
zeigt, nicht strikte geschieden werden. Dennoch liegt für Gerhardsson der
bewußte Interpretationsprozeß von Jesusworten eher in Distanz zur Prophetie. Es geht eher um Weiterinterpretation von Überlieferung als um kreative
Neubildungen. – Jesus hat sicher keine Schule gegründet, in der nur rezitiert
wurde. Überlieferung bedeutet immer: ›To work with a text!‹ Mt 13,51 f.
zeigt, daß Schriftgelehrte nicht nur eine konservierende, sondern auch eine
innovierende Tätigkeit ausüben. Als grobe Regel gilt: Im Urchristentum
erdichtet man nicht einfach frei, sondern man deutet; auch sog. Geistlogien
haben in vielen Fällen einen Traditionskern.

2. Bei aller Zustimmung zu Gerhardssons Grundintention, die Analogie
rabbinischen Traditionsdenkens ernst zu nehmen, aber nicht so zu verstehen, daß dadurch Freiheit und Veränderung ausgeschlossen würden, bleiben
gleichwohl Fragen:

a) Die Gleichnisüberlieferung zeigt ein sehr hohes Maß an Veränderung
und Freiheit. Dabei bleiben die Gleichnisse und Parabeln allerdings notwendigerweise _Jesus_gleichnisse und -parabeln.

b) Die Evangelisten zeigen ein großes Maß an Freiheit im Umgang mit
der Überlieferung. Sie sind Lehrer mit sehr eigenständiger Autorität. Unklar bleibt, wie weit die Freiheit der Evangelisten gegenüber ihren Quellen
Rückschlüsse erlaubt auf die Freiheit früherer Lehrer gegenüber der mündlichen Tradition.

Wächst vielleicht das Maß an Freiheit in dem Maße, in dem bereits schriftliche Texte existieren, die die Traditionskontinuität auf alle Fälle sichern? So könnte man z. B. verstehen, warum Lukas im Sondergut (z. B. Lk 1–2) viel konservativer überliefert als bei Markustexten. Allerdings setzt das voraus, daß spätere Evangelisten ihre Vorgänger ergänzen, nicht ersetzen wollten.

Zu bedenken ist einerseits, daß es Verbatim-Überlieferungen in der zeitgenössischen Antike bei längeren Texten nur in zwei Fällen gibt, nämlich beim carmen und bei mündlicher ethischer Überlieferung. Andererseits ist zu bedenken, daß die Gattung eine große mnemotechnische Hilfe bei mündlicher Überlieferung ist: Ein Erzähler braucht sich nur die Grunddaten einer Geschichte und die Besonderheiten zu merken; er kann dann eine Geschichte so erzählen, wie es das Publikum von ihm erwartet, d. h. nach einem vorgegebenen Erzählrahmen.

c) Schließlich bedeutet die johanneische Überlieferung eine wichtige Anfrage an Gerhardssons Traditionsmodell. Ist sie als »parasitisch« zu bezeichnen, in dem Sinn, daß Johannes nur schreiben kann, weil es die Synoptiker schon gibt und er von ihrer Existenz gleichsam profitiert? Oder haben wir im Johannesevangelium ein ganz anderes, vielleicht prophetisch geprägtes Traditionsmodell, in dem der Geist die Tradition stiftet? Hat Johannes seine Jesusreden überhaupt als Worte des irdischen Jesus verstanden? Aber man sollte die Unterschiede zu den Synoptikern auch nicht verabsolutieren, weil es auch synoptische Texte mit einem »johanneischen Maß« an Freiheit gibt. Die johanneische Frage entpuppt sich bereits hier als die entscheidende offene Frage im ganzen Kolloquium.

Zur Einheit »Die theologische Mitte der Logienquelle«
(A. Polag)

1. Das Referat machte deutlich, wie viele offene Fragen existieren, auch wenn die Existenz einer schriftlichen Logienquelle nicht bezweifelt wird. Nicht nur die Frage, ob mit mehreren Sammlungen zu rechnen ist, sondern auch die Frage nach verschiedenen Rezensionen von Q (QMt, QLk) sind völlig offen. Offen ist auch, ob Q nicht umfangreicher war, als dies heute dokumentierbar ist. Für die Bestimmung des literarischen Charakters der Logienquelle muß von der Codex-Form ausgegangen werden: Den Codex, der auch das Notizbuch der Antike war, kann man mit sich herumtragen, erweitern und variieren. Der Charakter der Logienquelle ist also mit dem der literarisch abgeschlossenen Evangelien nicht vergleichbar. Die traditionsgeschichtlich späte Einleitung Lk 3–4 markiert gleichsam die Stelle, wo Q die Tendenz entwickelt, ein literarisches Dokument zu werden. Weil Q aber noch nicht im Sinne der Evangelien ein festgefügtes literarisches Doku-

ment ist, ist die Existenz verschiedener Textformen, die nach Polag nicht bewußte Rezensionen sind, verständlich.

Für die meisten Diskussionsteilnehmer war wenigstens dies deutlich, daß die Logienquelle ein schriftliches Dokument sein muß: Die gemeinsame Akoluthie, die sich bis Lk 12 und eventuell in Lk 17 rekonstruieren läßt, ist eine starke »Panzersperre« gegen alle Versuche, in Q eine nur mündliche Traditionsschicht zu sehen. Dies gilt um so mehr, als die Bewahrung der Akoluthie in jüdischer Überlieferung kein sehr wichtiges Prinzip ist.

2. Angesichts des literarischen Befundes ist es sehr schwierig, die Frage nach der theologischen Mitte von Q überhaupt zu stellen. Die von Polag formulierte Betroffenheit durch Jesus ist ja die Mitte jeder neutestamentlichen Schrift. Der Befund ist auf jeden Fall sehr anders als im Thomasevangelium, wo eine durchgehende gnostische Interpretation der Jesusüberlieferung sich als einigende Mitte erweist. – Wenn Jes. 61 eine Grundstelle auch für die Q-Überlieferung ist, ergeben sich Konsequenzen für die Verhältnisbestimmung von Q zum εὐαγγέλιον; hier wäre eine gründliche Untersuchung der Bedeutung und Stellung von Lk 7,18ff. für die Q-Überlieferung nötig.

Deutlich wurde, daß ein allgemeiner Traditionswille allein die Existenz der Logienquelle nicht erklärt; man muß von einem gesteigerten Traditionswillen sprechen, der nur durch die Person und Wirkung der Verkündigung Jesu erklärt werden kann. – Die Existenz der Kirche ist ein weiteres Motiv für die Sammlung: Q ist teilweise ein Hilfsmittel für die Missionsverkündigung; der größere Teil des Stoffes weist aber nach Polag eher auf einen internen Gebrauch in der Gemeinde, etwa in der Katechese; es geht um Fragen der Nachfolge und um Bekenntnisstärkung. Möglich ist auch, daß diese Materialsammlung im Übergang zu den griechischsprechenden Konvertitengemeinden, in denen es keine Augen- und Ohrenzeugen Jesu mehr gab, besondere Bedeutung gewann. Bei jeder Funktionsbestimmung muß mit bedacht werden, daß Traditionen meist nicht zu einem einzigen Zweck gesammelt wurden, sondern multipel verwendbar waren.

Aus allen Voten wurde eine große Vorsicht gegenüber der These von einem Sonderkerygma von Q und einem besonderen Traditionskreis, der hinter Q steht, spürbar. Die Q-Stoffe sind eher komplementär, etwa zur Passionsüberlieferung, als exklusiv. Aber dennoch ist die Frage nach besonderen Akzenten der Sammlung Q noch nicht erledigt: Es fallen z. B. die gegenüber der Markusüberlieferung starke eschatologische Akzentuierung in den Q-Stoffen und die Betonung der Entscheidungsforderung auf. – Offen blieb die Frage nach den Trägern der Q-Überlieferung. Die These, daß es sich um christliche Lehrer, und die These, daß es sich um christliche Propheten handelt, brauchen sich nicht auszuschließen. Welche Art der Freiheit zur Neuaktualisierung gehört zum Traditionswillen der Lehrer und welcher konstitutive Traditionsbezug zu den urchristlichen Propheten? Sind die Propheten zugleich Lehrer?

Zur Einheit »Das Evangelium in Jerusalem – Mk 14,12–26 als ältestes Überlieferungsgut der Urgemeinde (R. Pesch)

1. Mk 14,12–16. Es herrschte allgemeiner Konsens darüber, daß Mk 14,12–16 Bestandteil einer vormarkinischen Passionsgeschichte ist, und auch darüber, daß Peschs Exegese eine sehr ernst zu nehmende Auslegungsmöglichkeit des Textes darstellt. Dennoch bleiben offene Fragen: Könnte 1. Sam 10,1 ff. als Vorbild eingewirkt haben? Warum wird nichts von Abmachungen zwischen Jesus und dem Besitzer des Obergemachs berichtet? Warum wird nicht explizit gesagt, daß der Ort des Passahmahls geheim bleiben soll? Die detektivische Seite der Episode wird auf jeden Fall von der Erzählung nicht herausgehoben. Möglicherweise ist eine geschichtliche Begebenheit später mit wunderhaften Zügen (Jesu Vorauswissen) versehen worden. Pesch würde ein solches Verständnis der Geschichte nicht schon bei Markus, sondern eher erst bei Lukas und Matthäus für möglich halten. Wichtig ist ihm, daß die Episode aus der Perspektive der Jünger erzählt wird, die von den Abmachungen nichts wußten. Die synchrone Analyse der Geschichte zeigt eine außerordentliche Häufung von Zirkumstanten, die den Ort hervorheben. Das Spannungsmoment – von einem detektivischen Moment der Episode sollte man besser nicht reden – ist durch den Makrotext vorgegeben: Nach 14,11 f. fragt der Leser: »Wird es der jüdischen Führung gelingen, Jesus zu verhaften?« Von hier aus wird ohne weiteres verständlich, warum außer Jesus und zwei Jüngern niemand wissen darf, wo Jesus das Passahmahl feiern wird.

2. Peschs Verständnis der markinischen Abendmahlsüberlieferung. Weitgehender Konsens herrschte darüber, daß Mk 14,22–25 nicht in einen anderen Zusammenhang literarkritisch sekundär eingesetzt ist. Unklar blieb dagegen, wie weit die Passahmahlzeit durch die Passahhaggada in einen Eingangsteil (Mk 14,17–21) und in die Hauptmahlzeit (Mk 14,22–25) gegliedert werden muß, bzw. wie weit das ganze Passahmahl als Einheit verstanden wurde, so daß der Genitivus absolutus καὶ ἐσθιόντων αὐτῶν einfach hieße »während dieser Mahlzeit« (geschah das folgende). – Offen blieb ferner, ob es wirklich möglich ist, den markinischen Geschichtsbericht einer paulinischen liturgischen Fassung der Abendmahlsworte gegenüberzustellen. Μετὰ τὸ δειπνῆσαι 1. Kor 11,25 könnte ebenso auf Geschichte weisen wie die markinische parallele Fassung der Deuteworte, wo Austeilung von Brot und Wein wohl unmittelbar hintereinander kommen, auf einen liturgischen Text. Pesch hält, auf Markus gestützt, Jesu letztes Mahl für ein Passahmahl,

kann die Frage nach dem Charakter des Abendmahles aber auch offen lassen. Entscheidend ist ihm, daß der paulinische Text 1. Kor 11,23 ff. ein liturgischer Gebrauchstext ist, weil er a) die ursprünglichen Teilnehmer an dieser Mahlzeit, die Jünger, nicht erwähnt, und weil b) die Formulierung mit ἐν τῷ ἐμῷ αἵματι auf Jesu Tod zurückblickt, während die Formulierung τὸ ἐκχυννόμενον im Becherwort bei Markus auf Jesu Tod vorausblickt. – Ob der vormarkinische Passionsbericht wirklich historisch so zuverlässig ist, wie Pesch annimmt, blieb umstritten. Es wäre auch denkbar, daß in einer judenchristlichen Gemeinde der Passahcharakter nachträglich hineingekommen ist. Dafür könnte sprechen, daß Barabbas doch kaum erst nach dem Passahmahl freigelassen wurde.

Offen blieb auch die Frage nach dem Verhältnis der markinischen Abendmahlsworte zur lukanischen Abendmahlsüberlieferung. Ist wirklich Lk 22,15–20 eine sekundäre Verbindung der markinischen und der paulinischen Abendmahlsparadosis, oder müssen wir nicht eher mit einem vorpaulinischen (»protolukanischen«) Erzählungsfaden bei Lukas rechnen? Demgegenüber rechnet Pesch damit, daß Lukas allein auf Markus basiert, aber während der Abfassung seines Evangeliums bereits die Materialsammlung zur Apostelgeschichte vor Augen hat.

3. Die Frage nach der Gattung der vormarkinischen Passionsgeschichte. Gibt es Vorbilder? Kann man über die doch sehr unspezifische Bestimmung als »Geschichtserzählung« hinauskommen? Pesch weist darauf hin, daß die Frage der Gemeinde nach dem Grund, warum Jesus gekreuzigt worden ist, zu einer neuen Gattung führt, für die es nur ansatzweise Vorbilder gibt. Als mögliche, aber spekulative Hypothese könnte überlegt werden, ob die Passionsgeschichte mit der vorausgehenden Anabasis Jesu nach Jerusalem eine »Gründungslegende« der Jerusalemer Gemeinde gewesen ist.

Als Konsens erbrachte die Debatte Zustimmung zum Postulat, daß Kerygma und Geschichte sich gegenseitig ein- und nicht ausschließen. Dringend notwendig wäre eine methodenkritische Reflexion über mögliche Kriterien vor allem bei der Dekretierung von Brüchen und Spannungen in literarkritischen und traditionsgeschichtlichen Analysen.

Zur Einheit »Das paulinische Evangelium«
(P. Stuhlmacher)

1. Kontrovers war die Frage, wie weit sich eine *Entwicklung* des paulinischen Evangeliums während der ca. 15 Jahre zwischen Damaskus und dem Konflikt mit den Jerusalemer Repräsentanten Petrus und Jakobus vollzogen hat (Gal 1 f.). Wieso brach der Konflikt erst so spät auf? Lehrte Paulus ursprünglich ganz ähnlich wie die Jerusalemer? – Freilich dagegen stünde 2 Kor 11, wenn schon der Paulus der Frühzeit von den jüdischen Gemeinden

eben gerade wegen *Gesetzesübertretungen* (Tischgemeinschaft mit Heiden etc.) und nicht allein wegen seiner Messiasverkündigung verfolgt wurde (Auspeitschung und Steinigungsversuch als letzte Mittel der Synagoge gegenüber einem Frevler), so daß sich schon in der Frühzeit des Paulus die grundlegende theologische Wende, der Bruch mit der pharisäischen Vergangenheit vollzogen hätten (cf. Phil 3).

Ein Konsens schälte sich heraus: Der Dissens zwischen Paulus und den Jerusalemern war *theoretisch in nuce* von Anfang an angelegt, wurde aber erst nach und mit dem antiochenischen Zwischenfall *praktisch* virulent und offenbar, als ganz konkrete gemeindepolitische Probleme anzustehen begannen und aus der Rechtfertigungstheologie praktische Konsequenzen zu ziehen waren: wie sollten »Heiden« und »Juden« in einer Gemeinde zusammenleben und Tischgemeinschaft halten? Auf der Basis der Erfüllung von Mindestgeboten (Lev 17f.) durch die Heiden – eine Lösung *κατὰ νόμον* – oder auf der Basis christlicher Freiheit *κατὰ νόμον Χριστοῦ*, in Verantwortung der »Stärkeren« für die »Schwachen«?

15 Jahre lang wurde offenbar auf der Basis nahe benachbarter theologischer Voraussetzungen in Frieden miteinander verkehrt (cf. 1 Kor 15!), bis erst die Herausforderungen *konkreter* Gemeinde- und Missions*praxis* ans Tageslicht brachten, daß diese Voraussetzungen die ganze Zeit über unterschiedliche Implikationen enthielten. Insofern als die praktische Konkretisierung der Rechtfertigungslehre vollzogen und zum Konfliktstoff wurde, könnte mithin von »*Entwicklung*« geredet werden.

2. Kontrovers waren die Konstellation des *Wortfeldes εὐαγγέλιον – εὐαγγε-λίζεσθαι – ἀκοή – šᵉmuah – ῥῆμα Χριστοῦ* und damit zusammenhängend – aber untergeordnet – die Frage, ob sich der Sendungsauftrag vor Damaskus nur als *Vision* (z. B. 1 Kor 9,1) oder auch als *Audition*, als *ῥῆμα Χριστοῦ*, ereignet hat. Wäre nicht doch zu *differenzieren* zwischen einerseits *εὐαγγέλιον = ῥῆμα Χριστοῦ*, dem Selbstwort des Kyrios, und andererseits *ἀκοή = εὐαγγελίζεσθαι*, der apostolischen Verkündigung? Oder umfaßt *εὐαγγέλιον* zweipolig bei Paulus gerade beides, die auf den Apostel zukommende Offenbarungsmacht ebenso wie die von den Aposteln verkündete Missionsbotschaft (= *ἀκοή*)? (Röm 10,16f.).

Vom Griechisch-Philologischen her legt sich eine semantische Differenzierung zwischen *ἀκοή* und *εὐαγγέλιον* zwar nahe, insofern *ἀκοή* das mehr oder weniger zufällig dem Hörer zugetragene »Hören-Sagen« bezeichnet, ohne daß auf die Intention eines Aussenders abgehoben wäre. Im jüdischen Sprachgebrauch bezeichnet *šᵉmuah* hingegen fast als terminus technicus die von Gott herrührende Prophetenbotschaft und nicht das, was als »Hören-Sagen« zufliegt. Die nicht vom Propheten selber geschaffene Botschaft, die *šᵉmuah*, ist dann aber im Parallelismus membrorum gleichsetzbar mit *bᵉṣora = εὐαγγέλιον*. Im übrigen greift Paulus selber in Röm 10,16 *ἀκοή* nicht ad hoc aus dem griechischen Sprachgebrauch auf, sondern benutzt den Begriff im Kontext von Jes 53. (Der LXX-Gebrauch von ἀκοή müßte noch weiter untersucht werden).

3. Kontrovers war schließlich, wie weit tatsächlich zwischen dem prälukanischen Material von Apg 10 und der genuinen Petrusverkündigung eine Verbindung hergestellt werden kann. Hinter Apg 13 steht ähnliches Material, das aber gerade »Paulus« zugeschrieben wird. »Petrus« und »Paulus« verkünden bei Lukas im Grunde dasselbe Evangelium. Eine völlig hypothetische Brücke von Apg 10 hinüber zu Petrus wäre möglicherweise die Vergleichbarkeit von Apg 10 mit dem Mk-Entwurf – sofern dieser im Ursprung auf Petrus zurückgehen sollte.

Zur Einheit »The Question of Genre«
(R. Guelich)

Nicht »abgesprochen« war die Koinzidenz der Referate von Stuhlmacher und Guelich.

1. Der Markusprolog wurde von Guelich ausgedehnt bis Mk 1,15; als Tiefenstruktur dieses Textes figuriert jesajanische Tradition. Wenn bereits *vor* Mk das Evangelium in narrativer Form, als »narrative genre« existierte, wie Guelichs Vortrag behauptet, dann eröffnet sich die Frage: Weist Mk 1,1f. (ἀρχὴ τοῦ εὐαγγελίου Ἰησοῦ Χριστοῦ mit Verweis auf Jes) zurück auf dieses bereits vorhandene Ur-Darstellungsmuster, gemäß dem man schon ganz früh im Urchristentum begonnen hatte, von Jes 52,7 her das εὐαγγέλιον θεοῦ als Geschichte Jesu zu erzählen? Zu dem vormarkinischen »genre« gehörte mithin von Anfang an nicht nur die erzählte Geschichte Jesu vom Täufer bis zur Auferstehung, sondern zugleich die Charakterisierung dieser Geschichte als εὐαγγέλιον θεοῦ in Verbindung mit alttestamentlichem Schriftgebrauch.

2. Zeugen für dieses εὐαγγέλιον-Ur-genre oder Urdarstellungsmuster (vom Täufer bis zur Auferstehung – im Lichte alttestamentlicher Schrifterfüllung) wären a) Mk, b) Apg 10,36ff. und c) – besonders umstritten – Joh, so daß eine Entwicklung mit bereits sehr frühen Abzweigungen anzunehmen wäre:

$$\varepsilon \grave{v} \alpha \gamma \gamma \acute{\varepsilon} \lambda \iota o\nu\text{-Gattung} \quad \longrightarrow \!\!\!\!< \quad \begin{array}{l} \text{Mk} \\ \text{Apg 10} \\ \text{Joh} \end{array}$$

Oder setzt Johannes nicht doch eine gewisse Kenntnis eben von Markus voraus? Kontrovers war auch, in welchem Umfang Apg 10 herangezogen werden darf: Formuliert Lk – freilich unter Aufnahme traditioneller Elemente – nicht doch auch hier bewußt archaisierend auf weiten Strecken *selber?* (cf. etwa den Zeugenbegriff, die Galiläaverwendung oder z. B. auch den Gerichtsausblick, der wenig geeignet erscheint, als Basiselement für das MkEv zu fungieren)? Offen und noch schärfer der Kritik zu unterziehen bleibt mithin die Frage, wie weit Apg 10 tatsächlich altes (möglicherweise sogar auf Petrus zurückgehendes) Material enthält.

3. Bei der im Referat dargebotenen *Ableitung* der Gattung (cf. oben die Skizze) fällt auf, wie wenig von Traditionsbildung und Entwicklung innerhalb der synoptischen Tradition *selber* die Rede ist. Beispiele: Wie ist das Verhältnis Gattung »Evangelium« – Passionsgeschichte zu umschreiben? Kommen hier von selber innerhalb der synoptischen Tradition Entwicklungskategorien hinein? Oder: Die Ausweitung der Q-Tradition zeigt: je größer der zeitliche Abstand zu Jesus wird, um so größer wird die Notwendigkeit, die Lehrtradition in der Geschichte beim irdischen Jesus zu fixieren und so zu fundamentieren (cf. etwa die Gattung Apophthegma als Versuch, Lehre am irdischen Jesus festzumachen). War mithin die Jesusüberlieferung selber von Anfang an daraufhin angelegt, sich in kontinuierlicher Präzisierung hin zur Gattung »Evangelium« zu entwickeln?

4. Eine Berührung zwischen der (vormarkinischen) »Gattung Evangelium« und dem als εὐαγγέλιον bezeichneten traditionellen christologischen Kerygma in 1 Kor 15,3–5 liegt darin, daß auch die Passionsgeschichte mit dem Christus-Bekenntnis beginnt und die Stoffe in der ersten Mk-Hälfte eben die christologische Funktion haben, die Rede vom Christus durch seine Worte und Taten zu beglaubigen. Diese Koinzidenz könnte in der Tat nahelegen, daß schon von Anfang an die Jesusüberlieferung – die im Stil von 1 Kor 15 kerygmatische *wie* die erzählende – als εὐαγγέλιον bezeichnet wurde. – Mk selbst verwendet den εὐαγγέλιον-Begriff in der Zweipoligkeit: der Begriff bezeichnet nicht nur das »narrative genre« der Jesusgeschichte (Mk 1), sondern zugleich auch wie 1 Kor 15 die kerygmatische, den Aposteln aufgetragene Missionsbotschaft: Mk 14,9 / 13,10.

5. Das terminologische Dilemma. »Evangelium« als »Gattung«? Im Bereich (alt-)philologischer Wissenschaft ist von »Gattung« nur dann die Rede, wenn über lange Zeiträume hinweg bei geschichtlich unterschiedlichen Situationen eine literarische Verfahrensweise *immer wieder* sich einstellt und durchgesetzt hat (Beispiel: die Tragödie). D. h., es droht Gefahr, daß der Sprachgebrauch von neutestamentlicher und philologischer Wissenschaft auseinanderdriften.

Als Auswege bieten sich prinzipiell nur zwei an: Entweder greift der Neutestamentler zu neuen Begriffen (welche?) oder er beharrt auf einem lockeren unspezifischen Gebrauch des Gattungsbegriffes, während der Philologe auf den antiken Genus-Begriff zurückgreift, wo die Wurzeln seiner Gattungsdefinition liegen.

Zur Einheit »Probleme des Markusevangeliums«
(M. Hengel)

1. Kontrovers war, wie weit Markus eine weisheitlich geformte Spruch-
tradition (Q!) tatsächlich kennt, wie weit er auch bei seinen Lesern die
Kenntnis der Jesuslogien voraussetzt und in seinem Erzähl-Evangelium
gerade weitgehend das bietet, was in der Logiensammlung fehlt! Bleibt diese
These Hengels auf weiten Strecken ein Schluß e silentio? – Kontrovers blieb
auch, ob die von Mk präsentierten Worte stets die gegenüber Q *entwickelte-
ren* (= der mk Gemeinde angepaßteren) Formen darstellen.

2. Für den umstrittenen historischen Wert des Papiaszeugnisses, das aber
immerhin auf die Presbyter-Tradition zurückgeht und so mindestens bis ans
Jahr 100 zurückreichen mag, könnte als Stütze hinzukommen, daß die
altkirchlichen Daten über den Evangelien-Verfasser Markus als Petrusschü-
ler viel dichter gesät sind als die Daten über alle anderen Evangelien-Verfasser zusammen. Zu bedenken bleibt freilich die Feststellung von E. Schwartz
(Der Tod der Söhne Zebedäi), daß es in der Antike kaum zuverlässige
Fremdnachrichten über Schriften gibt, hingegen literarhistorische Legenden
zahlreich gesät sind.

3. Wie ist die Interpretation des ἑρμηνευτής in der Papiasnotiz vorzunehmen? Konnte Petrus nicht genügend Griechisch (also = »Dolmetscher« =
Übersetzer) oder umgreift die hermeneutische Funktion des Markus nach
Papias auch das Rahmen und Kontextuieren, wie wir es im Evangelium
beobachten? Oder könnte die Funktion des Markus in rabbinischer Analogie
zu verstehen sein?: Ein Rabbi unterrichtet im Zusammenspiel mit einem
Ausleger, indem er selber nur sehr kurze Sprüche prägt, die ein anderer
ausdeutet.

4. Kontrovers war schließlich der Stellenwert der Elia-Mose-Typologie
bei Markus. Darüber hinaus: Stünde tatsächlich hinter Markus und seiner
Mosetypologie die Petrusverkündigung, dann ergäbe sich, daß schon bei
Petrus ein Gegensatz von Gesetz und Evangelium angelegt gewesen wäre.
Dann hätten sich Petrus und Paulus doch nicht so fern gestanden, sondern
wären nur in Fragen der konkreten Praxis voneinander getrennt gewesen
(cf. oben zur Einheit »Das paulinische Evangelium«).

Zur Einheit »Matthew as a Creative Interpreter of the Sayings of Jesus«
(G. N. Stanton)

Stantons generelle These von Matthäus als einem zurückhaltenden, die
Autorität seiner Quellen akzeptierenden, aber sorgfältig gliedernden und
deutlich akzentuierenden Interpreten fand allgemeine Zustimmung. Weniger sicher war, ob Matthäus vor allem gegen Ende seiner Redekomplexe

seine Redaktionstätigkeit sichtbar macht. Die Diskussion konzentrierte sich aber vor allem auf die beiden Textanalysen zu Mt 11,28–30 und Mt 25,31–46.

1. Stantons Vorschlag, Mt 11,29b als Redaktion anzusehen, schien weithin überzeugend. Man könnte auch erwägen, zusätzlich καὶ μάθετε ἀπ'ἐμοῦ als Redaktion zu fassen; die Symmetrie des traditionellen Logions würde noch deutlicher. Zu Stantons These paßte die Redaktion von Mt 11,19: Jesus als Weisheit wird durch seine *Taten* gerechtfertigt. Stanton betont, daß die Identifikation Jesu mit der Weisheit nicht das eigentliche Anliegen der matthäischen Christologie ist, sondern von Matthäus durch seinen Zusatz modifiziert, bzw. interpretiert wird. Die Beziehungen zwischen Mt 11,28–30 und Sir 51 sind in der Forschung im ganzen überbewertet worden; nur wenige Wörter sind gemeinsam; der inhaltliche Skopus von Sir 51 und Mt 11,28 ff. ist sehr verschieden. Eher müßte man überlegen, ob nicht der in Mt weggelassene Vers Mk 6,31 eine Parallelüberlieferung oder gar Quelle von Mt 11,28–30 sein könnte.

2. Mt 25,31 ff. blieb kontrovers. Für die universalistische Interpretation von πάντα τὰ ἔθνη auf alle Menschen oder auf alle Christen, die im Endgericht nach ihren Liebeswerken gegenüber den Armen und Notleidenden gefragt werden, spricht der Kontext von Mt 24–25, der auf das Gericht über die Gemeinde zuläuft. Stantons Interpretationsvorschlag der Identifikation des Menschensohns mit *seinen* Brüdern bedeutete im matthäischen Zusammenhang keine Climax, sondern eine Anticlimax. Mt 18,3–6.10 ist nicht von ἐλάχιστοι die Rede, sondern von παιδία und μικροί. Vor allem aber wird man überlegen müssen, ob nicht im Laufe der traditionsgeschichtlichen Entwicklung sich der Sinn des Textes verschoben hat. βασιλεύς ist wohl ursprünglich von Gott ausgesagt. Unter Umständen ist die Entwicklung so zu denken, daß Jesus diesen Text universalistisch verstanden hat; die missionierende Gemeinde nach ihm hätte ihn auf ihre eigenen Erfahrungen in der Mission hin verengt und sich selbst mit den geringsten Brüdern des Richters identifiziert. Matthäus hätte dann vielleicht wieder universal gedeutet und den Text um des Gerichtes willen, das der Gemeinde bevorsteht, eingefügt. Aber auch für die von Stanton vertretene Deutung der ἀδελφοί auf die christlichen Missionare gibt es Argumente: »Menschensohn« (in der Redaktionsschicht) legt den Gedanken an die Gemeinde (die »Heiligen des Höchsten«!) nahe, ebenso wie »König« (in der ursprünglichen Fassung) den an alle Menschen. Die beiden den Text rahmenden Verse 31 und 46 zeigen deutliche Reminiszenzen an Dan 7,13, respektive an Dan 12,1, wo es um die Rettung des Gottesvolkes geht. Das unbeweisbare Argument Stantons, daß die Funktion des Textes die war, die in der Mission angefochtene Gemeinde zu trösten, ist für seine These gar nicht nötig: Der Gedanke des Gerichtes über die, die die christliche Mission ablehnen, ist im Kontext von Mt 25 dominant. Die

schwierigen Probleme des Kontextes von Mt 24–25 können auch bei Stantons enger Interpretation gelöst werden, wie etwa der Versuch Lambrechts zeigen kann. Das Argument endlich, daß Mt 18 nicht von ἐλάχιστοι die Rede ist, ist zweifelhaft, weil in der handschriftlichen Überlieferung ἐλάχιστοι und μικροί austauschbar sind.

Zur Einheit »Luke and His Gospel« (I. H. Marshall)

1. Für die Divergenz zwischen Guelich und Marshall[1] besteht eine Vermittlungsmöglichkeit, die festhalten könnte, daß doch auch Lk unter der Perspektive schrieb, ein εὐαγγελιζόμενος zu sein; denn bereits *vor* Lk war die Tradition in Richtung auf die Perspektive der lukanischen Gesamtdarstellung hin angelegt:

a) Bereits in 1 Kor 15 wird (von Paulus oder vorher?) das dortige Evangelium verlängert im Blick auf die Apostelerscheinungen, und d. h. im Blick auf den Beginn der urchristlichen Missionsgeschichte! Mit anderen Worten: 1 Kor 15 bietet ein auf die Perspektive der Apg hin verlängertes Summarium der Passionstradition; Lukas scheint mithin lediglich eine bereits in der Tradition vorhandene Möglichkeit der Präsentation von εὐαγγέλιον auszuschöpfen, wenn in seinem Doppelwerk nicht nur die Christusbotschaft, sondern auch die Geschichte des Christuszeugnisses dargelegt wird.

b) Auch bei Mk umgreift der Evangeliumsbegriff nicht eingleisig nur die erzählte Geschichte Jesu, vielmehr ist auch bei Mk der Begriff zweipolig und auf die Missionspredigt der Kirche hin grundsätzlich geöffnet (s. o.: Mk 13,10; 14,9).

2. Dieser Zweipoligkeit des εὐαγγέλιον-Begriffes könnten die zwei akzentuell verschiedenen Typen von Jesusgeschichte entsprechen, wie sie Mt und Lk bieten:

Mt erzählt eine »inclusive story«, eine Geschichte, in der die Gegenwart in Gestalt der Jünger in das Geschick des irdischen Jesus eingeschlossen ist; das LkEvg bietet eher eine »incompleted story« – mit noch offenem Ende, das nach Fortsetzung verlangt: das lukanische Doppelwerk präsentiert dann nicht nur »continuity« (so Marshall), sondern auch Entwicklung, Veränderung, eine weitergehende Geschichte: Es ändert sich der Christen Verhältnis zum Gesetz, zum Besitz, es ändern sich sogar die Formen des Kerygmas; παῖς θεοῦ, δίκαιος, ἅγιος z. B. figurieren als Jerusalemer Verkündigung – im Gegensatz etwa zu Apg 17.

---

[1] »There was no fixed »gospel«-genre into which he had to fit his work as a whole. He regarded the work of his predecessors as »accounts«, not as gospels. He was not writing a »gospel« to which he subsequently added a sequel, but a two-part work.« (S. o. S. 307).

Hängt es möglicherweise mit dieser anderen Akzentuierung des Lukas zusammen, wenn er den εὐαγγέλιον-Begriff selber vermeidet?: Lukas' Akzent liegt anders als bei Mt und Mk (Rückbezug auf Geschichte und Botschaft des irdischen Jesus) mehr auf der weitergehenden, sich entwickelnden Heilsgeschichte. Freilich, die Gegensätze bestehen nur relativ, akzentuell.

3. Diskutiert wurde unter den Prologbegriffen besonders ἀσφάλεια: Impliziert die Interpretation des ἀσφάλεια-Begriffes eine Dichotomie zwischen dem gepredigten Kerygma und der Jesus-Historie? Hat Theophilus das Kerygma, das »Evangelium«, bereits gehört und ist demgegenüber die Jesusgeschichte, in allen Details und in der richtigen Reihenfolge geschildert, nur eine zusätzliche Sicherheit für die Zuverlässigkeit des »Evangeliums«? Mit anderen Worten: gehört die Jesusgeschichte selber nicht eigentlich zum »Evangelium«, wie es für den Glauben nötig ist? Kommt sie nur zum »Evangelium« hinzu? Ist Lukas der, der überhaupt erst weitgehend Jesusmaterial in seine Diasporagemeinde einführt? – Der Konsens ging eindeutig dahin, daß schon die Jesusgeschichten selber für Lukas zum Evangeliumskerygma gehören und »Evangelium« sind, so daß die Einheit von »Evangelium« im Sinne sowohl des synoptischen wie des paulinischen Traditionszweiges gewahrt bliebe. – Es kehrt also wieder die – schon öfters angesprochene – Zweipoligkeit des εὐαγγέλιον-Begriffes: sowohl erzählte Geschichte Jesu wie auch kerygmatische Missionspredigt der Apostel.

Zur Einheit »Let John Be John – A Gospel For Its Time«
(J. Dunn)

Sowohl die Frage nach der Genesis der johanneischen Christologie, als auch die Frage nach ihrem genauen Profil und Anspruch, als auch die Frage nach dem Verhältnis der johanneischen Tradition zur synoptischen konnten nur andiskutiert werden.

1. Es erhoben sich Zweifel, ob das Johannesevangelium in den Zusammenhang des palästinischen Judentums hineingestellt werden dürfe. Die Ebioniten oder der Herrenbruder Jakobus, die dorthin gehören, repräsentieren einen wesentlich anderen Typ des Christentums. Im palästinischen Judentum ist erst im dritten Jahrhundert die Gottessohnschaft Jesu bei Abbahu bekannt. Der Zuordnung des Johannesevangeliums zum palästinischen Judentum würde auch widersprechen, daß dort die Chokma keine bedeutende Rolle spielte. Gegen das Ostjordanland als Entstehungsort des Johannesevangeliums (Dunn, Wengst) spricht, daß von dieser peripheren Gegend aus kaum vorstellbar ist, wie das Johannesevangelium in der Kirche so schnell verbreitet und bekannt wurde. Unklar blieb auch, ab wann eine Verfolgung wegen des Bekenntnisses zu Jesus als Christus denkbar ist (vgl. 9,22). Schon vor 70? Die wenigen Notizen über Christenverfolgungen durch Juden in

früher Zeit (z. B. Gal 1,13; 1 Thess 2,14) weisen eher darauf, daß in früherer
Zeit das Gesetz der entscheidende Faktor in der Auseinandersetzung war.

2. Als noch schwieriger erwies es sich, das Profil der johanneischen
Christologie traditionsgeschichtlich auf dem Hintergrund von hellenistisch-
jüdischen Logos-Spekulationen (Philo!), alttestamentlich-weisheitlicher So-
phia-Spekulationen und palästinischer Menschensohntraditionen zu bestimmen. Wäre es möglich, daß das eigentliche Profil der johanneischen Christologie nicht in der Definition einer noch offenen frühchristlichen Sohn-
Gottes-Christologie durch die Logos-Sohn-Christologie besteht, sondern
vielmehr in der Vollendung der Sohneschristologie?: Die Präexistenz- und
Weisheitschristologie ist ja Johannes seit zwei Generationen vorgegeben,
längstens seit Paulus (1. Kor. 10,4; Phil. 2,6–11; Kol. 1,15ff.; eventuell die
Sendungsformeln). Dagegen könnten das absolute υἱός und der Gedanke der
ἑνότης zwischen Vater und Sohn spezifisch johanneisch sein. Andererseits
scheint die Voranstellung des Logoshymnus in die letzte Phase der johanneischen Überlieferungsgeschichte zu gehören. – Die Grundfrage, ob das Johannesevangelium eine redaktionsgeschichtliche, an der Endgestalt des
Textes sich orientierende Interpretation überhaupt möglich macht oder ob
eine traditionsgeschichtliche Rekonstruktion der Entwicklung johanneischer Christologie vorrangig ist, wurde dabei nicht geklärt.

3. Die für das Kolloqium entscheidende Frage war die nach dem Verhältnis synoptischer und johanneischer Jesusüberlieferung. Johannes verfügt
über den synoptischen Traditionen verwandte und zuverlässige Sondertraditionen. Wie verhalten sich dazu die johanneische »reproclamation« der
Jesusbotschaft und die Lehre des Parakleten? Die Herausforderung, die das
Johannesevangelium für das Kolloquium bedeutete, besteht darin, daß es
nicht möglich scheint, dieses Evangelium nur als eine reine Neuinterpreta-
tion der Jesustradition zu verstehen. Johannes beruft sich auf seine eigene
Tradition, die er direkt beim irdischen Jesus verankert (Lieblingsjünger!),
und stellt sie anderen Traditionen gegenüber. Aber wie ist dieses Verhältnis
zu bestimmen? Dunns These, daß nach Johannes jede Christologie, die Jesus
nicht als Logos-Sohn versteht, den christlichen Glauben mißversteht, impliziert, daß die johanneische und frühere Christologien nicht einfach »gleich-
berechtigt« nebeneinander stehen. Eine Gegenthese vertritt Gerhardsson:
Das Johannesevangelium setzt die synoptische Jesusüberlieferung voraus
und braucht sie, wie der Gnostizismus den kirchlichen Glauben voraussetzt
und nötig hat. Johanneische Frömmigkeit und Gnostizismus wären dann in
ähnlicher Weise »parasitisch«.

Zur Einheit »Die APOMNEMONEYMATA TON APOSTOLON bei Justin«
(L. Abramowski)

1. Interessant ist das im 2. Jh. ziemlich einmalige Justinsche Insistieren auf der Schriftlichkeit des Evangeliums. Wichtig dabei ist nicht die Tatsache, daß im 2. Jh. die geschriebenen Evangelien natürlich überall bekannt sind, sondern Justin die Schriftlichkeit als Argument benutzt in spezifisch polemischem[2] Zusammenhang, als ein Argument, das die historische Wahrheit von Geschehenem belegen soll. Eben darin unterscheidet Justin sich auch von Irenäus.

Ein Seitenaspekt: Justins Insistieren auf Schriftlichkeit könnte mit motiviert sein von der hochliterarischen Umwelt des Apologeten, in der gleichsam »nur Bücher zählen« und niemand mit einer vagen mündlichen Tradition Fuß fassen kann. – Dieser Hinweis scheint auch bei einer antignostischen Frontstellung des Traktates hilfreich, wenn Justin eben gerade auch in den christlichen Gnostikern z. T. gebildete und d. h. von jener literarischen Umwelt beeinflußte Gegner erblickt, die er zu überzeugen gedenkt.

2. Justins Bezeichnung der Evangelien als ἀπομνημονεύματα der Apostel scheint eine geschickte Adaption an den Sprachgebrauch des griechisch-literarischen Betriebes zu sein. Ein Aspekt ist besonders wichtig: Auch im griechisch-literarischen Betrieb bezeichnet ἀπομνημονεύματα eine Literatur, die wiederum sekundär aus anderen Literaturen schöpft und nicht ein originelles Sich-Erinnern des Verfassers repräsentiert (cf. klassisch Xenophons Sokrates-Memorabilien). Justin scheint diesen griechisch-literarischen Sachverhalt zu kennen und möglicherweise so sich bewußt zu sein, daß auch die Evangelien nicht Originalaufzeichnungen der Apostel waren, sondern wiederum selber schriftliche Vorlagen und mithin einen vorangegangenen Überlieferungsprozeß voraussetzen.

3. Freilich zu präzisieren ist, daß Justin mit dem Begriff ἀπομνημονεύματα nicht auf eine *allgemeine Gattung* Bezug nimmt (es gibt nicht sehr viele gleichnamige Buchtitel, mithin auch keinen festen gleichnamigen Gattungsbegriff), sondern bewußt primär auf Xenophons Sokrates rekurriert und so schon in der Wahl des ἀπομνημονεύματα-Begriffes Justins Parallelisierung von Jesus und Sokrates zum Ausdruck kommt.

Als häufiger *Gattungsbegriff* figuriert ὑπομνήματα: »rohe Notizen«, wie sie

---

[2] Die polemische Zielrichtung des in den Dialog eingeschobenen Traktates über Ps 21 LXX war umstritten: ist er antignostisch/antidoketisch (cf. u. a. das ἀληθῶς) oder antijüdisch, insofern ja auch die Juden »doketisch« nicht anerkennen können, daß Gott Fleisch und Blut annehmen und als Mensch leiden kann? War der Traktat also möglicherweise *ursprünglich* antignostisch, während er im *jetzigen Zusammenhang* antijüdisch Front macht?

etwa als Grundlage für die Abfassung eines Geschichtswerkes dienen können (cf. lat. »commentarii«).

4. Im griechisch-literarischen Betrieb bezeichnet ἀπομνημονεύματα literarisch ungeformte Aufzeichnungen, während hinter einem σύγγραμμα dezi-
dierte literarische Absicht steht. Daß Justin fürs Evangelium die Begriffe
σύγγραμμα/γραφή vermeidet, könnte so neben theologischen auch sprachliche Gründe haben, die ihm vom griechisch-literarischen Betrieb her nahegelegt waren.

5. »ἀπομνημονεύματα der *Apostel*« in antihäretischem Zusammenhang
paßt zur sonstigen frühchristlichen Absicherung von Tradition durch
apostolische Verfasserschaft (2 Petr z. B.) gegenüber häretischen »Verdre-
hungen«. – Übereinstimmung findet sich auch zu Johannes, der als einziger
der Evangelisten am Schluß des JohEv die *Schriftlichkeit* betont, andererseits
aber auf den Evangelium-Titel verzichtet.

Zur Einheit »Unbekannte Jesusworte«
(O. Hofius)

1. Führt Hofius' Anfangsdefinition von »Agrapha« als dem irdischen
Jesus zugeschriebene Worte a priori zu einer Engführung, insofern der ganze
Bereich ausgeblendet wird (bes. das gnostische Christentum, ThomEv,
aber auch schon Joh), in dem Geistworte des erhöhten Herrn und des
irdischen Jesus ununterscheidbar geworden sind? Sind nicht auch von diesem Traditionsbereich her, in dem Offenbarungsworte des (erhöhten) Jesus
traditionssetzend sind, Rückschlüsse auf das Urchristentum möglich, etwa
Rückschlüsse auf das Phänomen der urchristlichen Prophetie?

Hofius hielt dafür, daß dieser Traditionsbereich für die Frage nach der
Überlieferung von Jesusworten relativ unwichtig ist: Die Verfasser dieser
Quellen wußten selber, daß sie sich »das alles ausgedacht haben«. (Das
ThomasEv etwa ist nicht abhängig von einer christlichen Quelle, die *unabhängig* von den vier Evangelien figurierte, sondern vielmehr eher locker
»abhängig« von den *Synoptikern*, die aus der Lesung des Gottesdienstes
bekannt waren). – Jener ganze angesprochene Traditionsbereich ist insofern
nur als Quellenmaterial relevant, als er Aufschluß über das Christusver-
ständnis der Alten Kirche bzw. der Gnostiker gibt.

2. Wichtig bleibt die Frage: Wie wurden die Agrapha gebildet? (»Agrapha« in dem von Hofius eng definierten Sinne – nicht jene angesprochenen
freigebildeten Offenbarungsworte des Erhöhten). Auf welche Art kamen
die Agrapha formal zustande? Anders als in der urchristlichen Tradition
(z. B. durch urchristliche Propheten)? Anders als bei den johanneischen
Geistsprüchen, wo ausdrücklich der Paraklet als Mitautor genannt wird?
Das Hofius-Referat bestritt ausdrücklich z. B. bei 1 Thess 4,15 ff. den Cha-

rakter des Prophetenspruches. War also der Entstehungsprozeß der Agrapha weniger ein Spontanvorgang des Formulierens kraft des Geistes als vielmehr ein Interpretationsvorgang? Letzteres deshalb vor allem, weil die Jesustradition bereits zur Schrift geworden war? Bis auf jene im Referat genannte Handvoll von überlieferungsgeschichtlich unableitbaren Agraphaneubildungen ist ja in der Tat die überwältigende Fülle der Agrapha nachweisbar eng an bereits Geschriebenes angelehnt. Die meisten Agrapha scheinen schlicht so entstanden zu sein, daß in der mündlichen Verwendung (Predigt, Katechese) von aus dem Gedächtnis zitierten, aus der gottesdienstlichen Lesung bekannten synoptischen Herrenworten neue, variierte, gedeutete, z. B. mit einem Sprichwort oder anderen Fremdideen angereicherte, mit anderen Jesusworten vermischte Herrenworte entstanden. – Insofern ist natürlich auch Parallelität zur Bildung von Jesusworten in der Evangelientradition zu konstatieren: als auch in ihr ein Erweitern, ein Deuten, ein Kombinieren usw. stattgefunden hat.

3. Wie erklärt sich die so überraschend geringe Zahl der überlieferungsgeschichtlich *un*ableitbaren Agrapha außerhalb der kanonischen EvgTradition? Oder täuscht der Befund, gab es doch mehr? Ein Indiz in dieser Richtung könnte Apg 20,35 sein: ein Herrenwort, das Lk nicht im LkEvg bringt! Auch lassen die MtRed und LkRed Materalien einfach fallen: es wurde offenbar nicht »nach Art der preußischen Akademie« gesammelt, sondern es gab Überlieferungsgut rechts und links, ein Randgebiet, in dem überliefert wurde. Die Möglichkeit ist in der Tat nicht auszuschließen – wenngleich die Wahrscheinlichkeit nicht sehr hoch –, daß diese Überlieferungs-Randzone breit war.

Wie immer, Johannes schreibt 21,25: »es sind auch viele andere Dinge, die Jesus getan hat; wenn sie aber sollten . . . geschrieben werden, achte ich, die Welt würde die Schriften nicht fassen . . .«. – Ist damit eine andere Art von Jesustradition – eben nicht Jesus*worte* – gemeint?

4. Der Begriff »Evangelium« in gnostischen Schriften (z. B. am Ende des ThomEv) besitzt marginale Aussagekraft, insofern von den Gnostikern die verschiedensten literarischen Produkte – häufig in Analogiebildung zu schon vorhandenen kirchlichen Evangelien – »Evangelium« benannt werden (AegypterEv z. B.): »Evangelium« bezeichnet unspezifisch die »gnostische frohe Botschaft« und ist so multiapplikabel.

Zur Einheit »Das Evangelium und die antike Biographie«
(A. Dihle)

1.1. Stellen die Philosophenbiographie (Pythagoras, Epikur – als Erlösergestalten) und die religiös mythische Biographie (Herakles, Romulus u. a. – als Erlöserfiguren) einen besonderen Strang *neben* der griechischen historischen Herrscherbiographie dar? Im Prinzip nicht. Auch in der Plutarchschen Herrscherbiographie steht gerade das Private vorne. In *allen drei* Komplexen geht es um den Aufweis: so ist die Menschennatur, so hat sie sich in diesem Individuum erfüllt – daran soll sich der Leser orientieren, der *dieselbe* konstante Menschennatur besitzt. Das biographisch Geschilderte, das der echten Einmaligkeit entbehrt, ist dem Leser nachvollziehbar, weil es prinzipiell seinen Erfahrungshorizont nicht transzendiert.

1.2. Ähnlich unterscheidet sich auch nicht die römische Biographie, die zwar mehr des Einzelnen Gemeinschaftsbezug, seine Beziehung zum Staat ins Interesse rückt, aber gleichwohl dem griechischen Vorbild verbunden bleibt, indem sie die individuelle Verwirklichung *allgemeiner* Tugenden darstellt. (Die Atticusvita des Nepos illustriert in Rom gerade ein sittlich qualitätsreiches Leben *ohne* Verflechtung in politische Geschäfte).

2.1. Das von hier aus gesehen vergleichbare neutestamentliche Konzept der *imitatio Christi* (Phil 2 u. a.), das in der Präsentation des Vorbildes paränetische Lebensanweisung und so ein Stück weit Wiederholbarkeit des Lebens Jesu intendiert, steht nicht im Gegensatz zum Heilsglauben an die *Einmaligkeit* des Lebens Jesu, die durch den *heilsgeschichtlichen Zusammenhang* gewährt ist und nicht auf »Natur« zurückführbar ist. Rekurs auf Natur sprengte in antiker Biographie gerade die Einmaligkeit.

2.2. Die Differenz zwischen antiker Biographie und Evangelium ist mithin umreißbar mit Begriffen wie »heilsgeschichtliche Perspektive«, ein Aspekt des Dihle-Vortrages, der ungewöhnlich gut koinzidiert mit dem von neutestamentlicher Seite vorgetragenen Ansatz, in der heilsgeschichtlichen Schau (Erfüllung der Schriften, Schema Prophezeiung-Erfüllung) den Ursprung des Erzählungsrasters einer Evangeliendarstellung zu erblicken (cf. Apg 10 etwa).

3. Zum Verhältnis Evangelium – antike Universalgeschichte/historische Monographie:

Antike Universalgeschichte bietet stets perspektivische Angaben / kosmologische Rahmung, denen bestimmte historiographische Konventionen entsprechen, die auch Lk übernimmt: etwa die Mehrfachdatierungen – eine typisch universalgeschichtliche Konvention. Was hingegen völlig fehlt, ist das spezifisch biblische Schema Prophetie – Erfüllung.

Die historische Monographie als eigene literarische Gattung entwickelt nicht eine echte geschichtliche Perspektive, sie behandelt vielmehr punktuelle Ereignisse (z. B. einen Krieg) und ist so bestenfalls (!) zur Schau einer einzelnen Epoche befähigt.

Dem Urchristentum war Universalgeschichte (von Weltanfang bis -ende) bereits im atl.-jüd. Rahmen vorgegeben (z. B. Dan). Im Judentum hatte man auch gelernt, sich der historischen Monographie zu bedienen (z. B. 2 Makk); mit dem Evangelium ist letztere freilich kaum vergleichbar.

Schluß

Die Tendenz des Forums ging mehrheitlich dahin, mit mehr Treue in der Traditionsübermittlung zu rechnen als dies in der klassischen Formgeschichte der Fall war. Gegenüber dem revisionsbedürftigen Bild, das die klassische Formgeschichte von der Entstehung, Überlieferung und Fixierung der synoptischen Tradition gezeichnet hat, bestand die Bereitschaft, hinter den Synoptikern mit Tradition sehr alten Ursprungs und sorgsamer Tradierung zu rechnen: die im Verlauf des Überlieferungsprozesses hinzugewachsenen neuen Elemente entstanden eher durch Weiterinterpretation und Kombination bereits vorhandenen Überlieferungsgutes als durch kreative Neubildungen.

Als Bonmot zur Traditionstreue sei aus der Diskussion angeführt und original hier aus seiner mündlichen Traditionsstufe herausgenommen und verschriftet eine Anekdote über F. C. Baur: Martin Hengel empfing sie als mündliche Tradition von Otto Bauernfeind, dieser von seinem Lehrer Eduard von der Goltz, dem Patristiker und Praktischen Theologen, und der wiederum von seinem Großvater, der bei F. C. Baur im Kolleg gesessen hat: »Als F. C. Baur ums Jahr 1840 bei der Auslegung der Apokalypse in Kap 13 zur Zahl 666 kam, hat er die Brille abgenommen, übers Pult hinaus geguckt und gesagt: ›Und da sagt der Hengstenberg in Berlin, das sei ich‹!« Das mündliche Traditionsstück ist durch eine sich über 140 Jahre spannende Kette von Überlieferungsträgern abgesichert. Ganz natürlich und für das Wesen von Überlieferungsprozessen höchlichst erhellend erheischte es in Tübingen sogleich noch ein (vorredaktionelles) Additum mit zweiter Pointe: »Ich – so Martin Hengel – habe diese Anekdote einem Kollegium von großen Kritikern, Günter Klein und anderen, vorgetragen. Zunächst haben sie gesagt: ›Das gibt es nicht!‹ Aber als sie die Pointe hörten, sagten sie: ›Die ist echt!‹ . . .«

Stellenregister (Auswahl)

I. Altes Testament

III. Qumranschriften

1QH 2,13 f.	48	11QMelch 15 ff.	171
1QM 17,6 f.	61	11QMelch 16	61
1QS 4,20–22	72	11QTemple 17,7	142
11QMelch 4 ff.	173	11QTemple	
11QMelch 14–18	61	29,8 ff.	42

IV. Neues Testament

Matthäus		10,34	61
1,1	293	10,40	280
1,21	61, 64, 68, 69	10,41	280
3,2	59, 66	10,42	280, 281
3,7–12	104	11,2–6	21, 110, 172, 173
4,1–11	104	11,5	62
4,2–11	52	11,6	110
4,17	66, 67	11,12	68
4,23	21, 65, 66, 173, 287	11,28–30	283, 284, 285, 423
5,3 f.	63	11,29	423
5,13	281	12,7	275
5,14	281	12,15 ff.	284
5,16	281	12,19	284
5,17	57	12,31	68
5,18	276	12,43–45	109
5,20	67	13,19	287
6	67	13,51 f.	82, 414
6,9–13	279	13,52	49
6,14 f.	67	14,28 ff.	269
6,16–18	73	15,24	276
6,33	67	16,16–19	269
7,12	279	17,2	73
7,19	279	17,24–27	269
7,20	279	18,3–6	423
7,21	279	18,6	281
7,24–27	109	18,10	280, 281, 423
8,17	284	18,14	280, 281
9,13	275	18,21	269
9,35	21, 65, 66, 173, 287	18,35	281
10,1–16	5, 21	21,4 ff.	284
10,5–6	276	21,34	277
10,8	168, 280	21,41	277
10,14	280	21,43	277, 285
10,17	283	23,8	93
10,23	68, 69	23,28	282
10,24–25	280	23,32–34	282

V. Rabbinisches Schrifttum

VI. Jüdisch-hellenistisches Schrifttum

VII. Griechisch-römische Profanschriftsteller

VIII. Altchristliches Schrifttum

Serm. X,5   356
Serm. XVII,1   368
Serm. XX,13   378

Mart. Petri et Pauli
18 ff.   387

Meliton, Passa-Homilie
101 ff.   42

Origenes
C. Celsum I,55   73
De orat. 2,2   375
De orat. 14,1   375
In Jerem. Hom.
lat. III,3   377
In Joh. Comm.
XIX,7   375
Sel. in Psalm 4,4   375

Syr. Didascalia
Cap. 21   356, 368

Tertullian
De baptismo 20,2   365

Thomas-Evangelium
8   373, 380
17   363
21a   373
25   368
48   369
58   364
76   375
82   377, 380
91   367
97   373
98   373
102   370

IX. Sonstiges

Oxyrhynchus Papyrus
655   356
840   372, 380
1224   378, 380

Theodotosinschrift
CIJ II Nr. 1404   233

Sachregister

Namen und Anschriften der Mitarbeiter
an diesem Band

Abramowski, Luise, Prof. Dr. theol., FBA, Kirchengeschichte, Brunsstraße 18,
7400 Tübingen.

Betz, Otto, Prof. Dr. theol., Neues Testament, Rappenberghalde 11,
7400 Tübingen.

Dihle, Albrecht, Prof. Dr. phil., Dr. theol. h. c., Klassische Philologie, Jettaweg 3,
6900 Heidelberg.

Dunn, James D. G., MA, BD, Ph.D., Professor of Divinity (Neues Testament),
Department of Theology, Abbey House, Palace Green, Durham DH1 3RS.

Ellis, Earle E., Research Professor of New Testament Literature, 17 Seminary Place,
New Brunswick, N.J. 08901.

Feldmeier, Reinhard, Assistent, Neues Testament, Friedhofstraße 31, 7400 Tübingen.

Gerhardsson, Birger, Prof. Dr. teol., Neues Testament, Teologiska Institutionen,
Theologicum, Sandgatan 1, S – 223 50 Lund.

Guelich, Robert A., MA, S.T.B., Dr. theol., Professor of New Testament,
660 East Butterfield Road, Lombard, Ill. 60148.

Hengel, Martin, Prof. Dr. theol., Dr. teol. D. h. c., D.D., FBA, Neues Testament,
Schwabstraße 51, 7400 Tübingen.

Hofius, Otto Friedrich, Prof. Dr. theol., Neues Testament, Kleiststraße 1,
7400 Tübingen.

Lampe, Peter, Assistent, Neues Testament, Optingenstraße 47, CH-3013 Bern.

Luz, Ulrich, Prof. Dr. theol., Neues Testament, Marktgasse 21, CH-3177 Laupen.

Marshall, I. Howard, MA, BD, Ph.D., Professor of New Testament Exegesis,
King's College, Aberdeen AB9 2UB.

Pesch, Rudolf, Prof. Dr. Dr., Neues Testament, Moltkestraße 11,
7800 Freiburg i. Br.; Würmtalstraße 91, 8000 München-90.

Polag, Athanasius, Dr. theol., Abtei St. Matthias, Matthiasstraße 85, 5500 Trier.

Stanton, Graham N., MA, BD, Ph.D., Professor of New Testament Studies,
King's College London, Strand, London WC2R 2LS.

Stuhlmacher, Peter, Prof. Dr. theol., Neues Testament, Untere Schillerstraße 4,
7400 Tübingen.